UTB 2544

Eine Arbeitsgemeinschaft der Verlage

Beltz Verlag Weinheim · Basel
Böhlau Verlag Köln · Weimar · Wien
Wilhelm Fink Verlag München
A. Francke Verlag Tübingen und Basel
Haupt Verlag Bern · Stuttgart · Wien
Verlag Leske + Budrich Opladen
Lucius & Lucius Verlagsgesellschaft Stuttgart
Mohr Siebeck Tübingen
C. F. Müller Verlag Heidelberg
Ernst Reinhardt Verlag München und Basel
Ferdinand Schöningh Verlag Paderborn · München · Wien · Zürich
Eugen Ulmer Verlag Stuttgart
UVK Verlagsgesellschaft Konstanz
Vandenhoeck & Ruprecht Göttingen
Verlag Recht und Wirtschaft Heidelberg
WUV Facultas Wien

Udo Sautter

Deutsche Geschichte seit 1815: Daten, Fakten, Dokumente

Band II
Verfassungen

A. Francke Verlag Tübingen und Basel

Prof. Dr. Udo Sautter wurde nach langjähriger Lehrtätigkeit an nordamerikanischen Universitäten 1996 an das Seminar für Zeitgeschichte der Universität Tübingen berufen.

Bibliografische Information der Deutschen Bibliothek

Die Deutsche Bibliothek verzeichnet diese Publikation in der Deutschen Nationalbibliografie; detaillierte bibliografische Daten sind im Internet über <http://dnb.ddb.de> abrufbar.

Titelabbildungen:

9-1848-5-18-A2-6-B (Eröffnung des deutschen Parlaments): akg-images
8-1957-5-1-A1-6 (Berlin, 1. Mai 1957.): akg-images / Gert Schütz
1-A211-B1960 (Adenauer, Konrad): akg-images

Dischingerweg 5 · D-72070 Tübingen
ISBN 3-7720-3018-1

Einbandgestaltung: Atelier Reichert, Stuttgart
Satz: Informationsdesign D. Fratzke, Kirchentellinsfurt
Druck und Bindung: Pustet, Regensburg
Printed in Germany

ISBN 3-8252-2544-5 (UTB Bestellnummer)

Vorwort

Dieser Band ist Teil eines auf mehrere Bände angelegten Werks. Es wird Materialien zur deutschen Geschichte bieten, die anderweitig in dieser Form zumeist nur verstreut oder schwierig zu finden sind. Die Reihe ist zur Unterstützung von Studium und Lehre gedacht, wird aber auch vielen anderen historisch Interessierten, etwa Politikern, Journalisten und Publizisten, konkrete Hilfe leisten können.

Im hier vorliegenden Band finden sich die Texte wichtiger deutscher Verfassungen seit der Konstituierung des deutschen Bundes im Jahre 1815. Die Dokumente werden jeweils in der zeitgenössischen Originalform dargeboten, wobei nach Möglichkeit auch die Druckanordnung beibehalten ist. Die meisten Verfassungen erfuhren während ihrer Geltungsdauer mehrfach Änderungen. Diese Änderungen wurden hier jeweils in den Text integriert und zwar dergestalt, daß der ursprüngliche oder veränderte, aber später nicht mehr weitergeltende Wortlaut im Schrägdruck, weitergeltender und neuer Text im Normaldruck erscheinen; erklärende Anmerkungen geben Datum und Fundstelle der Änderung an. Diese Form, die Klarheit und Übersichtlichkeit wahrt, wurde der in anderen Textveröffentlichungen häufig praktizierten Weise vorgezogen, welche Verfassungsänderungen in oft weit von der Bezugsstelle entfernte Fußnoten absondert. Die historische Entwicklung der Verfassungen ist auf diese Weise leicht nachvollziehbar.

Wert wurde nicht nur auf Dokumententreue gelegt, sondern auch auf Vollständigkeit, was heißt, daß in jedem Fall die ganzen Texte wiedergegeben wurden. Unter den letzteren befinden sich auch historisch wichtige, aber anderswo kaum aufzuspürende Dokumente wie die Verfassung Badens (1818) oder diejenige der Deutschen Demokratischen Republik aus dem Jahre 1968.

Einige meiner wissenschaftlichen Mitarbeiter hatten beträchtlichen Anteil an der Textsammlung und Druckvorbereitung, darunter besonders Jürgen Ruckaberle und Matthias Speidel. Ihnen gebührt mein guter Dank für ihre sachkundige und computerverständige Assistenz. Zu danken habe ich auch dem betreuenden Lektor des A. Francke Verlags, Dr. Stephan Dietrich, der die Anregung zu dieser Arbeit gab und ihren Fortgang mit Rat und Geduld begleitete.

Tübingen, im Herbst 2003 — Udo Sautter

Inhalt

Abkürzungen

Abl.KD	=	Amtsblatt des Kontrollrats in Deutschland
AKBl.	=	Allgemeines Kirchenblatt für das evangelische Deutschland
BGBl.	=	Bundes-Gesetzblatt; Bundesgesetzblatt
DDR	=	Deutsche Demokratische Republik
GBl.	=	Gesetzblatt
GS.	=	Gesetz-Sammlung; Gesetzsammlung
GVBl.	=	Gesetz(es)- und Verordnung(s)-Blatt
Pr.Min.Bl.	=	Ministerial-Blatt für die ... Preußischen Staaten
RegBl.	=	Regierungs-Blatt
RGBl.	=	Reichs-Gesetzblatt; Reichsgesetzblatt
SRBl.	=	Staats- und Regierungs-Blatt

1. Deutsche Bundesakte 1815

Die auf dem Wiener Kongreß am 8.6.1815 von den deutschen Regierungen angenommene, hier abgedruckte Bundesakte stellte die Verfassung des Deutschen Bundes dar. Durch sie wurde das 1814 auf dem ersten Pariser Frieden in Aussicht genommene „föderative Band" (lien fédératif) geschaffen. Die Akte verwirklichte das staatenbündische Prinzip und schuf nicht das vom politisch erwachten Bürgertum weithin erhoffte bundesstaatlich gegliederte Deutsche Reich. Zu den 39 ursprünglich unterzeichnenden Regierungen traten noch Baden (26.7.1815) und Württemberg (1.9.), so daß der Bund vorerst aus 41 Mitgliedern bestand. Die Bundesakte wurde der am 9.6. fertiggestellten Schlußakte des Wiener Kongresses („Kongreßakte") eingefügt, wodurch sie unter die Garantie der Signatarmächte dieser Akte fiel. Der durch die Bundesakte geschaffene Bund endete, als der Kaiser von Österreich im Vorfrieden von Nikolsburg (26.7.1866) die Auflösung ausdrücklich anerkannte und dies im Frieden von Prag (23.8. Siehe Band III, Nr. 19) bestätigt wurde.

Die deutsche Bundes-Akte vom 8. Juni 1815.

Im Nahmen der allerheiligsten und untheilbaren Dreyeinigkeit.

Die Souverainen Fürsten und freien Städte Deutschlands den gemeinsamen Wunsch hegend den 6ten Artikel des Pariser Friedens vom 30 May 1814 in Erfüllung zu setzen, und von den Vortheilen überzeugt, welche aus ihrer festen und dauerhaften Verbindung für die Sicherheit und Unabhängigkeit Deutschlands, und die Ruhe und das Gleichgewicht Europas hervorgehen würden, sind übereingekommen, sich zu einem beständigen Bunde zu vereinigen, und haben zu diesem Behuf ihre Gesandten und Abgeordneten am Congresse in Wien mit Vollmachten versehen, nämlich:

[Es folgen die Namen der Bevollmächtigten.]

In Gemäßheit dieses Beschlusses haben die vorstehenden Bevollmächtigten, nach geschehener Auswechslung ihrer richtig befundenen Vollmachten folgende Artikel verabredet.

I. Allgemeine Bestimmungen.

Art. 1. Die souverainen Fürsten und freien Städte Deutschlands mit Einschluß Ihrer Majestäten des Kaisers von Oesterreich und der Könige von Preußen, von Dänemark und der Niederlande, und zwar

Der Kaiser von Oesterreich, der König von Preußen, beyde für ihre gesammten vormals zum deutschen Reich gehörigen Besitzungen,

Seit 1818 gehörte zum Deutschen Bund auch der westlichste Teil Galiziens (Auschwitz, Saybusch, Zator). Die preußische Provinz (West- und Ost-)Preußen und der nördliche und westliche Teil der Provinz Posen waren 1848–51 Bestandteil des Bundes.

der König von Dänemark für Holstein, der König der Niederlande für das Großherzogthum Luxemburg,

1839 schied der westliche Teil Luxemburgs nach der Vereinigung mit Belgien aus dem Bund aus. Statt dessen kam das niederländische Herzogtum Limburg zum Bund.

vereinigen sich zu einem beständigen Bunde, welcher der deutsche Bund heißen soll.

Art. 2. Der Zweck desselben ist Erhaltung der äusseren und inneren Sicherheit Deutschlands und der Unabhängigkeit und Unverletzbarkeit der einzelnen deutschen Staaten.

Art. 3. Alle Bundes-Glieder haben als solche gleiche Rechte; sie verpflichten sich alle gleichmäßig die Bundes-Akte unverbrüchlich zu halten.

Art. 4. Die Angelegenheiten des Bundes werden durch eine Bundesversammlung besorgt in welcher alle Glieder desselben durch ihre Bevollmächtigten theils einzelne, theils Gesammtstimmen folgendermaßen, jedoch unbeschadet ihres Ranges führen:

1	Oesterreich	1	Stimme
2	Preußen	1	do
3	Bayern	1	–
4	Sachsen	1	–
5	Hannover	1	–
6	Würtemberg	1	–
7	Baaden	1	–
8	Churhessen	1	–
9	Großherzogthum Hessen	1	–
10	Dänemark wegen Holstein	1	–
11	Niederlande wegen des Großherzogthums Luxemburg	1	–
12	Die Großherzoglich und Herzoglich Sächsischen Häuser	1	–
13	Braunschweig und Nassau	1	–
14	Meklenburg Schwerin und Meklenburg Strelitz	1	–
15	Holstein Oldenburg, Anhalt und Schwarzburg	1	–
16	Hohenzollern, Lichtenstein, Reuß, Schaumburg Lippe, Lippe und Waldeck	1	–
17	Die freyen Städte Lübeck, Frankfurth, Bremen und Hamburg	1	–
		Totale 17 Stimmen	

Durch Bundesbeschluß vom 17.5.1838 wurde auch das Landgrafentum Hessen-Homburg der 16. Kurie angeschlossen.

Art. 5. Oesterreich hat bey der Bundesversammlung den Vorsitz, jedes Bundes-Glied ist befugt Vorschläge zu machen und in Vortrag zu bringen, und der Vorsitzende ist verpflichtet solche in einer zu bestimmenden Zeitfrist der Berathung zu übergeben.

Art. 6. Wo es auf Abfassung und Abänderung von Grundgesetzen des Bundes, auf Beschlüsse, welche die Bundes-Akte selbst betreffen, auf organische Bundes Einrichtungen und auf gemeinnützige Anordnungen sonstiger Art ankömmt, bildet sich die Versammlung zu einem Plenum, wobey jedoch mit Rücksicht auf die Verschiedenheit der Größe der einzelnen Bundesstaaten folgende Berechnung und Vertheilung der Stimmen verabredet ist

1	Oesterreich erhält		4	Stimmen
2	Preußen		4	–
3	Sachsen		4	–
4	Bayern		4	–
5	Hannover		4	–
6	Würtemberg		4	–
7	Baaden		3	–
8	Churhessen		3	–
9	Großherzogthum Hessen		3	–
10	Holstein		3	–
11	Luxemburg		3	–
12	Braunschweig		2	–
13	Meklenburg Schwerin		2	–
14	Nassau		2	–
15	Sachsen Weimar		1	–
16	do	Gotha	1	–
17	do	Coburg	1	–
18	do	Meinungen	1	–
19	do	Hildburgshausen	1	–
20	Meklenburg Strelitz		1	–
21	Holstein Oldenburg		1	–
22	Anhalt Dessau		1	–
23	do	Bernburg	1	–
24	do	Köthen	1	–
25	Schwarzburg Sondershausen		1	–
26	do	Rudolstadt	1	–
27	Hohenzollern Hechingen		1	–
28	Lichtenstein		1	–
29	Hohenzollern Sigmaringen		1	–
30	Waldeck		1	–

31	Reuß älteren Linie	1	–
32	do jüngere Linie	1	–
33	Schaumburg Lippe	1	–
34	Lippe	1	–
35	Die freye Stadt Lübeck	1	–
36	„ „ „ Frankfurth	1	–
37	„ „ „ Bremen	1	–
38	„ „ „ Hamburg	1	–
		Totale 69 Stimmen	

Hessen-Homburg erhielt erst durch den Bundesbeschluß vom 17.5.1838 eine Stimme zugeteilt, obwohl es bereits am 7.7.1817 in den Bund aufgenommen worden war. Reuß-Schleiz, Reuß-Ebersdorf und Reuß-Lobenstein besaßen nur eine gemeinsame Stimme. Die Linie Reuß-Lobenstein erlosch am 7.5.1824, woraufhin ihr Gebiet an Reuß-Ebersdorf fiel. Das letztere verzichtete 1848 zugunsten der Linie Reuß-Schleiz, so daß ein einheitliches Fürstentum Reuß jüngere Linie entstand. – Die Linie Sachsen-Gotha(-Altenburg) erlosch am 11.2.1825. Durch Vertrag vom 12.11.1825 kam es dann zu folgenden Gebietsveränderungen in den wettinischen Ländern: Die Linie Sachsen-Hildburghausen erhielt Altenburg (und nannte sich danach Sachsen-Altenburg), dessen Territorium an Sachsen-Meiningen fiel; die Linie Sachsen-Coburg(-Saalfeld) erhielt Gotha, gab Saalfeld ab und nannte sich danach Sachsen-Coburg-Gotha; Saalfeld fiel an Sachsen-Meiningen. – Hohenzollern-Sigmaringen und Hohenzollern-Hechingen verzichteten durch Vertrag vom 7.12.1849 auf ihre Gebiete zugunsten des preußischen Königshauses Hohenzollern. – Die Linie Anhalt-Köthen erlosch 1853, wonach ihr Gebiet an die Linie Anhalt-Dessau fiel. – Die Linie Anhalt-Bernburg erlosch 1863, wonach ihr Gebiet an die einzig überlebende Linie Anhalt-Dessau fiel, wodurch das einheitliche Herzogtum Anhalt entstand.

Ob den mediatisirten vormaligen Reichsständen auch einige Curiatstimmen in Pleno zugestanden werden sollen, wird die Bundes-Versammlung bey der Berathung der organischen Bundes-Gesetze in Erwägung nehmen.

Art. 7. In wie fern ein Gegenstand nach obiger Bestimmung für das Plenum geeignet sey, wird in der engern Versammlung durch Stimmen-Mehrheit entschieden.

Die der Entscheidung des Pleni zu unterziehenden Beschluß-Entwürfe werden in der engern Versammlung vorbereitet und bis zur Annahme oder Verwerfung zur Reife gebracht; sowohl in der engern Versammlung, als in Pleno werden die Beschlüsse nach der Mehrheit der Stimmen gefaßt, jedoch in der Art, daß in der erstern die absolute, in letzterer aber nur eine auf 2/3 der Abstimmung beruhende Mehrheit entscheidet.

Bey Stimmen Gleichheit in der engeren Versammlung stehet dem Vorsitzenden die Entscheidung zu.

Wo es aber auf Annahme oder Abänderung der Grundgesetze, auf organische Bundes Einrichtungen, auf jura singulorum oder Religions-Angelegenheiten ankommt, kann weder in der engeren Versammlung, noch in Pleno ein Beschluß durch Stimmenmehrheit gefaßt werden.

Die Bundesversammlung ist beständig, hat aber die Befugniß, wenn die ihrer Berathung unterzogenen Gegenstände erlediget sind, auf eine bestimmte Zeit, jedoch nicht auf länger als vier Monathe sich zu vertagen. Alle nähern die Vertagung und die Besorgung der etwa während derselben vorkommenden dringenden Geschäfte betreffenden Bestimmungen werden der Bundesversammlung bey Abfassung der organischen Gesetze vorbehalten.

Art. 8. Die Abstimmungs-Ordnung der Bundesglieder betreffend, wird festgesetzt, daß so lange die Bundesversammlung mit Abfassung der organischen Gesetze beschäftiget ist, hierüber keinerley Bestimmung gelte, und die zufällig sich fügende Ordnung keinem der Mitglieder zum Nachtheil gereichen, noch eine Regel begründen soll. Nach Abfassung der organischen Gesetze wird die Bundesversammlung die künftige als beständige Folge einzuführende Stimmenordnung in Berathung nehmen und sich darin so wenig als möglich von der ehemals auf dem Reichstage und nahmentlich in Gemäßheit des Reichsdeputationsschlusses von 1803 beobachteten entfernen. Auch diese Ordnung kann aber auf den Rang der Bundes-Glieder überhaupt, und ihren Vortritt außer den Verhältnissen der Bundes Versammlung keinen Einfluß ausüben.

Art. 9. Die Bundes Versammlung hat ihren Sitz zu Frankfurth am Mayn, die Eröffnung derselben ist auf den lten September 1815 festgesetzt.

Der Termin 1.9.1815 konnte nicht eingehalten werden, vielmehr trat die Bundesversammlung erstmals am 5.11.1816 zusammen.

Art. 10. Das erste Geschäft der Bundesversammlung nach ihrer Eröffnung wird die Abfassung der Grundgesetze des Bundes und dessen organische Einrichtung in Rücksicht auf seine auswärtigen, militärischen und inneren Verhältnisse seyn.

Art. 11. Alle Mitglieder des Bundes versprechen sowohl ganz Deutschland als jeden einzelnen Bundesstaat gegen jeden Angriff in Schutz zu nehmen und garantiren sich gegenseitig ihre sämmtlichen unter dem Bunde begriffenen Besitzungen.

Bey einmal erklärtem Bundeskrieg darf kein Mitglied einseitige Unterhandlungen mit dem Feinde eingehen, noch einseitig Waffenstillstand oder Frieden schließen.

Die Bundes-Glieder behalten zwar das Recht der Bündnisse aller Art; verpflichten sich jedoch in keine Verbindungen einzugehen, welche gegen die Sicherheit des Bundes oder einzelner Bundesstaaten gerichtet wären.

Die Bundes-Glieder machen sich ebenfalls verbindlich einander unter keinerley Vorwand zu bekriegen, noch ihre Streitigkeiten mit Gewalt zu verfolgen, sondern sie bey der Bundesversammlung anzubringen. Dieser liegt alsdann ob die Vermittlung durch einen Ausschuß zu versuchen; falls dieser Versuch fehlschlagen sollte, und demnach eine richterliche Entscheidung nothwendig würde, solche durch eine wohlgeordnete Austrägal Instanz zu bewirken, deren Ausspruch die streitenden Theile sich sofort zu unterwerfen haben.

Zur Ausführung dieses Artikels 11 ergingen die Austrägal-Ordnung (Schiedsordnung) vom 16.6.1817 und die Exekutionsordnung vom 3.8.1820.

II. Besondere Bestimmungen.

Ausser den in den vorhergehenden Artikeln bestimmten auf die Feststellung des Bundes gerichteten Punkten sind die verbündeten Mitglieder übereingekommen hiemit über folgende Gegenstände die in den nachstehenden Artikeln enthaltenen Bestimmungen zu treffen, welche mit jenen Artikeln gleiche Kraft haben sollen.

Art. 12. Diejenigen Bundesglieder, deren Besitzungen nicht eine Volkszahl von 300,000 Seelen erreichen, werden sich mit den ihnen verwandten Häusern oder andern Bundes-Gliedern mit welchen sie wenigstens eine solche Volkszahl ausmachen zu Bildung eines gemeinschaftlichen Obersten-Gerichts vereinigen.

In den Staaten von solcher Volksmenge, wo schon jetzt dergleichen Gerichte dritter Instanz vorhanden sind, werden jedoch diese in ihrer bisherigen Eigenschaft erhalten, wofern nur die Volkszahl, über welche sie sich erstrecken, nicht unter 150,000 Seelen ist.

Den vier freyen Städten steht das Recht zu sich unter einander über die Errichtung eines gemeinsamen obersten Gerichts zu vereinigen.

Bey den solcher gestalt errichteten gemeinschaftlichen obersten Gerichten soll jeder der Partheyen gestattet seyn, auf die Verschickung der Akten auf eine deutsche Fakultät oder an einen Schöppenstuhl zu Abfassung des Endurtheils anzutragen.

Art. 13. In allen Bundesstaaten wird eine Landständische Verfassung statt finden.

Art. 14. Um den im Jahr 1806 und seitdem mittelbar gewordenen ehemaligen Reichsständen und Reichs-Angehörigen in Gemäßheit der gegenwärtigen Verhältnisse in allen Bundesstaaten einen gleichförmig bleibenden Rechts-Zustand zu verschaffen, so vereinigen die Bundesstaaten sich dahin:

a) Daß diese Fürstlichen und gräflichen Häuser fortan nichts destoweniger zu dem hohen Adel in Deutschland gerechnet werden, und ihnen das Recht der Ebenbürtigkeit, in dem bisher damit verbundenen Begriff verbleibt;

b) sind die Häupter dieser Häuser die ersten Standesherren in dem Staate zu dem sie gehören; – Sie und ihre Familien bilden die privilegirteste Klasse in demselben, insbesondere in Ansehung der Besteurung;

c) es sollen ihnen überhaupt in Rücksicht ihrer Personen, Familien und Besitzungen alle diejenigen Rechte und Vorzüge zugesichert werden oder bleiben, welche aus ihrem Eigenthum und dessen ungestörten Genusse herrühren, und nicht zu der Staatsgewalt und den höhern Regierungsrechten gehören. Unter vorerwähnten Rechten sind insbesondere und namentlich begriffen:

1) die unbeschränkte Freyheit ihren Aufenthalt in jedem zu dem Bunde gehörenden, oder mit demselben im Frieden lebenden Staat zu nehmen;

2) werden nach den Grundsätzen der früheren deutschen Verfassung die noch bestehenden Familien Verträge aufrecht erhalten, und ihnen die Befugniß zugesichert über ihre Güter und Familien-Verhältnisse verbindliche Verfügungen zu treffen, welche jedoch dem Souverain vorgelegt und bey den höchsten Landesstellen zur allgemeinen Kenntniß und Nachachtung gebracht werden müssen. Alle bisher dagegen erlassenen Verordnungen sollen für künftige Fälle nicht weiter anwendbar seyn;

3) privilegirter Gerichtsstand und Befreyung von aller Militairpflichtigkeit für sich und ihre Familien;

4) die Ausübung der bürgerlichen und peinlichen Gerechtigkeitspflege in erster, und wo die Besitzung groß genug ist in zweyter Instanz, der Forstgerichtbarkeit, Orts-Polizey und Aufsicht in Kirchen- und Schulsachen, auch über milde Stiftungen, jedoch nach Vorschrift der Landesgesetze, welchen sie so, wie der Militairverfassung und der Oberaufsicht der Regierungen über jene Zuständigkeiten unterworfen bleiben.

Bey der näheren Bestimmung der angeführten Befugnisse sowohl, wie überhaupt und in allen übrigen Punkten wird zur weitern Begründung und Feststellung eines in allen deutschen Bundes-Staaten übereinstimmenden Rechtszustandes der mittelbar gewordenen Fürsten, Grafen und Herren die in dem Betreff erlassene Königlich Bayrische Verordnung vom Jahr 1807 als Basis und Norm unterlegt werden.

Dem ehemaligen Reichsadel werden die Sub N. 1 und 2 angeführten Rechte, Antheil der Begüterten an Landstandschaft, Patrimonial und Forst-Gerichtsbarkeit, Orts Polizey, Kirchen Patronat und der privilegirte Gerichtsstand zugesichert. Diese Rechte werden jedoch nur nach der Vorschrift der Landesgesetze ausgeübt.

In den durch den Frieden von Lunneville vom 9ten Februar 1801 von Deutschland abgetretenen und jetzt wieder damit vereinigten Provinzen werden bey Anwendung der obigen Grundsätze auf den ehemaligen unmittelbaren Reichsadel diejenigen Beschränkungen stattfinden, welche die dort bestehenden besondern Verhältnisse nothwendig machen.

Art. 15. Die Fortdauer der auf die Rhein-Schifffahrts-Octroi angewiesenen directen und subsidiarischen Renten, die durch den Reichsdeputationsschluß vom 25ten Februar 1803 getroffenen Verfügungen, in Betreff des Schuldenwesens und festgesetzte Pensionen an Geist- und weltliche Individuen, werden von dem Bunde garantirt.

Die Mitglieder der ehemaligen Dohm und freyen Reichsstifter haben die Befugniß, ihre durch den erwähnten Reichsdeputationsschluß festgesetzten Pensionen ohne Abzug in jedem mit dem deutschen Bunde im Frieden stehenden Staate verzehren zu dürfen.

Die Mitglieder des deutschen Ordens werden ebenfalls nach den in dem Reichsdeputations Hauptschluß von 1803 für die Dohmstifter festgesetzten Grundsätzen Pensionen erhalten, in so fern sie ihnen noch nicht hinreichend bewilligt worden, und diejenigen Fürsten, welche eingezogene Besitzungen des deutschen Ordens erhalten haben, werden diese Pensionen nach Verhältniß ihres Antheils an den ehemaligen Besitzungen bezahlen.

Die Berathung über die Regulirung der Sustentations Kassa und der Pensionen für die überrheinischen Bischöfe und Geistliche, welche Pensionen auf die Besitzer des linken Rhein Ufers übertragen werden, ist der Bundes-Versammlung vorbehalten. Diese Regulirung ist binnen Jahresfrist zu beendigen, bis dahin wird die Bezahlung der erwähnten Pensionen auf die bisherige Art fortgesetzt.

Art. 16. Die Verschiedenheit der christlichen Religions-Partheyen kann in den Ländern und Gebiethen des deutschen Bundes keinen Unterschied in dem Genusse der bürgerlichen und politischen Rechte begründen.

Die Bundesversammlung wird in Berathung ziehen, wie auf eine möglichst übereinstimmende Weise die bürgerliche Verbesserung der Bekenner des jüdischen Glaubens in Deutschland zu bewirken sey, und wie insonderheit denselben der Genuß der bürgerlichen Rechte gegen die Uebernahme aller Bürgerpflichten in den Bundesstaaten verschafft und gesichert werden könne; jedoch werden den Bekennern dieses Glaubens bis dahin die denselben von den einzelnen Bundesstaaten bereits eingeräumten Rechte erhalten.

Art. 17. Das Fürstliche Haus Thurn und Taxis bleibt in dem durch den Reichsdeputationsschluß vom 25. Februar 1803 oder spätere Verträge bestättigten Besitz und Genuß der Posten in den verschiedenen Bundes-Staaten, so lange als nicht etwa durch freye Uebereinkunft anderweitige Verträge abgeschlossen werden sollten.

In jedem Falle werden demselben, in Folge des Artikels 13 des erwähnten Reichsdeputationshauptschlusses, seine auf Belassung der Posten, oder auf eine angemessene Entschädigung gegründeten Rechte und Ansprüche versichert. Dieses soll auch da Statt finden, wo die Aufhebung der Posten seit 1803 gegen den Inhalt des Reichsdeputationshauptschlusses bereits geschehen wäre, in sofern diese Entschädigung durch Verträge nicht schon definitiv festgesetzt ist.

Art. 18. Die verbündeten Fürsten und freyen Städte kommen überein den Unterthanen der deutschen Bundesstaaten folgende Rechte zuzusichern:

a) Grundeigenthum ausserhalb des Staates, den sie bewohnen, zu erwerben und zu besitzen, ohne deshalb in dem fremden Staate mehreren Abgaben und Lasten unterworfen zu seyn, als dessen eigene Unterthanen.

b) Die Befugniß

1tens des freyen Wegziehens aus einem deutschen Bundesstaat in den andern, der erweißlich sie zu Unterthanen annehmen will, auch

2tens in Civil und Militairdienste desselben zu treten, beydes jedoch nur in so fern keine Verbindlichkeit zu Militärdiensten gegen das bisherige Vaterland im Wege stehe; und damit wegen der dermalen vorwaltenden Verschiedenheit der gesetzlichen Vorschriften über Militärpflichtigkeit hierunter nicht ein ungleichartiges für einzelne Bundes Staaten nachtheiliges Verhältniß entstehen möge, so wird bey der Bundesversammlung die Einführung möglichst gleichförmiger Grundsätze über diesen Gegenstand in Berathung genommen werden.

c) die Freyheit von aller Nachsteuer (jus detractus, gabella emigrationis) in sofern das Vermögen in einen andern deutschen Bundesstaat übergeht und mit diesem nicht besondere Verhältnisse durch Freyzügigkeits Verträge bestehen.

d) Die Bundesversammlung wird sich bey ihrer ersten Zusammenkunft mit Abfassung gleichförmiger Verfügungen über die Preßfreyheit und die Sicherstellung der Rechte der Schriftsteller und Verleger gegen den Nachdruck beschäftigen.

Art. 19. Die Bundesglieder behalten sich vor bey der ersten Zusammenkunft der Bundesversammlung in Frankfurth wegen des Handels und Verkehrs zwischen den verschiedenen Bundesstaaten, so wie wegen der Schifffahrt nach Anleitung der auf dem Kongreß zu Wien angenommenen Grundsätze in Berathung zu treten.

Art. 20. Der gegenwärtige Vertrag wird von allen contrahirenden Theilen ratifizirt werden und die Ratifikazionen sollen binnen der Zeit von sechs Wochen, oder wo möglich noch früher nach Wien an die Kaiserlich Oesterreichische Hof- und Staatskanzley eingesandt und bey Eröffnung des Bundes in das Archiv desselben niedergelegt werden.

Zur Urkunde dessen haben sämmtliche Bevollmächtigte den gegenwärtigen Vertrag unterzeichnet und mit ihren Wappen besiegelt. So geschehen Wien den achten Juny im Jahr eintausend achthundert und fünfzehn.

Fürst v. Metternich.
Freiherr v. Wessenberg.
Carl Fürst v. Hardenberg.

Wilhelm Freiherr von Humboldt.
Christian Graf von Bernstorff.
Joachim Graf von Bernstorff.
Alois Graf von Rechberg und Rothenlöwen.
Hans August Fürchtegott von Globig.
H. Freiherr v. Gagern.
E. Graf von Münster.
E. Graf von Hardenberg.
Graf von Keller zugleich für Braunschweig.
Georg Ferdinand Frhr. v. Lepel.
Johann Freyhr. von Türkheim.
Frhr. v. Minckwitz, substituirt für Herrn v. Gersdorf, Großherzogl. Sachsen Weimarischen Bevollmächtigten, und Herzoglich Sachsen Gothaischer und Sachsen Meiningischer Bevollmächtigter.
C. L. Frhr. v. Baumbach.
Frhr. Fischler von Treuberg.
Frhr. v. Maltzahn.
Leopold Frhr. v. Plessen.
Freihr. v. Oertzen.
v. Wolfframsdorff.
Freihr. v. Franck.
Franz Alois Edler Herr von Kirchbaur.
F. Marschall v. Bieberstein.
D. Georg v. Wiese, Fürstl. Liechtensteinischer und Reußischer Bevollmächtigter.
v. Weise.
Frhr. v. Ketelhodt.
v. Berg, Fürstl. Waldeckischer und Schaumburg Lippescher Bevollmächtigter.
Helwing.
J.F. Hach.
Danz.
Smidt.
Gries.

Quelle: Karl Binding, Hg., *Deutsche Staatsgrundgesetze in diplomatisch genauem Abdrucke:* Zu amtlichem und zu akademischem Gebrauche. Heft III. (Leipzig: Engelmann, 1898), 17–34.

2. Verfassung des Großherzogtums Baden 1818

Das Gebiet der vormaligen Markgrafschaft Baden, das am Vorabend der Französischen Revolution rund 3500 km^2 umfaßte, wuchs durch die verschiedenen Erweiterungen der napoleonischen Zeit auf insgesamt rund 115 000 km^2 an. Seine Bevölkerung verfünffachte sich auf fast 1 Million. Die Notwendigkeit der Konsolidierung des zusammengewürfelten Besitzes, Erbunsicherheiten und drohende bayerische Ansprüche auf die Kurpfalz führten zu dem Bestreben, die Staatlichkeit des nunmehrigen Großherzogtums abzusichern. Großherzog Karl (1786–1818; Regierung 1811–18) erließ daher am 4.10.1817 ein die Erbfolge festlegendes Haus- und Familienstatut. Vor allem aber setzte er am 22.8.1818 die von Karl Friedrich Nebenius (1784–1857) entworfene und nachstehend abgedruckte Repräsentativverfassung in Kraft. Sie war nicht die erste der in Erfüllung des Artikels 13 der Deutschen Bundesakte von 1815 (siehe oben Text Nr. 1) im Gebiet des Deutschen Bundes implementierten landständischen Verfassungen. Ein halbes Dutzend andere Staaten, darunter Sachsen-Weimar und Bayern, waren hierin vorausgegangen. Aber sie war, oktroyiert und doch eines liberalen Duktus nicht entratend, ein bezeichnendes Beispiel für den Konstitutionalismus dieser Epoche. Mit den angegebenen Änderungen hatte sie bis zur Revolution im November 1918 Bestand.

Verfassungs-Urkunde für das Großherzogthum Baden.

Carl, von Gottes Gnaden, Großherzog zu Baden, Herzog zu Zähringen, Landgraf zu Nellenburg, Graf zu Hanau etc.

Als Wir bereits im Jahr 1816. Unsern Unterthanen wiederholt bekannt machten, dem Großherzogthum eine Landständische Verfassung geben zu wollen, so hegten Wir den Wunsch und die Hoffnung, daß sämmtliche BundesGlieder über eine unabänderliche, wesentliche Grundlage dieser allen deutschen Völkern zugesicherten Einrichtung übereinkommen und nur in Entwicklung der aufgestellten Grundsätze ein jeder einzelner Staat seinen besondern Bedürfnissen, mit Rücksicht auf bestehende Verhältnisse, folgen möchte.

Da sich jedoch, nach den letzten, über diesen Gegenstand bey dem Bundestage abgelegten, Abstimmungen der Zeitpunkt noch nicht bestimmt voraussehen läßt, in welchem die Gestaltung der Ständischen Verfassung einen Gegenstand gemeinschaftlicher Berathungen bilden dürfte, so sehen Wir Uns nunmehr veranlaßt, die Unsern Unterthanen gegebene Zusicherung auf die Art und Weise in Erfüllung zu setzen, wie sie Unsrer innern freyen und festen Ueberzeugung entspricht.

Von dem aufrichtigsten Wunsche durchdrungen, die Bande des Vertrauens zwischen Uns und Unserm Volke immer fester zu knüpfen, und auf dem Wege, den Wir hierdurch bahnen, alle Unsre StaatsEinrichtungen zu einer höhern Vollkommenheit zu bringen, haben Wir nachstehende VerfassungsUrkunde gegeben, und versprechen feyerlich für Uns und Unsre Nachfolger, sie treulich und gewissenhaft zu halten und halten zu lassen:

I. Von dem Großherzogthum und der Regierung im Allgemeinen.

§. 1. Das Großherzogthum bildet einen Bestandtheil des deutschen Bundes.

§. 2. Alle organischen Beschlüsse der BundesVersammlung, welche die verfassungsmäßigen Verhältnisse Deutschlands oder die Verhältnisse deutscher Staatsbürger im Allgemeinen betreffen, machen einen Theil des badischen Staatsrechts aus, und werden für alle Classen von Landesangehörigen verbindlich, nachdem sie von dem StaatsOberhaupt verkündet worden sind.

§. 3. Das Großherzogthum ist untheilbar und unveräußerlich in allen seinen Theilen.

§. 4. Die Regierung des Landes ist erblich in der großherzoglichen Familie nach den Bestimmungen der Declaration vom 4ten October 1817., die als Grundlage des Hausgesetzes einen wesentlichen Bestandtheil der Verfassung bilden und als wörtlich in gegenwärtiger Urkunde aufgenommen betrachtet werden soll.

Die Deklaration war das Hausgesetz vom 4.10.1817 (SRBl. S. 94).

§. 5. Der Großherzog vereinigt in Sich alle Rechte der Staatsgewalt, und übt sie unter den in dieser Verfassungs-Urkunde festgesetzten Bestimmungen aus.

Seine Person ist heilig und unverletzlich.

§. 6. Das Großherzogthum hat eine ständische Verfassung.

II. Staatsbürgerliche und politische Rechte der Badener, und besondere Zusicherungen.

§. 7. Die Staatsbürgerlichen Rechte der Badener sind gleich in jeder Hinsicht, wo die Verfassung nicht namentlich und ausdrücklich eine Ausnahme begründet.

Die großherzoglichen StaatsMinister und sämmtliche Staatsdiener sind für die genaue Befolgung der Verfassung verantwortlich.

§. 8. Alle Badener tragen ohne Unterschied zu allen öffentlichen Lasten bey. Alle Befreyungen von directen oder indirecten Abgaben bleiben aufgehoben.

§. 9. Alle Staatsbürger von den drey christlichen Confessionen haben zu allen Civil- und MilitärStellen und Kirchenämtern gleiche Ansprüche.

Neue Fassung von §9, Absatz 1 durch Gesetz vom 17.2.1849 (RegBl. S. 75):

Alle Staatsbürger ohne Unterschied der Religion haben zu allen Civil- und Militärstellen und Kirchenämtern Ihrer Confession gleiche Ansprüche.

Alle Ausländer, welchen Wir ein StaatsAmt conferiren, erhalten durch diese Verleihung unmittelbar das Indigenat.

§. 10. Unterschied in der Geburt und der Religion begründet mit der für die Standesherrlichen Familien durch die BundesActe gemachten Ausnahme, keine Ausnahme der MilitairDienstpflicht.

§. 11. Für die bereits für ablöslich erklärten Grundlasten und Dienstpflichten und alle aus der aufgehobenen Leibeigenschaft herrührenden Abgaben soll durch ein Gesetz ein angemessener AbkaufsFuß regulirt werden.

§. 12. Das Gesetz vom 14ten August 1817., über die WegzugsFreyheit, wird als ein Bestandtheil der Verfassung angesehen.

§. 13. Eigenthum und persönliche Freyheit der Badener stehen für alle auf gleiche Weise unter dem Schutze der Verfassung.

§. 14. Die Gerichte sind unabhängig innerhalb der Gränzen ihrer Competenz.

Alle Erkenntnisse in bürgerlichen Rechtssachen müssen von den ordentlichen Gerichten ausgehen.

Der großherzogliche Fiscus nimmt in allen aus privatrechtlichen Verhältnissen entspringenden Streitigkeiten Recht vor den LandesGerichten.

Niemand kann gezwungen werden, sein Eigenthum zu öffentlichen Zwecken abzugeben, als nach Berathung und Entscheidung des StaatsMinisteriums, und nach vorgängiger Entschädigung.

§. 15. Niemand darf in CriminalSachen seinem ordentlichen Richter entzogen werden.

Niemand kann anders als in gesetzlicher Form verhaftet und länger als zweymal 24 Stunden im Gefängniß festgehalten werden, ohne über den Grund seiner Verhaftung vernommen zu seyn.

Der Großherzog kann erkannte Strafen mildern oder ganz nachlassen, aber nicht schärfen.

§. 16. Alle VermögensConfiscationen sollen abgeschafft werden.

§. 17. Die Preßfreyheit wird nach den künftigen Bestimmungen der BundesVersammlung gehandhabt werden.

§. 18. Jeder LandesEinwohner genießt der ungestörten Gewissensfreyheit und in Ansehung der Art seiner Gottesverehrung des gleichen Schutzes.

***§. 19.** Die politischen Rechte der drey christlichen Religionstheile sind gleich.*

Neue Fassung von § 19 durch Gesetz vom 17.2.1849 (RegBl. S. 75):

§. 19. Die politischen Rechte aller Religionstheile sind gleich.

§. 20. Das Kirchengut und die eigenthümlichen Güter und Einkünfte der Stiftungen, Unterrichts- und Wohlthätigkeitsanstalten dürfen ihrem Zwecke nicht entzogen werden.

§. 21. Die Dotationen der beyden LandesUniversitäten und anderer höherer Lehranstalten, sie mögen in eigenthümlichen Gütern und Gefällen, oder in Zuschüssen aus der allgemeinen StaatsCasse bestehen, sollen ungeschmälert bleiben.

§. 22. Jede, von Seite des Staats gegen seine Gläubiger übernommene, Verbindlichkeit ist unverletzlich.

Das Institut der AmortisationsCasse wird in seiner Verfassung aufrecht erhalten.

§. 23. Die Berechtigungen, die durch das Edict vom 23sten April 1818. den dem Großherzogthum angehörigen ehemaligen Reichsständen und Mitgliedern der vormaligen unmittelbaren ReichsRitterschaft verliehen worden sind, bilden einen Bestandtheil der StaatsVerfassung.

§. 24. Die RechtsVerhältnisse der Staatsdiener sind in der Art, wie sie das Gesetz vom heutigen festgestellt hat, durch die Verfassung garantirt.

§. 25. Die Institute der weltlichen und geistlichen WittwenCasse und der BrandVersicherung sollen in ihrer bisherigen Verfassung fortbestehen, und unter den Schutz der Verfassung gestellt seyn.

Die §§ 24 und 25 wurden durch § 147 Ziff. 1 des Beamtengesetzes vom 24.7.1888 (GVBl. S. 399) aufgehoben.

III. Ständeversammlung. Rechte und Pflichten der Stände-Glieder.

§. 26. Die Landstände sind in zwey Kammern abgetheilt.

§. 27. Die erste Kammer besteht:

1. *aus den Prinzen des Großherzoglichen Hauses,*
2. *aus den Häuptern der Standesherrlichen Familien,*
3. *aus dem Landesbischoff und Einem vom Großherzog Lebenslänglich ernannten protestantischen Geistlichen mit dem Range eines Prälaten,*
4. *aus Acht Abgeordneten des grundherrlichen Adels,*
5. *aus zwey Abgeordneten der LandesUniversitäten,*
6. *aus den vom Großherzog, ohne Rücksicht auf Stand und Geburt, zu Mitgliedern dieser Kammer ernannten Personen.*

Neue Fassung von § 27 durch Gesetz vom 24.8.1904 (GVBl. S. 339):

§. 27. Die erste Kammer besteht:

1. aus den Prinzen des Großherzoglichen Hauses,
2. aus den Häuptern der Standesherrlichen Familien,
3. aus dem katholischen Landesbischof und dem Prälaten der evangelischen Landeskirche,
4. aus acht Abgeordneten des Grundherrlichen Adels,
5. aus je einem Abgeordneten der drei Hochschulen,
6. aus sechs Abgeordneten, die von den gesetzlich organisierten Berufskörperschaften gewählt werden, und zwar drei von den Handelskammern, zwei von der Landwirtschaftskammer und einer von den Handwerkskammern,
7. aus zwei Oberbürgermeistern der der Städteordnung unterstehenden Städte, aus einem Bürgermeister einer sonstigen Stadt mit mehr als 3 000 Einwohnern und aus einem Mitglied eines der Kreisausschüsse; die Oberbürgermeister und der Bürgermeister werden von den Mitgliedern der Stadträte und der Gemeinderäte, das Mitglied des Kreisausschusses von sämtlichen Mitgliedern der Kreisausschüsse des Landes gewählt,
8. aus den vom Großherzog ernannten Mitgliedern.

§. 28. Die Prinzen des Hauses und die Standesherren treten, nach erlangter Volljährigkeit, in die Ständeversammlung ein. Von denjenigen Standesherrlichen Familien, die in mehrere Zweige sich theilen, ist das Haupt eines jeden Familien-Zweigs, der im Besitz einer Standesherrschaft sich befindet, Mitglied der Ersten Kammer.

Während der Minderjährigkeit des Besitzers einer Standesherrschaft ruhet dessen Stimme.

Die Häupter der Adelichen Familien, welchen der Großherzog eine Würde des hohen Adels verleihet, treten, gleich den Standesherrn, als erbliche Landstände in die Erste Kammer. Sie müssen aber ein nach dem Rechte der Erstgeburt und der LinealErbfolge erbliches Stamm- oder Lehngut besitzen, das in der Grund- und Gefällsteuer, nach Abzug des Lasten-Capitals, wenigstens zu 300,000 Gulden angeschlagen ist.

Durch Gesetz vom 24.8.1904 (GVBl. S. 339) wurden die Absätze 2 und 3 durch folgende Absätze 2 bis 4 ersetzt:

Den Häuptern adeliger Familien, deren im Großherzogtum befindlicher, als Stammgut anerkannter, nach dem Recht der Erstgeburt und nach der Lineal-Erbfolge vererblicher liegenschaftlicher Besitz nach Abzug des Lastenkapitals im Kataster der direkten Steuern auf mindestens eine Million Mark veranschlagt ist, kann durch Entschließung des Großherzogs das erbliche Recht der Mitgliedschaft in der ersten Kammer (erbliche Landstandschaft) verliehen werden. Fallen die Voraussetzungen der Verleihung weg, so erlischt die erbliche Landstandschaft.

Wer für den minderjährigen oder den wegen Geisteskrankheit entmündigten Besitzer eines standesherrlichen Guts als Vormund bestellt ist, kann, wenn er Agnat der Familie ist, an Stelle des Bevormundeten die Mitgliedschaft in der ersten Kammer ausüben.

Ist das Haupt einer standesherrlichen Familie aus anderen als den im dritten Absatz bezeichneten Gründen an der Ausübung der Mitgliedschaft verhindert, so kann es für die Dauer der Sitzungsperiode einen Agnaten als Stellvertreter mit der Ausübung der Mitgliedschaft betrauen. Die Bestellung des Stellvertreters ist dem Präsidenten der ersten Kammer und, wenn der Landtag nicht versammelt ist, dem Präsidenten des Staatsministeriums schriftlich anzuzeigen.

§. 29. *Bey der Wahl der Grundherrlichen Abgeordneten sind sämmtliche Adeliche Besitzer von Grundherrschaften, die das 21ste Lebensjahr zurückgelegt und im Lande ihren Wohnsitz haben, stimmfähig. Wählbar sind alle stimmfähige Grundherren, die das 25ste Lebensjahr zurückgelegt haben. Jede Wahl gilt für Acht Jahre. Alle vier Jahre tritt die Hälfte der Grundherrlichen Deputirten aus.*

Adelichen Güterbesitzern kann der Großherzog die Stimmfähigkeit und Wählbarkeit bey der Grundherrenwahl beylegen, wenn sie ein Stamm- oder Lehngut besitzen, das in der Grund- und Gefällsteuer, nach Abzug des LastenCapitals, wenigstens auf 60,000 Gulden angeschlagen ist, und nach dem Rechte der Erstgeburt nach der LinealErbfolge vererbt wird.

Neue Fassung von §29 durch Gesetz vom 24.8.1904 (GVBl. S. 339):

§. 29. Bei der Wahl der grundherrlichen Abgeordneten sind alle adeligen Eigentümer oder Miteigentümer eines im Großherzogtum befindlichen Gutes wahlberechtigt, welchem im Jahre 1806 die Eigenschaft der Reichsunmittelbarkeit oder das Recht der Patrimonialgerichtsbarkeit zustand.

Adeligen Grundbesitzern, deren im Großherzogtum befindlicher, als Stammgut anerkannter, nach dem Rechte der Erstgeburt und nach der Lineal-Erbfolge vererblicher liegenschaftlicher Besitz nach Abzug des Lastenkapitals im Kataster der direkten Steuern auf mindestens zweimalhunderttausend Mark veranschlagt ist, kann durch Entschließung des Großherzogs die vererbliche Berechtigung zur Teilnahme an der Wahl der grundherrlichen Abgeordneten beigelegt werden. Fallen die Voraussetzungen der Verleihung weg, so erlischt die Berechtigung.

§. 30. *In Ermangelung des Landesbischoffs tritt der BisthumsVerweser in die Stände-Versammlung.*

Neue Fassung von §30 durch Gesetz vom 24.8.1904 (GVBl. S. 339):

In Ermangelung des katholischen Landesbischofs tritt der Bistumsverweser in die erste Kammer ein.

§. 31. *Jede der beyden LandesUniversitäten wählt ihren Abgeordneten auf Vier Jahre aus der Mitte der Professoren oder aus der Zahl der Gelehrten oder Staatsdiener des Landes nach Willkühr. Nur die ordentlichen Professoren sind Stimmfähig.*

Durch Gesetz vom 5.8.1841 (SRBl. 213) wurde folgender Absatz 2 angefügt:

Beide Abgeordnete der Universitäten, sie mögen die zunächst Gewählten, oder wegen deren Austritt vor dem Zeitpunkt der regelmäßigen Erneuerung an deren Stelle gewählt worden seyn, treten mit der Hälfte der grundherrlichen Abgeordneten gleichzeitig aus.

Neue Fassung von § 31 durch Gesetz vom 24.8.1904 (GVBl. S. 339):

§. 31. Vom Großherzog, werden in die erste Kammer berufen:
1. zwei höhere richterliche Beamte,
2. weitere Mitglieder, jedoch nicht mehr als sechs, ohne Rücksicht auf Stand und Geburt.

§. 32. *Die Zahl der vom Großherzog ernannten Mitglieder der Ersten Kammer darf niemals Acht Personen übersteigen.*

Neue Fassung von § 32 und Erweiterung um §§ 32a und 32b durch Gesetz vom 24.8.1904 (GVBl. S. 339):

§. 32. Die zwei höheren richterlichen Beamten werden auf die Dauer ihres Amtes ernannt. Im übrigen erfolgt die Ernennung der vom Großherzog berufenen Mitglieder und ebenso die Wahl der Abgeordneten der Grundherren, der Hochschulen, der Berufskörperschaften und der Städte und Kreise für die vierjährige Landtagsperiode.

§. 32 a. Bei den Wahlen der im § 27 Ziffer 4 bis 7 bezeichneten Mitglieder sind nur solche Personen wahlberechtigt, welche die badische Staatsangehörigkeit besitzen, im Großherzogtum einen Wohnsitz haben, mindestens fünfundzwanzig Jahre alt sind, und bei denen keine der im § 35 bezeichneten Tatsachen vorliegt.

Die bei diesen Wahlen Wahlberechtigten sind auch wählbar, sofern sie das dreißigste Lebensjahr zurückgelegt haben. Das Ruhen der Wahlberechtigung gemäß § 35 Ziffer 4 schließt die Wählbarkeit nicht aus. Diesen Vorraussetzungen der Wählbarkeit müssen auch die in § 28 bezeichneten Stellvertreter entsprechen.

Außerdem ist bei den Wahlen der Abgeordneten der Hochschulen die Wahlberechtigung auf die ordentlichen Professoren der betreffenden Hochschule und bei den Wahlen der Grundherren die Wählbarkeit auf die nach § 29 Wahlberechtigten beschränkt.

§. 32 b. Wer Mitglied der zweiten Kammer ist, kann nicht als Mitglied in die erste Kammer eintreten.

Nimmt ein Mitglied der ersten Kammer die Wahl als Abgeordneter zur zweiten Kammer an, so hört damit die Mitgliedschaft in der ersten Kammer auf.

§. 33. *Die Zweyte Kammer besteht aus 63 Abgeordneten der Städte und Aemter nach der dieser VerfassungsUrkunde angehängten Vertheilungsliste.*

Neue Fassung von § 33 durch Gesetz vom 24.8.1904 (GVBl. S. 339):

§. 33. Die zweite Kammer besteht aus dreiundsiebenzig Abgeordneten. Die Abgeordneten werden, jeder in einem besonderen Wahlkreise, in allgemeiner, unmittelbarer und geheimer Abstimmung gewählt.

§. 34. Diese Abgeordneten werden von erwählten Wahlmännern erwählt.

Neue Fassung von § 34 durch Gesetz vom 24.8.1904 (GVBl. S. 339):

§. 34. Zur Abstimmung bei der Wahl der Abgeordneten zur zweiten Kammer sind die männlichen Personen über fünfundzwanzig Jahre berechtigt, welche im Zeitpunkt der Wahl im Großherzogtum einen Wohnsitz haben und seit mindestens zwei Jahren die badische Staatsangehörigkeit besitzen. Jedoch genügt einjähriger Besitz der badischen Staatsangehörigkeit, falls der Wohnsitz im Großherzogtum unmittelbar vor der Wahl mindestens ein Jahr gedauert hat.

§. 35. Wer wirkliches Mitglied der Ersten Kammer oder bey der Wahl der Grundherren stimmfähig oder wählbar ist, kann weder bey Ernennung der Wahlmänner ein Stimmrecht ausüben, noch als Wahlmann oder Abgeordneter der Städte und Aemter gewählt werden.

Neue Fassung von § 35 durch Gesetz vom 24.8.1904 (GVBl. S. 339):

§. 35. Die Befugnis zur Ausübung der Wahlberechtigung ruht:

1. Wenn der Wahlberechtigte unter Vormundschaft oder wegen geistiger Gebrechen unter Pflegschaft steht;
2. wenn über das Vermögen eines Wahlberechtigten der Kokurs eröffnet ist, während der Dauer des Konkursverfahrens;
3. wenn der Wahlberechtigte, den Fall eines vorübergehenden Unglücks ausgenommen, eine Armenunterstützung aus öffentlichen Mitteln bezieht oder im letzten der Wahl vorausgegangenen Jahre bezogen hat; die Befreiung von der Entrichtung des für den Besuch öffentlicher Unterrichtsanstalten schuldigen Entgelts und die unentgeltliche Beschaffung der für die Besucher solcher Anstalten erforderlichen Unterrichtsmittel gilt nicht als Armenunterstützung;
4. wenn der Wahlberechtigte trotz rechtzeitiger Mahnung und ohne Stundung erhalten zu haben bei Abschluß der Wählerliste mit der Entrichtung einer ihm für das vorausgegangene Steuerjahr gegenüber dem Staat oder der Gemeinde obliegenden direkten Steuer im Rückstand ist.

§. 36. Alle übrigen Staatsbürger, die das 25ste Lebensjahr zurückgelegt haben, im Wahldistrict als Bürger angesessen sind, oder ein öffentliches Amt bekleiden, sind bey der Wahl der Wahlmänner stimmfähig und wählbar.

Neue Fassung von § 36 durch Gesetz vom 21.12.1869 (GVBl. S. 571):

§. 36. Alle übrigen Staatsbürger, welche das fünf und zwanzigste Lebensjahr zurückgelegt und in dem Wahlbezirke ihren Wohnsitz haben, sind – vorbehaltlich der besonderen gesetzlichen Ausnahmen – bei der Wahl der Wahlmänner stimmfähig und wählbar.

Neue Fassung von § 36 durch Gesetz vom 24.8.1904 (GVBl. S. 339):

§. 36. Alle wahlberechtigten Staatsangehörigen sind wählbar, ausgenommen diejenigen, welche im Zeitpunkte der Wahl das dreißigste Lebensjahr noch nicht vollendet haben oder auf welche § 35 Ziffer 1 bis 3 Anwendung findet.

Die Vorsteher und Beamten der Bezirksämter, der Amtsgerichte und Notariate, sowie der Bezirksbehörden der Steuer-, Zoll-, Domänen-, Forstverwaltung, der staatlichen Hochbau-, Wasserbau-, Straßenbau- und Eisenbahnverwaltung, die Bezirksärzte, Bezirkstierärzte und die Ortsgeistlichen sind in einem Wahlbezirke nicht wählbar, welchem ihr Dienstbezirk ganz oder teilweise angehört.

§. 37. *Zum Abgeordneten kann ernannt werden, ohne Rücksicht auf Wohnort, jeder durch den §. 35 nicht ausgeschlossene Staatsbürger, der*

1) *einer der drey christlichen Confessionen angehört,*

Durch Gesetz vom 17.2.1849 (RegBl. S. 75) wurde diese Ziffer 1 aufgehoben.

2) *das 30ste Lebensjahr zurückgelegt hat und*
3) *in dem Grund-, Häuser- und Gewerbs-Steuer Kataster wenigstens mit einem Capital von 10,000 Gulden eingetragen ist, oder eine jährliche lebenslängliche Rente von wenigstens 1500 Gulden von einem Stamm- oder Lehn-gutsBesitze, oder eine fixe ständige Besoldung oder Kirchenpfründe von gleichem Betrag als Staats- oder Kirchendiener bezieht, auch in diesen beyden letztern Fällen wenigstens irgend eine directe Steuer aus Eigenthum zahlt.*

Durch Gesetz vom 21.10.1867 (RegBl. S. 423) wurde diese Ziffer 3 aufgehoben. Durch Gesetz vom 21.12.1867 (RegBl. S. 571) wurde Absatz 1 neu gefaßt wie folgt:

Zum Abgeordneten kann ohne Rücksicht auf Wohnort ernannt werden jeder Staatsbürger, welcher das 30te Lebensjahr vollendet hat, und die Wählbarkeit zum Wahlmann besitzt.

Landes-, Standes- und Grund-herrliche BezirksBeamte, Pfarrer, Physici und andere geistliche oder weltliche Localdiener können als Abgeordnete nicht von den Wahlbezirken gewählt werden, wozu ihr Amtsbezirk gehört.

Neue Fassung von § 37 durch Gesetz vom 24.8.1904 (GVBl. S. 339):

§. 37. Sämtliche Abgeordnete der zweiten Kammer werden in Zeiträumen von vier Jahren neu gewählt (Landtagsperiode).

Die periodische Wahl findet gleichzeitig für sämtliche Abgeordnete an einem vom Großherzog zu bestimmenden Tage statt.

Die Eigenschaft als Abgeordneter erlischt, wenn seit dem Tage der periodischen Neuwahl vier Jahre umflossen sind.

§. 38. *Die Abgeordnete der Städte und Aemter werden auf Acht Jahre ernannt und so, daß die Kammer alle zwey Jahre zu einem Viertel erneuert wird.*

Neue Fassung von § 38 durch Gesetz vom 16.4.1870 (GVBl. S. 299):

Die Abgeordneten der Städte und Aemter werden auf vier Jahre gewählt. Sie werden alle zwei Jahre zur Hälfte erneuert.

Neue Fassung von § 38 durch Gesetz vom 24.8.1904 (GVBl. S. 339):

§. 38. Im übrigen werden die Vorschriften über die Ausübung des Wahlrechts zu beiden Kammern, insbesondere über die Wahlkreise und das Wahlverfahren, durch besonderes Gesetz geordnet.

Hieraus resultierten das Landtagswahlgesetz vom 24.8.1904 (GVBl. S. 347) und das Wahlkreisgesetz vom 24.8.1904 (GVBl. S. 362) .

***§. 39.** Jede neue Wahl eines Abgeordneten, die wegen Auflösung der Versammlung oder wegen des regelmäßigen Austritts eines Mitglieds nöthig wird, zieht eine neue Wahl der Wahlmänner nach sich.*

Neue Fassung von § 39 durch Gesetz vom 24.8.1904 (GVBl. S. 339):

§. 39. Auf die durch Wahl, durch Ernennung oder durch Berufung als Stellvertreter begründete Mitgliedschaft im Landtag kann durch schriftliche Erklärung Verzicht geleistet werden. Dieselbe ist bei versammeltem Landtage dem Präsidenten der betreffenden Kammer, sonst dem Präsidenten des Staatsministeriums abzugeben. Ein Widerruf des rechtsgültig erklärten Verzichts findet nicht statt.

Ist ein gewähltes oder ernanntes Mitglied des Landtags durch Tod, Verzicht oder durch Wegfall einer der für die Wählbarkeit maßgebenden Voraussetzungen ausgeschieden, so hört die Mitgliedschaft des zu seinem Ersatz in den Landtag Eingetretenen in dem Zeitpunkte auf, in welchem der Ausgeschiedene ohne den Eintritt jener besonderen Tatsachen die Mitgliedschaft im Landtag verloren haben würde.

***§. 40.** Jeder Austretende ist wieder wählbar.*

Neue Fassung von § 40 durch Gesetz vom 24.8.1904 (GVBl. S. 339):

§. 40. Die aus dem Landtage ausgetretenen gewählten Mitglieder sind wieder wählbar, sofern im Zeitpunkt der Wahl die gesetzlichen Voraussetzungen der Wählbarkeit vorliegen.

Durch Gesetz vom 21.12.1869 (GVBl. S. 571) wurde folgender § 40 a eingefügt:

§. 40 a. Wenn ein durch Wahl ernanntes Mitglied einer Kammer ein besoldetes Staatsamt annimmt oder im Staatsdienst in ein Amt eintritt, mit welchem ein höherer Rang oder ein höheres Gehalt verbunden ist, so verliert es Sitz und Stimme in der Kammer und kann seine Stelle in derselben nur durch neue Wahl wieder erlangen.

§. 41. Jede Kammer erkennt über die streitigen Wahlen der ihr angehörigen Mitglieder.

§. 42. Der Großherzog ruft die Stände zusammen, vertagt sie und kann sie auflösen.

§. 43. Die Auflösung der Stände bewirkt, daß alle durch Wahl ernannte Mitglieder der ersten und zweyten Kammer, die Abgeordnete der Grundherren, der Universitäten und der Städte und Aemter, ihre Eigenschaft verlieren.

Neue Fassung von § 43 durch Gesetz vom 24.8.1904 (GVBl. S. 339):

§. 43. Die Auflösung der Ständeversammlung bewirkt, daß alle für diese eine Landtagsperiode Gewählten oder Ernannten ihre Mitgliedschaft verlieren.

§. 44. Erfolgt die Auflösung, ehe der Gegenstand der Berathung erschöpft ist, so muß längstens innerhalb drey Monaten zu einer neuen Wahl geschritten werden.

§. 45. Der Großherzog ernennt für jeden Landtag den Präsidenten der ersten Kammer; die zweyte Kammer wählt für die PräsidentenStelle drey Candidaten, wovon der Großherzog für die Dauer der Versammlung Einen bestätigt.

Neue Fassung von § 45 durch Gesetz vom 21.12.1869 (GVBl. S. 571):

§. 45. Der Großherzog ernennt für jeden Landtag den Präsidenten der ersten Kammer; die zweite Kammer wählt selbst ihren Präsidenten.

§. 46. Alle zwey Jahre muß eine Ständeversammlung statt finden.

§. 47. Die Mitglieder beyder Kammern können ihr Stimmrecht nicht anders als in Person ausüben.

§. 48. Die Ständeglieder sind berufen, über die Gegenstände ihrer Berathungen nach eigener Ueberzeugung abzustimmen. Sie dürfen von ihren Committenten keine Instructionen annehmen.

Durch Gesetz vom 21.10.1867 (RegBl. S. 423) wurde folgender § 48 a eingefügt:

§. 48 a. Kein Kammermitglied kann wegen seiner Abstimmungen oder wegen seiner Äußerungen bei Kammer-, Abtheilungs- und Kommissions-Verhandlungen anders als nach Maßgabe der Geschäftsordnung der Kammer zur Verantwortung gezogen werden.

Wahrheitsgetreue Berichte über Verhandlungen in den öffentlichen Sitzungen beider Kammern bleiben von jeder Verantwortlichkeit frei.

§. 49. Kein Ständeglied kann während der Dauer der Versammlung, ohne ausdrückliche Erlaubniß der Kammer, wozu es gehört, verhaftet werden; den Fall der Ergreifung auf frischer Tat bey begangenen peinlichen Verbrechen ausgenommen.

§. 50. Die Stände können sich nur mit den nach gegenwärtigem Grundgesetz zu ihrer Berathung geeigneten oder vom Großherzog besonders an sie gebrachten Gegenständen beschäftigen.

§. 51. Es besteht ein ständischer Ausschuß aus dem Präsidenten der letzten Sitzung und drey andern Mitgliedern der 1ten und sechs Mitgliedern der 2ten Kammer; dessen Wirksamkeit auf den namentlich in dieser Urkunde ausgedruckten Fall oder auf die von dem letzten Landtag mit Genehmigung des Großherzogs an ihn gewiesenen Gegenstände beschränkt ist.

Dieser Ausschuß wird vor dem Schlusse des Landtags, auch bey jeder Vertagung desselben, in beyden Kammern durch relative Stimmenmehrheit gewählt. Jede Auflösung des Landtags zieht auch die Auflösung des, wenn gleich schon gewählten, Ausschusses nach sich.

§. 52. Die Kammern können sich weder eigenmächtig versammeln, noch nach erfolgter Auflösung oder Vertagung beysammen bleiben und berathschlagen.

IV. Wirksamkeit der Stände.

§. 53. Ohne Zustimmung der Stände kann keine Auflage ausgeschrieben und erhoben werden.

§. 54. Das Auflagen-Gesetz wird in der Regel für zwey Jahre gegeben. Solche Auflagen jedoch, mit denen auf längere Zeit abgeschlossene Verträge in unmittelbarer Verbindung stehen, können vor Ablauf des betreffenden Contractes nicht abgeändert werden.

§. 55. Mit dem Entwurf des Auflagen-Gesetzes wird das StaatsBudjet und eine detaillirte Uebersicht über die Verwendung der verwilligten Gelder von den frühern EtatsJahren übergeben. Es darf darin kein Posten für geheime Ausgaben vorkommen, wofür nicht eine schriftliche, von einem Mitglied des StaatsMinisteriums contrasignirte, Versicherung des Großherzogs beygebracht wird, daß die Summe zum wahren Besten des Landes verwendet worden sey, oder verwendet werden solle.

§. 56. Die Stände können die Bewilligung der Steuern nicht an Bedingungen knüpfen.

§. 57. Ohne Zustimmung der Stände kann kein Anlehn gültig gemacht werden. Ausgenommen sind die Anlehen, wodurch etatsmäßige Einnahmen zu etatsmäßigen Ausgaben nur anticipirt werden, so wie die Geldaufnahmen der Amortisationskasse, zu denen sie, vermöge ihres Fundations-Gesetzes, ermächtigt ist.

Für Fälle eines außerordentlichen unvorhergesehenen dringenden Staatsbedürfnisses, dessen Betrag mit den Kosten einer außerordentlichen Versammlung der Stände nicht im Verhältniß steht und wozu das CreditVotum der Stände nicht reicht, ist die Zustimmung der Mehrheit des Ausschusses hinreichend, eine Geld-Aufnahme gültig zu machen. Dem nächsten Landtag werden die gepflogenen Verhandlungen vorgelegt.

§. 58. Es darf keine Domaine ohne Zustimmung der Stände veräussert werden. Ausgenommen sind die zu Schuldentilgungen bereits beschlossenen Veräusserungen, Ablosungen von Lehen, Erbbeständen, Gülten, Zinnsen, Frohndiensten, Verkäufe von entbehrlichen Gebäuden, von Gütern und Gefällen, die in benachbarten Staaten gelegen sind, und alle Veräusserungen, die aus Staatswirthschaftlichen Rücksichten zur Beförderung der LandesCultur oder zur Aufhebung einer nachtheiligen eigenen Verwaltung geschehen. Der Erlös muß aber zu neuen Erwerbungen verwendet oder der SchuldentilgungsCasse zur Verzinsung übergeben werden.

Ausgenommen sind auch Täusche und Veräusserungen zum Zweck der Beendigung eines, über Eigenthums- oder Dienstbarkeits-Verhältnisse anhängigen, Rechtsstreits; ferner die Wiedervergebung heimgefallener Thron-, Ritter- und Kammerlehen während der Zeit der Regierung des Regenten, dem sie selbst heimgefallen sind.

Da durch diesen und den §. 57. der Zweck der pragmatischen Sanction über Staatsschulden und Staatsveräusserungen vom 1ten October 1806. und vom 18ten November 1808. vollständig erreicht ist, so hört die Verbindlichkeit derselben mit dem Tage auf, wo die Landständische Verfassung in Wirksamkeit getreten seyn wird.

§. 59. Ohngeachtet die Domainen nach allgemein anerkannten Grundsätzen des Staats- und Fürstenrechts unstreitiges PatrimonialEigenthum des Regenten und seiner Familie sind, und Wir sie auch in dieser Eigenschaft, vermöge obhabender Pflichten als Haupt der Familie, hiermit ausdrücklich bestätigen, so wollen Wir dennoch den Ertrag derselben, ausser der darauf radicirten Civilliste und ausser andern darauf haftenden Lasten, solang als Wir Uns nicht durch Herstellung der Finanzen in dem Stand befinden werden, Unsere Unterthanen nach Unserm innigsten Wunsche zu erleichtern, – der Bestreitung der Staatslasten ferner belassen.

Die Civilliste kann, ohne Zustimmung der Stände, nicht erhöhet, und ohne Bewilligung des Großherzogs, niemals gemindert werden.

§. 60. *Jeder die Finanzen betreffende Gesetzes-Entwurf geht zuerst an die zweyte Kammer, und kann nur dann, wenn er von dieser angenommen worden, vor die erste Kammer zur Abstimmung über Annahme oder NichtAnnahme im Ganzen ohne alle Abänderung gebracht werden.*

Neue Fassung von § 60 durch Gesetz vom 24.8.1904 (GVBl. S. 339):

§. 60. Nachstehende, die Finanzen betreffende Vorlagen gehen zunächst an die zweite Kammer:

1. die Nachweisungen über den Vollzug der Staatsausgaben und -Einnahmen (Rechnungsnachweisungen) und die vergleichenden Darstellungen der Budgetsätze mit den Rechnungsergebnissen;
2. Gesetzentwürfe, welche über die Verwaltung der Staatsausgaben und -Einnahmen oder über die direkten und indirekten Staatssteuern dauernde Bestimmungen treffen;
3. der Entwurf des Finanzgesetzes (Auflagengesetzes, §§54 und 55) nebst dem Staatsvoranschlag (Staatsbudget), sowie sonstige Entwürfe über Bestimmung der Steuersätze für eine Budgetperiode, über Veräußerung, Belastung oder Verwendung des Staats- oder Domänenvermögens, über Aufnahme von Anlehen, Übernahme von Staatsbürgschaften oder von sonstigen Staatsverbindlichkeiten ähnlicher Art.

§.61. *Tritt die Mehrheit der ersten Kammer dem Beschluß der zweyten nicht bey, so werden die bejahenden und verneinenden Stimmen beyder Kammern zusammen gezählt und nach der absoluten Mehrheit sämmtlicher Stimmen der Stände-Beschluß gezogen.*

Neue Fassung von §61 durch Gesetz vom 24.8.1904 (GVBl. S. 339):

§.61. Über die in §60 Ziffer 1 bezeichneten Vorlagen findet eine Beschlußfassung der ersten Kammer statt, nachdem die zweite Kammer darüber beschlossen hat.

Über die in §60 Ziffer 2 und 3 bezeichneten Entwürfe wird von der ersten Kammer erst beschlossen, nachdem sie von der zweiten Kammer angenommen worden sind, unbeschadet der Befugnis der ersten Kammer, über die einzelnen Teile des Staatsvoranschlags gesondert zu beschließen, sobald die Beschlußfassung der zweiten Kammer darüber erfolgt ist.

Weichen hinsichtlich der einzelnen Positionen des Staatsvoranschlags (Staatsbudgets) die Beschlüsse der ersten Kammer von denen der zweiten ab und ist auch bei wiederholter Beschlußfassúng beider Kammern und nach vorausgegangenem Verständigungsversuch gemäß §75 Absatz 2 eine Ausgleichung der Verschiedenheiten nicht zu erzielen, so werden diese Positionen in den dem Finanzgesetz anzuschließenden Staatsvoranschlag so eingestellt, wie sich bei der endgültigen Beschlußfassung die zweite Kammer dafür ausgesprochen hat.

Lehnt die erste Kammer einen von der zweiten Kammer angenommenen Entwurf der in §60 Ziffer 3 bezeichneten Art im ganzen ab, so wird auf Verlangen der Regierung oder der zweiten Kammer in einer Gesamtabstimmung mit Durchzählung der in beiden Kammern abgegebenen Stimmen darüber beschlossen, ob der Entwurf in der ihm von der zweiten Kammer gegebenen Fassung anzunehmen sei.

§.62. Die alten auch nicht ständigen Abgaben dürfen nach Ablauf der VerwilligungsZeit noch Sechs Monate fort erhoben werden, wenn die Stände-Versammlung aufgelöset wird, ehe ein neues Budjet zu Stande kommt, oder wenn sich die ständischen Berathungen verzögern.

§. 63. Bey Rüstungen zu einem Kriege und während der Dauer eines Kriegs kann der Großherzog, zur schleunigen und würksamen Erfüllung seiner Bundespflichten, auch vor eingeholter Zustimmung der Stände, gültige Staatsanlehen machen oder Kriegssteuern ausschreiben. Für diesen Fall wird den Ständen eine nähere Einsicht und Mitwirkung in der Verwaltung in der Art eingeräumt,

1) Daß der alsdann zusammen zu berufende Ausschuß zwey Mitglieder an die Ministerien der Finanzen und des Kriegs und einen Commissair zur Kriegs-Casse abordnen darf, um darauf zu wachen, daß die zu Kriegszwecken erhobenen Gelder auch wirklich und ausschließlich zu diesem Zwecke verwendet werden, und daß derselbe
2) zu der jeweils, wegen Kriegsprästationen aller Art aufzustellenden Kriegs-Commission eben so viele Mitglieder abzugeben hat, als der Großherzog, ohne den Vorstand zu rechnen, zur Leitung des Marsch-Verpflegungs- und Lieferungsweesens ernennt. Auch soll der Ausschuß das Recht haben, zu gleichem Zweck einer jeden Provinzial-Behörde, aus der Zahl der in dem Provinz-Bezirk wohnenden Ständeglieder, zwey Abgeordnete beyzugeben.

§. 64. Kein Gesetz, das die Verfassungsurkunde ergänzt, erläutert oder abändert, darf ohne Zustimmung einer Mehrheit von 2/3tel der anwesenden Stände-Glieder einer jeden der beyden Kammern gegeben werden.

§. 65. Zu allen andern die Freyheit der Personen oder das Eigenthum der Staatsangehörigen betreffenden allgemeinen neuen Landesgesetzen oder zur Abänderung oder authentischen Erklärung der bestehenden, ist die Zustimmung der absoluten Mehrheit einer jeden der beyden Kammern erforderlich.

Durch Gesetz vom 21.12.1869 (GVBl. S. 571) wurde folgender § 65 a eingefügt:

§. 65 a. Das Recht, Gesetze vorzuschlagen, steht dem Großherzog, sowie jeder Kammer zu.

§. 66. Der Großherzog bestätigt und promulgirt die Gesetze, erläßt die zu deren Vollzug und Handhabung erforderlichen – die aus dem Aufsichts- und Verwaltungs-Recht abfliessenden – und alle für die Sicherheit des Staats nöthigen Verfügungen, Reglements und allgemeinen Verordnungen. Er erläßt auch solche, ihrer Natur nach zwar zur ständischen Berathung geeignete, aber durch das Staatswohl dringend gebotene Verordnungen, deren vorübergehender Zweck durch jede Verzögerung vereitelt würde.

§. 67. Die Kammern haben das Recht der Vorstellung und Beschwerde; Verordnungen, worinnen Bestimmungen eingeflossen, wodurch sie ihr Zustimmungsrecht für gekränkt erachten, sollen auf ihre erhobene gegründete Beschwerde sogleich ausser Wirksamkeit gesetzt werden. Sie können den Großherzog unter Angabe der Gründe um den Vorschlag eines Gesetzes bitten. Sie haben das Recht, Mißbräuche in der Verwaltung, die zu ihrer Kenntniß gelangen, der Regierung anzuzeigen. *Sie haben das Recht, Minister und die Mitglieder der obersten Staatsbehörden wegen Verletzung der Verfassung oder anerkannt verfassungsmäßiger Rechte förmlich anzuklagen. Ein besonderes Gesetz soll die Fälle der Anklage, die Grade der Ahndung, die urtheilende Behörde und die Procedur bestimmen.*

Durch Gesetz vom 20.2.1868 (RegBl. S. 423) wurden die beiden letzten Sätze gestrichen.

Beschwerden einzelner Staatsbürger über Kränkung in ihren verfassungsmäßigen Gerechtsamen können von den Kammern nicht anders als schriftlich und nur dann angenommen werden, wenn der Beschwerdeführer nachweißt, daß er sich vergebens an die geeigneten Landesstellen und zuletzt an das StaatsMinisterium um Abhülfe gewendet hat.

Keine Vorstellung, Beschwerde oder Anklage kann an den Großherzog gebracht werden, ohne Zustimmung der Mehrheit einer jeden der beyden Kammern.

Durch Gesetz vom 20.2.1868 (RegBl. S. 423) wurde Absatz 3 aufgehoben und durch folgende Absätze 3 bis 5 ersetzt:

Zu Beschwerden, welche die Beschuldigung einer Verletzung der Verfassung oder verfassungsmäßiger Rechte enthalten, ist die Zweite Kammer allein befugt. Jedoch steht der Ersten Kammer dasselbe Recht der Beschwerde an den Großherzog wegen Verletzung ihrer verfassungsmäßigen Rechte zu. Die Beschlüsse über derartige Beschwerden erfordern die im §. 67a. vorgeschriebene Stimmenmehrheit.

Zu andern Vorstellungen an den Großherzog sind beide Kammern, sei es in Gemeinschaft, sei es jede für sich allein, berechtigt.

Eine Bitte um Vorlage eines Gesetzes darf nur dann von einer Kammer an den Großherzog gebracht werden, wenn dieselbe zuvor der andern Kammer mitgetheilt und dieser Gelegenheit gegeben worden ist, sich darüber auszusprechen.

Durch Gesetz vom 20.2.1868 (RegBl. S. 423) wurde folgender Abschnitt IVa (§§ 67a bis 67g) eingefügt:

IVa. Von den Anklagen gegen die Minister.

§. 67a. Die Zweite Kammer hat das Recht, die Minister und Mitglieder der obersten Staatsbehörde wegen einer durch Handlungen oder Unterlassungen wissentlich oder aus grober Fahrlässigkeit begangenen Verletzung der Verfassung oder anerkannt verfassungsmäßiger Rechte, oder schweren Gefährdung der Sicherheit oder Wohlfahrt des Staates förmlich anzuklagen.

Ein solcher Beschluß erfordert die in den §§ 64 und 74 für Verfassungsänderungen vorgeschriebene Stimmenzahl; die Zurücknahme desselben kann mit einfacher Stimmenmehrheit geschehen.

Das Anklagerecht der Zweiten Kammer wird durch die Entfernung des Angeklagten vom Dienste, mag sie vor oder nach erhobener Anklage erfolgen, nicht aufgehoben.

Im Falle der Verurtheilung ist die Entlassung des Angeklagten aus dem Staatsdienste zu erkennen.

Diese Folge der Verurtheilung kann nur auf Antrag oder mit Zustimmung der Stände wieder aufgehoben werden.

Ueber etwaige Entschädigungsforderungen steht dem Staatsgerichtshof keine Entscheidung zu.

§. 67 b. Das Richteramt über die im vorigen Paragraphen erwähnte Anklage übt die Erste Kammer als Staatsgerichtshof in Verbindung mit dem Präsidenten des obersten Gerichtshofs und acht weitern Richtern aus, welche aus den Kollegialgerichten durch das Loos bezeichnet und der Ersten Kammer beigeordnet werden.

Dem Angeklagten und den Vertretern der Anklage steht ein Ablehnungsrecht zu.

Der Präsident der Ersten Kammer hat den Vorsitz. Sein Stellvertreter ist der Präsident des obersten Gerichtshofes.

Das Nähere über die Bildung des Staatsgerichtshofes, sowie das Verfahren bei demselben wird durch ein gemeines Gesetz bestimmt.

Hierzu Gesetz vom 11.12.1869 (GVBl. S. 542), das Verfahren bei Ministerklagen betreffend.

§. 67 c. Wird ein Minister oder ein Mitglied der obersten Staatsbehörde beschuldigt, zugleich mit den in §. 67a. erwähnten Verletzungen, oder auch ohne eine solche, ein Staatsverbrechen oder ein gemeines Verbrechen durch Mißbrauch seines Amts begangen zu haben, so ist die Zweite Kammer befugt, zu beantragen, daß der Staatsgerichtshof den Beschuldigten wegen dieses Vergehens vor das zuständige ordentliche Strafgericht zur Aburtheilung verweise.

Dieser Antrag ist in den in §. 67a. vorgeschriebenen Formen zu beschließen und mit der Anklage, wo eine solche stattfindet, zu verbinden, andernfalls aber selbstständig bei dem Staatsgerichtshof zu stellen.

§. 67 d. Die während der Ständeversammlung von der Zweiten Kammer beschlossene Anklage wird auch nach der Vertagung oder dem Schlusse des Landtages von den erwählten Kommissären verfolgt und die Erste Kammer gilt in Beziehung auf diesen Gegenstand nicht als vertagt oder geschlossen.

Dasselbe gilt von der Auflösung der Ständeversammlung, jedoch wird die Schlußverhandlung und Entscheidung über die Anklage bis nach Ablauf der in §. 44 der Verfassungsurkunde festgesetzten Frist verschoben.

§. 67 e. Hat zur Zeit der Einberufung einer neuen Ständeversammlung der Staatsgerichtshof das Urtheil noch nicht gefällt, so wird derselbe neu gebildet, und die Zweite Kammer wählt auf's Neue die Kommissäre zur Vertretung der Anklage.

Erfolgt jetzt eine abermalige Auflösung, so bleibt die von der Zweiten Kammer gewählte Kommission zur Vertretung der Anklage ermächtigt und ebenso der Staatsgerichtshof in dem früheren Bestand.

§. 67 f. Das Recht der Anklage erlischt drei Jahre von dem Zeitpunkte, wo die verletzende Handlung zur Kenntniß des Landtages gekommen ist, wenn die Zweite Kammer jenes Recht nicht wenigstens durch den Beschluß, den Antrag auf Erhebung einer Anklage in Betracht zu ziehen, gewahrt hat.

Die Anklage kann ferner nicht mehr erhoben werden, wenn die Mehrheit der Zweiten Kammer jene Handlung gebilligt hat.

§. 67 g. Verordnungen und Verfügungen des Großherzogs, welche sich auf die Regierung und Verwaltung des Landes beziehen, sind in der Urschrift von den zustimmenden Mitgliedern der obersten Staatsbehörde zu unterzeichnen und gelten nur als vollziehbar, wenn die Ausfertigung von einem Minister gegengezeichnet ist.

V. Eröffnung der Ständischen Sitzungen, Formen der Berathungen.

§. 68. Jeder Landtag wird in den für diesen Fall vereinigten Kammern, vom Großherzog in Person, oder von einem von Ihm ernannten Commissär eröffnet und geschlossen.

§. 69. Sämmtliche neu eintretende Mitglieder schwören bey Eröffnung des Landtags folgenden Eyd:

Ich schwöre Treue dem Großherzog, Gehorsam dem Gesetze, Beobachtung und Aufrechthaltung der Staatsverfassung und in der Ständeversammlung nur des ganzen Landes allgemeines Wohl und Bestes ohne Rücksicht auf besondere Stände oder Classen nach meiner innern Ueberzeugung zu berathen: So wahr mir Gott helfe *und sein heiliges Evangelium.*

Durch Gesetz vom 17.2.1849 (RegBl. S. 75) wurden die Worte „und sein heiliges Evangelium" gestrichen.

***§. 70.** Kein Landesherrlicher Antrag kann zur Discussion und Abstimmung gebracht werden, bevor er nicht in besondern Commissionen erörtert und darüber Vortrag erstattet worden ist.*

§ 70 wurde 1869 aufgehoben; siehe unten die Anmerkung zu § 73.

***§. 71.** Die Landesherrlichen Commissarien treten zur vorläufigen Erörterung der Entwürfe mit ständischen Commissarien zusammen, so oft es von der einen oder andern Seite für nothwendig erachtet wird. Keine wesentliche Abänderung in einem Gesetz-Entwurf* *kann getroffen werden, die nicht mit den Landesherrlichen Commissarien in einem solchen gemeinschaftlichen Zusammentritt erörtert worden ist.*

§71 wurde 1869 aufgehoben; siehe unten die Anmerkung zu §73.

§. 72. Die Kammern können einen zum Vortrag gebrachten Entwurf nochmals an die Commissionen zurückweisen.

§72 wurde 1869 aufgehoben; siehe unten die Anmerkung zu §73.

§. 73. Ein von der einen Kammer an die andere gebrachter Gesetzes-Entwurf oder Vorschlag irgend einer Art, kann, wenn er nicht Finanz-Gegenstände betrifft, mit Verbesserungs-Vorschlägen, die in einer Commission nach §. 71. erörtert worden, an die andere Kammer zurückgegeben werden.

Durch Gesetz vom 21.12.1869 (GVBl. S. 571) wurden die §§70, 71, 72 und 73 aufgehoben. An ihrer Stelle wurde folgender §70a eingefügt:

§. 70a. Die Annahme eines Gesetzentwurfes, sowie die Ablehnung eines landesherrlichen Gesetzesvorschlages können in jeder Kammer, sowohl nach stattgefundener Vorberathung in einem besonderen Ausschusse, als auch ohne solche erfolgen, letzteres aber nur auf Grund einer zweimaligen, durch eine Zwischenzeit von mindestens drei Tagen getrennten Berathung und Abstimmung. Ein von der einen Kammer an die andere gebrachter Gesetzentwurf oder Vorschlag irgend einer Art kann, wenn er nicht Finanzgegenstände betrifft, mit Verbesserungsvorschlägen an die andere Kammer zurückgegeben werden.

Durch Gesetz vom 24.8.1904 (GVBl. S. 339) wurde §70a aufgehoben. An seiner Stelle wurden die folgenden §§70 bis 73 eingefügt:

§. 70. Die Annahme eines Entwurfs, sowie die Ablehnung eines landesherrlichen Vorschlags können in jeder Kammer sowohl nach Vorberatung in einem besonderen Ausschusse, als auch ohne solche erfolgen, letzteres aber nur auf Grund einer zweimaligen, durch eine Zwischenzeit von mindestens drei Tagen getrennten Beratung und Abstimmung. Ein von der einen Kammer an die andere gebrachter Entwurf oder Vorschlag kann mit Verbesserungsvorschlägen an die andere Kammer zurückgegeben werden.

§. 71. Zur Gültigkeit der Beschlußfassung einer Kammer ist, wo nicht ausdrücklich Ausnahmen festgesetzt sind, die Zustimmung der absoluten Mehrheit der in gesetzlicher Anzahl anwesenden Mitglieder erforderlich.

Bei gleicher Stimmenzahl gibt die Stimme des Präsidenten die Entscheidung.

Die Stimmenzahl und das Verfahren bei den von den Kammern vorzunehmenden Wahlen wird, unbeschadet der in §51 enthaltenen Vorschrift, durch die Geschäftsordnung geregelt.

§. 72. Die erste Kammer wird durch die Anwesenheit von mindestens fünfzehn, die zweite Kammer durch die Anwesenheit von mindestens siebenunddreißig Mitgliedern, einschließlich der Präsidenten, beschlußfähig.

§. 73. Zur gültigen Abstimmung über Entwürfe, durch welche die Verfassung ergänzt, erläutert oder abgeändert werden soll, wird in beiden Kammern die Anwesenheit von mindestens drei Vierteln der Mitglieder erfordert.

Bei Berechnung der drei Viertel werden in der ersten Kammer die im § 27 Ziffer 1 bis 3 genannten Mitglieder, wenn sie in der betreffenden Sitzungsperiode am Landtage weder in Person, noch durch Stellvertreter teilnehmen, nicht gezählt.

§. 74. Jeder gültige Beschluß einer Kammer erfordert, wo nicht ausdrücklich eine Ausnahme festgesetzt worden ist, absolute Stimmenmehrheit bey vollzähliger Versammlung. Bey gleicher Stimmenzahl giebt die Stimme des Präsidenten die Entscheidung. Tritt der Fall ein, daß in Finanzsachen die Stimmen beyder Kammern zusammengezählt werden müssen, so entscheidet bey Stimmengleichheit die Stimme des Präsidenten der zweyten Kammer.

Man stimmt ab mit lauter Stimme und den Worten:

Einverstanden! oder: Nichteinverstanden! Nur bey der Wahl der Candidaten für die Präsidentenstelle der 2ten Kammer, – der Ausschußglieder und der Glieder der Commissionen, entscheidet relative Stimmenmehrheit bey Geheimer Stimmgebung.

Neue Fassung von Absatz 2 durch Gesetz vom 21.12.1869 (GVBl. S. 571):

Die Stimmenzahl und das Verfahren bei den von den Kammern vorzunehmenden Wahlen wird unbeschadet der in §. 51 der Verfassungsurkunde enthaltenen Vorschrift durch die Geschäftsordnungen geregelt.

Die erste Kammer wird durch die Anwesenheit von 10; die zweyte durch die Anwesenheit von 35 Mitgliedern, einschließlich der Präsidenten, vollzählig. Zur gültigen Berathschlagung über die Abänderung der Verfassung wird in beyden Kammern die Anwesenheit von 3/4 der Mitglieder erfordert.

Neue Fassung von § 74 durch Gesetz vom 24.8.1904 (GVBl. S. 339):

§ 74. Zur Gültigkeit einer Gesamtabstimmung nach § 61 Absatz 4 wird erfordert, daß in jeder Kammer die zur Beschlußfassung nötige Zahl von Mitgliedern anwesend ist.

Der Entwurf gilt als angenommen, wenn sich bei der Durchzählung die Mehrheit der in beiden Kammern abgegebenen Stimmen dafür ausgesprochen hat; bei Stimmengleichheit entscheidet die Stimme des Präsidenten der zweiten Kammer.

Durch Gesetz vom 27.6.1862 (RegBl. S. 233) wurde folgender § 74 a eingefügt:

§. 74 a. Die in §. 27, Absatz 1, 2 und 3 der Verfassungs-Urkunde genannten Mitglieder der ersten Kammer der Landstände sind derjenigen Zahl von Anwesenden, welche der §. 74 zur giltigen Berathschlagung über die Abänderung der Verfassung vorschreibt, nur insofern beizurechnen, als sie an dem betreffenden Landtage Theil nehmen.

§. 75. Die beyden Kammern können weder im Ganzen noch durch Commissionen zusammentreten; sie beschränken sich in ihrem Verhältniß zu einander auf die gegenseitige Mittheilung ihrer Beschlüsse.

Neue Fassung von Absatz 1 durch Gesetz vom 21.12.1869 (GVBl. S. 571):

Die beiden Kammern können nicht zusammentreten, sie beschränken sich in ihrem Verhältniß zu einander auf die gegenseitige Mittheilung ihrer Beschlüsse.

Durch Gesetz vom 24.8.1904 (GVBl. S. 339) wurde Absatz 1 durch folgende Absätze 1 bis 3 ersetzt:

Außer bei der Eröffnung und bei der Schließung des Landtags dürfen die beiden Kammern nicht zusammentreten.

Wenn aber die Beschlüsse beider Kammern von einander abweichen, kann auf Anregung der einen öder andern Seite durch Vermittelung des Präsidenten zum Zweck einer Verständigung ein Zusammentritt der beiderseitigen Kommissionen stattfinden.

Beide Kammern beschränken sich in ihrem Verhältniß zu einander auf die gegenseitige Mitteilung ihrer Beschlüsse.

Sie stehen nur mit dem Großherzoglichen StaatsMinisterium in unmittelbarer Geschäftsberührung; sie können keine Verfügungen treffen oder Bekanntmachungen irgend einer Art erlassen.

Deputationen dürfen sie nur, jede besonders, nach eingeholter Erlaubniß, an den Großherzog abordnen.

§. 76. Die Minister und Mitglieder des StaatsMinisteriums und Großherzoglichen Commissarien haben jederzeit bey öffentlicher und geheimer Sitzung Zutritt in jeder Kammer, und müssen bey allen Discussionen gehört werden, wenn sie es verlangen. *Nur bey der Abstimmung treten sie ab, wenn sie nicht Mitglieder der Kammer sind. Nach ihrem Abtritt dürfen die Discussionen nicht wieder aufgenommen werden.*

Durch Gesetz vom 21.12.1869 (GVBl. S. 571) wurden Satz 2 und 3 aufgehoben und statt dessen folgender Absatz 2 eingefügt:

Wenn eine Vorberathung in einem besondern Ausschuß stattfindet, so treten zur vorläufigen Erörterung der Entwürfe die landesherrlichen Commissarien mit den ständischen Ausschüssen zusammen, so oft es von der einen oder andern Seite für notwendig erachtet wird. Keine wesentliche Abänderung in einem Gesetzentwurf kann getroffen werden, die nicht mit den landesherrlichen Commissarien in einem solchen gemeinschaftlichen Zusammentritt erörtert worden ist.

§. 77. Nur den Landesherrlichen Commissarien und den Mitgliedern der ständischen Commissionen wird gestattet, geschriebene Reden abzulesen; allen übrigen Mitgliedern sind blos mündliche Vorträge gestattet.

§. 78. Die Sitzungen beyder Kammern sind öffentlich. Sie werden geheim auf das Begehren der Regierungs-Commissarien, bey Eröffnungen, für welche sie die Geheimhaltung nöthig erachten, und auf das Begehren von drey Mitgliedern, denen nach dem Abtritt der Zuhörer aber wenigstens 1/4tel der Mitglieder über die Nothwendigkeit der geheimen Berathung beytreten muß.

§. 79. Die Reihenfolge, wornach die Abgeordneten der Grundherren und der Städte und Aemter aus der Versammlung austreten, wird auf dem ersten Landtage für die einzelnen Wahlbezirke ein für allemal durch das Los bestimmt. Die Hälfte der Grundherrlichen Abgeordneten tritt im Jahre 1823. aus, und dann alle vier Jahre wieder die Hälfte. Im Jahre 1821. tritt 1/4tel der Abgeordneten der Städte und Aemter und dann alle zwey Jahre wieder 1/4tel aus.

§79 wurde durch Gesetze vom 28.12.1831 (SRBl. S. 62) und vom 5.8.1841 (SRBl. S. 213) geändert. Neue Fassung durch Gesetz vom 16.4.1870 (GVBl. S. 299):

Nach jeder Gesammterneuerung der Kammern im Fall des §. 43 der Verfassungsurkunde wird auf dem ersten Landtage die Reihenfolge des regelmäßigen Austritts der Abgeordneten der Grundherrn Städte und Aemter durch das Loos ein für allemal bis zu einer wieder eintretenden Gesammterneuerung bestimmt. Von den Abgeordneten der Städte und Aemter sollen erstmals nur 31 und in der zweiten Periode 32 Mitglieder austreten.

Die theilweise Erneuerung geschieht jeweils am 1. Juli des zweiten Jahres einer Budgetperiode, und nach einer Gesammt-Erneuerung der Kammern der erste theilweise Austritt der grundherrlichen Abgeordneten am 1. Juli des vierten, der erste theilweise Austritt der Abgeordneten der Städte und Aemter aber am 1. Juli des zweiten Jahres, überall unter der Voraussetzung, daß an diesem Tage die Kammern weder zu einem ordentlichen, noch zu einem außerordentlichen Landtage versammelt sind.

Niemals jedoch darf ein solcher, noch der vorigen Periode angehöriger Landtag das Budget auch für die folgende votiren, sondern es muß hierzu der regelmäßig zur Hälfte erneuerte berufen werden. Findet die Auflösung einer Ständeversammlung vor Bewilligung des der laufenden Landtagsperiode angehörenden Budgets statt, so wird die Dauer ihrer Sitzung dem neu- einzuberufenden Landtage eingerechnet, sodaß die erste Hälfte der grundherrlichen Abgeordneten und der Mitglieder der zweiten Kammer mit dem 30. Juni des nämlichen Jahres austritt, an welchem der betreffende Theil der Mitglieder der aufgelösten Kammer hätte austreten müssen.

Findet dagegen die Auflösung erst nach Bewilligung des betreffenden Budgets statt, so wird die bis zur regelmäßigen nächsten Erneuerung noch verlaufende Zeit der neu einzuberufenden Ständeversammlung nicht eingerechnet; sondern es dauert die Vollmacht der Letzteren so lange fort, als wäre sie erst im Zeitpunkt jener regelmäßigen (theilweisen) Erneuerung berufen worden.

Neufassung von §79 durch Gesetz vom 24.8.1904 (GVBl. S. 339):

§79. Die vierjährige Landtagsperiode zerfällt in zwei Sitzungsperioden von je zweijähriger Dauer. In jeder Sitzungsperiode wird über das Finanzgesetz Beschluß gefaßt.

Ist der Landtag während der Sitzungsperiode aufgelöst worden, ehe über das Finanzgesetz Beschluß gefaßt war, so wird für den neu berufenen Landtag die Dauer der ersten Sitzungsperiode und der Mitgliedschaft so berechnet, wie wenn die Wahl bei Beginn derjenigen Sitzungsperiode, in welcher der letzte Landtag aufgelöst wurde, stattgefunden hätte.

Ist die Auflösung nach der Beschlußfassung über das Finanzgesetz erfolgt, so wird der Rest der noch nicht abgelaufenen Sitzungsperiode der vierjährigen Landtagsperiode des neuen Landtags zugeschlagen.

Die Vorschrift des §37 Absatz 2 findet auch im Fall der Auflösung Anwendung.

§.80. Bey der ersten Wahlhandlung erkennt über alle, wegen Gültigkeit der Wahlen entstehenden, Streitigkeiten die Landesherrliche CentralCommission, die mit der ersten Vollziehung des Constitutions-Gesetzes beauftragt werden wird.

§.81. Die Zeit der Eröffnung des Ersten Landtags wird auf den Ersten Februar 1819. festgesetzt.

§.82. Der zur Zeit der Eröffnung des Ersten Landtags, wo die Constitution in Wirksamkeit tritt, bestehende Zustand in allen Zweigen der Verwaltung und Gesetzgebung dauert fort, bis die erste Verabschiedung mit dem Landtage in den Gegenständen, die sich dazu eignen, getroffen seyn wird.

Insbesondere wird das erste Budjet bis zur Vereinbarung mit den Ständen provisorisch in Vollzug gesetzt.

§.83. Gegenwärtige Verfassung wird unter die Garantie des deutschen Bundes gestellt.

Der Bundestag entsprach dem badischen Antrag nicht, die Verfassung unter Bundesgarantie zu stellen.

Gegeben unter Unserer eigenhändigen Unterschrift und dem beygedruckten grössern Staats-Siegel. Griesbach den 22ten August 1818.

Carl

Vdt. F.A. Wielandt.

Auf Befehl Seiner Königlichen Hoheit.
Weiß

Quelle: *Großherzoglich-Badisches Staats- und Regierungs-Blatt 1818,* S. 101–15.

3. Wiener Schlußakte 1820

Da die Deutsche Bundesakte von 1815 (siehe oben Dokument Nr. 1) nur einen knappen Rahmenvertrag darstellte, trafen sich Abgesandte der stimmführenden Mächte zwischen dem 24.11.1819 und dem 24.5.1820 zu Ministerialkonferenzen in Wien, um die Bundesverfassung weiter auszugestalten. Das Ergebnis dieser Bemühung war die hier abgedruckte sogenannte Wiener Schlußakte vom 15.5.1820, in der die Verfassung des Deutschen Bundes ihre endgültige Form erhielt. Die Akte wurde am 20.7. durch das Plenum der Bundesversammlung in Frankfurt einstimmig angenommen und damit rechtskräftig.

Schluss-Akte der über Ausbildung und Befestigung des deutschen Bundes zu Wien gehaltenen Ministerial-Conferenzen.

Die souverainen Fürsten und freien Städte Deutschlands, eingedenk ihrer bey Stiftung des deutschen Bundes übernommenen Verpflichtung, den Bestimmungen der Bundes-Acte durch ergänzende und erläuternde Grundgesetze eine zweckgemäße Entwickelung, und hiemit dem Bundes-Verein selbst die erforderliche Vollendung zu sichern, überzeugt, daß sie, um das Band, welches das gesammte Deutschland in Friede und Eintracht verbindet, unauflöslich zu befestigen, nicht länger anstehen durften, jener Verpflichtung und einem allgemein gefühlten Bedürfnisse durch gemeinschaftliche Berathungen Genüge zu leisten, haben zu diesem Ende nachstehende Bevollmächtigte ernannt, nämlich:

[Es folgen die Namen der Bevollmächtigten.]

welche zu Wien, nach geschehner Auswechslung ihrer richtig befundenen Vollmachten, in Cabinets-Conferenzen zusammengetreten, und, nach sorgfältiger Erwägung und Ausgleichung der wechselseitigen Ansichten, Wünsche und Vorschläge ihrer Regierungen, zu einer definitiven Vereinbarung über folgende Artikel gelangt sind:

Art. 1. Der deutsche Bund ist ein völkerrechtlicher Verein der deutschen souverainen Fürsten und freien Städte, zur Bewahrung der Unabhängigkeit und Unverletzbarkeit ihrer im Bunde begriffenen Staaten und zur Erhaltung der innern und äußern Sicherheit Deutschlands.

Art. 2. Dieser Verein besteht in seinem Innern als eine Gemeinschaft selbstständiger unter sich unabhängiger Staaten, mit wechselseitigen gleichen Vertrags-Rechten und Vertrags-obliegenheiten, in seinen äußern Verhältnissen aber als eine in politischer Einheit verbundene Gesammt-Macht.

Art. 3. Der Umfang und die Schranken, welche der Bund seiner Wirksamkeit vorgezeichnet hat, sind in der Bundes-Acte bestimmt, die der Grundvertrag und das erste Grundgesetz dieses Vereins ist. Indem dieselbe die Zwecke des Bundes ausspricht, bedingt und begrenzt sie zugleich dessen Befugnisse und Verpflichtungen.

Art. 4. Der Gesammtheit der Bundes-Glieder steht die Befugniß der Entwickelung und Ausbildung der Bundes-Acte zu, in so fern die Erfüllung der darin aufgestellten Zwecke solche nothwendig macht. Die deßhalb zu fassenden Beschlüsse dürfen aber mit dem Geiste der Bundes-Acte nicht im Widerspruch stehen, noch von dem Grund-Charakter des Bundes abweichen.

Art. 5. Der Bund ist als ein unauflöslicher Verein gegründet, und es kann daher der Austritt aus diesem Verein keinem Mitgliede desselben frey stehen.

Art. 6. Der Bund ist nach seiner ursprünglichen Bestimmung auf die gegenwärtig daran Theil nehmenden Staaten beschränkt. – Die Aufnahme eines neuen Mitgliedes kann nur Statt haben, wenn die Gesammtheit der Bundes-Glieder solche mit den bestehenden Verhältnissen vereinbar und dem Vortheil des Ganzen angemessen findet. – Veränderungen in dem gegenwärtigen Besitzstande der Bundes-Glieder können keine Veränderungen in den Rechten und Verpflichtungen derselben in Bezug auf den Bund, ohne ausdrückliche Zustimmung der Gesammtheit, bewirken. – Eine freiwillige Abtretung auf einem Bundes-Gebiete haftender Souverainitäts-Rechte kann ohne solche Zustimmung nur zu Gunsten eines Mitverbündeten geschehen.

Art. 7. Die Bundes-Versammlung, aus den Bevollmächtigten sämmtlicher Bundes-Glieder gebildet, stellt den Bund in seiner Gesammtheit vor, und ist das beständige verfassungsmäßige Organ seines Willens und Handelns.

Art. 8. Die einzelnen Bevollmächtigten am Bundestage sind von ihren Committenten unbedingt abhängig, und diesen allein wegen getreuer Befolgung der ihnen ertheilten Instructionen, so wie wegen ihrer Geschäftsführung überhaupt verantwortlich.

Art. 9. Die Bundes-Versammlung übt ihre Rechte und Obliegenheiten nur innerhalb der ihr vorgezeichneten Schranken aus. Ihre Wirksamkeit ist zunächst durch die Vorschriften der Bundes-Acte, und durch die in Gemäßheit derselben beschlossenen oder ferner zu beschließenden Grundgesetze, wo aber diese nicht zureichen, durch die im Grundvertrage bezeichneten Bundeszwecke bestimmt.

Art. 10. Der Gesammtwille des Bundes wird durch verfassungsmäßige Beschlüsse der Bundes-Versammlung ausgesprochen; verfassungsmäßig aber sind diejenigen Beschlüsse, die innerhalb der Grenzen der Competenz der Bundes-

Versammlung, nach vorgängiger Berathung, durch freie Abstimmung entweder im engern Rathe oder im Plenum gefasst werden, je nachdem das Eine oder das Andere durch die grundgesetzlichen Bestimmungen vorgeschrieben ist.

Art. 11. In der Regel fasst die Bundes-Versammlung die zur Besorgung der gemeinsamen Angelegenheiten des Bundes erforderlichen Beschlüsse im engern Rathe nach absoluter Stimmenmehrheit. Diese Form der Schlußfassung findet in allen Fällen Statt, wo bereits feststehende allgemeine Grundsätze in Anwendung, oder beschlossene Gesetze und Einrichtungen zur Ausführung zu bringen sind, überhaupt aber bey allen Berathungs-Gegenständen, welche die Bundes-Acte oder spätere Beschlüsse nicht bestimmt davon ausgenommen haben.

Art. 12. Nur in den in der Bundes-Acte ausdrücklich bezeichneten Fällen und wo es auf eine Kriegs-Erklärung oder Friedens-Schluß-Bestätigung von Seiten des Bundes ankömmt, wie auch, wenn über die Aufnahme eines neuen Mitgliedes in den Bund entschieden werden soll, bildet sich die Versammlung zu einem Plenum. Ist in einzelnen Fällen die Frage, ob ein Gegenstand vor das Plenum gehört, zweifelhaft, so steht die Entscheidung derselben dem engern Rathe zu. Im Plenum findet keine Erörterung noch Berathung Statt, sondern es wird nur darüber abgestimmt, ob ein im engern Rathe vorbereiteter Beschluß angenommen oder verworfen werden soll. – Ein gültiger Beschluß im Plenum setzt eine Mehrheit von zwey Drittheilen der Stimmen voraus.

Art. 13. Ueber folgende Gegenstände:

1. Annahme neuer Grundgesetze, oder Abänderung der bestehenden;
2. Organische Einrichtungen, das heisst, bleibende Anstalten, als Mittel zur Erfüllung der ausgesprochenen Bundeszwecke;
3. Aufnahme neuer Mitglieder in den Bund;
4. Religions-Angelegenheiten;

findet kein Beschluß durch Stimmenmehrheit Statt; jedoch kann eine definitive Abstimmung über Gegenstände dieser Art nur nach genauer Prüfung und Erörterung der den Widerspruch einzelner Bundes-Glieder bestimmenden Gründe, deren Darlegung in keinem Falle verweigert werden darf, erfolgen.

Art. 14. Was insbesondere die organischen Einrichtungen betrifft, so muß nicht nur über die Vorfrage, ob solche unter den obwaltenden Umständen nothwendig sind, sondern auch über Entwurf und Anlage derselben in ihren allgemeinen Umrissen und wesentlichen Bestimmungen, im Plenum, und durch Stimmen-Einhelligkeit entschieden werden. Wenn die Entscheidung zu Gunsten der vorgeschlagenen Einrichtung ausgefallen ist, so bleiben die sämmtlichen weiteren Verhandlungen über die Ausführung im Einzelnen der engern Versammlung überlassen, welche alle dabey noch vorkommenden Fragen durch Stimmenmehrheit entscheidet, auch nach Befinden der Umstände eine Commission aus ihrer Mitte anordnet, um die verschiednen Meinungen und Anträge mit möglichster Schonung und Berücksichtigung der Verhältnisse und Wünsche der Einzelnen auszugleichen.

Art. 15. In Fällen, wo die Bundes-Glieder nicht in ihrer vertragsmäßigen Einheit, sondern als einzelne, selbstständige und unabhängige Staaten erscheinen, folglich jura singulorum obwalten, oder wo einzelnen Bundesgliedern eine besondere, nicht in den gemeinsamen Verpflichtungen Aller begriffene Leistung oder Verwilligung für den Bund zugemuthet werden sollte, kann ohne freie Zustimmung sämmtlicher Betheiligten kein dieselben verbindender Beschluß gefaßt werden.

Art. 16. Wenn die Besitzungen eines souverainen deutschen Hauses durch Erbfolge auf ein anderes übergehen, so hängt es von der Gesammtheit des Bundes ab, ob und in wie fern die auf jenen Besitzungen haftenden Stimmen im Plenum, da im engern Rathe kein Bundes-Glied mehr als eine Stimme führen kann, dem neuen Besitzer beigelegt werden sollen.

Art. 17. Die Bundesversammlung ist berufen, zur Aufrechthaltung des wahren Sinnes der Bundes-Acte, die darin enthaltenen Bestimmungen, wenn über deren Auslegung Zweifel entstehen sollten, dem Bundeszweck gemäß zu erklären, und in allen vorkommenden Fällen den Vorschriften dieser Urkunde ihre richtige Anwendung zu sichern.

Art. 18. Da Eintracht und Friede unter den Bundes-Gliedern ungestört aufrecht erhalten werden soll, so hat die Bundes-Versammlung, wenn die innere Ruhe und Sicherheit des Bundes auf irgend eine Weise bedroht oder gestört ist, über Erhaltung oder Wiederherstellung derselben Rath zu pflegen, und die dazu geeigneten Beschlüsse nach Anleitung der in den folgenden Artikeln enthaltenen Bestimmungen zu fassen.

Art. 19. Wenn zwischen Bundes-Gliedern Thätlichkeiten zu besorgen, oder wirklich ausgeübt worden sind, so ist die Bundes-Versammlung berufen, vorläufige Maßregeln zu ergreifen, wodurch jeder Selbsthülfe vorgebeugt, und der bereits unternommenen Einhalt gethan werde. Zu dem Ende hat sie vor allem für Aufrechthaltung des Besitzstandes Sorge zu tragen.

Art. 20. Wenn die Bundes-Versammlung von einem Bundes-Gliede zum Schutze des Besitzstandes angerufen wird, und der jüngste Besitzstand streitig ist, so soll sie für diesen besondern Fall befugt seyn, ein bey der Sache nicht betheiligtes Bundes-Glied in der Nähe des zu schützenden Gebietes aufzufordern, die Thatsache des jüngsten Besitzes, und die angezeigte Störung desselben ohne Zeitverlust durch seinen obersten Gerichtshof summarisch untersuchen, und darüber einen rechtlichen Bescheid abfassen zu lassen, dessen Vollziehung die Bundes-Versammlung, wenn der Bundesstaat, gegen welchen er gerichtet ist, sich nicht auf vorgängige Aufforderung freiwillig dazu versteht, durch die ihr zu diesem Ende angewiesenen Mittel zu bewirken hat.

Art. 21. Die Bundes-Versammlung hat in allen, nach Vorschrift der Bundes-Acte bey ihr anzubringenden Streitigkeiten der Bundes-Glieder die Vermittlung durch einen Außschuß zu versuchen. Können die entstandnen Streitigkeiten auf diesem Wege nicht beygelegt werden, so hat sie die Entscheidung derselben durch eine Austrägal-Instanz zu veranlassen, und dabey, so lange nicht wegen der Austrägal-Gerichte überhaupt eine anderweitige Uebereinkunft zwischen den Bundes-Gliedern Statt gefunden hat, die in dem Bundes-Tags-Beschlusse vom sechszehnten Juny achtzehn-hundert und siebenzehn enthaltnen Vorschriften, so wie den, in Folge gleichzeitig an die Bundes-Tags-Gesandten ergehender Instructionen, zu fassenden besondern Beschluß zu beobachten.

Art. 22. Wenn nach Anleitung des obgedachten Bundes-Tags-Beschlusses der oberste Gerichtshof eines Bundes-Staats zur Austrägal-Instanz gewählt ist, so steht demselben die Leitung des Processes und die Entscheidung des Streits in allen seinen Haupt- und Neben-Punkten uneingeschränkt, und ohne alle weitere Einwirkung der Bundes-Versammlung oder der Landesregierung zu. Letztere wird jedoch, auf Antrag der Bundesversammlung, oder der streitenden Theile im Fall einer Zögerung von Seiten des Gerichts, die zur Beförderung der Entscheidung nöthigen Verfügungen erlassen.

Art. 23. Wo keine besondre Entscheidungs-Normen vorhanden sind, hat das Austrägal-Gericht nach den in Rechts-Streitigkeiten derselben Art vormals von den Reichs-Gerichten subsidiarisch befolgten Rechtsquellen, in so fern solche auf die jetzigen Verhältnisse der Bundes-Glieder noch anwendbar sind, zu erkennen.

Art. 24. Es steht übrigens den Bundes-Gliedern frey, sowohl bey einzelnen vorkommenden Streitigkeiten, als für alle künftige Fälle, wegen besonderer Austräge oder Compromisse übereinzukommen, wie denn auch frühere Familien- oder Vertrags-Austräge durch Errichtung der Bundes-Austrägal-Instanz nicht aufgehoben, noch abgeändert werden.

Art. 25. Die Aufrechthaltung der innern Ruhe und Ordnung in den Bundesstaaten steht den Regierungen allein zu. Als Ausnahme kann jedoch, in Rücksicht auf die innere Sicherheit des gesammten Bundes, und in Folge der Verpflichtung der Bundes-Glieder zu gegenseitiger Hülfsleistung, die Mitwirkung der Gesammtheit zur Erhaltung oder Wiederherstellung der Ruhe, im Fall einer Widersetzlichkeit der Unterthanen gegen die Regierung, eines offenen Aufruhrs, oder gefährlicher Bewegungen in mehreren Bundesstaaten, Statt finden.

Art. 26. Wenn in einem Bundesstaate durch Widersetzlichkeit der Unterthanen gegen die Obrigkeit die innere Ruhe unmittelbar gefährdet, und eine Verbreitung aufrührerischer Bewegungen zu fürchten, oder ein wirklicher Aufruhr zum Ausbruch gekommen ist, und die Regierung selbst, nach Erschöpfung der verfassungsmäßigen und gesetzlichen Mittel, den Beistand des Bundes anruft, so liegt der Bundes-Versammlung ob, die schleunigste Hülfe zur Wiederherstellung der Ordnung zu veranlassen. Sollte im letztgedachten Falle die Regierung notorisch außer Stande seyn, den Aufruhr durch eigene Kräfte zu unterdrücken, zugleich aber durch die Umstände gehindert werden, die Hülfe des Bundes zu begehren, so ist die Bundes-Versammlung nichts desto weniger verpflichtet auch unaufgerufen zur Wiederherstellung der Ordnung und Sicherheit einzuschreiten. In jedem Falle aber dürfen die verfügten Maßregeln von keiner längern Dauer seyn, als die Regierung, welcher die bundesmäßige Hülfe geleistet wird, es nothwendig erachtet.

Art. 27. Die Regierung, welcher eine solche Hülfe zu Theil geworden ist, ist gehalten, die Bundes-Versammlung von der Veranlassung der eingetretenen Unruhen in Kenntniß zu setzen, und von den zur Befestigung der wiederhergestellten gesetzlichen Ordnung getroffenen Maßregeln eine beruhigende Anzeige an dieselbe gelangen zu lassen.

Art. 28. Wenn die öffentliche Ruhe und gesetzliche Ordnung in mehreren Bundesstaaten durch gefährliche Verbindungen und Anschläge bedroht sind, und dagegen nur durch Zusammenwirken der Gesammtheit zureichende Maßregeln ergriffen werden können, so ist die Bundes-Versammlung befugt und berufen, nach vorgängiger Rücksprache mit den zunächst bedrohten Regierungen, solche Maßregeln zu berathen und zu beschließen.

Art. 29. Wenn in einem Bundesstaate der Fall einer Justiz-Verweigerung eintritt, und auf gesetzlichen Wegen ausreichende Hülfe nicht erlangt werden kann, so liegt der Bundes-Versammlung ob, erwiesne, nach der Verfassung und den bestehenden Gesetzen jedes Landes, zu beurtheilende Beschwerden über verweigerte oder gehemmte Rechtspflege anzunehmen, und darauf die gerichtliche Hülfe bey der B[undes-]Regierung, die zu der Beschwerde Anlaß gegeben hat, zu bewirken.

Art. 30. Wenn Forderungen von Privat-Personen deßhalb nicht befriedigt werden können, weil die Verpflichtung, denselben Genüge zu leisten, zwischen mehreren Bundes-Gliedern zweifelhaft oder bestritten ist, so hat die Bundesversammlung, auf Anrufen der Betheiligten, zuvörderst eine Ausgleichung auf gütlichem Wege zu versuchen, im Fall aber, daß dieser Versuch ohne Erfolg bliebe, und die in Anspruch genommenen Bundes-Glieder sich nicht in einer zu bestimmenden Frist über ein Compromiß vereinigten, die rechtliche Entscheidung der streitigen Vorfrage durch eine Austrägal-Instanz zu veranlassen.

Art. 31. Die Bundes-Versammlung hat das Recht und die Verbindlichkeit, für die Vollziehung der Bundes-Acte und übrigen Grundgesetze des Bundes, der in Gemäßheit ihrer Competenz von ihr gefaßten Beschlüsse, der durch Austräge gefällten schiedsrichterlichen Erkenntnisse, der unter die Gewährleistung des Bundes gestellten compromissarischen Entscheidungen und der am Bundestage vermittelten Vergleiche, so wie für die Aufrechthaltung der von dem Bunde übernommenen besonderen Garantien, zu sorgen, auch zu diesem Ende, nach Erschöpfung aller andern bundesverfassungsmäßigen Mittel, die erforderlichen Executions-Maßregeln, mit genauer Beobachtung der in einer besonderen Executions-Ordnung dieserhalb festgesetzten Bestimmungen und Normen, in Anwendung zu bringen.

Art. 32. Da jede Bundes-Regierung die Obliegenheit hat, auf Vollziehung der Bundes-Beschlüsse zu halten, der Bundes-Versammlung aber eine unmittelbare Einwirkung auf die innere Verwaltung der Bundesstaaten nicht zusteht, so kann in der Regel nur gegen die Regierung selbst ein Executions-Verfahren Statt finden. – Ausnahmen von dieser Regel treten jedoch ein, wenn eine Bundes-Regierung, in Ermangelung eigener zureichenden Mittel, selbst die Hülfe des Bundes in Anspruch nimmt, oder, wenn die Bundes-Versammlung unter den im sechs und zwanzigsten Artikel bezeichneten Umständen, zur Wiederherstellung der allgemeinen Ordnung und Sicherheit unaufgerufen einzuschreiten verpflichtet ist. Im ersten Fall muß jedoch immer in Uebereinstimmung mit den Anträgen der Regierung, welcher die bundesmäßige Hülfe geleistet wird, verfahren, und im zweiten Fall ein Gleiches, sobald die Regierung wieder in Thätigkeit gesetzt ist, beobachtet werden.

Art. 33. Die Executions-Maßregeln werden im Nahmen der Gesammtheit des Bundes beschlossen und ausgeführt. Die Bundes-Versammlung ertheilt zu dem Ende, mit Berücksichtigung aller Local-Umstände und sonstigen Verhältnisse, einer oder mehreren bey der Sache nicht betheiligten Regierungen, den Auftrag zur Vollziehung der beschlossenen Maßregeln, und bestimmt zugleich sowohl die Stärke der dabey zu verwendenden Mannschaft, als die nach dem jedesmaligen Zweck des Executions-Verfahrens zu bemessende Dauer desselben.

Art. 34. Die Regierung, an welche der Auftrag gerichtet ist, und welche solchen als eine Bundes-Pflicht zu übernehmen hat, ernennt zu diesem Behuf einen Civil-Commissair, der, in Gemäßheit einer, nach den Bestimmungen, der Bundesversammlung, von der beauftragten Regierung zu ertheilenden besondern Instruction, das Executions-Verfahren unmittelbar leitet. Wenn der Auftrag an mehrere Regierungen ergangen ist, so bestimmt die Bundes-Versammlung, welche derselben den Civil-Commissair zu ernennen hat. – Die beauftragte Regierung wird, während der Dauer des Executions-Verfahrens, die Bundesversammlung von dem Erfolge desselben in Kenntniß erhalten, und sie, sobald der Zweck vollständig erfüllt ist, von der Beendigung des Geschäfts unterrichten.

Art. 35. Der Bund hat als Gesammt-Macht das Recht, Krieg, Frieden, Bündnisse, und andere Verträge zu beschließen. Nach dem im zweiten Artikel der Bundes-Acte ausgesprochnen Zwecke des Bundes übt derselbe aber diese Rechte nur zu seiner Selbstvertheidigung, zur Erhaltung der Selbstständigkeit und äußern Sicherheit Deutschlands, und der Unabhängigkeit und Unverletzbarkeit der einzelnen Bundes-Staaten aus.

Art. 36. Da in dem eilften Artikel der Bundes-Acte alle Mitglieder des Bundes sich verbindlich gemacht haben, sowohl ganz Deutschland als jeden einzelnen Bundes-Staat gegen jeden Angriff in Schutz zu nehmen, und sich gegenseitig ihre sämmtlichen unter dem Bunde begriffenen Besitzungen zu garantiren, so kann kein einzelner Bundesstaat von Auswärtigen verletzt werden, ohne dass die Verletzung zugleich und in demselben Maße die Gesammtheit des Bundes treffe. –

Dagegen sind die einzelnen Bundes-Staaten verpflichtet von ihrer Seite weder Anlaß zu dergleichen Verletzungen zu geben, noch auswärtigen Staaten solche zuzufügen. Sollte von Seiten eines fremden Staates über eine von einem Mitgliede des Bundes ihm widerfahrne Verletzung bey der Bundes-Versammlung Beschwerde geführt, und diese gegründet befunden werden, so liegt der Bundes-Versammlung ob, das Bundes-Glied, welches die Beschwerde veranlasst hat, zur schleunigen und genügenden Abhülfe aufzufordern, und mit dieser Aufforderung, nach Befinden der Umstände, Maßregeln, wodurch weitern friedestörenden Folgen zur rechten Zeit vorgebeugt werde, zu verbinden.

Art. 37. Wenn ein Bundes-Staat, bey einer zwischen ihm und einer auswärtigen Macht entstandenen Irrung, die Dazwischenkunft des Bundes anruft, so hat die Bundes-Versammlung den Ursprung solcher Irrung und das wahre Sachverhältniß sorgfältig zu prüfen. – Ergibt sich aus dieser Prüfung, daß dem Bundesstaate das Recht nicht zur Seite steht, so hat die Bundesversammlung denselben von Fortsetzung des Streites ernstlich abzumahnen, und die begehrte Dazwischenkunft zu verweigern, auch erforderlichen Falls zur Erhaltung des Friedensstandes geeignete Mittel anzuwenden. Ergibt sich das Gegentheil, so ist die Bundes-Versammlung verpflichtet, dem verletzten Bundes Staate ihre wirksamste Verwendung und Vertretung angedeihen zu lassen, und solche so weit auszudehnen, als nöthig ist, damit demselben volle Sicherheit und angemessene Genugthuung zu Theil werde.

Art. 38. Wenn aus der Anzeige eines Bundesstaats, oder aus andern zuverlässigen Angaben, Grund zu der Besorgniß geschöpft wird, daß ein einzelner Bundes-Staat, oder die Gesammtheit des Bundes, von einem feindlichen Angriffe bedroht sey, so muß die Bundesversammlung sofort die Frage, ob die Gefahr eines solchen Angriffes wirklich vorhanden ist, in Berathung nehmen, und darüber in der kürzest-möglichen Zeit einen Ausspruch thun. Wird die Gefahr anerkannt, so muß, gleichzeitig mit diesem Ausspruche, wegen der in solchem Falle unverzüglich in Wirksamkeit zu setzenden Vertheidigungs-Maßregeln, ein Beschluß gefaßt werden. Beides, jener Ausspruch und dieser Beschluß, ergeht von der engern Versammlung, die dabey nach der in ihr geltenden absoluten Stimmenmehrheit verfährt.

Art. 39. Wenn das Bundes-Gebiet von einer auswärtigen Macht feindlich überfallen wird, tritt sofort der Stand des Krieges ein, und es muß in diesem Falle, was auch ferner von der Bundes-Versammlung beschlossen werden mag, ohne weitern Verzug zu den erforderlichen Vertheidigungs-Maßregeln geschritten werden.

Art. 40. Sieht sich der Bund zu einer förmlichen Kriegs-Erklärung genöthiget, so kann solche nur in der vollen Versammlung nach der für dieselbe vorgeschriebenen Stimmenmehrheit von zwey Drittheilen beschlossen werden.

Art. 41. Der in der engern Versammlung gefaßte Beschluß über die Wirklichkeit der Gefahr eines feindlichen Angriffes verbindet sämmtliche Bundesstaaten zur Theilnahme an den vom Bundestage nothwendig erachteten Vertheidigungs-Maaßregeln. Gleicherweise verbindet die in der vollen Versammlung ausgesprochene Kriegs-Erklärung sämmtliche Bundesstaaten zur unmittelbaren Theilnahme an dem gemeinschaftlichen Kriege.

Art. 42. Wenn die Vorfrage, ob Gefahr vorhanden ist, durch die Stimmenmehrheit verneinend entschieden wird, so bleibt nichts desto weniger denjenigen Bundes-Staaten, welche von der Wirklichkeit der Gefahr überzeugt sind, unbenommen, gemeinschaftliche Vertheidigungs-Maaßregeln unter einander zu verabreden.

Art. 43. Wenn in einem Falle, wo es die Gefahr und Beschützung einzelner Bundes-Staaten gilt, einer der streitenden Theile auf die förmliche Vermittlung des Bundes anträgt, so wird derselbe, in so fern er es der Lage der Sachen und seiner Stellung angemessen findet, unter vorausgesetzter Einwilligung des andern Theils, diese Vermittlung übernehmen; jedoch darf dadurch der Beschluß wegen der zur Sicherheit des Bundes-Gebiets zu ergreifenden Vertheidigungsmaßregeln nicht aufgehalten werden, noch in der Ausführung der bereits beschlossnen ein Stillstand oder eine Verzögerung eintreten.

Art. 44. Bey ausgebrochnem Kriege steht jedem Bundes-Staate frei, zur gemeinsamen Vertheidigung eine größere Macht zu stellen, als sein Bundes-Contingent beträgt; es kann jedoch in dieser Hinsicht keine Forderung an den Bund Statt finden.

Art. 45. Wenn in einem Kriege zwischen auswärtigen Mächten, oder in andern Fallen Verhältnisse eintreten, welche die Besorgniß einer Verletzung der Neutralität des Bundes-Gebiets veranlassen, so hat die Bundes-Versammlung ohne Verzug im engern Rathe die zur Behauptung dieser Neutralität erforderlichen Maßregeln zu beschließen.

Art. 46. Beginnt ein Bundes-Staat, der zugleich außerhalb des Bundes-Gebiets Besitzungen hat, in seiner Eigenschaft als Europäische Macht einen Krieg, so bleibt ein solcher, die Verhältnisse und Verpflichtungen, des Bundes nicht berührender Krieg dem Bunde ganz fremd.

Art. 47. In den Fällen, wo ein solcher Bundesstaat in seinen außer dem Bunde belegenen Besitzungen bedroht oder angegriffen wird, tritt für den Bund die Verpflichtung zu gemeinschaftlichen Vertheidigungs-Maßregeln, oder zur Theilnahme und Hülfsleistung nur in so fern ein, als derselbe nach vorgängiger Berathung durch Stimmenmehrheit in der engern Versammlung Gefahr für das Bundes-Gebiet erkennt. Im letztern Falle finden die Vorschriften der vorhergehenden Artikel ihre gleichmäßige Anwendung.

Art. 48. Die Bestimmung der Bundes-Acte, vermöge welcher, nach einmal erklärtem Bundes-Kriege, kein Mitglied des Bundes einseitige Unterhandlungen mit dem Feinde eingehen, noch einseitig Waffenstillstand oder Frieden schließen darf, ist für sämmtliche Bundesstaaten, sie mögen außerhalb des Bundes Besitzungen haben oder nicht, gleich verbindlich.

Art. 49. Wenn von Seiten des Bundes Unterhandlungen über Abschluß des Friedens oder eines Waffenstillstandes Statt finden, so hat die Bundes-Versammlung zu spezieller Leitung derselben einen Ausschuß zu bestellen, zu dem Unterhandlungs-Geschäft selbst aber eigne Bevollmächtigte zu ernennen, und mit gehörigen Intructionen zu versehen. – Die Annahme und Bestätigung eines Friedens-Vertrags kann nur in der vollen Versammlung geschehen.

Art. 50. In Bezug auf die auswärtigen Verhältnisse überhaupt liegt der Bundes-Versammlung ob:

1. Als Organ der Gesammtheit des Bundes für die Aufrechthaltung friedlicher und freundschaftlicher Verhältnisse mit den auswärtigen Staaten Sorge zu tragen;
2. Die von fremden Mächten bey dem Bunde beglaubigten Gesandten anzunehmen, und wenn es nöthig befunden werden sollte, im Nahmen des Bundes Gesandte an fremde Mächte abzuordnen;
3. In eintretenden Fällen Unterhandlungen für die Gesammtheit des Bundes zu führen, und Verträge für denselben abzuschließen;
4. Auf Verlangen einzelner Bundes-Regierungen, für dieselben die Verwendung des Bundes bei fremden Regierungen, und in gleicher Art, auf Verlangen fremder Staaten die Dazwischenkunft des Bundes bei einzelnen Bundesgliedern eintreten zu lassen.

Art. 51. Die Bundes-Versammlung ist ferner verpflichtet, die auf das Militair-Wesen des Bundes Bezug habenden organischen Einrichtungen, und die zur Sicherstellung seines Gebiets erforderlichen Vertheidigungs-Anstalten zu beschließen.

Art. 52. Da zur Erreichung der Zwecke und Besorgung der Angelegenheiten des Bundes von der Gesammtheit der Mitglieder Geld-Beiträge zu leisten sind, so hat die Bundes-Versammlung

1. den Betrag der gewöhnlichen verfassungsmäßigen Ausgaben, so weit solches im Allgemeinen geschehen kann, festzusetzen;
2. in vorkommenden Fällen die zur Ausführung besondrer, in Hinsicht auf anerkannte Bundeszwecke gefaßten Beschlüsse erforderlichen ausserordentlichen Ausgaben und die zur Bestreitung derselben zu leistenden Beiträge zu bestimmen;
3. das matrikelmäßige Verhältniß, nach welchem von den Mitgliedern des Bundes beizutragen ist, festzusetzen;
4. die Erhebung, Verwendung und Verrechnung der Beiträge anzuordnen und darüber die Aufsicht zu führen.

Art. 53. Die durch die Bundes-Acte den einzelnen Bundes-Staaten garantirte Unabhängigkeit schließt zwar im Allgemeinen jede Einwirkung des Bundes in die innere Staats-Einrichtung und Staats-Verwaltung aus. Da aber die Bundes-Glieder sich in dem zweiten Abschnitt der Bundes-Acte über einige besondre Bestimmungen vereinigt haben, welche sich theils auf Gewährleistung zugesicherter Rechte, theils auf bestimmte Verhältnisse der Unterthanen beziehen, so liegt der Bundes-Versammlung ob, die Erfüllung der durch diese Bestimmungen übernommenen Verbindlichkeiten, wenn sich aus hinreichend begründeten Anzeigen der Betheiligten ergiebt, daß solche nicht Statt gefunden habe, zu bewirken. – Die Anwendung der in Gemäßheit dieser Verbindlichkeiten getroffnen allgemeinen Anordnungen auf die einzelnen Fälle bleibt jedoch den Regierungen allein überlassen.

Art. 54. Da nach dem Sinn des 13. Artikels der Bundes-Acte, und den darüber erfolgten spätern Erklärungen, in allen Bundes-Staaten landständische Verfassungen Statt finden sollen, so hat die Bundes-Versammlung darüber zu wachen, daß diese Bestimmung in keinem Bundesstaate unerfüllt bleibe.

Art. 55. Den souverainen Fürsten der Bundes-Staaten bleibt überlassen, diese innere Landes-Angelegenheit mit Berücksichtigung sowohl der früherhin gesetzlich bestandnen ständischen Rechte, als der gegenwärtig obwaltenden Verhältnisse zu ordnen.

Art. 56. Die in anerkannter Wirksamkeit bestehenden landständischen Verfassungen können nur auf verfassungsmäßigem Wege wieder abgeändert werden.

Art. 57. Da der deutsche Bund, mit Ausnahme der freien Städte, aus souverainen Fürsten besteht, so muß dem hierdurch gegebenen Grundbegriffe zufolge, die gesammte Staats-Gewalt in dem Oberhaupte des Staats vereinigt bleiben, und der Souverain kann durch eine landständische Verfassung nur in der Ausübung bestimmter Rechte an die Mitwirkung der Stände gebunden werden.

Art. 58. Die im Bunde vereinten souverainen Fürsten dürfen durch keine landständische Verfassung in der Erfüllung ihrer bundesmäßigen Verpflichtungen gehindert oder beschränkt werden.

Art. 59. Wo die Oeffentlichkeit landständischer Verhandlungen durch die Verfassung gestattet ist, muß durch die Geschäfts-Ordnung dafür gesorgt werden, daß die gesetzlichen Grenzen der freien Aeußerung, weder bey den Verhandlungen selbst noch bey deren Bekanntmachung durch den Druck, auf eine die Ruhe des einzelnen Bundesstaats oder des gesammten Deutschlands gefährdende Weise überschritten werden.

Art. 60. Wenn von einem Bundes-Gliede die Garantie des Bundes für die in seinem Lande eingeführte landständische Verfassung nachgesucht wird, so ist die Bundes-Versammlung berechtigt, solche zu übernehmen. Sie erhält dadurch die Befugniß, auf Anrufen der Betheiligten, die Verfassung aufrecht zu erhalten, und die über Auslegung oder Anwendung derselben entstandenen Irrungen, so fern dafür nicht anderweitig Mittel und Wege gesetzlich vorgeschrieben sind, durch gütliche Vermittelung oder compromissarische Entscheidung beizulegen.

Art. 61. Außer dem Fall der übernommnen besondern Garantie einer landständischen Verfassung, und der Aufrechthaltung der über den dreizehnten Artikel der Bundes-Acte hier festgesetzten Bestimmungen, ist die Bundes-Versammlung nicht berechtigt, in landständische Angelegenheiten, oder in Streitigkeiten zwischen den Landesherren und ihren Ständen einzuwirken, so lange solche nicht den im sechs und zwanzigsten Artikel bezeichneten Charakter annehmen, in welchem Falle die Bestimmung dieses, so wie des sieben und zwanzigsten Artikels auch hiebey ihre Anwendung finden. Der sechs und vierzigste Artikel der Wiener Congreß-Acte vom Jahre achtzehnhundert und fünfzehn in Betreff der Verfassung der freien Stadt Frankfurt erhält jedoch hierdurch keine Abänderung.

Art. 62. Die vorstehenden Bestimmungen in Bezug auf den 13. Artikel der Bundes-Acte sind auf die freien Städte in so weit anwendbar, als die besondern Verfassungen und Verhältnisse derselben es zulassen.

Art. 63. Es liegt der Bundes-Versammlung ob, auf die genaue und vollständige Erfüllung derjenigen Bestimmungen zu achten, welche der vierzehnte Artikel der Bundes-Acte in Betreff der mittelbar gewordnen ehemaligen Reichsstände und des ehemaligen unmittelbaren Reichs-Adels enthält. Diejenigen Bundes-Glieder, deren Ländern die Besitzungen derselben einverleibt worden, bleiben gegen den Bund zur unverrückten Aufrechthaltung der durch jene Bestimmungen begründeten staatsrechtlichen Verhältnisse verpflichtet. Und wenn gleich die über die Anwendung der in Gemäßheit des vierzehnten Artikels der Bundes-Acte erlaßnen Verordnungen, oder abgeschlossnen Verträge, entstehenden Streitigkeiten in einzelnen Fällen an die competenten Behörden des Bundes-Staats, in welchem die Besitzungen der Mittelbar gewordenen Fürsten, Grafen und Herren gelegen sind, zur Entscheidung gebracht werden müssen, so bleibt denselben doch, im Fall der verweigerten gesetzlichen und verfassungsmäßigen Rechtshülfe, oder einer einseitigen zu ihrem Nachtheil erfolgten legislativen Erklärung der durch die Bundes-Acte ihnen zugesicherten Rechte, der Recurs an die Bundes-Versammlung vorbehalten; und diese ist in einem solchen Falle verpflichtet, wenn sie die Beschwerde gegründet findet, eine genügende Abhülfe zu bewirken.

Art. 64. Wenn Vorschläge zu gemeinnützigen Anordnungen deren Zweck nur durch die zusammenwirkende Theilnahme aller Bundesstaaten vollständig erreicht werden kann, von einzelnen Bundes-Gliedern an die BundesVersammlung gebracht werden, und diese sich von der Zweckmäßigkeit und Ausführbarkeit solcher Vorschläge im Allgemeinen überzeugt, so liegt ihr ob, die Mittel zur Vollführung derselben in sorgfältige Erwägung zu ziehen, und ihr anhaltendes Bestreben dahin zu richten, die zu dem Ende erforderliche freiwillige Vereinbarung unter den sämmtlichen Bundes-Gliedern zu bewirken.

Art. 65. Die in den besondern Bestimmungen der Bundes-Acte, Artikel 16, 18, 19 zur Berathung der Bundes-Versammlung gestellten Gegenstände bleiben derselben, um durch gemeinschaftliche Uebereinkunft zu möglichst gleichförmigen Verfügungen darüber zu gelangen, zur fernern Bearbeitung vorbehalten. –

Die vorstehende Acte wird als das Resultat einer unabänderlichen Vereinbarung zwischen den Bundes-Gliedern, mittelst Präsidial-Vortrags an den Bundestag gebracht, und dort, in Folge gleichlautender Erklärungen der Bundes-Regierungen, durch förmlichen Bundes-Beschluß zu einem Grund Gesetz erhoben werden, welches die nämliche Kraft und Gültigkeit wie die Bundes-Acte selbst haben und der Bundes-Versammlung zur unabweichlichen Richtschnur dienen soll.

Zur Urkunde dessen haben sämmtliche hier versammelte Bevollmächtigte die gegenwärtige Acte unterzeichnet und mit ihren Wappen untersiegelt.

So geschehen zu Wien, den fünfzehnten des Monats May, im Jahr Ein tausend Acht hundert und Zwanzig.

Fürst von Metternich.
Graf Bernstorff.
Krusemarck.
J.E. v. Küster.
Freiherr v. Zentner.
Freih. v. Stainlein.
Graf v d Schulenburg.
von Globig.
Ernst Graf von Hardenberg.
Graf von Mandelsloh.
Frh. von Berstett.
Freiherr v. Tettenborn.
Münchhausen.
du Bos du Thil.
J. Bernstorff.
A.R. Falck.
Carl Wilhelm Frh. v. Fritsch.
E.F.L. Marschall von Bieberstein.
L.H. Freih. v. Plessen.
von Berg.
J.F. Hach, Dr.

Quelle: Karl Binding, Hg., *Deutsche Staatsgrundgesetze in diplomatisch genauem Abdrucke: Zu amtlichem und zu akademischem Gebrauche.* Heft III. (Leipzig: Engelmann, 1898), 35–58.

4. Verfassung des Deutschen Reichs 1849

Die seit dem 18.5.1848 tagende Frankfurter Nationalversammlung arbeitete einen Grundrechtekatalog aus, der vom Reichsverweser mit Gesetz vom 27.12. in Kraft gesetzt wurde. Die Beratungen über die Verfassung insgesamt freilich, die sich vor allem wegen der ungelösten Frage des Einschlusses Österreichs in die Länge gezogen hatten, kamen erst im März 1849 zum Abschluß. Am 27.3. nahm die Nationalversammlung die Reichsverfassung in der hier abgedruckten Form an und wählte am 28.3. den preußischen König Friedrich Wilhelm IV. zum Kaiser der Deutschen. Am gleichen Tag fertigte der Präsident der Nationalversammlung die Verfassung aus und verkündete sie im Reichsgesetzblatt. 28 deutsche Regierungen, darunter Baden, Kurhessen und Hessen-Darmstadt, erkannten am 14.4. in einer Kollektivnote die Verfassung an; Württemberg gesellte sich am 24.4. dazu. Der preußische König jedoch, dem die sogenannte Kaiserdeputation unter Führung des Präsidenten der Nationalversammlung Eduard Simson (1810–99) am 3.4. in Berlin die deutsche Krone antrug, ließ am 28.4. seine definitive Ablehnung mitteilen. Die daraufhin zerfallende Nationalversammlung fand durch die Auflösung des Rumpfparlaments in Stuttgart am 18.6. ihr Ende. Ist die Verfassung somit auch kaum direkt wirksam geworden, so fanden sich doch wesentliche Elemente von ihr in der Erfurter Unionsverfassung von 1850 wie auch in den späteren deutschen Verfassungen wieder.

Die deutsche verfassunggebende Nationalversammlung hat beschlossen, und verkündigt als Reichsverfassung:

Verfassung des deutschen Reiches.

Abschnitt I. Das Reich.

Artikel I.

§. 1. Das deutsche Reich besteht aus dem Gebiete des bisherigen deutschen Bundes.

Die Festsetzung der Verhältnisse des Herzogthums Schleswig bleibt vorbehalten.

§. 2. Hat ein deutsches Land mit einem nichtdeutschen Lande dasselbe Staatsoberhaupt, so soll das deutsche Land eine von dem nichtdeutschen Lande getrennte eigene Verfassung, Regierung und Verwaltung haben. In die Regierung und Verwaltung des deutschen Landes dürfen nur deutsche Staatsbürger berufen werden.

Die Reichsverfassung und Reichsgesetzgebung hat in einem solchen deutschen Lande dieselbe verbindliche Kraft, wie in den übrigen deutschen Ländern.

§. 3. Hat ein deutsches Land mit einem nichtdeutschen Lande dasselbe Staatsoberhaupt, so muß dieses entweder in seinem deutschen Lande residiren, oder es muß auf verfassungsmäßigem Wege in demselben eine Regentschaft niedergesetzt werden, zu welcher nur Deutsche berufen werden dürfen.

§. 4. Abgesehen von den bereits bestehenden Verbindungen deutscher und nichtdeutscher Länder soll kein Staatsoberhaupt eines nichtdeutschen Landes zugleich zur Regierung eines deutschen Landes gelangen, noch darf ein in Deutschland regierender Fürst, ohne seine deutsche Regierung abzutreten, eine fremde Krone annehmen.

§. 5. Die einzelnen deutschen Staaten behalten ihre Selbstständigkeit, soweit dieselbe nicht durch die Reichsverfassung beschränkt ist; sie haben alle staatlichen Hoheiten und Rechte, soweit diese nicht der Reichsgewalt ausdrücklich übertragen sind.

Abschnitt II. Die Reichsgewalt.

Artikel I.

§. 6. Die Reichsgewalt ausschließlich übt dem Auslande gegenüber die völkerrechtliche Vertretung Deutschlands und der einzelnen deutschen Staaten aus.

Die Reichsgewalt stellt die Reichsgesandten und die Consuln an. Sie führt den diplomatischen Verkehr, schließt die Bündnisse und Verträge mit dem Auslande, namentlich auch die Handels- und Schifffahrtsverträge, sowie die Auslieferungsverträge ab. Sie ordnet alle völkerrechtlichen Maaßregeln an.

§. 7. Die einzelnen deutschen Regierungen haben nicht das Recht, ständige Gesandte zu empfangen oder solche zu halten.

Auch dürfen dieselben keine besonderen Consuln halten. Die Consuln fremder Staaten erhalten ihr Exequatur von der Reichsgewalt.

Die Absendung von Bevollmächtigten an das Reichsoberhaupt ist den einzelnen Regierungen unbenommen.

§. 8. Die einzelnen deutschen Regierungen sind befugt, Verträge mit anderen deutschen Regierungen abzuschließen.

Ihre Befugniß zu Verträgen mit nichtdeutschen Regierungen beschränkt sich auf Gegenstände des Privatrechts, des nachbarlichen Verkehrs und der Polizei.

§. 9. Alle Verträge nicht rein privatrechtlichen Inhalts, welche eine deutsche Regierung mit einer anderen deutschen oder nichtdeutschen abschließt, sind der Reichsgewalt zur Kenntnißnahme und, insofern das Reichsinteresse dabei betheiligt ist, zur Bestätigung vorzulegen.

Artikel II.

§. 10. Der Reichsgewalt ausschließlich steht das Recht des Krieges und Friedens zu.

Artikel III.

§. 11. Der Reichsgewalt steht die gesammte bewaffnete Macht Deutschlands zur Verfügung.

§. 12. Das Reichsheer besteht aus der gesammten, zum Zwecke des Kriegs bestimmten Landmacht der einzelnen deutschen Staaten. Die Stärke und Beschaffenheit des Reichsheeres wird durch das Gesetz über die Wehrverfassung bestimmt.

Diejenigen Staaten, welche weniger als 500,000 Einwohner haben, sind durch die Reichsgewalt zu größeren militärischen Ganzen, welche dann unter der unmittelbaren Leitung der Reichsgewalt stehen, zu vereinigen, oder einem angrenzenden größeren Staate anzuschließen.

Die näheren Bedingungen einer solchen Vereinigung sind in beiden Fällen durch Vereinbarung der betheiligten Staaten unter Vermittelung und Genehmigung der Reichsgewalt festzustellen.

§. 13. Die Reichsgewalt ausschließlich hat in Betreff des Heerwesens die Gesetzgebung und die Organisation; sie überwacht deren Durchführung in den einzelnen Staaten durch fortdauernde Controle.

Den einzelnen Staaten steht die Ausbildung ihres Kriegswesens auf Grund der Reichsgesetze und der Anordnungen der Reichsgewalt und beziehungsweise in den Grenzen der nach §. 12 getroffenen Vereinbarungen zu. Sie haben die Verfügung über ihre bewaffnete Macht, soweit dieselbe nicht für den Dienst des Reiches in Anspruch genommen wird.

§. 14. In den Fahneneid ist die Verpflichtung zur Treue gegen das Reichsoberhaupt und die Reichsverfassung an erster Stelle aufzunehmen.

§. 15. Alle durch Verwendung von Truppen zu Reichszwecken entstehenden Kosten, welche den durch das Reich festgesetzten Friedensstand übersteigen, fallen dem Reiche zur Last.

§. 16. Ueber eine allgemeine für ganz Deutschland gleiche Wehrverfassung ergeht ein besonderes Reichsgesetz.

§. 17. Den Regierungen der einzelnen Staaten bleibt die Ernennung der Befehlshaber und Offiziere ihrer Truppen, soweit deren Stärke sie erheischt, überlassen.

Für die größeren militärischen Ganzen, zu denen Truppen mehrerer Staaten vereinigt sind, ernennt die Reichsgewalt die gemeinschaftlichen Befehlshaber.

Für den Krieg ernennt die Reichsgewalt die commandirenden Generale der selbstständigen Corps, sowie das Personale der Hauptquartiere.

§. 18. Der Reichsgewalt steht die Befugniß zu, Reichsfestungen und Küstenvertheidigungswerke anzulegen und, insoweit die Sicherheit des Reiches es erfordert, vorhandene Festungen gegen billige Ausgleichung, namentlich für das überlieferte Kriegsmaterial, zu Reichsfestungen zu erklären.

Die Reichsfestungen und Küstenvertheidigungswerke des Reiches werden auf Reichskosten unterhalten.

§. 19. Die Seemacht ist ausschließlich Sache des Reiches. Es ist keinem Einzelstaate gestattet, Kriegsschiffe für sich zu halten oder Kaperbriefe auszugeben.

Die Bemannung der Kriegsflotte bildet einen Theil der deutschen Wehrmacht. Sie ist unabhängig von der Landmacht.

Die Mannschaft, welche aus einem einzelnen Staate für die Kriegsflotte gestellt wird, ist von der Zahl der von demselben zu haltenden Landtruppen abzurechnen. Das Nähere hierüber, sowie über die Kostenausgleichung zwischen dem Reiche und den Einzelstaaten, bestimmt ein Reichsgesetz.

Die Ernennung der Offiziere und Beamten der Seemacht geht allein vom Reiche aus.

Der Reichsgewalt liegt die Sorge für die Ausrüstung, Ausbildung und Unterhaltung der Kriegsflotte und die Anlegung, Ausrüstung und Unterhaltung von Kriegshäfen und See-Arsenälen ob.

Ueber die zur Errichtung von Kriegshäfen und Marine-Etablissements nöthigen Enteignungen, so wie über die Befugnisse der dabei anzustellenden Reichsbehörden, bestimmen die zu erlassenden Reichsgesetze.

Artikel IV.

§. 20. Die Schifffahrtsanstalten am Meere und in den Mündungen der deutschen Flüsse (Häfen, Seetonnen, Leuchtschiffe, das Lootsenwesen, das Fahrwasser u.s.w.) bleiben der Fürsorge der einzelnen Uferstaaten überlassen. Die Uferstaaten unterhalten dieselben aus eigenen Mitteln.

Ein Reichsgesetz wird bestimmen, wie weit die Mündungen der einzelnen Flüsse zu rechnen sind.

§. 21. Die Reichsgewalt hat die Oberaufsicht über diese Anstalten und Einrichtungen.

Es steht ihr zu, die betreffenden Staaten zu gehöriger Unterhaltung derselben anzuhalten, auch dieselben aus den Mitteln des Reiches zu vermehren und zu erweitern.

§. 22. Die Abgaben, welche in den Seeuferstaaten von den Schiffen und deren Ladungen für die Benutzung der Schifffahrtsanstalten erhoben werden, dürfen die zur Unterhaltung dieser Anstalten nothwendigen Kosten nicht übersteigen. Sie unterliegen der Genehmigung der Reichsgewalt.

§. 23. In Betreff dieser Abgaben sind alle deutschen Schiffe und deren Ladungen gleichzustellen.

Eine höhere Belegung fremder Schifffahrt kann nur von der Reichsgewalt ausgehen.

Die Mehrabgabe von fremder Schifffahrt fließt in die Reichskasse.

Artikel V.

§. 24. Die Reichsgewalt hat das Recht der Gesetzgebung und die Oberaufsicht über die in ihrem schiffbaren Lauf mehrere Staaten durchströmenden oder begrenzenden Flüsse und Seen und über die Mündungen der in dieselben fallenden Nebenflüsse, so wie über den Schifffahrtsbetrieb und die Flößerei auf denselben.

Auf welche Weise die Schiffbarkeit dieser Flüsse erhalten oder verbessert werden soll, bestimmt ein Reichsgesetz.

Die übrigen Wasserstraßen bleiben der Fürsorge der Einzelstaaten überlassen. Doch steht es der Reichsgewalt zu, wenn sie es im Interesse des allgemeinen Verkehrs für nothwendig erachtet, allgemeine Bestimmungen über den Schifffahrtsbetrieb und die Flößerei auf denselben zu erlassen, so wie einzelne Flüsse unter derselben Voraussetzung den oben erwähnten gemeinsamen Flüssen gleich zu stellen.

Die Reichsgewalt ist befugt, die Einzelstaaten zu gehöriger Erhaltung der Schiffbarkeit dieser Wasserstraßen anzuhalten.

§. 25. Alle deutschen Flüsse sollen für die deutsche Schifffahrt von Flußzöllen frei seyn. Auch die Flößerei soll auf schiffbaren Flußstrecken solchen Abgaben nicht unterliegen. Das Nähere bestimmt ein Reichsgesetz.

Bei den mehrere Staaten durchströmenden oder begrenzenden Flüssen tritt für die Aufhebung dieser Flußzölle eine billige Ausgleichung ein.

§. 26. Die Hafen-, Krahn-, Waag-, Lager-, Schleusen- und dergleichen Gebühren, welche an den gemeinschaftlichen Flüssen und den Mündungen der in dieselben sich ergießenden Nebenflüsse erhoben werden, dürfen die zur Unterhaltung derartiger Anstalten nöthigen Kosten nicht übersteigen. Sie unterliegen der Genehmigung der Reichsgewalt.

Es darf in Betreff dieser Gebühren keinerlei Begünstigung der Angehörigen eines deutschen Staates vor denen anderer deutscher Staaten stattfinden.

§. 27. Flußzölle und Flußschifffahrtsabgaben dürfen auf fremde Schiffe und deren Ladungen nur durch die Reichsgewalt gelegt werden.

Artikel VI.

§. 28. Die Reichsgewalt hat über die Eisenbahnen und deren Betrieb, soweit es der Schutz des Reiches oder das Interesse des allgemeinen Verkehrs erheischt, die Oberaufsicht und das Recht der Gesetzgebung. Ein Reichsgesetz wird bestimmen, welche Gegenstände dahin zu rechnen sind.

§. 29. Die Reichsgewalt hat das Recht, soweit sie es zum Schutze des Reiches oder im Interesse des allgemeinen Verkehrs für nothwendig erachtet, die Anlage von Eisenbahnen zu bewilligen so wie selbst Eisenbahnen anzulegen, wenn der Einzelstaat, in dessen Gebiet die Anlage erfolgen soll, deren Ausführung ablehnt. Die Benutzung der Eisenbahnen für Reichszwecke steht der Reichsgewalt jederzeit gegen Entschädigung frei.

§. 30. Bei der Anlage oder Bewilligung von Eisenbahnen durch die einzelnen Staaten ist die Reichsgewalt befugt, den Schutz des Reiches und das Interesse des allgemeinen Verkehrs wahrzunehmen.

§. 31. Die Reichsgewalt hat über die Landstraßen die Oberaufsicht und das Recht der Gesetzgebung, soweit es der Schutz des Reiches oder das Interesse des allgemeinen Verkehrs erheischt. Ein Reichsgesetz wird bestimmen, welche Gegenstände dahin zu rechnen sind.

§. 32. Die Reichsgewalt hat das Recht, soweit sie es zum Schutze des Reiches oder im Interesse des allgemeinen Verkehrs für nothwendig erachtet, zu verfügen, daß Landstraßen und Kanäle angelegt, Flüsse schiffbar gemacht oder deren Schiffbarkeit erweitert werde.

Die Anordnung der dazu erforderlichen baulichen Werke erfolgt nach vorgängigem Benehmen mit den betheiligten Einzelstaaten durch die Reichsgewalt.

Die Ausführung und Unterhaltung der neuen Anlagen geschieht von Reichswegen und auf Reichskosten, wenn eine Verständigung mit den Einzelstaaten nicht erzielt wird.

Artikel VII.

§. 33. Das deutsche Reich soll Ein Zoll- und Handelsgebiet bilden, umgeben von gemeinschaftlicher Zollgrenze, mit Wegfall aller Binnengrenzzölle.

Die Aussonderung einzelner Orte und Gebietstheile aus der Zolllinie bleibt der Reichsgewalt vorbehalten.

Der Reichsgewalt bleibt es ferner vorbehalten, auch nicht zum Reiche gehörige Länder und Landestheile mittelst besonderer Verträge dem deutschen Zollgebiete anzuschließen.

§. 34. Die Reichsgewalt ausschließlich hat die Gesetzgebung über das gesammte Zollwesen, so wie über gemeinschaftliche Produktions- und Verbrauchs-Steuern. Welche Produktions- und Verbrauchssteuern gemeinschaftlich seyn sollen, bestimmt die Reichsgesetzgebung.

§. 35. Die Erhebung und Verwaltung der Zölle, so wie der gemeinschaftlichen Productions- und Verbrauchs-Steuern, geschieht nach Anordnung und unter Oberaufsicht der Reichsgewalt.

Aus dem Ertrage wird ein bestimmter Theil nach Maaßgabe des ordentlichen Budgets für die Ausgaben des Reiches vorweggenommen, das Uebrige wird an die einzelnen Staaten vertheilt.

Ein besonderes Reichsgesetz wird hierüber das Nähere feststellen.

§. 36. Auf welche Gegenstände die einzelnen Staaten Produktions- oder Verbrauchs-Steuern für Rechnung des Staates oder einzelner Gemeinden legen dürfen und welche Bedingungen und Beschränkungen dabei eintreten sollen, wird durch die Reichsgesetzgebung bestimmt.

§. 37. Die einzelnen deutschen Staaten sind nicht befugt, auf Güter, welche über die Reichsgrenze ein- oder ausgehen, Zölle zu legen.

§. 38. Die Reichsgewalt hat das Recht der Gesetzgebung über den Handel und die Schifffahrt, und überwacht die Ausführung der darüber erlassenen Reichsgesetze.

§. 39. Der Reichsgewalt steht es zu, über das Gewerbewesen Reichsgesetze zu erlassen und die Ausführung derselben zu überwachen.

§. 40. Erfindungs-Patente werden ausschließlich von Reichswegen auf Grundlage eines Reichsgesetzes ertheilt; auch steht der Reichsgewalt ausschließlich die Gesetzgebung gegen den Nachdruck von Büchern, jedes unbefugte Nachahmen von Kunstwerken, Fabrikzeichen, Mustern und Formen und gegen andere Beeinträchtigungen des geistigen Eigenthums zu.

Artikel VIII.

§. 41. Die Reichsgewalt hat das Recht der Gesetzgebung und die Oberaufsicht über das Postwesen, namentlich über Organisation, Tarife, Transit, Portotheilung und die Verhältnisse zwischen den einzelnen Postverwaltungen.

Dieselbe sorgt für gleichmäßige Anwendung der Gesetze durch Vollzugsverordnungen, und überwacht deren Durchführung in den einzelnen Staaten durch fortdauernde Controle.

Der Reichsgewalt steht es zu, die innerhalb mehrerer Postgebiete sich bewegenden Course im Interesse des allgemeinen Verkehrs zu ordnen.

§. 42. Postverträge mit ausländischen Postverwaltungen dürfen nur von der Reichsgewalt oder mit deren Genehmigung geschlossen werden.

§.43. Die Reichsgewalt hat die Befugniß, insofern es ihr nöthig scheint, das deutsche Postwesen für Rechnung des Reiches in Gemäßheit eines Reichsgesetzes zu übernehmen, vorbehaltlich billiger Entschädigung der Berechtigten.

§.44. Die Reichsgewalt ist befugt, Telegraphenlinien anzulegen, und die vorhandenen gegen Entschädigung zu benutzen, oder auf dem Wege der Enteignung zu erwerben.

Weitere Bestimmungen hierüber, so wie über Benutzung von Telegraphen für den Privatverkehr, sind einem Reichsgesetz vorbehalten.

Artikel IX.

§.45. Die Reichsgewalt ausschließlich hat die Gesetzgebung und die Oberaufsicht über das Münzwesen. Es liegt ihr ob, für ganz Deutschland dasselbe Münzsystem einzuführen.

Sie hat das Recht, Reichsmünzen zu prägen.

§.46. Der Reichsgewalt liegt es ob, in ganz Deutschland dasselbe System für Maaß und Gewicht, so wie für den Feingehalt der Gold- und Silberwaaren zu begründen.

§.47. Die Reichsgewalt hat das Recht, das Bankwesen und das Ausgeben von Papiergeld durch die Reichsgesetzgebung zu regeln. Sie überwacht die Ausführung der darüber erlassenen Reichsgesetze.

Artikel X.

§.48. Die Ausgaben für alle Maaßregeln und Einrichtungen, welche von Reichswegen ausgeführt werden, sind von der Reichsgewalt aus den Mitteln des Reiches zu bestreiten.

§.49. Zur Bestreitung seiner Ausgaben ist das Reich zunächst auf seinen Antheil an den Einkünften aus den Zöllen und den gemeinsamen Produktions- und Verbrauchs-Steuern angewiesen.

§.50. Die Reichsgewalt hat das Recht, insoweit die sonstigen Einkünfte nicht ausreichen, Matrikularbeiträge aufzunehmen.

§.51. Die Reichsgewalt ist befugt, in außerordentlichen Fällen Reichssteuern aufzulegen und zu erheben oder erheben zu lassen, so wie Anleihen zu machen oder sonstige Schulden zu contrahiren.

Artikel XI.

§. 52. Den Umfang der Gerichtsbarkeit des Reiches bestimmt der Abschnitt vom Reichsgericht.

(Artikel XII.)

§. 53. Der Reichsgewalt liegt es ob, die kraft der Reichsverfassung allen Deutschen verbürgten Rechte oberaufsehend zu wahren.

§. 54. Der Reichsgewalt liegt die Wahrung des Reichsfriedens ob.

Sie hat die für die Aufrechthaltung der innern Sicherheit und Ordnung erforderlichen Maaßregeln zu treffen:

1) wenn ein deutscher Staat von einem andern deutschen Staate in seinem Frieden gestört oder gefährdet wird;
2) wenn in einem deutschen Staate die Sicherheit und Ordnung durch Einheimische oder Fremde gestört oder gefährdet wird. Doch soll in diesem Falle von der Reichsgewalt nur dann eingeschritten werden, wenn die betreffende Regierung sie selbst dazu auffordert, es sey denn, daß dieselbe dazu notorisch außer Stande ist oder der gemeine Reichsfrieden bedroht erscheint;
3) wenn die Verfassung eines deutschen Staates gewaltsam oder einseitig aufgehoben oder verändert wird, und durch das Anrufen des Reichsgerichtes unverzügliche Hülfe nicht zu erwirken ist.

§. 55. Die Maaßregeln, welche von der Reichsgewalt zur Wahrung des Reichsfriedens ergriffen werden können, sind: 1) Erlasse, 2) Absendung von Commissarien, 3) Anwendung von bewaffneter Macht.

Ein Reichsgesetz wird die Grundsätze bestimmen, nach welchen die durch solche Maaßregeln veranlaßten Kosten zu tragen sind.

§. 56. Der Reichsgewalt liegt es ob, die Fälle und Formen, in welchen die bewaffnete Macht gegen Störungen der öffentlichen Ordnung angewendet werden soll, durch ein Reichsgesetz zu bestimmen.

§. 57. Der Reichsgewalt liegt es ob, die gesetzlichen Normen über Erwerb und Verlust des Reichs- und Staatsbürgerrechts festzusetzen.

§. 58. Der Reichsgewalt steht es zu, über das Heimathsrecht Reichsgesetze zu erlassen und die Ausführung derselben zu überwachen.

§. 59. Der Reichsgewalt steht es zu, unbeschadet des durch die Grundrechte gewährleisteten Rechts der freien Vereinigung und Versammlung, Reichsgesetze über das Associationswesen zu erlassen.

§. 60. Die Reichsgesetzgebung hat für die Aufnahme öffentlicher Urkunden diejenigen Erfordernisse festzustellen, welche die Anerkennung ihrer Aechtheit in ganz Deutschland bedingen.

§. 61. Reichsgewalt ist befugt, im Interesse des Gesammtwohls allgemeine Maaßregeln für die Gesundheitspflege zu treffen.

Artikel XIII.

§. 62. Die Reichsgewalt hat die Gesetzgebung, soweit es zur Ausführung der ihr verfassungsmäßig übertragenen Befugnisse und zum Schutze der ihr überlassenen Anstalten erforderlich ist.

§. 63. Die Reichsgewalt ist befugt, wenn sie im Gesammtinteresse Deutschland's gemeinsame Einrichtungen und Maaßregeln nothwendig findet, die zur Begründung derselben erforderlichen Gesetze in den für die Veränderung der Verfassung vorgeschriebenen Formen zu erlassen.

§. 64. Der Reichsgewalt liegt es ob, durch die Erlassung allgemeiner Gesetzbücher über bürgerliches Recht, Handels- und Wechselrecht, Strafrecht und gerichtliches Verfahren die Rechtseinheit im deutschen Volke zu begründen.

§. 65. Alle Gesetze und Verordnungen der Reichsgewalt erhalten verbindliche Kraft durch ihre Verkündigung von Reichswegen.

§. 66. Reichsgesetze gehen den Gesetzen der Einzelstaaten vor, insofern ihnen nicht ausdrücklich eine nur subsidiäre Geltung beigelegt ist.

Artikel XIV.

§. 67. Die Anstellung der Reichsbeamten geht vom Reiche aus.
Die Dienstpragmatik des Reiches wird ein Reichsgesetz feststellen.

Abschnitt III. Das Reichsoberhaupt.

Artikel I.

§. 68. Die Würde des Reichsoberhauptes wird einem der regierenden deutschen Fürsten übertragen.

§. 69. Diese Würde ist erblich im Hause des Fürsten, dem sie übertragen worden. Sie vererbt im Mannsstamme nach dem Rechte der Erstgeburt.

§. 70. Das Reichsoberhaupt führt den Titel: Kaiser der Deutschen.

§. 71. Die Residenz des Kaisers ist am Sitze der Reichsregierung. Wenigstens während der Dauer des Reichstags wird der Kaiser dort bleibend residiren.

So oft sich der Kaiser nicht am Sitze der Reichsregierung befindet, muß einer der Reichsminister in seiner unmittelbaren Umgebung seyn.

Die Bestimmungen über den Sitz der Reichsregierung bleiben einem Reichsgesetz vorbehalten.

§. 72. Der Kaiser bezieht eine Civilliste, welche der Reichstag festsetzt.

Artikel II.

§. 73. Die Person des Kaisers ist unverletzlich.

Der Kaiser übt die ihm übertragene Gewalt durch verantwortliche von ihm ernannte Minister aus.

§. 74. Alle Regierungshandlungen des Kaisers bedürfen zu ihrer Gültigkeit der Gegenzeichnung von wenigstens einem der Reichsminister, welcher dadurch die Verantwortung übernimmt.

Artikel III.

§. 75. Der Kaiser übt die völkerrechtliche Vertretung des deutschen Reiches und der einzelnen deutschen Staaten aus. Er stellt die Reichsgesandten und die Consuln an und führt den diplomatischen Verkehr.

§. 76. Der Kaiser erklärt Krieg und schließt Frieden.

§. 77. Der Kaiser schließt die Bündnisse und Verträge mit den auswärtigen Mächten ab, und zwar unter Mitwirkung des Reichstages, insoweit diese in der Verfassung vorbehalten ist.

§. 78. Alle Verträge nicht rein privatrechtlichen Inhalts, welche deutsche Regierungen unter sich oder mit auswärtigen Regierungen abschließen, sind dem Kaiser zur Kenntnißnahme, und insofern das Reichsinteresse dabei betheiligt ist, zur Bestätigung vorzulegen.

§. 79. Der Kaiser beruft und schließt den Reichstag; er hat das Recht das Volkshaus aufzulösen.

§. 80. Der Kaiser hat das Recht des Gesetzvorschlages. Er übt die gesetzgebende Gewalt in Gemeinschaft mit dem Reichstage unter den verfassungsmäßigen Beschränkungen aus. Er verkündigt die Reichsgesetze und erläßt die zur Vollziehung derselben nöthigen Verordnungen.

§. 81. In Strafsachen, welche zur Zuständigkeit des Reichsgerichts gehören, hat der Kaiser das Recht der Begnadigung und Strafmilderung. Das Verbot der Einleitung oder Fortsetzung von Untersuchungen kann der Kaiser nur mit Zustimmung des Reichstages erlassen.

Zu Gunsten eines wegen seiner Amtshandlungen verurtheilten Reichsministers kann der Kaiser das Recht der Begnadigung und Strafmilderung nur dann ausüben, wenn dasjenige Haus, von welchem die Anklage ausgegangen ist, darauf anträgt. Zu Gunsten von Landesministern steht ihm ein solches Recht nicht zu.

§. 82. Dem Kaiser liegt die Wahrung des Reichsfriedens ob.

§. 83. Der Kaiser hat die Verfügung über die bewaffnete Macht.

§. 84. Ueberhaupt hat der Kaiser die Regierungsgewalt in allen Angelegenheiten des Reiches nach Maaßgabe der Reichsverfassung. Ihm als Träger dieser Gewalt stehen diejenigen Rechte und Befugnisse zu, welche in der Reichsverfassung der Reichsgewalt beigelegt und dem Reichstage nicht zugewiesen sind.

Abschnitt IV: Der Reichstag.

Artikel I.

§. 85. Der Reichstag besteht aus zwei Häusern, dem Staatenhaus und dem Volkshaus.

Artikel II.

§. 86. Das Staatenhaus wird gebildet aus den Vertretern der deutschen Staaten.

§. 87. Die Zahl der Mitglieder vertheilt sich nach folgendem Verhältniß:

Preußen	40	Mitglieder
Oesterreich	38	„
Bayern	18	„
Sachsen	10	„
Hannover	10	„
Würtemberg	10	„
Baden	9	„
Kurhessen	6	„
Großherzogthum Hessen	6	„
Holstein (-Schleswig, s. Reich §. 1)	6	„
Mecklenburg-Schwerin	4	„

Luxemburg-Limburg	3	"
Nassau	3	"
Braunschweig	2	"
Oldenburg	2	"
Sachsen-Weimar	2	"
Sachsen-Coburg-Gotha	1	"
Sachsen-Meiningen-Hildburghausen	1	"
Sachsen-Altenburg	1	"
Mecklenburg-Strelitz	1	"
Anhalt-Dessau	1	"
Anhalt-Bernburg	1	"
Anhalt-Köthen	1	"
Schwarzburg-Sondershausen	1	"
Schwarzburg-Rudolstadt	1	"
Hohenzollern-Hechingen	1	"
Liechtenstein	1	"
Hohenzollern-Sigmaringen	1	"
Waldeck	1	"
Reuß ältere Linie	1	"
Reuß jüngere Linie	1	"
Schaumburg-Lippe	1	"
Lippe-Detmold	1	"
Hessen-Homburg	1	"
Lauenburg	1	"
Lübeck	1	"
Frankfurt	1	"
Bremen	1	"
Hamburg	1	"
	192 Mitglieder.	

So lange die deutsch-österreichischen Lande an dem Bundesstaate nicht Theil nehmen, erhalten nachfolgende Staaten eine größere Anzahl von Stimmen im Staatenhause; nämlich:

Bayern	20
Sachsen	12
Hannover	12
Würtemberg	12
Baden	10
Großherzogthum Hessen	8
Kurhessen	7
Nassau	4
Hamburg	2

§. 88. Die Mitglieder des Staatenhauses werden zur Hälfte durch die Regierung und zur Hälfte durch die Volksvertretung der betreffenden Staaten ernannt.

In denjenigen deutschen Staaten, welche aus mehreren Provinzen oder Ländern mit abgesonderter Verfassung oder Verwaltung bestehen, sind die durch die Volksvertretung dieses Staates zu ernennenden Mitglieder des Staatenhauses nicht von der allgemeinen Landesvertretung, sondern von den Vertretungen der einzelnen Länder oder Provinzen (Provinzialständen) zu ernennen.

Das Verhältniß, nach welchem die Zahl der diesen Staaten zukommenden Mitglieder unter die einzelnen Länder oder Provinzen zu vertheilen ist, bleibt der Landesgesetzgebung vorbehalten.

Wo zwei Kammern bestehen und eine Vertretung nach Provinzen nicht stattfindet, wählen beide Kammern in gemeinsamer Sitzung nach absoluter Stimmenmehrheit.

§. 89. In denjenigen Staaten, welche nur Ein Mitglied in das Staatenhaus senden, schlägt die Regierung drei Candidaten vor, aus denen die Volksvertretung mit absoluter Stimmenmehrheit wählt.

Auf dieselbe Weise ist in denjenigen Staaten, welche eine ungerade Zahl von Mitgliedern senden, in Betreff des letzten derselben zu verfahren.

§. 90. Wenn mehrere deutsche Staaten zu einem Ganzen verbunden werden, so entscheidet ein Reichsgesetz über die dadurch etwa nothwendig werdende Abänderung in der Zusammensetzung des Staatenhauses.

§. 91. Mitglied des Staatenhauses kann nur seyn, wer

1) Staatsbürger des Staates ist, welcher ihn sendet,
2) das 30ste Lebensjahr zurückgelegt hat,
3) sich im vollen Genuß der bürgerlichen, und staatsbürgerlichen Rechte befindet.

§. 92. Die Mitglieder des Staatenhauses werden auf sechs Jahre gewählt. Sie werden alle drei Jahre zur Hälfte erneuert.

Auf welche Weise nach den ersten drei Jahren das Ausscheiden der einen Hälfte stattfinden soll, wird durch ein Reichsgesetz bestimmt. Die Ausscheidenden sind stets wieder wählbar.

Wird nach Ablauf dieser drei Jahre und vor Vollendung der neuen Wahlen für das Staatenhaus ein ausserordentlicher Reichstag berufen, so treten, so weit die neuen Wahlen noch nicht stattgefunden haben, die früheren Mitglieder ein.

Artikel III.

§. 93. Das Volkshaus besteht aus den Abgeordneten des deutschen Volkes.

§. 94. Die Mitglieder des Volkshauses werden für das erste Mal auf vier Jahre, demnächst immer auf drei Jahre gewählt.

Die Wahl geschieht nach den in dem Reichswahlgesetze enthaltenen Vorschriften.

Das „Reichsgesetz über die Wahlen der Abgeordneten zum Volkshause" vom 12.4.1849 (RGBl. S. 79) bestimmte in Artikel I, § 1: „Wähler ist jeder unbescholtene Deutsche, welcher das fünfundzwanzigste Lebensjahr zurückgelegt hat."; in Artikel 5, § 13: „Die Wahlhandlung ist öffentlich ... Das Wahlrecht wird in Person durch Stimmzettel ohne Unterschrift ausgeübt."; in § 14: „Die Wahl ist direct. Sie erfolgt durch absolute Stimmenmehrheit aller in einem Wahlkreis abgegebenen Stimmen. Stellt bei einer Wahl eine absolute Stimmenmehrheit sich nicht heraus, so ist eine zweite Wahlhandlung vorzunehmen. Wird auch bei dieser eine absolute Stimmenmehrheit nicht erreicht, so ist zum dritten Mal nur unter den zwei Candidaten zu wählen, welche in der zweiten Wahlhandlung die meisten Stimmen erhalten haben."

Artikel IV.

§. 95. Die Mitglieder des Reichstages beziehen aus der Reichskasse ein gleichmäßiges Tagegeld und Entschädigung für ihre Reisekosten. Das Nähere bestimmt ein Reichsgesetz.

§. 96. Die Mitglieder beider Häuser können durch Instruktionen nicht gebunden werden.

§. 97. Niemand kann gleichzeitig Mitglied von beiden Häusern seyn.

Artikel V.

§. 98. Zu einem Beschluß eines jeden Hauses des Reichstages ist die Theilnahme von wenigstens der Hälfte der gesetzlichen Anzahl seiner Mitglieder und die einfache Stimmenmehrheit erforderlich.

Im Falle der Stimmengleichheit wird ein Antrag als abgelehnt betrachtet.

§. 99. Das Recht des Gesetzvorschlags, der Beschwerde, der Adresse und der Erhebung von Thatsachen, so wie der Anklage der Minister, steht jedem Hause zu.

§. 100. Ein Reichstagsbeschluß kann nur durch die Uebereinstimmung beider Häuser gültig zu Stande kommen.

§. 101. Ein Reichstagsbeschluß, welcher die Zustimmung der Reichsregierung nicht erlangt hat, darf in derselben Sitzungsperiode nicht wiederholt werden.

Ist von dem Reichstage in drei sich unmittelbar folgenden ordentlichen Sitzungsperioden derselbe Beschluß unverändert gefaßt worden, so wird derselbe, auch wenn die Zustimmung der Reichsregierung nicht erfolgt, mit dem Schlusse des dritten Reichstages zum Gesetz. Eine ordentliche Sitzungsperiode welche nicht wenigstens vier Wochen dauert, wird in dieser Reihenfolge nicht mitgezählt.

§. 102. Ein Reichstagsbeschluß ist in folgenden Fällen erforderlich:

1) Wenn es sich um die Erlassung, Aufhebung, Abänderung oder Auslegung von Reichsgesetzen handelt.
2) Wenn der Reichshaushalt festgestellt wird, wenn Anleihen contrahirt werden, wenn das Reich eine im Budget nicht vorgesehene Ausgabe übernimmt, oder Matrikularbeiträge der Steuern erhebt.
3) Wenn fremde See- oder Flußschifffahrt mit höheren Abgaben belegt werden soll.
4) Wenn Landesfestungen zu Reichsfestungen erklärt werden sollen.
5) Wenn Handels-, Schifffahrts- und Auslieferungsverträge mit dem Auslande geschlossen werden, so wie überhaupt völkerrechtliche Verträge, insofern sie das Reich belasten.
6) Wenn nicht zum Reich gehörige Länder oder Landestheile dem deutschen Zollgebiete angeschlossen, oder einzelne Orte oder Gebietstheile von der Zolllinie ausgeschlossen werden sollen.
7) Wenn deutsche Landestheile abgetreten, oder wenn nichtdeutsche Gebiete dem Reiche einverleibt oder auf andere Weise mit demselben verbunden werden sollen.

§. 103. Bei Feststellung des Reichshaushaltes treten folgende Bestimmungen ein:

1) Alle die Finanzen betreffenden Vorlagen der Reichsregierung gelangen zunächst an das Volkshaus.
2) Bewilligungen von Ausgaben dürfen nur auf Antrag der Reichsregierung und bis zum Belauf dieses Antrages erfolgen. Jede Bewilligung gilt nur für den besonderen Zweck, für welchen sie bestimmt worden. Die Verwendung darf nur innerhalb der Grenze der Bewilligung erfolgen.
3) Die Dauer der Finanzperiode und Budgetbewilligung ist ein Jahr.
4) Das Budget über die regelmäßigen Ausgaben des Reiches und über den Reservefond, so wie über die für beides erforderlichen Deckungsmittel, wird auf dem ersten Reichstage durch Reichstagsbeschlüsse festgestellt. Eine Erhöhung dieses Budgets auf späteren Reichstagen erfordert gleichfalls einen Reichstagsbeschluß.
5) Dieses ordentliche Budget wird auf jedem Reichstage zuerst dem Volkshause vorgelegt, von diesem in seinen einzelnen Ansätzen nach den Erläuterungen und Belegen, welche die Reichsregierung vorzulegen hat, geprüft und ganz oder theilweise bewilligt oder verworfen.

6) Nach erfolgter Prüfung und Bewilligung durch das Volkshaus wird das Budget an das Staatenhaus abgegeben. Diesem steht, innerhalb des Gesammtbetrages des ordentlichen Budgets, so wie derselbe auf dem ersten Reichstage oder durch spätere Reichstagsbeschlüsse festgestellt ist, nur das Recht zu, Erinnerungen und Ausstellungen zu machen, über welche das Volkshaus endgültig beschließt.
7) Alle außerordentlichen Ausgaben und deren Deckungsmittel bedürfen, gleich der Erhöhung des ordentlichen Budgets, eines Reichstagsbeschlusses.
8) Die Nachweisung über die Verwendung der Reichsgelder wird dem Reichstage, und zwar zuerst dem Volkshause, zur Prüfung und zum Abschluß vorgelegt.

Artikel VI.

§. 104. Der Reichstag versammelt sich jedes Jahr am Sitze der Reichsregierung. Die Zeit der Zusammenkunft wird vom Reichsoberhaupt bei der Einberufung angegeben, insofern nicht ein Reichsgesetz dieselbe festsetzt.

Außerdem kann der Reichstag zu außerordentlichen Sitzungen jederzeit vom Reichsoberhaupt einberufen werden.

§. 105. Die ordentlichen Sitzungsperioden der Landtage in den Einzelstaaten sollen mit denen des Reichstages in der Regel nicht zusammenfallen. Das Nähere bleibt einem Reichsgesetz vorbehalten.

§. 106. Das Volkshaus kann durch das Reichsoberhaupt aufgelöst werden.

In dem Falle der Auflösung ist der Reichstag binnen drei Monaten wieder zu versammeln.

§. 107. Die Auflösung des Volkshauses hat die gleichzeitige Vertagung des Staatenhauses bis zur Wiederberufung des Reichstages zur Folge.

Die Sitzungsperioden beider Häuser sind dieselben.

§. 108. Das Ende der Sitzungsperiode des Reichstages wird vom Reichsoberhaupt bestimmt.

§. 109. Eine Vertagung des Reichstages oder eines der beiden Häuser durch das Reichsoberhaupt bedarf, wenn sie nach Eröffnung der Sitzung auf länger als vierzehn Tage ausgesprochen werden soll, der Zustimmung des Reichstages oder des betreffenden Hauses.

Auch der Reichstag selbst so wie jedes der beiden Häuser kann sich auf vierzehn Tage vertagen.

Artikel VII.

§. 110. Jedes der beiden Häuser wählt seinen Präsidenten, seine Vicepräsidenten und seine Schriftführer.

§. 111. Die Sitzungen beider Häuser sind öffentlich. Die Geschäftsordnung eines jeden Hauses bestimmt, unter welchen Bedingungen vertrauliche Sitzungen stattfinden können.

§. 112. Jedes Haus prüft die Vollmachten seiner Mitglieder und entscheidet über die Zulassung derselben.

§. 113. Jedes Mitglied leistet bei seinem Eintritt den Eid: „Ich schwöre, die deutsche Reichsverfassung getreulich zu beobachten und aufrecht zu erhalten, so wahr mir Gott helfe".

§. 114. Jedes Haus hat das Recht, seine Mitglieder wegen unwürdigen Verhaltens im Hause zu bestrafen und äußersten Falls auszuschließen. Das Nähere bestimmt die Geschäftsordnung jedes Hauses.

Eine Ausschließung kann nur dann ausgesprochen werden, wenn eine Mehrheit von zwei Dritteln der Stimmen sich dafür entscheidet.

§. 115. Weder Ueberbringer von Bittschriften noch überhaupt Deputationen sollen in den Häusern zugelassen werden.

§. 116. Jedes Haus hat das Recht, sich seine Geschäftsordnung selbst zu geben. Die geschäftlichen Beziehungen zwischen beiden Häusern werden durch Uebereinkunft beider Häuser geordnet.

Artikel VIII.

§. 117. Ein Mitglied des Reichstages darf während der Dauer der Sitzungsperiode ohne Zustimmung des Hauses, zu welchem es gehört, wegen strafrechtlicher Anschuldigungen weder verhaftet, noch in Untersuchung gezogen werden, mit alleiniger Ausnahme der Ergreifung auf frischer That.

§. 118. In diesem letzteren Falle ist dem betreffenden Hause von der angeordneten Maaßregel sofort Kenntniß zu geben. Es steht demselben zu, die Aufhebung der Haft oder Untersuchung bis zum Schlusse der Sitzungsperiode zu verfügen.

§. 119. Dieselbe Befugniß steht jedem Hause in Betreff einer Verhaftung oder Untersuchung zu, welche über ein Mitglied desselben zur Zeit seiner Wahl verhängt gewesen, oder nach dieser bis zur Eröffnung der Sitzungen verhängt worden ist.

§. 120. Kein Mitglied des Reichstages darf zu irgend einer Zeit wegen seiner Abstimmung oder wegen der in Ausübung seines Berufes gethanen Aeußerungen gerichtlich oder disciplinarisch verfolgt oder sonst außerhalb der Versammlung zur Verantwortung gezogen werden.

Artikel IX.

§. 121. Die Reichsminister haben das Recht, den Verhandlungen beider Häuser des Reichstages beizuwohnen und jederzeit von denselben gehört zu werden.

§. 122. Die Reichsminister haben die Verpflichtung, auf Verlangen jedes der Häuser des Reichstages in demselben zu erscheinen und Auskunft zu ertheilen, oder den Grund anzugeben, weshalb dieselbe nicht ertheilt werden könne.

§. 123. Die Reichsminister können nicht Mitglieder des Staatenhauses seyn.

§. 124. Wenn ein Mitglied des Volkshauses im Reichsdienst ein Amt oder eine Beförderung annimmt, so muß es sich einer neuen Wahl unterwerfen; es behält seinen Sitz im Hause, bis die neue Wahl stattgefunden hat.

Abschnitt V. Das Reichsgericht.

Artikel I.

§. 125. Die dem Reiche zustehende Gerichtsbarkeit wird durch ein Reichsgericht ausgeübt.

§. 126. Zur Zuständigkeit des Reichsgerichts gehören:

a) Klagen eines Einzelstaates gegen die Reichsgewalt wegen Verletzung der Reichsverfassung durch Erlassung von Reichsgesetzen und durch Maaßregeln der Reichsregierung, so wie Klagen der Reichsgewalt gegen einen Einzelstaat wegen Verletzung der Reichsverfassung.
b) Streitigkeiten zwischen dem Staatenhause und dem Volkshause unter sich und zwischen jedem von ihnen und der Reichsregierung, welche die Auslegung der Reichsverfassung betreffen, wenn die streitenden Theile sich vereinigen, die Entscheidung des Reichsgerichts einzuholen.
c) Politische und privatrechtliche Streitigkeiten aller Art zwischen den einzelnen deutschen Staaten.
d) Streitigkeiten über Thronfolge, Regierungsfähigkeit und Regentschaft in den Einzelstaaten.
e) Streitigkeiten zwischen der Regierung eines Einzelstaates und dessen Volksvertretung über die Gültigkeit oder Auslegung der Landesverfassung.

f) Klagen der Angehörigen eines Einzelstaates gegen die Regierung desselben, wegen Aufhebung oder verfassungswidriger Veränderung der Landesverfassung.
Klagen der Angehörigen eines Einzelstaates gegen die Regierung wegen Verletzung der Landesverfassung können bei dem Reichsgericht nur angebracht werden, wenn die in der Landesverfassung gegebenen Mittel der Abhülfe nicht zur Anwendung gebracht werden können.
g) Klagen deutscher Staatsbürger wegen Verletzung der durch die Reichsverfassung ihnen gewährten Rechte. Die näheren Bestimmungen über den Umfang dieses Klagerechts und die Art und Weise dasselbe geltend zu machen, bleiben der Reichsgesetzgebung vorbehalten.
h) Beschwerden wegen verweigerter oder gehemmter Rechtspflege, wenn die landesgesetzlichen Mittel der Abhülfe erschöpft sind.
i) Strafgerichtsbarkeit über die Anklagen gegen die Reichsminister, insofern sie deren ministerielle Verantwortlichkeit betreffen.
k) Strafgerichtsbarkeit über die Anklagen gegen die Minister der Einzelstaaten, insofern sie deren ministerielle Verantwortlichkeit betreffen.
l) Strafgerichtsbarkeit in den Fällen des Hoch- und Landesverraths gegen das Reich.
Ob noch andere Verbrechen gegen das Reich der Strafgerichtsbarkeit des Reichsgerichts zu überweisen sind, wird späteren Reichsgesetzen vorbehalten.
m) Klagen gegen den Reichsfiscus.
n) Klagen gegen deutsche Staaten, wenn die Verpflichtung, dem Anspruche Genüge zu leisten, zwischen mehreren Staaten zweifelhaft oder bestritten ist, so wie wenn die gemeinschaftliche Verpflichtung gegen mehrere Staaten in einer Klage geltend gemacht wird.

§. 127. Ueber die Frage, ob ein Fall zur Entscheidung des Reichsgerichts geeignet sey, erkennt einzig und allein das Reichsgericht selbst.

§. 128. Ueber die Einsetzung und Organisation des Reichsgerichts, über das Verfahren und die Vollziehung der reichsgerichtlichen Entscheidungen und Verfügungen wird ein besonderes Gesetz ergehen.

Diesem Gesetze wird auch die Bestimmung, ob und in welchen Fällen bei dem Reichsgericht die Urtheilsfällung durch Geschworene erfolgen soll, vorbehalten.

Ebenso bleibt vorbehalten: ob und wie weit dieses Gesetz als organisches Verfassungsgesetz zu betrachten ist.

§. 129. Der Reichsgesetzgebung bleibt es vorbehalten, Admiralitäts- und Seegerichte zu errichten, so wie Bestimmungen über die Gerichtsbarkeit der Gesandten und Consuln des Reiches zu treffen.

Abschnitt VI. Die Grundrechte des deutschen Volkes.

§. 130. Dem deutschen Volke sollen die nachstehenden Grundrechte gewährleistet seyn. Sie sollen den Verfassungen der deutschen Einzelstaaten zur Norm dienen, und keine Verfassung oder Gesetzgebung eines deutschen Einzelstaates soll dieselben je aufheben oder beschränken können.

Die hier folgenden Grundrechte waren bereits durch das Reichsgesetz betreffend die Grundrechte des deutschen Volkes vom 27.12.1848 mit Einführungsgesetz vom gleichen Tag (RGBl. 1848, S. 49; 57) in Kraft gesetzt worden. Dieses Gesetz wurde durch Bundesbeschluß vom 23.8.1851 aufgehoben.

Artikel I.

§. 131. Das deutsche Volk besteht aus den Angehörigen der Staaten, welche das deutsche Reich bilden.

§. 132. Jeder Deutsche hat das deutsche Reichsbürgerrecht. Die ihm kraft dessen zustehenden Rechte kann er in jedem deutschen Lande ausüben. Ueber das Recht, zur deutschen Reichsversammlung zu wählen, verfügt das Reichswahlgesetz.

§. 133. Jeder Deutsche hat das Recht, an jedem Orte des Reichsgebietes seinen Aufenthalt und Wohnsitz zu nehmen, Liegenschaften jeder Art zu erwerben und darüber zu verfügen, jeden Nahrungszweig zu betreiben, das Gemeindebürgerrecht zu gewinnen.

Die Bedingungen für den Aufenthalt und Wohnsitz werden durch ein Heimathsgesetz, jene für den Gewerbebetrieb durch eine Gewerbeordnung für ganz Deutschland von der Reichsgewalt festgesetzt.

§. 134. Kein deutscher Staat darf zwischen seinen Angehörigen und andern Deutschen einen Unterschied im bürgerlichen, peinlichen und Prozeß-Rechte machen, welcher die letzteren als Ausländer zurücksetzt.

§. 135. Die Strafe des bürgerlichen Todes soll nicht stattfinden, und da, wo sie bereits ausgesprochen ist, in ihren Wirkungen aufhören, soweit nicht hierdurch erworbene Privatrechte verletzt werden.

§. 136. Die Auswanderungsfreiheit ist von Staatswegen nicht beschränkt; Abzugsgelder dürfen nicht erhoben werden.

Die Auswanderungsangelegenheit steht unter dem Schutze und der Fürsorge des Reiches.

Artikel II.

§. 137. Vor dem Gesetze gilt kein Unterschied der Stände. Der Adel als Stand ist aufgehoben.

Alle Standesvorrechte sind abgeschafft.

Die Deutschen sind vor dem Gesetze gleich.

Alle Titel, insoweit sie nicht mit einem Amte verbunden sind, sind aufgehoben und dürfen nie wieder eingeführt werden.

Kein Staatsangehöriger darf von einem auswärtigen Staate einen Orden annehmen.

Die öffentlichen Aemter sind für alle Befähigten gleich zugänglich.

Die Wehrpflicht ist für Alle gleich; Stellvertretung bei derselben findet nicht statt.

Artikel III.

§. 138. Die Freiheit der Person ist unverletzlich.

Die Verhaftung einer Person soll, außer im Falle der Ergreifung auf frischer That, nur geschehen in Kraft eines richterlichen, mit Gründen versehenen Befehls. Dieser Befehl muß im Augenblicke der Verhaftung oder innerhalb der nächsten vier und zwanzig Stunden dem Verhafteten zugestellt werden.

Die Polizeibehörde muß Jeden, den sie in Verwahrung genommen hat, im Laufe des folgenden Tages entweder freilassen oder der richterlichen Behörde übergeben.

Jeder Angeschuldigte soll gegen Stellung einer vom Gerichte zu bestimmenden Caution oder Bürgschaft der Haft entlassen werden, sofern nicht dringende Anzeigen eines schweren peinlichen Verbrechens gegen denselben vorliegen.

Im Falle einer widerrechtlich verfügten oder verlängerten Gefangenschaft ist der Schuldige und nöthigenfalls der Staat dem Verletzten zur Genugthuung und Entschädigung verpflichtet.

Die für das Heer- und Seewesen erforderlichen Modifikationen dieser Bestimmungen werden besonderen Gesetzen vorbehalten.

§. 139. Die Todesstrafe, ausgenommen wo das Kriegsrecht sie vorschreibt, oder das Seerecht im Fall von Meutereien sie zuläßt, so wie die Strafen des Prangers, der Brandmarkung und der körperlichen Züchtigung, sind abgeschafft.

§. 140. Die Wohnung ist unverletzlich.

Eine Haussuchung ist nur zulässig:

1) in Kraft eines richterlichen, mit Gründen versehenen Befehls, welcher sofort oder innerhalb der nächsten vier und zwanzig Stunden dem Betheiligten zugestellt werden soll,

2) im Falle der Verfolgung auf frischer That, durch den gesetzlich berechtigten Beamten,
3) in den Fällen und Formen, in welchen das Gesetz ausnahmsweise bestimmten Beamten auch ohne richterlichen Befehl dieselbe gestattet.

Die Haussuchung muß, wenn thunlich, mit Zuziehung von Hausgenossen erfolgen.

Die Unverletzlichkeit der Wohnung ist kein Hinderniß der Verhaftung eines gerichtlich Verfolgten.

§. 141. Die Beschlagnahme von Briefen und Papieren darf, außer bei einer Verhaftung oder Haussuchung, nur in Kraft eines richterlichen, mit Gründen versehenen Befehls vorgenommen werden, welcher sofort oder innerhalb der nächsten vier und zwanzig Stunden dem Betheiligten zugestellt werden soll.

§. 142. Das Briefgeheimniß ist gewährleistet.

Die bei strafgerichtlichen Untersuchungen und in Kriegsfällen nothwendigen Beschränkungen sind durch die Gesetzgebung festzustellen.

Artikel IV.

§. 143. Jeder Deutsche hat das Recht, durch Wort, Schrift, Druck und bildliche Darstellung seine Meinung frei zu äußern.

Die Preßfreiheit darf unter keinen Umständen und in keiner Weise durch vorbeugende Maaßregeln, namentlich Censur, Concessionen, Sicherheitsbestellungen, Staatsauflagen, Beschränkungen der Druckereien oder des Buchhandels, Postverbote oder andere Hemmungen des freien Verkehrs beschränkt, suspendirt oder aufgehoben werden.

Ueber Preßvergehen, welche von Amts wegen verfolgt werden, wird durch Schwurgerichte geurtheilt.

Ein Preßgesetz wird vom Reiche erlassen werden.

Artikel V.

§. 144. Jeder Deutsche hat volle Glaubens- und Gewissensfreiheit.

Niemand ist verpflichtet, seine religiöse Ueberzeugung zu offenbaren.

§. 145. Jeder Deutsche ist unbeschränkt in der gemeinsamen häuslichen und öffentlichen Uebung seiner Religion.

Verbrechen und Vergehen, welche bei Ausübung dieser Freiheit begangen werden, sind nach dem Gesetze zu bestrafen.

§. 146. Durch das religiöse Bekenntniß wird der Genuß der bürgerlichen und staatsbürgerlichen Rechte weder bedingt noch beschränkt. Den staatsbürgerlichen Pflichten darf dasselbe keinen Abbruch thun.

§. 147. Jede Religionsgesellschaft ordnet und verwaltet ihre Angelegenheiten selbstständig, bleibt aber den allgemeinen Staatsgesetzen unterworfen.

Keine Religionsgesellschaft genießt vor andern Vorrechte durch den Staat; es besteht fernerhin keine Staatskirche.

Neue Religionsgesellschaften dürfen sich bilden; einer Anerkennung ihres Bekenntnisses durch den Staat bedarf es nicht.

§. 148. Niemand soll zu einer kirchlichen Handlung oder Feierlichkeit gezwungen werden.

§. 149. Die Formel des Eides soll künftig lauten: „So wahr mir Gott helfe".

§. 150. Die bürgerliche Gültigkeit der Ehe ist nur von der Vollziehung des Civilactes abhängig; die kirchliche Trauung kann nur nach der Vollziehung des Civilactes stattfinden.

Die Religionsverschiedenheit ist kein bürgerliches Ehehinderniß.

§. 151. Die Standesbücher werden von den bürgerlichen Behörden geführt.

Artikel VI.

§. 152. Die Wissenschaft und ihre Lehre ist frei.

§. 153. Das Unterrichts- und Erziehungswesen steht unter der Oberaufsicht des Staates, und ist, abgesehen vom Religionsunterricht, der Beaufsichtigung der Geistlichkeit als solcher enthoben.

§. 154. Unterrichts- und Erziehungsanstalten zu gründen, zu leiten und an solchen Unterricht zu ertheilen, steht jedem Deutschen frei, wenn er seine Befähigung der betreffenden Staatsbehörde nachgewiesen hat.

Der häusliche Unterricht unterliegt keiner Beschränkung.

§. 155. Für die Bildung der deutschen Jugend soll durch öffentliche Schulen überall genügend gesorgt werden.

Eltern oder deren Stellvertreter dürfen ihre Kinder oder Pflegebefohlenen nicht ohne den Unterricht lassen, welcher für die unteren Volksschulen vorgeschrieben ist.

§. 156. Die öffentlichen Lehrer haben die Rechte der Staatsdiener.

Der Staat stellt unter gesetzlich geordneter Betheiligung der Gemeinden aus der Zahl der Geprüften die Lehrer der Volksschulen an.

§. 157. Für den Unterricht in Volksschulen und niederen Gewerbeschulen wird kein Schulgeld bezahlt.

Unbemittelten soll auf allen öffentlichen Unterrichtsanstalten freier Unterricht gewährt werden.

§. 158. Es steht einem Jeden frei, seinen Beruf zu wählen und sich für denselben auszubilden, wie und wo er will.

Artikel VII.

§. 159. Jeder Deutsche hat das Recht, sich mit Bitten und Beschwerden schriftlich an die Behörden, an die Volksvertretungen und an den Reichstag zu wenden.

Dieses Recht kann sowohl von Einzelnen als von Corporationen und von Mehreren im Vereine ausgeübt werden; beim Heer und der Kriegsflotte jedoch nur in der Weise, wie es die Disciplinarvorschriften bestimmen.

§. 160. Eine vorgängige Genehmigung der Behörden ist nicht nothwendig, um öffentliche Beamte wegen ihrer amtlichen Handlungen gerichtlich zu verfolgen.

Artikel VIII.

§. 161. Die Deutschen haben das Recht, sich friedlich und ohne Waffen zu versammeln; einer besonderen Erlaubniß dazu bedarf es nicht.

Volksversammlungen unter freiem Himmel können bei dringender Gefahr für die Öffentliche Ordnung und Sicherheit verboten werden.

§. 162. Die Deutschen haben das Recht, Vereine zu bilden. Dieses Recht soll durch keine vorbeugende Maaßregel beschränkt werden.

§. 163. Die in den §§. 161 und 162 enthaltenen Bestimmungen finden auf das Heer und die Kriegsflotte Anwendung, insoweit die militärischen Disciplinarvorschriften nicht entgegenstehen.

Artikel IX.

§. 164. Das Eigenthum ist unverletzlich.

Eine Enteignung kann nur aus Rücksichten des gemeinen Besten, nur auf Grund eines Gesetzes und gegen gerechte Entschädigung vorgenommen werden.

Das geistige Eigenthum soll durch die Reichsgesetzgebung geschützt werden.

§. 165. Jeder Grundeigenthümer kann seinen Grundbesitz unter Lebenden und von Todes wegen ganz oder theilweise veräußern. Den Einzelstaaten bleibt überlassen, die Durchführung des Grundsatzes der Theilbarkeit alles Grundeigenthums durch Uebergangsgesetze zu vermitteln.

Für die todte Hand sind Beschränkungen des Rechts, Liegenschaften zu erwerben und über sie zu verfügen, im Wege der Gesetzgebung aus Gründen des öffentlichen Wohls zulässig.

§. 166. Jeder Unterthänigkeits- und Hörigkeitsverband hört für immer auf.

§. 167. Ohne Entschädigung sind aufgehoben:

1) Die Patrimonialgerichtsbarkeit und die grundherrliche Polizei, sammt den aus diesen Rechten fließenden Befugnissen, Exemtionen und Abgaben.
2) Die aus dem guts- und schutzherrlichen Verbande fließenden persönlichen Abgaben und Leistungen.

Mit diesen Rechten fallen auch die Gegenleistungen und Lasten weg, welche dem bisher Berechtigten dafür oblagen.

§. 168. Alle auf Grund und Boden haftenden Abgaben und Leistungen, insbesondere die Zehnten, sind ablösbar: ob nur auf Antrag des Belasteten oder auch des Berechtigten, und in welcher Weise, bleibt der Gesetzgebung der einzelnen Staaten überlassen.

Es soll fortan kein Grundstück mit einer unablösbaren Abgabe oder Leistung belastet werden.

§. 169. Im Grundeigenthum liegt die Berechtigung zur Jagd auf eignem Grund und Boden.

Die Jagdgerechtigkeit auf fremdem Grund und Boden, Jagddienste, Jagdfrohnden und andere Leistungen für Jagdzwecke sind ohne Entschädigung aufgehoben.

Nur ablösbar jedoch ist die Jagdgerechtigkeit, welche erweislich durch einen lästigen mit dem Eigenthümer des belasteten Grundstückes abgeschlossenen Vertrag erworben ist; über die Art und Weise der Ablösung haben die Landesgesetzgebungen das Weitere zu bestimmen.

Die Ausübung des Jagdrechts aus Gründen der öffentlichen Sicherheit und des gemeinen Wohls zu ordnen, bleibt der Landesgesetzgebung vorbehalten.

Die Jagdgerechtigkeit auf fremdem Grund und Boden darf in Zukunft nicht wieder als Grundgerechtigkeit bestellt werden.

§. 170. Die Familienfideicommisse sind aufzuheben. Die Art und Bedingungen der Aufhebung bestimmt die Gesetzgebung der einzelnen Staaten.

Ueber die Familienfideicommisse der regierenden fürstlichen Häuser bleiben die Bestimmungen den Landesgesetzgebungen vorbehalten.

§. 171. Aller Lehensverband ist aufzuheben. Das Nähere über die Art und Weise der Ausführung haben die Gesetzgebungen der Einzelstaaten anzuordnen.

§. 172. Die Strafe der Vermögenseinziehung soll nicht stattfinden.

§. 173. Die Besteuerung soll so geordnet werden, daß die Bevorzugung einzelner Stände und Güter in Staat und Gemeinde aufhört.

Artikel X.

§. 174. Alle Gerichtsbarkeit geht vom Staate aus. Es sollen keine Patrimonialgerichte bestehen.

§. 175. Die richterliche Gewalt wird selbstständig von den Gerichten geübt. Cabinets- und Ministerialjustiz ist unstatthaft.

Niemand darf seinem gesetzlichen Richter entzogen werden. Ausnahmegerichte sollen nie stattfinden,

§. 176. Es soll keinen privilegirten Gerichtsstand der Personen oder Güter geben.

Die Militärgerichtsbarkeit ist auf die Aburtheilung militärischer Verbrechen und Vergehen, so wie der Militär-Disciplinarvergehen beschränkt, vorbehaltlich der Bestimmungen für den Kriegsstand.

§. 177. Kein Richter darf, außer durch Urtheil und Recht, von seinem Amt entfernt, oder an Rang und Gehalt beeinträchtigt werden.

Suspension darf nicht ohne gerichtlichen Beschluß erfolgen.

Kein Richter darf wider seinen Willen, ausser durch gerichtlichen Beschluß in den durch das Gesetz bestimmten Fällen und Formen, zu einer anderen Stelle versetzt oder in Ruhestand gesetzt werden.

§. 178. Das Gerichtsverfahren soll öffentlich und mündlich sein.

Ausnahmen von der Oeffentlichkeit bestimmt im Interesse der Sittlichkeit das Gesetz.

§. 179. In Strafsachen gilt der Anklageprozeß.

Schwurgerichte sollen jedenfalls in schwereren Strafsachen und bei allen politischen Vergehen urtheilen.

§. 180. Die bürgerliche Rechtspflege soll in Sachen besonderer Berufserfahrung durch sachkundige, von den Berufsgenossen frei gewählte Richter geübt oder mitgeübt werden.

§. 181. Rechtspflege und Verwaltung sollen getrennt und von einander unabhängig seyn.

Ueber Competenzconflicte zwischen den Verwaltungs- und Gerichtsbehörden in den Einzelstaaten entscheidet ein durch das Gesetz zu bestimmender Gerichtshof.

§. 182. Die Verwaltungsrechtspflege hört auf; über alle Rechtsverletzungen entscheiden die Gerichte.

Der Polizei steht keine Strafgerichtsbarkeit zu.

§. 183. Rechtskräftige Urtheile deutscher Gerichte sind in allen deutschen Landen gleich wirksam und vollziehbar.

Ein Reichsgesetz wird das Nähere bestimmen.

Artikel XI.

§. 184. Jede Gemeinde hat als Grundrechte ihrer Verfassung:

a. die Wahl ihrer Vorsteher und Vertreter;

b. die selbstständige Verwaltung ihrer Gemeindeangelegenheiten mit Einschluß der Ortspolizei, unter gesetzlich geordneter Oberaufsicht des Staates;

c. die Veröffentlichung ihres Gemeindehaushaltes;

d. Oeffentlichkeit der Verhandlungen als Regel.

§. 185. Jedes Grundstück soll einem Gemeindeverbande angehören.

Beschränkungen wegen Waldungen und Wüsteneien bleiben der Landesgesetzgebung vorbehalten.

Artikel XII.

§. 186. Jeder deutsche Staat soll eine Verfassung mit Volksvertretung haben.

Die Minister sind der Volksvertretung verantwortlich.

§. 187. Die Volksvertretung hat eine entscheidende Stimme bei der Gesetzgebung, bei der Besteuerung, bei der Ordnung des Staatshaushaltes; auch hat sie – wo zwei Kammern vorhanden sind, jede Kammer für sich – das Recht des Gesetzvorschlags, der Beschwerde, der Adresse, so wie der Anklage der Minister.

Die Sitzungen der Landtage sind in der Regel öffentlich.

Artikel XIII.

§. 188. Den nicht deutsch redenden Volksstämmen Deutschland's ist ihre volksthümliche Entwickelung gewährleistet, namentlich die Gleichberechtigung ihrer Sprachen, so weit deren Gebiete reichen, in dem Kirchenwesen, dem Unterrichte, der inneren Verwaltung und der Rechtspflege.

Artikel XIV.

§. 189. Jeder deutsche Staatsbürger in der Fremde steht unter dem Schutze des Reiches.

Abschnitt VII. Die Gewähr der Verfassung.

Artikel I.

§. 190. Bei jedem Regierungswechsel tritt der Reichstag, falls er nicht schon versammelt ist, ohne Berufung zusammen, in der Art, wie er das letzte Mal zusammengesetzt war. Der Kaiser, welcher die Regierung antritt, leistet vor den zu einer Sitzung vereinigten beiden Häusern des Reichstages einen Eid auf die Reichsverfassung.

Der Eid lautet: „Ich schwöre, das Reich und die Rechte des deutschen Volkes zu schirmen, die Reichsverfassung aufrecht zu erhalten und sie gewissenhaft zu vollziehen. So wahr mir Gott helfe".

Erst nach geleistetem Eide ist der Kaiser berechtigt, Regierungshandlungen vorzunehmen.

§. 191. Die Reichsbeamten haben beim Antritt ihres Amtes einen Eid auf die Reichsverfassung zu leisten. Das Nähere bestimmt die Dienstpragmatik des Reiches.

§. 192. Ueber die Verantwortlichkeit der Reichsminister soll ein Reichsgesetz erlassen werden.

§. 193. Die Verpflichtung auf die Reichsverfassung wird in den Einzelstaaten mit der Verpflichtung auf die Landesverfassung verbunden und dieser vorangesetzt.

Artikel II.

§. 194. Keine Bestimmung in der Verfassung oder in den Gesetzen eines Einzelstaates darf mit der Reichsverfassung in Widerspruch stehen.

§. 195. Eine Aenderung der Regierungsform in einem Einzelstaate kann nur mit Zustimmung der Reichsgewalt erfolgen. Diese Zustimmung muß in den für Aenderungen der Reichsverfassung vorgeschriebenen Formen gegeben werden.

Artikel III.

§. 196. Abänderungen in der Reichsverfassung können nur durch einen Beschluß beider Häuser und mit Zustimmung des Reichsoberhauptes erfolgen.

Zu einem solchen Beschluß bedarf es in jedem der beiden Häuser:

1) der Anwesenheit von wenigstens zwei Dritteln der Mitglieder;
2) zweier Abstimmungen, zwischen welchen ein Zeitraum von wenigstens acht Tagen liegen muß;
3) einer Stimmenmehrheit von wenigstens zwei Dritteln der anwesenden Mitglieder bei jeder der beiden Abstimmungen.

Der Zustimmung des Reichsoberhaupts bedarf es nicht, wenn in drei sich unmittelbar folgenden ordentlichen Sitzungsperioden derselbe Reichstagsbeschluß unverändert gefaßt worden. Eine ordentliche Sitzungsperiode, welche nicht wenigstens vier Wochen dauert, wird in dieser Reihenfolge nicht mitgezählt.

Artikel IV.

§. 197. Im Falle des Kriegs oder Aufruhrs können die Bestimmungen der Grundrechte über Verhaftung, Haussuchung und Versammlungsrecht von der Reichsregierung oder der Regierung eines Einzelstaates für einzelne Bezirke zeitweise ausser Kraft gesetzt werden; jedoch nur unter folgenden Bedingungen:

1) die Verfügung muß in jedem einzelnen Falle von dem Gesammtministerium des Reiches oder Einzelstaates ausgehen;
2) das Ministerium des Reiches hat die Zustimmung des Reichstages, das Ministerium des Einzelstaates die des Landtages, wenn dieselben zur Zeit versammelt sind, sofort einzuholen. Wenn dieselben nicht versammelt sind, so darf die Verfügung nicht länger als 14 Tage dauern, ohne daß dieselben zusammenberufen und die getroffenen Maaßregeln zu ihrer Genehmigung vorgelegt werden.

Weitere Bestimmungen bleiben einem Reichsgesetz vorbehalten.

Für die Verkündigung des Belagerungszustandes in Festungen bleiben die bestehenden gesetzlichen Vorschriften in Kraft.

Zur Beurkundung:

Frankfurt a.M., den 28. März 1849.

Martin Eduard Simson von Königsberg in Preußen, d.Z. Präsident der verfassunggebenden Reichsversammlung.

Carl Kirchgeßner aus Würzburg, d.Z. II. Stellvertreter des Vorsitzenden, Abgeordneter des Wahlbezirkes Weiler in Bayern.

Friedrich Siegm. Jucho aus Frankfurt a.M., I. Schriftführer.

Carl August Fetzer aus Stuttgart, Schriftführer.

Dr. Anton Riehl aus Wien, Abgeordneter für Zwettl, Schriftführer.

Carl Biedermann aus Leipzig, Abgeordneter für den XI. sächsischen Wahlbezirk, Schriftführer.

Gustav Robert v. Maltzahn aus Cüstrin, Abgeordneter für den Wahlkreis Königsberg i.d.N., Schriftführer.

Max Neumayr aus München, Abgeordneter für den X. oberbayerischen Wahlbezirk, Schriftführer.

[Es folgen die Unterschriften von weiteren 392 Mitgliedern der Nationalversammlung.]

Quelle: *Verfassung des Deutschen Reiches. Amtliche Ausgabe.* (Frankfurt am Main: Carl Horstmann, 1849), 32 S.

5. Verfassung Preußens 1850

Preußen war der Auflage des Artikels 13 der Deutschen Bundesakte von 1815, eine landständische Verfassung zu instituieren (siehe oben Dokument Nr. 1), bis zum Ausbruch der Revolution 1848 nicht nachgekommen. Unter dem Druck der revolutionären Ereignisse verkündete König Friedrich Wilhelm IV. am 21.3. schließlich die Notwendigkeit der Einführung konstitutioneller Verfassungen allgemein (siehe Band III, Nr. 10), und am folgenden Tag gab er zusätzliche Erklärungen über den Inhalt der kommenden preußischen Verfassung ab. Verfassungsberatungen der ab dem 22.5. tagenden preußischen Nationalversammlung zogen sich in verschiedener Form bis zum November hin. Gleichzeitig mit seiner Auflösung der Versammlung am 5.12. oktroyierte der König dann eine in vielem den Absichten der Versammlung entsprechende Verfassung mit der Maßgabe, daß diese durch Vereinbarung mit den zu berufenden Kammern noch zu revidieren sei. Nach ihrer Wahl traten die beiden Kammern am 26.2.1849 zusammen, doch löste der König die Zweite Kammer, da diese am 21.4. die Reichsverfassung anerkannte, am 27.4. wieder auf. Nach der Neuwahl der Zweiten Kammer gemäß einem veränderten Wahlrecht nahmen beide Kammern am 7.8. ihre Verfassungsarbeit wieder auf und vollendeten sie am 17. beziehungsweise 18.12. Sie stimmten danach noch einigen vom König geforderten Änderungen zu, worauf dieser die revidierte Verfassung in der hier abgedruckten Fassung am 31.1.1850 ausfertigte. Sie trat mit ihrer Verkündung am 2.2. in Kraft, und der König leistete am 6.2. den vorgeschriebenen Eid auf sie. Sie behielt ihre Geltung bis zur Revolution im November 1918.

Verfassungs-Urkunde für den Preußischen Staat. Vom 31. Januar 1850.

Wir Friedrich Wilhelm, von Gottes Gnaden, König von Preußen etc. etc.

thun kund und fügen zu wissen, daß Wir, nachdem die von Uns unterm 5. Dezember 1848. vorbehaltlich der Revision im ordentlichen Wege der Gesetzgebung verkündigte und von beiden Kammern Unseres Königreichs anerkannte Verfassung des preußischen Staats der darin angeordneten Revision unterworfen ist, die Verfassung in Uebereinstimmung mit beiden Kammern endgültig festgestellt haben.

Wir verkünden demnach dieselbe als Staatsgrundgesetz, wie folgt:

Titel I. Vom Staatsgebiete.

Art. 1. Alle Landestheile der Monarchie in ihrem gegenwärtigen Umfange bilden das preußische Staatsgebiet.

Art. 2. Die Gränzen dieses Staatsgebiets können nur durch ein Gesetz verändert werden.

Titel II. Von den Rechten der Preußen.

Art. 3. Die Verfassung und das Gesetz bestimmen, unter welchen Bedingungen die Eigenschaft eines Preußen und die staatsbürgerlichen Rechte erworben, ausgeübt und verloren werden.

Art. 4. Alle Preußen sind vor dem Gesetze gleich. Standesvorrechte finden nicht statt. Die öffentlichen Aemter sind, unter Einhaltung der von den Gesetzen festgestellten Bedingungen, für alle dazu Befähigten gleich zugänglich.

Hierzu das Gesetz betreffend die Rechte der mittelbar gewordenen deutschen Reichsfürsten und Grafen vom 10.6.1854 (GS. S. 363); die Verordnung betreffend die Ausführung dieses Gesetzes vom 12.11.1855 (GS. S. 688); und das Gesetz betreffend die Ordnung der Rechtsverhältnisse der mittelbar gewordenen Reichsfürsten und Grafen vom 15.3.1869 (GS. S. 490).

Art. 5. Die persönliche Freiheit ist gewährleistet. Die Bedingungen und Formen, unter welchen eine Beschränkung derselben, insbesondere eine Verhaftung zulässig ist, werden durch das Gesetz bestimmt.

Hierzu das Gesetz zum Schutze der persönlichen Freiheit vom 12.2.1850 (GS. S. 45).

Art. 6. Die Wohnung ist unverletzlich. Das Eindringen in dieselbe und Haussuchungen, so wie die Beschlagnahme von Briefen und Papieren sind nur in den gesetzlich bestimmten Fällen und Formen gestattet.

Art. 7. Niemand darf seinem gesetzlichen Richter entzogen werden. Ausnahmegerichte und außerordentliche Kommissionen sind unstatthaft.

Art. 8. Strafen können nur in Gemäßheit des Gesetzes angedroht oder verhängt werden.

Art. 9. Das Eigenthum ist unverletzlich. Es kann nur aus Gründen des öffentlichen Wohles gegen vorgängige in dringenden Fällen wenigstens vorläufig festzustellende Entschädigung nach Maaßgabe des Gesetzes entzogen oder beschränkt werden.

Art. 10. Der bürgerliche Tod und die Strafe der Vermögenseinziehung finden nicht statt.

Art. 11. Die Freiheit der Auswanderung kann von Staatswegen nur in Bezug auf die Wehrpflicht beschränkt werden.

Abzugsgelder dürfen nicht erhoben werden.

Art. 12. Die Freiheit des religiösen Bekenntnisses, der Vereinigung zu Religionsgesellschaften (Art. 30. und 31.) und der gemeinsamen häuslichen und öffentlichen Religionsübung wird gewährleistet. Der Genuß der bürgerlichen und staatsbürgerlichen Rechte ist unabhängig von dem religiösen Bekenntnisse. Den bürgerlichen und staatsbürgerlichen Pflichten darf durch die Ausübung der Religionsfreiheit kein Abbruch geschehen.

Art. 13. Die Religionsgesellschaften, so wie die geistlichen Gesellschaften, welche keine Korporationsrechte haben, können diese Rechte nur durch besondere Gesetze erlangen.

Art. 14. Die christliche Religion wird bei denjenigen Einrichtungen des Staats, welche mit der Religionsübung im Zusammenhange stehen, unbeschadet der im Art. 12. gewährleisteten Religionsfreiheit, zum Grunde gelegt.

Art. 15. *Die evangelische und die römisch-katholische Kirche, so wie jede andere Religionsgesellschaft, ordnet und verwaltet ihre Angelegenheiten selbstständig und bleibt im Besitz und Genuß der für ihre Kultus-, Unterrichts- und Wohlthätigkeitszwecke bestimmten Anstalten, Stiftungen und Fonds.*

Neue Fassung von Artikel 15 durch Gesetz vom 5.4.1873 (GS. S. 143):

Art. 15. *Die evangelische und die römisch-katholische Kirche, sowie jede andere Religionsgesellschaft ordnet und verwaltet ihre Angelegenheiten selbständig, bleibt aber den Staatsgesetzen und der gesetzlich geordneten Aufsicht des Staates unterworfen.*

Mit der gleichen Maßgabe bleibt jede Religionsgemeinschaft im Besitz und Genuß der für ihre Kultus-, Unterrichts- und Wohltätigkeitszwecke bestimmten Anstalten, Stiftungen und Fonds.

Durch Gesetz vom 18.6.1875 (GS. S. 259) wurde Artikel 15 aufgehoben.

Art. 16. *Der Verkehr der Religionsgesellschaften mit ihren Oberen ist ungehindert. Die Bekanntmachung kirchlicher Anordnungen ist nur denjenigen Beschränkungen unterworfen, welchen alle übrigen Veröffentlichungen unterliegen.*

Durch Gesetz vom 18.6.1875 (GS. S. 259) wurde Artikel 16 aufgehoben.

Art. 17. Ueber das Kirchenpatronat und die Bedingungen, unter welchen dasselbe aufgehoben werden kann, wird ein besonderes Gesetz ergehen.

Dieses Gesetz ist nicht ergangen.

Art. 18. *Das Ernennungs-, Vorschlags-, Wahl- und Bestätigungsrecht bei Besetzung kirchlicher Stellen ist, so weit es dem Staate zusteht, und nicht auf dem Patronat oder besonderen Rechtstiteln beruht, aufgehoben.*

Auf die Anstellung von Geistlichen beim Militair und an öffentlichen Anstalten findet diese Bestimmung keine Anwendung.

Neue Fassung von Artikel 18 durch Gesetz vom 5.4.1873 (GS. S. 143):

Art. 18. *Das Ernennungs-, Vorschlags-, Wahl- und Bestätigungsrecht bei Besetzung kirchlicher Stellen ist, soweit es dem Staat zusteht, und nicht auf dem Patronat oder besonderen Rechtstiteln beruht, aufgehoben.*

Auf Anstellung von Geistlichen beim Militair und an öffentlichen Anstalten findet diese Bestimmung keine Anwendung.

Im Uebrigen regelt das Gesetz die Befugnisse des Staates hinsichtlich der Vorbildung, Anstellung und Entlassung der Geistlichen und Religionsdiener und stellt die Grenzen der kirchlichen Disziplinargewalt fest.

Durch Gesetz vom 18.6.1875 (GS. S. 259) wurde Artikel 18 aufgehoben.

Art. 19. Die Einführung der Civilehe erfolgt nach Maaßgabe eines besonderen Gesetzes, was auch die Führung der Civilstandsregister regelt.

Hierzu das Gesetz über die Beurkundung des Personenstandes und die Form der Eheschließung vom 9.3.1874 (GS. S. 95).

Art. 20. Die Wissenschaft und ihre Lehre ist frei.

Art. 21. Für die Bildung der Jugend soll durch öffentliche Schulen genügend gesorgt werden.

Eltern und deren Stellvertreter dürfen ihre Kinder oder Pflegebefohlenen nicht ohne den Unterricht lassen, welcher für die öffentlichen Volksschulen vorgeschrieben ist.

Art. 22. Unterricht zu ertheilen und Unterrichtsanstalten zu gründen und zu leiten, steht Jedem frei, wenn er seine sittliche, wissenschaftliche und technische Befähigung den betreffenden Staatsbehörden nachgewiesen hat.

Art. 23. Alle öffentlichen und Privat-Unterrichts- und Erziehungsanstalten stehen unter der Aufsicht vom Staate ernannter Behörden.

Die öffentlichen Lehrer haben die Rechte und Pflichten der Staatsdiener.

Art. 24. Bei der Einrichtung der öffentlichen Volksschulen sind die konfessionellen Verhältnisse möglichst zu berücksichtigen.

Den religiösen Unterricht in der Volksschule leiten die betreffenden Religionsgesellschaften.

Die Leitung der äußeren Angelegenheiten der Volksschule steht der Gemeinde zu. Der Staat stellt unter gesetzlich geordneter Betheiligung der Gemeinden, aus der Zahl der Befähigten die Lehrer der öffentlichen Volksschulen an.

Art. 25. Die Mittel zur Errichtung, Unterhaltung und Erweiterung der öffentlichen Volksschule werden von den Gemeinden, und im Falle des nachgewiesenen Unvermögens, ergänzungsweise vom Staate aufgebracht. Die auf besonderen Rechtstiteln beruhenden Verpflichtungen Dritter bleiben bestehen.

Der Staat gewährleistet demnach den Volksschullehrern ein festes, den Lokalverhältnissen angemessenes Einkommen.

In der öffentlichen Volksschule wird der Unterricht unentgeltlich ertheilt.

Art. 26. *Ein besonderes Gesetz regelt das ganze Unterrichtswesen.*

Neue Fassung von Artikel 26 durch Gesetz vom 10.7.1906 (GS. S. 333):

Art. 26. Das Schul- und Unterrichtswesen ist durch Gesetz zu regeln. Bis zu anderweiter gesetzlicher Regelung verbleibt es bezüglich des Schul- und Unterrichtswesens bei dem geltenden Rechte.

Art. 27. Jeder Preuße hat das Recht, durch Wort, Schrift, Druck und bildliche Darstellung seine Meinung frei zu äußern.

Die Censur darf nicht eingeführt werden; jede andere Beschränkung der Preßfreiheit nur im Wege der Gesetzgebung.

Hierzu das Gesetz über die Presse vom 12.5.1851 (GS. S. 273).

Art. 28. Vergehen, welche durch Wort, Schrift, Druck oder bildliche Darstellung begangen werden, sind nach den allgemeinen Strafgesetzen zu bestrafen.

Hierzu das Gesetz über die Presse vom 12.5.1851 (GS. S. 273).

Art. 29. Alle Preußen sind berechtigt, sich ohne vorgängige obrigkeitliche Erlaubniß friedlich und ohne Waffen in geschlossenen Räumen zu versammeln.

Diese Bestimmung bezieht sich nicht auf Versammlungen unter freiem Himmel, welche auch in Bezug auf vorgängige obrigkeitliche Erlaubniß der Verfügung des Gesetzes unterworfen sind.

Hierzu die Verordnung über die Verhütung eines die gesetzliche Freiheit und Ordnung gefährdenden Mißbrauchs des Versammlungs- und Vereinigungsrechts vom 11.3.1850 (GS. S. 277).

Art. 30. Alle Preußen haben das Recht, sich zu solchen Zwecken, welche den Strafgesetzen nicht zuwiderlaufen, in Gesellschaften zu vereinigen.

Das Gesetz regelt, insbesondere zur Aufrechthaltung der öffentlichen Sicherheit, die Ausübung des in diesem und in dem vorstehenden Artikel (29.) gewährleisteten Rechts.

Politische Vereine können Beschränkungen und vorübergehenden Verboten im Wege der Gesetzgebung unterworfen werden.

Hierzu die Verordnung über die Verhütung eines die gesetzliche Freiheit und Ordnung gefährdenden Mißbrauchs des Versammlungs- und Vereinigungsrechts vom 11.3.1850 (GS. S. 277).

Art. 31. Die Bedingungen, unter welchen Korporationsrechte ertheilt oder verweigert werden, bestimmt das Gesetz.

Dieses Gesetz ist nicht ergangen.

Art. 32. Das Petitionsrecht steht allen Preußen zu. Petitionen unter einem Gesammtnamen sind nur Behörden und Korporationen gestattet.

Art. 33. Das Briefgeheimniß ist unverletzlich. Die bei strafgerichtlichen Untersuchungen und in Kriegsfällen nothwendigen Beschränkungen sind durch die Gesetzgebung festzustellen.

Ein entsprechendes Gesetz ist nicht ergangen.

Art. 34. Alle Preußen sind wehrpflichtig. Den Umfang und die Art dieser Pflicht bestimmt das Gesetz.

Maßgebend blieb das Wehrgesetz vom 3.9.1814 (GS. S. 79).

Art. 35. Das Heer begreift alle Abtheilungen des stehenden Heeres und der Landwehr.

Im Falle des Krieges kann der König nach Maaßgabe des Gesetzes den Landsturm aufbieten.

Die in der oktroyierten Verfassung vom 5.12.1848 (GS. S. 375) in den Artikeln 33 und 35 als staatliche Heereseinrichtung (neben Linie und Landwehr) anerkannte Bürgerwehr (hierzu das Bürgerwehr-Gesetz vom 17.10.1848, GS. S. 289) war in dieser revidierten Verfassung zunächst noch als Gemeindeeinrichtung vorgesehen, jedoch nur bis 1853 (siehe unten Artikel 105).

Art. 36. Die bewaffnete Macht kann zur Unterdrückung innerer Unruhen und zur Ausführung der Gesetze nur in den vom Gesetze bestimmten Fällen und Formen und auf Requisition der Civilbehörde verwendet werden. In letzterer Beziehung hat das Gesetz die Ausnahmen zu bestimmen.

Art. 37. Der Militairgerichtsstand des Heeres beschränkt sich auf Strafsachen und wird durch das Gesetz geregelt. Die Bestimmungen über die Militairdisziplin im Heere bleiben Gegenstand besonderer Verordnungen.

Hierzu Militärstrafgesetzbuch und Militärstrafgerichtsordnung vom 3.4.1845 (GS. S. 287). Diese wurden später ersetzt durch die Reichsgesetzgebung.

Art. 38. Die bewaffnete Macht darf weder in noch außer dem Dienste berathschlagen oder sich anders, als auf Befehl versammeln. Versammlungen und Vereine der Landwehr zur Berathung militairischer Einrichtungen, Befehle und Anordnungen sind auch dann, wenn dieselbe nicht zusammenberufen ist, untersagt.

Art. 39. Auf das Heer finden die in den Artikeln 5. 6. 29. 30. und 32. enthaltenen Bestimmungen nur in soweit Anwendung, als die militairischen Gesetze und Disziplinarvorschriften nicht entgegenstehen.

Art. 40. *Die Errichtung von Lehen und die Stiftung von Familien-Fideikommissen ist untersagt. Die bestehenden Lehen und Familien-Fideikommisse sollen durch gesetzliche Anordnung in freies Eigenthum umgestaltet werden. Auf Familien-Stiftungen finden diese Bestimmungen keine Anwendung.*

Siehe die Anmerkung zu folgendem Artikel 41.

Art. 41. *Vorstehende Bestimmungen (Artikel 40.) finden auf die Thronlehen, das Königliche Haus- und Prinzliche Fideikommiß, sowie auf die außerhalb des Staats belegenen Lehen und die ehemals reichsunmittelbaren Besitzungen und Fideikommisse, insofern letztere durch das deutsche Bundesrecht gewährleistet sind, zur Zeit keine Anwendung. Die Rechtsverhältnisse derselben sollen durch besondere Gesetze geordnet werden.*

Artikel 40 und 41 wurden durch Gesetz vom 5.6.1852 (GS. S. 319) aufgehoben und durch folgende Artikel 2 und 3 dieses Gesetzes ersetzt:

Art. 2 (GS. 1852, S. 319). Die Errichtung von Lehen ist untersagt.

Der in Bezug auf die vorhandenen Lehen noch bestehende Lehnsverband soll durch gesetzliche Anordnung aufgelöst werden.

Art. 3 (GS. 1852, S. 319). Die Bestimmungen des Artikels 2. finden auf Thronlehen und auf die außerhalb des Staats liegenden Lehen keine Anwendung.

Art. 42. *Das Recht der freien Verfügung über das Grundeigenthum unterliegt keinen anderen Beschränkungen, als denen der allgemeinen Gesetzgebung. Die Theilbarkeit des Grundeigenthums und die Ablösbarkeit der Grundlasten wird gewährleistet.*

Für die todte Hand sind Beschränkungen des Rechts, Liegenschaften zu erwerben und über sie zu verfügen, zulässig.

Aufgehoben ohne Entschädigung sind:

1) *Die Gerichtsherrlichkeit, die gutsherrliche Polizei und obrigkeitliche Gewalt, sowie die gewissen Grundstücken zustehenden Hoheitsrechte und Privilegien;*
2) *die aus diesen Befugnissen, aus der Schutzherrlichkeit, der früheren Erbunterthänigkeit, der früheren Steuer- und Gewerbeverfassung herstammenden Verpflichtungen.*

Mit den aufgehobenen Rechten fallen auch die Gegenleistungen und Lasten weg, welche den bisherigen Berechtigten dafür oblagen.

Bei erblicher Ueberlassung eines Grundstückes ist nur die Uebertragung des vollen Eigenthums zulässig; jedoch kann auch hier ein fester ablösbarer Zins vorbehalten werden.

Die weitere Ausführung dieser Bestimmungen bleibt besonderen Gesetzen vorbehalten.

Artikel 42 wurde durch Gesetz vom 14.4.1856 (GS. S. 353) aufgehoben und durch folgenden Artikel 2 dieses Gesetzes ersetzt:

Art. 2 (GS. 1856, S. 353). Ohne Entschädigung bleiben aufgehoben, nach Maaßgabe der ergangenen besonderen Gesetze:

1) das mit dem Besitze gewisser Grundstücke verbundene Recht der Ausübung oder Übertragung der richterlichen Gewalt (Titel VI. der Verfassungs-Urkunde) und die aus diesem Rechte fließenden Exemtionen und Abgaben;
2) die aus dem gerichts- und schutzherrlichen Verbande, der früheren Erbunterthänigkeit, der früheren Steuer- und Gewerbe-Verfassung herstammenden Verpflichtungen.

Mit den aufgehobenen Rechten fallen auch die Gegenleistungen und Lasten weg, welche den bisher Berechtigten dafür oblagen.

Titel III. Vom Könige.

Art. 43. Die Person des Königs ist unverletzlich.

Art. 44. Die Minister des Königs sind verantwortlich. Alle Regierungsakte des Königs bedürfen zu ihrer Gültigkeit der Gegenzeichnung eines Ministers, welcher dadurch die Verantwortlichkeit übernimmt.

Nach der herrschenden Praxis fielen die Akte der Kommandogewalt nicht unter die Gegenzeichnungspflicht und Ministerverantwortlichkeit.

Art. 45. Dem Könige allein steht die vollziehende Gewalt zu. Er ernennt und entläßt die Minister. Er befiehlt die Verkündigung der Gesetze und erläßt die zu deren Ausführung nöthigen Verordnungen.

Art. 46. Der König führt den Oberbefehl über das Heer.

Art. 47. Der König besetzt alle Stellen im Heere, sowie in den übrigen Zweigen des Staatsdienstes, sofern nicht das Gesetz ein Anderes verordnet.

Art. 48. Der König hat das Recht, Krieg zu erklären und Frieden zu schließen, auch andere Verträge mit fremden Regierungen zu errichten. Letztere bedürfen zu ihrer Gültigkeit der Zustimmung der Kammern, sofern es Handelsverträge sind, oder wenn dadurch dem Staate Lasten oder einzelnen Staatsbürgern Verpflichtungen auferlegt werden.

Art. 49. Der König hat das Recht der Begnadigung und Strafmilderung.

Zu Gunsten eines wegen seiner Amtshandlungen verurtheilten Ministers kann dieses Recht nur auf Antrag derjenigen Kammer ausgeübt werden, von welcher die Anklage ausgegangen ist.

Der König kann bereits eingeleitete Untersuchungen nur auf Grund eines besonderen Gesetzes niederschlagen.

Art. 50. Dem Könige steht die Verleihung von Orden und anderen mit Vorrechten nicht verbundenen Auszeichnungen zu.

Er übt das Münzrecht nach Maaßgabe des Gesetzes.

Art. 51. Der König beruft die Kammern und schließt ihre Sitzungen. Er kann sie entweder beide zugleich oder auch nur eine auflösen. Es müssen aber in einem solchen Falle innerhalb eines Zeitraums von sechzig Tagen nach der Auflösung die Wähler und innerhalb eines Zeitraums von neunzig Tagen nach der Auflösung die Kammern versammelt werden.

Eine Auflösung der Ersten Kammer (ab 1855 Herrenhaus) war ausgeschlossen seit dem Gesetz vom 7.5.1853 (GS. S. 181), nach dem es keine gewählten Mitglieder dieser Kammer mehr gab.

Art. 52. Der König kann die Kammern vertagen. Ohne deren Zustimmung darf diese Vertagung die Frist von dreißig Tagen nicht übersteigen und während derselben Session nicht wiederholt werden.

Art. 53. Die Krone ist, den Königlichen Hausgesetzen gemäß, erblich in dem Mannsstamme des Königlichen Hauses nach dem Rechte der Erstgeburt und der agnatischen Linealfolge.

Ein Hausgesetz ist in Preußen nicht ergangen; statt dessen galten als hausgesetzliche Vorschriften:

- das Testament des Kurfürsten Friedrich I. von 1437;
- das Hausgesetz von Kurfürst Albrecht Achilles von 1473 („dispositio Achillea", vom Kaiser im selben Jahr bestätigt), welches die Dreiteilung der hohenzollerischen Lande festlegte und die Primogenitur in jeder Linie einführte;
- der Hausvertrag von Gera vom 11.6.1603 zwischen Kurfürst Joachim Friedrich und seinen zwei älteren Brüdern Christian und Joachim Ernst, welcher die „dispositio Achillea" änderte und die beiden jüngeren Brüder des Kurfürsten in den fränkischen Gebieten (Bayreuth und Ansbach, deren Linien freilich 1769 bzw. 1806 ausstarben) einsetzte;
- der Erbverbrüderungsvertrag mit dem fürstlichen Haus Hohenzollern („pacta gentilitia et successoria") vom 20./30.11.1695 und 30.1.1707;
- das Edikt von König Friedrich Wilhelm I. vom 13.8.1713 über die Unveräußerlichkeit der königlichen Domaine;
- das Edikt und Hausgesetz von König Friedrich Wilhelm III. vom 17.12.1808 über die Veräußerung von königlichen Domainen.

Art. 54. Der König wird mit Vollendung des achtzehnten Lebensjahres volljährig.

Er leistet in Gegenwart der vereinigten Kammern das eidliche Gelöbniß, die Verfassung des Königreichs fest und unverbrüchlich zu halten und in Uebereinstimmung mit derselben und den Gesetzen zu regieren.

Art. 55. Ohne Einwilligung beider Kammern kann der König nicht zugleich Herrscher fremder Reiche sein.

Art. 56. Wenn der König minderjährig oder sonst dauernd verhindert ist, selbst zu regieren, so übernimmt derjenige volljährige Agnat (Art. 53.), welcher der Krone am nächsten steht, die Regentschaft. Er hat sofort die Kammern zu berufen, die in vereinigter Sitzung über die Nothwendigkeit der Regentschaft beschließen.

Art. 57. Ist kein volljähriger Agnat vorhanden und nicht bereits vorher gesetzliche Fürsorge für diesen Fall getroffen, so hat das Staatsministerium die Kammern zu berufen, welche in vereinigter Sitzung einen Regenten erwählen. Bis zum Antritt der Regentschaft von Seiten desselben führt das Staatsministerium die Regierung.

Art. 58. Der Regent übt die dem Könige zustehende Gewalt in dessen Namen aus. Derselbe schwört nach Einrichtung der Regentschaft vor den vereinigten Kammern einen Eid, die Verfassung des Königreichs fest und unverbrüchlich zu halten und in Uebereinstimmung mit derselben und den Gesetzen zu regieren.

Bis zu dieser Eidesleistung bleibt in jedem Falle das bestehende gesammte Staatsministerium für alle Regierungshandlungen verantwortlich.

Art. 59. Dem Kron-Fideikommißfonds verbleibt die durch das Gesetz vom 17. Januar 1820. auf die Einkünfte der Domainen und Forsten angewiesene Rente.

Hierzu das Gesetz betreffend die Erhöhung der Krondotation vom 27.1.1868 (GS. S. 61).

Titel IV. Von den Ministern.

Art. 60. Die Minister, so wie die zu ihrer Vertretung abgeordneten Staatsbeamten haben Zutritt zu jeder Kammer und müssen auf ihr Verlangen zu jeder Zeit gehört werden.

Jede Kammer kann die Gegenwart der Minister verlangen.

Die Minister haben in einer oder der anderen Kammer nur dann Stimmrecht, wenn sie Mitglieder derselben sind.

Art. 61. Die Minister können durch Beschluß einer Kammer wegen des Verbrechens der Verfassungsverletzung, der Bestechung und des Verrathes angeklagt werden. Ueber solche Anklage entscheidet der oberste Gerichtshof der Monarchie in vereinigten Senaten. So lange noch zwei oberste Gerichtshöfe bestehen, treten dieselben zu obigem Zwecke zusammen.

Die näheren Bestimmungen über die Fälle der Verantwortlichkeit, über das Verfahren und über die Strafen werden einem besonderen Gesetze vorbehalten.

Ein solches Gesetz ist nicht ergangen. Artikel 61 blieb daher unvollziehbar.

Titel V. Von den Kammern.

Art. 62. Die gesetzgebende Gewalt wird gemeinschaftlich durch den König und durch zwei Kammern ausgeübt.

Die Uebereinstimmung des Königs und beider Kammern ist zu jedem Gesetze erforderlich.

Finanzgesetz-Entwürfe und Staatshaushalts-Etats werden zuerst der zweiten Kammer vorgelegt; letztere werden von der ersten Kammer im Ganzen angenommen oder abgelehnt.

Durch Gesetz vom 30.5.1855 (GS. S. 316) erhielt die Erste Kammer die Bezeichnung „Herrenhaus" und die Zweite Kammer die Bezeichnung „Haus der Abgeordneten".

Art. 63. Nur in dem Falle, wenn die Aufrechthaltung der öffentlichen Sicherheit, oder die Beseitigung eines ungewöhnlichen Nothstandes es dringend erfordert, können, insofern die Kammern nicht versammelt sind, unter Verantwortlichkeit des gesammten Staatsministeriums, Verordnungen, die der Verfassung nicht zuwiderlaufen, mit Gesetzeskraft erlassen werden. Dieselben sind aber den Kammern bei ihrem nächsten Zusammentritt zur Genehmigung sofort vorzulegen.

Art. 64. Dem Könige, so wie jeder Kammer, steht das Recht zu, Gesetze vorzuschlagen.

Gesetzesvorschläge, welche durch eine der Kammern oder den König verworfen worden sind, können in derselben Sitzungsperiode nicht wieder vorgebracht werden.

Art. 65. *Die erste Kammer besteht:*

a) aus den großjährigen Königlichen Prinzen;

b) aus den Häuptern der ehemals unmittelbaren reichsständischen Häuser in Preußen – und aus den Häuptern derjenigen Familien, welchen durch Königliche Verordnung das nach der Erstgeburt und Linealfolge zu vererbende Recht auf Sitz und Stimme in der ersten Kammer beigelegt wird. In dieser Verordnung werden zugleich die Bedingungen festgesetzt, durch welche dieses Recht an einen bestimmten Grundbesitz geknüpft ist. Das Recht kann durch Stellvertretung nicht ausgeübt werden und ruht während der Minderjährigkeit oder während eines Dienstverhältnisses zu der Regierung eines nichtdeutschen Staats, ferner auch so lange der Berechtigte seinen Wohnsitz außerhalb Preußen hat;

c) aus solchen Mitgliedern, welche der König auf Lebenszeit ernennt. Ihre Zahl darf den zehnten Theil der zu a. und b. genannten Mitglieder nicht übersteigen;

d) aus neunzig Mitgliedern, welche in Wahlbezirken, die das Gesetz feststellt, durch die dreißigfache Zahl derjenigen Urwähler (Art. 70.), welche die höchsten direkten Staatssteuern bezahlen, durch direkte Wahl nach Maaßgabe des Gesetzes gewählt werden;

e) aus dreißig, nach Maaßgabe des Gesetzes von den Gemeinderäthen gewählten Mitgliedern aus den größeren Städten des Landes.

Die Gesammtzahl der unter a. bis c. genannten Mitglieder darf die Zahl der unter d. und e. bezeichneten nicht übersteigen.

Eine Auflösung der ersten Kammer bezieht sich nur auf die aus Wahl hervorgegangenen Mitglieder.

Siehe die Anmerkung zu Artikel 68.

Art. 66. *Die Bildung der ersten Kammer in der Art. 65. bestimmten Weise tritt am 7. August des Jahres 1852. ein.*

Bis zu diesem Zeitpunkte verbleibt es bei dem Wahlgesetze für die erste Kammer vom 6. Dezember 1848.

Siehe die Anmerkung zu Artikel 68.

Art. 67. *Die Legislatur-Periode der ersten Kammer wird auf sechs Jahre festgesetzt.*

Siehe die Anmerkung zu Artikel 68.

Art. 68. *Wählbar zum Mitgliede der ersten Kammer ist jeder Preuße, der das vierzigste Lebensjahr vollendet, den Vollbesitz der bürgerlichen Rechte in Folge rechtskräftigen richterlichen Erkenntnisses nicht verloren und bereits fünf Jahre lang dem preußischen Staatsverbande angehört hat.*

Die Mitglieder der ersten Kammer erhalten weder Reisekosten, noch Diäten.

Die Artikel 65 bis 68 wurden durch Gesetz vom 7.5.1853 (GS. S. 181) aufgehoben und durch Artikel 1 dieses Gesetzes ersetzt:

Art. 1 (GS. 1853, S. 181). Die Erste Kammer wird durch Königliche Anordnung gebildet, welche nur durch ein mit Zustimmung der Kammern zu erlassendes Gesetz abgeändert werden kann.

Die Erste Kammer wird zusammengesetzt aus Mitgliedern, welche der König mit erblicher Berechtigung oder auf Lebenszeit beruft.

Die Königliche Anordnung hierzu erging als „Verordnung wegen Bildung der Ersten Kammer" am 12.10.1854 (GS. S. 541).

Art. 69. Die zweite Kammer besteht aus dreihundert und funfzig Mitgliedern. Die Wahlbezirke werden durch das Gesetz festgestellt. Sie können aus einem oder mehreren Kreisen oder aus einer oder mehreren der größeren Städte bestehen.

Gemäß Gesetz vom 30.4.1851 (GS. S. 213) traten hierzu zwei Mitglieder für Hohenzollern; gemäß Gesetz vom 17.5.1867 (GS. S. 1481) weiterhin achtzig für die damals neu erworbenen Landesteile; gemäß Gesetz vom 23.6.1876 (GS. S. 169) eines für Lauenburg; gemäß Gesetz vom 28.6.1906 (GS. S. 313) weitere zehn. Seitdem betrug die Gesamtzahl somit 443.

Art. 70. Jeder Preuße, welcher das fünf und zwanzigste Lebensjahr vollendet hat und in der Gemeinde, in welcher er seinen Wohnsitz hat, die Befähigung zu den Gemeindewahlen besitzt, ist stimmberechtigter Urwähler.

Wer in mehreren Gemeinden an den Gemeindewahlen Theil zu nehmen berechtigt ist, darf das Recht als Urwähler nur in Einer Gemeinde ausüben.

Art. 71. Auf jede Vollzahl von zweihundert und funfzig Seelen der Bevölkerung ist ein Wahlmann zu wählen. Die Urwähler werden nach Maaßgabe der von ihnen zu entrichtenden direkten Staatssteuern in drei Abtheilungen getheilt, und zwar in der Art, daß auf jede Abtheilung ein Drittheil der Gesammtsumme der Steuerbeträge aller Urwähler fällt.

Die Gesammtsumme wird berechnet:

a) gemeindeweise, falls die Gemeinde einen Urwahlbezirk für sich bildet;
b) bezirksweise, falls der Urwahlbezirk aus mehreren Gemeinden zusammengesetzt ist.

Die erste Abtheilung besteht aus denjenigen Urwählern, auf welche die höchsten Steuerbeträge bis zum Belaufe eines Drittheils der Gesammtsteuer fallen.

Die zweite Abtheilung besteht aus denjenigen Urwählern, auf welche die nächst niedrigeren Steuerbeträge bis zur Gränze des zweiten Drittheils fallen.

Die dritte Abtheilung besteht aus den am niedrigsten besteuerten Urwählern, auf welche das dritte Drittheil fällt.

Jede Abtheilung wählt besonders und zwar ein Drittheil der zu wählenden Wahlmänner.

Die Abtheilungen können in mehrere Wahlverbände eingetheilt werden, deren keiner mehr als fünfhundert Urwähler in sich schließen darf.

Die Wahlmänner werden in jeder Abtheilung aus der Zahl der stimmberechtigten Urwähler des Urwahlbezirks ohne Rücksicht auf die Abtheilungen gewählt.

Durch Gesetze vom 24.6.1891 (GS. S. 231) und vom 29.6.1893 (GS. S. 103) wurde Artikel 71 bis zum Erlaß des Wahlgesetzes außer Kraft gesetzt, soweit er den Bestimmungen der genannten Gesetze entgegenstand.

Art. 72. Die Abgeordneten werden durch die Wahlmänner gewählt.

Das Nähere über die Ausführung der Wahlen bestimmt das Wahlgesetz, welches auch die Anordnung für diejenigen Städte zu treffen hat, in denen an Stelle eines Theils der direkten Steuern die Mahl- und Schlachtsteuer erhoben wird.

Das Wahlgesetz ist nicht ergangen. Statt dessen blieb die Verordnung vom 31.5.1849 (GS. S. 205) in Geltung. Das am 24.10.1918 im Herrenhaus angenommene Wahlgesetz trat nicht mehr in Kraft.

Art. 73. *Die Legislatur-Periode der zweiten Kammer wird auf drei Jahre festgesetzt.*

Neue Fassung von Artikel 73 durch Gesetz vom 27.5.1888 (GS. S. 137):

Art. 73. Die Legislaturperiode des Hauses der Abgeordneten dauert fünf Jahre.

Art. 74. Zum Abgeordneten der zweiten Kammer ist jeder Preuße wählbar, der das dreißigste Lebensjahr vollendet, den Vollbesitz der bürgerlichen Rechte in Folge rechtskräftigen richterlichen Erkenntnisses nicht verloren und bereits drei Jahre dem preußischen Staatsverbande angehört hat.

Durch Gesetz vom 27.5.1888 (GS. S. 277) wurde an Artikel 74 folgender Absatz 2 angefügt:

Der Präsident und die Mitglieder der Ober-Rechnungskammer können nicht Mitglieder eines der beiden Häuser des Landtages sein.

Art. 75. Die Kammern werden nach Ablauf ihrer Legislatur-Periode neu gewählt. Ein Gleiches geschieht im Falle der Auflösung. In beiden Fällen sind die bisherigen Mitglieder wieder wählbar.

Art. 76. *Die Kammern werden durch den König regelmäßig im Monat November jeden Jahres, und außerdem, so oft es die Umstände erheischen, einberufen.*

Neue Fassung von Artikel 76 durch Gesetz vom 18.5.1857 (GS. S. 369):

Art. 76. Die beiden Häuser des Landtages der Monarchie werden durch den König regelmäßig in dem Zeitraum von dem Anfange des Monats November jeden Jahres bis zur Mitte des folgenden Januar und außerdem, so oft es die Umstände erheischen, einberufen.

Art. 77. Die Eröffnung und die Schließung der Kammern geschieht durch den König in Person oder durch einen dazu von ihm beauftragten Minister in einer Sitzung der vereinigten Kammern.

Beide Kammern werden gleichzeitig berufen, eröffnet, vertagt und geschlossen.

Wird eine Kammer aufgelöst, so wird die andere gleichzeitig vertagt.

Art. 78. Jede Kammer prüft die Legitimation ihrer Mitglieder und entscheidet darüber. Sie regelt ihren Geschäftsgang und ihre Disziplin durch eine Geschäftsordnung und erwählt ihren Präsidenten, ihre Vicepräsidenten und Schriftführer.

Beamte bedürfen keines Urlaubs zum Eintritt in die Kammer.

Wenn ein Kammermitglied ein besoldetes Staatsamt annimmt oder im Staatsdienste in ein Amt eintritt, mit welchem ein höherer Rang oder ein höheres Gehalt verbunden ist, so verliert es Sitz und Stimme in der Kammer und kann seine Stelle in derselben nur durch neue Wahl wieder erlangen.

Niemand kann Mitglied beider Kammern sein.

Art. 79. Die Sitzungen beider Kammern sind öffentlich. Jede Kammer tritt auf den Antrag ihres Präsidenten oder von zehn Mitgliedern zu einer geheimen Sitzung zusammen, in welcher dann zunächst über diesen Antrag zu beschließen ist.

Art. 80. *Keine der beiden Kammern kann einen Beschluß fassen, wenn nicht die Mehrheit der gesetzlichen Anzahl ihrer Mitglieder anwesend ist. Jede Kammer faßt ihre Beschlüsse nach absoluter Stimmenmehrheit, vorbehaltlich der durch die Geschäftsordnung für Wahlen etwa zu bestimmenden Ausnahmen.*

Neue Fassung von Artikel 80 durch Gesetz vom 30.5.1855 (GS. S. 316):

Art. 80. Das Herrenhaus kann keinen Beschluß fassen, wenn nicht mindestens sechszig der nach Maaßgabe der Verordnung vom 12. Oktober 1854. (Gesetz-Sammlung S. 541–544.) zu Sitz und Stimme berufenen Mitglieder anwesend sind.

Der Artikel 80. der Verfassungsurkunde ist aufgehoben, insoweit er diesem Gesetze zuwiderläuft.

Art. 81. Jede Kammer hat für sich das Recht, Adressen an den König zu richten.

Niemand darf den Kammern oder einer derselben in Person eine Bittschrift oder Adresse überreichen.

Jede Kammer kann die an sie gerichteten Schriften an die Minister überweisen und von denselben Auskunft über eingehende Beschwerden verlangen.

Art. 82. Eine jede Kammer hat die Befugniß, Behufs ihrer Information Kommissionen zur Untersuchung von Thatsachen zu ernennen.

Art. 83. Die Mitglieder beider Kammern sind Vertreter des ganzen Volkes. Sie stimmen nach ihrer freien Ueberzeugung und sind an Aufträge und Instruktionen nicht gebunden.

Art. 84. Sie können für ihre Abstimmungen in der Kammer niemals, für ihre darin ausgesprochenen Meinungen nur innerhalb der Kammer auf den Grund der Geschäftsordnung (Art. 78.) zur Rechenschaft gezogen werden.

Kein Mitglied einer Kammer kann ohne deren Genehmigung während der Sitzungsperiode wegen einer mit Strafe bedrohten Handlung zur Untersuchung gezogen oder verhaftet werden, außer wenn es bei Ausübung der That oder im Laufe des nächstfolgenden Tages nach derselben ergriffen wird.

Gleiche Genehmigung ist bei einer Verhaftung wegen Schulden nothwendig.

Jedes Strafverfahren gegen ein Mitglied der Kammer und eine jede Untersuchungs- oder Civilhaft wird für die Dauer der Sitzungsperiode aufgehoben, wenn die betreffende Kammer es verlangt.

Art. 85. Die Mitglieder der zweiten Kammer erhalten aus der Staatskasse Reisekosten und Diäten nach Maaßgabe des Gesetzes. Ein Verzicht hierauf ist unstatthaft.

Titel VI. Von der richterlichen Gewalt.

Art. 86. Die richterliche Gewalt wird im Namen des Königs durch unabhängige, keiner anderen Autorität als der des Gesetzes unterworfene Gerichte ausgeübt.

Die Urtheile werden im Namen des Königs ausgefertigt und vollstreckt.

Art. 87. Die Richter werden vom Könige oder in dessen Namen auf ihre Lebenszeit ernannt.

Sie können nur durch Richterspruch aus Gründen, welche die Gesetze vorgesehen haben, ihres Amtes entsetzt oder zeitweise enthoben werden. Die vorläufige Amtssuspension, welche nicht kraft des Gesetzes eintritt, und die unfreiwillige Versetzung an eine andere Stelle oder in den Ruhestand können nur aus den Ursachen und unter den Formen, welche im Gesetze angegeben sind, und nur auf Grund eines richterlichen Beschlusses erfolgen.

Auf die Versetzungen, welche durch Veränderungen in der Organisation der Gerichte oder ihrer Bezirke nöthig werden, finden diese Bestimmungen keine Anwendung.

Hierzu das Gesetz betreffend die Dienstvergehen der Richter und die unfreiwillige Versetzung derselben auf eine andere Stelle oder in den Ruhestand vom 7.5.1851 (GS. S. 218).

Durch Gesetz vom 19.2.1879 (GS. S. 18) wurde folgender Artikel 87 a eingefügt:

Art. 87a. Bei der Bildung gemeinschaftlicher Gerichte für Preußische Gebietstheile und Gebiete anderer Bundesstaaten sind Abweichungen von den Bestimmungen des Artikels 86 und des ersten Absatzes im Artikel 87 zulässig.

Art. 88. *Den Richtern dürfen andere besoldete Staatsämter fortan nicht übertragen werden. Ausnahmen sind nur auf Grund eines Gesetzes zulässig.*

Dieser Artikel 88 wurde durch Gesetz vom 30.4.1856 (GS. S. 297) aufgehoben.

Art. 89. Die Organisation der Gerichte wird durch das Gesetz bestimmt.

Art. 90. Zu einem Richteramte darf nur der berufen werden, welcher sich zu demselben nach Vorschrift der Gesetze befähigt hat.

Art. 91. Gerichte für besondere Klassen von Angelegenheiten, insbesondere Handels- und Gewerbegerichte sollen im Wege der Gesetzgebung an den Orten errichtet werden, wo das Bedürfniß solche erfordert.

Die Organisation und Zuständigkeit solcher Gerichte, das Verfahren bei denselben, die Ernennung ihrer Mitglieder, die besonderen Verhältnisse der letzteren und die Dauer ihres Amtes werden durch das Gesetz festgestellt.

Art. 92. Es soll in Preußen nur Ein oberster Gerichtshof bestehen.

Das Obertribunal (für die Gebiete, in denen das Preußische Landrecht oder das gemeine Recht galt) und der Rheinische Kassations- und Revisionshof (für die Gebiete, in denen das französische Zivilrecht galt; beide in Berlin) wurden durch Gesetz vom 17.3.1852 (GS. S. 73) zum „Obertribunal" vereinigt. Das Obertribunal wurde 1879 im Rahmen des Reichs-Gerichtsverfassungsgesetzes vom 27.1.1877 (RGBl. S. 4) durch das Oberste Preußische Landesgericht ersetzt.

Art. 93. Die Verhandlungen vor dem erkennenden Gerichte in Civil- und Strafsachen sollen öffentlich sein. Die Oeffentlichkeit kann jedoch durch einen öffentlich zu verkündenden Beschluß des Gerichts ausgeschlossen werden, wenn sie der Ordnung oder den guten Sitten Gefahr droht.

In anderen Fällen kann die Oeffentlichkeit nur durch Gesetze beschränkt werden.

Art. 94. *Bei den mit schweren Strafen bedrohten Verbrechen, bei allen politischen Verbrechen und bei allen Preßvergehen, welche das Gesetz nicht ausdrücklich ausnimmt, erfolgt die Entscheidung über die Schuld des Angeklagten durch Geschworene.*

Die Bildung des Geschworenengerichts regelt das Gesetz.

Durch Gesetz vom 21.5.1852 (GS. S. 249) wurde dieser Artikel 94 aufgehoben und durch folgenden Artikel 2 des Gesetzes ersetzt:

Art. 2 (GS. 1852, S. 249). Bei Verbrechen erfolgt die Entscheidung über die Schuld des Angeklagten durch Geschworene, insoweit ein mit vorheriger Zustimmung der Kammern erlassenes Gesetz nicht Ausnahmen bestimmt. Die Bildung des Geschworenengerichts regelt das Gesetz.

Art. 95. *Es kann durch ein mit vorheriger Zustimmung der Kammern zu erlassendes Gesetz ein besonderer Schwurgerichtshof errichtet werden, dessen Zuständigkeit die Verbrechen des Hochverraths und diejenigen schweren Verbrechen gegen die innere und äußere Sicherheit des Staats, welche ihm durch das Gesetz überwiesen werden, begreift. Die Bildung der Geschworenen bei diesem Gerichte regelt das Gesetz.*

Durch Gesetz vom 21.5.1852 (GS. S. 249) wurde dieser Artikel 95 aufgehoben und durch folgenden Artikel 3 des Gesetzes ersetzt:

Art. 3 (GS. 1852, S. 249). Es kann durch ein mit vorheriger Zustimmung der Kammern zu erlassendes Gesetz ein besonderer Gerichtshof errichtet werden, dessen Zuständigkeit die Verbrechen des Hochverraths und diejenigen Verbrechen gegen die innere und äußere Sicherheit des Staats, welche ihm durch das Gesetz überwiesen werden, begreift.

Art. 96. Die Kompetenz der Gerichte und Verwaltungsbehörden wird durch das Gesetz bestimmt. Ueber Kompetenzkonflikte zwischen den Verwaltungs- und Gerichtsbehörden entscheidet ein durch das Gesetz bezeichneter Gerichtshof.

Hierzu die Verordnung betreffend die Kompetenzkonflikte zwischen den Gerichten und den Verwaltungsbehörden vom 1.8.1879 (GS. S. 573).

Art. 97. Die Bedingungen, unter welchen öffentliche Civil- und Militairbeamte wegen durch Ueberschreitung ihrer Amtsbefugnisse verübter Rechtsverletzungen gerichtlich in Anspruch genommen werden können, bestimmt das Gesetz. Eine vorgängige Genehmigung der vorgesetzten Dienstbehörde darf jedoch nicht verlangt werden.

Hierzu das Gesetz betreffend die Konflikte bei gerichtlichen Verfolgungen wegen Amts- und Diensthandlungen vom 13.2.1854 (GS. S. 86) und das Gesetz über die Haftung des Staates und anderer Verbände für Amtspflichtverletzungen von Beamten bei Ausübung der öffentlichen Gewalt vom 1.8.1909 (GS. S. 691).

Titel VII. Von den nicht zum Richterstande gehörigen Staatsbeamten.

Art. 98. Die besonderen Rechtsverhältnisse der nicht zum Richterstande gehörigen Staatsbeamten, einschließlich der Staatsanwälte, sollen durch ein Gesetz geregelt werden, welches, ohne die Regierung in der Wahl der ausführenden Organe zweckwidrig zu beschränken, den Staatsbeamten gegen willkürliche Entziehung von Amt und Einkommen angemessenen Schutz gewährt.

Hierzu das Gesetz betreffend die Dienstvergehen der nicht richterlichen Beamten, die Versetzung derselben auf eine andere Stelle oder in den Ruhestand vom 21.7.1852 (GS. S. 465).

Titel VIII. Von den Finanzen.

Art. 99. Alle Einnahmen und Ausgaben des Staats müssen für jedes Jahr im Voraus veranschlagt und auf den Staatshaushalts-Etat gebracht werden.

Letzterer wird jährlich durch ein Gesetz festgestellt.

Hierzu das Gesetz betreffend den Staatshaushalt vom 11.5.1898 (GS. S. 77).

Art. 100. Steuern und Abgaben für die Staatskasse dürfen nur, so weit sie in den Staatshaushalts-Etat aufgenommen oder durch besondere Gesetze angeordnet sind, erhoben werden.

Art. 101. In Betreff der Steuern können Bevorzugungen nicht eingeführt werden.

Die bestehende Steuergesetzgebung wird einer Revision unterworfen und dabei jede Bevorzugung abgeschafft.

Art. 102. Gebühren können Staats- oder Kommunalbeamte nur auf Grund des Gesetzes erheben.

Art. 103. Die Aufnahme von Anleihen für die Staatskasse findet nur auf Grund eines Gesetzes statt. Dasselbe gilt von der Uebernahme von Garantieen zu Lasten des Staats.

Art. 104. Zu Etats-Ueberschreitungen ist die nachträgliche Genehmigung der Kammern erforderlich.

Die Rechnungen über den Staatshaushalts-Etat werden von der Ober-Rechnungskammer geprüft und festgestellt. Die allgemeine Rechnung über den Staatshaushalt jeden Jahres, einschließlich einer Uebersicht der Staatschulden, wird mit den Bemerkungen der Ober-Rechnungskammer zur Entlastung der Staatsregierung den Kammern vorgelegt.

Ein besonderes Gesetz wird die Einrichtung und die Befugnisse der Ober-Rechnungskammer bestimmen.

Hierzu das Gesetz betreffend die Einrichtung und die Befugnisse der Ober-Rechnungskammer vom 27.3.1872 (GS. S. 278).

Titel IX. Von den Gemeinden, Kreis-, Bezirks- und Provinzial-Verbänden.

Art. 105. *Die Vertretung und Verwaltung der Gemeinden, Kreise, Bezirke und Provinzen des preußischen Staats wird durch besondere Gesetze unter Festhaltung folgender Grundsätze näher bestimmt:*

1) *Ueber die innern und besondern Angelegenheiten der Provinzen, Bezirke, Kreise und Gemeinden beschließen aus gewählten Vertretern bestehende Versammlungen, deren Beschlüsse durch die Vorsteher der Provinzen, Bezirke, Kreise und Gemeinden ausgeführt werden.*
Das Gesetz wird die Fälle bestimmen, in welchen die Beschlüsse dieser Vertretungen der Genehmigung einer höheren Vertretung oder der Staatsregierung unterworfen sind.
2) *Die Vorsteher der Provinzen, Bezirke und Kreise werden von dem Könige ernannt. Ueber die Betheiligung des Staats bei der Anstellung der Gemeindevorsteher und über die Ausübung des den Gemeinden zustehenden Wahlrechts wird die Gemeindeordnung das Nähere bestimmen.*
3) *Den Gemeinden insbesondere steht die selbstständige Verwaltung ihrer Gemeindeangelegenheiten unter gesetzlich geordneter Oberaufsicht des Staates zu.*
Ueber die Betheiligung der Gemeinden bei Verwaltung
Der Ortspolizei bestimmt das Gesetz.
Zur Aufrechthaltung der Ordnung kann nach näherer Bestimmung des Gesetzes durch Gemeindebeschluß eine Gemeinde-Schutz- oder Bürgerwehr errichtet werden.
4) *Die Berathungen der Provinzial-, Kreis- und Gemeindevertretungen sind öffentlich. Die Ausnahmen bestimmt das Gesetz. Ueber die Einnahmen und Ausgaben muß wenigstens jährlich ein Bericht veröffentlicht werden.*

Neue Fassung von Artikel 105 durch Gesetz vom 24.5.1853 (GS. S. 228):

Art. 105. Die Vertretung und Verwaltung der Gemeinden, Kreise und Provinzen des Preußischen Staates wird durch besondere Gesetze näher bestimmt.

Allgemeine Bestimmungen.

Art. 106. Gesetze und Verordnungen sind verbindlich, wenn sie in der vom Gesetze vorgeschriebenen Form bekannt gemacht worden sind.

Die Prüfung der Rechtsgültigkeit gehörig verkündeter Königlicher Verordnungen steht nicht den Behörden, sondern nur den Kammern zu.

Art. 107. Die Verfassung kann auf dem ordentlichen Wege der Gesetzgebung abgeändert werden, wobei in jeder Kammer die gewöhnliche absolute Stimmenmehrheit bei zwei Abstimmungen, zwischen welchen ein Zeitraum von wenigstens ein und zwanzig Tagen liegen muß, genügt.

Art. 108. Die Mitglieder der beiden Kammern und alle Staatsbeamten leisten dem Könige den Eid der Treue und des Gehorsams und beschwören die gewissenhafte Beobachtung der Verfassung.

Eine Vereidigung des Heeres auf die Verfassung findet nicht statt.

Art. 109. Die bestehenden Steuern und Abgaben werden forterhoben, und alle Bestimmungen der bestehenden Gesetzbücher, einzelnen Gesetze und Verordnungen, welche der gegenwärtigen Verfassung nicht zuwiderlaufen, bleiben in Kraft, bis sie durch ein Gesetz abgeändert werden.

Art. 110. Alle durch die bestehenden Gesetze angeordneten Behörden bleiben bis zur Ausführung der sie betreffenden organischen Gesetze in Thätigkeit.

Art. 111. Für den Fall eines Krieges oder Aufruhrs können bei dringender Gefahr für die öffentliche Sicherheit die Artikel 5. 6. 7. 27. 28. 29. 30. und 36. der Verfassungs-Urkunde zeit- und distriktsweise außer Kraft gesetzt werden. Das Nähere bestimmt das Gesetz.

Hierzu das Gesetz über den Belagerungszustand vom 1.6.1851 (GS. S. 451).

Uebergangsbestimmungen.

Art. 112. Bis zum Erlaß des im Artikel 26. vorgesehenen Gesetzes bewendet es hinsichtlich des Schul- und Unterrichtswesens bei den jetzt geltenden gesetzlichen Bestimmungen.

Dieser Artikel 112 wurde durch Gesetz vom 10.7.1906 (GS. S. 333) aufgehoben.

Art. 113. Vor der erfolgten Revision des Strafrechts wird über Vergehen, welche durch Wort, Schrift, Druck oder bildliche Darstellung begangen werden, ein besonderes Gesetz ergehen.

Art. 114. Bis zur Emanirung der neuen Gemeindeordnung bleibt es bei den bisherigen Bestimmungen hinsichtlich der Polizeiverwaltung.

Dieser Artikel 114 wurde durch Gesetz vom 14.4.1856 (GS. S. 353) aufgehoben.

Art. 115. Bis zum Erlasse des im Art. 72. vorgesehenen Wahlgesetzes bleibt die Verordnung vom 30. Mai 1849., die Wahl der Abgeordneten zur zweiten Kammer betreffend, in Kraft.

Art. 116. Die noch bestehenden beiden obersten Gerichtshöfe sollen zu einem Einzigen vereinigt werden. Die Organisation erfolgt durch ein besonderes Gesetz.

Siehe die Anmerkung zu oben Artikel 92.

Art. 117. Auf die Ansprüche der vor Verkündigung der Verfassungs-Urkunde etatsmäßig angestellten Staatsbeamten soll im Staatsdienergesetz besondere Rücksicht genommen werden.

Art. 118. Sollten durch die für den deutschen Bundesstaat auf Grund des Entwurfs vom 26. Mai 1849. festzustellende Verfassung Abänderungen der gegenwärtigen Verfassung nöthig werden, so wird der König dieselben anordnen und diese Anordnungen den Kammern bei ihrer nächsten Versammlung mittheilen.

Die Kammern werden dann Beschluß darüber fassen, ob die vorläufig angeordneten Abänderungen mit der Verfassung des deutschen Bundesstaats in Uebereinstimmung stehen.

Art. 119. Das im Artikel 54. erwähnte eidliche Gelöbniß des Königs, so wie die vorgeschriebene Vereidigung der beiden Kammern und aller Staatsbeamten, erfolgen sogleich nach der auf dem Wege. der Gesetzgebung vollendeten gegenwärtigen Revision dieser Verfassung (Artikel 62. und 108.).

Urkundlich unter Unserer Höchsteigenhändigen Unterschrift und beigedrucktem Königlichen Insiegel.

Gegeben Charlottenburg, den 31. Januar 1850.

Friedrich Wilhelm.

Graf v. Brandenburg. v. Ladenberg. v. Manteuffel. v. Strotha. v.d. Heydt. v. Rabe. Simons. v. Schleinitz.

Quelle: *Gesetz-Sammlung für die Königlichen Preußischen Staaten 1850*, S. 17–35.

6. Verfassung des Norddeutschen Bundes 1867

Im Frieden von Prag (23.8.1866. Siehe Band III, Nr. 19), der den Deutschen Krieg zwischen Preußen und Österreich abschloß, erkannte Österreich endgültig die Auflösung des 1815 gegründeten Deutschen Bundes (siehe oben Dokument Nr. 1) an, nachdem Preußen schon zuvor den Bundesvertrag für erloschen erklärt hatte. Noch während des Krieges hatte Preußen zwischen dem 18. und dem 21.8.1866 mit den mit ihm verbündeten 17 norddeutschen Kleinstaaten ein Bündnis zur Begründung eines neuen Bundesstaats geschlossen. Nach den Friedensverträgen von Berlin im August und September mit den süddeutschen Staaten traten dann auch Hessen-Darmstadt für sein Gebiet nördlich des Mains, Sachsen, Sachsen-Meiningen und Reuß ältere Linie diesem Bündnis bei. Der Bündnisvertrag sah die Errichtung eines Bundesstaats auf der Grundlage einer Verfassung vor, die mit einem Parlament vereinbart werden sollte, das gemäß dem am 12.4.1849 von der Frankfurter Nationalversammlung verabschiedeten Reichswahlgesetz (RGBl. S. 79–83) zu wählen war. Entsprechend diesem Reichswahlgesetz, welches das allgemeine, gleiche, geheime und unmittelbare Wahlrecht für alle mindestens 25 Jahre alten männlichen Deutschen stipulierte, erließen die beteiligten Staaten im Oktober 1866 gleichlautende Wahlgesetze für die Wahl des konstituierenden Reichstags des Norddeutschen Bundes. Die Wahlen fanden am 12.2.1867 statt, und der Reichstag trat am 24.2. in Berlin zusammen. Bismarck brachte am 4.3. einen von den Regierungen ausgearbeiteten Verfassungsentwurf ein. Der Reichstag nahm diesen nach zahlreichen Änderungen am 16.4. an, und die Regierungen erklärten am 17.4. ihre Zustimmung. Danach nahmen auch die Landtage der einzelnen Staaten, soweit diese ein Zustimmungsrecht für sich beanspruchten, die hier abgedruckte Bundesverfassung an. Die einzelstaatlichen Regierungen setzten diese daraufhin zwischen dem 21. und dem 27.6. mit Wirkung vom 1.7. in Kraft, womit der Norddeutsche Bund ins Dasein trat.

Publikandum. Vom 26. Juli 1867.

Wir Wilhelm, von Gottes Gnaden König von Preußen etc. thun kund und fügen hiermit im Namen des Norddeutschen Bundes zu wissen:

Nachdem die Verfassung des Norddeutschen Bundes von Uns, Seiner Majestät dem Könige von Sachsen, Seiner Königlichen Hoheit dem Großherzoge von Hessen und bei Rhein, Seiner Königlichen Hoheit dem Großherzoge von Mecklenburg-Schwerin, Seiner Königlichen Hoheit dem Großherzoge von Sachsen-Weimar-Eisenach, Seiner Königlichen Hoheit dem Großherzoge von Mecklenburg-Strelitz, Seiner Königlichen Hoheit dem Großherzoge von Oldenburg, Seiner Hoheit dem Herzoge von Braunschweig und Lüneburg, Seiner Hoheit dem Herzoge von Sachsen Meiningen und Hildburghausen, Seiner Hoheit dem Herzoge zu Sachsen-Altenburg, Seiner Hoheit dem Herzoge zu Sachsen-Koburg und Gotha, Seiner Hoheit dem Herzoge von Anhalt, Seiner Durchlaucht dem Fürsten zu Schwarzburg-Rudolstadt, Seiner Durchlaucht dem Fürsten zu Schwarzburg-Sondershausen, Seiner Durchlaucht dem Fürsten zu Waldeck und Pyrmont, Ihrer Durchlaucht der Fürstin und Seiner Durchlaucht dem Fürsten Reuß älterer Linie, Seiner Durchlaucht dem Fürsten Reuß jüngerer Linie, Seiner Durchlaucht dem Fürsten von Schaumburg-Lippe, Seiner Durchlaucht dem Fürsten zur Lippe, dem Senate der freien und Hansestadt Lübeck, dem Senate der freien Hansestadt Bremen, dem Senate der freien und Hansestadt Hamburg, mit dem zu diesem Zwecke berufenen Reichstage vereinbart worden, ist dieselbe in dem ganzen Umfange des Norddeutschen Bundesgebietes, wie folgt:

Verfassung des Norddeutschen Bundes.

Seine Majestät der König von Preußen, Seine Majestät der König von Sachsen, Seine Königliche Hoheit der Großherzog von Mecklenburg-Schwerin, Seine Königliche Hoheit der Großherzog von Sachsen-Weimar-Eisenach, Seine Königliche Hoheit der Großherzog von Mecklenburg-Strelitz, Seine Königliche Hoheit der Großherzog von Oldenburg, Seine Hoheit der Herzog von Braunschweig und Lüneburg, Seine Hoheit der Herzog von Sachsen-Meiningen und Hildburghausen, Seine Hoheit der Herzog zu Sachsen-Altenburg, Seine Hoheit der Herzog zu Sachsen-Koburg und Gotha, Seine Hoheit der Herzog von Anhalt, Seine Durchlaucht der Fürst zu Schwarzburg-Rudolstadt, Seine Durchlaucht der Fürst zu Schwarzburg-Sondershausen, Seine Durchlaucht der Fürst zu Waldeck und Pyrmont, Ihre Durchlaucht die Fürstin Reuß älterer Linie, Seine Durchlaucht der Fürst Reuß jüngerer Linie, Seine Durchlaucht der Fürst von Schaumburg-Lippe, Seine Durchlaucht der Fürst zur Lippe, der Senat der freien und Hansestadt Lübeck, der Senat der freien Hansestadt Bremen, der Senat der freien und Hansestadt Hamburg, jeder für den gesammten Umfang ihres Staatsgebietes, und Seine Königliche Hoheit der Großherzog von Hessen und bei Rhein, für die nördlich vom Main belegenen Theile des Großherzogthums Hessen, schließen einen ewigen Bund zum Schutze des Bundesgebietes und des innerhalb desselben gültigen Rechtes, sowie zur Pflege der Wohlfahrt des Deutschen Volkes. Dieser Bund wird den Namen des Norddeutschen führen und wird nachstehende

Verfassung

haben.

I. Bundesgebiet.

Art. l. Das Bundesgebiet besteht aus den Staaten Preußen mit Lauenburg, Sachsen, Mecklenburg-Schwerin, Sachsen-Weimar, Mecklenburg-Strelitz, Oldenburg, Braunschweig, Sachsen-Meiningen, Sachsen-Altenburg, Sachsen-Coburg-Gotha, Anhalt, Schwarzburg-Rudolstadt, Schwarzburg-Sondershausen, Waldeck, Reuß älterer Linie, Reuß jüngerer Linie, Schaumburg-Lippe, Lippe, Lübeck, Bremen, Hamburg, und aus den nördlich vom Main belegenen Theilen des Großherzogthums Hessen.

II. Bundesgesetzgebung.

Art. 2. Innerhalb dieses Bundesgebietes übt der Bund das Recht der Gesetzgebung nach Maaßgabe des Inhalts dieser Verfassung und mit der Wirkung aus, daß die Bundesgesetze den Landesgesetzen vorgehen. Die Bundesgesetze erhalten ihre verbindliche Kraft durch ihre Verkündigung von Bundes wegen, welche vermittelst eines Bundesgesetzblattes geschieht. Sofern nicht in dem publizirten Gesetze ein anderer Anfangstermin seiner verbindlichen Kraft bestimmt ist, beginnt die letztere mit dem vierzehnten Tage nach dem Ablauf desjenigen Tages, an welchem das betreffende Stück des Bundesgesetzblattes in Berlin ausgegeben worden ist.

Art. 3. Für den ganzen Umfang des Bundesgebietes besteht ein gemeinsames Indigenat mit der Wirkung, daß der Angehörige (Unterthan, Staatsbürger) eines jeden Bundesstaates in jedem andern Bundesstaate als Inländer zu behandeln und demgemäß zum festen Wohnsitz, zum Gewerbebetriebe, zu öffentlichen Aemtern, zur Erwerbung von Grundstücken, zur Erlangung des Staatsbürgerrechts und zum Genusse aller sonstigen bürgerlichen Rechte unter denselben Voraussetzungen wie der Einheimische zuzulassen, auch in Betreff der Rechtsverfolgung und des Rechtsschutzes demselben gleich zu behandeln ist.

In der Ausübung dieser Befugniß darf der Bundesangehörige weder durch die Obrigkeit seiner Heimath, noch durch die Obrigkeit eines anderen Bundesstaates beschränkt werden.

Diejenigen Bestimmungen, welche die Armenversorgung und die Aufnahme in den lokalen Gemeindeverband betreffen, werden durch den im ersten Absatz ausgesprochenen Grundsatz nicht berührt.

Ebenso bleiben bis auf Weiteres die Verträge in Kraft, welche zwischen den einzelnen Bundesstaaten in Beziehung auf die Uebernahme von Auszuweisenden, die Verpflegung erkrankter und die Beerdigung verstorbener Staatsangehörigen bestehen.

Hinsichtlich der Erfüllung der Militairpflicht im Verhältniß zu dem Heimathslande wird im Wege der Bundesgesetzgebung das Nöthige geordnet werden.

Dem Auslande gegenüber haben alle Bundesangehörigen gleichmäßig Anspruch auf den Bundesschutz.

Art. 4. Der Beaufsichtigung Seitens des Bundes und der Gesetzgebung desselben unterliegen die nachstehenden Angelegenheiten:

1) die Bestimmungen über Freizügigkeit, Heimaths- und Niederlassungsverhältnisse, Staatsbürgerrecht, Paßwesen und Fremdenpolizei und über den Gewerbebetrieb, einschließlich des Versicherungswesens, soweit diese Gegenstände nicht schon durch den Artikel 3. dieser Verfassung erledigt sind, desgleichen über die Kolonisation und die Auswanderung nach außerdeutschen Ländern;

2) die Zoll- und Handelsgesetzgebung und die für Bundeszwecke zu verwendenden Steuern;
3) die Ordnung des Maaß-, Münz- und Gewichtssystems, nebst Feststellung der Grundsätze über die Emission von fundirtem und unfundirtem Papiergelde;
4) die allgemeinen Bestimmungen über das Bankwesen;
5) die Erfindungspatente;
6) der Schutz des geistigen Eigenthums;
7) Organisation eines gemeinsamen Schutzes des Deutschen Handels im Auslande, der Deutschen Schiffahrt und ihrer Flagge zur See und Anordnung gemeinsamer konsularischer Vertretung, welche vom Bunde ausgestattet wird;
8) das Eisenbahnwesen und die Herstellung von Land- und Wasserstraßen im Interesse der Landesvertheidigung und des allgemeinen Verkehrs;
9) der Flößerei- und Schiffahrtsbetrieb auf den mehreren Staaten gemeinsamen Wasserstraßen und der Zustand der letzteren, sowie die Fluß- und sonstigen Wasserzölle;
10) das Post- und Telegraphenwesen;
11) Bestimmungen über die wechselseitige Vollstreckung von Erkenntnissen in Civilsachen und Erledigung von Requisitionen überhaupt;
12) sowie über die Beglaubigung von öffentlichen Urkunden;
13) die gemeinsame Gesetzgebung über das Obligationenrecht, Strafrecht, Handels- und Wechselrecht und das gerichtliche Verfahren;
14) das Militairwesen des Bundes und die Kriegsmarine;
15) Maaßregeln der Medizinal- und Veterinairpolizei.

Art. 5. Die Bundesgesetzgebung wird ausgeübt durch den Bundesrath und den Reichstag. Die Uebereinstimmung der Mehrheitsbeschlüsse beider Versammlungen ist zu einem Bundesgesetze erforderlich und ausreichend.

Bei Gesetzesvorschlägen über das Militairwesen und die Kriegsmarine giebt, wenn im Bundesrathe eine Meinungsverschiedenheit stattfindet, die Stimme des Präsidiums den Ausschlag, wenn sie sich für die Aufrechthaltung der bestehenden Einrichtungen ausspricht.

III. Bundesrath.

Art. 6. Der Bundesrath besteht aus den Vertretern der Mitglieder des Bundes, unter welchen die Stimmführung sich nach Maaßgabe der Vorschriften für das Plenum des ehemaligen Deutschen Bundes vertheilt, so daß Preußen mit den ehemaligen Stimmen von

Hannover, Kurhessen, Holstein, Nassau und Frankfurt	17 Stimmen

führt,

Sachsen	4
Hessen	1

Mecklenburg-Schwerin	2
Sachsen-Weimar	1
Mecklenburg-Strelitz	1
Oldenburg	1
Braunschweig	2
Sachsen-Meiningen	1
Sachsen-Altenburg	1
Sachsen-Coburg-Gotha	1
Anhalt	1
Schwarzburg-Rudolstadt	1
Schwarzburg-Sondershausen	1
Waldeck	1
Reuß ält. Linie	1
Reuß jüng. Linie	1
Schaumburg-Lippe	1
Lippe	1
Lübeck	1
Bremen	1
Hamburg	1
Summa	43.

Art. 7. Jedes Mitglied des Bundes kann so viel Bevollmächtigte zum Bundesrathe ernennen, wie es Stimmen hat; doch kann die Gesammtheit der zuständigen Stimmen nur einheitlich abgegeben werden. Nicht vertretene oder nicht instruirte Stimmen werden nicht gezählt.

Jedes Bundesglied ist befugt, Vorschläge zu machen und in Vortrag zu bringen, und das Präsidium ist verpflichtet, dieselben der Berathung zu übergeben. Die Beschlußfassung erfolgt mit einfacher Mehrheit. Bei Stimmengleichheit giebt die Präsidialstimme den Ausschlag.

Art. 8. Der Bundesrath bildet aus seiner Mitte dauernde Ausschüsse

1) für das Landheer und die Festungen;
2) für das Seewesen;
3) für Zoll- und Steuerwesen;
4) für Handel und Verkehr;
5) für Eisenbahnen, Post und Telegraphen;
6) für Justizwesen;
7) für Rechnungswesen.

In jedem dieser Ausschüsse werden außer dem Präsidium mindestens zwei Bundesstaaten vertreten sein, und führt innerhalb derselben jeder Staat nur Eine Stimme. Die Mitglieder der Ausschüsse zu 1. und 2. werden von dem Bundesfeldherrn ernannt, die der übrigen von dem Bundesrathe gewählt. Die Zusammensetzung dieser Ausschüsse ist für jede Session des Bundesrathes resp.

mit jedem Jahre zu erneuern, wobei die ausscheidenden Mitglieder wieder wählbar sind. Den Ausschüssen werden die zu ihren Arbeiten nöthigen Beamten zur Verfügung gestellt.

Art. 9. Jedes Mitglied des Bundesrathes hat das Recht, im Reichstage zu erscheinen und muß daselbst auf Verlangen jederzeit gehört werden, um die Ansichten seiner Regierung zu vertreten, auch dann, wenn dieselben von der Majorität des Bundesrathes nicht adoptirt worden sind. Niemand kann gleichzeitig Mitglied des Bundesrathes und des Reichstages sein.

Art. 10. Dem Bundespräsidium liegt es ob, den Mitgliedern des Bundesrathes den üblichen diplomatischen Schutz zu gewähren.

IV. Bundespräsidium.

Art. 11. Das Präsidium des Bundes steht der Krone Preußen zu, welche in Ausübung desselben den Bund völkerrechtlich zu vertreten, im Namen des Bundes Krieg zu erklären und Frieden zu schließen, Bündnisse und andere Verträge mit fremden Staaten einzugehen, Gesandte zu beglaubigen und zu empfangen berechtigt ist.

Insoweit die Verträge mit fremden Staaten sich auf solche Gegenstände beziehen, welche nach Artikel 4. in den Bereich der Bundesgesetzgebung gehören, ist zu ihrem Abschluß die Zustimmung des Bundesrathes und zu ihrer Gültigkeit die Genehmigung des Reichstages erforderlich.

Art. 12. Dem Präsidium steht es zu, den Bundesrath und den Reichstag zu berufen, zu eröffnen, zu vertagen und zu schließen.

Art. 13. Die Berufung des Bundesrathes und des Reichstages findet alljährlich statt, und kann der Bundesrath zur Vorbereitung der Arbeiten ohne den Reichstag, letzterer aber nicht ohne den Bundesrath berufen werden.

Art. 14. Die Berufung des Bundesrathes muß erfolgen, sobald sie von einem Drittel der Stimmenzahl verlangt wird.

Art. 15. Der Vorsitz im Bundesrathe und die Leitung der Geschäfte steht dem Bundeskanzler zu, welcher vom Präsidium zu ernennen ist.

Derselbe kann sich durch jedes andere Mitglied des Bundesrathes vermöge schriftlicher Substitution vertreten lassen.

Art. 16. Das Präsidium hat die erforderlichen Vorlagen nach Maaßgabe der Beschlüsse des Bundesrathes an den Reichstag zu bringen, wo sie durch Mitglieder des Bundesrathes oder durch besondere von letzterem zu ernennende Kommissarien vertreten werden.

Art. 17. Dem Präsidium steht die Ausfertigung und Verkündigung der Bundesgesetze und die Ueberwachung der Ausführung derselben zu. Die Anordnungen und Verfügungen des Bundespräsidiums werden im Namen des Bundes erlassen und bedürfen zu ihrer Gültigkeit der Gegenzeichnung des Bundeskanzlers, welcher dadurch die Verantwortlichkeit übernimmt.

Art. 18. Das Präsidium ernennt die Bundesbeamten, hat dieselben für den Bund zu vereidigen und erforderlichen Falles ihre Entlassung zu verfügen.

Art. 19. Wenn Bundesglieder ihre verfassungsmäßigen Bundespflichten nicht erfüllen, so können sie dazu im Wege der Exekution angehalten werden. Diese Exekution ist

a) in Betreff militairischer Leistungen, wenn Gefahr im Verzuge, von dem Bundesfeldherrn anzuordnen und zu vollziehen,

b) in allen anderen Fällen aber von dem Bundesrathe zu beschließen und von dem Bundesfeldherrn zu vollstrecken.

Die Exekution kann bis zur Sequestration des betreffenden Landes und seiner Regierungsgewalt ausgedehnt werden. In den unter a. bezeichneten Fällen ist dem Bundesrathe von Anordnung der Exekution, unter Darlegung der Beweggründe, ungesäumt Kenntniß zu geben.

V. Reichstag.

Art. 20. Der Reichstag geht aus allgemeinen und direkten Wahlen mit geheimer Abstimmung hervor, welche bis zum Erlaß eines Reichswahlgesetzes nach Maaßgabe des Gesetzes zu erfolgen haben, auf Grund dessen der erste Reichstag des Norddeutschen Bundes gewählt worden ist.

Das Wahlgesetz für den konstituierenden Reichstag des Norddeutschen Bundes vom 15.10.1866 (Preußische GS., S. 623) bestimmte in

§ 2: „Wähler ist jeder unbescholtene Staatsbürger eines der zum Bunde zusammentretenden deutschen Staaten, welcher das 25. Lebensjahr zurückgelegt hat."

§ 5: „Wählbar zum Abgeordneten ist jeder Wahlberechtigte, der einem zum Bunde gehörenden Staate seit mindestens drei Jahren angehört hat."

§ 7: „Jeder Abgeordnete ist in einem besonderen Wahlkreise zu wählen."

§ 11: „Die Wahlhandlung ist öffentlich ... Das Wahlrecht wird in Person durch verdeckte, in eine Wahlurne niederzulegende Stimmzettel ohne Unterschrift ausgeübt."

§ 12: „Die Wahl ist direkt. Sie erfolgt durch absolute Stimmenmehrheit aller in einem Wahlkreise abgegebenen Stimmen. Stellt bei einer Wahl eine absolute Stimmenmehrheit sich nicht heraus, so ist nur unter den zwei Kandidaten zu wählen, welche die meisten Stimmen erhalten haben. Bei Stimmengleichheit entscheidet das Loos."

Art. 21. Beamte bedürfen keines Urlaubs zum Eintritt in den Reichstag.

Wenn ein Mitglied des Reichstages in dem Bunde oder einem Bundesstaat ein besoldetes Staatsamt annimmt oder im Bundes- oder Staatsdienste in ein Amt eintritt, mit welchem ein höherer Rang oder ein höheres Gehalt verbunden ist, so verliert es Sitz und Stimme in dem Reichstag und kann seine Stelle in demselben nur durch neue Wahl wieder erlangen.

Art. 22. Die Verhandlungen des Reichstages sind öffentlich.

Wahrheitsgetreue Berichte über Verhandlungen in den öffentlichen Sitzungen des Reichstages bleiben von jeder Verantwortlichkeit frei.

Art. 23. Der Reichstag hat das Recht, innerhalb der Kompetenz des Bundes Gesetze vorzuschlagen und an ihn gerichtete Petitionen dem Bundesrathe resp. Bundeskanzler zu überweisen.

Art. 24. Die Legislaturperiode des Reichstages dauert drei Jahre. Zur Auflösung des Reichstages während derselben ist ein Beschluß des Bundesrathes unter Zustimmung des Präsidiums erforderlich.

Art. 25. Im Falle der Auflösung des Reichstages müssen innerhalb eines Zeitraumes von 60 Tagen nach derselben die Wähler und innerhalb eines Zeitraumes von 90 Tagen nach der Auflösung der Reichstag versammelt werden.

Art. 26. Ohne Zustimmung des Reichstages darf die Vertagung desselben die Frist von 30 Tagen nicht übersteigen und während derselben Session nicht wiederholt werden.

Art. 27. Der Reichstag prüft die Legitimation seiner Mitglieder und entscheidet darüber. Er regelt seinen Geschäftsgang und seine Disziplin durch eine Geschäftsordnung und erwählt seinen Präsidenten, seine Vizepräsidenten und Schriftführer.

Art. 28. Der Reichstag beschließt nach absoluter Stimmenmehrheit. Zur Gültigkeit der Beschlußfassung ist die Anwesenheit der Mehrheit der gesetzlichen Anzahl der Mitglieder erforderlich.

Art. 29. Die Mitglieder des Reichstages sind Vertreter des gesammten Volkes und an Aufträge und Instruktionen nicht gebunden.

Art. 30. Kein Mitglied des Reichstages darf zu irgend einer Zeit wegen seiner Abstimmung oder wegen der in Ausübung seines Berufes gethanen Aeußerungen gerichtlich oder disziplinarisch verfolgt oder sonst außerhalb der Versammlung zur Verantwortung gezogen werden.

Art. 31. Ohne Genehmigung des Reichstages kann kein Mitglied desselben während der Sitzungsperiode wegen einer mit Strafe bedrohten Handlung zur Untersuchung gezogen oder verhaftet werden, außer wenn es bei Ausübung der That oder im Laufe des nächstfolgenden Tages ergriffen wird.

Gleiche Genehmigung ist bei einer Verhaftung wegen Schulden erforderlich.

Auf Verlangen des Reichstages wird jedes Strafverfahren gegen ein Mitglied desselben und jede Untersuchungs- oder Civilhaft für die Dauer der Sitzungsperiode aufgehoben.

Art. 32. Die Mitglieder des Reichstages dürfen als solche keine Besoldung oder Entschädigung beziehen.

VI. Zoll- und Handelswesen.

Art. 33. Der Bund bildet ein Zoll- und Handelsgebiet, umgeben von gemeinschaftlicher Zollgrenze. Ausgeschlossen bleiben die wegen ihrer Lage zur Einschließung in die Zollgrenze nicht geeigneten einzelnen Gebietstheile.

Alle Gegenstände, welche im freien Verkehr eines Bundesstaates befindlich sind, können in jeden anderen Bundesstaat eingeführt und dürfen in letzterem einer Abgabe nur insoweit unterworfen werden, als daselbst gleichartige inländische Erzeugnisse einer inneren Steuer unterliegen.

Art. 34. Die Hansestädte Lübeck, Bremen und Hamburg mit einem dem Zweck entsprechenden Bezirke ihres oder des umliegenden Gebietes bleiben als Freihäfen außerhalb der gemeinschaftlichen Zollgrenze, bis sie ihren Einschluß in dieselbe beantragen.

Lübeck wurde mit Wirkung vom 11.8.1868 in das Gebiet innerhalb der Zollgrenze eingefügt.

Art. 35. Der Bund ausschließlich hat die Gesetzgebung über das gesammte Zollwesen, über die Besteuerung des Verbrauches von einheimischem Zucker, Branntwein, Salz, Bier und Taback, sowie über die Maaßregeln, welche in den Zollausschlüssen zur Sicherung der gemeinschaftlichen Zollgrenze erforderlich sind.

Art. 36. Die Erhebung und Verwaltung der Zölle und Verbrauchssteuern (Art. 35.) bleibt jedem Bundesstaate, soweit derselbe sie bisher ausgeübt hat, innerhalb seines Gebietes überlassen.

Das Bundespräsidium überwacht die Einhaltung des gesetzlichen Verfahrens durch Bundesbeamte, welche es den Zoll- oder Steuerämtern und den Direktivbehörden der einzelnen Staaten, nach Vernehmung des Ausschusses des Bundesrathes für Zoll- und Steuerwesen, beiordnet.

Art. 37. Der Bundesrath beschließt:

1) über die dem Reichstage vorzulegenden oder von demselben angenommenen unter die Bestimmung des Art. 35. fallenden gesetzlichen Anordnungen einschließlich der Handels- und Schiffahrtsverträge;
2) über die zur Ausführung der gemeinschaftlichen Gesetzgebung (Art. 35.) dienenden Verwaltungsvorschriften und Einrichtungen;

3) über Mängel, welche bei der Ausführung der gemeinschaftlichen Gesetzgebung (Art. 35.) hervortreten;
4) über die von seiner Rechnungsbehörde ihm vorgelegte schließliche Feststellung der in die Bundeskasse fließenden Abgaben (Art. 39.).

Jeder über die Gegenstände zu l. bis 3. von einem Bundesstaate oder über die Gegenstände zu 3. von einem kontrollirenden Beamten bei dem Bundesrathe gestellte Antrag unterliegt der gemeinschaftlichen Beschlußnahme. Im Falle der Meinungsverschiedenheit giebt die Stimme des Präsidiums bei den zu l. und 2. bezeichneten alsdann den Ausschlag, wenn sie sich für Aufrechterhaltung der bestehenden Vorschrift oder Einrichtung ausspricht, in allen übrigen Fällen entscheidet die Mehrheit der Stimmen nach dem in Artikel 6. dieser Verfassung festgestellten Stimmverhältniß.

Art. 38. Der Ertrag der Zölle und der in Art. 35. bezeichneten Verbrauchsabgaben fließt in die Bundeskasse.

Dieser Ertrag besteht aus der gesammten von den Zöllen und Verbrauchsabgaben aufgekommenen Einnahme nach Abzug:

1) der auf Gesetzen oder allgemeinen Verwaltungsvorschriften beruhenden Steuervergütungen und Ermäßigungen;
2) der Erhebungs- und Verwaltungskosten, und zwar:
   a) bei den Zöllen und der Steuer von inländischem Zucker, soweit diese Kosten nach den Verabredungen unter den Mitgliedern des Deutschen Zoll- und Handelsvereins der Gemeinschaft aufgerechnet werden konnten;
   b) bei der Steuer von inländischem Salze – sobald solche, sowie ein Zoll von ausländischem Salze unter Aufhebung des Salzmonopols eingeführt sein wird – mit dem Betrage der auf Salzwerken erwachsenden Erhebungs- und Aufsichtskosten;
   c) bei den übrigen Steuern mit funfzehn Prozent der Gesammteinnahme.

Die außerhalb der gemeinschaftlichen Zollgrenze liegenden Gebiete tragen zu den Bundesausgaben durch Zahlung eines Aversums bei.

Art. 39. Die von den Erhebungsbehörden der Bundesstaaten nach Ablauf eines jeden Vierteljahres aufzustellenden Quartalextrakte und die nach dem Jahres- und Bücherschlusse aufzustellenden Finalabschlüsse über die im Laufe des Vierteljahres beziehungsweise während des Rechnungsjahres fällig gewordenen Einnahmen an Zöllen und Verbrauchsabgaben werden von den Direktivbehörden der Bundesstaaten, nach vorangegangener Prüfung, in Hauptübersichten zusammengestellt und diese an den Ausschuß des Bundesrathes für das Rechnungswesen eingesandt.

Der Letztere stellt auf Grund dieser Uebersichten von drei zu drei Monaten den von der Kasse jedes Bundesstaates der Bundeskasse schuldigen Betrag vorläufig fest und setzt von dieser Feststellung den Bundesrath und die Bundesstaaten in Kenntniß, legt auch alljährlich die schließliche Feststellung jener Beträge mit seinen Bemerkungen dem Bundesrathe zur Beschlußnahme vor.

Art. 40. Die Bestimmungen in dem Zollvereinigungsvertrage vom 16. Mai 1865., in dem Vertrage über die gleiche Besteuerung innerer Erzeugnisse vom 28. Juni 1864., in dem Vertrage über den Verkehr mit Taback und Wein von demselben Tage und im Artikel 2. des Zoll- und Anschlußvertrages vom 11. Juli 1864., desgleichen in den Thüringischen Vereinsverträgen bleiben zwischen den bei diesen Verträgen betheiligten Bundesstaaten in Kraft, soweit sie nicht durch die Vorschriften der gegenwärtigen Verfassung abgeändert sind und so lange sie nicht auf dem im Artikel 37. vorgezeichneten Wege abgeändert werden.

Mit diesen Beschränkungen finden die Bestimmungen des Zollvereinigungs-Vertrages vom 16. Mai 1865. auch auf diejenigen Bundesstaaten und Gebietstheile Anwendung, welche dem Deutschen Zoll- und Handelsvereine zur Zeit nicht angehören.

VII. Eisenbahnwesen.

Art. 41. Eisenbahnen, welche im Interesse der Vertheidigung des Bundesgebietes oder im Interesse des gemeinsamen Verkehrs für nothwendig erachtet werden, können kraft eines Bundesgesetzes auch gegen den Widerspruch der Bundesglieder, deren Gebiet die Eisenbahnen durchschneiden, unbeschadet der Landeshoheitsrechte, für Rechnung des Bundes angelegt oder an Privatunternehmer zur Ausführung konzessionirt und mit dem Expropriationsrechte ausgestattet werden.

Jede bestehende Eisenbahnverwaltung ist verpflichtet, sich den Anschluß neu angelegter Eisenbahnen auf Kosten der letzteren gefallen zu lassen.

Die gesetzlichen Bestimmungen, welche bestehenden Eisenbahn-Unternehmungen ein Widerspruchsrecht gegen die Anlegung von Parallel- oder Konkurrenzbahnen einräumen, werden, unbeschadet bereits erworbener Rechte, für das ganze Bundesgebiet hierdurch aufgehoben. Ein solches Widerspruchsrecht kann auch in den künftig zu ertheilenden Konzessionen nicht weiter verliehen werden.

Art. 42. Die Bundesregierungen verpflichten sich, die im Bundesgebiete belegenen Eisenbahnen im Interesse des allgemeinen Verkehrs wie ein einheitliches Netz verwalten und zu diesem Behuf auch die neu herzustellenden Bahnen nach einheitlichen Normen anlegen und ausrüsten zu lassen.

Art. 43. Es sollen demgemäß in thunlichster Beschleunigung übereinstimmende Betriebseinrichtungen getroffen, insbesondere gleiche Bahnpolizei-Reglements eingeführt werden. Der Bund hat dafür Sorge zu tragen, daß die Eisenbahnverwaltungen die Bahnen jederzeit in einem, die nöthige Sicherheit gewährenden baulichen Zustande erhalten und dieselben mit Betriebsmaterial so ausrüsten, wie das Verkehrsbedürfniß es erheischt.

Art. 44. Die Eisenbahnverwaltungen sind verpflichtet, die für den durchgehenden Verkehr und zur Herstellung ineinandergreifender Fahrpläne nöthigen Personenzüge mit entsprechender Fahrgeschwindigkeit, desgleichen die zur Bewältigung des Güterverkehrs nöthigen Güterzüge einzuführen, auch direkte Expeditionen im Personen- und Güterverkehr, unter Gestattung des Ueberganges der Transportmittel von einer Bahn auf die andere, gegen die übliche Vergütung einzurichten.

Art. 45. Dem Bunde steht die Kontrole über das Tarifwesen zu. Derselbe wird namentlich dahin wirken:

1) daß baldigst auf den Eisenbahnen im Gebiete des Bundes übereinstimmende Betriebsreglements eingeführt werden;
2) daß die möglichste Gleichmäßigkeit und Herabsetzung der Tarife erzielt, insbesondere, daß bei größeren Entfernungen für den Transport von Kohlen, Koaks, Holz, Erzen, Steinen, Salz, Roheisen, Düngungsmitteln und ähnlichen Gegenständen ein dem Bedürfniß der Landwirthschaft und Industrie entsprechender ermäßigter Tarif, und zwar zunächst thunlichst der Ein-Pfennig-Tarif eingeführt werde.

Art. 46. Bei eintretenden Nothständen, insbesondere bei ungewöhnlicher Theuerung der Lebensmittel, sind die Eisenbahnverwaltungen verpflichtet, für den Transport, namentlich von Getreide, Mehl, Hülsenfrüchten und Kartoffeln, zeitweise einen dem Bedürfniß entsprechenden, von dem Bundespräsidium auf Vorschlag des betreffenden Bundesraths-Ausschusses festzustellenden, niedrigen Spezialtarif einzuführen, welcher jedoch nicht unter den niedrigsten auf der betreffenden Bahn für Rohprodukte geltenden Satz herabgehen darf.

Art. 47. Den Anforderungen der Bundesbehörden in Betreff der Benutzung der Eisenbahnen zum Zweck der Vertheidigung des Bundesgebietes haben sämmtliche Eisenbahnverwaltungen unweigerlich Folge zu leisten. Insbesondere ist das Militair und alles Kriegsmaterial zu gleichen ermäßigten Sätzen zu befördern.

VIII. Post- und Telegraphenwesen.

Art. 48. Das Postwesen und das Telegraphenwesen werden für das gesammte Gebiet des Norddeutschen Bundes als einheitliche Staatsverkehrs-Anstalten eingerichtet und verwaltet.

Die im Artikel 4. vorgesehene Gesetzgebung des Bundes in Post- und Telegraphenangelegenheiten erstreckt sich nicht auf diejenigen Gegenstände, deren

Regelung nach den gegenwärtig in der Preußischen Post- und Telegraphenverwaltung maaßgebenden Grundsätzen der reglementarischen Festsetzung oder administrativen Anordnung überlassen ist.

Die Fürsten von Thurn und Taxis übertrugen ihren Postbetrieb („Fürstlich Thurn und Taxis'sche Post") durch Vertrag vom 28.1.1867 mit Wirkung vom 1.7. an das Königreich Preußen.

Art. 49. Die Einnahmen des Post- und Telegraphenwesens sind für den ganzen Bund gemeinschaftlich. Die Ausgaben werden aus den gemeinschaftlichen Einnahmen bestritten. Die Ueberschüsse fließen in die Bundeskasse (Abschnitt XII.).

Art. 50. Dem Bundespräsidium gehört die obere Leitung der Post- und Telegraphenverwaltung an. Dasselbe hat die Pflicht und das Recht, dafür zu sorgen, daß Einheit in der Organisation der Verwaltung und im Betriebe des Dienstes, sowie in der Qualifikation der Beamten hergestellt und erhalten wird.

Das Präsidium hat für den Erlaß der reglementarischen Festsetzungen und allgemeinen administrativen Anordnungen, sowie für die ausschließliche Wahrnehmung der Beziehungen zu anderen Deutschen oder außerdeutschen Post- und Telegraphenverwaltungen Sorge zu tragen.

Sämmtliche Beamte der Post- und Telegraphenverwaltung sind verpflichtet, den Anordnungen des Bundespräsidiums Folge zu leisten. Diese Verpflichtung ist in den Diensteid aufzunehmen.

Die Anstellung der bei den Verwaltungsbehörden der Post und Telegraphie in den verschiedenen Bezirken erforderlichen oberen Beamten (z.B. der Direktoren, Räthe, Ober-Inspektoren), ferner die Anstellung der zur Wahrnehmung des Aufsichts- u.s.w. Dienstes in den einzelnen Bezirken als Organe der erwähnten Behörden fungirenden Post- und Telegraphenbeamten (z.B. Inspektoren, Kontroleure) geht für das ganze Gebiet des Norddeutschen Bundes von dem Präsidium aus, welchem diese Beamten den Diensteid leisten. Den einzelnen Landesregierungen wird von den in Rede stehenden Ernennungen, soweit dieselben ihre Gebiete betreffen, Behufs der landesherrlichen Bestätigung und Publikation rechtzeitig Mittheilung gemacht werden.

Die anderen bei den Verwaltungsbehörden der Post und Telegraphie erforderlichen Beamten, sowie alle für den lokalen und technischen Betrieb bestimmten, mithin bei den eigentlichen Betriebsstellen fungirenden Beamten u.s.w. werden von den betreffenden Landesregierungen angestellt.

Wo eine selbstständige Landes-Post- resp. Telegraphen-Verwaltung nicht besteht, entscheiden die Bestimmungen der besonderen Verträge.

Art. 51. Zur Beseitigung der Zersplitterung des Post- und Telegraphenwesens in den Hansestädten wird die Verwaltung und der Betrieb der verschiedenen dort befindlichen staatlichen Post- und Telegraphen-Anstalten nach näherer Anordnung des Bundespräsidiums, welches den Senaten Gelegenheit zur Aeußerung ihrer hierauf bezüglichen Wünsche geben wird, vereinigt. Hinsichts der dort befindlichen Deutschen Anstalten ist diese Vereinigung sofort auszuführen.

Mit den außerdeutschen Regierungen, welche in den Hansestädten noch Postrechte besitzen oder ausüben, werden die zu dem vorstehenden Zweck nöthigen Vereinbarungen getroffen werden.

Art. 52. Bei Ueberweisung des Ueberschusses der Postverwaltung für allgemeine Bundeszwecke (Artikel 49.) soll, in Betracht der bisherigen Verschiedenheit der von den Landes-Postverwaltungen der einzelnen Gebiete erzielten Rein-Einnahmen, zum Zwecke einer entsprechenden Ausgleichung während der unten festgesetzten Uebergangszeit folgendes Verfahren beobachtet werden.

Aus den Postüberschüssen, welche in den einzelnen Postbezirken während der fünf Jahre 1861. bis 1865. aufgekommen sind, wird ein durchschnittlicher Jahresüberschuß berechnet, und der Antheil, welchen jeder einzelne Postbezirk an dem für das gesammte Gebiet des Norddeutschen Bundes sich darnach herausstellenden Postüberschusse gehabt hat, nach Prozenten festgestellt.

Nach Maaßgabe des auf diese Weise festgestellten Verhältnisses werden aus den im Bunde aufkommenden Postüberschüssen während der nächsten acht Jahre den einzelnen Staaten die sich für dieselben ergebenden Quoten auf ihre sonstigen Beiträge zu Bundeszwecken zu Gute gerechnet.

Nach Ablauf der acht Jahre hört jene Unterscheidung auf, und fließen die Postüberschüsse in ungetheilter Aufrechnung nach dem im Artikel 49. enthaltenen Grundsatz der Bundeskasse zu.

Von der während der vorgedachten acht Jahre für die Hansestädte sich herausstellenden Quote des Postüberschusses wird alljährlich vorweg die Hälfte dem Bundespräsidium zur Disposition gestellt zu dem Zwecke, daraus zunächst die Kosten für die Herstellung normaler Posteinrichtungen in den Hansestädten zu bestreiten.

IX. Marine und Schiffahrt.

Art. 53. Die Bundes-Kriegsmarine ist eine einheitliche unter Preußischem Oberbefehl. Die Organisation und Zusammensetzung derselben liegt Seiner Majestät dem Könige von Preußen ob, welcher die Offiziere und Beamten der Marine ernennt, und für welchen dieselben nebst den Mannschaften eidlich in Pflicht zu nehmen sind.

Der Kieler Hafen und der Jadehafen sind Bundes-Kriegshäfen.

Der zur Gründung und Erhaltung der Kriegsflotte und der damit zusammenhängenden Anstalten erforderliche Aufwand wird aus der Bundeskasse bestritten.

Die gesammte seemännische Bevölkerung des Bundes, einschließlich des Maschinenpersonals und der Schiffshandwerker, ist vom Dienste im Landheere befreit, dagegen zum Dienste in der Bundesmarine verpflichtet.

Die Vertheilung des Ersatzbedarfs findet nach Maaßgabe der vorhandenen seemännischen Bevölkerung statt, und die hiernach von jedem Staate gestellte Quote kommt auf die Gestellung zum Landheere in Abrechnung.

Art. 54. Die Kauffahrteischiffe aller Bundesstaaten bilden eine einheitliche Handelsmarine.

Der Bund hat das Verfahren zur Ermittelung der Ladungsfähigkeit der Seeschiffe zu bestimmen, die Ausstellung der Meßbriefe, sowie der Schiffscertifikate zu regeln und die Bedingungen festzustellen, von welchen die Erlaubniß zur Führung eines Seeschiffes abhängig ist.

In den Seehäfen und auf allen natürlichen und künstlichen Wasserstraßen der einzelnen Bundesstaaten werden die Kauffahrteischiffe sämmtlicher Bundesstaaten gleichmäßig zugelassen und behandelt. Die Abgaben, welche in den Seehäfen von den Seeschiffen oder deren Ladungen für die Benutzung der Schiffahrtsanstalten erhoben werden, dürfen die zur Unterhaltung und gewöhnlichen Herstellung dieser Anstalten erforderlichen Kosten nicht übersteigen.

Auf allen natürlichen Wasserstraßen dürfen Abgaben nur für die Benutzung besonderer Anstalten, die zur Erleichterung des Verkehrs bestimmt sind, erhoben werden. Diese Abgaben, sowie die Abgaben für die Befahrung solcher künstlichen Wasserstraßen, welche Staatseigenthum sind, dürfen die zur Unterhaltung und gewöhnlichen Herstellung der Anstalten und Anlagen erforderlichen Kosten nicht übersteigen. Auf die Flößerei finden diese Bestimmungen insoweit Anwendung, als dieselbe auf schiffbaren Wasserstraßen betrieben wird.

Auf fremde Schiffe oder deren Ladungen andere oder höhere Abgaben zu legen, als von den Schiffen der Bundesstaaten oder deren Ladungen zu entrichten sind, steht keinem Einzelstaate, sondern nur dem Bunde zu.

Art. 55. Die Flagge der Kriegs- und Handelsmarine ist schwarz-weiß-roth.

Die Flaggenfarben des Deutschen Bundes waren seit 1848 (Beschluß der Bundesversammlung vom 9.3.1848) schwarz-rot-gold gewesen. Das Schwarz-weiß-rot des Norddeutschen Bundes entstand aus schwarz-weiß, den Flaggenfarben Preußens, und rot-weiß, den Flaggenfarben der Hansestädte und Brandenburgs.

X. Konsulatwesen.

Art. 56. Das gesammte Norddeutsche Konsulatwesen steht unter der Aufsicht des Bundespräsidiums, welches die Konsuln, nach Vernehmung des Ausschusses des Bundesrathes für Handel und Verkehr, anstellt.

In dem Amtsbezirk der Bundeskonsuln dürfen neue Landeskonsulate nicht errichtet werden. Die Bundeskonsuln üben für die in ihrem Bezirk nicht vertretenen Bundesstaaten die Funktionen eines Landeskonsuls aus. Die sämmtlichen bestehenden Landeskonsulate werden aufgehoben, sobald die Organisation der Bundeskonsulate dergestalt vollendet ist, daß die Vertretung der Einzelinteressen aller Bundesstaaten als durch die Bundeskonsulate gesichert von dem Bundesrathe anerkannt wird.

XI. Bundes-Kriegswesen.

Art. 57. Jeder Norddeutsche ist wehrpflichtig und kann sich in Ausübung dieser Pflicht nicht vertreten lassen.

Art. 58. Die Kosten und Lasten des gesammten Kriegswesens des Bundes sind von allen Bundesstaaten und ihren Angehörigen gleichmäßig zu tragen, so daß weder Bevorzugungen, noch Prägravationen einzelner Staaten oder Klassen grundsätzlich zulässig sind. Wo die gleiche Vertheilung der Lasten sich in natura nicht herstellen läßt, ohne die öffentliche Wohlfahrt zu schädigen, ist die Ausgleichung nach den Grundsätzen der Gerechtigkeit im Wege der Gesetzgebung festzustellen.

Art. 59. Jeder wehrfähige Norddeutsche gehört sieben Jahre lang, in der Regel vom vollendeten 20. bis zum beginnenden 28. Lebensjahre, dem stehenden Heere – und zwar die ersten drei Jahre bei den Fahnen, die letzten vier Jahre in der Reserve – und die folgenden fünf Lebensjahre der Landwehr an. In denjenigen Bundesstaaten, in denen bisher eine längere als zwölfjährige Gesammtdienstzeit gesetzlich war, findet die allmälige Herabsetzung der Verpflichtung nur in dem Maaße statt, als dies die Rücksicht auf die Kriegsbereitschaft des Bundesheeres zuläßt.

In Bezug auf die Auswanderung der Reservisten sollen lediglich diejenigen Bestimmungen maaßgebend sein, welche für die Auswanderung der Landwehrmänner gelten.

Art. 60. Die Friedens-Präsenzstärke des Bundesheeres wird bis zum 31. Dezember 1871. auf Ein Prozent der Bevölkerung von 1867. normirt, und wird pro rata derselben von den einzelnen Bundesstaaten gestellt. Für die spätere Zeit wird die Friedens-Präsenzstärke des Heeres im Wege der Bundesgesetzgebung festgestellt.

Art. 61. Nach Publikation dieser Verfassung ist in dem ganzen Bundesgebiete die gesammte Preußische Militairgesetzgebung ungesäumt einzuführen, sowohl die Gesetze selbst, als die zu ihrer Ausführung, Erläuterung oder Ergänzung erlassenen Reglements, Instruktionen und Reskripte, namentlich also das Militair-Strafgesetzbuch vom 3. April 1845., die Militair-Strafgerichtsordnung vom 3. April 1845., die Verordnung über die Ehrengerichte vom 20. Juli 1843., die Bestimmungen über Aushebung, Dienstzeit, Servis- und Verpflegungswesen, Einquartierung, Ersatz von Flurbeschädigungen, Mobilmachung u.s.w. für Krieg und Frieden. Die Militair-Kirchenordnung ist jedoch ausgeschlossen.

Nach gleichmäßiger Durchführung der Bundeskriegs-Organisation wird das Bundespräsidium ein umfassendes Bundes-Militairgesetz dem Reichstage und dem Bundesrathe zur verfassungsmäßigen Beschlußfassung vorlegen.

Art. 62. Zur Bestreitung des Aufwandes für das gesammte Bundesheer und die zu demselben gehörigen Einrichtungen sind bis zum 31. Dezember 1871. dem

Bundesfeldherrn jährlich sovielmal 225 Thaler, in Worten zweihundert fünf und zwanzig Thaler, als die Kopfzahl der Friedensstärke des Heeres nach Artikel 60. beträgt, zur Verfügung zu stellen. Vergl. Abschnitt XII.

Die Zahlung dieser Beiträge beginnt mit dem ersten des Monats nach Publikation der Bundesverfassung.

Nach dem 31. Dezember 1871. müssen diese Beträge von den einzelnen Staaten des Bundes zur Bundeskasse fortgezahlt werden. Zur Berechnung derselben wird die im Artikel 60. interimistisch festgestellte Friedens-Präsenzstärke so lange festgehalten, bis sie durch ein Bundesgesetz abgeändert ist.

Die Verausgabung dieser Summe für das gesammte Bundesheer und dessen Einrichtungen wird durch das Etatsgesetz festgestellt.

Bei der Feststellung des Militair-Ausgabe-Etats wird die auf Grundlage dieser Verfassung gesetzlich feststehende Organisation des Bundesheeres zu Grunde gelegt.

Art. 63. Die gesammte Landmacht des Bundes wird ein einheitliches Heer bilden, welches in Krieg und Frieden unter dem Befehle Seiner Majestät des Königs von Preußen als Bundesfeldherrn steht.

Die Regimenter etc. führen fortlaufende Nummern durch die ganze Bundes-Armee. Für die Bekleidung sind die Grundfarben und der Schnitt der Königlich Preußischen Armee maaßgebend. Dem betreffenden Kontingentsherrn bleibt es überlassen, die äußeren Abzeichen (Kokarden etc.) zu bestimmen.

Der Bundesfeldherr hat die Pflicht und das Recht, dafür Sorge zu tragen, daß innerhalb des Bundesheeres alle Truppentheile vollzählig und kriegstüchtig vorhanden sind und daß Einheit in der Organisation und Formation, in Bewaffnung und Kommando, in der Ausbildung der Mannschaften, sowie in der Qualifikation der Offiziere hergestellt und erhalten wird. Zu diesem Behufe ist der Bundesfeldherr berechtigt, sich jederzeit durch Inspektionen von der Verfassung der einzelnen Kontingente zu überzeugen und die Abstellung der dabei vorgefundenen Mängel anzuordnen.

Der Bundesfeldherr bestimmt den Präsenzstand, die Gliederung und Eintheilung der Kontingente der Bundesarmee, sowie die Organisation der Landwehr, und hat das Recht, innerhalb des Bundesgebietes die Garnisonen zu bestimmen, sowie die kriegsbereite Aufstellung eines jeden Theils der Bundesarmee anzuordnen.

Behufs Erhaltung der unentbehrlichen Einheit in der Administration, Verpflegung, Bewaffnung und Ausrüstung aller Truppentheile des Bundesheeres sind die bezüglichen künftig ergehenden Anordnungen für die Preußische Armee den Kommandeuren der übrigen Bundeskontingente, durch den Artikel 8. Nr. 1. bezeichneten Ausschuß für das Landheer und die Festungen, zur Nachachtung in geeigneter Weise mitzutheilen.

Art. 64. Alle Bundestruppen sind verpflichtet, den Befehlen des Bundesfeldherrn unbedingte Folge zu leisten. Diese Verpflichtung ist in den Fahneneid aufzunehmen.

Der Höchstkommandirende eines Kontingents, sowie alle Offiziere, welche Truppen mehr als eines Kontingents befehligen, und alle Festungskommandanten werden von dem Bundesfeldherrn ernannt. Die von demselben ernannten Offiziere leisten Ihm den Fahneneid. Bei Generalen und den Generalstellungen versehenden Offizieren innerhalb des Bundeskontingents ist die Ernennung von der jedesmaligen Zustimmung des Bundesfeldherrn abhängig zu machen.

Der Bundesfeldherr ist berechtigt, Behufs Versetzung mit oder ohne Beförderung für die von Ihm im Bundesdienste, sei es im Preußischen Heere, oder in anderen Kontingenten zu besetzenden Stellen aus den Offizieren aller Kontingente des Bundesheeres zu wählen.

Art. 65. Das Recht, Festungen innerhalb des Bundesgebietes anzulegen, steht dem Bundesfeldherrn zu, welcher die Bewilligung der dazu erforderlichen Mittel, soweit das Ordinarium sie nicht gewährt, nach Abschnitt XII. beantragt.

Art. 66. Wo nicht besondere Konventionen ein Anderes bestimmen, ernennen die Bundesfürsten, beziehentlich die Senate die Offiziere ihrer Kontingente, mit der Einschränkung des Artikels 64. Sie sind Chefs aller ihren Gebieten angehörenden Truppentheile und genießen die damit verbundenen Ehren. Sie haben namentlich das Recht der Inspizirung zu jeder Zeit und erhalten, außer den regelmäßigen Rapporten und Meldungen über vorkommende Veränderungen, Behufs der nöthigen landesherrlichen Publikation, rechtzeitige Mittheilung von den die betreffenden Truppentheile berührenden Avancements und Ernennungen.

Auch steht ihnen das Recht zu, zu polizeilichen Zwecken nicht blos ihre eigenen Truppen zu verwenden, sondern auch alle anderen Truppentheile der Bundesarmee, welche in ihren Ländergebieten dislocirt sind, zu requiriren.

Art. 67. Ersparnisse an dem Militairetat fallen unter keinen Umständen einer einzelnen Regierung, sondern jederzeit der Bundeskasse zu.

Art. 68. Der Bundesfeldherr kann, wenn die öffentliche Sicherheit in dem Bundesgebiete bedroht ist, einen jeden Theil desselben in Kriegszustand erklären. Bis zum Erlaß eines die Voraussetzungen, die Form der Verkündigung und die Wirkungen einer solchen Erklärung regelnden Bundesgesetzes gelten dafür die Vorschriften des Preußischen Gesetzes vom 4. Juni 1851. (Gesetz-Samml. für 1851. S. 451. ff.).

XII. Bundesfinanzen.

Art. 69. Alle Einnahmen und Ausgaben des Bundes müssen für jedes Jahr veranschlagt und auf den Bundeshaushaltsetat gebracht werden. Letzterer wird vor Beginn des Etatsjahres nach folgenden Grundsätzen durch ein Gesetz festgestellt.

Art. 70. Zur Bestreitung aller gemeinschaftlichen Ausgaben dienen zunächst die etwaigen Ueberschüsse der Vorjahre, sowie die aus den Zöllen, den gemeinschaftlichen Verbrauchssteuern und aus dem Post- und Telegraphenwesen fließenden gemeinschaftlichen Einnahmen. Insoweit dieselben durch diese Einnahmen nicht gedeckt werden, sind sie, so lange Bundessteuern nicht eingeführt sind, durch Beiträge der einzelnen Bundesstaaten nach Maaßgabe ihrer Bevölkerung aufzubringen, welche bis zur Höhe des budgetmäßigen Betrages durch das Präsidium ausgeschrieben werden.

Art. 71. Die gemeinschaftlichen Ausgaben werden in der Regel für ein Jahr bewilligt, können jedoch in besonderen Fällen auch für eine längere Dauer bewilligt werden.

Während der im Art. 60. normirten Uebergangszeit ist der nach Titeln geordnete Etat über die Ausgaben für das Bundesheer dem Bundesrathe und dem Reichstage nur zur Kenntnißnahme und zur Erinnerung vorzulegen.

Art. 72. Ueber die Verwendung aller Einnahmen des Bundes ist von dem Präsidium dem Bundesrathe und dem Reichstage zur Entlastung jährlich Rechnung zu legen.

Art. 73. In Fällen eines außerordentlichen Bedürfnisses können im Wege der Bundesgesetzgebung die Aufnahme einer Anleihe, sowie die Uebernahme einer Garantie zu Lasten des Bundes erfolgen.

XIII. Schlichtung von Streitigkeiten und Strafbestimmungen.

Art. 74. Jedes Unternehmen gegen die Existenz, die Integrität, die Sicherheit oder die Verfassung des Norddeutschen Bundes, endlich die Beleidigung des Bundesrathes, des Reichstages, eines Mitgliedes des Bundesrathes oder des Reichstages, einer Behörde oder eines öffentlichen Beamten des Bundes, während dieselben in der Ausübung ihres Berufes begriffen sind oder in Beziehung auf ihren Beruf, durch Wort, Schrift, Druck, Zeichen, bildliche oder andere Darstellung, werden in den einzelnen Bundesstaaten beurtheilt und bestraft nach Maaßgabe der in den letzteren bestehenden oder künftig in Wirksamkeit tretenden Gesetze, nach welchen eine gleiche gegen den einzelnen Bundesstaat, seine Verfassung, seine Kammern oder Stände, seine Kammer- oder Ständemitglieder, seine Behörden und Beamten begangene Handlung zu richten wäre.

Art. 75. Für diejenigen in Art. 74. bezeichneten Unternehmungen gegen den Norddeutschen Bund, welche, wenn gegen einen der einzelnen Bundesstaaten gerichtet, als Hochverrath oder Landesverrath zu qualifiziren wären, ist das gemeinschaftliche Ober-Appellationsgericht der drei freien und Hansestädte in Lübeck die zuständige Spruchbehörde in erster und letzter Instanz.

Die näheren Bestimmungen über die Zuständigkeit und das Verfahren des Ober-Appellationsgerichts erfolgen im Wege der Bundesgesetzgebung. Bis zum Erlasse eines Bundesgesetzes bewendet es bei der seitherigen Zuständigkeit der Gerichte in den einzelnen Bundesstaaten und den auf das Verfahren dieser Gerichte sich beziehenden Bestimmungen.

Art. 76. Streitigkeiten zwischen verschiedenen Bundesstaaten, sofern dieselben nicht privatrechtlicher Natur und daher von den kompetenten Gerichtsbehörden zu entscheiden sind, werden auf Anrufen des einen Theils von dem Bundesrathe erledigt.

Verfassungsstreitigkeiten in solchen Bundesstaaten, in deren Verfassung nicht eine Behörde zur Entscheidung solcher Streitigkeiten bestimmt ist, hat auf Anrufen eines Theiles der Bundesrath gütlich auszugleichen oder, wenn das nicht gelingt, im Wege der Bundesgesetzgebung zur Erledigung zu bringen.

Art. 77. Wenn in einem Bundesstaate der Fall einer Justizverweigerung eintritt, und auf gesetzlichen Wegen ausreichende Hülfe nicht erlangt werden kann, so liegt dem Bundesrathe ob, erwiesene, nach der Verfassung und den bestehenden Gesetzen des betreffenden Bundesstaates zu beurtheilende Beschwerden über verweigerte oder gehemmte Rechtspflege anzunehmen, und darauf die gerichtliche Hülfe bei der Bundesregierung, die zu der Beschwerde Anlaß gegeben hat, zu bewirken.

XIV. Allgemeine Bestimmung.

Art. 78. Veränderungen der Verfassung erfolgen im Wege der Gesetzgebung, jedoch ist zu denselben im Bundesrathe eine Mehrheit von zwei Dritteln der vertretenen Stimmen erforderlich.

XV. Verhältniß zu den Süddeutschen Staaten.

Art. 79. Die Beziehungen des Bundes zu den Süddeutschen Staaten werden sofort nach Feststellung der Verfassung des Norddeutschen Bundes, durch besondere dem Reichstage zur Genehmigung vorzulegende Verträge, geregelt werden.

Der Eintritt der Süddeutschen Staaten oder eines derselben in den Bund erfolgt auf den Vorschlag des Bundespräsidiums im Wege der Bundesgesetzgebung.

– – – – – –

unter dem 25. Juni d. J. verkündet worden und hat am 1. Juli d. J. die Gesetzeskraft erlangt.

Indem Wir dies hiermit zur öffentlichen Kenntniß bringen, übernehmen Wir die Uns durch die Verfassung des Nordeutschen Bundes übertragenen Rechte, Befugnisse und Pflichten für Uns und Unsere Nachfolger in der Krone Preußen.

Wir befehlen, dieses Publikandum durch das Bundesgesetzblatt des Norddeutschen Bundes zu veröffentlichen.

Urkundlich unter Unserer Höchsteigenhändigen Unterschrift und beigedrucktem Königlichen Insiegel.

Gegeben Bad Ems, den 26. Juli 1867.

Wilhelm.
Gr. v. Bismack-Schönhausen.

Quelle: *Bundesgesetzblatt des Norddeutschen Bundes 1867,* S. 1–27.

7. Verfassung des Deutschen Reichs 1871

Nachdem schon die Verfassung des Norddeutschen Bundes in Artikel 79 (siehe oben Dokument Nr. 6) den Beitritt der süddeutschen Staaten in Aussicht gestellt hatte, brachte der siegreiche Verlauf des Krieges gegen Frankreich 1870 hierfür das noch fehlende Stimulans. In den sogenannten Novemberverträgen mit dem Norddeutschen Bund stimmten Baden (15.11.) und Hessen (15.11.) zu, dessen Verfassung unverändert zu übernehmen. Bayern (23.11.) und Württemberg (25.11.) stimmten ebenfalls für Beitritt, behielten sich aber einige Reservatrechte vor. Anschließend wurden verschiedene Vollzugsdirektiven vereinbart, und nach Zustimmung der Staatenparlamente trat die Reichsverfassung am 1.1.1871 in Kraft. Am 18.1. wurde der preußische König Wilhelm I. in Versailles zum Deutschen Kaiser ausgerufen, aber die Verfassung bedurfte noch der Zusammenfassung in einem revidierten Verfassungstext. Der neue Reichstag wurde am 3.3. gewählt und trat am 21.3. zusammen. Am 23.3. legte ihm der Bundesrat den revidierten Verfassungstext vor, und der Reichstag nahm am 14.4. das hier abgedruckte „Gesetz betreffend die Verfassung des Deutschen Reiches" an. Am 16.4. vom Kaiser ausgefertigt und am 20.4. verkündet, trat es am 4.5. in Kraft. Es behielt faktisch seine Geltung bis zur Revolution im November 1918, wurde jedoch erst durch Artikel 178 der Weimarer Reichsverfassung (siehe unten Dokument Nr. 8) ausdrücklich aufgehoben.

Gesetz, betreffend die Verfassung des Deutschen Reichs. Vom 16. April 1871.

Wir Wilhelm, von Gottes Gnaden Deutscher Kaiser, König von
Preußen etc.
verordnen hiermit im Namen des Deutschen Reichs, nach erfolgter Zustimmung des Bundesrathes und des Reichstages, was folgt:

§. 1. An die Stelle der zwischen dem Norddeutschen Bunde und den Großherzogthümern Baden und Hessen vereinbarten Verfassung des Deutschen Bundes (Bundesgesetzbl. vom Jahre 1870. S. 627. ff.), sowie der mit den Königreichen Bayern und Württemberg über den Beitritt zu dieser Verfassung geschlossenen Verträge vom 23. und 25. November 1870. (Bundesgesetzbl. vom Jahre 1871. S. 9. ff. und vom Jahre 1870. S. 654. ff.) tritt die beigefügte

Verfassungs-Urkunde für das Deutsche Reich.

§. 2. Die Bestimmungen in Artikel 80. der in §. 1. gedachten Verfassung des Deutschen Bundes (Bundesgesetzbl. vom Jahre 1870. S. 647.), unter III. §. 8. des Vertrages mit Bayern vom 23. November 1870. (Bundesgesetzbl. vom Jahre 1871. S. 21. ff.), in Artikel 2. Nr. 6. des Vertrages mit Württemberg vom 25. November 1870. (Bundesgesetzbl. vom Jahre 1870. S. 656.), über die Einführung der im Norddeutschen Bunde ergangenen Gesetze in diesen Staaten bleiben in Kraft.

Die dort bezeichneten Gesetze sind Reichsgesetze. Wo in denselben von dem Norddeutschen Bunde, dessen Verfassung, Gebiet, Mitgliedern oder Staaten, Indigenat, verfassungsmäßigen Organen, Angehörigen, Beamten, Flagge u.s.w. die Rede ist, sind das Deutsche Reich und dessen entsprechende Beziehungen zu verstehen.

Dasselbe gilt von denjenigen im Norddeutschen Bunde ergangenen Gesetzen, welche in der Folge in einem der genannten Staaten eingeführt werden.

§. 3. Die Vereinbarungen in dem zu Versailles am 15. November 1870. aufgenommenen Protokolle (Bundesgesetzbl. vom Jahre 1870. S. 650. ff.), in der Verhandlung zu Berlin vom 25. November 1870. (Bundesgesetzbl. vom Jahre 1870. S. 657.), dem Schlußprotokolle vom 23. November 1870. (Bundesgesetzbl. vom Jahre 1871. S. 23. ff.), sowie unter IV. des Vertrages mit Bayern vom 23. November 1870. (a.a.0. S. 21. ff.) werden durch dieses Gesetz nicht berührt.

Urkundlich unter Unserer Höchsteigenhändigen Unterschrift und beigedrucktem Kaiserlichen Insiegel.

Gegeben Berlin, den 16. April 1871.

Wilhelm.
Fürst v. Bismarck.

Verfassung des Deutschen Reichs.

Seine Majestät der König von Preußen im Namen des Norddeutschen Bundes, Seine Majestät der König von Bayern, Seine Majestät der König von Württemberg, Seine Königliche Hoheit der Großherzog von Baden und Seine Königliche Hoheit der Großherzog von Hessen und bei Rhein für die südlich vom Main belegenen Theile des Großherzogtums Hessen, schließen einen ewigen Bund zum Schutze des Bundesgebietes und des innerhalb desselben gültigen Rechtes, sowie zur Pflege der Wohlfahrt des Deutschen Volkes. Dieser Bund wird den Namen Deutsches Reich führen und wird nachstehende

Verfassung

haben.

I. Bundesgebiet.

Art. 1. Das Bundesgebiet besteht aus den Staaten Preußen mit Lauenburg, Bayern, Sachsen, Württemberg, Baden, Hessen, Mecklenburg-Schwerin, Sachsen-Weimar, Mecklenburg-Strelitz, Oldenburg, Braunschweig, Sachsen-Meiningen, Sachsen-Altenburg, Sachsen-Koburg-Gotha, Anhalt, Schwarzburg-Rudolstadt, Schwarzburg-Sondershausen, Waldeck, Reuß älterer Linie, Reuß jüngerer Linie, Schaumburg-Lippe, Lippe, Lübeck, Bremen und Hamburg.

Durch Gesetz vom 9.6.1871 (RGBl. S. 212), geändert durch Gesetz vom 20.6.1872, wurde die Reichsverfassung mit Wirkung vom 1.1.1874 im Reichsland Elsaß-Lothringen in Kraft gesetzt.

II. Reichsgesetzgebung.

Art. 2. Innerhalb dieses Bundesgebietes übt das Reich das Recht der Gesetzgebung nach Maßgabe des Inhalts dieser Verfassung und mit der Wirkung aus, daß die Reichsgesetze den Landesgesetzen vorgehen. Die Reichsgesetze erhalten ihre verbindliche Kraft durch ihre Verkündigung von Reichswegen, welche vermittelst eines Reichsgesetzblattes geschieht. Sofern nicht in dem publizirten Gesetze ein anderer Anfangstermin seiner verbindlichen Kraft bestimmt ist, beginnt die letztere mit dem vierzehnten Tage nach dem Ablauf desjenigen Tages, an welchem das betreffende Stück des Reichsgesetzblattes in Berlin ausgegeben worden ist.

Art. 3. Für ganz Deutschland besteht ein gemeinsames Indigenat mit der Wirkung, daß der Angehörige (Unterthan, Staatsbürger) eines jeden Bundesstaates in jedem anderen Bundesstaate als Inländer zu behandeln und demgemäß zum festen Wohnsitz, zum Gewerbebetriebe, zu öffentlichen Aemtern, zur Erwerbung von Grundstücken, zur Erlangung des Staatsbürgerrechtes und zum Genusse aller sonstigen bürgerlichen Rechte unter denselben Voraussetzungen wie der Einheimische zuzulassen, auch in Betreff der Rechtsverfolgung und des Rechtsschutzes demselben gleich zu behandeln ist.

Kein Deutscher darf in der Ausübung dieser Befugniß durch die Obrigkeit seiner Heimath, oder durch die Obrigkeit eines anderen Bundesstaates beschränkt werden.

Diejenigen Bestimmungen, welche die Armenversorgung und die Aufnahme in den lokalen Gemeindeverband betreffen, werden durch den im ersten Absatz ausgesprochenen Grundsatz nicht berührt.

Ebenso bleiben bis auf Weiteres die Verträge in Kraft, welche zwischen den einzelnen Bundesstaaten in Beziehung auf die Uebernahme von Auszuweisenden, die Verpflegung erkrankter und die Beerdigung verstorbener Staatsangehörigen bestehen.

Hinsichtlich der Erfüllung der Militairpflicht im Verhältniß zu dem Heimathslande wird im Wege der Reichsgesetzgebung das Nöthige geordnet werden.

Dem Auslande gegenüber haben alle Deutschen gleichmäßig Anspruch auf den Schutz des Reichs.

Art. 4. Der Beaufsichtigung Seitens des Reichs und der Gesetzgebung desselben unterliegen die nachstehenden Angelegenheiten:

1) die Bestimmungen über Freizügigkeit, Heimaths- und Niederlassungs-Verhältnisse, Staatsbürgerrecht, Paßwesen und Fremdenpolizei und über

den Gewerbebetrieb, einschließlich des Versicherungswesens, soweit diese Gegenstände nicht schon durch den Artikel 3. dieser Verfassung erledigt sind, in Bayern jedoch mit Ausschluß der Heimaths- und Niederlassungs-Verhältnisse, desgleichen über die Kolonisation und die Auswanderung nach außerdeutschen Ländern;

2) die Zoll- und Handelsgesetzgebung und die für die Zwecke des Reichs zu verwendenden Steuern;
3) die Ordnung des Maaß-, Münz- und Gewichtssystems, nebst Feststellung der Grundsätze über die Emission von fundirtem und unfundirtem Papiergelde;
4) die allgemeinen Bestimmungen über das Bankwesen;
5) die Erfindungspatente;
6) der Schutz des geistigen Eigenthums;
7) Organisation eines gemeinsamen Schutzes des Deutschen Handels im Auslande, der Deutschen Schiffahrt und ihrer Flagge zur See und Anordnung gemeinsamer konsularischer Vertretung, welche vom Reiche ausgestattet wird;
8) das Eisenbahnwesen, in Bayern vorbehaltlich der Bestimmung im Artikel 46., und die Herstellung von Land- und Wasserstraßen im Interesse der Landesvertheidigung und des allgemeinen Verkehrs;
9) der Flößerei- und Schiffahrtsbetrieb auf den mehreren Staaten gemeinsamen Wasserstraßen und der Zustand der letzteren, sowie die Fluß- und sonstigen Wasserzölle;

Durch Gesetz vom 3.3.1873 (RGBl. S. 47) wurden an Ziffer 9 folgende Worte angefügt:

desgleichen die Seeschifffahrtszeichen (Leuchtfeuer, Tonnen, Baken und sonstige Tagesmarken);

10) das Post- und Telegraphenwesen, jedoch in Bayern und Württemberg nur nach Maßgabe der Bestimmung im Artikel 52.;
11) Bestimmungen über die wechselseitige Vollstreckung von Erkenntnissen in Civilsachen und Erledigung von Requisitionen überhaupt;
12) sowie über die Beglaubigung von öffentlichen Urkunden;
13) *die gemeinsame Gesetzgebung über das Obligationenrecht, Strafrecht, Handels- und Wechselrecht und das gerichtliche Verfahren;*

Neue Fassung von Ziffer 13 durch Gesetz vom 20.12.1873 (RGBl. S. 379):

13) die gemeinsame Gesetzgebung über das gesammte bürgerliche Recht, das Strafrecht und das gerichtliche Verfahren;
14) das Militairwesen des Reichs und die Kriegsmarine;
15) Maßregeln der Medizinal- und Veterinairpolizei;
16) die Bestimmungen über die Presse und das Vereinswesen.

Art. 5. Die Reichsgesetzgebung wird ausgeübt durch den Bundesrath und den Reichstag. Die Uebereinstimmung der Mehrheitsbeschlüsse beider Versammlungen ist zu einem Reichsgesetze erforderlich und ausreichend.

Bei Gesetzesvorschlägen über das Militairwesen, die Kriegsmarine und die im Artikel 35. bezeichneten Abgaben giebt, wenn im Bundesrathe eine Meinungsverschiedenheit stattfindet, die Stimme des Präsidiums den Ausschlag, wenn sie sich für die Aufrechthaltung der bestehenden Einrichtungen ausspricht.

III. Bundesrath.

Art. 6. Der Bundesrath besteht aus den Vertretern der Mitglieder des Bundes, unter welchen die Stimmführung sich in der Weise vertheilt, daß Preußen mit den ehemaligen Stimmen von

Hannover, Kurhessen, Holstein, Nassau und Frankfurt	17	Stimmen
führt, Bayern	6	"
Sachsen	4	"
Württemberg	4	"
Baden	3	"
Hessen	3	"
Mecklenburg-Schwerin	2	"
Sachsen-Weimar	1	"
Mecklenburg-Strelitz	1	"
Oldenburg	1	"
Braunschweig	2	"
Sachsen-Meiningen	1	"
Sachsen-Altenburg	1	"
Sachsen-Koburg-Gotha	1	"
Anhalt	1	"
Schwarzburg-Rudolstadt	1	"
Schwarzburg-Sondershausen	1	"
Waldeck	1	"
Reuß älterer Linie	1	"
Reuß jüngerer Linie	1	"
Schaumburg-Lippe	1	"
Lippe	1	"
Lübeck	1	"
Bremen	1	"
Hamburg	1	"
zusammen	58	Stimmen.

Jedes Mitglied des Bundes kann so viel Bevollmächtigte zum Bundesrathe ernennen, wie es Stimmen hat, doch kann die Gesammtheit der zuständigen Stimmen nur einheitlich abgegeben werden.

Durch Gesetz vom 31.5.1911 (RGBl. S. 225) wurde folgender Artikel 6a eingefügt:

Art. 6a. Elsaß-Lothringen führt im Bundesrate drei Stimmen, solange die Vorschriften in Art. II § 1, § 2 Abs. 1 und 3 des Gesetzes über die Verfassung Elsaß-Lothringens vom 31. Mai 1911 in Kraft sind.

Die elsaß-lothringischen Stimmen werden nicht gezählt, wenn die Präsidialstimme nur durch den Hinzutritt dieser Stimmen die Mehrheit für sich erlangen oder im Sinne des Art. 7 Abs. 3 Satz 3 den Ausschlag geben würde. Das gleiche gilt bei der Beschlußfassung über Änderungen der Verfassung.

Elsaß-Lothringen gilt im Sinne des Art. 6 Abs. 2 und der Art. 7 und 8 als Bundesstaat.

Art. 7. Der Bundesrath beschließt:

1) über die dem Reichstage zu machenden Vorlagen und die von demselben gefaßten Beschlüsse;
2) über die zur Ausführung der Reichsgesetze erforderlichen allgemeinen Verwaltungsvorschriften und Einrichtungen, sofern nicht durch Reichsgesetz etwas Anderes bestimmt ist;
3) über Mängel, welche bei der Ausführung der Reichsgesetze oder der vorstehend erwähnten Vorschriften oder Einrichtungen hervortreten.

Jedes Bundesglied ist befugt, Vorschläge zu machen und in Vortrag zu bringen, und das Präsidium ist verpflichtet, dieselben der Berathung zu übergeben.

Die Beschlußfassung erfolgt, vorbehaltlich der Bestimmungen in den Artikeln 5. 37. und 78., mit einfacher Mehrheit. Nicht vertretene oder nicht instruirte Stimmen werden nicht gezählt. Bei Stimmengleichheit giebt die Präsidialstimme den Ausschlag.

Bei der Beschlußfassung über eine Angelegenheit, welche nach den Bestimmungen dieser Verfassung nicht dem ganzen Reiche gemeinschaftlich ist, werden die Stimmen nur derjenigen Bundesstaaten gezählt, welchen die Angelegenheit gemeinschaftlich ist.

Art. 8. Der Bundesrath bildet aus seiner Mitte dauernde Ausschüsse

1) für das Landheer und die Festungen;
2) für das Seewesen;
3) für Zoll- und Steuerwesen;
4) für Handel und Verkehr;
5) für Eisenbahnen, Post und Telegraphen;
6) für Justizwesen;
7) für Rechnungswesen.

In jedem dieser Ausschüsse werden außer dem Präsidium mindestens vier Bundesstaaten vertreten sein und führt innerhalb derselben jeder Staat nur Eine Stimme. In dem Ausschuß für das Landheer und die Festungen hat Bayern einen ständigen Sitz,

Im Ausschuß für das Landheer hatten auch Sachsen und Württemberg aufgrund der abgeschlossenen Militärkonventionen einen ständigen Sitz.

die übrigen Mitglieder desselben, sowie die Mitglieder des Ausschusses für das Seewesen werden vom Kaiser ernannt; die Mitglieder der anderen Ausschüsse werden von dem Bundesrathe gewählt. Die Zusammensetzung dieser Ausschüsse ist für jede Session des Bundesrathes resp. mit jedem Jahre zu erneuern, wobei die ausscheidenden Mitglieder wieder wählbar sind.

Außerdem wird im Bundesrathe aus den Bevollmächtigten der Königreiche Bayern, Sachsen und Württemberg und zwei, vom Bundesrathe alljährlich zu wählenden Bevollmächtigten anderer Bundesstaaten ein Ausschuß für die auswärtigen Angelegenheiten gebildet, in welchem Bayern den Vorsitz führt.

Den Ausschüssen werden die zu ihren Arbeiten nöthigen Beamten zur Verfügung gestellt.

Art. 9. Jedes Mitglied des Bundesrathes hat das Recht, im Reichstage zu erscheinen und muß daselbst auf Verlangen jederzeit gehört werden, um die Ansichten seiner Regierung zu vertreten, auch dann, wenn dieselben von der Majorität des Bundesrathes nicht adoptirt worden sind. Niemand kann gleichzeitig Mitglied des Bundesrathes und des Reichstages sein.

Art. 10. Dem Kaiser liegt es ob, den Mitgliedern des Bundesrathes den üblichen diplomatischen Schutz zu gewähren.

IV. Präsidium.

Art. 11. Das Präsidium des Bundes steht dem Könige von Preußen zu, welcher den Namen Deutscher Kaiser führt. Der Kaiser hat das Reich völkerrechtlich zu vertreten, im Namen des Reichs Krieg zu erklären und Frieden zu schließen, Bündnisse und andere Verträge mit fremden Staaten einzugehen, Gesandte zu beglaubigen und zu empfangen.

Zur Erklärung des Krieges im Namen des Reichs ist die Zustimmung des Bundesrathes erforderlich, es sei denn, daß ein Angriff auf das Bundesgebiet oder dessen Küsten erfolgt.

Insoweit die Verträge mit fremden Staaten sich auf solche Gegenstände beziehen, welche nach Artikel 4. in den Bereich der Reichsgesetzgebung gehören, ist zu ihrem Abschluß die Zustimmung des Bundesrathes und zu ihrer Gültigkeit die Genehmigung des Reichstages erforderlich.

Neue Fassung der Absätze 2 und 3 durch Gesetz vom 28.10.1918 (RGBl. S. 1274):

Zur Erklärung des Krieges im Namen des Reichs ist die Zustimmung des Bundesrats und des Reichstags erforderlich.

Friedensverträge sowie diejenigen Verträge mit fremden Staaten, welche sich auf Gegenstände der Reichsgesetzgebung beziehen, bedürfen der Zustimmung des Bundesrats und des Reichstags.

Art. 12. Dem Kaiser steht es zu, den Bundesrath und den Reichstag zu berufen, zu eröffnen, zu vertagen und zu schließen.

Art. 13. Die Berufung des Bundesrathes und des Reichstages findet alljährlich statt und kann der Bundesrath zur Vorbereitung der Arbeiten ohne den Reichstag, letzterer aber nicht ohne den Bundesrath berufen werden.

Art. 14. Die Berufung des Bundesrathes muß erfolgen, sobald sie von einem Drittel der Stimmenzahl verlangt wird.

Art. 15. Der Vorsitz im Bundesrathe und die Leitung der Geschäfte steht dem Reichskanzler zu, welcher vom Kaiser zu ernennen ist.

Der Reichskanzler kann sich durch jedes andere Mitglied des Bundesrathes vermöge schriftlicher Substitution vertreten lassen.

Die Vertretung des Reichskanzlers wurde durch das Gesetz betreffend die Stellvertretung des Reichskanzlers vom 17.3.1878 (RGBl. S. 7) geregelt:

§ 1. Die zur Gültigkeit der Anordnungen und Verfügungen des Kaisers erforderliche Gegenzeichnung des Reichskanzlers, sowie die sonstigen demselben durch die Verfassung und die Gesetze des Reichs übertragenen Obliegenheiten können nach Maßgabe der folgenden Bestimmungen durch Stellvertreter wahrgenommen werden, welche der Kaiser auf Antrag des Reichskanzlers in Fällen der Behinderung desselben ernennt.

§ 2. Es kann ein Stellvertreter allgemein für den gesamten Umfang der Geschäfte und Obliegenheiten des Reichskanzlers ernannt werden. Auch können für diejenigen einzelnen Amtszweige, welche sich in der eigenen und unmittelbaren Verwaltung des Reichs befinden, die Vorstände der dem Reichskanzler untergeordneten obersten Reichsbehörden mit der Stellvertretung desselben im ganzen Umfang oder in einzelnen Theilen ihres Geschäftskreises beauftragt werden.

§ 3. Dem Reichskanzler ist vorbehalten, jede Amtshandlung auch während der Dauer einer Stellvertretung selbst vorzunehmen.

§ 4. Die Bestimmung des Artikel 15 der Reichsverfassung wird durch dieses Gesetz nicht berührt.

Durch Gesetz vom 28.10.1918 (RGBl. S. 1274) wurden an Absatz 2 folgende Absätze 3 und 4 angefügt:

Der Reichskanzler bedarf zu seiner Amtsführung des Vertrauens des Reichstags. Der Reichskanzler trägt die Verantwortung für alle Handlungen von politischer Bedeutung, die der Kaiser in Ausübung der ihm nach der Reichsverfassung zustehenden Befugnisse vornimmt.

Der Reichskanzler und sein Stellvertreter sind für ihre Amtsführung dem Bundesrat und dem Reichstag verantwortlich.

Art. 16. Die erforderlichen Vorlagen werden nach Maßgabe der Beschlüsse des Bundesrathes im Namen des Kaisers an den Reichstag gebracht, wo sie durch

Mitglieder des Bundesrathes oder durch besondere von letzterem zu ernennende Kommissarien vertreten werden.

Art. 17. Dem Kaiser steht die Ausfertigung und Verkündigung der Reichsgesetze und die Ueberwachung der Ausführung derselben zu. Die Anordnungen und Verfügungen des Kaisers werden im Namen des Reichs erlassen und bedürfen zu ihrer Gültigkeit der Gegenzeichnung des Reichskanzlers, *welcher dadurch die Verantwortlichkeit übernimmt.*

Durch Gesetz vom 28.10.1918 (RGBl. S. 1273) wurde der Satzteil „welcher dadurch die Verantwortlichkeit übernimmt" gestrichen.

Art. 18. Der Kaiser ernennt die Reichsbeamten, läßt dieselben für das Reich vereidigen und verfügt erforderlichen Falles deren Entlassung.

Den zu einem Reichsamte berufenen Beamten eines Bundesstaates stehen, sofern nicht vor ihrem Eintritt in den Reichsdienst im Wege der Reichsgesetzgebung etwas Anderes bestimmt ist, dem Reiche gegenüber diejenigen Rechte zu, welche ihnen in ihrem Heimathslande aus ihrer dienstlichen Stellung zugestanden hatten.

Art. 19. Wenn Bundesglieder ihre verfassungsmäßigen Bundespflichten nicht erfüllen, können sie dazu im Wege der Exekution angehalten werden. Diese Exekution ist vom Bundesrathe zu beschließen und vom Kaiser zu vollstrecken.

V. Reichstag.

Art. 20. Der Reichstag geht aus allgemeinen und direkten Wahlen mit geheimer Abstimmung hervor.

Bis zu der gesetzlichen Regelung, welche im §. 5. des Wahlgesetzes vom 31. Mai 1869. (Bundesgesetzbl. 1869. S. 145.) vorbehalten ist, werden in Bayern 48, in Württemberg 17, in Baden 14, in Hessen südlich des Main 6 Abgeordnete gewählt, und beträgt demnach die Gesammtzahl der Abgeordneten 382.

Hierzu kamen durch Gesetz vom 25.6.1873 (RGBl. S. 161) fünfzehn Abgeordnete für Elsaß-Lothringen. Die Gesamtzahl der Abgeordneten erhöhte sich dadurch auf 397.

Art. 21. Beamte bedürfen keines Urlaubs zum Eintritt in den Reichstag.

Wenn ein Mitglied des Reichstages ein besoldetes Reichsamt oder in einem Bundesstaat ein besoldetes Staatsamt annimmt oder im Reichs- oder Staatsdienste in ein Amt eintritt, mit welchem ein höherer Rang oder ein höheres Gehalt verbunden ist, so verliert es Sitz und Stimme in dem Reichstag und kann seine Stelle in demselben nur durch neue Wahl wieder erlangen .

Durch Gesetz vom 28.10.1918 (RGBl. S. 1273) wurde Absatz 2 aufgehoben.

Art. 22. Die Verhandlungen des Reichstages sind öffentlich.

Wahrheitsgetreue Berichte über Verhandlungen in den öffentlichen Sitzungen des Reichstages bleiben von jeder Verantwortlichkeit frei.

Art. 23. Der Reichstag hat das Recht, innerhalb der Kompetenz des Reichs Gesetze vorzuschlagen und an ihn gerichtete Petitionen dem Bundesrathe resp. Reichskanzler zu überweisen.

Art. 24. Die Legislaturperiode des Reichstages dauert drei Jahre. Zur Auflösung des Reichstages während derselben ist ein Beschluß des Bundesrathes unter Zustimmung des Kaisers erforderlich.

Durch Gesetz vom 19.3.1888 (RGBl. S. 110) wurde in Satz l das Wort „drei" durch das Wort „fünf" ersetzt.

Art. 25. Im Falle der Auflösung des Reichstages müssen innerhalb eines Zeitraumes von 60 Tagen nach derselben die Wähler und innerhalb eines Zeitraumes von 90 Tagen nach der Auflösung der Reichstag versammelt werden.

Bis 1918 wurde der Reichstag viermal vorzeitig aufgelöst, nämlich am 24.5.1878; 14.1.1887; 6.5.1893; 13.12.1906.

Art. 26. Ohne Zustimmung des Reichstages darf die Vertagung desselben die Frist von 30 Tagen nicht übersteigen und während derselben Session nicht wiederholt werden.

Art. 27. Der Reichstag prüft die Legitimation seiner Mitglieder und entscheidet darüber. Er regelt seinen Geschäftsgang und seine Disziplin durch eine Geschäfts-Ordnung und erwählt seinen Präsidenten, seine Vizepräsidenten und Schriftführer.

Art. 28. Der Reichstag beschließt nach absoluter Stimmenmehrheit. Zur Gültigkeit der Beschlußfassung ist die Anwesenheit der Mehrheit der gesetzlichen Anzahl der Mitglieder erforderlich.

Bei der Beschlußfassung über eine Angelegenheit, welche nach den Bestimmungen dieser Verfassung nicht dem ganzen Reiche gemeinschaftlich ist, werden die Stimmen nur derjenigen Mitglieder gezählt, die in Bundesstaaten gewählt sind, welchen die Angelegenheit gemeinschaftlich ist.

Durch Gesetz vom 24.2.1873 (RGBl. S. 45) wurde Absatz 2 aufgehoben.

Art. 29. Die Mitglieder des Reichstages sind Vertreter des gesammten Volkes und an Aufträge und Instruktionen nicht gebunden.

Art. 30. Kein Mitglied des Reichstages darf zu irgend einer Zeit wegen seiner Abstimmung oder wegen der in Ausübung seines Berufes gethanen Aeußerungen gerichtlich oder disziplinarisch verfolgt oder sonst außerhalb der Versammlung zur Verantwortung gezogen werden.

Art. 31. Ohne Genehmigung des Reichstages kann kein Mitglied desselben während der Sitzungsperiode wegen einer mit Strafe bedrohten Handlung zur Untersuchung gezogen oder verhaftet werden, außer wenn es bei Ausübung der That oder im Laufe des nächstfolgenden Tages ergriffen wird.

Gleiche Genehmigung ist bei einer Verhaftung wegen Schulden erforderlich.

Auf Verlangen des Reichstages wird jedes Strafverfahren gegen ein Mitglied desselben und jede Untersuchungs- oder Civilhaft für die Dauer der Sitzungsperiode aufgehoben.

Art. 32. Die Mitglieder des Reichstages dürfen als solche keine Besoldung oder Entschädigung beziehen.

Neufassung von Artikel 32 durch Gesetz vom 21.5.1906 (RGBl. S. 467):

Art. 32. Die Mitglieder des Reichstages dürfen als solche keine Besoldung beziehen. Sie erhalten eine Entschädigung nach Maßgabe des Gesetzes.

Hierzu ergingen das Gesetz betreffend die Gewährung einer Entschädigung an die Mitglieder des deutschen Reichstags vom 21.5.1906 (RGBl. S. 468), abgeändert durch Reichsgesetz vom 22.6.1918 (RGBl. S. 667); außerdem die Bekanntmachungen vom 27.6.1906 (RGBl. S. 850) und vom 29.8.1918 (RGBl. S. 1090).

VI. Zoll- und Handelswesen.

Art. 33. Deutschland bildet ein Zoll- und Handelsgebiet, umgeben von gemeinschaftlicher Zollgrenze. Ausgeschlossen bleiben die wegen ihrer Lage zur Einschließung in die Zollgrenze nicht geeigneten einzelnen Gebietstheile.

Alle Gegenstände, welche im freien Verkehr eines Bundesstaates befindlich sind, können in jeden anderen Bundesstaat eingeführt und dürfen in letzterem einer Abgabe nur insoweit unterworfen werden, als daselbst gleichartige inländische Erzeugnisse einer inneren Steuer unterliegen.

Art. 34. Die Hansestädte Bremen und Hamburg mit einem dem Zweck entsprechenden Bezirke ihres oder des umliegenden Gebietes bleiben als Freihäfen außerhalb der gemeinschaftlichen Zollgrenze, bis sie ihren Einschluß in dieselbe beantragen.

Auf ihren Antrag hin wurden Hamburg und Bremen mit Wirkung vom 15.10.1888 in das Zollgebiet einbezogen.

Art. 35. Das Reich ausschließlich hat die Gesetzgebung über das gesammte Zollwesen, über die Besteuerung des im Bundesgebiete gewonnenen Salzes und Tabacks, bereiteten Branntweins und Bieres und aus Rüben oder anderen inländischen Erzeugnissen dargestellten Zuckers und Syrups, über den gegenseitigen Schutz der in den einzelnen Bundesstaaten erhobenen Verbrauchsabgaben gegen Hinterziehungen, sowie über die Maßregeln, welche in den Zollausschlüssen zur Sicherung der gemeinsamen Zollgrenze erforderlich sind.

In Bayern, Württemberg und Baden bleibt die Besteuerung des inländischen Branntweins und Bieres der Landesgesetzgebung vorbehalten. Die Bundesstaaten werden jedoch ihr Bestreben darauf richten, eine Uebereinstimmung der Gesetzgebung über die Besteuerung auch dieser Gegenstände herbeizuführen.

Art. 36. Die Erhebung und Verwaltung der Zölle und Verbrauchssteuern (Art. 35.) bleibt jedem Bundesstaate, soweit derselbe sie bisher ausgeübt hat, innerhalb seines Gebietes überlassen.

Der Kaiser überwacht die Einhaltung des gesetzlichen Verfahrens durch Reichsbeamte, welche er den Zoll- oder Steuerämtern und den Direktivbehörden der einzelnen Staaten, nach Vernehmung des Ausschusses des Bundesrathes für Zoll- und Steuerwesen, beiordnet.

Die von diesen Beamten über Mängel bei der Ausführung der gemeinschaftlichen Gesetzgebung (Art. 35.) gemachten Anzeigen werden dem Bundesrathe zur Beschlußnahme vorgelegt.

Art. 37. Bei der Beschlußnahme über die zur Ausführung der gemeinschaftlichen Gesetzgebung (Art. 35.) dienenden Verwaltungsvorschriften und Einrichtungen giebt die Stimme des Präsidiums alsdann den Ausschlag, wenn sie sich für Aufrechthaltung der bestehenden Vorschrift oder Einrichtung ausspricht.

Art. 38. Der Ertrag der Zölle und der anderen in Artikel 35. bezeichneten Abgaben, letzterer soweit sie der Reichsgesetzgebung unterliegen, fließt in die Reichskasse.

Dieser Ertrag besteht aus der gesammten von den Zöllen und den übrigen Abgaben aufgekommenen Einnahme nach Abzug:

1) der auf Gesetzen oder allgemeinen Verwaltungsvorschriften beruhenden Steuervergütungen und Ermäßigungen,
2) der Rückerstattungen für unrichtige Erhebungen,
3) der Erhebungs- und Verwaltungskosten, und zwar:
   a) bei den Zöllen der Kosten, welche an den gegen das Ausland gelegenen Grenzen und in dem Grenzbezirke für den Schutz und die Erhebung der Zölle erforderlich sind,
   b) bei der Salzsteuer der Kosten, welche zur Besoldung der mit Erhebung und Kontrolirung dieser Steuer auf den Salzwerken beauftragten Beamten aufgewendet werden,
   c) bei der Rübenzuckersteuer und Tabacksteuer der Vergütung, welche nach den jeweiligen Beschlüssen des Bundesrathes den einzelnen Bundesregierungen für die Kosten der Verwaltung dieser Steuern zu gewähren ist,
   d) bei den übrigen Steuern mit funfzehn Prozent der Gesammteinnahme.

Durch Gesetz vom 3.6.1906 (RGBl. S. 620) wurde Ziffer 3d abgeändert wie folgt:

d) Die Vorschrift des Art. 38 Abs. 2 Ziffer 3d der Reichsverfassung wird in Ansehung der Brausteuer aufgehoben. Die den Bundesstaaten zu gewährende Vergütung der Erhebungs- und Verwaltungskosten der Brausteuer wird durch den Bundesrat festgesetzt.

Die außerhalb der gemeinschaftlichen Zollgrenze liegenden Gebiete tragen zu den Ausgaben des Reichs durch Zahlung eines Aversums bei.

Bayern, Württemberg und Baden haben an dem in die Reichskasse fließenden Ertrage der Steuern von Branntwein und Bier und an dem diesem Ertrage entsprechenden Theile des vorstehend erwähnten Aversums keinen Theil.

Art. 39. Die von den Erhebungsbehörden der Bundesstaaten nach Ablauf eines jeden Vierteljahres aufzustellenden Quartal-Extrakte und die nach dem Jahres- und Bücherschlusse aufzustellenden Finalabschlüsse über die im Laufe des Vierteljahres beziehungsweise während des Rechnungsjahres fällig gewordenen Einnahmen an Zöllen und nach Artikel 38. zur Reichskasse fließenden Verbrauchsabgaben werden von den Direktivbehörden der Bundesstaaten, nach vorangegangener Prüfung, in Hauptübersichten zusammengestellt, in welchen jede Abgabe gesondert nachzuweisen ist, und es werden diese Uebersichten an den Ausschuß des Bundesrathes für das Rechnungswesen eingesandt.

Der letztere stellt auf Grund dieser Uebersichten von drei zu drei Monaten den von der Kasse jedes Bundesstaates der Reichskasse schuldigen Betrag vorläufig fest und setzt von dieser Feststellung den Bundesrath und die Bundesstaaten in Kenntniß, legt auch alljährlich die schließliche Feststellung jener Beträge mit seinen Bemerkungen dem Bundesrathe vor. Der Bundesrath beschließt über diese Feststellung.

Art. 40. Die Bestimmungen in dem Zollvereinigungsvertrage vom 8. Juli 1867. bleiben in Kraft, soweit sie nicht durch die Vorschriften dieser Verfassung abgeändert sind und so lange sie nicht auf dem im Artikel 7., beziehungsweise 78. bezeichneten Wege abgeändert werden.

VII. Eisenbahnwesen.

Art. 41. Eisenbahnen, welche im Interesse der Vertheidigung Deutschlands oder im Interesse des gemeinsamen Verkehrs für nothwendig erachtet werden, können kraft eines Reichsgesetzes auch gegen den Widerspruch der Bundesglieder, deren Gebiet die Eisenbahnen durchschneiden, unbeschadet der Landeshoheitsrechte, für Rechnung des Reichs angelegt oder an Privatunternehmer zur Ausführung konzessionirt und mit dem Expropriationsrechte ausgestattet werden.

Jede bestehende Eisenbahnverwaltung ist verpflichtet, sich den Anschluß neu angelegter Eisenbahnen auf Kosten der letzteren gefallen zu lassen.

Die gesetzlichen Bestimmungen, welche bestehenden Eisenbahn-Unternehmungen ein Widerspruchsrecht gegen die Anlegung von Parallel- oder Konkurrenzbahnen einräumen, werden, unbeschadet bereits erworbener Rechte, für das ganze Reich hierdurch aufgehoben. Ein solches Widerspruchsrecht kann auch in den künftig zu ertheilenden Konzessionen nicht weiter verliehen werden.

Art. 42. Die Bundesregierungen verpflichten sich, die Deutschen Eisenbahnen im Interesse des allgemeinen Verkehrs wie ein einheitliches Netz verwalten und zu diesem Behuf auch die neu herzustellenden Bahnen nach einheitlichen Normen anlegen und ausrüsten zu lassen.

Art. 43. Es sollen demgemäß in thunlichster Beschleunigung übereinstimmende Betriebseinrichtungen getroffen, insbesondere gleiche Bahnpolizei-Reglements eingeführt werden. Das Reich hat dafür Sorge zu tragen, daß die Eisenbahnverwaltungen die Bahnen jederzeit in einem die nöthige Sicherheit gewährenden baulichen Zustande erhalten und dieselben mit Betriebsmaterial so ausrüsten, wie das Verkehrsbedürfniß es erheischt.

Art. 44. Die Eisenbahnverwaltungen sind verpflichtet, die für den durchgehenden Verkehr und zur Herstellung ineinander greifender Fahrpläne nöthigen Personenzüge mit entsprechender Fahrgeschwindigkeit, desgleichen die zur Bewältigung des Güterverkehrs nöthigen Güterzüge einzuführen, auch direkte Expeditionen im Personen- und Güterverkehr, unter Gestattung des Ueberganges der Transportmittel von einer Bahn auf die andere, gegen die übliche Vergütung einzurichten.

Art. 45. Dem Reiche steht die Kontrole über das Tarifwesen zu. Dasselbe wird namentlich dahin wirken:

1) daß baldigst auf allen Deutschen Eisenbahnen übereinstimmende Betriebsreglements eingeführt werden;
2) daß die möglichste Gleichmäßigkeit und Herabsetzung der Tarife erzielt, insbesondere, daß bei größeren Entfernungen für den Transport von Kohlen, Koaks, Holz, Erzen, Steinen, Salz, Roheisen, Düngungsmitteln und ähnlichen Gegenständen ein dem Bedürfniß der Landwirtschaft und Industrie entsprechender ermäßigter Tarif, und zwar zunächst thunlichst der Einpfennig-Tarif eingeführt werde.

Art. 46. Bei eintretenden Notständen, insbesondere bei ungewöhnlicher Theuerung der Lebensmittel, sind die Eisenbahnverwaltungen verpflichtet, für den Transport, namentlich von Getreide, Mehl, Hülsenfrüchten und Kartoffeln, zeitweise einen dem Bedürfniß entsprechenden, von dem Kaiser auf Vorschlag des betreffenden Bundesraths-Ausschusses festzustellenden, niedrigen Spezialtarif einzuführen, welcher jedoch nicht unter den niedrigsten auf der betreffenden Bahn für Rohprodukte geltenden Satz herabgehen darf.

Die vorstehend, sowie die in den Artikeln 42. bis 45. getroffenen Bestimmungen sind auf Bayern nicht anwendbar.

Dem Reiche steht jedoch auch Bayern gegenüber das Recht zu, im Wege der Gesetzgebung einheitliche Normen für die Konstruktion und Ausrüstung der für die Landesvertheidigung wichtigen Eisenbahnen aufzustellen.

Art. 47. Den Anforderungen der Behörden des Reichs in Betreff der Benutzung der Eisenbahnen zum Zweck der Vertheidigung Deutschlands haben sämmtliche Eisenbahnverwaltungen unweigerlich Folge zu leisten. Insbesondere ist das Militair und alles Kriegsmaterial zu gleichen ermäßigten Sätzen zu befördern.

VIII. Post- und Telegraphenwesen.

Art. 48. Das Postwesen und das Telegraphenwesen werden für das gesammte Gebiet des Deutschen Reichs als einheitliche Staatsverkehrs-Anstalten eingerichtet und verwaltet.

Die im Artikel 4. vorgesehene Gesetzgebung des Reichs in Post- und Telegraphen-Angelegenheiten erstreckt sich nicht auf diejenigen Gegenstände, deren Regelung nach den in der Norddeutschen Post- und Telegraphen-Verwaltung maßgebend gewesenen Grundsätzen der reglementarischen Festsetzung oder administrativen Anordnung überlassen ist.

Art. 49. Die Einnahmen des Post- und Telegraphenwesens sind für das ganze Reich gemeinschaftlich. Die Ausgaben werden aus den gemeinschaftlichen Einnahmen bestritten. Die Ueberschüsse fließen in die Reichskasse (Abschnitt XII.).

Art. 50. Dem Kaiser gehört die obere Leitung der Post- und Telegraphenverwaltung an. Die von ihm bestellten Behörden haben die Pflicht und das Recht, dafür zu sorgen, daß Einheit in der Organisation der Verwaltung und im Betriebe des Dienstes, sowie in der Qualifikation der Beamten hergestellt und erhalten wird.

Dem Kaiser steht der Erlaß der reglementarischen Festsetzungen und allgemeinen administrativen Anordnungen, sowie die ausschließliche Wahrnehmung der Beziehungen zu anderen Post- und Telegraphenverwaltungen zu.

Sämmtliche Beamte der Post- und Telegraphenverwaltung sind verpflichtet, den Kaiserlichen Anordnungen Folge zu leisten. Diese Verpflichtung ist in den Diensteid aufzunehmen.

Die Anstellung der bei den Verwaltungsbehörden der Post und Telegraphie in den verschiedenen Bezirken erforderlichen oberen Beamten (z.B. der Direktoren, Räthe, Ober-Inspektoren), ferner die Anstellung der zur Wahrnehmung des Aufsichts- u.s.w. Dienstes in den einzelnen Bezirken als Organe der erwähnten Behörden fungirenden Post- und Telegraphenbeamten (z.B. Inspektoren, Kontroleure) geht für das ganze Gebiet des Deutschen Reichs vom Kaiser aus, welchem diese Beamten den Diensteid leisten. Den einzelnen Landesregierungen wird von den in Rede stehenden Ernennungen, soweit dieselben ihre Gebiete betreffen, Behufs der landesherrlichen Bestätigung und Publikation rechtzeitig Mittheilung gemacht werden.

Die anderen bei den Verwaltungsbehörden der Post und Telegraphie erforderlichen Beamten, sowie alle für den lokalen und technischen Betrieb bestimmten, mithin bei den eigentlichen Betriebsstellen fungirenden Beamten u.s.w. werden von den betreffenden Landesregierungen angestellt.

Wo eine selbstständige Landespost- resp. Telegraphenverwaltung nicht besteht, entscheiden die Bestimmungen der besonderen Verträge.

Art. 51. Bei Ueberweisung des Ueberschusses der Postverwaltung für allgemeine Reichszwecke (Art. 49.) soll, in Betracht der bisherigen Verschiedenheit der von den Landes-Postverwaltungen der einzelnen Gebiete erzielten Reineinnahmen, zum Zwecke einer entsprechenden Ausgleichung während der unten festgesetzten Uebergangszeit folgendes Verfahren beobachtet werden.

Aus den Postüberschüssen, welche in den einzelnen Postbezirken während der fünf Jahre 1861. bis 1865. aufgekommen sind, wird ein durchschnittlicher Jahresüberschuß berechnet, und der Antheil, welchen jeder einzelne Postbezirk an dem für das gesammte Gebiet des Reichs sich darnach herausstellenden Postüberschusse gehabt hat, nach Prozenten festgestellt.

Nach Maßgabe des auf diese Weise festgestellten Verhältnisses werden den einzelnen Staaten während der auf ihren Eintritt in die Reichs-Postverwaltung folgenden acht Jahre die sich für sie aus den im Reiche aufkommenden Postüberschüssen ergebenden Quoten auf ihre sonstigen Beiträge zu Reichszwecken zu Gute gerechnet.

Nach Ablauf der acht Jahre hört jene Unterscheidung auf, und fließen die Postüberschüsse in ungetheilter Aufrechnung nach dem im Artikel 49. enthaltenen Grundsatz der Reichskasse zu.

Von der während der vorgedachten acht Jahre für die Hansestädte sich herausstellenden Quote des Postüberschusses wird alljährlich vorweg die Hälfte dem Kaiser zur Disposition gestellt zu dem Zwecke, daraus zunächst die Kosten für die Herstellung normaler Posteinrichtungen in den Hansestädten zu bestreiten.

Art. 52. Die Bestimmungen in den vorstehenden Artikeln 48. bis 51. finden auf Bayern und Württemberg keine Anwendung. An ihrer Stelle gelten für beide Bundesstaaten folgende Bestimmungen.

Dem Reiche ausschließlich steht die Gesetzgebung über die Vorrechte der Post und Telegraphie, über die rechtlichen Verhältnisse beider Anstalten zum Publikum, über die Portofreiheiten und das Posttaxwesen, jedoch ausschließlich der reglementarischen und Tarif-Bestimmungen für den internen Verkehr innerhalb Bayerns, beziehungsweise Württembergs, sowie, unter gleicher Beschränkung, die Feststellung der Gebühren für die telegraphische Korrespondenz zu.

Ebenso steht dem Reiche die Regelung des Post- und Telegraphenverkehrs mit dem Auslande zu, ausgenommen den eigenen unmittelbaren Verkehr Bayerns, beziehungsweise Württembergs mit seinen dem Reiche nicht angehörenden Nachbarstaaten, wegen dessen Regelung es bei der Bestimmung im Artikel 49. des Postvertrages vom 23. November 1867. bewendet.

An den zur Reichskasse fließenden Einnahmen des Post- und Telegraphenwesens haben Bayern und Württemberg keinen Theil.

IX. Marine und Schiffahrt.

Art. 53. Die Kriegsmarine des Reichs ist eine einheitliche unter dem Oberbefehl des Kaisers. Die Organisation und Zusammensetzung derselben liegt dem Kaiser ob, welcher die Offiziere und Beamten der Marine ernennt, und für welchen dieselben nebst den Mannschaften eidlich in Pflicht zu nehmen sind.

Durch Gesetz vom 28.10.1918 (RGBl. S. 1273) wurde an Absatz I der folgende Satz angefügt:

Die Ernennung, Versetzung, Beförderung und Verabschiedung der Offiziere und Beamten der Marine erfolgt unter Gegenzeichnung des Reichskanzlers.

Der Kieler Hafen und der Jadehafen sind Reichskriegshäfen.

Der zur Gründung und Erhaltung der Kriegsflotte und der damit zusammenhängenden Anstalten erforderliche Aufwand wird aus der Reichskasse bestritten.

Die gesammte seemännische Bevölkerung des Reichs, einschließlich des Maschinenpersonals und der Schiffshandwerker, ist vom Dienste im Landheere befreit, dagegen zum Dienste in der Kaiserlichen Marine verpflichtet.

Die Vertheilung des Ersatzbedarfes findet nach Maßgabe der vorhandenen seemännischen Bevölkerung statt, und die hiernach von jedem Staate gestellte Quote kommt auf die Gestellung zum Landheere in Abrechnung.

Durch Gesetz vom 26.5.1893 (RGBl. S. 185) wurde Absatz 5 aufgehoben und durch Artikel II § 1 dieses Gesetzes ersetzt, der detaillierte Bestimmungen zur Ersatzverteilung enthielt.

Art. 54. Die Kauffahrteischiffe aller Bundesstaaten bilden eine einheitliche Handelsmarine.

Das Reich hat das Verfahren zur Ermittelung der Ladungsfähigkeit der Seeschiffe zu bestimmen, die Ausstellung der Meßbriefe, sowie der Schiffscertifikate zu regeln und die Bedingungen festzustellen, von welchen die Erlaubniß zur Führung eines Seeschiffes abhängig ist.

In den Seehäfen und auf allen natürlichen und künstlichen Wasserstraßen der einzelnen Bundesstaaten werden die Kauffahrteischiffe sämmtlicher Bundesstaaten gleichmäßig zugelassen und behandelt. *Die Abgaben, welche in den Seehäfen von den Seeschiffen oder deren Ladungen für die Benutzung der Schiffahrtsanstalten erhoben werden, dürfen die zur Unterhaltung und gewöhnlichen Herstellung dieser Anstalten erforderlichen Kosten nicht übersteigen.*

Durch Gesetz vom 24.12.1911 (RGBl. S. 1137) wurde Absatz 3 Satz 2 gestrichen.

Auf allen natürlichen Wasserstraßen dürfen Abgaben nur für die Benutzung besonderer Anstalten, die zur Erleichterung des Verkehrs bestimmt sind, erhoben werden. Diese Abgaben, sowie die Abgaben für die Befahrung solcher künstlichen Wasserstraßen, welche Staatseigenthum sind, dürfen die zur Unterhaltung und gewöhnlichen Herstellung der Anstalten und Anlagen erforderlichen Kosten nicht übersteigen. Auf die Flößerei finden diese Bestimmungen insoweit Anwendung, als dieselbe auf schiffbaren Wasserstraßen betrieben wird.

Neue Fassung von Absatz 4 durch Gesetz vom 24.12.1911 (RGBl. S. 1137) durch folgende Absätze 4 bis 7:

Auf natürlichen Wasserstraßen dürfen Abgaben nur für solche Anstalten (Werke und Einrichtungen) erhoben werden, die zur Erleichterung des Verkehrs bestimmt sind. Sie dürfen bei staatlichen und kommunalen Anstalten die zur Herstellung und Erhaltung erforderlichen Kosten nicht übersteigen. Die Herstellungs- und Unterhaltungskosten für Anstalten, die nicht nur zur Erleichterung des Verkehrs, sondern auch zur Förderung anderer Zwecke und Interessen bestimmt sind, dürfen nur zu einem verhältnismäßigen Anteil durch Schiffahrtsabgaben aufgebracht werden. Als Kosten der Herstellung gelten die Zinsen und Tilgungsbeträge für die aufgewendeten Kapitalien.

Die Vorschriften des Abs. 4 finden auch Anwendung auf die Abgaben, die für künstliche Wasserstraßen und für Anstalten an solchen sowie in Häfen erhoben werden.

Der Bemessung von Befahrungsabgaben können im Bereiche der Binnenschiffahrt die Gesamtkosten für eine Wasserstraße, ein Stromgebiet oder ein Wasserstraßennetz zugrunde gelegt werden.

Auf die Flößerei finden diese Bestimmungen insoweit Anwendung, als sie auf schiffbaren Wasserstraßen betrieben wird.

Auf fremde Schiffe oder deren Ladungen andere oder höhere Abgaben zu legen, als von den Schiffen der Bundesstaaten oder deren Ladungen zu entrichten sind, steht keinem Einzelstaate, sondern nur dem Reiche zu.

Art. 55. Die Flagge der Kriegs- und Handelmarine ist schwarz-weiß-roth.

X. Konsulatwesen.

Art. 56. Das gesammte Konsulatwesen des Deutschen Reichs steht unter der Aufsicht des Kaisers, welcher die Konsuln, nach Vernehmung des Ausschusses des Bundesrathes für Handel und Verkehr, anstellt.

In dem Amtsbezirk der Deutschen Konsuln dürfen neue Landeskonsulate nicht errichtet werden. Die Deutschen Konsuln üben für die in ihrem Bezirk nicht vertretenen Bundesstaaten die Funktionen eines Landeskonsuls aus. Die sämmtlichen bestehenden

Landeskonsulate werden aufgehoben, sobald die Organisation der Deutschen Konsulate dergestalt vollendet ist, daß die Vertretung der Einzelinteressen aller Bundesstaaten als durch die Deutschen Konsulate gesichert von dem Bundesrathe anerkannt wird.

XI. Reichskriegswesen.

Art. 57. Jeder Deutsche ist wehrpflichtig und kann sich in Ausübung dieser Pflicht nicht vertreten lassen.

Art. 58. Die Kosten und Lasten des gesammten Kriegswesens des Reichs sind von allen Bundesstaaten und ihren Angehörigen gleichmäßig zu tragen, so daß weder Bevorzugungen noch Prägravationen einzelner Staaten oder Klassen grundsätzlich zulässig sind. Wo die gleiche Vertheilung der Lasten sich in natura nicht herstellen läßt, ohne die öffentliche Wohlfahrt zu schädigen, ist die Ausgleichung nach den Grundsätzen der Gerechtigkeit im Wege der Gesetzgebung festzustellen.

Art. 59. *Jeder wehrfähige Deutsche gehört sieben Jahre lang, in der Regel vom vollendeten 20. bis zum beginnenden 28. Lebensjahre, dem stehenden Heere – und zwar die ersten drei Jahre bei den Fahnen, die letzten vier Jahre in der Reserve – und die folgenden fünf Lebensjahre der Landwehr an. In denjenigen Bundesstaaten, in denen bisher eine längere als zwölfjährige Gesammtdienstzeit gesetzlich war, findet die allmälige Herabsetzung der Verpflichtung nur in dem Maaße statt, als dies die Rücksicht auf die Kriegsbereitschaft des Reichsheeres zuläßt.*

Neue Fassung von Absatz I durch Gesetz vom 11.2.1888 (RGBl. S. 11):

Jeder wehrfähige Deutsche gehört sieben Jahre lang, in der Regel vom vollendeten 20. bis zum beginnenden 28. Lebensjahre, dem stehenden Heere – und zwar die ersten drei Jahre bei den Fahnen, die letzten vier Jahre in der Reserve –, die folgenden fünf Lebensjahre der Landwehr ersten Aufgebots und sodann bis zum 31. März desjenigen Kalenderjahres, in welchem das 39. Lebensjahr vollendet wird, der Landwehr zweiten Aufgebots an. In denjenigen Bundesstaaten, in denen bisher eine längere als zwölfjährige Gesammtdienstzeit gesetzlich war, findet die allmälige Herabsetzung der Verpflichtung nur in dem Maaße statt, als dies die Rücksicht auf die Kriegsbereitschaft des Reichsheeres zuläßt.

Durch Gesetz vom 15.4.1905 (RGBl. S. 249) wurde Absatz 1 ersetzt durch folgende Absätze 1 und 1a:

Jeder wehrfähige Deutsche gehört sieben Jahre lang, in der Regel vom vollendeten zwanzigsten bis zum beginnenden achtundzwanzigsten Lebensjahre, dem stehenden Heere, die folgenden fünf Lebensjahre der Landwehr ersten Aufgebots und sodann bis zum 31. März des Kalenderjahres, in welchem das neununddreißigste Lebensjahr vollendet wird, der Landwehr zweiten Aufgebots an.

Während der Dauer der Dienstpflicht im stehenden Heere sind die Mannschaften der Kavallerie und reitenden Feldartillerie die ersten drei, alle übrigen Mannschaften die ersten zwei Jahre zum ununterbrochenen Dienste bei den Fahnen verpflichtet.

In Bezug auf die Auswanderung der Reservisten sollen lediglich diejenigen Bestimmungen maßgebend sein, welche für die Auswanderung der Landwehrmänner gelten.

Art. 60. Die Friedens-Präsenzstärke des Deutschen Heeres wird bis zum 31. Dezember 1871. auf Ein Prozent der Bevölkerung von 1867. normirt, und wird pro rata derselben von den einzelnen Bundesstaaten gestellt. Für die spätere Zeit wird die Friedens-Präsenzstärke des Heeres im Wege der Reichsgesetzgebung festgestellt.

Folgende Gesetze regelten die Friedenspräsenzstärke des Heeres:
Reichsmilitärgesetz vom 2.5.1874 (RGBl. S. 45; für 1875–1881 [„Septennat"]: 401656 Mann plus Einjährig-Freiwillige);
Gesetz vom 6.5.1880 (RGBl. S. 103);
Gesetz vom 11.3.1887 (RGBl. S. 140);
Gesetz vom 15.5.1890 (RGBl. S. 233);
Gesetz vom 3.8.1893 (RGBl. S. 233);
Gesetz vom 25.3.1899 (RGBl. S. 213);
Gesetz vom 22.2.1904 (RGBl. S. 65);
Gesetz vom 15.5.1905 (RGBl. S. 247);
Gesetz vom 25.3.1911 (RGBl. S. 99) mit Ergänzungsgesetzen vom 14.6.1912 (RGBl. S. 389) und vom 3.7.1913 (RGBl. S. 496). (Das letzte sah für 1915 eine Sollstärke von 661478 Mann plus 30000 Offiziere und 108000 Unteroffiziere vor. 1914 betrug die Iststärke 750000 Mann.)

Art. 61. Nach Publikation dieser Verfassung ist in dem ganzen Reiche die gesammte Preußische Militairgesetzgebung ungesäumt einzuführen, sowohl die Gesetze selbst, als die zu ihrer Ausführung, Erläuterung oder Ergänzung erlassenen Reglements, Instruktionen und Reskripte, namentlich also das Militair-Strafgesetzbuch vom 3. April 1845.,

Das preußische Militärstrafgesetzbuch vom 3.4.1845 (GS. S. 287) wurde ersetzt durch das Reichsmilitärstrafgesetzbuch vom 20.6.1872 (RGBl. S. 175).

die Militair-Strafgerichtsordnung vom 3. April 1845.,

Die preußische Militärstrafgerichtsordnung vom 3.4.1845 (GS. S. 287) wurde ersetzt durch die Reichsmilitärstrafgerichtsordnung vom 1.12.1898 (RGBl. S. 1189).

die Verordnung über die Ehrengerichte vom 20. Juli 1843., die Bestimmungen über Aushebung, Dienstzeit, Servis- und Verpflegungswesen, Einquartierung, Ersatz von Flurbeschädigungen, Mobilmachung u.s.w. für Krieg und Frieden. Die Militair-Kirchenordnung ist jedoch ausgeschlossen.

Nach gleichmäßiger Durchführung der Kriegsorganisation des Deutschen Heeres wird ein umfassendes Reichs-Militairgesetz dem Reichstage und dem Bundesrathe zur verfassungsmäßigen Beschlußfassung vorgelegt werden.

Hierzu ergingen unter anderem folgende Gesetze:
Wehrgesetz vom 9.11.1867 (RGBl. S. 131), in Württemberg, Baden und Hessen südlich des Mains eingeführt durch Artikel 80 der im Nov. 1870 vereinbarten Verfassung des Deutschen Bundes (BGBl. S. 627), in Bayern durch Reichsgesetz vom 24.11.1871 (RGBl. S. 398); und die Neufassung des Wehrgesetzes vom 11.2.1888 (RGBl. S. 11);
Reichsmilitärgesetz vom 2.5.1874 (RGBl. S. 45);
Landsturmgesetz vom 12.2.1875 (RGBl. S. 63);
Kontrollgesetz vom 15.2.1875 (RGBl. S. 65);
Deutsche Wehrordnung vom 22.11.1888 (ZBl. für das Deutsche Reich 1888, S. 1 ff.);

Quartierleistungsgesetz vom 25.6.1868 (BGBl. S. 523); in Baden eingeführt durch Reichsgesetz vom 2.11.1871 (RGBl. S. 400), in Bayern und Württemberg durch Reichsgesetz vom 9.2.1875 (RGBl. S. 41; 48);
Rayongesetz vom 21.12.1871 (RGBl. S. 459);
Kriegsleistungsgesetz vom 13.6.1873 (RGBl. S. 129);
Naturalleistungsgesetz vom 13.2.1875 (RGBl. S. 52).

Art. 62. Zur Bestreitung des Aufwandes für das gesammte Deutsche Heer und die zu demselben gehörigen Einrichtungen sind bis zum 31. Dezember 1871. dem Kaiser jährlich sovielmal 225 Thaler, in Worten zweihundert fünf und zwanzig Thaler, als die Kopfzahl der Friedensstärke des Heeres nach Artikel 60. beträgt, zur Verfügung zu stellen. Vergl. Abschnitt XII.

Nach dem 31. Dezember 1871. müssen die Beiträge von den einzelnen Staaten des Bundes zur Reichskasse fortgezahlt werden. Zur Berechnung derselben wird die im Artikel 60. interimistisch festgestellte Friedens-Präsenzstärke so lange festgehalten, bis sie durch ein Reichsgesetz abgeändert ist.

Die Verausgabung dieser Summe für das gesammte Reichsheer und dessen Einrichtungen wird durch das Etatsgesetz festgestellt.

Bei der Feststellung des Militair-Ausgabe-Etats wird die auf Grundlage dieser Verfassung gesetzlich feststehende Organisation des Reichsheeres zu Grunde gelegt.

Art. 63. Die gesammte Landmacht des Reichs wird ein einheitliches Heer bilden, welches in Krieg und Frieden unter dem Befehle des Kaisers steht.

Die Regimenter etc. führen fortlaufende Nummern durch das ganze Deutsche Heer. Für die Bekleidung sind die Grundfarben und der Schnitt der Königlich Preußischen Armee maßgebend. Dem betreffenden Kontingentsherrn bleibt es überlassen, die äußeren Abzeichen (Kokarden etc.) zu bestimmen.

Der Kaiser hat die Pflicht und das Recht, dafür Sorge zu tragen, daß innerhalb des Deutschen Heeres alle Truppentheile vollzählig und kriegstüchtig vorhanden sind und daß Einheit in der Organisation und Formation, in Bewaffnung und Kommando, in der Ausbildung der Mannschaften sowie in der Qualifikation der Offiziere hergestellt und erhalten wird. Zu diesem Behufe ist der Kaiser berechtigt, sich jederzeit durch Inspektionen von der Verfassung der einzelnen Kontingente zu überzeugen und die Abstellung der dabei vorgefundenen Mängel anzuordnen.

Der Kaiser bestimmt den Präsenzstand, die Gliederung und Eintheilung der Kontingente des Reichsheeres, sowie die Organisation der Landwehr, und hat das Recht, innerhalb des Bundesgebietes die Garnisonen zu bestimmen, sowie die kriegsbereite Aufstellung eines jeden Theils des Reichsheeres anzuordnen.

Behufs Erhaltung der unentbehrlichen Einheit in der Administration, Verpflegung, Bewaffnung und Ausrüstung aller Truppentheile des Deutschen Heeres sind die bezüglichen künftig ergehenden Anordnungen für die Preußische Armee den Kommandeuren der übrigen Kontingente, durch den Artikel 8. Nr. 1. bezeichneten Ausschuß für das Landheer und die Festungen, zur Nachachtung in geeigneter Weise mitzutheilen.

Art. 64. Alle Deutschen Truppen sind verpflichtet, den Befehlen des Kaisers unbedingte Folge zu leisten. Diese Verpflichtung ist in den Fahneneid aufzunehmen.

Der Höchstkommandirende eines Kontingents, sowie alle Offiziere, welche Truppen mehr als eines Kontingents befehligen, und alle Festungskommandanten werden von dem Kaiser ernannt. Die von Demselben ernannten Offiziere leisten Ihm den Fahneneid. Bei Generalen und den Generalstellungen versehenden Offizieren innerhalb des Kontingents ist die Ernennung von der jedesmaligen Zustimmung des Kaisers abhängig zu machen.

Durch Gesetz vom 28.10.1918 (RGBl. S. 1273) wurden in Absatz 2 nach dem Wort „Kaiser" folgende Worte eingefügt: „unter Gegenzeichnung des Reichskanzlers".

Der Kaiser ist berechtigt, Behufs Versetzung mit oder ohne Beförderung für die von Ihm im Reichsdienste, sei es im Preußischen Heere, oder in anderen Kontingenten zu besetzenden Stellen aus den Offizieren aller Kontingente des Reichsheeres zu wählen.

Art. 65. Das Recht, Festungen innerhalb des Bundesgebietes anzulegen, steht dem Kaiser zu, welcher die Bewilligung der dazu erforderlichen Mittel, soweit das Ordinarium sie nicht gewährt, nach Abschnitt XII. beantragt.

Art. 66. Wo nicht besondere Konventionen ein Anderes bestimmen, ernennen die Bundesfürsten, beziehentlich die Senate die Offiziere ihrer Kontingente, mit der Einschränkung des Artikels 64. Sie sind Chefs aller ihren Gebieten angehörenden Truppentheile und genießen die damit verbundenen Ehren. Sie haben namentlich das Recht der Inspizirung zu jeder Zeit und erhalten, außer den regelmäßigen Rapporten und Meldungen über vorkommende Veränderungen, Behufs der nöthigen landesherrlichen Publikation, rechtzeitige Mittheilung von den die betreffenden Truppentheile berührenden Avancements und Ernennungen.

Auch steht ihnen das Recht zu, zu polizeilichen Zwecken nicht blos ihre eigenen Truppen zu verwenden, sondern auch alle anderen Truppentheile des Reichsheeres, welche in ihren Ländergebieten dislocirt sind, zu requiriren.

Durch Gesetz vom 28.10.1918 (RGBl. S. 1273) wurden die folgenden beiden Absätze 3 und 4 angefügt:

Die Ernennung, Versetzung, Beförderung und Verabschiedung der Offiziere und Militärbeamten eines Kontingents erfolgt unter Gegenzeichnung des Kriegsministers des Kontingents.

Die Kriegsminister sind dem Bundesrat und dem Reichstag für die Verwaltung ihres Kontingents verantwortlich.

Art. 67. Ersparnisse an dem Militair-Etat fallen unter keinen Umständen einer einzelnen Regierung, sondern jederzeit der Reichskasse zu.

Art. 68. Der Kaiser kann, wenn die öffentliche Sicherheit in dem Bundesgebiete bedroht ist, einen jeden Theil desselben in Kriegszustand erklären. Bis zum Erlaß eines die Voraussetzungen, die Form der Verkündigung und die Wirkung einer solchen Erklärung regelnden Reichsgesetzes gelten dafür die Vorschriften des Preußischen Gesetzes vom 4. Juni 1851. (Gesetz-Samml. für 1851. S. 451 ff.).

Schlußbestimmung zum XI. Abschnitt.

Die in diesem Abschnitt enthaltenen Vorschriften kommen in Bayern nach näherer Bestimmung des Bündnißvertrages vom 23. November 1870. (Bundesgesetzbl. 1871. S. 9) unter III. § 5., in Württemberg nach näherer Bestimmung der Militairkonvention vom 21./25. November 1870. (Bundesgesetzbl. 1870. S. 658.) zur Anwendung.

XIII. Reichsfinanzen.

Art. 69. Alle Einnahmen und Ausgaben des Reichs müssen für jedes Jahr veranschlagt und auf den Reichshaushalts-Etat gebracht werden. Letzterer wird vor Beginn des Etatsjahres nach folgenden Grundsätzen durch ein Gesetz festgestellt.

Art. 70. Zur Bestreitung aller gemeinschaftlichen Ausgaben dienen zunächst die etwaigen Ueberschüsse der Vorjahre, sowie die aus den Zöllen, den gemeinschaftlichen Verbrauchssteuern und aus dem Post- und Telegraphenwesen fließenden gemeinschaftlichen Einnahmen. Insoweit dieselben durch diese Einnahmen nicht gedeckt werden, sind sie, so lange Reichssteuern nicht eingeführt sind, durch Beiträge der einzelnen Bundesstaaten nach Maßgabe ihrer Bevölkerung aufzubringen, welche bis zur Höhe des budgetmäßigen Betrages durch den Reichskanzler ausgeschrieben werden.

Neue Fassung von Artikel 70 durch Gesetz vom 14.5.1904 (RGBl. S. 169):

Art. 70. Zur Bestreitung aller gemeinschaftlichen Ausgaben dienen zunächst die aus den Zöllen und gemeinsamen Steuern, aus dem Eisenbahn-, Post- und Telegraphenwesen, sowie aus den übrigen Verwaltungszweigen fließenden gemeinschaftlichen Einnahmen. Insoweit die Ausgaben durch diese Einnahmen nicht gedeckt werden, sind sie durch Beiträge der einzelnen Bundesstaaten nach Maßgabe ihrer Bevölkerung aufzubringen, welche in Höhe des budgetmäßigen Betrages durch den Reichskanzler ausgeschrieben werden. Insoweit diese Beträge in den Ueberweisungen keine Deckung finden, sind sie den Bundesstaaten am Jahresschluß in dem Maße zu erstatten, als die übrigen ordentlichen Einnahmen des Reichs dessen Bedarf übersteigen.

Etwaige Ueberschüsse aus den Vorjahren dienen, insoweit durch das Gesetz über den Reichshaushaltsetat nicht ein anderes bestimmt wird, zur Deckung gemeinschaftlicher außerordentlicher Ausgaben.

Art. 71. Die gemeinschaftlichen Ausgaben werden in der Regel für ein Jahr bewilligt, können jedoch in besonderen Fällen auch für eine längere Dauer bewilligt werden.

Während der im Artikel 60. normirten Uebergangszeit ist der nach Titeln geordnete Etat über die Ausgaben für das Heer dem Bundesrathe und dem Reichstage nur zur Kenntnißnahme und zur Erinnerung vorzulegen.

Art. 72. Ueber die Verwendung aller Einnahmen des Reichs ist durch den Reichskanzler dem Bundesrathe und dem Reichstage zur Entlastung jährlich Rechnung zu legen.

Art. 73. In Fällen eines außerordentlichen Bedürfnisses kann im Wege der Reichsgesetzgebung die Aufnahme einer Anleihe, sowie die Uebernahme einer Garantie zu Lasten des Reichs erfolgen.

Schlußbestimmung zum XII. Abschnitt.

Auf die Ausgaben für das Bayerische Heer finden die Artikel 69. und 71. nur nach Maßgabe der in der Schlußbestimmung zum XI. Abschnitt erwähnten Bestimmungen des Vertrages vom 23. November 1870. und der Artikel 72. nur insoweit Anwendung, als dem Bundesrathe und dem Reichstage die Ueberweisung der für das Bayerische Heer erforderlichen Summe an Bayern nachzuweisen ist.

XIII. Schlichtung von Streitigkeiten und Strafbestimmungen.

Art. 74. Jedes Unternehmen gegen die Existenz, die Integrität, die Sicherheit oder die Verfassung des Deutschen Reichs, endlich die Beleidigung des Bundesrathes, des Reichstages, eines Mitgliedes des Bundesrathes oder des Reichstages, einer Behörde oder eines öffentlichen Beamten des Reichs, während dieselben in der Ausübung ihres Berufes begriffen sind oder in Beziehung auf ihren Beruf, durch Wort, Schrift, Druck, Zeichen, bildliche oder andere Darstellung, werden in den einzelnen Bundesstaaten beurtheilt und bestraft nach Maßgabe der in den letzteren bestehenden oder künftig in Wirksamkeit tretenden Gesetze, nach welchen eine gleiche gegen den einzelnen Bundesstaat, seine Verfassung, seine Kammern oder Stände, seine Kammer- oder Ständemitglieder, seine Behörden und Beamten begangene Handlung zu richten wäre.

Artikel 74 wurde mit dem Inkrafttreten des Reichsstrafgesetzbuches vom 15.5.1871 (RGBl. S. 127) im wesentlichen gegenstandslos.

Art. 75. *Für diejenigen in Artikel 74. bezeichneten Unternehmungen gegen das Deutsche Reich, welche, wenn gegen einen der einzelnen Bundesstaaten gerichtet, als Hochverrath oder Landesverrath zu qualifiziren wären, ist das gemeinschaftliche Ober-Appel-*

lationsgericht der drei freien und Hansestädte in Lübeck die zuständige Spruchbehörde in erster und letzter Instanz.

Die näheren Bestimmungen über die Zuständigkeit und das Verfahren des Ober-Appellationsgerichts erfolgen im Wege der Reichsgesetzgebung. Bis zum Erlasse eines Reichsgesetzes bewendet es bei der seitherigen Zuständigkeit der Gerichte in den einzelnen Bundesstaaten und den auf das Verfahren dieser Gerichte sich beziehenden Bestimmungen.

Artikel 75 wurde durch § 136 Ziffer 1 des Gerichtsverfassungsgesetzes vom 27.1.1877 (RGBl. S. 4) gegenstandslos.

Art. 76. Streitigkeiten zwischen verschiedenen Bundesstaaten, sofern dieselben nicht privatrechtlicher Natur und daher von den kompetenten Gerichtsbehörden zu entscheiden sind, werden auf Anrufen des einen Theils von dem Bundesrathe erledigt.

Verfassungsstreitigkeiten in solchen Bundesstaaten, in deren Verfassung nicht eine Behörde zur Entscheidung solcher Streitigkeiten bestimmt ist, hat auf Anrufen eines Theiles der Bundesrath gütlich auszugleichen oder, wenn das nicht gelingt, im Wege der Reichsgesetzgebung zur Erledigung zu bringen.

Art. 77. Wenn in einem Bundesstaate der Fall einer Justizverweigerung eintritt, und auf gesetzlichen Wegen ausreichende Hülfe nicht erlangt werden kann, so liegt dem Bundesrathe ob, erwiesene, nach der Verfassung und den bestehenden Gesetzen des betreffenden Bundesstaates zu beurtheilende Beschwerden über verweigerte oder gehemmte Rechtspflege anzunehmen, und darauf die gerichtliche Hülfe bei der Bundesregierung, die zu der Beschwerde Anlaß gegeben hat, zu bewirken.

XIV. Allgemeine Bestimmungen.

Art. 78. Veränderungen der Verfassung erfolgen im Wege der Gesetzgebung. Sie gelten als abgelehnt, wenn sie im Bundesrathe 14 Stimmen gegen sich haben.

Diejenigen Vorschriften der Reichsverfassung, durch welche bestimmte Rechte einzelner Bundesstaaten in deren Verhältniß zur Gesammtheit festgestellt sind, können nur mit Zustimmung des berechtigten Bundesstaates abgeändert werden.

Quelle: *Bundesgesetzblatt des Deutschen Bundes 1871*, S. 63–85.

8. Verfassung des Deutschen Reichs 1919

Durch die Ausrufung der Republik am 9.11.1918 und die Flucht Kaiser Wilhelms II. nach Holland am folgenden Tag stellte sich die Frage nach der künftig im Deutschen Reich geltenden Verfassung. Zwar leitete infolge der Amtsübergabe durch Reichskanzler Prinz Max von Baden an den Vorsitzenden der Mehrheitssozialisten Friedrich Ebert dieser ab 9.11. die Regierung, und am 12.11. übernahm der Rat der Volksbeauftragten die Macht. Aber dieses im Grund illegale Provisorium verlangte nach Konsolidierung oder Ablösung. In der sich entwickelnden Auseinandersetzung zwischen Linksextremisten und Mehrheitssozialisten obsiegten die letzteren, so daß sich der am 18.12. zusammengetretene Reichskongreß der Arbeiter- und Soldatenräte am 19.12. gegen die Errichtung einer sozialistischen Republik und für Wahlen zu einer Nationalversammlung entschied. Die Wahlen wurden am 19.1.1919 abgehalten, woraufhin die Nationalversammlung am 6.2. in Weimar zusammentrat. Ein Gesetz über die vorläufige Reichsgewalt vom 10.2. (RGBl. S. 169) beendete die Periode der revolutionären Diktatur und etablierte den Verfassungsrahmen für die nächste Zeit. Weiterhin aber gab sich die Nationalversammlung in diesem Gesetz auch das Recht, die künftige Reichsverfassung zu beschließen. Bezüglich der letzteren lag bereits ein unter der Leitung des Staatssekretärs (ab 13.2. Reichsministers) des Inneren Hugo Preuß (1860–1925) erarbeiteter Entwurf vor, über den die Nationalversammlung in drei Lesungen vom 24.2. bis zum 31.7. beriet. Nach erheblichen Abänderungen nahm die Nationalversammlung die hier abgedruckte Reichsverfassung am 31.7. mit 282 gegen 75 Stimmen (bei einer Enthaltung) an. Sie wurde am 11.8. von Reichspräsident Ebert ausgefertigt und verkündet; am 14.8. trat sie in Kraft. Zwar wurde sie während des nationalsozialistischen Regimes durch eine Reihe verfassungsrelevanter Maßnahmen (u. a. durch die unten als Dokumente Nr. 9a, 9b, 9c und 9d abgedruckten) ausgehöhlt, doch wurde sie formell bis 1945 nicht aufgehoben.

Die Verfassung des Deutschen Reichs.
Vom 11. August 1919.

Das Deutsche Volk, einig in seinen Stämmen und von dem Willen beseelt, sein Reich in Freiheit und Gerechtigkeit zu erneuen und zu festigen, dem inneren und dem äußeren Frieden zu dienen und den gesellschaftlichen Fortschritt zu fördern, hat sich diese Verfassung gegeben.

Erster Hauptteil
Aufbau und Aufgaben des Reichs

Erster Abschnitt
Reich und Länder

Art. 1. Das Deutsche Reich ist eine Republik.

Die Staatsgewalt geht vom Volke aus.

Art. 2. Das Reichsgebiet besteht aus den Gebieten der deutschen Länder. Andere Gebiete können durch Reichsgesetz in das Reich aufgenommen werden, wenn es ihre Bevölkerung kraft des Selbstbestimmungsrechts begehrt.

Art. 3. Die Reichsfarben sind schwarz-rot-gold. Die Handelsflagge ist schwarz-weiß-rot mit den Reichsfarben in der oberen inneren Ecke.

Dazu Verordnung des Reichspräsidenten über die deutschen Flaggen vom 11.4.1921 (RGBl. S. 483) und vom 5.5.1926 (RGBl. I, S. 217) sowie Bekanntmachung des Reichspräsidenten betreffend das Reichswappen und den Reichsadler vom 11.11.1919 (RGBl. S. 1877).

Art. 4. Die allgemein anerkannten Regeln des Völkerrechts gelten als bindende Bestandteile des deutschen Reichsrechts.

Art. 5. Die Staatsgewalt wird in Reichsangelegenheiten durch die Organe des Reichs auf Grund der Reichsverfassung, in Landesangelegenheiten durch die Organe der Länder auf Grund der Länderverfassungen ausgeübt.

Art. 6. Das Reich hat die ausschließliche Gesetzgebung über:

1. die Beziehungen zum Ausland;
2. das Kolonialwesen;
3. die Staatsangehörigkeit, die Freizügigkeit, die Ein- und Auswanderung und die Auslieferung;
4. die Wehrverfassung;
5. das Münzwesen;
6. das Zollwesen sowie die Einheit des Zoll- und Handelsgebiets und die Freizügigkeit des Warenverkehrs;
7. das Post- und Telegraphenwesen einschließlich des Fernsprechwesens.

Art. 7. Das Reich hat die Gesetzgebung über:

1. das bürgerliche Recht;
2. das Strafrecht;
3. das gerichtliche Verfahren einschließlich des Strafvollzugs sowie die Amtshilfe zwischen Behörden;
4. das Paßwesen und die Fremdenpolizei;
5. das Armenwesen und die Wandererfürsorge;
6. das Presse-, Vereins- und Versammlungswesen;

7. die Bevölkerungspolitik, die Mutterschafts-, Säuglings-, Kinder- und Jugendfürsorge;
8. das Gesundheitswesen, das Veterinärwesen und den Schutz der Pflanzen gegen Krankheiten und Schädlinge;
9. das Arbeitsrecht, die Versicherung und den Schutz der Arbeiter und Angestellten sowie den Arbeitsnachweis;
10. die Einrichtung beruflicher Vertretungen für das Reichsgebiet;
11. die Fürsorge für die Kriegsteilnehmer und ihre Hinterbliebenen;
12. das Enteignungsrecht;
13. die Vergesellschaftung von Naturschätzen und wirtschaftlichen Unternehmungen sowie die Erzeugung, Herstellung, Verteilung und Preisgestaltung wirtschaftlicher Güter für die Gemeinwirtschaft;
14. den Handel, das Maß- und Gewichtswesen, die Ausgabe von Papiergeld, das Bankwesen sowie das Börsenwesen;
15. den Verkehr mit Nahrungs- und Genußmitteln sowie mit Gegenständen des täglichen Bedarfs;
16. das Gewerbe und den Bergbau;
17. das Versicherungswesen;
18. die Seeschiffahrt, die Hochsee- und Küstenfischerei;
19. die Eisenbahnen, die Binnenschiffahrt, den Verkehr mit Kraftfahrzeugen zu Lande, zu Wasser und in der Luft, sowie den Bau von Landstraßen, soweit es sich um den allgemeinen Verkehr und die Landesverteidigung handelt;
20. das Theater- und Lichtspielwesen.

Art. 8. Das Reich hat ferner die Gesetzgebung über die Abgaben und sonstigen Einnahmen, soweit sie ganz oder teilweise für seine Zwecke in Anspruch genommen werden. Nimmt das Reich Abgaben oder sonstige Einnahmen in Anspruch, die bisher den Ländern zustanden, so hat es auf die Erhaltung der Lebensfähigkeit der Länder Rücksicht zu nehmen.

Hierzu die Reichsabgabenordnung vom 13.12.1919 (RGBl. S. 1993) in der Fassung vom 22.5.1931 (RGBl. I, S. 161), das Finanzausgleichsgesetz in der Fassung vom 27.4.1926 (RGBl. I, S. 203) sowie das Besteuerungsgesetz vom 10.8.1925 (RGBl. I, S. 252).

Art. 9. Soweit ein Bedürfnis für den Erlaß einheitlicher Vorschriften vorhanden ist, hat das Reich die Gesetzgebung über:
1. die Wohlfahrtspflege;
2. den Schutz der öffentlichen Ordnung und Sicherheit.

Art. 10. Das Reich kann im Wege der Gesetzgebung Grundsätze aufstellen für:
1. die Rechte und Pflichten der Religionsgesellschaften;
2. das Schulwesen einschließlich des Hochschulwesens und das wissenschaftliche Büchereiwesen;

3. das Recht der Beamten aller öffentlichen Körperschaften;
4. das Bodenrecht, die Bodenverteilung, das Ansiedlungs- und Heimstättenwesen, die Bindung des Grundbesitzes, das Wohnungswesen und die Bevölkerungsverteilung;
5. das Bestattungswesen.

Art. 11. Das Reich kann im Wege der Gesetzgebung Grundsätze über die Zulässigkeit und Erhebungsart von Landesabgaben aufstellen, soweit sie erforderlich sind, um

1. Schädigung der Einnahmen oder der Handelsbeziehungen des Reichs,
2. Doppelbesteuerungen,
3. übermäßige oder verkehrshindernde Belastung der Benutzung öffentlicher Verkehrswege und Einrichtungen mit Gebühren,
4. steuerliche Benachteiligungen eingeführter Waren gegenüber den eigenen Erzeugnissen im Verkehre zwischen den einzelnen Ländern und Landesteilen oder
5. Ausfuhrprämien auszuschließen oder wichtige Gesellschaftsinteressen zu wahren.

Art. 12. Solange und soweit das Reich von seinem Gesetzgebungsrechte keinen Gebrauch macht, behalten die Länder das Recht der Gesetzgebung. Dies gilt nicht für die ausschließliche Gesetzgebung des Reichs.

Gegen Landesgesetze, die sich auf Gegenstände des Artikel 7 Ziffer 13 beziehen, steht der Reichsregierung, sofern dadurch das Wohl der Gesamtheit im Reiche berührt wird, ein Einspruchsrecht zu.

Art. 13. Reichsrecht bricht Landrecht.

Bestehen Zweifel oder Meinungsverschiedenheiten darüber, ob eine landesrechtliche Vorschrift mit dem Reichsrecht vereinbar ist, so kann die zuständige Reichs- oder Landeszentralbehörde nach näherer Vorschrift eines Reichsgesetzes die Entscheidung eines obersten Gerichtshofs des Reichs anrufen.

Art. 14. Die Reichsgesetze werden durch die Landesbehörden ausgeführt, soweit nicht die Reichsgesetze etwas anderes bestimmen.

Art. 15. Die Reichsregierung übt die Aufsicht in den Angelegenheiten aus, in denen dem Reiche das Recht der Gesetzgebung zusteht.

Soweit die Reichsgesetze von den Landesbehörden auszuführen sind, kann die Reichsregierung allgemeine Anweisungen erlassen. Sie ist ermächtigt, zur Überwachung der Ausführung der Reichsgesetze zu den Landeszentralbehörden und mit ihrer Zustimmung zu den unteren Behörden Beauftragte zu entsenden.

Die Landesregierungen sind verpflichtet, auf Ersuchen der Reichsregierung Mängel, die bei der Ausführung der Reichsgesetze hervorgetreten sind, zu beseitigen. Bei Meinungsverschiedenheiten kann sowohl die Reichsregierung als die Landesregierung die Entscheidung des Staatsgerichtshofs anrufen, falls nicht durch Reichsgesetz ein anderes Gericht bestimmt ist.

Hierzu das Gesetz über den Staatsgerichtshof vom 9.7.1921 (RGBl. S. 905).

Art. 16. Die mit der unmittelbaren Reichsverwaltung in den Ländern betrauten Beamten sollen in der Regel Landesangehörige sein. Die Beamten, Angestellten und Arbeiter der Reichsverwaltung sind auf ihren Wunsch in ihren Heimatgebieten zu verwenden, soweit dies möglich ist und nicht Rücksichten auf ihre Ausbildung oder Erfordernisse des Dienstes entgegenstehen.

Hierzu das „landsmannschaftliche Prinzip" im Wehrgesetz vom 23.3.1921 (RGBl. S. 329).

Art. 17. Jedes Land muß eine freistaatliche Verfassung haben. Die Volksvertretung muß in allgemeiner, gleicher, unmittelbarer und geheimer Wahl von allen reichsdeutschen Männern und Frauen nach den Grundsätzen der Verhältniswahl gewählt werden. Die Landesregierung bedarf des Vertrauens der Volksvertretung.

Die Grundsätze für die Wahlen zur Volksvertretung gelten auch für die Gemeindewahlen. Jedoch kann durch Landesgesetz die Wahlberechtigung von der Dauer des Aufenthalts in der Gemeinde bis zu einem Jahr abhängig gemacht werden.

Hierzu die Übergangsbestimmung in Artikel 178 Absatz 2 Satz 3 dieser Reichsverfassung.

Art. 18. Die Gliederung des Reichs in Länder soll unter möglichster Berücksichtigung des Willens der beteiligten Bevölkerung der wirtschaftlichen und kulturellen Höchstleistung des Volkes dienen. Die Änderung des Gebiets von Ländern und die Neubildung von Ländern innerhalb des Reichs erfolgen durch verfassungsänderndes Reichsgesetz.

Hierzu das Gesetz zur Ausführung des Artikels 18 der Reichsverfassung vom 8.7.1922 (RGBl. I, S. 545) sowie die Neugliederungsordnung vom 29.12.1922 (RGBl. 1923 I, S. 26).

Stimmen die unmittelbar beteiligten Länder zu, so bedarf es nur eines einfachen Reichsgesetzes.

Ein einfaches Reichsgesetz genügt ferner, wenn eines der beteiligten Länder nicht zustimmt, die Gebietsänderung oder Neubildung aber durch den Willen der Bevölkerung gefordert wird und ein überwiegendes Reichsinteresse sie erheischt.

Der Wille der Bevölkerung ist durch Abstimmung festzustellen. Die Reichsregierung ordnet die Abstimmung an, wenn ein Drittel der zum Reichstag wahlberechtigten Einwohner des abzutrennenden Gebiets es verlangt.

Zum Beschluß einer Gebietsänderung oder Neubildung sind drei Fünftel der abgegebenen Stimmen, mindestens aber die Stimmenmehrheit der Wahlberechtigten erforderlich. Auch wenn es sich nur um Abtrennung eines Teiles eines preußischen Regierungsbezirkes, eines bayerischen Kreises oder in anderen Ländern eines entsprechenden Verwaltungsbezirkes handelt, ist der Wille der Bevölkerung des ganzen in Betracht kommenden Bezirkes festzustellen. Wenn ein räumlicher Zusammenhang des abzutrennenden Gebiets mit dem Gesamtbezirke nicht besteht, kann auf Grund eines besonderen Reichsgesetzes der Wille der Bevölkerung des abzutrennenden Gebiets als ausreichend erklärt werden.

Nach Feststellung der Zustimmung der Bevölkerung hat die Reichsregierung dem Reichstag ein entsprechendes Gesetz zur Beschlußfassung vorzulegen.

Entsteht bei der Vereinigung oder Abtrennung Streit über die Vermögensauseinandersetzung, so entscheidet hierüber auf Antrag einer Partei der Staatsgerichtshof für das Deutsche Reich.

Art. 19. Über Verfassungsstreitigkeiten innerhalb eines Landes, in dem kein Gericht zu ihrer Erledigung besteht,

Eigene Staatsgerichtshöfe waren in Bayern, Württemberg, Thüringen, Hessen, Hamburg, Mecklenburg-Schwerin und Oldenburg gebildet; für Lübeck war das Hanseatische Oberlandesgericht zuständig; in allen übrigen Ländern galt Artikel 19.

sowie über Streitigkeiten nichtprivatrechtlicher Art zwischen verschiedenen Ländern oder zwischen dem Reiche und einem Lande entscheidet auf Antrag eines der streitenden Teile der Staatsgerichtshof für das Deutsche Reich, soweit nicht ein anderer Gerichtshof des Reichs zuständig ist.

Hierzu das Gesetz über den Staatsgerichtshof vom 9.7.1921 (RGBl. S. 905).

Der Reichspräsident vollstreckt das Urteil des Staatsgerichtshofs.

Zweiter Abschnitt
Der Reichstag

Art. 20. Der Reichstag besteht aus den Abgeordneten des deutschen Volkes.

Art. 21. Die Abgeordneten sind Vertreter des ganzen Volkes. Sie sind nur ihrem Gewissen unterworfen und an Aufträge nicht gebunden.

Art. 22. Die Abgeordneten werden in allgemeiner, gleicher, unmittelbarer und geheimer Wahl von den über zwanzig Jahre alten Männern und Frauen nach den Grundsätzen der Verhältniswahl gewählt. Der Wahltag muß ein Sonntag oder öffentlicher Ruhetag sein.

Das Nähere bestimmt das Reichswahlgesetz.

Hierzu das Reichswahlgesetz vom 27.4.1920 (RGBl. S. 627); sowie 6.3.1924 (RGBl. I, S. 159); sowie 13.3.1924 (RGBl. I, S. 173) und die Reichsstimmordnung vom 14.3.1924 (RGBl. I, S. 173).

Art. 23. Der Reichstag wird auf vier Jahre gewählt. Spätestens am sechzigsten Tage nach ihrem Ablauf muß die Neuwahl stattfinden.

Der Reichstag tritt zum ersten Male spätestens am dreißigsten Tage nach der Wahl zusammen.

Art. 24. Der Reichstag tritt in jedem Jahre am ersten Mittwoch des November am Sitze der Reichsregierung zusammen. Der Präsident des Reichstags muß ihn früher berufen, wenn es der Reichspräsident oder mindestens ein Drittel der Reichstagsmitglieder verlangt.

Der Reichstag bestimmt den Schluß der Tagung und den Tag des Wiederzusammentritts.

Art. 25. Der Reichspräsident kann den Reichstag auflösen, jedoch nur einmal aus dem gleichen Anlaß.

> Der Reichstag wurde aufgelöst durch Verordnung des Reichspräsidenten vom 13.3.1924 (RGBl. I, S. 173); vom 20.10.1924 (RGBl. I, S. 713); vom 31.3.1928 (RGBl. I, S. 136); vom 18.7.1930 (RGBl. I, S. 299); vom 4.6.1932 (RGBl. I, S. 255); vom 12.9.1932 (RGBl. I, S. 441); vom 1.2.1933 (RGBl. I, S. 45); und vom 14.10.1933 (RGBl. I, S. 729).

Die Neuwahl findet spätestens am sechzigsten Tage nach der Auflösung statt.

Art. 26. Der Reichstag wählt seinen Präsidenten, dessen Stellvertreter und seine Schriftführer. Er gibt sich seine Geschäftsordnung.

> Hierzu die Geschäftsordnung für den Reichstag vom 12.12.1922 (RGBl. 1923 II, S. 101); 31.3.1931 (RGBl. 1931 II, S. 221).

Art. 27. Zwischen zwei Tagungen oder Wahlperioden führen Präsident und Stellvertreter der letzten Tagung ihre Geschäfte fort.

Art. 28. Der Präsident übt das Hausrecht und die Polizeigewalt im Reichstagsgebäude aus. Ihm untersteht die Hausverwaltung; er verfügt über die Einnahmen und Ausgaben des Hauses nach Maßgabe des Reichshaushalts und vertritt das Reich in allen Rechtsgeschäften und Rechtsstreitigkeiten seiner Verwaltung.

> Hierzu das Reichsgesetz über die Befriedung der Gebäude des Reichstags und der Landtage (Bannmeilengesetz) vom 8.5.1920 (RGBl. S. 909).

Art. 29. Der Reichstag verhandelt öffentlich. Auf Antrag von fünfzig Mitgliedern kann mit Zweidrittelmehrheit die Öffentlichkeit ausgeschlossen werden.

Art. 30. Wahrheitsgetreue Berichte über die Verhandlungen in den öffentlichen Sitzungen des Reichstags, eines Landtags oder ihrer Ausschüsse bleiben von jeder Verantwortlichkeit frei.

Art. 31. Bei dem Reichstag wird ein Wahlprüfungsgericht gebildet. Es entscheidet auch über die Frage, ob ein Abgeordneter die Mitgliedschaft verloren hat.

Das Wahlprüfungsgericht besteht aus Mitgliedern des Reichstags, die dieser für die Wahlperiode wählt, und aus Mitgliedern des Reichsverwaltungsgerichts, die der Reichspräsident auf Vorschlag des Präsidiums dieses Gerichts bestellt.

Ein Reichsverwaltungsgericht wurde nicht errichtet; an seiner Stelle war nach Artikel 166 dieser Reichsverfassung das Reichsgericht zuständig.

Das Wahlprüfungsgericht erkennt auf Grund öffentlicher mündlicher Verhandlung durch drei Mitglieder des Reichstags und zwei richterliche Mitglieder.

Außerhalb der Verhandlungen vor dem Wahlprüfungsgerichte wird das Verfahren von einem Reichsbeauftragten geführt, den der Reichspräsident ernennt. Im übrigen wird das Verfahren von dem Wahlprüfungsgerichte geregelt.

Hierzu die Wahlprüfungsordnung vom 8.10.1920 (RGBl. S. 1773).

Art. 32. Zu einem Beschlusse des Reichstags ist einfache Stimmenmehrheit erforderlich, sofern die Verfassung kein anderes Stimmenverhältnis vorschreibt. Für die vom Reichstag vorzunehmenden Wahlen kann die Geschäftsordnung Ausnahmen zulassen.

Die Beschlußfähigkeit wird durch die Geschäftsordnung geregelt.

Art. 33. Der Reichstag und seine Ausschüsse können die Anwesenheit des Reichskanzlers und jedes Reichsministers verlangen.

Der Reichskanzler, die Reichsminister und die von ihnen bestellten Beauftragten haben zu den Sitzungen des Reichstags und seiner Ausschüsse Zutritt. Die Länder sind berechtigt, in diese Sitzungen Bevollmächtigte zu entsenden, die den Standpunkt ihrer Regierung zu dem Gegenstande der Verhandlung darlegen.

Auf ihr Verlangen müssen die Regierungsvertreter während der Beratung, die Vertreter der Reichsregierung auch außerhalb der Tagesordnung gehört werden.

Sie unterstehen der Ordnungsgewalt des Vorsitzenden.

Art. 34. Der Reichstag hat das Recht und auf Antrag von einem Fünftel seiner Mitglieder die Pflicht, Untersuchungsausschüsse einzusetzen. Diese Ausschüsse erheben in öffentlicher Verhandlung die Beweise, die sie oder die Antragsteller für erforderlich erachten. Die Öffentlichkeit kann vom Untersuchungsausschuß mit Zweidrittelmehrheit ausgeschlossen werden. Die Geschäftsordnung regelt das Verfahren des Ausschusses und bestimmt die Zahl seiner Mitglieder.

Als Verfahrensordnung für Untersuchungsausschüsse galt der von der Nationalversammlung am 16.10.1919 beschlossene Arbeitsplan (Drucksache der Nationalversammlung Nr. 1187).

Die Gerichte und Verwaltungsbehörden sind verpflichtet, dem Ersuchen dieser Ausschüsse um Beweiserhebungen Folge zu leisten; die Akten der Behörden sind ihnen auf Verlangen vorzulegen.

Auf die Erhebungen der Ausschüsse und der von ihnen ersuchten Behörden finden die Vorschriften der Strafprozeßordnung sinngemäße Anwendung, doch bleibt das Brief-, Post-, Telegraphen- und Fernsprechgeheimnis unberührt.

Art. 35. Der Reichstag bestellt einen ständigen Ausschuß für auswärtige Angelegenheiten, der auch außerhalb der Tagung des Reichstags und nach der Beendigung der Wahlperiode oder der Auflösung des Reichstags bis zum Zusammentritte des neuen Reichstags tätig werden kann. Die Sitzungen dieses Ausschusses sind nicht öffentlich, wenn nicht der Ausschuß mit Zweidrittelmehrheit die Öffentlichkeit beschließt.

Der Reichstag bestellt ferner zur Wahrung der Rechte der Volksvertretung gegenüber der Reichsregierung für die Zeit außerhalb der Tagung und nach Beendigung einer Wahlperiode [oder der Auflösung des Reichstags bis zum Zusammentritt des neuen Reichstags] einen ständigen Ausschuß.

Die in Klammer gesetzten Worte in Absatz 2 wurden durch Gesetz vom 15.12.1923 (RGBl. I, S. 1185) eingefügt.

Diese Ausschüsse haben die Rechte von Untersuchungsausschüssen.

Art. 36. Kein Mitglied des Reichstags oder eines Landtags darf zu irgendeiner Zeit wegen seiner Abstimmung oder wegen der in Ausübung seines Berufs getanen Äußerungen gerichtlich oder dienstlich verfolgt oder sonst außerhalb der Versammlung zur Verantwortung gezogen werden.

Art. 37. Kein Mitglied des Reichstags oder eines Landtags kann ohne Genehmigung des Hauses, dem der Abgeordnete angehört, während der Sitzungsperiode wegen einer mit Strafe bedrohten Handlung zur Untersuchung gezogen oder verhaftet werden, es sei denn, daß das Mitglied bei Ausübung der Tat oder spätestens im Laufe des folgenden Tages festgenommen ist.

Die gleiche Genehmigung ist bei jeder anderen Beschränkung der persönlichen Freiheit erforderlich, die die Ausübung des Abgeordnetenberufs beeinträchtigt.

Jedes Strafverfahren gegen ein Mitglied des Reichstags oder eines Landtags und jede Haft oder sonstige Beschränkung seiner persönlichen Freiheit wird auf Verlangen des Hauses, dem der Abgeordnete angehört, für die Dauer der Sitzungsperiode aufgehoben.

Art. 38. Die Mitglieder des Reichstags und der Landtage sind berechtigt, über Personen, die ihnen in ihrer Eigenschaft als Abgeordneten Tatsachen anvertrauen, oder denen sie in Ausübung ihres Abgeordnetenberufs solche anvertraut haben, sowie über diese Tatsachen selbst das Zeugnis zu verweigern. Auch in Beziehung auf Beschlagnahme von Schriftstücken stehen sie den Personen gleich, die ein gesetzliches Zeugnisverweigerungsrecht haben.

Hierzu §97 der Strafprozeßordnung vom 1.2.1877 (RGBl. S. 253) in der Fassung vom 22.3.1924 (RGBl. I, S. 299).

Eine Durchsuchung oder Beschlagnahme darf in den Räumen des Reichstags oder eines Landtags nur mit Zustimmung des Präsidenten vorgenommen werden.

Art. 39. Beamte und Angehörige der Wehrmacht bedürfen zur Ausübung ihres Amtes als Mitglieder des Reichstags oder eines Landtags keines Urlaubs.

Bewerben sie sich um einen Sitz in diesen Körperschaften, so ist ihnen der zur Vorbereitung ihrer Wahl erforderliche Urlaub zu gewähren.

Hierzu das Wehrgesetz vom 23.3.1921 (RGBl. S. 329; Verbot der politischen Betätigung für Soldaten).

Art. 40. Die Mitglieder des Reichstags erhalten das Recht zur freien Fahrt auf allen deutschen Eisenbahnen sowie Entschädigung nach Maßgabe eines Reichsgesetzes.

Hierzu Gesetz über die Entschädigung der Mitglieder des Reichstags vom 10.7.1920; sowie 25.4.1927 (RGBl. II, S. 323); sowie 15.12.1930 (RGBl. II, S. 1275). Nach dem zuletzt genannten Gesetz erhielt ein Abgeordneter eine Aufwandsentschädigung von monatlich 600 RM.

Durch Gesetz vom 22.5.1926 (RGBl. I, S. 243) wurde folgender Artikel 40 a eingefügt:

Art. 40 a. Die Vorschriften der Artikel 36, 37, 38 Abs. 1 und 39 Abs. 1 gelten für den Präsidenten des Reichstags, seine Stellvertreter und die ständigen und ersten stellvertretenden Mitglieder der im Artikel 35 bezeichneten Ausschüsse auch für die Zeit zwischen zwei Tagungen (Sitzungsperioden) oder Wahlperioden des Reichstags.

Das gleiche gilt für den Präsidenten eines Landtags, seine Stellvertreter und die ständigen und ersten stellvertretenden Mitglieder von Ausschüssen eines Landtags, wenn sie nach der Landesverfassung außerhalb der Tagung (Sitzungsperiode) oder Wahlperiode tätig werden können.

Soweit Artikel 37 eine Mitwirkung des Reichstags oder eines Landtags vorsieht, tritt der Ausschuß zur Wahrung der Rechte der Volksvertretung an die Stelle des Reichstags und, falls Ausschüsse des Landtags fortbestehen, der vom Landtag bestimmte Ausschuß an die Stelle des Landtags.

Die im Abs. 1 bezeichneten Personen haben zwischen zwei Wahlperioden die im Artikel 40 bezeichneten Rechte.

Dritter Abschnitt
Der Reichspräsident und die Reichsregierung

Art. 41. Der Reichspräsident wird vom ganzen deutschen Volke gewählt.

Wählbar ist jeder Deutsche, der das fünfunddreißigste Lebensjahr vollendet hat.

Das Nähere bestimmt ein Reichsgesetz.

Hierzu das Gesetz über die Wahl des Reichspräsidenten vom 4.5.1920 (RGBl. S. 849); sowie 31.12.1923 (RGBl. 1924 I, S. 168); sowie 13.3.1925 (RGBl. I, S. 19).

Art. 42. Der Reichspräsident leistet bei der Übernahme seines Amtes vor dem Reichstag folgenden Eid:

Ich schwöre, daß ich meine Kraft dem Wohle des deutschen Volkes widmen, seinen Nutzen mehren, Schaden von ihm wenden, die Verfassung und die Gesetze des Reichs wahren, meine Pflichten gewissenhaft erfüllen und Gerechtigkeit gegen jedermann üben werde.

Die Beifügung einer religiösen Beteuerung ist zulässig.

Art. 43. Das Amt des Reichspräsidenten dauert sieben Jahre. Wiederwahl ist zulässig.

Hierzu das Gesetz über das Ruhegehalt des Reichspräsidenten vom 31.12.1922 (RGBl. 1923 I, S. 53).

Vor Ablauf der Frist kann der Reichspräsident auf Antrag des Reichstags durch Volksabstimmung abgesetzt werden. Der Beschluß des Reichstags erfordert Zweidrittelmehrheit. Durch den Beschluß ist der Reichspräsident an der ferneren Ausübung des Amtes verhindert. Die Ablehnung der Absetzung durch die Volksabstimmung gilt als neue Wahl und hat die Auflösung des Reichstags zur Folge.

Der Reichspräsident kann ohne Zustimmung des Reichstags nicht strafrechtlich verfolgt werden.

Art. 44. Der Reichspräsident kann nicht zugleich Mitglied des Reichstags sein.

Art. 45. Der Reichspräsident vertritt das Reich völkerrechtlich. Er schließt im Namen des Reichs Bündnisse und andere Verträge mit auswärtigen Mächten. Er beglaubigt und empfängt die Gesandten.

Kriegserklärung und Friedensschluß erfolgen durch Reichsgesetz.

Bündnisse und Verträge mit fremden Staaten, die sich auf Gegenstände der Reichsgesetzgebung beziehen, bedürfen der Zustimmung des Reichstags.

Art. 46. Der Reichspräsident ernennt und entläßt die Reichsbeamten und die Offiziere, soweit nicht durch Gesetz etwas anderes bestimmt ist. Er kann das Ernennungs- und Entlassungsrecht durch andere Behörden ausüben lassen.

Hierzu die Verordnung über Ernennung und Entlassung von Reichsbeamten vom 14.6.1922 (RGBl. I, S. 577).

Art. 47. Der Reichspräsident hat den Oberbefehl über die gesamte Wehrmacht des Reichs.

Hierzu die Verordnung betreffend Übertragung des Oberbefehls über die Wehrmacht des Deutschen Reichs auf den Reichswehrminister vom 20.8.1919 (RGBl. S. 1475) sowie § 8 Absatz 2 des Wehrgesetzes vom 23.3.1921 (RGBl. S. 329).

Art. 48. Wenn ein Land die ihm nach der Reichsverfassung oder den Reichsgesetzen obliegenden Pflichten nicht erfüllt, kann der Reichspräsident es dazu mit Hilfe der bewaffneten Macht anhalten.

Der Reichspräsident kann, wenn im Deutschen Reiche die öffentliche Sicherheit und Ordnung erheblich gestört oder gefährdet wird, die zur Wiederherstellung der öffentlichen Sicherheit und Ordnung nötigen Maßnahmen treffen, erforderlichenfalls mit Hilfe der bewaffneten Macht einschreiten. Zu diesem Zwecke darf er vorübergehend die in den Artikeln 114, 115, 117, 118, 123, 124 und 153 festgesetzten Grundrechte ganz oder zum Teil außer Kraft setzen.

Von allen gemäß Abs. 1 oder Abs. 2 dieses Artikels getroffenen Maßnahmen hat der Reichspräsident unverzüglich dem Reichstag Kenntnis zu geben. Die Maßnahmen sind auf Verlangen des Reichstags außer Kraft zu setzen.

Bei Gefahr im Verzuge kann die Landesregierung für ihr Gebiet einstweilige Maßnahmen der in Abs. 2 bezeichneten Art treffen. Die Maßnahmen sind auf Verlangen des Reichspräsidenten oder des Reichstags außer Kraft zu setzen.

Das Nähere bestimmt ein Reichsgesetz.

Ein solches Reichsgesetz ist nicht ergangen.

Art. 49. Der Reichspräsident übt für das Reich das Begnadigungsrecht aus.
Reichsamnestien bedürfen eines Reichsgesetzes.

Art. 50. Alle Anordnungen und Verfügungen des Reichspräsidenten, auch solche auf dem Gebiete der Wehrmacht, bedürfen zu ihrer Gültigkeit der Gegenzeichnung durch den Reichskanzler oder den zuständigen Reichsminister. Durch die Gegenzeichnung wird die Verantwortung übernommen.

Art. 51. *Der Reichspräsident wird im Falle seiner Verhinderung zunächst durch den Reichskanzler vertreten. Dauert die Verhinderung voraussichtlich längere Zeit, so ist die Vertretung durch ein Reichsgesetz zu regeln.*

Das gleiche gilt für den Fall einer vorzeitigen Erledigung der Präsidentschaft bis zur Durchführung der neuen Wahl.

Hierzu das Gesetz über die Stellvertretung des Reichspräsidenten vom 10.3.1925 (RGBl. I, S. 17. Regelung der Stellvertretung nach dem Tod des Reichspräsidenten Friedrich Ebert).

Neue Fassung von Artikel 51 durch Gesetz vom 17.12.1932 (RGBl. I, S. 547):

Art. 51. Der Reichspräsident wird im Falle seiner Verhinderung durch den Präsidenten des Reichsgerichts vertreten. Das gleiche gilt für den Fall einer vorzeitigen Erledigung der Präsidentschaft bis zur Durchführung der neuen Wahl.

Art. 52. Die Reichsregierung besteht aus dem Reichskanzler und den Reichsministern.

Hierzu Erlaß des Reichspräsidenten betreffend die Errichtung und Bezeichnung der obersten Reichsbehörden vom 21.3.1919 (RGBl. S. 327).

Art. 53. Der Reichskanzler und auf seinen Vorschlag die Reichsminister werden vom Reichspräsidenten ernannt und entlassen.

Art. 54. Der Reichskanzler und die Reichsminister bedürfen zu ihrer Amtsführung des Vertrauens des Reichstags. Jeder von ihnen muß zurücktreten, wenn ihm der Reichstag durch ausdrücklichen Beschluß sein Vertrauen entzieht.

Art. 55. Der Reichskanzler führt den Vorsitz in der Reichsregierung und leitet ihre Geschäfte nach einer Geschäftsordnung, die von der Reichsregierung beschlossen und vom Reichspräsidenten genehmigt wird.

Hierzu Geschäftsordnung der Reichsregierung vom 3.5.1924 (RMinBl. 1924, S. 173, berichtigt S. 236); und gemeinsame Geschäftsordnung der Reichsministerien vom Juli 1924 (nicht amtlich verkündet; gedruckt Berlin 1924).

Art. 56. Der Reichskanzler bestimmt die Richtlinien der Politik und trägt dafür gegenüber dem Reichstag die Verantwortung. Innerhalb dieser Richtlinien leitet jeder Reichsminister den ihm anvertrauten Geschäftszweig selbständig und unter eigener Verantwortung gegenüber dem Reichstag.

Art. 57. Die Reichsminister haben der Reichsregierung alle Gesetzentwürfe, ferner Angelegenheiten, für welche Verfassung oder Gesetz dieses vorschreiben, sowie Meinungsverschiedenheiten über Fragen, die den Geschäftsbereich mehrerer Reichsminister berühren, zur Beratung und Beschlußfassung zu unterbreiten.

Art. 58. Die Reichsregierung faßt ihre Beschlüsse mit Stimmenmehrheit. Bei Stimmengleichheit entscheidet die Stimme des Vorsitzenden.

In gewissen Fällen hatte der Reichsfinanzminister ein Widerspruchsrecht. Hierzu die Reichshaushaltsordnung in der Fassung vom 14.4.1930 (RGBl. II, S. 693; S. 776).

Art. 59. Der Reichstag ist berechtigt, den Reichspräsidenten, den Reichskanzler und die Reichsminister vor dem Staatsgerichtshof für das Deutsche Reich anzuklagen, daß sie schuldhafterweise die Reichsverfassung oder ein Reichsgesetz verletzt haben. Der Antrag auf Erhebung der Anklage muß von mindestens hundert Mitgliedern des Reichstags unterzeichnet sein und bedarf der Zustimmung der für Verfassungsänderungen vorgeschriebenen Mehrheit. Das Nähere regelt das Reichsgesetz über den Staatsgerichtshof.

Hierzu das Gesetz über den Staatsgerichtshof vom 9.7.1921 (RGBl. S. 905).

Vierter Abschnitt
Der Reichsrat

Art. 60. Zur Vertretung der deutschen Länder bei der Gesetzgebung und Verwaltung des Reichs wird ein Reichsrat gebildet.

Art. 61. Im Reichsrat hat jedes Land mindestens eine Stimme. *Bei den größeren Ländern entfällt auf eine Million Einwohner eine Stimme. Ein Überschuß, der mindestens der Einwohnerzahl des kleinsten Landes gleichkommt, wird einer vollen Million gleichgerechnet.*

Neue Fassung der Sätze 2 und 3 in Absatz I durch Gesetz vom 24.3.1921 (RGBl. S. 440):

Bei größeren Ländern entfällt auf 700 000 Einwohner eine Stimme. Ein Überschuß von mindestens 350 000 Einwohnern wird 700 000 gleichgerechnet. Kein Land darf durch mehr als zwei Fünftel aller Stimmen vertreten sein.

Deutschösterreich erhält nach seinem Anschluß an das Deutsche Reich das Recht der Teilnahme am Reichsrat mit der seiner Bevölkerung entsprechenden Stimmenzahl. Bis dahin haben die Vertreter Deutschösterreichs beratende Stimme.

Durch den Vertrag von Versailles vom 28.6.1919 (RGBl. S. 832) war Absatz 2 unvollziehbar.

Die Stimmenzahl wird durch den Reichsrat nach jeder allgemeinen Volkszählung neu festgesetzt.

Art. 62. In den Ausschüssen, die der Reichsrat aus seiner Mitte bildet, führt kein Land mehr als eine Stimme.

Art. 63. Die Länder werden im Reichsrat durch Mitglieder ihrer Regierungen vertreten. Jedoch wird die Hälfte der preußischen Stimmen nach Maßgabe eines Landesgesetzes von den preußischen Provinzialverwaltungen bestellt.

Hierzu das preußische Gesetz über die Bestellung der Mitglieder des Reichsrats durch die Provinzialverwaltungen vom 3.6.1921 (GS S. 379).

Die Länder sind berechtigt, so viele Vertreter in den Reichsrat zu entsenden, wie sie Stimmen führen.

Art. 64. Die Reichsregierung muß den Reichsrat auf Verlangen von einem Drittel seiner Mitglieder einberufen.

Art. 65. Den Vorsitz im Reichsrat und in seinen Ausschüssen führt ein Mitglied der Reichsregierung. Die Mitglieder der Reichsregierung haben das Recht und auf Verlangen die Pflicht, an den Verhandlungen des Reichsrats und seiner Ausschüsse teilzunehmen. Sie müssen während der Beratung auf Verlangen jederzeit gehört werden.

Art. 66. Die Reichsregierung sowie jedes Mitglied des Reichsrats sind befugt, im Reichsrat Anträge zu stellen.

Der Reichsrat regelt seinen Geschäftsgang durch eine Geschäftsordnung.

Hierzu die Geschäftsordnung für den Reichsrat vom 20.11.1919 (Zentralblatt für das Deutsche Reich Nr. 54, S. 1521).

Die Vollsitzungen des Reichsrats sind öffentlich. Nach Maßgabe der Geschäftsordnung kann die Öffentlichkeit für einzelne Beratungsgegenstände ausgeschlossen werden.

Bei der Abstimmung entscheidet die einfache Mehrheit der Abstimmenden.

Art. 67. Der Reichsrat ist von den Reichsministerien über die Führung der Reichsgeschäfte auf dem Laufenden zu halten. Zu Beratungen über wichtige Gegenstände sollen von den Reichsministerien die zuständigen Ausschüsse des Reichsrats zugezogen werden.

Fünfter Abschnitt
Die Reichsgesetzgebung

Art. 68. Die Gesetzesvorlagen werden von der Reichsregierung oder aus der Mitte des Reichstags eingebracht.

Die Reichsgesetze werden vom Reichstag beschlossen.

Art. 69. Die Einbringung von Gesetzesvorlagen der Reichsregierung bedarf der Zustimmung des Reichsrats. Kommt eine Übereinstimmung zwischen der Reichsregierung und dem Reichsrat nicht zustande, so kann die Reichsregierung die Vorlage gleichwohl einbringen, hat aber hierbei die abweichende Auffassung des Reichsrats darzulegen.

Beschließt der Reichsrat eine Gesetzesvorlage, welcher die Reichsregierung nicht zustimmt, so hat diese die Vorlage unter Darlegung ihres Standpunkts beim Reichstag einzubringen.

Art. 70. Der Reichspräsident hat die verfassungsmäßig zustande gekommenen Gesetze auszufertigen und binnen Monatsfrist im Reichs-Gesetzblatt zu verkünden.

Hierzu auch das Gesetz über die Verkündung von Rechtsordnungen vom 13.10.1923 (RGBl. I, S. 959).

Art. 71. Reichsgesetze treten, soweit sie nichts anderes bestimmen, mit dem vierzehnten Tage nach Ablauf des Tages in Kraft, an dem das Reichs-Gesetzblatt in der Reichshauptstadt ausgegeben worden ist.

Art. 72. Die Verkündung eines Reichsgesetzes ist um zwei Monate auszusetzen, wenn es ein Drittel des Reichstags verlangt. Gesetze, die der Reichstag und der Reichsrat für dringlich erklären, kann der Reichspräsident ungeachtet dieses Verlangens verkünden.

Art. 73. Ein vom Reichstag beschlossenes Gesetz ist vor seiner Verkündung zum Volksentscheid zu bringen, wenn der Reichspräsident binnen eines Monats es bestimmt.

Ein Gesetz, dessen Verkündung auf Antrag von mindestens einem Drittel des Reichstags ausgesetzt ist, ist dem Volksentscheid zu unterbreiten, wenn ein Zwanzigstel der Stimmberechtigten es beantragt.

Ein Volksentscheid ist ferner herbeizuführen, wenn ein Zehntel der Stimmberechtigten das Begehren nach Vorlegung eines Gesetzentwurfs stellt. Dem Volksbegehren muß ein ausgearbeiteter Gesetzentwurf zu Grunde liegen. Er ist von der Reichsregierung unter Darlegung ihrer Stellungnahme dem Reichstag zu unterbreiten. Der Volksentscheid findet nicht statt, wenn der begehrte Gesetzentwurf im Reichstag unverändert angenommen worden ist.

Über den Haushaltsplan, über Abgabengesetze und Besoldungsordnungen kann nur der Reichspräsident einen Volksentscheid veranlassen.

Das Verfahren beim Volksentscheid und beim Volksbegehren regelt ein Reichsgesetz.

Hierzu das Gesetz über den Volksentscheid vom 27.6.1921 (RGBl. II, S. 790), geändert durch Artikel III des Gesetzes vom 31.12.1923 (RGBl. 1924 I, S. 4).

Art. 74. Gegen die vom Reichstag beschlossenen Gesetze steht dem Reichsrat der Einspruch zu.

Der Einspruch muß innerhalb zweier Wochen nach der Schlußabstimmung im Reichstag bei der Reichsregierung eingebracht und spätestens binnen zwei weiteren Wochen mit Gründen versehen werden.

Im Falle des Einspruchs wird das Gesetz dem Reichstag zur nochmaligen Beschlußfassung vorgelegt. Kommt hierbei keine Übereinstimmung zwischen Reichstag und Reichsrat zustande, so kann der Reichspräsident binnen drei Monaten über den Gegenstand der Meinungsverschiedenheit einen Volksentscheid anordnen. Macht der Präsident von diesem Rechte keinen Gebrauch, so gilt das Gesetz als nicht zustande gekommen. Hat der Reichstag mit Zweidrittelmehrheit entgegen dem Einspruch des Reichsrats beschlossen, so hat der Präsident das Gesetz binnen drei Monaten in der vom Reichstag beschlossenen Fassung zu verkünden oder einen Volksentscheid anzuordnen.

Art. 75. Durch den Volksentscheid kann ein Beschluß des Reichstags nur dann außer Kraft gesetzt werden, wenn sich die Mehrheit der Stimmberechtigten an der Abstimmung beteiligt.

Art. 76. Die Verfassung kann im Wege der Gesetzgebung geändert werden. Jedoch kommen Beschlüsse des Reichstags auf Abänderung der Verfassung nur zustande, wenn zwei Drittel der gesetzlichen Mitgliederzahl anwesend sind und wenigstens zwei Drittel der Anwesenden zustimmen. Auch Beschlüsse des Reichsrats auf Abänderung der Verfassung bedürfen einer Mehrheit von zwei Dritteln der abgegebenen Stimmen. Soll auf Volksbegehren durch Volksentscheid eine Verfassungsänderung beschlossen werden, so ist die Zustimmung der Mehrheit der Stimmberechtigten erforderlich.

Hat der Reichstag entgegen dem Einspruch des Reichsrats eine Verfassungsänderung beschlossen, so darf der Reichspräsident dieses Gesetz nicht verkünden, wenn der Reichsrat binnen zwei Wochen den Volksentscheid verlangt.

Art. 77. Die zur Ausführung der Reichsgesetze erforderlichen allgemeinen Verwaltungsvorschriften erläßt, soweit die Gesetze nichts anderes bestimmen, die Reichsregierung. Sie bedarf dazu der Zustimmung des Reichsrats, wenn die Ausführung der Reichsgesetze den Landesbehörden zusteht.

Sechster Abschnitt
Die Reichsverwaltung

Art. 78. Die Pflege der Beziehungen zu den auswärtigen Staaten ist ausschließlich Sache des Reichs.

In Angelegenheiten, deren Regelung der Landesgesetzgebung zusteht, können die Länder mit auswärtigen Staaten Verträge schließen; die Verträge bedürfen der Zustimmung des Reichs.

Vereinbarungen mit fremden Staaten über Veränderung der Reichsgrenzen werden nach Zustimmung des beteiligten Landes durch das Reich abgeschlossen. Die Grenzveränderungen dürfen nur auf Grund eines Reichsgesetzes erfolgen, soweit es sich nicht um bloße Berichtigung der Grenzen unbewohnter Gebietsteile handelt.

Um die Vertretung der Interessen zu gewährleisten, die sich für einzelne Länder aus ihren besonderen wirtschaftlichen Beziehungen oder ihrer benachbarten Lage zu auswärtigen Staaten ergeben, trifft das Reich im Einvernehmen mit den beteiligten Ländern die erforderlichen Einrichtungen und Maßnahmen.

Art. 79. Die Verteidigung des Reichs ist Reichssache. Die Wehrverfassung des deutschen Volkes wird unter Berücksichtigung der besonderen landsmannschaftlichen Eigenarten durch ein Reichsgesetz einheitlich geregelt.

Hierzu das Wehrgesetz vom 23.3.1921 (RGBl. S. 329).

Art. 80. Das Kolonialwesen ist ausschließlich Sache des Reichs.

Art. 81. Alle deutschen Kauffahrteischiffe bilden eine einheitliche Handelsflotte.

Art. 82. Deutschland bildet ein Zoll- und Handelsgebiet, umgeben von einer gemeinschaftlichen Zollgrenze.

Die Zollgrenze fällt mit der Grenze gegen das Ausland zusammen. An der See bildet das Gestade des Festlandes und der zum Reichsgebiet gehörigen Inseln die Zollgrenze. Für den Lauf der Zollgrenze an der See und an anderen Gewässern können Abweichungen bestimmt werden.

Fremde Staatsgebiete oder Gebietsteile können durch Staatsverträge oder Übereinkommen dem Zollgebiete angeschlossen werden.

Aus dem Zollgebiete können nach besonderem Erfordernis Teile ausgeschlossen werden. Für Freihäfen kann der Ausschluß nur durch ein verfassungsänderndes Gesetz aufgehoben werden.

Zollausschlüsse können durch Staatsverträge oder Übereinkommen einem fremden Zollgebiet angeschlossen werden.

Alle Erzeugnisse der Natur sowie des Gewerbe- und Kunstfleißes, die sich im freien Verkehre des Reichs befinden, dürfen über die Grenze der Länder und Gemeinden ein-, aus- oder durchgeführt werden. Ausnahmen sind auf Grund eines Reichsgesetzes zulässig.

Art. 83. Die Zölle und Verbrauchssteuern werden durch Reichsbehörden verwaltet.

Hierzu das Gesetz über die Reichsfinanzverwaltung vom 10.9.1919 (RGBl. S. 1591) und die Reichsabgabenordnung vom 13.12.1919 (RGBl. S. 1993); sowie 22.5.1931 (RGBl. I, S. 161).

Bei der Verwaltung von Reichsabgaben durch Reichsbehörden sind Einrichtungen vorzusehen, die den Ländern die Wahrung besonderer Landesinteressen auf dem Gebiete der Landwirtschaft, des Handels, des Gewerbes und der Industrie ermöglichen.

Art. 84. Das Reich trifft durch Gesetz die Vorschriften über:

1. die Einrichtung der Abgabenverwaltung der Länder, soweit es die einheitliche und gleichmäßige Durchführung der Reichsabgabengesetze erfordert;
2. die Einrichtung und Befugnisse der mit der Beaufsichtigung der Ausführung der Reichsabgabengesetze betrauten Behörden;
3. die Abrechnung mit den Ländern;
4. die Vergütung der Verwaltungskosten bei Ausführung der Reichsabgabengesetze.

Art. 85. Alle Einnahmen und Ausgaben des Reichs müssen für jedes Rechnungsjahr veranschlagt und in den Haushaltsplan eingestellt werden.

Hierzu die Reichshaushaltsordnung vom 31.12.1922 (RGBl. II, S. 17); sowie 8.3.1930 (RGBl. II, S. 693; 776).

Der Haushaltsplan wird vor Beginn des Rechnungsjahrs durch ein Gesetz festgestellt.

Die Ausgaben werden in der Regel für ein Jahr bewilligt; sie können in besonderen Fällen auch für eine längere Dauer bewilligt werden. Im übrigen sind

Vorschriften im Reichshaushaltsgesetz unzulässig, die über das Rechnungsjahr hinausreichen oder sich nicht auf die Einnahmen und Ausgaben des Reichs oder ihre Verwaltung beziehen.

Der Reichstag kann im Entwurfe des Haushaltsplans ohne Zustimmung des Reichsrats Ausgaben nicht erhöhen oder neu einsetzen.

Die Zustimmung des Reichsrats kann gemäß den Vorschriften des Artikel 74 ersetzt werden.

Art. 86. Über die Verwendung aller Reichseinnahmen legt der Reichsfinanzminister in dem folgenden Rechnungsjahre zur Entlastung der Reichsregierung dem Reichsrat und dem Reichstag Rechnung. Die Rechnungsprüfung wird durch Reichsgesetz geregelt.

> Die gesetzliche Regelung fand sich in der Reichshaushaltsordnung (§§ 55–126. Siehe oben die Anmerkung zu Artikel 85 Absatz 1).

Art. 87. Im Wege des Kredits dürfen Geldmittel nur bei außerordentlichem Bedarf und in der Regel nur für Ausgaben zu werbenden Zwecken beschafft werden. Eine solche Beschaffung sowie die Übernahme einer Sicherheitsleistung zu Lasten des Reichs dürfen nur auf Grund eines Reichsgesetzes erfolgen.

> Hierzu die Reichsschuldenordnung vom 13.2.1924 (RGBl. I, S. 95).

Art. 88. Das Post- und Telegraphenwesen samt dem Fernsprechwesen ist ausschließlich Sache des Reichs.

> Hierzu das Gesetz über das Postwesen des Reiches vom 28.10.1871 (RGBl. S. 347) und das Reichspostfinanzgesetz vom 18.3.1924 (RGBl. I, S. 287).

Die Postwertzeichen sind für das ganze Reich einheitlich.

Die Reichsregierung erläßt mit Zustimmung des Reichsrats die Verordnungen, welche Grundsätze und Gebühren für die Benutzung der Verkehrseinrichtungen festsetzen. Sie kann diese Befugnis mit Zustimmung des Reichsrats auf den Reichspostminister übertragen.

Zur beratenden Mitwirkung in Angelegenheiten des Post-, Telegraphen- und Fernsprechverkehrs und der Tarife errichtet die Reichsregierung mit Zustimmung des Reichsrats einen Beirat.

> Durch das Reichspostfinanzgesetz vom 18.3.1924 (RGBl. S. 287) wurden die Absätze 3 und 4 aufgehoben.

Verträge über den Verkehr mit dem Ausland schließt allein das Reich.

Art. 89. Aufgabe des Reichs ist es, die dem allgemeinen Verkehre dienenden Eisenbahnen in sein Eigentum zu übernehmen und als einheitliche Verkehrsanstalt zu verwalten.

Die Rechte der Länder, Privateisenbahnen zu erwerben, sind auf Verlangen dem Reiche zu übertragen.

Art. 90. Mit dem Übergang der Eisenbahnen übernimmt das Reich die Enteignungsbefugnis und die staatlichen Hoheitsrechte, die sich auf das Eisenbahnwesen beziehen. Über den Umfang dieser Rechte entscheidet im Streitfall der Staatsgerichtshof.

Art. 91. Die Reichsregierung erläßt mit Zustimmung des Reichsrats die Verordnungen, die den Bau, den Betrieb und den Verkehr der Eisenbahnen regeln. Sie kann diese Befugnis mit Zustimmung des Reichsrats auf den zuständigen Reichsminister übertragen.

Hierzu die Eisenbahn-, Bau-, und Betriebsordnung vom 17.7.1928 (RGBl. II, S. 514) und die Eisenbahnverkehrsordnung vom 16.5.1928 (RGBl. II, S. 401).

Art. 92. Die Reichseisenbahnen sind, ungeachtet der Eingliederung ihres Haushalts und ihrer Rechnung in den allgemeinen Haushalt und die allgemeine Rechnung des Reichs, als ein selbständiges wirtschaftliches Unternehmen zu verwalten, das seine Ausgaben einschließlich Verzinsung und Tilgung der Eisenbahnschuld selbst zu bestreiten und eine Eisenbahnrücklage anzusammeln hat. Die Höhe der Tilgung und der Rücklage sowie die Verwendungszwecke der Rücklage sind durch besonderes Gesetz zu regeln.

Hierzu das Reichsbahngesetz vom 30.8.1924 (RGBl. II, S. 272); sowie 13.3.1930 (RGBl. II, S. 369).

Art. 93. Zur beratenden Mitwirkung in Angelegenheiten des Eisenbahnverkehrs und der Tarife errichtet die Reichsregierung für die Reichseisenbahnen mit Zustimmung des Reichsrats Beiräte.

Hierzu die Verordnung über die Beiräte für die Deutsche Reichsbahn vom 24.4.1922 (RGBl. II, S. 77).

Art. 94. Hat das Reich die dem allgemeinen Verkehre dienenden Eisenbahnen eines bestimmten Gebiets in seine Verwaltung übernommen, so können innerhalb dieses Gebiets neue, dem allgemeinen Verkehre dienende Eisenbahnen nur vom Reiche oder mit seiner Zustimmung gebaut werden. Berührt der Bau neuer oder die Veränderung bestehender Reichseisenbahnanlagen den Geschäftsbereich der Landespolizei, so hat die Reichseisenbahnverwaltung vor der Entscheidung die Landesbehörden anzuhören.

Wo das Reich die Eisenbahnen noch nicht in seine Verwaltung übernommen hat, kann es für den allgemeinen Verkehr oder die Landesverteidigung als notwendig erachtete Eisenbahnen kraft Reichsgesetzes auch gegen den Widerspruch der Länder, deren Gebiet durchschnitten wird, jedoch unbeschadet der Landeshoheitsrechte, für eigene Rechnung anlegen oder den Bau einem anderen zur Ausführung überlassen, nötigenfalls unter Verleihung des Enteignungsrechts.

Jede Eisenbahnverwaltung muß sich den Anschluß anderer Bahnen auf deren Kosten gefallen lassen.

Art. 95. Eisenbahnen des allgemeinen Verkehrs, die nicht vom Reiche verwaltet werden, unterliegen der Beaufsichtigung durch das Reich.

Hierzu das Gesetz über die Eisenbahnaufsicht vom 3.1.1920 (RGBl. S. 13).

Die der Reichsaufsicht unterliegenden Eisenbahnen sind nach den gleichen vom Reiche festgesetzten Grundsätzen anzulegen und auszurüsten. Sie sind in betriebssicherem Zustand zu erhalten und entsprechend den Anforderungen des Verkehrs auszubauen. Personen- und Güterverkehr sind in Übereinstimmung mit dem Bedürfnis zu bedienen und auszugestalten.

Bei der Beaufsichtigung des Tarifwesens ist auf gleichmäßige und niedrige Eisenbahntarife hinzuwirken.

Art. 96. Alle Eisenbahnen, auch die nicht dem allgemeinen Verkehre dienenden, haben den Anforderungen des Reichs auf Benutzung der Eisenbahnen zum Zwecke der Landesverteidigung Folge zu leisten.

Art. 97. Aufgabe des Reichs ist es, die dem allgemeinen Verkehre dienenden Wasserstraßen in sein Eigentum und seine Verwaltung zu übernehmen.

Hierzu der Staatsvertrag betreffend den Übergang der Wasserstraßen von den Ländern auf das Reich, genehmigt durch Gesetz vom 29.7.1921 (RGBl. S. 961).

Nach der Übernahme können dem allgemeinen Verkehre dienende Wasserstraßen nur noch vom Reiche oder mit seiner Zustimmung angelegt oder ausgebaut werden.

Bei der Verwaltung, dem Ausbau oder dem Neubau von Wasserstraßen sind die Bedürfnisse der Landeskultur und der Wasserwirtschaft im Einvernehmen mit den Ländern zu wahren. Auch ist auf deren Förderung Rücksicht zu nehmen.

Jede Wasserstraßenverwaltung hat sich den Anschluß anderer Binnenwasserstraßen auf Kosten der Unternehmer gefallen zu lassen. Die gleiche Verpflichtung besteht für die Herstellung einer Verbindung zwischen Binnenwasserstraßen und Eisenbahnen.

Mit dem Übergange der Wasserstraßen erhält das Reich die Enteignungsbefugnis, die Tarifhoheit sowie die Strom- und Schiffahrtspolizei.

Die Aufgaben der Strombauverbände in bezug auf den Ausbau natürlicher Wasserstraßen im Rhein-, Weser- und Elbegebiet sind auf das Reich zu übernehmen.

Art. 98. Zur Mitwirkung in Angelegenheiten der Wasserstraßen werden bei den Reichswasserstraßen nach näherer Anordnung der Reichsregierung unter Zustimmung des Reichsrats Beiräte gebildet.

Hierzu die Verordnung über die Beiräte für die Reichswasserstraßen vom 26.1.1925 (RGBl. II, S. 5).

Art. 99. Auf natürlichen Wasserstraßen dürfen Abgaben nur für solche Werke, Einrichtungen und sonstige Anstalten erhoben werden, die zur Erleichterung des Verkehrs bestimmt sind. Sie dürfen bei staatlichen und kommunalen Anstalten die zur Herstellung und Unterhaltung erforderlichen Kosten nicht übersteigen. Die Herstellungs- und Unterhaltungskosten für Anstalten, die nicht ausschließlich zur Erleichterung des Verkehrs, sondern auch zur Förderung anderer Zwecke bestimmt sind, dürfen nur zu einem verhältnismäßigen Anteil durch Schiffahrtsabgaben aufgebracht werden. Als Herstellungskosten gelten die Zinsen und Tilgungsbeträge für die aufgewandten Mittel.

Die Vorschriften des vorstehenden Absatzes finden Anwendung auf die Abgaben, die für künstliche Wasserstraßen sowie für Anstalten an solchen und in Häfen erhoben werden.

Im Bereiche der Binnenschiffahrt können für die Bemessung der Befahrungsabgaben die Gesamtkosten einer Wasserstraße, eines Stromgebiets oder eines Wasserstraßennetzes zu Grunde gelegt werden.

Diese Bestimmungen gelten auch für die Flößerei auf schiffbaren Wasserstraßen.

Auf fremde Schiffe und deren Ladungen andere oder höhere Abgaben zu legen als auf deutsche Schiffe und deren Ladungen, steht nur dem Reiche zu.

Zur Beschaffung von Mitteln für die Unterhaltung und den Ausbau des deutschen Wasserstraßennetzes kann das Reich die Schiffahrtsbeteiligten auch auf andere Weise durch Gesetz zu Beiträgen heranziehen.

Art. 100. Zur Deckung der Kosten für Unterhaltung und Bau von Binnenschiffahrtswegen kann durch ein Reichsgesetz auch herangezogen werden, wer aus dem Bau von Talsperren in anderer Weise als durch Befahren Nutzen zieht, sofern mehrere Länder beteiligt sind oder das Reich die Kosten der Anlage trägt.

Art. 101. Aufgabe des Reichs ist es, alle Seezeichen, insbesondere Leuchtfeuer, Feuerschiffe, Bojen, Tonnen und Baken in sein Eigentum und seine Verwaltung zu übernehmen. Nach der Übernahme können Seezeichen nur noch vom Reiche oder mit seiner Zustimmung hergestellt oder ausgebaut werden.

Siebenter Abschnitt
Die Rechtspflege

Art. 102. Die Richter sind unabhängig und nur dem Gesetz unterworfen.

Art. 103. Die ordentliche Gerichtsbarkeit wird durch das Reichsgericht und durch die Gerichte der Länder ausgeübt.

Art. 104. Die Richter der ordentlichen Gerichtsbarkeit werden auf Lebenszeit ernannt. Sie können wider ihrer Willen nur kraft richterlicher Entscheidung und nur aus den Gründen und unter den Formen, welche die Gesetze bestimmen, dauernd oder zeitweise ihres Amtes enthoben oder an eine andere Stelle oder in den Ruhestand versetzt werden. Die Gesetzgebung kann Altersgrenzen festsetzen, bei deren Erreichung Richter in den Ruhestand treten.

Die vorläufige Amtsenthebung, die kraft Gesetzes eintritt, wird hierdurch nicht berührt.

Bei einer Veränderung in der Einrichtung der Gerichte oder ihrer Bezirke kann die Landesjustizverwaltung unfreiwillige Versetzungen an ein anderes Gericht oder Entfernungen vom Amte, jedoch nur unter Belassung des vollen Gehalts, verfügen.

Auf Handelsrichter, Schöffen und Geschworene finden diese Bestimmungen keine Anwendung.

Art. 105. Ausnahmegerichte sind unstatthaft. Niemand darf seinem gesetzlichen Richter entzogen werden. Die gesetzlichen Bestimmungen über Kriegsgerichte und Standgerichte werden hiervon nicht berührt. Die militärischen Ehrengerichte sind aufgehoben.

Art. 106. Die Militärgerichtsbarkeit ist aufzuheben, außer für Kriegszeiten und an Bord der Kriegsschiffe. Das Nähere regelt ein Reichsgesetz.

Hierzu das Gesetz betreffend Aufhebung der Militärgerichtsbarkeit vom 17.8.1920 (RGBl. S. 1579).

Art. 107. Im Reiche und in den Ländern müssen nach Maßgabe der Gesetze Verwaltungsgerichte zum Schutze der einzelnen gegen Anordnungen und Verfügungen der Verwaltungsbehörden bestehen.

Ein Reichsverwaltungsgericht wurde nicht errichtet; an dessen Stelle war nach Artikel 166 der Reichsverfassung das Reichsgericht zuständig.

Art. 108. Nach Maßgabe eines Reichsgesetzes wird ein Staatsgerichtshof für das Deutsche Reich errichtet.

Hierzu das Gesetz über den Staatsgerichtshof vom 9.7.1921 (RGBl. S. 905).

Zweiter Hauptteil
Grundrechte und Grundpflichten der Deutschen

Erster Abschnitt
Die Einzelperson

Art. 109. Alle Deutschen sind vor dem Gesetze gleich.

Männer und Frauen haben grundsätzlich dieselben staatsbürgerlichen Rechte und Pflichten.

Öffentlich-rechtliche Vorrechte oder Nachteile der Geburt oder des Standes sind aufzuheben. Adelsbezeichnungen gelten nur als Teil des Namens und dürfen nicht mehr verliehen werden.

Titel dürfen nur verliehen werden, wenn sie ein Amt oder einen Beruf bezeichnen; akademische Grade sind hierdurch nicht betroffen.

Orden und Ehrenzeichen dürfen vom Staat nicht verliehen werden.

Kein Deutscher darf von einer ausländischen Regierung Titel oder Orden annehmen.

Art. 110. Die Staatsangehörigkeit im Reiche und in den Ländern wird nach den Bestimmungen eines Reichsgesetzes erworben und verloren. Jeder Angehörige eines Landes ist zugleich Reichsangehöriger.

Jeder Deutsche hat in jedem Lande des Reichs die gleichen Rechte und Pflichten wie die Angehörigen des Landes selbst.

Hierzu das Reichs- und Staatsangehörigkeitsgesetz vom 22.7.1913 (RGBl. S. 583f.).

Art. 111. Alle Deutschen genießen Freizügigkeit im ganzen Reiche. Jeder hat das Recht, sich an beliebigem Orte des Reichs aufzuhalten und niederzulassen, Grundstücke zu erwerben und jeden Nahrungszweig zu betreiben. Einschränkungen bedürfen eines Reichsgesetzes.

Hierzu das Gesetz über die Freizügigkeit vom 1.11.1867 (BGBl. S. 55).

Art. 112. Jeder Deutsche ist berechtigt, nach außerdeutschen Ländern auszuwandern. Die Auswanderung kann nur durch Reichsgesetz beschränkt werden.

Hierzu das Gesetz über das Auswanderungswesen vom 9.6.1897 (RGBl. S. 463).

Dem Ausland gegenüber haben alle Reichsangehörigen inner- und außerhalb des Reichsgebiets Anspruch auf den Schutz des Reichs.

Kein Deutscher darf einer ausländischen Regierung zur Verfolgung oder Bestrafung überliefert werden.

Art. 113. Die fremdsprachigen Volksteile des Reichs dürfen durch die Gesetzgebung und Verwaltung nicht in ihrer freien, volkstümlichen Entwicklung, besonders nicht im Gebrauch ihrer Muttersprache beim Unterricht, sowie bei der inneren Verwaltung und der Rechtspflege beeinträchtigt werden.

Hierzu das deutsch-polnische Oberschlesien-Abkommen vom 15.5.1922 (RGBl. II, S. 299).

Art. 114. Die Freiheit der Person ist unverletzlich. Eine Beeinträchtigung oder Entziehung der persönlichen Freiheit durch die öffentliche Gewalt ist nur auf Grund von Gesetzen zulässig.

Personen, denen die Freiheit entzogen wird, sind spätestens am darauffolgenden Tage in Kenntnis zu setzen, von welcher Behörde und aus welchen Gründen die Entziehung der Freiheit angeordnet worden ist; unverzüglich soll ihnen Gelegenheit gegeben werden, Einwendungen gegen ihre Freiheitsentziehung vorzubringen.

Art. 115. Die Wohnung jedes Deutschen ist für ihn eine Freistätte und unverletzlich. Ausnahmen sind nur auf Grund von Gesetzen zulässig.

Art. 116. Eine Handlung kann nur dann mit einer Strafe belegt werden, wenn die Strafbarkeit gesetzlich bestimmt war, bevor die Handlung begangen wurde.

Art. 117. Das Briefgeheimnis sowie das Post-, Telegraphen- und Fernsprechgeheimnis sind unverletzlich. Ausnahmen können nur durch das Reichsgesetz zugelassen werden.

Art. 118. Jeder Deutsche hat das Recht, innerhalb der Schranken der allgemeinen Gesetze seine Meinung durch Wort, Schrift, Druck, Bild oder in sonstiger Weise frei zu äußern. An diesem Rechte darf ihn kein Arbeits- oder Anstellungsverhältnis hindern, und niemand darf ihn benachteiligen, wenn er von diesem Rechte Gebrauch macht.

Eine Zensur findet nicht statt, doch können für Lichtspiele durch Gesetz abweichende Bestimmungen getroffen werden. Auch sind zur Bekämpfung der Schund- und Schmutzliteratur sowie zum Schutze der Jugend bei öffentlichen Schaustellungen und Darbietungen gesetzliche Maßnahmen zulässig.

Hierzu das Lichtspielgesetz vom 12.5.1920 (RGBl. S. 953) sowie das Gesetz zur Bewahrung der Jugend vor Schund- und Schmutzschriften vom 18.12.1926 (RGBl. I, S. 505).

Zweiter Abschnitt
Das Gemeinschaftsleben

Art. 119. Die Ehe steht als Grundlage des Familienlebens und der Erhaltung und Vermehrung der Nation unter dem besonderen Schutz der Verfassung. Sie beruht auf der Gleichberechtigung der beiden Geschlechter.

Die Reinerhaltung, Gesundung und soziale Förderung der Familie ist Aufgabe des Staats und der Gemeinden. Kinderreiche Familien haben Anspruch auf ausgleichende Fürsorge.

Die Mutterschaft hat Anspruch auf den Schutz und die Fürsorge des Staats.

Art. 120. Die Erziehung des Nachwuchses zur leiblichen, seelischen und gesellschaftlichen Tüchtigkeit ist oberste Pflicht und natürliches Recht der Eltern, über deren Betätigung die staatliche Gemeinschaft wacht.

Art. 121. Den unehelichen Kindern sind durch die Gesetzgebung die gleichen Bedingungen für ihre leibliche, seelische und gesellschaftliche Entwicklung zu schaffen wie den ehelichen Kindern.

Art. 122. Die Jugend ist gegen Ausbeutung sowie gegen sittliche, geistige oder körperliche Verwahrlosung zu schützen. Staat und Gemeinde haben die erforderlichen Einrichtungen zu treffen.

Fürsorgemaßregeln im Wege des Zwanges können nur auf Grund des Gesetzes angeordnet werden.

Hierzu das Gesetz über Jugendwohlfahrt vom 9.7.1922 (RGBl. I, S. 633).

Art. 123. Alle Deutschen haben das Recht, sich ohne Anmeldung oder besondere Erlaubnis zu versammeln.

Hierzu das Reichsvereinsgesetz vom 19.4.1908 (RBGl. S. 151).

Versammlungen unter freiem Himmel können durch Reichsgesetz anmeldepflichtig gemacht und bei unmittelbarer Gefahr für die öffentliche Sicherheit verboten werden.

Art. 124. Alle Deutschen haben das Recht, zu Zwecken, die den Strafgesetzen nicht zuwiderlaufen, Vereine oder Gesellschaften zu bilden. Dies Recht kann nicht durch Vorbeugungsmaßregeln beschränkt werden. Für religiöse Vereine und Gesellschaften gelten dieselben Bestimmungen.

Der Erwerb der Rechtsfähigkeit steht jedem Verein gemäß den Vorschriften des bürgerlichen Rechts frei. Er darf einem Vereine nicht aus dem Grund versagt werden, daß er einen politischen, sozialpolitischen oder religiösen Zweck verfolgt.

Hierzu das Reichsvereinsgesetz vom 19.4.1908 (RBGl. S. 151).

Art. 125. Wahlfreiheit und Wahlgeheimnis sind gewährleistet. Das Nähere bestimmen die Wahlgesetze.

Hierzu das Reichswahlgesetz vom 27.4.1920 (RGBl. S. 627); sowie 6.3.1924 (RGBl. I, S. 159); sowie 13.3.1924 (RGBl. I, S. 173); die Reichsstimmordnung vom 14.3.1924 (RGBl. I, S. 173) und das Gesetz über die Wahl des Reichspräsidenten vom 4.5.1920 (RGBl. S. 849); sowie 6.3.1924 (RGBl. I, S. 168); sowie 13.3.1925 (RGBl. I, S. 19).

Art. 126. Jeder Deutsche hat das Recht, sich schriftlich mit Bitten oder Beschwerden an die zuständige Behörde oder an die Volksvertretung zu wenden. Dieses Recht kann sowohl von einzelnen als auch von mehreren gemeinsam ausgeübt werden.

Art. 127. Gemeinden und Gemeindeverbände haben das Recht der Selbstverwaltung innerhalb der Schranken der Gesetze.

Art. 128. Alle Staatsbürger ohne Unterschied sind nach Maßgabe der Gesetze und entsprechend ihrer Befähigung und ihren Leistungen zu den öffentlichen Ämtern zuzulassen.

Alle Ausnahmebestimmungen gegen weibliche Beamte werden beseitigt.

Die Grundlagen des Beamtenverhältnisses sind durch Reichsgesetze zu regeln.

Ein allgemeines Beamtengesetz kam nicht zustande.

Art. 129. Die Anstellung der Beamten erfolgt auf Lebenszeit, soweit nicht durch Gesetz etwas anderes bestimmt ist. Ruhegehalt und Hinterbliebenenversorgung werden gesetzlich geregelt. Die wohlerworbenen Rechte der Beamten sind unverletzlich. Für die vermögensrechtlichen Ansprüche der Beamten steht der Rechtsweg offen.

Hierzu das Reichsbesoldungsgesetz vom 30.4.1920 (RGBl. S. 805).

Die Beamten können nur unter den gesetzlich bestimmten Voraussetzungen und Formen vorläufig ihres Amtes enthoben, einstweilen oder endgültig in den Ruhestand oder in ein anderes Amt mit geringerem Gehalt versetzt werden.

Gegen jedes dienstliche Straferkenntnis muß ein Beschwerdeweg und die Möglichkeit eines Wiederaufnahmeverfahrens eröffnet sein. In die Nachweise über die Person des Beamten sind Eintragungen von ihm ungünstigen Tatsachen erst vorzunehmen, wenn dem Beamten Gelegenheit gegeben war, sich über sie zu äußern. Dem Beamten ist Einsicht in seine Personalnachweise zu gewähren.

Die Unverletzlichkeit der wohlerworbenen Rechte und die Offenhaltung des Rechtswegs für die vermögensrechtlichen Ansprüche werden besonders auch den Berufssoldaten gewährleistet. Im übrigen wird ihre Stellung durch Reichsgesetz geregelt.

Hierzu das Wehrgesetz vom 23.3.1921 (RGBl. S. 329).

Art. 130. Die Beamten sind Diener der Gesamtheit, nicht einer Partei.

Allen Beamten wird die Freiheit ihrer politischen Gesinnung und die Vereinigungsfreiheit gewährleistet.

Die Beamten erhalten nach näherer reichsgesetzlicher Bestimmung besondere Beamtenvertretungen.

Ein Gesetz über Beamtenvertretungen kam nicht zustande.

Art. 131. Verletzt ein Beamter in Ausübung der ihm anvertrauten öffentlichen Gewalt die ihm einem Dritten gegenüber obliegende Amtspflicht, so trifft die Verantwortlichkeit grundsätzlich den Staat oder die Körperschaft, in deren Dienste der Beamte steht. Der Rückgriff gegen den Beamten bleibt vorbehalten. Der ordentliche Rechtsweg darf nicht ausgeschlossen werden.

Die nähere Regelung liegt der zuständigen Gesetzgebung ob.

Hierzu das preußische Amtshaftungsgesetz vom 1.8.1909 (GS S. 691) und das Reichshaftungsgesetz vom 22.5.1910 (RGBl. S. 798).

Art. 132. Jeder Deutsche hat nach Maßgabe der Gesetze die Pflicht zur Übernahme ehrenamtlicher Tätigkeiten.

Art. 133. Alle Staatsbürger sind verpflichtet, nach Maßgabe der Gesetze persönliche Dienste für den Staat und die Gemeinde zu leisten.

Die Wehrpflicht richtet sich nach den Bestimmungen des Reichswehrgesetzes.

Hierzu das Gesetz über die Abschaffung der allgemeinen Wehrplicht vom 21.8.1920 (RGBl. S. 1608).

Dieses bestimmt auch, wieweit für Angehörige der Wehrmacht zur Erfüllung ihrer Aufgaben und zur Erhaltung der Manneszucht einzelne Grundrechte einzuschränken sind.

Art. 134. Alle Staatsbürger ohne Unterschied tragen im Verhältnis ihrer Mittel zu allen öffentlichen Lasten nach Maßgabe der Gesetze bei.

Dritter Abschnitt
Religion und Religionsgesellschaften

Zu den Artikeln 135–141 sind außerdem heranzuziehen:

a) der Vertrag des Landes Braunschweig mit der braunschweigischen evangelisch-lutherischen Landeskirche vom 8.8.1923 (AKBl. S. 240);
b) das Konkordat zwischen dem Land Bayern und dem Heiligen Stuhl vom 29.3.1924 (GVBl. S. 53);
c) die beiden Verträge des Landes Bayern mit den bayerischen evangelischen Kirchen rechts des Rheins und der Pfalz vom 15.11.1924 (GVBl. S. 61).
d) das Konkordat zwischen dem Land Preußen und dem Heiligen Stuhl vom 14.6.1929 (GS S. 152);
e) der Vertrag des Landes Preußen mit den evangelischen Landeskirchen vom 11.5.1931 (GS S. 107);
f) das Konkordat zwischen dem Land Baden und dem Heiligen Stuhl vom 12.10.1932 (GVBl. 1933, S. 20);
g) das Konkordat zwischen dem Reich und dem Heiligen Stuhl vom 20.7.1933 (RGBl. II, S. 679).

Art. 135. Alle Bewohner des Reichs genießen volle Glaubens- und Gewissensfreiheit. Die ungestörte Religionsübung wird durch die Verfassung gewährleistet und steht unter staatlichem Schutz. Die allgemeinen Staatsgesetze bleiben hiervon unberührt.

Art. 136. Die bürgerlichen und staatsbürgerlichen Rechte und Pflichten werden durch die Ausübung der Religionsfreiheit weder bedingt noch beschränkt.

Der Genuß bürgerlicher und staatsbürgerlicher Rechte sowie die Zulassung zu öffentlichen Ämtern sind unabhängig von dem religiösen Bekenntnis.

Niemand ist verpflichtet, seine religiöse Überzeugung zu offenbaren. Die Behörden haben nur soweit das Recht, nach der Zugehörigkeit zu einer Religionsgesellschaft zu fragen, als davon Rechte und Pflichten abhängen oder eine gesetzlich angeordnete statistische Erhebung dies erfordert.

Niemand darf zu einer kirchlichen Handlung oder Feierlichkeit oder zur Teilnahme an religiösen Übungen oder zur Benutzung einer religiösen Eidesform gezwungen werden.

Art. 137. Es besteht keine Staatskirche.

Die Freiheit der Vereinigung zu Religionsgesellschaften wird gewährleistet. Der Zusammenschluß von Religionsgesellschaften innerhalb des Reichsgebiets unterliegt keinen Beschränkungen.

Jede Religionsgesellschaft ordnet und verwaltet ihre Angelegenheiten selbständig innerhalb der Schranken des für alle geltenden Gesetzes. Sie verleiht ihre Ämter ohne Mitwirkung des Staates oder der bürgerlichen Gemeinde.

Religionsgesellschaften erwerben die Rechtsfähigkeit nach den allgemeinen Vorschriften des bürgerlichen Rechtes.

Die Religionsgesellschaften bleiben Körperschaften des öffentlichen Rechtes, soweit sie solche bisher waren. Anderen Religionsgesellschaften sind auf ihren Antrag gleiche Rechte zu gewähren, wenn sie durch ihre Verfassung und die Zahl ihrer Mitglieder die Gewähr der Dauer bieten. Schließen sich mehrere derartige öffentlich-rechtliche Religionsgesellschaften zu einem Verbande zusammen, so ist auch dieser Verband eine öffentlich-rechtliche Körperschaft.

Die Religionsgesellschaften, welche Körperschaften des öffentlichen Rechtes sind, sind berechtigt, auf Grund der bürgerlichen Steuerlisten nach Maßgabe der landesrechtlichen Bestimmungen Steuern zu erheben.

Den Religionsgesellschaften werden die Vereinigungen gleichgestellt, die sich die gemeinschaftliche Pflege einer Weltanschauung zur Aufgabe machen.

Soweit die Durchführung dieser Bestimmungen eine weitere Regelung erfordert, liegt diese der Landesgesetzgebung ob.

Art. 138. Die auf Gesetz, Vertrag oder besonderen Rechtstiteln beruhenden Staatsleistungen an die Religionsgesellschaften werden durch die Landesgesetzgebung abgelöst. Die Grundsätze hierfür stellt das Reich auf.

Ein Gesetz über die Grundsätze der Landesgesetzgebung kam nicht zustande.

Das Eigentum und andere Rechte der Religionsgesellschaften und religiösen Vereine an ihren für Kultus-, Unterrichts- und Wohltätigkeitszwecke bestimmten Anstalten, Stiftungen und sonstigen Vermögen werden gewährleistet.

Art. 139. Der Sonntag und die staatlich anerkannten Feiertage bleiben als Tage der Arbeitsruhe und der seelischen Erhebung gesetzlich geschützt.

Art. 140. Den Angehörigen der Wehrmacht ist die nötige freie Zeit zur Erfüllung ihrer religiösen Pflichten zu gewähren.

Art. 141. Soweit das Bedürfnis nach Gottesdienst und Seelsorge im Heer, in Krankenhäusern, Strafanstalten oder sonstigen öffentlichen Anstalten besteht, sind die Religionsgesellschaften zur Vornahme religiöser Handlungen zuzulassen, wobei jeder Zwang fernzuhalten ist.

Vierter Abschnitt
Bildung und Schule

Art. 142. Die Kunst, die Wissenschaft und ihre Lehre sind frei. Der Staat gewährt ihnen Schutz und nimmt an ihrer Pflege teil.

Art. 143. Für die Bildung der Jugend ist durch öffentliche Anstalten zu sorgen. Bei ihrer Einrichtung wirken Reich, Länder und Gemeinden zusammen.

Die Lehrerbildung ist nach den Grundsätzen, die für die höhere Bildung allgemein gelten, für das Reich einheitlich zu regeln.

Ein Gesetz über die Grundsätze der Lehrerbildung kam nicht zustande.

Die Lehrer an öffentlichen Schulen haben die Rechte und Pflichten der Staatsbeamten.

Art. 144. Das gesamte Schulwesen steht unter der Aufsicht des Staates; er kann die Gemeinden daran beteiligen. Die Schulaufsicht wird durch hauptamtlich tätige, fachmännisch vorgebildete Beamte ausgeübt.

Art. 145. Es besteht allgemeine Schulpflicht. Ihrer Erfüllung dient grundsätzlich die Volksschule mit mindestens acht Schuljahren und die anschließende Fortbildungsschule bis zum vollendeten achtzehnten Lebensjahre. Der Unterricht und die Lernmittel in den Volksschulen und Fortbildungsschulen sind unentgeltlich.

Art. 146. Das öffentliche Schulwesen ist organisch auszugestalten. Auf einer für alle gemeinsamen Grundschule baut sich das mittlere und höhere Schulwesen auf.

Hierzu das Gesetz vom 28.4.1920 (RGBl. S. 851), geändert durch das Gesetz vom 26.2.1927 (RGBl. I, S. 67).

Für diesen Aufbau ist die Mannigfaltigkeit der Lebensberufe, für die Aufnahme eines Kindes in eine bestimmte Schule sind seine Anlage und Neigung, nicht die wirtschaftliche und gesellschaftliche Stellung oder das Religionsbekenntnis seiner Eltern maßgebend.

Innerhalb der Gemeinden sind indes auf Antrag von Erziehungsberechtigten Volksschulen ihres Bekenntnisses oder ihrer Weltanschauung einzurichten, soweit hierdurch ein geordneter Schulbetrieb, auch im Sinne des Abs. 1, nicht beeinträchtigt wird. Der Wille der Erziehungsberechtigten ist möglichst zu berücksichtigen. Das Nähere bestimmt die Landesgesetzgebung nach den Grundsätzen eines Reichsgesetzes.

Ein solches Gesetz kam nicht zustande.

Für den Zugang Minderbemittelter zu den mittleren und höheren Schulen sind durch Reich, Länder und Gemeinden öffentliche Mittel bereitzustellen, insbesondere Erziehungsbeihilfen für die Eltern von Kindern, die zur Ausbildung auf mittleren und höheren Schulen für geeignet erachtet werden, bis zur Beendigung ihrer Ausbildung.

Art. 147. Private Schulen als Ersatz für öffentliche Schulen bedürfen der Genehmigung des Staates und unterstehen den Landesgesetzen. Die Genehmigung ist zu erteilen, wenn die Privatschulen in ihren Lehrzielen und Einrichtungen sowie in der wissenschaftlichen Ausbildung ihrer Lehrkräfte nicht hinter den öffentlichen Schulen zurückstehen und eine Sonderung der Schüler nach den Besitzverhältnissen der Eltern nicht gefördert wird. Die Genehmigung ist zu versagen, wenn die wirtschaftliche und rechtliche Stellung der Lehrkräfte nicht genügend gesichert ist.

Hierzu die Vereinbarung der Unterrichtsverwaltungen der Länder über die Durchführung des Artikels 147 Absatz I der Reichsverfassung vom 21.1.1928 (Pr.Min.Bl. S. 531); sowie 6.8.1930 (Pr.Min.Bl. S. 500).

Private Volksschulen sind nur zuzulassen, wenn für eine Minderheit von Erziehungsberechtigten, deren Wille nach Artikel 146 Abs. 2 zu berücksichtigen ist, eine öffentliche Volksschule ihres Bekenntnisses oder ihrer Weltanschauung in der Gemeinde nicht besteht oder die Unterrichtsverwaltung ein besonderes pädagogisches Interesse anerkennt.

Private Vorschulen sind aufzuheben.

Hierzu das Gesetz vom 28.4.1920 (RGBl. S. 851), geändert durch das Gesetz vom 26.2.1927 (RGBl. I, S. 67).

Für private Schulen, die nicht als Ersatz für öffentliche Schulen dienen, verbleibt es bei dem geltenden Recht.

Art. 148. In allen Schulen ist sittliche Bildung, staatsbürgerliche Gesinnung, persönliche und berufliche Tüchtigkeit im Geiste des deutschen Volkstums und der Völkerversöhnung zu erstreben.

Beim Unterricht in öffentlichen Schulen ist Bedacht zu nehmen, daß die Empfindungen Andersdenkender nicht verletzt werden.

Staatsbürgerkunde und Arbeitsunterricht sind Lehrfächer der Schulen. Jeder Schüler erhält bei Beendigung der Schulpflicht einen Abdruck der Verfassung.

Das Volksbildungswesen, einschließlich der Volkshochschulen, soll von Reich, Ländern und Gemeinden gefördert werden.

Art. 149. Der Religionsunterricht ist ordentliches Lehrfach der Schulen mit Ausnahme der bekenntnisfreien (weltlichen) Schulen. Seine Erteilung wird im Rahmen der Schulgesetzgebung geregelt. Der Religionsunterricht wird in Übereinstimmung mit den Grundsätzen der betreffenden Religionsgesellschaft unbeschadet des Aufsichtsrechts des Staates erteilt.

Die Erteilung religiösen Unterrichts und die Vornahme kirchlicher Verrichtungen bleibt der Willenserklärung der Lehrer, die Teilnahme an religiösen Unterrichtsfächern und an kirchlichen Feiern und Handlungen der Willenserklärung desjenigen überlassen, der über die religiöse Erziehung des Kindes zu bestimmen hat.

Die theologischen Fakultäten an den Hochschulen bleiben erhalten.

Art. 150. Die Denkmäler der Kunst, der Geschichte und der Natur sowie die Landschaft genießen den Schutz und die Pflege des Staates.

Es ist Sache des Reichs, die Abwanderung deutschen Kunstbesitzes in das Ausland zu verhüten.

Fünfter Abschnitt
Das Wirtschaftsleben

Art. 151. Die Ordnung des Wirtschaftslebens muß den Grundsätzen der Gerechtigkeit mit dem Ziele der Gewährleistung eines menschenwürdigen Daseins für alle entsprechen. In diesen Grenzen ist die wirtschaftliche Freiheit des einzelnen zu sichern.

Gesetzlicher Zwang ist nur zulässig zur Verwirklichung bedrohter Rechte oder im Dienst überragender Forderungen des Gemeinwohls.

Die Freiheit des Handels und Gewerbes wird nach Maßgabe der Reichsgesetze gewährleistet.

Hierzu besonders die Gewerbeordnung vom 21.6.1869 (BGBl. S. 245).

Art. 152. Im Wirtschaftsverkehr gilt Vertragsfreiheit nach Maßgabe der Gesetze.

Wucher ist verboten. Rechtsgeschäfte, die gegen die guten Sitten verstoßen, sind nichtig.

Art. 153. Das Eigentum wird von der Verfassung gewährleistet. Sein Inhalt und seine Schranken ergeben sich aus den Gesetzen.

Eine Enteignung kann nur zum Wohle der Allgemeinheit und auf gesetzlicher Grundlage vorgenommen werden. Sie erfolgt gegen angemessene Entschädigung, soweit nicht ein Reichsgesetz etwas anderes bestimmt. Wegen der Höhe der Entschädigung ist im Streitfalle der Rechtsweg bei den ordentlichen Gerichten offen zu halten, soweit Reichsgesetze nichts anderes bestimmen. Enteignung durch das Reich gegenüber Ländern, Gemeinden und gemeinnützigen Verbänden kann nur gegen Entschädigung erfolgen.

Ein allgemeines Enteignungsgesetz kam nicht zustande.

Eigentum verpflichtet. Sein Gebrauch soll zugleich Dienst sein für das Gemeine Beste.

Art. 154. Das Erbrecht wird nach Maßgabe des bürgerlichen Rechtes gewährleistet.

Der Anteil des Staates am Erbgut bestimmt sich nach den Gesetzen.

Hierzu das Erbschaftssteuergesetz vom 10.9.1919 (RGBl. S. 1543); sowie 22.8.1925 (RGBl. I, S. 320).

Art. 155. Die Verteilung und Nutzung des Bodens wird von Staats wegen in einer Weise überwacht, die Mißbrauch verhütet und dem Ziele zustrebt, jedem Deutschen eine gesunde Wohnung und allen deutschen Familien, besonders den kinderreichen, eine ihren Bedürfnissen entsprechende Wohn- und Wirtschaftsheimstätte zu sichern. Kriegsteilnehmer sind bei dem zu schaffenden Heimstättenrecht besonders zu berücksichtigen.

Hierzu das Heimstättengesetz vom 10.5.1920 (RGBl. S. 962).

Grundbesitz, dessen Erwerb zur Befriedigung des Wohnungsbedürfnisses, zur Förderung der Siedlung und Urbarmachung oder zur Hebung der Landwirtschaft nötig ist, kann enteignet werden. Die Fideikommisse sind aufzulösen.

Hierfür war die Landesgesetzgebung zuständig.

Die Bearbeitung und Ausnutzung des Bodens ist eine Pflicht des Grundbesitzers gegenüber der Gemeinschaft. Die Wertsteigerung des Bodens, die ohne eine Arbeits- oder Kapitalaufwendung auf das Grundstück entsteht, ist für die Gesamtheit nutzbar zu machen.

Hierzu das Vermögenszuwachssteuergesetz vom 8.4.1922 (RGBl. I, S. 346).

Alle Bodenschätze und alle wirtschaftlich nutzbaren Naturkräfte stehen unter Aufsicht des Staates. Private Regale sind im Wege der Gesetzgebung auf den Staat zu überführen.

Reichsgesetze sind hierzu nicht ergangen.

Art. 156. Das Reich kann durch Gesetz, unbeschadet der Entschädigung, in sinngemäßer Anwendung der für Enteignung geltenden Bestimmungen, für die Vergesellschaftung geeignete private wirtschaftliche Unternehmungen in Gemeineigentum überführen.

Hierzu das Sozialisierungsgesetz vom 23.3.1919 (RGBl. S. 341).

Es kann sich selbst, die Länder oder die Gemeinden an der Verwaltung wirtschaftlicher Unternehmungen und Verbände beteiligen oder sich daran in anderer Weise einen bestimmenden Einfluß sichern.

Das Reich kann ferner im Falle dringenden Bedürfnisses zum Zwecke der Gemeinwirtschaft durch Gesetz wirtschaftliche Unternehmungen und Verbände auf der Grundlage der Selbstverwaltung zusammenschließen mit dem Ziele, die Mitwirkung aller schaffenden Volksteile zu sichern, Arbeitgeber und Arbeitnehmer an der Verwaltung zu beteiligen und Erzeugung, Herstellung, Verteilung, Verwendung, Preisgestaltung sowie Ein- und Ausfuhr der Wirtschaftsgüter nach gemeinwirtschaftlichen Grundsätzen zu regeln.

Hierzu besonders das Gesetz über die Regelung der Kohlenwirtschaft vom 23.3.1919 (RGBl. S. 342) und das Gesetz über die Regelung der Kaliwirtschaft vom 24.4.1919 (RGBl. S. 413).

Die Erwerbs- und Wirtschaftsgenossenschaften und deren Vereinigungen sind auf ihr Verlangen unter Berücksichtigung ihrer Verfassung und Eigenart in die Gemeinwirtschaft einzugliedern.

Art. 157. Die Arbeitskraft steht unter dem besonderen Schutz des Reichs.

Das Reich schafft ein einheitliches Arbeitsrecht.

Ein einheitliches Arbeitsrecht kam nicht zustande.

Art. 158. Die geistige Arbeit, das Recht der Urheber, der Erfinder und der Künstler genießt den Schutz und die Fürsorge des Reichs.

Den Schöpfungen deutscher Wissenschaft, Kunst und Technik ist durch zwischenstaatliche Vereinbarung auch im Ausland Geltung und Schutz zu verschaffen.

Hierzu die Revidierte Berner Übereinkunft zum Schutze von Werken der Literatur und Kunst vom 13.11.1908 (RGBl. 1910, S. 965).

Art. 159. Die Vereinigungsfreiheit zur Wahrung und Förderung der Arbeits- und Wirtschaftsbedingungen ist für jedermann und für alle Berufe gewährleistet. Alle Abreden und Maßnahmen, welche diese Freiheit einzuschränken oder zu behindern suchen, sind rechtswidrig.

Art. 160. Wer in einem Dienst- oder Arbeitsverhältnis als Angestellter oder Arbeiter steht, hat das Recht auf die zur Wahrnehmung staatsbürgerlicher Rechte und, soweit dadurch der Betrieb nicht erheblich geschädigt wird, zur Ausübung ihm übertragener öffentlicher Ehrenämter nötige freie Zeit. Wieweit ihm der Anspruch auf Vergütung erhalten bleibt, bestimmt das Gesetz.

Art. 161. Zur Erhaltung der Gesundheit und Arbeitsfähigkeit, zum Schutz der Mutterschaft und zur Vorsorge gegen die wirtschaftlichen Folgen von Alter, Schwäche und Wechselfällen des Lebens schafft das Reich ein umfassendes Versicherungswesen unter maßgebender Mitwirkung der Versicherten.

Hierzu die Reichsversicherungsordnung vom 19.7.1911 (RGBl. S. 509) in der Fassung vom 15.12.1924 (RGBl. I, S. 779) und spätere Änderungen; das Angestelltenversicherungsgesetz vom 20.12.1911 (RGBl. S. 989) in der Fassung vom 28.5.1924 (RGBl. I, S. 563); das Knappschaftsgesetz vom 23.7.1923 (RGBl. S. 431) in der Fassung vom 1.7.1926 (RGBl. I, S. 369); und das Gesetz über Arbeitslosenvermittlung und Arbeitslosenversicherung vom 16.7.1927 (RGBl. I, S. 187) in der Fassung vom 12.10.1929 (RGBl. I, S. 162).

Art. 162. Das Reich tritt für eine zwischenstaatliche Regelung der Rechtsverhältnisse der Arbeiter ein, die für die gesamte arbeitende Klasse der Menschheit ein allgemeines Mindestmaß der sozialen Rechte erstrebt.

Art. 163. Jeder Deutsche hat unbeschadet seiner persönlichen Freiheit die sittliche Pflicht, seine geistigen und körperlichen Kräfte so zu betätigen, wie es das Wohl der Gesamtheit erfordert.

Jedem Deutschen soll die Möglichkeit gegeben werden, durch wirtschaftliche Arbeit seinen Unterhalt zu erwerben. Soweit ihm angemessene Arbeitsgelegenheit nicht nachgewiesen werden kann, wird für seinen notwendigen Unterhalt gesorgt. Das Nähere wird durch besondere Reichsgesetze bestimmt.

Hierzu das Gesetz über Arbeitsvermittlung und Arbeitslosenversicherung vom 16.7.1927 (RGBl. I, S. 187) in der Fassung vom 12.10.1929 (RGBl. I, S. 162).

Art. 164. Der selbständige Mittelstand in Landwirtschaft, Gewerbe und Handel ist in Gesetzgebung und Verwaltung zu fördern und gegen Überlastung und Aufsaugung zu schützen.

Art. 165. Die Arbeiter und Angestellten sind dazu berufen, gleichberechtigt in Gemeinschaft mit den Unternehmern an der Regelung der Lohn- und Arbeitsbedingungen sowie an der gesamten wirtschaftlichen Entwicklung der produktiven Kräfte mitzuwirken. Die beiderseitigen Organisationen und ihre Vereinbarungen werden anerkannt.

Hierzu die Verordnung über Tarifverträge vom 23.12.1918 (RGBl. S. 1456), geändert am 31.5.1920 (RGBl. S. 1128) und am 23.1.1923 (RGBl. I, S. 67) sowie die Tarifvertragsordnung vom 1.3.1928 (RGBl. I, S. 47).

Die Arbeiter und Angestellten erhalten zur Wahrnehmung ihrer sozialen und wirtschaftlichen Interessen gesetzliche Vertretungen in Betriebsarbeiterräten sowie in nach Wirtschaftsgebieten gegliederten Bezirksarbeiterräten und in einem Reichsarbeiterrat.

Bezirksarbeiterräte und der Reichsarbeiterrat wurden nicht gebildet. Zu den Betriebsarbeiterräten siehe das Betriebsrätegesetz vom 4.2.1920 (RGBl. S. 147).

Die Bezirksarbeiterräte und der Reichsarbeiterrat treten zur Erfüllung der gesamten wirtschaftlichen Aufgaben und zur Mitwirkung bei der Ausführung der Sozialisierungsgesetze mit den Vertretungen der Unternehmer und sonst beteiligter Volkskreise zu Bezirkswirtschaftsräten und zu einem Reichswirtschaftsrat zusammen. Die Bezirkswirtschaftsräte und der Reichswirtschaftsrat sind so zu gestalten, daß alle wichtigen Berufsgruppen entsprechend ihrer wirtschaftlichen und sozialen Bedeutung darin vertreten sind.

Bezirkswirtschaftsräte wurden nicht gebildet. Nur der vorläufige Reichswirtschaftsrat wurde geschaffen entsprechend der diesbezüglichen Verordnung vom 4.5.1920 (RGBl. S. 858).

Sozialpolitische und wirtschaftspolitische Gesetzentwürfe von grundlegender Bedeutung sollen von der Reichsregierung vor ihrer Einbringung dem Reichswirtschaftsrat zur Begutachtung vorgelegt werden. Der Reichswirtschaftsrat hat das Recht, selbst solche Gesetzesvorlagen zu beantragen. Stimmt ihnen die Reichsregierung nicht zu, so hat sie trotzdem die Vorlage unter Darlegung ihres Standpunkts beim Reichstag einzubringen. Der Reichswirtschaftsrat kann die Vorlage durch eines seiner Mitglieder vor dem Reichstag vertreten lassen.

Hierzu die Verordnung vom 4.5.1920 über den vorläufigen Reichswirtschaftsrat (RGBl. S. 858).

Den Arbeiter- und Wirtschaftsräten können auf den ihnen überwiesenen Gebieten Kontroll- und Verwaltungsbefugnisse übertragen werden.

Aufbau und Aufgabe der Arbeiter- und Wirtschaftsräte sowie ihr Verhältnis zu anderen sozialen Selbstverwaltungskörpern zu regeln, ist ausschließlich Sache des Reichs.

Übergangs- und Schlußbestimmungen.

Art. 166. Bis zur Errichtung des Reichsverwaltungsgerichts tritt an seine Stelle für die Bildung des Wahlprüfungsgerichts das Reichsgericht.

Ein Reichsverwaltungsgericht wurde nicht errichtet.

Art. 167. Die Bestimmungen des Artikel 18 Abs. 3 bis 6 treten erst zwei Jahre nach Verkündung der Reichsverfassung in Kraft.

Durch das Gesetz betr. Oberschlesien vom 27.11.1920 (RGBl. S. 1987) wurden dem Artikel 167 folgende Absätze angefügt:

In der preußischen Provinz Oberschlesien findet innerhalb zweier Monate, nachdem die deutschen Behörden die Verwaltung des zur Zeit besetzten Gebiets übernommen haben, eine Abstimmung nach Artikel 18 Abs. 4 Satz 1 und Abs. 5 darüber statt, ob ein Land Oberschlesien gebildet werden soll.

Wird die Frage bejaht, so ist das Land unverzüglich einzurichten, ohne daß es eines weiteren Reichsgesetzes bedarf. Dabei gelten folgende Bestimmungen:

1. Es ist eine Landesversammlung zu wählen, die binnen drei Monaten nach der amtlichen Feststellung des Abstimmungsergebnisses zur Einsetzung der Landesregierung und zur Beschlußfassung über die Landesverfassung einzuberufen ist. Der Reichspräsident erläßt die Wahlordnung nach den Grundsätzen des Reichswahlgesetzes und bestimmt den Wahltag.
2. Der Reichspräsident bestimmt im Benehmen mit der oberschlesischen Landesversammlung, wann das Land als eingerichtet gilt.
3. Die oberschlesische Staatsangehörigkeit erwerben:
   a) die volljährigen Reichsangehörigen, die am Tage der Einrichtung des Landes Oberschlesien (Nr. 2) in seinem Gebiet Wohnsitz oder ständigen Aufenthalt haben, mit diesem Tage;
   b) sonstige volljährige preußische Staatsangehörige, die im Gebiete der Provinz Oberschlesien geboren sind und innerhalb eines Jahres nach Einrichtung des Landes (Nr. 2) der Landesregierung erklären, daß sie die oberschlesische Staatsangehörigkeit erwerben wollen, am Tage des Einganges dieser Erklärung;
   c) alle Reichsangehörigen, die durch Geburt, Legitimation oder Eheschließung der Staatsangehörigkeit einer der unter a und b bezeichneten Personen folgen.

Die vorgesehene Volksabstimmung fand am 3.9.1922 statt. Die Wählermehrheit (91,9 %) lehnte die Bildung des neuen Landes ab; Oberschlesien blieb daher eine preußische Provinz.

Art. 168. Bis zum Erlaß des im Artikel 63 vorgesehenen Landesgesetzes, aber höchstens *auf die Dauer eines Jahres*, können die sämtlichen preußischen Stimmen im Reichsrat von Mitgliedern der Regierung abgegeben werden.

Durch Gesetz vom 6.8.1920 (RGBl. S. 1565) wurden die Worte „auf die Dauer eines Jahres" ersetzt durch die Worte „bis zum 1. Juli 1921".

Art. 169. Der Zeitpunkt des Inkrafttretens der Bestimmung im Artikel 83 Abs. 1 wird durch die Reichsregierung festgesetzt.

Für eine angemessene Übergangszeit kann die Erhebung und Verwaltung der Zölle und Verbrauchssteuern den Ländern auf ihren Wunsch belassen werden.

Hierzu das Gesetz über die Reichsfinanzverwaltung vom 10.9.1919 (RGBl. S. 1591), das den Artikel 169 gegenstandslos machte.

Art. 170. Die Post- und Telegraphenverwaltungen Bayerns und Württembergs gehen spätestens am 1. April 1921 auf das Reich über.

Der Übergang erfolgte aufgrund der beiden Staatsverträge vom 29./31.3.1920 bereits am 1.4.1920.

Soweit bis zum 1. Oktober 1920 noch keine Verständigung über die Bedingungen der Übernahme erzielt ist, entscheidet der Staatsgerichtshof.

Bis zur Übernahme bleiben die bisherigen Rechte und Pflichten Bayerns und Württembergs in Kraft.

Siehe hierzu oben Artikel 52 der Verfassung des Deutschen Reichs vom 16.4.1871 (RGBl. S. 63).

Der Post- und Telegraphenverkehr mit den Nachbarstaaten des Auslandes wird jedoch ausschließlich vom Reiche geregelt.

Art. 171. Die Staatseisenbahnen, Wasserstraßen und Seezeichen gehen spätestens am 1. April 1921 auf das Reich über.

Soweit bis zum 1. Oktober 1920 noch keine Verständigung über die Bedingungen der Übernahme erzielt ist, entscheidet der Staatsgerichtshof.

Der Übergang der Staatseisenbahnen erfolgte aufgrund eines Staatsvertrags vom 31.3.1920 (RGBl. S. 773) ebenfalls am 1.4.1920. Der Übergang der Wasserstraßen erfolgte aufgrund des Gesetzes vom 29.7.1921 (RGBl. S. 961).

Art. 172. Bis zum Inkrafttreten des Reichsgesetzes über den Staatsgerichtshof übt seine Befugnisse ein Senat von sieben Mitgliedern aus, wovon der Reichstag vier und das Reichsgericht aus seiner Mitte drei wählt. Sein Verfahren regelt er selbst.

Mit dem Inkrafttreten des Gesetzes über den Staatsgerichtshof vom 9.7.1921 (RGBl. S. 909) wurde Artikel 172 gegenstandslos.

Art. 173. Bis zum Erlaß eines Reichsgesetzes gemäß Artikel 138 bleiben die bisherigen auf Gesetz, Vertrag oder besonderen Rechtstiteln beruhenden Staatsleistungen an die Religionsgesellschaften bestehen.

Ein solches Reichsgesetz kam nicht zustande.

Art. 174. Bis zum Erlaß des in Artikel 146 Abs. 2 vorgesehenen Reichsgesetzes bleibt es bei der bestehenden Rechtslage. Das Gesetz hat Gebiete des Reichs, in denen eine nach Bekenntnissen nicht getrennte Schule gesetzlich besteht, besonders zu berücksichtigen.

Ein solches Reichsgesetz kam nicht zustande.

Art. 175. Die Bestimmung des Artikel 109 findet keine Anwendung auf Orden und Ehrenzeichen, die für Verdienste in den Kriegsjahren 1914–1919 verliehen werden sollen.

Art. 176. Alle öffentlichen Beamten und Angehörigen der Wehrmacht sind auf diese Verfassung zu vereidigen. Das Nähere wird durch Verordnung des Reichspräsidenten bestimmt.

Hierzu die Verordnung des Reichspräsidenten über die Vereidigung der öffentlichen Beamten vom 14.8.1919 (RGBl. S. 1419).

Art. 177. Wo in den bestehenden Gesetzen die Eidesleistung unter Benutzung einer religiösen Eidesform vorgesehen ist, kann die Eidesleistung rechtswirksam auch in der Weise erfolgen, daß der Schwörende unter Weglassung der religiösen Eidesform erklärt: „ich schwöre". Im übrigen bleibt der in den Gesetzen vorgesehene Inhalt des Eides unberührt.

Art. 178. Die Verfassung des Deutschen Reichs vom 16. April 1871 und das Gesetz über die vorläufige Reichsgewalt vom 10. Februar 1919 sind aufgehoben.

Die übrigen Gesetze und Verordnungen des Reichs bleiben in Kraft, soweit ihnen diese Verfassung nicht entgegensteht. Die Bestimmungen des am 28. Juni 1919 in Versailles unterzeichneten Friedensvertrags werden durch die Verfassung nicht berührt.

Durch Gesetz vom 6.8.1920 (RGBl. S. 1566) wurde an Absatz 2 folgender Satz angefügt:

Mit Rücksicht auf die Verhandlungen bei dem Erwerbe der Insel Helgoland kann zugunsten ihrer einheimischen Bevölkerung eine von Artikel 17 Abs. 2 abweichende Regelung getroffen werden.

Anordnungen der Behörden, die auf Grund bisheriger Gesetze in rechtsgültiger Weise getroffen waren, behalten ihre Gültigkeit bis zur Aufhebung im Wege anderweiter Anordnung oder Gesetzgebung.

Art. 179. Soweit in Gesetzen oder Verordnungen auf Vorschriften und Einrichtungen verwiesen ist, die durch diese Verfassung aufgehoben sind, treten an ihre Stelle die entsprechenden Vorschriften und Einrichtungen dieser Verfassung. Insbesondere treten an die Stelle der Nationalversammlung der Reichstag, an die Stelle des Staatenausschusses der Reichsrat, an die Stelle des auf Grund des Gesetzes über die vorläufige Reichsgewalt gewählten Reichspräsidenten der auf Grund dieser Verfassung gewählte Reichspräsident.

Die nach den bisherigen Vorschriften dem Staatenausschuß zustehende Befugnis zum Erlaß von Verordnungen geht auf die Reichsregierung über; sie bedarf zum Erlaß der Verordnungen der Zustimmung des Reichsrats nach Maßgabe dieser Verfassung.

Art. 180. Bis zum Zusammentritt des ersten Reichstags gilt die Nationalversammlung als Reichstag.

Mit dem Zusammentritt des ersten Reichstags am 24.6.1920 wurde dieser Satz gegenstandslos.

Bis zum Amtsantritt des ersten Reichspräsidenten wird sein Amt von dem auf Grund des Gesetzes über die vorläufige Reichsgewalt gewählten Reichspräsidenten geführt.

Neue Fassung von Satz 2 durch Gesetz vom 27.10.1922 (RGBl. S.801. Dieser Satz wurde mit dem Tod des Reichspräsidenten Friedrich Ebert am 28.2.1925 gegenstandslos.):

Der von der Nationalversammlung gewählte Reichspräsident führt sein Amt bis zum 30. Juni 1925.

Art. 181. Das deutsche Volk hat durch seine Nationalversammlung diese Verfassung beschlossen und verabschiedet. Sie tritt mit dem Tage ihrer Verkündung in Kraft.

Die Verfassung wurde am 14.8.1919 verkündet.

Schwarzburg, den 11. August 1919.

Der Reichspräsident
Ebert

Das Reichsministerium
Bauer

Erzberger Hermann Müller Dr. David Noske Schmidt
Schlicke Giesberts Dr. Mayer Dr. Bell

Quelle: *Reichs-Gesetzblatt 1919*, S. 1383–1418.

9. Nationalsozialistische Verfassungsdokumente

9a. Notverordnung zum Schutz von Volk und Staat 1933

Der Reichstagsbrand am 27.2.1933 diente der Regierung Hitler als Gelegenheit, Reichspräsident Hindenburg zur Verkündung der im folgenden abgedruckten Notverordnung auf der Grundlage des Artikels 48 der Weimarer Reichsverfassung (siehe oben Dokument Nr. 8) zu veranlassen. Indem die Notverordnung wesentliche in der Verfassung garantierte Grundrechte außer Kraft setzte, ermöglichte sie der Regierung zuvor ungesetzliche Zugriffe auf mißliebige Personen, legitimierte Zwangsmaßnahmen und Gewaltakte und gewährte so die Möglichkeit zur Ausbildung des nationalsozialistischen Willkürregimes. Sie behielt bis zu dessen Ende Geltung.

Verordnung des Reichspräsidenten zum Schutz von Volk und Staat. Vom 28. Februar 1933.

Auf Grund des Artikels 48 Abs. 2 der Reichsverfassung wird zur Abwehr kommunistischer staatsgefährdender Gewaltakte folgendes verordnet:

§ 1. Die Artikel 114, 115, 117, 118, 123, 124 und 153 der Verfassung des Deutschen Reichs werden bis auf weiteres außer Kraft gesetzt. Es sind daher Beschränkungen der persönlichen Freiheit, des Rechts der freien Meinungsäußerung, einschließlich der Pressefreiheit, des Vereins- und Versammlungsrechts, Eingriffe in das Brief-, Post-, Telegraphen- und Fernsprechgeheimnis, Anordnungen von Haussuchungen und von Beschlagnahmen sowie Beschränkungen des Eigentums auch außerhalb der sonst hierfür bestimmten gesetzlichen Grenzen zulässig.

§ 2. Werden in einem Lande die zur Wiederherstellung der öffentlichen Sicherheit und Ordnung nötigen Maßnahmen nicht getroffen, so kann die Reichsregierung insoweit die Befugnisse der obersten Landesbehörde vorübergehend wahrnehmen.

§ 3. Die Behörden der Länder und Gemeinden (Gemeindeverbände) haben den auf Grund des § 2 erlassenen Anordnungen der Reichsregierung im Rahmen ihrer Zuständigkeit Folge zu leisten.

§ 4. Wer den von den obersten Landesbehörden oder den ihnen nachgeordneten Behörden zur Durchführung dieser Verordnung erlassenen Anordnungen oder den von der Reichsregierung gemäß § 2 erlassenen Anordnungen zuwiderhandelt oder wer zu solcher Zuwiderhandlung auffordert oder anreizt, wird, soweit nicht die Tat nach anderen Vorschriften mit einer schwereren Strafe bedroht ist, mit Gefängnis nicht unter einem Monat oder mit Geldstrafe von 150 bis zu 15 000 Reichsmark bestraft.

Wer durch Zuwiderhandlung nach Abs. 1 eine gemeine Gefahr für Menschenleben herbeiführt, wird mit Zuchthaus, bei mildernden Umständen mit Gefängnis nicht unter sechs Monaten und, wenn die Zuwiderhandlung den Tod eines Menschen verursacht, mit dem Tode, bei mildernden Umständen mit Zuchthaus nicht unter zwei Jahren bestraft. Daneben kann auf Vermögenseinziehung erkannt werden.

Wer zu einer gemeingefährlichen Zuwiderhandlung (Abs. 2) auffordert oder anreizt, wird mit Zuchthaus, bei mildernden Umständen mit Gefängnis nicht unter drei Monaten bestraft.

§ 5. Mit dem Tode sind die Verbrechen zu bestrafen, die das Strafgesetzbuch in den §§ 81 (Hochverrat), 229 (Giftbeibringung), 307 (Brandstiftung), 311 (Explosion), 312 (Überschwemmung), 315 Abs. 2 (Beschädigung von Eisenbahnanlagen), 324 (gemeingefährliche Vergiftung) mit lebenslangem Zuchthaus bedroht.

Mit dem Tode oder, soweit nicht bisher eine schwerere Strafe angedroht ist, mit lebenslangem Zuchthaus oder mit Zuchthaus bis zu 15 Jahren wird bestraft:

1. Wer es unternimmt, den Reichspräsidenten oder ein Mitglied oder einen Kommissar der Reichsregierung oder einer Landesregierung zu töten oder wer zu einer solchen Tötung auffordert, sich erbietet, ein solches Erbieten annimmt oder eine solche Tötung mit einem anderen verabredet;
2. wer in den Fällen des § 115 Abs. 2 des Strafgesetzbuchs (schwerer Aufruhr) oder des § 125 Abs. 2 des Strafgesetzbuchs (schwerer Landfriedensbruch) die Tat mit Waffen oder in bewußtem und gewolltem Zusammenwirken mit einem Bewaffneten begeht;
3. wer eine Freiheitsberaubung (§ 239) des Strafgesetzbuchs in der Absicht begeht, sich des der Freiheit Beraubten als Geisel im politischen Kampfe zu bedienen.

§ 6. Diese Verordnung tritt mit dem Tage der Verkündung in Kraft.

Berlin, den 28. Februar 1933.

Der Reichspräsident
v. Hindenburg
Der Reichskanzler
Adolf Hitler

Der Reichsminister des Innern Frick
Der Reichsminister der Justiz Dr. Gürtner

Quelle: *Reichsgesetzblatt 1933 I*, S. 83.

9b. Ermächtigungsgesetz 1933

Der am 5.3.1933 gewählte und am 23.3. konstituierte Reichstag beschloß am 24.3. das im folgenden abgedruckte sogenannte „Ermächtigungsgesetz". Da dieses verfassungsändernden Charakter hatte, war zur Verabschiedung laut Artikel 76 der Weimarer Reichsverfassung (siehe oben Dokument Nr. 8) eine Zweidrittelmehrheit nötig. Diese lag vor, da alle Parteien zustimmten mit Ausnahme der Sozialdemokraten sowie der durch die Regierung an der Sitzungsteilnahme gehinderten Kommunisten. Indem das Gesetz die Gesetzgebungsbefugnis auf die Regierung übertrug und damit die Gewaltenteilung zwischen Legislative und Exekutive aufhob, besiegelte es das Ende der demokratischen Weimarer Republik und etablierte das autoritäre Herrschaftssystem Hitlers. Das Ermächtigungsgesetz wurde verfassungsgemäß verlängert durch das vom Reichstag einstimmig beschlossene Gesetz vom 30.1.1937 (RGBl. I, S. 105, bis 1.4.1941) und das ebenfalls einstimmig beschlossene Gesetz vom 30.1.1939 (RGBl. I., S. 95, bis 10.5.1943). Ein verfassungsmäßig zweifelhafter Erlaß Hitlers vom 10.5.1943 (RGBl., S. 295) verlängerte das Gesetz auf unbestimmte Zeit. Es wurde formal aufgehoben durch das Gesetz Nr. 1 des Kontrollrats vom 20.9.1945 (Abl.KD 1945 Nr. 1, S. 6).

Gesetz zur Behebung der Not von Volk und Reich.
Vom 24. März 1933.

Der Reichstag hat das folgende Gesetz beschlossen, das mit Zustimmung des Reichsrats hiermit verkündet wird, nachdem festgestellt ist, daß die Erfordernisse verfassungsändernder Gesetzgebung erfüllt sind:

Art. l. Reichsgesetze können außer in dem in der Reichsverfassung vorgesehenen Verfahren auch durch die Reichsregierung beschlossen werden. Dies gilt auch für die in den Artikeln 85 Abs. 2 und 87 der Reichsverfassung bezeichneten Gesetze.

Art. 2. Die von der Reichsregierung beschlossenen Reichsgesetze können von der Reichsverfassung abweichen, soweit sie nicht die Einrichtung des Reichstags und des Reichsrats als solche zum Gegenstand haben. Die Rechte des Reichspräsidenten bleiben unberührt.

Art. 3. Die von der Reichsregierung beschlossenen Reichsgesetze werden vom Reichskanzler ausgefertigt und im Reichsgesetzblatt verkündet. Sie treten, soweit sie nichts anderes bestimmen, mit dem auf die Verkündung folgenden Tage in Kraft. Die Artikel 68 bis 77 der Reichsverfassung finden auf die von der Reichsregierung beschlossenen Gesetze keine Anwendung.

Art. 4. Verträge des Reichs mit fremden Staaten, die sich auf Gegenstände der Reichsgesetzgebung beziehen, bedürfen nicht der Zustimmung der an der

Gesetzgebung beteiligten Körperschaften. Die Reichsregierung erläßt die zur Durchführung dieser Verträge erforderlichen Vorschriften.

Art. 5. Dieses Gesetz tritt mit dem Tage seiner Verkündung in Kraft. Es tritt mit dem 1. April 1937 außer Kraft; es tritt ferner außer Kraft, wenn die gegenwärtige Reichsregierung durch eine andere abgelöst wird.

Berlin, den 24. März 1933.

Der Reichspräsident
von Hindenburg
Der Reichskanzler
Adolf Hitler

Der Reichsminister des Innern	Frick
Der Reichsminister des Auswärtigen	Freiherr von Neurath
Der Reichsminister der Finanzen	Graf Schwerin von Krosigk

Quelle: *Reichsgesetzblatt 1933 I,* S. 141.

9c. Gesetz über den Neuaufbau des Reichs 1934

Eine der wichtigsten verfassungspolitischen Maßnahmen der nationalsozialistischen Regierung war die Aufhebung des föderativen Charakters der Weimarer Republik. Das „Vorläufige Gesetz zur Gleichschaltung der Länder mit dem Reich" vom 31.3.1933 (RGBl. I, S. 153) bestimmte, daß alle Landtage mit Ausnahme des am 5.3. gewählten preußischen neu zu bilden seien, und zwar gemäß dem Parteienanteil bei den Reichstagswahlen vom 5.3. innerhalb jeden Landes. Das Zweite Gesetz zur Gleichschaltung der Länder mit dem Reich vom 7.4. (RGBl. I, S. 173) verfügte die Entsendung von Reichsstatthaltern mit weitreichenden Vollmachten in die einzelnen Länder. Das hier abgedruckte Gesetz über den Neuaufbau des Reichs vom 30.1.1934 vollendete die unitaristische Ausrichtung des Reichs, indem es die Länderparlamente beseitigte und deren Hoheitsrechte auf das Reich übertrug. Das „Gesetz über die Aufhebung des Reichsrats" vom 14.2. (RGBl. I, S. 89) stellte dann den logischen Schlußpunkt hierzu dar.

Gesetz über den Neuaufbau des Reichs. Vom 30. Januar 1934.

Die Volksabstimmung und die Reichstagswahl vom 12. November 1933 haben bewiesen, daß das deutsche Volk über alle innenpolitischen Grenzen und Gegensätze hinweg zu einer unlöslichen, inneren Einheit verschmolzen ist.

Der Reichstag hat daher einstimmig das folgende Gesetz beschlossen, das mit einmütiger Zustimmung des Reichsrats hiermit verkündet wird, nachdem festgestellt ist, daß die Erfordernisse verfassungändernder Gesetzgebung erfüllt sind.

Art. 1. Die Volksvertretungen der Länder werden aufgehoben.

Art. 2. (1) Die Hoheitsrechte der Länder gehen auf das Reich über.
(2) Die Landesregierungen unterstehen der Reichsregierung.

Art. 3. Die Reichsstatthalter unterstehen der Dienstaufsicht des Reichsministers des Innern.

Art. 4. Die Reichsregierung kann neues Verfassungsrecht setzen.

Art. 5. Der Reichsminister des Innern erläßt die zur Durchführung des Gesetzes erforderlichen Rechtsverordnungen und Verwaltungsvorschriften.

Art. 6. Dieses Gesetz tritt mit dem Tage der Verkündung in Kraft.

Berlin, den 30. Januar 1934.

Der Reichspräsident
von Hindenburg
Der Reichskanzler
Adolf Hitler
Der Reichsminister des Innern
Frick

Quelle: *Reichsgesetzblatt 1934 I*, S. 75.

9d. Gesetz über das Staatsoberhaupt des Deutschen Reichs 1934

Die nationalsozialistische Diktatur gründete nicht nur auf der Beseitigung der Länderhoheit. Weitere wesentliche Maßnahmen waren nach der Auflösung der politischen Parteien Ende Juni/Anfang Juli 1933 der Erlaß des „Gesetzes gegen die Neubildung von Parteien" vom 14.7. (RGBl. I, S. 479) und des „Gesetzes zur Sicherung der Einheit von Partei und Staat" vom 1.12. (RGBl. I, S. 1016). Schließlich erhielt der Führerstaat seine eindeutige institutionelle Form durch das am Vorabend des Todes von Reichspräsident Hindenburg verkündete und mit seinem Tod in Kraft tretende, im folgenden abgedruckte Gesetz, das die Ämter des Reichspräsidenten und des Reichskanzlers vereinigte.

Gesetz über das Staatsoberhaupt des Deutschen Reichs. Vom 1. August 1934.

Die Reichsregierung hat das folgende Gesetz beschlossen, das hiermit verkündet wird:

In einer Volksabstimmung am 19.8.1934 wurde das Gesetz bestätigt.

§1. Das Amt des Reichspräsidenten wird mit dem des Reichskanzlers vereinigt. Infolgedessen gehen die bisherigen Befugnisse des Reichspräsidenten auf den Führer und Reichskanzler Adolf Hitler über. Er bestimmt seinen Stellvertreter.

§2. Dieses Gesetz tritt mit Wirkung von dem Zeitpunkt des Ablebens des Reichspräsidenten von Hindenburg in Kraft.

Reichspräsident von Hindenburg starb am 2.8.1934.

Berlin, den 1. August 1934.

Der Reichskanzler Adolf Hitler

Der Stellvertreter des Reichskanzlers	von Papen
Der Reichsminister des Auswärtigen	Freiherr von Neurath
Der Reichsminister des Innern	Frick
Der Reichsminister der Finanzen	Graf Schwerin von Krosigk
Der Reichsarbeitsminister	Franz Seldte
Der Reichsminister der Justiz	Dr. Gürtner
Der Reichswehrminister	von Blomberg
Der Reichspostminister und Reichsverkehrsminister	Frhr. v. Eltz
Der Reichsminister für Ernährung und Landwirtschaft	R. Walther Darré
Der Reichsminister für Volksaufklärung und Propaganda	Dr. Goebbels
Der Reichsminister der Luftfahrt	Hermann Göring
Der Reichsminister für Wissenschaft, Erziehung und Volksbildung	Bernhard Rust
Der Reichsminister ohne Geschäftsbereich	Rudolf Heß
Der Reichsminister ohne Geschäftsbereich	Hanns Kerrl

Quelle: *Reichsgesetzblatt 1934 I*, S. 747.

10. Verfassungsdokumente der Alliierten

10 a. Viermächte-Erklärung über das Kontrollverfahren in Deutschland 1945

Durch die Kapitulation der deutschen Wehrmacht am 7./9.5.1945, die alliierte Besetzung Deutschlands und die Verhaftung der Reichsregierung Dönitz am 23.5. zerfiel die deutsche Staatsgewalt. Das hierdurch entstandene machtpolitische Vakuum wurde von den vier Siegermächten ausgefüllt. Am 5.6. gaben sie eine „Erklärung in Anbetracht der Niederlage Deutschlands und der Übernahme der obersten Regierungsgewalt ..." (Abl.KD, Ergänzungsblatt Nr. 1, S. 7–9) ab, deren 15 Artikel die praktischen Modalitäten der Übergabe der Exekutivgewalt durch die deutschen Behörden an die alliierten Dienststellen regelten. Parallel hierzu ergingen zwei weitere Erklärungen. In der hier abgedruckten „Feststellung ... über das Kontrollverfahren in Deutschland" wurde die Funktionsweise der künftigen alliierten Militärregierung, des Kontrollrats, festgelegt; schließlich bestimmte eine „Feststellung ... über die Besatzungszonen in Deutschland" (Abl.KD, Ergänzungsblatt Nr. 1, S. 11) die territoriale Aufteilung in vier Zonen und die Besetzung Berlins. Die Proklamation Nr. 1 der vier Militärbefehlshaber vom 30.8. (Abl.KD Nr. 1, S. 4–5) errichtete dann den in der hier abgedruckten Erklärung vorgesehenen Kontrollrat. Infolge der politischen Entwicklung, durch die sich die Ziele der drei westlichen Mächte von denen der Sowjetunion entfernten, funktionierte der Kontrollrat allerdings nur kurz in der vorgesehenen Weise und trat nach dem 20.3.1948 nicht mehr zusammen.

Feststellung

seitens der Regierungen des Vereinigten Königreichs, der Vereinigten Staaten von Amerika und der Union der Sozialistischen Sowjet-Republiken sowie der Provisorischen Regierung der Französischen Republik über das Kontrollverfahren in Deutschland

1. Während der Zeit, in der Deutschland die sich aus der bedingungslosen Kapitulation ergebenden grundlegenden Forderungen erfüllt, wird in Deutschland die oberste Gewalt von den Oberbefehlshabern Großbritanniens, der Vereinigten Staaten, Sowjetrußlands und Frankreichs auf Anweisung ihrer Regierungen ausgeübt, von jedem in seiner eigenen Besatzungszone und gemeinsam in allen Deutschland als ein Ganzes betreffenden Angelegenheiten. Die vier Oberbefehlshaber bilden zusammen den Kontrollrat. Jeder Oberbefehlshaber wird von einem politischen Berater unterstützt.

2. Der Kontrollrat, dessen Entscheidungen einstimmig getroffen werden müssen, trägt für eine angemessene Einheitlichkeit des Vorgehens der einzelnen

Oberbefehlshaber in ihren entsprechenden Besatzungszonen Sorge und trifft im gegenseitigen Einvernehmen Entscheidungen über alle Deutschland als Ganzes betreffenden wesentlichen Fragen.

3. Unter dem Kontrollrat sind ein ständiger Koordinationsausschuß, der sich aus je einem Vertreter der vier Oberbefehlshaber zusammensetzt, und ein Kontrollstab tätig, der aus folgenden Abteilungen besteht (wobei auf Grund praktischer Erfahrung vorgenommene Änderungen zulässig sind): Heer, Marine, Luft, Transport, Politik, Wirtschaft, Finanzen, Reparationen und Wiedererstattung, Innere Angelegenheiten und Nachrichtenwesen, Rechtswesen, Kriegsgefangene und Zwangsverschleppte, Arbeitseinsatz.

Jede Abteilung hat vier Leiter, von denen einer von jeder der vier Mächte ernannt wird. Die Abteilungsstäbe können sowohl aus Zivil- als auch aus Militärpersonal bestehen und in besonderen Fällen auch in persönlicher Eigenschaft ernannte Angehörige anderer Vereinter Nationen einschließen.

4. Die Funktionen des Koordinationsausschusses sowie des Kontrollstabes bestehen in der Beratung des Kontrollrates, der Ausführung seiner Beschlüsse und deren Weiterleitung an die entsprechenden deutschen Behörden sowie in der Überwachung und Kontrolle der laufenden Tätigkeit dieser Behörden.

5. Die Verbindung zu den anderen hauptsächlich interessierten Regierungen der Vereinten Nationen wird durch Ernennung von Militärmissionen (denen auch Zivilpersonen angehören können) bei dem Kontrollrat seitens dieser Regierungen hergestellt. Diese Missionen haben zu den die Kontrolle ausübenden Dienststellen auf dem entsprechenden Dienstweg Zutritt.

6. Organisationen der Vereinten Nationen, sofern sie von dem Kontrollrat zur Betätigung in Deutschland zugelassen werden, sind dem Alliierten Kontrollapparat untergeordnet und ihm gegenüber verantwortlich.

7. Die Verwaltung des Gebietes von Groß-Berlin wird von einer Interalliierten Behörde geleitet, die unter der Leitung des Kontrollrates arbeitet und aus vier Kommandanten besteht, deren jeder abwechselnd als Hauptkommandant fungiert. Sie werden von einem Stab von Sachbearbeitern unterstützt, der die Tätigkeit der örtlichen deutschen Behörden überwacht und kontrolliert.

8. Die oben dargelegte Regelung gilt für die der deutschen Kapitulation folgende Besatzungszeit, innerhalb welcher Deutschland die sich aus der bedingungslosen Kapitulation ergebenden grundlegenden Forderungen erfüllt. Eine Regelung für die darauffolgende Zeit wird Gegenstand einer Sondervereinbarung bilden.

5. Juni 1945.

Quelle: *Amtsblatt des Kontrollrats in Deutschland,* Ergänzungsblatt Nr. 1, S. 10.

10b. Besatzungsstatut 1949

Durch die Errichtung der Bundesrepublik Deutschland wurde eine Neuregelung der Befugnisse der drei westlichen Besatzungsmächte notwendig. Auf einer Konferenz in Washington (6.–8.4.1949) arbeiteten diese deshalb das hier abgedruckte Besatzungsstatut aus, das nach Konstituierung der Verfassungsorgane der Bundesrepublik am 21.9. in Kraft trat. Damit endete die Militärregierung in den drei westlichen Besatzungszonen. An die Stelle des Kontrollrats trat faktisch nun die aus den drei Hohen Kommissaren bestehende Alliierte Hohe Kommission, die insbesondere für die Regelung aller auswärtigen und militärischen Angelegenheiten zuständig war. Durch eine Revision des Besatzungsstatuts vom 6.3.1951 wurden die Vorbehaltsrechte der Besatzungsmächte weiter abgebaut und der Bundesrepublik vor allem die Pflege der auswärtigen Beziehungen ermöglicht. Auf der Londoner Neun-Mächte-Konferenz (28.9.–3.10.1954) wurde dann die Souveränität der Bundesrepublik beschlossen und in den sogenannten Pariser Verträgen (19.–23.10.) festgeschrieben. Nach der Ratifizierung der letzteren traten diese am 5.5.1955 in Kraft, womit das Besatzungsstatut aufgehoben wurde und die Bundesrepublik ihre volle Souveränität erlangte.

Amtlicher Wortlaut des Besatzungsstatuts, veröffentlicht am 12. Mai 1949 durch die Militärgouverneure und Oberbefehlshaber der Westzonen.

Besatzungsstatut

In Ausübung der von den Regierungen Frankreichs, der Vereinigten Staaten und des Vereinigten Königreiches beibehaltenen obersten Gewalt,

verkünden wir, General Pierre Koenig, Militärgouverneur und Oberbefehlshaber der französischen Zone Deutschlands,

General Lucius D. Clay, Militärgouverneur und Oberbefehlshaber der amerikanischen Zone Deutschlands, und

General Sir Brian Hubert Robertson, Militärgouverneur und Oberbefehlshaber der britischen Zone Deutschlands, hiermit gemeinsam das Besatzungsstatut:

1. Die Regierungen Frankreichs, der Vereinigten Staaten und des Vereinigten Königreichs wünschen und beabsichtigen, daß sich das deutsche Volk in dem Zeitraum, während dessen das Fortdauern der Besatzung notwendig ist, im größtmöglichsten Maße selbst regiert, soweit dies mit der Besatzung vereinbar ist. Der Bund und die beteiligten Länder haben, lediglich den Beschränkungen dieses Statuts unterworfen, volle gesetzgebende, vollziehende und rechtsprechende Gewalt gemäß dem Grundgesetz und den Länderverfassungen.

2. Um die Erreichung der Grundziele der Besatzung sicherzustellen, wird die Zuständigkeit für die folgenden Gebiete, einschließlich des Rechts, von den Besat-

zungsbehörden benötigte Auskünfte und statistische Angaben anzufordern und deren Richtigkeit zu prüfen, ausdrücklich vorbehalten:

a) die Entwaffnung und Entmilitarisierung einschließlich der damit in Beziehung stehenden Gebiete der wissenschaftlichen Forschung, Verbote und Beschränkungen der Industrie und die Zivilluftfahrt,

b) die Kontrolle über die Ruhr, die Restitutionen, Reparationen, Dekartellisierung, Dezentralisation, Ausschluß von Diskriminierungen in Handelsangelegenheiten, die ausländischen Interessen in Deutschland und die Ansprüche gegen Deutschland,

c) auswärtige Angelegenheiten einschließlich der von Deutschland oder in seinem Namen getroffenen internationalen Abkommen,

d) verschleppte Personen und die Aufnahme von Flüchtlingen,

e) der Schutz, das Prestige und die Sicherheit der Alliierten Streitkräfte, Familienangehörigen, Angestellten und Vertreter, ihre Immunitäten und das Aufkommen für die Besatzungskosten und für ihre anderen Anforderungen,

f) die Beachtung des Grundgesetzes und der Länderverfassungen,

g) die Überwachung des Außenhandels und der Devisenwirtschaft,

h) die Überwachung innerer Maßnahmen, aber nur in dem Umfang, der erforderlich ist, um die Verwendung von Geldmitteln, Lebensmitteln und sonstigen Bedarfsgütern in der Weise sicherzustellen, daß Deutschlands Bedarf an ausländischer Unterstützung auf ein Mindestmaß herabgesetzt wird,

i) die Überwachung der Versorgung und Behandlung in deutschen Strafanstalten von Personen, die vor Gerichten oder Tribunalen der Besatzungsmächte oder Besatzungsbehörden angeklagt oder von ihnen verurteilt worden sind; die Überwachung der Vollstreckung von Strafurteilen gegen solche Personen und in Angelegenheiten ihrer Amnestierung, Begnadigung und Freilassung.

3. Es ist die Hoffnung und Erwartung der Regierungen Frankreichs, der Vereinigten Staaten und des Vereinigten Königreichs, daß die Besatzungsbehörden keinen Anlaß haben werden, auf anderen als den oben ausdrücklich vorbehaltenen Gebieten Maßnahmen zu ergreifen. Die Besatzungsbehörden behalten sich jedoch das Recht vor, entsprechend den Weisungen ihrer Regierungen die Ausübung der vollen Gewalt ganz oder teilweise wieder zu übernehmen, wenn sie dies für unerläßlich erachten für die Sicherheit oder zur Aufrechterhaltung der demokratischen Ordnung in Deutschland, oder um den internationalen Verpflichtungen ihrer Regierungen nachzukommen. Zuvor werden sie die zu-

ständigen deutschen Behörden von ihrer Entscheidung und den dazu führenden Gründen förmlich in Kenntnis setzen.

4. Die Bundesrepublik Deutschland und die Länder haben die Befugnis, nach ordnungsmäßiger Mitteilung an die Besatzungsbehörden auch auf den diesen Behörden vorbehaltenen [Gebieten] Gesetze zu erlassen und Maßnahmen zu ergreifen, es sei denn, daß die Besatzungsbehörden ausdrücklich anders bestimmen oder daß solche Gesetze oder Maßnahmen mit [von] den Besatzungsbehörden selbst getroffenen Entscheidungen oder Maßnahmen unvereinbar sind.

5. Jede Änderung des Grundgesetzes bedarf vor ihrem Inkrafttreten der ausdrücklichen Genehmigung der Besatzungsbehörden. Länderverfassungen, Änderungen dieser Verfassungen, alle sonstige Gesetzgebung und alle Abkommen zwischen dem Bund und ausländischen Regierungen treten 21 Tage nach ihrem amtlichen Eingang bei den Besatzungsbehörden in Kraft, es sei denn, daß diese sie vorher vorläufig oder endgültig ablehnen. Die Besatzungsbehörden werden gesetzgeberische Maßnahmen nicht ablehnen, es sei denn, daß sie ihrer Ansicht nach mit dem Grundgesetz, mit einer Landesverfassung, mit der Gesetzgebung oder den sonstigen Direktiven der Besatzungsbehörden oder mit Bestimmungen dieses Statuts unvereinbar sind, oder daß diese Maßnahmen die Grundziele der Besatzung ernstlich gefährden.

6. Unter dem ausschließlichen Vorbehalt der Gewährleistung ihrer Sicherheiten garantieren die Besatzungsbehörden die Beachtung durch alle Besatzungsstellen der Rechte des Bürgers auf Schutz gegen willkürliche Verhaftung, Durchsuchung oder Beschlagnahme; auf Vertretung durch einen Anwalt; auf Freilassung gegen Sicherheitsleistung, soweit es die Umstände rechtfertigen; auf die Möglichkeit, mit den Angehörigen in Verbindung zu bleiben und auf ein gerechtes und baldiges Verfahren.

7. Vor dem Inkrafttreten des Grundgesetzes erlassene gesetzgeberische Maßnahmen der Besatzungsbehörden bleiben bis zu ihrer Aufhebung oder Änderung durch die Besatzungsbehörden nach Maßgabe der folgenden Bestimmungen in Kraft:

a) Gesetzgebung, die mit dem Vorausgehenden nicht übereinstimmt, wird aufgehoben oder so abgeändert werden, daß sie mit ihm übereinstimmt,

b) Gesetzgebung, die auf den oben in Absatz 2 aufgeführten Befugnissen beruht, wird kodifiziert werden,

c) Gesetzgebung, die nicht unter a) oder b) fällt, wird von den Besatzungsbehörden auf Ersuchen der zuständigen deutschen Behörden aufgehoben werden.

8. Jede Maßnahme der Besatzungsbehörden soll als im Rahmen der hierin vorbehaltenen Befugnisse liegend angesehen und als solche gemäß diesem Statut wirksam werden, wenn sie auf Grund einer Vereinbarung zwischen ihnen getroffen worden ist oder offensichtlich in irgendeiner Weise darauf beruht.

[9. Nach 12 Monaten, mindestens aber innerhalb von 18 Monaten nach Inkrafttreten dieses Statuts, werden die Besatzungsmächte eine Überprüfung seiner Bestimmungen unter Berücksichtigung der bei seiner Anwendung gemachten Erfahrungen vornehmen mit dem Ziel, die Zuständigkeit der deutschen Behörden auf den Gebieten der Gesetzgebung, der vollziehenden Gewalt und der Rechtsprechung zu erweitern.]

(Die in [...] gesetzte Passage ist im amtlich veröffentlichten deutschsprachigen Text nicht enthalten und hier aus dem englischen beziehungsweise französischen Text ergänzt.)

Quelle: *Amtsblatt der Hohen Alliierten Kommission in Deutschland*, 23.9.1949, S. 13–15.

11. Grundgesetz für die Bundesrepublik Deutschland 1949

Infolge der wachsenden politischen Differenzen zwischen den drei westlichen Besatzungsmächten und der Sowjetunion reifte bei den ersteren der Gedanke, ihre drei deutschen Besatzungszonen zu einer staatlichen Einheit zusammenzufassen. Auf der Londoner Sechs-Mächte-Konferenz vom 6.3.1948 (USA, Großbritannien, Frankreich und die Benelux-Staaten) einigte man sich auf die Bildung eines solchen Staates auf föderativer Grundlage. Dementsprechend legten die drei Militärgouverneure am 1.7. den westdeutschen Ministerpräsidenten die sogenannten „Frankfurter Dokumente" vor, die unter anderem dazu aufforderten, eine verfassunggebende Nationalversammlung zu bestellen. Die Ministerpräsidenten beschlossen daraufhin am 26.7., einen Parlamentarischen Rat zur Ausarbeitung eines Grundgesetzes einzuberufen. Ein vom 10. bis zum 23.8. in Herrenchiemsee tagender Verfassungskonvent arbeitete Vorentwürfe aus, und der aus 65 von den Landtagen der elf Länder gewählten Vertretern sich zusammensetzende Parlamentarische Rat trat am 1.9. in Bonn zusammen. Die Beratungen, auf die auch die Militärgouverneure Einfluß zu nehmen sich bestrebten, dauerten bis Anfang Mai 1949. Am 8.5. nahm das Plenum des Parlamentarischen Rats den fertiggestellten Grundgesetzentwurf mit 53:12 Stimmen an. Die Militärgouverneure genehmigten das Grundgesetz mit einigen Vorbehalten am 12.5., und zwischen dem 16. und dem 20.5. gaben die Landtage aller Länder mit Ausnahme des bayerischen (der aber gleichzeitig die Rechtsgültigkeit des Dokuments anerkannte) ihre Zustimmung. Das Grundgesetz wurde am 23.5. offiziell verkündet und trat am 24.5. in Kraft, womit die Bundesrepublik offiziell ins Dasein trat. Die Geltung des Grundgesetzes wurde am 1.1.1957 durch den Saarvertrag vom 27.10.1956 auf das Saarland und am 3.10.1990 durch den Einigungsvertrag vom 31.8. (siehe unten Dokument Nr. 16) auf das Gebiet der ehemaligen Deutschen Demokratischen Republik ausgedehnt.

Grundgesetz für die Bundesrepublik Deutschland vom 23. Mai 1949

[mit Änderungen bis 30.11.2001]

Präambel

Im Bewußtsein seiner Verantwortung vor Gott und den Menschen,

von dem Willen beseelt, seine nationale Einheit zu wahren und als gleichberechtigtes Glied in einem vereinten Europa dem Frieden der Welt zu dienen, hat sich das Deutsche Volk

in den Ländern Baden, Bayern, Bremen, Hamburg, Hessen, Niedersachsen, Nordrhein-Westfalen, Rheinland-Pfalz, Schleswig-Holstein, Württemberg-Baden- und Württemberg-Hohenzollern, um dem staatlichen Leben für eine Übergangszeit eine neue Ordnung zu geben, kraft seiner verfassungsgebenden Gewalt dieses Grundgesetz der Bundesrepublik Deutschland beschlossen.

Es hat auch für jene Deutschen gehandelt, denen mitzuwirken versagt war.

Das gesamte Deutsche Volk bleibt aufgefordert, in freier Selbstbestimmung die Einheit und Freiheit Deutschlands zu vollenden.

Neue Fassung der Präambel durch Einigungsvertrag vom 31.8.1990 (BGBl. II, S. 889):

Im Bewußtsein seiner Verantwortung vor Gott und den Menschen,

von dem Willen beseelt, als gleichberechtigtes Glied in einem Vereinten Europa dem Frieden der Welt zu dienen, hat sich das Deutsche Volk kraft seiner verfassungsgebenden Gewalt dieses Grundgesetz gegeben.

Die Deutschen in den Ländern Baden-Württemberg, Bayern, Berlin, Brandenburg, Bremen, Hamburg, Hessen, Mecklenburg-Vorpommern, Niedersachsen, Nordrhein-Westfalen, Rheinland-Pfalz, Saarland Sachsen, Sachsen-Anhalt, Schleswig-Holstein und Thüringen haben in freier Selbstbestimmung die Einheit und Freiheit Deutschlands vollendet. Damit gilt dieses Grundgesetz für das gesamte Deutsche Volk.

I. Die Grundrechte

Art. 1. (1) Die Würde des Menschen ist unantastbar. Sie zu achten und zu schützen ist Verpflichtung aller staatlichen Gewalt.

(2) Das Deutsche Volk bekennt sich darum zu unverletzlichen und unveräußerlichen Menschenrechten als Grundlage jeder menschlichen Gemeinschaft, des Friedens und der Gerechtigkeit in der Welt.

(3) Die nachfolgenden Grundrechte binden Gesetzgebung, Verwaltung und Rechtsprechung als unmittelbar geltendes Recht.

Neue Fassung von Absatz (3) durch Gesetz vom 19.3.1956 (BGBl. I, S. 111):

(3) Die nachfolgenden Grundrechte binden Gesetzgebung, vollziehende Gewalt und Rechtsprechung als unmittelbar geltendes Recht.

Art. 2. (1) Jeder hat das Recht auf die freie Entfaltung seiner Persönlichkeit, soweit er nicht die Rechte anderer verletzt und nicht gegen die verfassungsmäßige Ordnung oder das Sittengesetz verstößt.

(2) Jeder hat das Recht auf Leben und körperliche Unversehrtheit. Die Freiheit der Person ist unverletzlich. In diese Rechte darf nur auf Grund eines Gesetzes eingegriffen werden.

Art. 3. (1) Alle Menschen sind vor dem Gesetz gleich.

(2) Männer und Frauen sind gleichberechtigt.

Durch Gesetz vom 27.10.1994 (BGBl. I, S. 3146) wurde an Absatz (2) folgender Satz angefügt:

Der Staat fördert die tatsächliche Durchsetzung der Gleichberechtigung von Frauen und Männern und wirkt auf die Beseitigung bestehender Nachteile hin.

(3) Niemand darf wegen seines Geschlechtes, seiner Abstammung, seiner Rasse, seiner Sprache, seiner Heimat und Herkunft, seines Glaubens, seiner religiösen oder politischen Anschauungen benachteiligt oder bevorzugt werden.

Durch Gesetz vom 27.10.1994 (BGBl. I, S. 3146) wurde an Absatz (3) folgender Satz angefügt:

Niemand darf wegen seiner Behinderung benachteiligt werden.

Art. 4. (1) Die Freiheit des Glaubens, des Gewissens und die Freiheit des religiösen und weltanschaulichen Bekenntnisses sind unverletzlich.

(2) Die ungestörte Religionsausübung wird gewährleistet.

(3) Niemand darf gegen sein Gewissen zum Kriegsdienst mit der Waffe gezwungen werden. Das Nähere regelt ein Bundesgesetz.

Art. 5. (1) Jeder hat das Recht, seine Meinung in Wort, Schrift und Bild frei zu äußern und zu verbreiten und sich aus allgemein zugänglichen Quellen ungehindert zu unterrichten. Die Pressefreiheit und die Freiheit der Berichterstattung durch Rundfunk und Film werden gewährleistet. Eine Zensur findet nicht statt.

(2) Diese Rechte finden ihre Schranken in den Vorschriften der allgemeinen Gesetze, den gesetzlichen Bestimmungen zum Schutze der Jugend und in dem Recht der persönlichen Ehre.

(3) Kunst und Wissenschaft, Forschung und Lehre sind frei. Die Freiheit der Lehre entbindet nicht von der Treue zur Verfassung.

Art. 6. (1) Ehe und Familie stehen unter dem besonderen Schutze der staatlichen Ordnung.

(2) Pflege und Erziehung der Kinder sind das natürliche Recht der Eltern und die zuvörderst ihnen obliegende Pflicht. Über ihre Betätigung wacht die staatliche Gemeinschaft.

(3) Gegen den Willen der Erziehungsberechtigten dürfen Kinder nur auf Grund eines Gesetzes von der Familie getrennt werden, wenn die Erziehungsberechtigten versagen oder wenn die Kinder aus anderen Gründen zu verwahrlosen drohen.

(4) Jede Mutter hat Anspruch auf den Schutz und die Fürsorge der Gemeinschaft.

(5) Den unehelichen Kindern sind durch die Gesetzgebung die gleichen Bedingungen für ihre leibliche und seelische Entwicklung und ihre Stellung in der Gesellschaft zu schaffen wie den ehelichen Kindern.

Art. 7. (1) Das gesamte Schulwesen steht unter der Aufsicht des Staates.

(2) Die Erziehungsberechtigten haben das Recht, über die Teilnahme des Kindes am Religionsunterricht zu bestimmen.

(3) Der Religionsunterricht ist in den öffentlichen Schulen mit Ausnahme der bekenntnisfreien Schulen ordentliches Lehrfach. Unbeschadet des staatlichen Aufsichtsrechtes wird der Religionsunterricht in Übereinstimmung mit den Grundsätzen der Religionsgemeinschaften erteilt. Kein Lehrer darf gegen seinen Willen verpflichtet werden, Religionsunterricht zu erteilen.

(4) Das Recht zur Errichtung von privaten Schulen wird gewährleistet. Private Schulen als Ersatz für öffentliche Schulen bedürfen der Genehmigung des Staates und unterstehen den Landesgesetzen. Die Genehmigung ist zu erteilen, wenn die privaten Schulen in ihren Lehrzielen und Einrichtungen sowie in der wissenschaftlichen Ausbildung ihrer Lehrkräfte nicht hinter den öffentlichen Schulen zurückstehen und eine Sonderung der Schüler nach den Besitzverhältnissen der Eltern nicht gefördert wird. Die Genehmigung ist zu versagen, wenn die wirtschaftliche und rechtliche Stellung der Lehrkräfte nicht genügend gesichert ist.

(5) Eine private Volksschule ist nur zuzulassen, wenn die Unterrichtsverwaltung ein besonderes pädagogisches Interesse anerkennt oder, auf Antrag von Erziehungsberechtigten, wenn sie als Gemeinschaftsschule, als Bekenntnis- oder Weltanschauungsschule errichtet werden soll und eine öffentliche Volksschule dieser Art in der Gemeinde nicht besteht.

(6) Vorschulen bleiben aufgehoben.

Art. 8. (1) Alle Deutschen haben das Recht, sich ohne Anmeldung oder Erlaubnis friedlich und ohne Waffen zu versammeln.

(2) Für Versammlungen unter freiem Himmel kann dieses Recht durch Gesetz oder auf Grund eines Gesetzes beschränkt werden.

Art. 9. (1) Alle Deutschen haben das Recht, Vereine und Gesellschaften zu bilden.

(2) Vereinigungen, deren Zwecke oder deren Tätigkeit den Strafgesetzen zuwiderlaufen oder die sich gegen die verfassungsmäßige Ordnung oder gegen den Gedanken der Völkerverständigung richten, sind verboten.

(3) Das Recht, zur Wahrung und Förderung der Arbeits- und Wirtschaftsbedingungen Vereinigungen zu bilden, ist für jedermann und für alle Berufe gewährleistet. Abreden, die dieses Recht einschränken oder zu behindern suchen, sind nichtig, hierauf gerichtete Maßnahmen sind rechtswidrig.

Durch Gesetz vom 24.6.1968 (BGBl. I, S. 709) wurde an Absatz (3) folgender Satz angefügt:

Maßnahmen nach den Artikeln 12a, 35 Abs. 2 und 3, Artikel 87a Abs. 4 und Artikel 91 dürfen sich nicht gegen Arbeitskämpfe richten, die zur Wahrung und Förderung der Arbeits- und Wirtschaftsbedingungen von Vereinigungen im Sinne des Satzes 1 geführt werden,

Art. 10. *Das Briefgeheimnis sowie das Post- und Fernmeldegeheimnis sind unverletzlich. Beschränkungen dürfen nur auf Grund eines Gesetzes angeordnet werden.*

Neue Fassung von Artikel 10 durch Gesetz vom 24.6.1968 (BGBl. I, S. 709):

Art. 10. (1) Das Briefgeheimnis sowie das Post- und Fernmeldegeheimnis sind unverletzlich.

(2) Beschränkungen dürfen nur auf Grund eines Gesetzes angeordnet werden. Dient die Beschränkung dem Schutze der freiheitlichen demokratischen Grundordnung oder des Bestandes oder der Sicherung des Bundes oder eines Landes, so kann das Gesetz bestimmen, daß sie dem Betroffenen nicht mitgeteilt wird und daß an die Stelle des Rechtsweges die Nachprüfung durch von der Volksvertretung bestellte Organe und Hilfsorgane tritt.

Art. 11. (1) Alle Deutschen genießen Freizügigkeit im ganzen Bundesgebiet.

(2) Dieses Recht darf nur durch Gesetz und nur für die Fälle eingeschränkt werden, in denen eine ausreichende Lebensgrundlage nicht vorhanden ist und der Allgemeinheit daraus besondere Lasten entstehen würden und in denen es zum Schutze der Jugend vor Verwahrlosung, zur Bekämpfung von Seuchengefahr oder um strafbare Handlungen vorzubeugen, erforderlich ist.

Neue Fassung von Absatz (2) durch Gesetz vom 24.6.1968 (BGBl. I, S. 709):

(2) Dieses Recht darf nur durch Gesetz oder auf Grund eines Gesetzes und nur für die Fälle eingeschränkt werden, in denen eine ausreichende Lebensgrundlage nicht vorhanden ist und der Allgemeinheit daraus besondere Lasten entstehen würden oder in denen es zur Abwehr einer drohenden Gefahr für den Bestand oder die freiheitliche demokratische Grundordnung des Bundes oder eines Landes, zur Bekämpfung von Seuchengefahr, Naturkatastrophen oder besonders schweren Unglücksfüllen, zum Schutze der Jugend vor Verwahrlosung oder um strafbaren Handlungen vorzubeugen, erforderlich ist.

Art. 12. (1) Alle Deutschen haben das Recht, Beruf, Arbeitsplatz und Ausbildungsstätte frei zu wählen. Die Berufsausübung kann durch Gesetz oder auf Grund eines Gesetzes geregelt werden.

(2) Niemand darf zu einer bestimmten Arbeit gezwungen werden, außer im Rahmen einer herkömmlichen allgemeinen, für alle gleichen öffentlichen Dienstleistungspflicht.

(3) Zwangsarbeit ist nur bei einer gerichtlich angeordneten Freiheitsentziehung zulässig.

Neue Fassung von Artikel 12 durch Gesetz vom 19.3.1956 (BGBl. I, S. 111):

(1) Alle Deutschen haben das Recht, Beruf Arbeitsplatz und Ausbildungsstätte frei zu wählen. Die Berufsausübung kann durch Gesetz oder auf Grund eines Gesetzes geregelt werden.

(2) Niemand darf zu einer bestimmten Arbeit gezwungen werden, außer im Rahmen einer herkömmlichen allgemeinen, für alle gleichen öffentlichen Dienstleistungspflicht. Wer aus Gewissensgründen den Kriegsdienst mit der Waffe verweigert, kann zu einem Ersatzdienst verpflichtet werden. Die Dauer des Ersatzdienstes darf die Dauer des Wehrdienstes nicht übersteigen. Das Nähere regelt ein Gesetz, das die Freiheit der Gewissensentscheidung nicht beeinträchtigen darf und auch eine Möglichkeit des Ersatzdienstes vorsehen muß, die in keinem Zusammenhang mit den Verbänden der Streitkräfte steht.

(3) Frauen dürfen nicht zu einer Dienstleistung im Verband der Streitkräfte durch Gesetz verpflichtet werden. Zu einem Dienst mit der Waffe dürfen sie in keinem Falle verwendet werden.

(4) Zwangsarbeit ist nur bei einer gerichtlich angeordneten Freiheitsentziehung zulässig.

Durch Gesetz vom 24.6.1968 (BGBl. I, S. 709) wurde Artikel 12 wieder in seiner ursprünglichen Fassung hergestellt.

Durch Gesetz vom 24.6.1968 (BGBl. I, S. 709) wurde folgender Artikel 12a eingefügt:

Art. 12a. (1) Männer können vom vollendeten achtzehnten Lebensjahr an zum Dienst in den Streitkräften, im Bundesgrenzschutz oder in einem Zivilschutzverband verpflichtet werden.

(2) Wer aus Gewissensgründen den Kriegsdienst mit der Waffe verweigert, kann zu einem Ersatzdienst verpflichtet werden. Die Dauer des Ersatzdienstes darf die Dauer des Wehrdienstes nicht übersteigen. Das Nähere regelt ein Gesetz, das die Freiheit der Gewissensentscheidung nicht beeinträchtigen darf und auch eine Möglichkeit des Ersatzdienstes vorsehen muß, die in keinem Zusammenhang mit den Verbänden der Streitkräfte und des Bundesgrenzschutzes steht.

(3) Wehrpflichtige, die nicht zu einem Dienst nach Absatz 1 oder 2 herangezogen sind, können im Verteidigungsfalle durch Gesetz oder auf Grund eines Gesetzes zu zivilen Dienstleistungen für Zwecke der Verteidigung einschließlich des Schutzes der Zivilbevölkerung in Arbeitsverhältnisse verpflichtet werden; Verpflichtungen in öffentlich-rechtliche Dienstverhältnisse sind nur zur Wahrnehmung polizeilicher Aufgaben oder solcher hoheitlichen Aufgaben der öffentlichen Verwaltung, die nur in einem öffentlich-rechtlichen Dienstverhältnis erfüllt werden können, zulässig. Arbeitsverhältnisse nach Satz 1 können bei den Streitkräften, im Bereich ihrer Versorgung sowie bei der öffentlichen Verwaltung begründet werden; Verpflichtungen in Arbeitsverhältnisse im Bereiche der Versorgung der Zivilbevölkerung sind nur zulässig, um ihren lebensnotwendigen Bedarf zu decken oder ihren Schutz sicherzustellen.

(4) Kann im Verteidigungsfalle der Bedarf an zivilen Dienstleistungen im zivilen Sanitäts- und Heilwesen sowie in der ortsfesten militärischen Lazarettorganisation nicht auf freiwilliger Grundlage gedeckt werden, so können Frauen vom vollendeten achtzehnten bis zum vollendeten fünfundfünfzigsten Lebensjahr durch Gesetz oder auf Grund eines Gesetzes zu derartigen Dienstleistungen herangezogen werden. *Sie dürfen auf keinen Fall Dienst mit der Waffe leisten.*

Neue Fassung von Satz 2 durch Gesetz vom 19.12.2000 (BGBl. I, S. 1755):

Sie dürfen auf keinen Fall zum Dienst mit der Waffe verpflichtet werden.

(5) Für die Zeit vor dem Verteidigungsfalle können Verpflichtungen nach Absatz 3 nur nach Maßgabe des Artikels 80a Abs. 1 begründet werden. Zur Vorbereitung auf Dienstleistungen nach Absatz 3, für die besondere Kenntnisse oder Fertigkeiten erforderlich sind, kann durch Gesetz oder auf Grund eines Gesetzes die Teilnahme an Ausbildungsveranstaltungen zur Pflicht gemacht werden. Satz 1 findet insoweit keine Anwendung.

(6) Kann im Verteidigungsfalle der Bedarf an Arbeitskräften für die in Absatz 3 Satz 2 genannten Bereiche auf freiwilliger Grundlage nicht gedeckt werden, so kann zur Sicherung dieses Bedarfs die Freiheit der Deutschen, die Ausübung eines Berufs oder den Arbeitsplatz aufzugeben, durch Gesetz oder auf Grund eines Gesetzes eingeschränkt werden. Vor Eintritt des Verteidigungsfalles gilt Absatz 5 Satz 1 entsprechend.

Art. 13. *(1) Die Wohnung ist unverletzlich.*

(2) Durchsuchungen dürfen nur durch den Richter, bei Gefahr im Verzuge auch durch die in den Gesetzen vorgesehenen anderen Organe angeordnet und nur in der dort vorgeschriebenen Form durchgeführt werden.

(3} Eingriffe und Beschränkungen dürfen im übrigen nur zur Abwehr einer gemeinen Gefahr oder einer Lebensgefahr für einzelne Personen, auf Grund eines Gesetzes auch zur Verhütung dringender

Gefahren für die öffentliche Sicherheit und Ordnung, insbesondere zur Behebung der Raumnot, zur Bekämpfung von Seuchengefahr oder zum Schutze gefährdeter Jugendlicher vorgenommen werden.

Neue Fassung von Artikel 13 durch Gesetz vom 26.3.1998 (BGBl. I, S. 610):

Art. 13. (1) Die Wohnung ist unverletzlich.

(2) Durchsuchungen dürfen nur durch den Richter, bei Gefahr im Verzuge auch durch die in den Gesetzen vorgesehenen anderen Organe angeordnet und nur in der dort vorgeschriebenen Form durchgeführt werden.

(3) Begründen bestimmte Tatsachen den Verdacht, daß jemand eine durch Gesetz einzeln bestimmte besonders schwere Straftat begangen hat, so dürfen zur Verfolgung der Tat auf Grund richterlicher Anordnung technische Mittel zur akustischen Überwachung von Wohnungen, in denen der Beschuldigte sich vermutlich aufhält, eingesetzt werden, wenn die Erforschung des Sachverhalts auf andere Weise unverhältnismäßig erschwert oder aussichtslos wäre. Die Maßnahme ist zu befristen. Die Anordnung erfolgt durch einen mit drei Richtern besetzten Spruchkörper. Bei Gefahr im Verzuge kann sie auch durch einen einzelnen Richter getroffen werden.

(4) Zur Abwehr dringender Gefahren für die öffentliche Sicherheit, insbesondere einer gemeinen Gefahr oder einer Lebensgefahr, dürfen technische Mittel zur Überwachung von Wohnungen nur auf Grund richterlicher Anordnung eingesetzt werden. Bei Gefahr im Verzuge kann die Maßnahme auch durch eine

andere gesetzlich bestimmte Stelle angeordnet werden; eine richterliche Entscheidung ist unverzüglich nachzuholen.

(5) Sind technische Mittel ausschließlich zum Schutze der bei einem Einsatz in Wohnungen tätigen Personen vorgesehen, kann die Maßnahme durch eine gesetzlich bestimmte Stelle angeordnet werden. Eine anderweitige Verwertung der hierbei erlangten Erkenntnisse ist nur zum Zwecke der Strafverfolgung oder der Gefahrenabwehr und nur zulässig, wenn zuvor die Rechtmäßigkeit der Maßnahme richterlich festgestellt ist; bei Gefahr im Verzuge ist die richterliche Entscheidung unverzüglich nachzuholen.

(6) Die Bundesregierung unterrichtet den Bundestag jährlich über den nach Absatz 3 sowie über den im Zuständigkeitsbereich des Bundes nach Absatz 4 und, soweit richterlich überprüfungsbedürftig, nach Absatz 5 erfolgten Einsatz technischer Mittel. Ein vom Bundestag gewähltes Gremium übt auf der Grundlage dieses Berichts die parlamentarische Kontrolle aus. Die Länder gewährleisten eine gleichwertige parlamentarische Kontrolle.

(7) Eingriffe und Beschränkungen dürfen im übrigen nur zur Abwehr einer gemeinen Gefahr oder einer Lebensgefahr für einzelne Personen, auf Grund eines Gesetzes auch zur Verhütung dringender Gefahren für die öffentliche Sicherheit und Ordnung, insbesondere zur Behebung der Raumnot, zur Bekämpfung von Seuchengefahr oder zum Schutze gefährdeter Jugendlicher vorgenommen werden.

Art. 14. (1) Das Eigentum und das Erbrecht werden gewährleistet. Inhalt und Schranken werden durch die Gesetze bestimmt.

(2) Eigentum verpflichtet. Sein Gebrauch soll zugleich dem Wohle der Allgemeinheit dienen.

(3) Eine Enteignung ist nur zum Wohle der Allgemeinheit zulässig. Sie darf nur durch Gesetz oder auf Grund eines Gesetzes erfolgen, das Art und Ausmaß der Entschädigung regelt. Die Entschädigung ist unter gerechter Abwägung der Interessen der Allgemeinheit und der Beteiligten zu bestimmen. Wegen der Höhe der Entschädigung steht im Streitfalle der Rechtsweg vor den ordentlichen Gerichten offen.

Art. 15. Grund und Boden, Naturschätze und Produktionsmittel können zum Zwecke der Vergesellschaftung durch ein Gesetz, das Art und Ausmaß der Entschädigung regelt, in Gemeineigentum oder in andere Formen der Gemeinwirtschaft überführt werden. Für die Entschädigung gilt Artikel 14 Absatz 3 Satz 3 und 4 entsprechend.

Art. 16. (1) Die deutsche Staatsangehörigkeit darf nicht entzogen werden. Der Verlust der Staatsangehörigkeit darf nur auf Grund eines Gesetzes und gegen den Willen des Betroffenen nur dann eintreten, wenn der Betroffene dadurch nicht staatenlos wird.

(2) Kein Deutscher darf an das Ausland ausgeliefert werden. Politisch verfolgte genießen Asylrecht.

Neue Fassung von Absatz (2) durch Gesetz vom 28.6.1993 (BGBl. I, S. 1002):

(2) Kein Deutscher darf an das Ausland ausgeliefert werden.

Durch Gesetz vom 1.12.2000 (BGBl. I, S. 1633) wurde an Absatz (2) folgender Satz angefügt:

Durch Gesetz kann eine abweichende Regelung für Auslieferungen an einen Mitgliedstaat der Europäischen Union oder an einen internationalen Gerichtshof getroffen werden, soweit rechtsstaatliche Grundsätze gewahrt sind.

Durch Gesetz vom 28.6.1993 (BGBl. I, S. 1002) wurde folgender Artikel 16a eingefügt:

Art. 16a. (1) Politisch verfolgte genießen Asylrecht.

(2) Auf Absatz 1 kann sich nicht berufen, wer aus einem Mitgliedstaat der Europäischen Gemeinschaft oder aus einem anderen Drittstaat einreist, in dem die Anwendung des Abkommens über die Rechtsstellung der Flüchtlinge und der Konvention zum Schutze der Menschenrechte und Grundfreiheiten sichergestellt ist. Die Staaten außerhalb der europäischen Gemeinschaften, auf die die Voraussetzungen des Satzes 1 zutreffen, werden durch Gesetz, das der Zustimmung des Bundesrates bedarf, bestimmt. In den Fällen des Satzes 1 können aufenthaltsbeendende Maßnahmen unabhängig von einem hiergegen eingelegten Rechtsbehelf vollzogen werden.

(3) Durch Gesetz, das der Zustimmung des Bundesrates bedarf, können Staaten bestimmt werden, bei denen auf Grund der Rechtslage, der Rechtsanwendung und der allgemeinen politischen Verhältnisse gewährleistet erscheint, daß dort weder politische Verfolgung noch unmenschliche oder erniedrigende Bestrafung oder Behandlung stattfindet. Es wird vermutet, daß ein Ausländer aus einem solchen Staat nicht verfolgt wird, solange er nicht Tatsachen vorträgt, die die Annahme begründen, daß er entgegen dieser Vermutung politisch verfolgt wird.

(4) Die Vollziehung aufenthaltsbeendender Maßnahmen wird in allen Fällen des Absatzes 3 und in anderen Fällen, die offensichtlich unbegründet sind oder als offensichtlich unbegründet gelten, durch das Gericht nur ausgesetzt, wenn ernstliche Zweifel an der Rechtmäßigkeit der Maßnahme bestehen; der Prüfungsumfang kann eingeschränkt werden und verspätetes Vorbringen unberücksichtigt bleiben. Das Nähere ist durch Gesetz zu bestimmen.

(5) Die Absätze 1 bis 4 stehen völkerrechtlichen Verträgen von Mitgliedsstaaten der Europäischen Gemeinschaft untereinander und mit dritten Staaten nicht entgegen, die unter Beachtung der Verpflichtungen aus dem Abkommen über die Rechtsstellung der Flüchtlinge und der Konvention zum Schutze der Menschenrechte und Grundfreiheiten, deren Anwendung in den Vertragsstaaten sichergestellt sein muß, Zuständigkeitsregelungen für die Prüfung von Asylbegehren einschließlich der gegenseitigen Anerkennung von Asylentscheidungen treffen.

Art. 17. Jedermann hat das Recht, sich einzeln oder in Gemeinschaft mit anderen schriftlich mit Bitten oder Beschwerden an die zuständigen Stellen und an die Volksvertretung zu wenden.

Durch Gesetz vom 19.3.1956 (BGBl. I, S. 111f.) wurde folgender Artikel 17a eingefügt:

Art. 17a. (1) Gesetze über Wehrdienst und Ersatzdienst können bestimmen, daß für die Angehörigen der Streitkräfte und des Ersatzdienstes während der Zeit des Wehr- oder Ersatzdienstes das Grundrecht, seine Meinung in Wort, Schrift und Bild frei zu äußern und zu verbreiten (Artikel 5 Abs. 1 Satz 1 erster Halbsatz), das Grundrecht der Versammlungsfreiheit (Artikel 8) und das Petitionsrecht (Artikel 17), soweit es das Recht gewährt, Bitten oder Beschwerden in Gemeinschaft mit anderen vorzubringen, eingeschränkt werden.

(2) Gesetze, die der Verteidigung einschließlich des Schutzes der Zivilbevölkerung dienen, können bestimmen, daß die Grundrechte der Freizügigkeit (Artikel 11) und der Unverletzlichkeit der Wohnung (Artikel 13) eingeschränkt werden.

Art. 18. Wer die Freiheit der Meinungsäußerung, insbesondere die Pressefreiheit (Artikel 5 Absatz 1), die Lehrfreiheit (Artikel 5 Abs. 3), die Versammlungsfreiheit (Artikel 8), die Vereinigungsfreiheit (Artikel 9), das Brief-, Post- und Fernmeldegeheimnis (Artikel 10), das Eigentum (Artikel 14) oder das Asylrecht (*Artikel 16 Absatz 2*) zum Kampfe gegen die freiheitliche demokratische Grundordnung mißbraucht, verwirkt diese Grundrechte. Die Verwirkung und ihr Ausmaß werden durch das Bundesverfassungsgericht ausgesprochen.

Durch Gesetz vom 28.6.1993 (BGBl. I, S. 1002) wurde der Klammerinhalt „(Artikel 16 Absatz 2)" ersetzt durch „(Artikel 16a)".

Art. 19. (1) Soweit nach diesem Grundgesetz ein Grundrecht durch Gesetz oder auf Grund eines Gesetzes eingeschränkt werden kann, muß das Gesetz allgemein und nicht nur für den Einzelfall gelten. Außerdem muß das Gesetz das Grundrecht unter Angabe des Artikels nennen.

(2) In keinem Falle darf ein Grundrecht in seinem Wesensgehalt angetastet werden.

(3) Die Grundrechte gelten auch für inländische juristische Personen, soweit sie ihrem Wesen nach auf diese anwendbar sind.

(4) Wird jemand durch die öffentliche Gewalt in seinen Rechten verletzt, so steht ihm der Rechtsweg offen. Soweit eine andere Zuständigkeit nicht begründet ist, ist der ordentliche Rechtsweg gegeben.

Durch Gesetz vom 24.6.1968 (BGBl. I, S. 709f.) wurde an Absatz (4) folgender Satz angefügt:

Artikel 10 Absatz 2 Satz 2 bleibt unberührt.

II. Der Bund und die Länder

Art. 20. (1) Die Bundesrepublik Deutschland ist ein demokratischer und sozialer Bundesstaat.

(2) Alle Staatsgewalt geht vom Volke aus. Sie wird vom Volke in Wahlen und Abstimmungen und durch besondere Organe der Gesetzgebung, der vollziehenden Gewalt und der Rechtsprechung ausgeübt.

(3) Die Gesetzgebung ist an die verfassungsmäßige Ordnung, die vollziehende Gewalt und die Rechtsprechung sind an Gesetz und Recht gebunden.

Durch Gesetz vom 24.6.1968 (BGBl. I, S. 709f.) wurde folgender Absatz (4) angefügt:

(4) Gegen jeden, der es unternimmt, diese Ordnung zu beseitigen, haben alle Deutschen das Recht zum Widerstand, wenn andere Abhilfe nicht möglich ist.

Durch Gesetz vom 27.10.1994 (BGBl. I, S. 3146) wurde folgender Artikel 20a eingefügt:

Art. 20a. Der Staat schützt auch in Verantwortung für die künftigen Generationen die natürlichen Lebensgrundlagen im Rahmen der verfassungsmäßigen Ordnung durch die Gesetzgebung und nach Maßgabe von Gesetz und Recht durch die vollziehende Gewalt und die Rechtsprechung.

Art. 21. (1) Die Parteien wirken bei der politischen Willensbildung des Volkes mit. Ihre Gründung ist frei. Ihre innere Ordnung muß demokratischen Grundsätzen entsprechen. *Sie müssen über die Herkunft ihrer Mittel öffentlich Rechenschaft geben.*

Neue Fassung von Satz 4 durch Gesetz vom 21.12.1983 (BGBl. I, S. 1481):

Sie müssen über die Herkunft und Verwendung ihrer Mittel sowie über ihr Vermögen öffentlich Rechenschaft geben.

(2) Parteien, die nach ihren Zielen oder nach dem Verhalten ihrer Anhänger darauf ausgehen, die freiheitliche demokratische Grundordnung zu beeinträchtigen oder zu beseitigen oder den Bestand der Bundesrepublik Deutschland zu gefährden, sind verfassungswidrig. Über die Frage der Verfassungswidrigkeit entscheidet das Bundesverfassungsgericht.

(3) Das Nähere regeln Bundesgesetze.

Art. 22. Die Bundesflagge ist schwarz-rot-gold.

Art. 23. *Dieses Grundgesetz gilt zunächst im Gebiete der Länder Baden, Bayern, Bremen, Groß-Berlin, Hamburg, Hessen, Niedersachsen, Nordrhein-Westfalen, Rheinland-Pfalz, Schleswig-Holstein, Württemberg-Baden und Württemberg-Hohenzollern. In anderen Teilen Deutschlands ist es nach deren Beitritt in Kraft zu setzen.*

Dieser Artikel 23 wurde durch den Einigungsvertrag vom 31.8.1990 (BGBl. II, S. 889) aufgehoben.

Durch Gesetz vom 21.12.1992 (BGBl. I, S. 2086) wurde folgender Artikel 23 eingefügt:

Art. 23. (1) Zur Verwirklichung eines vereinten Europas wirkt die Bundesrepublik Deutschland bei der Entwicklung der Europäischen Union mit, die demokratischen, rechtsstaatlichen, sozialen und föderativen Grundsätzen und dem Grundsatz der Subsidiarität verpflichtet ist und einen diesem Grundgesetz im wesentlichen vergleichbaren Grundrechtsschutz gewährleistet. Der Bund kann hierzu durch Gesetz mit Zustimmung des Bundesrates Hoheitsrechte übertragen. Für die Begründung der Europäischen Union sowie für Änderungen ihrer vertraglichen Grundlagen und vergleichbare Regelungen, durch die dieses Grundgesetz seinem Inhalt nach geändert oder ergänzt wird oder solche Änderungen oder Ergänzungen ermöglicht werden, gilt Artikel 79 Abs. 2 und 3.

(2) In Angelegenheiten der Europäischen Union wirken der Bundestag und durch den Bundesrat die Länder mit. Die Bundesregierung hat den Bundestag und den Bundesrat umfassend und zum frühestmöglichen Zeitpunkt zu unterrichten.

(3) Die Bundesregierung gibt dem Bundestag Gelegenheit zur Stellungnahme vor ihrer Mitwirkung an Rechtsetzungsakten der Europäischen Union. Die Bundesregierung berücksichtigt die Stellungnahmen des Bundestages bei den Verhandlungen. Das Nähere regelt ein Gesetz.

(4) Der Bundesrat ist an der Willensbildung des Bundes zu beteiligen, soweit er an einer entsprechenden innerstaatlichen Maßnahme mitzuwirken hätte oder soweit die Länder innerstaatlich zuständig wären.

(5) Soweit in einem Bereich ausschließlicher Zuständigkeiten des Bundes Interessen der Länder berührt sind oder soweit im übrigen der Bund das Recht zur Gesetzgebung hat, berücksichtigt die Bundesregierung die Stellungnahme des Bundesrates. Wenn im Schwerpunkt Gesetzgebungsbefugnisse der Länder, die Einrichtung ihrer Behörden oder ihre Verwaltungsverfahren betroffen sind, ist bei der Willensbildung des Bundes insoweit die Auffassung des Bundesrates maßgeblich zu berücksichtigen; dabei ist die gesamtstaatliche Verantwortung des Bundes zu wahren. In Angelegenheiten, die zu Ausgabenerhöhungen oder Einnahmeminderungen für den Bund führen können, ist die Zustimmung der Bundesregierung erforderlich.

(6) Wenn im Schwerpunkt ausschließliche Gesetzgebungsbefugnisse der Länder betroffen sind, soll die Wahrnehmung der Rechte, die der Bundesrepublik Deutschland als Mitgliedsstaat der Europäischen Union zustehen, vom Bund auf einen vom Bundesrat benannten Vertreter der Länder übertragen werden. Die Wahrnehmung der Rechte erfolgt unter Beteiligung und in Abstimmung mit der Bundesregierung; dabei ist die gesamtstaatliche Verantwortung des Bundes zu wahren.

(7) Das Nähere zu den Absätzen 4 bis 6 regelt ein Gesetz, das der Zustimmung des Bundesrates bedarf.

Art. 24. (1) Der Bund kann durch Gesetz Hoheitsrechte auf zwischenstaatliche Einrichtungen übertragen.

Durch Gesetz vom 21.12.1992 (BGBl. I, S. 2086) wurde folgender Absatz (1 a) eingefügt:

(1 a) Soweit die Länder für die Ausübung der staatlichen Befugnisse und die Erfüllung der staatlichen Aufgaben zuständig sind, können sie mit Zustimmung der Bundesregierung Hoheitsrechte auf grenznachbarschaftliche Einrichtungen übertragen.

(2) Der Bund kann sich zur Wahrung des Friedens einem System gegenseitiger kollektiver Sicherheit einordnen; er wird hierbei in die Beschränkungen seiner Hoheitsrechte einwilligen, die eine friedliche und dauerhafte Ordnung in Europa und zwischen den Völkern der Welt herbeiführen und sichern.

(3) Zur Regelung zwischenstaatlicher Streitigkeiten wird der Bund Vereinbarungen über eine allgemeine, umfassende, obligatorische, internationale Schiedsgerichtsbarkeit beitreten.

Art. 25. Die allgemeinen Regeln des Völkerrechtes sind Bestandteil des Bundesrechtes. Sie gehen den Gesetzen vor und erzeugen Rechte und Pflichten unmittelbar für die Bewohner des Bundesgebietes.

Art. 26. (1) Handlungen, die geeignet sind und in der Absicht vorgenommen werden, das friedliche Zusammenleben der Völker zu stören, insbesondere die Führung eines Angriffskrieges vorzubereiten, sind verfassungswidrig. Sie sind unter Strafe zu stellen.

(2) Zur Kriegsführung bestimmte Waffen dürfen nur mit Genehmigung der Bundesregierung hergestellt, befördert und in Verkehr gebracht werden. Das Nähere regelt ein Bundesgesetz.

Art. 27. Alle deutschen Kauffahrteischiffe bilden eine einheitliche Handelsflotte.

Art. 28. *(1) Die verfassungsmäßige Ordnung in den Ländern muß den Grundsätzen des republikanischen, demokratischen und sozialen Rechtsstaates im Sinne dieses Grundgesetzes entsprechen. In den Ländern, Kreisen und Gemeinden muß das Volk eine Vertretung haben, die aus allgemeinen, unmittelbaren, freien, gleichen und geheimen Wahlen hervorgegangen ist. In Gemeinden kann an die Stelle einer gewählten Körperschaft die Gemeindeversammlung treten.*

Neue Fassung dieses Absatzes (1) durch Gesetz vom 21.12. 1992 (BGBl. I, S. 2086):

(1) Die verfassungsmäßige Ordnung in den Ländern muß den Grundsätzen des republikanischen, demokratischen und sozialen Rechtsstaates im Sinne dieses Grundgesetzes entsprechen. In den Ländern, Kreisen und Gemeinden muß das Volk eine Vertretung haben, die aus allgemeinen, unmittelbaren, freien, gleichen

und geheimen Wahlen hervorgegangen ist. Bei Wahlen in Kreisen und Gemeinden sind auch Personen, die die Staatsangehörigkeit eines Mitgliedsstaates der Europäischen Gemeinschaft besitzen, nach Maßgabe von Recht der Europäischen Gemeinschaft wahlberechtigt und wählbar. In Gemeinden kann an die Stelle einer gewählten Körperschaft die Gemeindeversammlung treten.

(2) Den Gemeinden muß das Recht gewährleistet sein, alle Angelegenheiten der örtlichen Gemeinschaft im Rahmen der Gesetze in eigener Verantwortung zu regeln. Auch die Gemeindeverbände haben im Rahmen ihres gesetzlichen Aufgabenbereiches nach Maßgabe der Gesetze das Recht der Selbstverwaltung.

Durch Gesetz vom 27.10.1994 (BGBl. I, S. 3146) wurde an Absatz (2) folgender Satz 3 angefügt:

Die Gewährleistung der Selbstverwaltung umfaßt auch die Grundlagen der finanziellen Eigenverantwortung.

Durch Gesetz vom 20.10.1997 (BGBl. I, S. 2470) wurde in Absatz (2) Satz 3 der Punkt durch ein Semikolon ersetzt und folgender Halbsatz angefügt:

zu diesen Grundlagen gehört eine den Gemeinden mit Hebesatzrecht zustehende wirtschaftskraftbezogene Steuerquelle.

(3) Der Bund gewährleistet, daß die verfassungsmäßige Ordnung der Länder den Grundrechten und den Bestimmungen der Absätze 1 und 2 entspricht.

Art. 29. *(1) Das Bundesgebiet ist unter Berücksichtigung der landsmannschaftlichen Verbundenheit, der geschichtlichen und kulturellen Zusammenhänge, der wirtschaftlichen Zweckmäßigkeit und des sozialen Gefüges durch Bundesgesetz neu zu gliedern. Die Neugliederung soll Länder schaffen, die nach Größe und Leistungsfähigkeit die ihnen obliegenden Aufgaben wirksam erfüllen können.*

(2) In Gebietsteilen, die bei der Neubildung der Länder nach dem 8. Mai 1945 ohne Volksabstimmung ihre Landeszugehörigkeit geändert haben, kann binnen eines Jahres nach dem Inkrafttreten des Grundgesetzes durch Volksbegehren eine bestimmte Änderung der über die Landeszugehörigkeit getroffenen Entscheidung gefordert werden. Das Volksbegehren bedarf der Zustimmung eines Zehntels der zu den Landtagen wahlberechtigten Bevölkerung. Kommt das Volksbegehren zustande, so hat die Bundesregierung in den Gesetzentwurf über die Neugliederung eine Bestimmung über die Landeszugehörigkeit des Gebietsteils aufzunehmen.

(3) Nach Annahme des Gesetzes ist in jedem Gebiete, dessen Landeszugehörigkeit geändert werden soll, der Teil des Gesetzes, der dieses Gebiet betrifft, zum Volksentscheid zu bringen. Ist ein Volksbegehren nach Absatz 2 zustandegekommen, so ist in dem betreffenden Gebiete in jedem Falle ein Volksentscheid durchzuführen.

(4) Soweit dabei das Gesetz mindestens in einem Gebietsteil abgelehnt wird, ist es erneut bei dem Bundestage einzubringen. Nach erneuter Verabschiedung bedarf es insoweit der Annahme durch Volksentscheid im gesamten Bundesgebiete.

(5) Bei einem Volksentscheide entscheidet die Mehrheit der abgegebenen Stimmen.

(6) Das Verfahren regelt ein Bundesgesetz. Die Neugliederung soll vor Ablauf von drei Jahren nach Verkündigung des Grundgesetzes und, falls sie als Folge des Beitritts eines anderen Teiles Deutschlands notwendig wird, innerhalb von zwei Jahren nach dem Beitritt geregelt sein.

(7) Das Verfahren über jede sonstige Änderung des Gebietsbestandes der Länder regelt ein Bundesgesetz, das der Zustimmung des Bundesrates und der Mehrheit der Mitglieder des Bundestages bedarf.

Neue Fassung von Artikel 29 durch Gesetz vom 19.8.1969 (BGBl. I, S. 1241):

Art. 29. *(1) Das Bundesgebiet ist unter Berücksichtigung der landsmannschaftlichen Verbundenheit, der geschichtlichen und kulturellen Zusammenhänge, der wirtschaftlichen Zweckmäßigkeit und des sozialen Gefüges durch Bundesgesetz neu zu gliedern. Die Neugliederung soll Länder schaffen, die nach Größe und Leistungsfähigkeit die ihnen obliegenden Aufgaben wirksam erfüllen können.*

(2) In Gebietsteilen, die bei der Neubildung der Länder nach dem 8. Mai 1945 ohne Volksabstimmung ihre Landeszugehörigkeit geändert haben, kann binnen eines Jahres nach dem Inkrafttreten des Grundgesetzes durch Volksbegehren eine bestimmte Änderung der über die Landeszugehörigkeit getroffenen Entscheidung gefordert werden. Das Volksbegehren bedarf der Zustimmung eines Zehntels der zu den Landtagen wahlberechtigten Bevölkerung.

(3) Ist ein Volksbegehren zustande gekommen, so ist in dem betreffenden Gebietsteil bis zum 31. März 1975, im Gebietsteil Baden des Landes Baden-Württemberg bis zum 31. März 1970 ein Volksentscheid über die Frage durchzuführen, ob die angestrebte Änderung vorgenommen werden oder die bisherige Landeszugehörigkeit bestehen bleiben soll. Stimmt eine Mehrheit, die mindestens ein Viertel der zum Landtag wahlberechtigten Bevölkerung umfaßt, der Änderung zu, so ist die Landeszugehörigkeit des betreffenden Gebietsteils durch Bundesgesetz innerhalb eines Jahres nach Durchführung des Volksentscheids zu regeln. Wird innerhalb desselben Landes in mehreren Gebietsteilen eine Änderung der Landeszugehörigkeit verlangt, so sind die erforderlichen Regelungen in einem Gesetz zusammenzufassen.

(4) Dem Bundesgesetz ist das Ergebnis des Volksentscheids zugrunde zu legen; es darf von ihm abweichen, soweit dies zur Erreichung der Ziele der Neugliederung nach Absatz 1 erforderlich ist. Das Gesetz bedarf der Zustimmung der Mehrheit der Mitglieder des Bundestages. Sieht das Gesetz die Änderung der Landeszugehörigkeit eines Gebietsteils vor, die nicht durch Volksentscheid erlangt worden ist, so bedarf es der Annahme durch Volksentscheid in dem gesamten Gebiet, dessen Landeszugehörigkeit geändert werden soll; dies gilt nicht, soweit bei der Ausgliederung von Gebietsteilen aus einem bestehenden Land die verbleibenden Gebietsteile als selbständiges Land fortbestehen sollen.

(5) Nach Annahme eines Bundesgesetzes über die Neugliederung des Bundesgebiets außerhalb des Verfahrens nach den Absätzen 2 bis 4 ist in jedem Gebiet, dessen Landeszugehörigkeit geändert werden soll, der Teil des Gesetzes, der dieses Gebiet betrifft, zum Volksentscheide zu bringen. Soweit dabei das Gesetz mindestens in einem Gebietsteil abgelehnt wird, ist es erneut bei dem Bundestage einzubringen. Nach erneuter Verabschiedung bedarf es insoweit der Annahme durch Volksentscheid im gesamten Bundesgebiet.

(6) Bei einem Volksentscheide entscheidet die Mehrheit der abgegebenen Stimmen; Absatz 3 bleibt unberührt. Das Verfahren regelt ein Bundesgesetz. Die Neugliederung soll, falls sie als Folge des Beitrittes eines anderen Teiles von Deutschland notwendig wird, innerhalb von zwei Jahren nach dem Beitritt geregelt sein.

(7) Das Verfahren über jede sonstige Änderung des Gebietsbestandes der Länder regelt ein Bundesgesetz, das der Zustimmung des Bundesrates und der Mehrheit der Mitglieder des Bundestages bedarf.

Neue Fassung von Artikel 29 durch Gesetz vom 23.8.1976 (BGBl. I, S. 2381 f.):

Art. 29. (1) Das Bundesgebiet kann neu gegliedert werden, um zu gewährleisten, daß die Länder nach Größe und Leistungsfähigkeit die ihnen obliegenden Aufgaben wirksam erfüllen können. Dabei sind die landsmannschaftliche Verbundenheit, die geschichtlichen und kulturellen Zusammenhänge, die wirtschaftliche Zweckmäßigkeit sowie die Erfordernisse der Raumordnung und der Landesplanung zu berücksichtigen.

(2) Maßnahmen zur Neugliederung des Bundesgebietes ergehen durch Bundesgesetz, das der Bestätigung durch Volksentscheid bedarf. Die betroffenen Länder sind zu hören.

(3) Der Volksentscheid findet in den Ländern statt, aus deren Gebieten oder Gebietsteilen ein neues oder neu umgrenztes Land gebildet werden soll (betroffene Länder). Abzustimmen ist über die Frage, ob die betroffenen Länder wie bisher bestehenbleiben sollen oder ob das neue oder neu umgrenzte Land gebildet werden soll. Der Volksentscheid für die Bildung eines neuen oder neu umgrenzten Landes kommt zustande, wenn in dessen künftigem Gebiet und insgesamt in den Gebieten oder Gebietsteilen eines betroffenen Landes, deren Landeszugehörigkeit im gleichen Sinne geändert werden soll, jeweils eine Mehrheit der Änderung zustimmt. Er kommt nicht zustande, wenn im Gebiet eines der betroffenen Länder eine Mehrheit die Änderung ablehnt; die Ablehnung ist jedoch unbeachtlich, wenn in einem Gebietsteil, dessen Zugehörigkeit zu dem betroffenen Land geändert werden soll, eine Mehrheit von zwei Dritteln der Änderung zustimmt, es sei denn, daß im Gesamtgebiet des betroffenen Landes eine Mehrheit von zwei Dritteln die Änderung ablehnt.

(4) Wird in einem zusammenhängenden, abgegrenzten Siedlungs- und Wirtschaftsraum, dessen Teile in mehreren Ländern liegen und der mindestens eine Million Einwohner hat, von einem Zehntel der in ihm zum Bundestag Wahlberechtigten durch Volksbegehren gefordert, daß für diesen Raum eine einheitliche Landeszugehörigkeit herbeigeführt werde, so ist durch Bundesgesetz innerhalb von zwei Jahren entweder zu bestimmen, ob die Landeszugehörigkeit gemäß Absatz 2 geändert wird, oder daß in den betroffenen Ländern eine Volksbefragung stattfindet.

(5) Die Volksbefragung ist darauf gerichtet festzustellen, ob eine in dem Gesetz vorzuschlagende Änderung der Landeszugehörigkeit Zustimmung findet. Das Gesetz kann verschiedene, jedoch nicht mehr als zwei Vorschläge der Volksbefragung vorlegen. Stimmt eine Mehrheit einer vorgeschlagenen Änderung der Landeszuge-

hörigkeit zu, so ist durch Bundesgesetz innerhalb von zwei Jahren zu bestimmen, ob die Landeszugehörigkeit gemäß Absatz 2 geändert wird. Findet ein der Volksbefragung vorgelegter Vorschlag eine den Maßgaben des Absatzes 3 Satz 3 und 4 entsprechende Zustimmung, so ist innerhalb von zwei Jahren nach der Durchführung der Volksbefragung ein Bundesgesetz zur Bildung des vorgeschlagenen Landes zu erlassen, das der Bestätigung durch Volksentscheid nicht mehr bedarf.

(6) Mehrheit im Volksentscheid und in der Volksbefragung ist die Mehrheit der abgegebenen Stimmen, wenn sie mindestens ein Viertel der zum Bundestag Wahlberechtigten umfaßt. Im übrigen wird das Nähere über Volksentscheid, Volksbegehren und Volksbefragung durch ein Bundesgesetz geregelt; dieses kann auch vorsehen, daß Volksbegehren innerhalb eines Zeitraumes von fünf Jahren nicht wiederholt werden können.

(7) Sonstige Änderungen des Gebietsbestandes der Länder können durch Staatsverträge der beteiligten Länder oder durch Bundesgesetz mit Zustimmung des Bundesrates erfolgen, wenn das Gebiet, dessen Landeszugehörigkeit geändert werden soll, nicht mehr als 10 000 Einwohner hat. Das Nähere regelt ein Bundesgesetz, das der Zustimmung des Bundesrates und der Mehrheit der Mitglieder des Bundestages bedarf. Es muß die Anhörung der betroffenen Gemeinden und Kreise vorsehen.

Neue Fassung von Absatz (7) durch Gesetz vom 27.10.1994 (BGBl. I, S. 3146):

(7) Sonstige Änderungen des Gebietsbestandes der Länder können durch Staatsverträge der beteiligten Länder oder durch Bundesgesetz mit Zustimmung des Bundesrates erfolgen, wenn das Gebiet, dessen Landeszugehörigkeit geändert werden soll, nicht mehr als 50 000 Einwohner hat. Das Nähere regelt ein Bundesgesetz, das der Zustimmung des Bundesrates und der Mehrheit der Mitglieder des Bundestages bedarf. Es muß die Anhörung der betroffenen Gemeinden und Kreise vorsehen.

Durch Gesetz vom 27.10.1994 (BGBl. I, S. 3146) wurde folgender Absatz (8) angefügt:

(8) Die Länder können eine Neugliederung für das jeweils von ihnen umfaßte Gebiet oder für Teilgebiete abweichend von den Vorschriften der Absätze 2 und 7 durch Staatsvertrag regeln. Die betroffenen Gemeinden und Kreise sind zu hören. Der Staatsvertrag bedarf der Bestätigung durch Volksentscheid in jedem beteiligten Land. Betrifft der Staatsvertrag Teilgebiete der Länder, kann die Bestätigung auf Volksentscheide in diesen Teilgebieten beschränkt werden; Satz 5 zweiter Halbsatz findet keine Anwendung. Bei einem Volksentscheid entscheidet die Mehrheit der abgegebenen Stimmen, wenn sie mindestens ein Viertel der zum Bundestag Wahlberechtigten umfaßt; das Nähere regelt ein Bundesgesetz. Der Staatsvertrag bedarf der Zustimmung des Bundestages.

Art. 30. Die Ausübung der staatlichen Befugnisse und die Erfüllung der staatlichen Aufgaben ist Sache der Länder, soweit dieses Grundgesetz keine andere Regelung trifft oder zuläßt.

Art. 31. Bundesrecht bricht Landesrecht.

Art. 32. (1) Die Pflege der Beziehungen zu auswärtigen Staaten ist Sache des Bundes.

(2) Vor dem Abschlusse eines Vertrages, der die besonderen Verhältnisse eines Landes berührt, ist das Land rechtzeitig zu hören.

(3) Soweit die Länder für die Gesetzgebung zuständig sind, können sie mit Zustimmung der Bundesregierung mit auswärtigen Staaten Verträge abschließen.

Art. 33. (1) Jeder Deutsche hat in jedem Lande die gleichen staatsbürgerlichen Rechte und Pflichten.

(2) Jeder Deutsche hat nach seiner Eignung, Befähigung und fachlichen Leistung gleichen Zugang zu jedem öffentlichen Amte.

(3) Der Genuß bürgerlicher und staatsbürgerlicher Rechte, die Zulassung zu öffentlichen Ämtern sowie die im öffentlichen Dienste erworbenen Rechte sind unabhängig von dem religiösen Bekenntnis. Niemandem darf aus seiner Zugehörigkeit oder Nichtzugehörigkeit zu einem Bekenntnisse oder einer Weltanschauung ein Nachteil erwachsen.

(4) Die Ausübung hoheitsrechtlicher Befugnisse ist als ständige Aufgabe in der Regel Angehörigen des öffentlichen Dienstes zu übertragen, die in einem öffentlich-rechtlichen Dienst- und Treueverhältnis stehen.

(5) Das Recht des öffentlichen Dienstes ist unter Berücksichtigung der hergebrachten Grundsätze des Berufsbeamtentums zu regeln.

Art. 34. Verletzt jemand in Ausübung eines ihm anvertrauten öffentlichen Amtes die ihm einem Dritten gegenüber obliegende Amtspflicht, so trifft die Verantwortlichkeit grundsätzlich den Staat oder die Körperschaft, in deren Dienst er steht. Bei Vorsatz oder grober Fahrlässigkeit bleibt der Rückgriff vorbehalten. Für den Anspruch auf Schadensersatz und für den Rückgriff darf der ordentliche Rechtsweg nicht ausgeschlossen werden.

Art. 35. *Alle Behörden des Bundes und der Länder leisten sich gegenseitig Rechts- und Amtshilfe.*

Neue Fassung von Artikel 35 durch Gesetz vom 24.6.1968 (BGBl. I, S. 709f.):

Art. 35. (1) Alle Behörden des Bundes und der Länder leisten sich gegenseitig Rechts- und Amtshilfe.

(2) Zur Hilfe bei einer Naturkatastrophe oder bei einem besonders schweren Unglücksfall kann ein Land Polizeikräfte anderer Länder, Kräfte und Einrichtungen anderer Verwaltungen sowie des Bundesgrenzschutzes und der Streitkräfte anfordern.

Neue Fassung von Absatz (2) durch Gesetz vom 28.7.1972 (BGBl. I, S. 1305):

(2) Zur Aufrechterhaltung oder Wiederherstellung der öffentlichen Sicherheit oder Ordnung kann ein Land in Fällen von besonderer Bedeutung Kräfte und Einrichtungen des Bundesgrenzschutzes zur Unterstützung seiner Polizei

anfordern, wenn die Polizei ohne diese Unterstützung eine Aufgabe nicht oder nur unter erheblichen Schwierigkeiten erfüllen könnte. Zur Hilfe bei einer Naturkatastrophe oder bei einem besonders schweren Unglücksfall kann ein Land Polizeikräfte anderer Länder, Kräfte und Einrichtungen anderer Verwaltungen sowie des Bundesgrenzschutzes und der Streitkräfte anfordern.

(3) Gefährdet die Naturkatastrophe oder der Unglücksfall das Gebiet mehr als eines Landes, so kann die Bundesregierung, soweit es zur wirksamen Bekämpfung erforderlich ist, den Landesregierungen die Weisung erteilen, Polizeikräfte anderen Ländern zur Verfügung zu stellen, sowie Einheiten des Bundesgrenzschutzes und der Streitkräfte zur Unterstützung der Polizeikräfte einsetzen. Maßnahmen der Bundesregierung nach Satz 1 sind jederzeit auf Verlangen des Bundesrates, im übrigen unverzüglich nach Beseitigung der Gefahr aufzuheben.

Art. 36. *Bei den obersten Bundesbehörden sind Beamte aus allen Ländern in angemessenem Verhältnis zu verwenden. Die bei den übrigen Bundesbehörden beschäftigten Personen sollen in der Regel aus dem Lande genommen werden, in dem sie tätig sind.*

Neue Fassung von Artikel 36 durch Gesetz vom 19.3.1956 (BGBl. I, S. 111):

Art. 36. (1) Bei den obersten Bundesbehörden sind Beamte aus allen Ländern in angemessenem Verhältnis zu verwenden. Die bei den übrigen Bundesbehörden beschäftigten Personen sollen in der Regel aus dem Lande genommen werden, in dem sie tätig sind.

(2) Die Wehrgesetze haben auch die Gliederung des Bundes in Länder und ihre besonderen landsmannschaftlichen Verhältnisse zu berücksichtigen.

Art. 37. (1) Wenn ein Land die ihm nach dem Grundgesetze oder einem anderen Bundesgesetze obliegenden Bundespflichten nicht erfüllt, kann die Bundesregierung mit Zustimmung des Bundesrates die notwendigen Maßnahmen treffen, um das Land im Wege des Bundeszwanges zur Erfüllung seiner Pflichten anzuhalten.

(2) Zur Durchführung des Bundeszwanges hat die Bundesregierung oder ihr Beauftragter das Weisungsrecht gegenüber allen Ländern und ihren Behörden.

III. Der Bundestag

Art. 38. (1) Die Abgeordneten des Deutschen Bundestages werden in allgemeiner, unmittelbarer, freier, gleicher und geheimer Wahl gewählt. Sie sind Vertreter des ganzen Volkes, an Aufträge und Weisungen nicht gebunden und nur ihrem Gewissen unterworfen.

(2) Wahlberechtigt ist, wer das einundzwanzigste Lebensjahr, wählbar, wer das fünfundzwanzigste Lebensjahr vollendet hat

Neue Fassung von Absatz (2) durch Gesetz vom 31.7.1970 (BGBl. I, S. 1161):

(2) Wahlberechtigt ist, wer das achtzehnte Lebensjahr vollendet hat; wählbar ist, wer das Alter erreicht hat, mit dem die Volljährigkeit eintritt.

(3) Das Nähere bestimmt ein Bundesgesetz.

Art. 39. *(1) Der Bundestag wird auf vier Jahre gewählt. Seine Wahlperiode endet vier Jahre nach dem ersten Zusammentritt oder mit seiner Auflösung. Die Neuwahl findet im letzten Vierteljahr der Wahlperiode statt, im Falle einer Auflösung spätestens nach sechzig Tagen.*

Neue Fassung von Absatz (1) durch Gesetz vom 23.8.1976 (BGBl. I, S. 2381 f.):

(1) Der Bundestag wird auf vier Jahre gewählt. Seine Wahlperiode endet mit dem Zusammentritt eines neuen Bundestages. Die Neuwahl findet frühestens fünfundvierzig, spätestens siebenundvierzig Monate nach Beginn der Wahlperiode statt. Im Falle einer Auflösung des Bundestages findet die Neuwahl innerhalb von sechzig Tagen statt.

Neue Fassung von Absatz (1) durch Gesetz vom 16.7.1998 (BGBl. I, S. 1822):

(1) Der Bundestag wird vorbehaltlich der nachfolgenden Bestimmungen auf vier Jahre gewählt. Seine Wahlperiode endet mit dem Zusammentritt eines neuen Bundestages. Die Neuwahl findet frühestens sechsundvierzig, spätestens achtundvierzig Monate nach Beginn der Wahlperiode statt. Im Falle einer Auflösung des Bundestages findet die Neuwahl innerhalb von sechzig Tagen statt.

(2) Der Bundestag tritt spätestens am dreißigsten Tage nach der Wahl, jedoch nicht vor dem Ende der Wahlperiode des letzten Bundestages zusammen.

Neue Fassung von Absatz (2) durch Gesetz vom 23.8.1976 (BGBl. I, S. 2381 f.):

(2) Der Bundestag tritt spätestens am dreißigsten Tage nach der Wahl zusammen.

(3) Der Bundestag bestimmt den Schluß und den Wiederbeginn seiner Sitzungen. Der Präsident des Bundestages kann ihn früher einberufen. Er ist hierzu verpflichtet, wenn ein Drittel der Mitglieder, der Bundespräsident oder der Bundeskanzler es verlangen.

Art. 40. (1) Der Bundestag wählt seinen Präsidenten, dessen Stellvertreter und die Schriftführer. Er gibt sich eine Geschäftsordnung.

(2) Der Präsident übt das Hausrecht und die Polizeigewalt im Gebäude des Bundestages aus. Ohne seine Genehmigung darf in den Räumen des Bundestages keine Durchsuchung oder Beschlagnahme stattfinden.

Art. 41. (1) Die Wahlprüfung ist Sache des Bundestages. Er entscheidet auch, ob ein Abgeordneter des Bundestages die Mitgliedschaft verloren hat.

(2) Gegen die Entscheidung des Bundestages ist die Beschwerde an das Bundesverfassungsgericht zulässig.

(3) Das Nähere regelt ein Bundesgesetz.

Art. 42. (1) Der Bundestag verhandelt öffentlich. Auf Antrag eines Zehntels seiner Mitglieder oder auf Antrag der Bundesregierung kann mit Zweidrittelmehrheit die Öffentlichkeit ausgeschlossen werden. Über den Antrag wird in nichtöffentlicher Sitzung entschieden.

(2) Zu einem Beschlusse des Bundestages ist die Mehrheit der abgegebenen Stimmen erforderlich, soweit dieses Grundgesetz nichts anderes bestimmt. Für die vom Bundestage vorzunehmenden Wahlen kann die Geschäftsordnung Ausnahmen zulassen.

(3) Wahrheitsgetreue Berichte über die öffentlichen Sitzungen des Bundestages und seiner Ausschüsse bleiben von jeder Verantwortlichkeit frei.

Art. 43. (1) Der Bundestag und seine Ausschüsse können die Anwesenheit jedes Mitgliedes der Bundesregierung verlangen.

(2) Die Mitglieder des Bundesrates und der Bundesregierung sowie ihre Beauftragten haben zu allen Sitzungen des Bundestages und seiner Ausschüsse Zutritt. Sie müssen jederzeit gehört werden.

Art. 44. (1) Der Bundestag hat das Recht und auf Antrag eines Viertels seiner Mitglieder die Pflicht, einen Untersuchungsausschuß einzusetzen, der in öffentlicher Verhandlung die erforderlichen Beweise erhebt. Die Öffentlichkeit kann ausgeschlossen werden.

(2) Auf Beweiserhebungen finden die Vorschriften über den Strafprozeß sinngemäß Anwendung. Das Brief-, Post- und Fernmeldegeheimnis bleibt unberührt.

(3) Gerichte und Verwaltungsbehörden sind zur Rechts- und Amtshilfe verpflichtet.

(4) Die Beschlüsse der Untersuchungsausschüsse sind der richterlichen Erörterung entzogen. In der Würdigung und Beurteilung des der Untersuchung zugrunde liegenden Sachverhaltes sind die Gerichte frei.

Art. 45. *(1) Der Bundestag bestellt einen ständigen Ausschuß, der die Rechte des Bundestages gegenüber der Bundesregierung zwischen zwei Wahlperioden zu wahren hat. Der ständige Ausschuß hat auch die Rechte eines Untersuchungsausschusses.*

(2) Weitergehende Befugnisse, insbesondere das Recht der Gesetzgebung, der Wahl des Bundeskanzlers und der Anklage des Bundespräsidenten stehen dem ständigen Ausschuß nicht zu.

Dieser Artikel 45 wurde durch Gesetz vom 23.8.1976 (BGBl. I, S. 2381f.) aufgehoben.

Durch Gesetz vom 21.12.1992 (BGBl. I, S. 2086) wurde folgender Artikel 45 eingefügt:

Art. 45. Der Bundestag bestellt einen Ausschuß für Angelegenheiten der Europäischen Union. Er kann ihn ermächtigen, die Rechte des Bundestages gemäß Artikel 23 gegenüber der Bundesregierung wahrzunehmen.

Durch Gesetz vom 19.3.1956 (BGBl. I, S. 111) wurde folgender Artikel 45a eingefügt:

Art. 45a. *(1) Der Bundestag bestellt einen Ausschuß für auswärtige Angelegenheiten und einen Ausschuß für Verteidigung. Die beiden Ausschüsse werden auch zwischen zwei Wahlperioden tätig.*

Neue Fassung von Absatz (1) durch Gesetz vom 23.8.1976 (BGBl. I, S. 2381f.):

(1) Der Bundestag bestellt einen Ausschuß für auswärtige Angelegenheiten und einen Ausschuß für Verteidigung.

(2) Der Ausschuß für Verteidigung hat auch die Rechte eines Untersuchungsausschusses. Auf Antrag eines Viertels seiner Mitglieder hat er die Pflicht, eine Angelegenheit zum Gegenstand seiner Untersuchung zu machen.

(3) Artikel 44 Abs. 1 findet auf dem Gebiet der Verteidigung keine Anwendung.

Durch Gesetz vom 19.3.1956 (BGBl. I, S. 111) wurde folgender Artikel 45 b eingefügt:

Art. 45 b. Zum Schutz der Grundrechte und als Hilfsorgan des Bundestages bei der Ausübung der parlamentarischen Kontrolle wird ein Wehrbeauftragter des Bundestages berufen. Das Nähere regelt ein Bundesgesetz.

Durch Gesetz vom 15.7.1975 (BGBl. I, S. 1901) wurde folgender Artikel 45 c eingefügt:

Art. 45 c. (1) Der Bundestag bestellt einen Petitionsausschuß, dem die Behandlung der nach Artikel 17 an den Bundestag gerichteten Bitten und Beschwerden obliegt.

(2) Die Befugnisse des Ausschusses zur Überprüfung von Beschwerden regelt ein Bundesgesetz.

Art. 46. (1) Ein Abgeordneter darf zu keiner Zeit wegen seiner Abstimmung oder wegen einer Äußerung, die er im Bundestage oder in einem seiner Ausschüsse getan hat, gerichtlich oder dienstlich verfolgt oder sonst außerhalb des Bundestages zur Verantwortung gezogen werden. Dies gilt nicht für verleumderische Beleidigungen.

(2) Wegen einer mit Strafe bedrohten Handlung darf ein Abgeordneter nur mit Genehmigung des Bundestages zur Verantwortung gezogen oder verhaftet werden, es sei denn, daß er bei Begehung der Tat oder im Laufe des folgenden Tages festgenommen wird.

(3) Die Genehmigung des Bundestages ist ferner bei jeder anderen Beschränkung der persönlichen Freiheit eines Abgeordneten oder zur Einleitung eines Verfahrens gegen einen Abgeordneten gemäß Artikel 18 erforderlich.

(4) Jedes Strafverfahren und jedes Verfahren gemäß Artikel 18 gegen einen Abgeordneten, jede Haft und jede sonstige Beschränkung seiner persönlichen Freiheit sind auf Verlangen des Bundestages auszusetzen.

Art. 47. Die Abgeordneten sind berechtigt, über Personen, die ihnen in ihrer Eigenschaft als Abgeordnete oder denen sie in dieser Eigenschaft Tatsachen anvertraut haben, sowie über diese Tatsachen selbst das Zeugnis verweigern. Soweit dieses Zeugnisverweigerungsrecht reicht, ist die Beschlagnahme von Schriftstücken unzulässig.

Art. 48. (1) Wer sich um einen Sitz im Bundestage bewirbt, hat Anspruch auf den zur Vorbereitung seiner Wahl erforderlichen Urlaub.

(2) Niemand darf gehindert werden, das Amt eines Abgeordneten zu übernehmen und auszuüben. Eine Kündigung oder Entlassung aus diesem Grunde ist unzulässig.

(3) Die Abgeordneten haben Anspruch auf eine angemessene, ihre Unabhängigkeit sichernde Entschädigung. Sie haben das Recht der freien Benutzung aller staatlichen Verkehrsmittel. Das Nähere regelt ein Bundesgesetz.

Art. 49. *Für die Mitglieder des Präsidiums und des ständigen Ausschusses sowie für deren erste Stellvertreter gelten die Artikel 46, 47 und die Absätze 2 und 3 des Artikels 48 auch für die Zeit zwischen den Wahlperioden.*

Neue Fassung von Artikel 49 durch Gesetz vom 19.3.1956 (BGBl. I, S. 111):

Art. 49. *Für die Mitglieder des Präsidiums, des ständigen Ausschusses, des Ausschusses für auswärtige Angelegenheiten und des Ausschusses für Verteidigung sowie für deren erste Stellvertreter gelten die Artikel 46, 47 und die Absätze 2 und 3 des Artikels 48 auch für die Zeit zwischen den Wahlperioden.*

Dieser Artikel 49 wurde durch Gesetz vom 23.8.1976 (BGBl. I, S. 2381f.) aufgehoben.

IV. Der Bundesrat

Art. 50. *Durch den Bundesrat wirken die Länder bei der Gesetzgebung und Verwaltung des Bundes mit.*

Neue Fassung von Artikel 50 durch Gesetz vom 21.12.1992 (BGBl. I, S. 2086):

Art. 50. Durch den Bundesrat wirken die Länder bei der Gesetzgebung und Verwaltung des Bundes und in Angelegenheiten der Europäischen Union mit.

Art. 51. (1) Der Bundesrat besteht aus Mitgliedern der Regierungen der Länder, die sie bestellen und abberufen. Sie können durch andere Mitglieder ihrer Regierungen vertreten werden.

(2) Jedes Land hat mindestens drei Stimmen, Länder mit mehr als zwei Millionen Einwohnern haben vier, Länder mit mehr als sechs Millionen Einwohnern fünf Stimmen.

Neue Fassung von Absatz (2) durch den Einigungsvertrag vom 31.8.1990 (BGBl. II, S. 889):

(2) Jedes Land hat mindestens drei Stimmen, Länder mit mehr als zwei Millionen Einwohnern haben vier, Länder mit mehr als sechs Millionen Einwohnern fünf, Länder mit mehr als sieben Millionen Einwohnern sechs Stimmen.

(3) Jedes Land kann so viele Mitglieder entsenden, wie es Stimmen hat. Die Stimmen eines Landes können nur einheitlich und nur durch anwesende Mitglieder oder deren Vertreter abgegeben werden.

Art. 52. (1) Der Bundesrat wählt seinen Präsidenten auf ein Jahr.

(2) Der Präsident beruft den Bundesrat ein. Er hat ihn einzuberufen, wenn die Vertreter von mindestens zwei Ländern oder die Bundesregierung es verlangen.

(3) Der Bundesrat faßt seine Beschlüsse mit mindestens der Mehrheit seiner Stimmen. Er gibt sich eine Geschäftsordnung. Er verhandelt öffentlich. Die Öffentlichkeit kann ausgeschlossen werden.

Durch Gesetz vom 21.12.1992 (BGBl. I, S. 2086) wurde folgender Absatz (3 a) eingefügt:

(3 a) Für Angelegenheiten der Europäischen Union kann der Bundesrat eine Europakammer bilden, deren Beschlüsse als Beschlüsse des Bundesrates gelten; Artikel 51 Abs. 2 und 3 Satz 2 gilt entsprechend.

(4) Den Ausschüssen des Bundesrates können andere Mitglieder oder Beauftragte der Regierungen der Länder angehören.

Art. 53. Die Mitglieder der Bundesregierung haben das Recht und auf Verlangen die Pflicht, an den Verhandlungen des Bundesrates und seiner Ausschüsse teilzunehmen. Sie müssen jederzeit gehört werden. Der Bundesrat ist von der Bundesregierung über die Führung der Geschäfte auf dem laufenden zu halten.

Durch Gesetz vom 24.6.1968 (BGBl. I, S. 709) wurde folgender Abschnitt IV a eingefügt:

IV a. Gemeinsamer Ausschuß

Art. 53 a. (1) Der Gemeinsame Ausschuß besteht zu zwei Dritteln aus Abgeordneten des Bundestages, zu einem Drittel aus Mitgliedern des Bundesrates. Die Abgeordneten werden vom Bundestage entsprechend dem Stärkeverhältnis der Fraktionen bestimmt; sie dürfen nicht der Bundesregierung angehören. Jedes Land wird durch ein von ihm bestelltes Mitglied des Bundesrates vertreten; diese Mitglieder sind nicht an Weisungen gebunden. Die Bildung des Gemeinsamen Ausschusses und sein Verfahren werden durch eine Geschäftsordnung geregelt, die vom Bundestage zu beschließen ist und der Zustimmung des Bundesrates bedarf.

(2) Die Bundesregierung hat den Gemeinsamen Ausschuß über ihre Planungen für den Verteidigungsfall zu unterrichten. Die Rechte des Bundestages und seiner Ausschüsse nach Artikel 43 Abs. 1 bleiben unberührt.

V. Der Bundespräsident

Art. 54. (1) Der Bundespräsident wird ohne Aussprache von der Bundesversammlung gewählt. Wählbar ist jeder Deutsche, der das Wahlrecht zum Bundestage besitzt und das vierzigste Lebensjahr vollendet hat.

(2) Das Amt des Bundespräsidenten dauert fünf Jahre. Anschließende Wiederwahl ist nur einmal zulässig.

(3) Die Bundesversammlung besteht aus den Mitgliedern des Bundestages und einer gleichen Anzahl von Mitgliedern, die von den Volksvertretungen der Länder nach den Grundsätzen der Verhältniswahl gewählt werden.

(4) Die Bundesversammlung tritt spätestens dreißig Tage vor Ablauf der Amtszeit des Bundespräsidenten, bei vorzeitiger Beendigung spätestens dreißig Tage nach diesem Zeitpunkt zusammen. Sie wird von dem Präsidenten des Bundestages einberufen.

(5) Nach Ablauf der Wahlperiode beginnt die Frist des Absatzes 4 Satz 1 mit dem ersten Zusammentritt des Bundestages.

(6) Gewählt ist, wer die Stimmen der Mehrheit der Mitglieder der Bundesversammlung erhält. Wird diese Mehrheit in zwei Wahlgängen von keinem Bewerber erreicht, so ist gewählt, wer in einem weiteren Wahlgang die meisten Stimmen auf sich vereinigt.

(7) Das Nähere regelt ein Bundesgesetz.

Art. 55. (1) Der Bundespräsident darf weder der Regierung noch einer gesetzgebenden Körperschaft des Bundes oder eines Landes angehören.

(2) Der Bundespräsident darf kein anderes besoldetes Amt, kein Gewerbe und keinen Beruf ausüben und weder der Leitung noch dem Aufsichtsrate eines auf Erwerb gerichteten Unternehmens angehören.

Art. 56. Der Bundespräsident leistet bei seinem Amtsantritt vor den versammelten Mitgliedern des Bundestages und des Bundesrates folgenden Eid:

„Ich schwöre, daß ich meine Kraft dem Wohle des deutschen Volkes widmen, seinen Nutzen mehren, Schaden von ihm wenden, das Grundgesetz und die Gesetze des Bundes wahren und verteidigen, meine Pflichten gewissenhaft erfüllen und Gerechtigkeit gegen jedermann üben werde. So wahr mir Gott helfe."

Der Eid kann auch ohne religiöse Beteuerung geleistet werden.

Art. 57. Die Befugnisse des Bundespräsidenten werden im Falle seiner Verhinderung oder bei vorzeitiger Erledigung des Amtes durch den Präsidenten des Bundesrates wahrgenommen.

Art. 58. Anordnungen und Verfügungen des Bundespräsidenten bedürfen zu ihrer Gültigkeit der Gegenzeichnung durch den Bundeskanzler oder durch den zuständigen Bundesminister. Dies gilt nicht für die Ernennung und Entlassung des Bundeskanzlers, die Auflösung des Bundestages gemäß Artikel 63 und das Ersuchen gemäß Artikel 69 Absatz 3.

Art. 59. (1) Der Bundespräsident vertritt den Bund völkerrechtlich. Er schließt im Namen des Bundes die Verträge mit auswärtigen Staaten. Er beglaubigt und empfängt die Gesandten.

(2) Verträge, welche die politischen Beziehungen des Bundes regeln oder sich auf Gegenstände der Bundesgesetzgebung beziehen, bedürfen der Zustimmung

oder der Mitwirkung der jeweils für die Bundesgesetzgebung zuständigen Körperschaften in der Form eines Bundesgesetzes. Für Verwaltungsabkommen gelten die Vorschriften über die Bundesverwaltung entsprechend.

Durch Gesetz vom 19.3.1956 (BGBl. I, S. 111) wurde folgender Artikel 59a eingefügt:

Art. 59a. *(1) Die Feststellung, daß der Verteidigungsfall eingetreten ist, trifft der Bundestag. Sein Beschluß wird vom Bundespräsidenten verkündet.*

(2) Stehen dem Zusammentritt des Bundestages unüberwindliche Hindernisse entgegen, so kann bei Gefahr im Verzug der Bundespräsident mit Gegenzeichnung des Bundeskanzlers diese Feststellung treffen und verkünden. Der Bundespräsident soll zuvor die Präsidenten des Bundestages und des Bundesrates hören.

(3) Der Bundespräsident darf völkerrechtliche Erklärungen über das Bestehen des Verteidigungsfalls erst nach Verkündung abgeben.

(4) Über den Friedensschluß wird durch Bundesgesetz entschieden.

Dieser Artikel 59a wurde durch Gesetz vom 24.6.1968 (BGBl. I, S. 709) aufgehoben.

Art. 60. *(1) Der Bundespräsident ernennt und entläßt die Bundesrichter und die Bundesbeamten, soweit gesetzlich nichts anderes bestimmt ist.*

Neue Fassung von Absatz (1) durch Gesetz vom 19.3.1956 (BGBl. I, S. 111):

(1) Der Bundespräsident ernennt und entläßt die Bundesrichter, die Bundesbeamten, die Offiziere und Unteroffiziere, soweit gesetzlich nichts anderes bestimmt ist.

(2) Er übt im Einzelfalle für den Bund das Begnadigungsrecht aus.

(3) Er kann diese Befugnisse auf andere Behörden übertragen.

(4) Die Absätze 2 bis 4 des Artikels 46 finden auf den Bundespräsidenten entsprechende Anwendung.

Art. 61. (1) Der Bundestag oder der Bundesrat können den Bundespräsidenten wegen vorsätzlicher Verletzung des Grundgesetzes oder eines anderen Bundesgesetzes vor dem Bundesverfassungsgericht anklagen. Der Antrag auf Erhebung der Anklage muß von mindestens einem Viertel der Mitglieder des Bundestages oder einem Viertel der Stimmen des Bundesrates gestellt werden. Der Beschluß auf Erhebung der Anklage bedarf der Mehrheit von zwei Dritteln der Mitglieder des Bundestages oder von zwei Dritteln der Stimmen des Bundesrates. Die Anklage wird von einem Beauftragten der anklagenden Körperschaft vertreten.

(2) Stellt das Bundesverfassungsgericht fest, daß der Bundespräsident einer vorsätzlichen Verletzung des Grundgesetzes oder eines anderen Bundesgesetzes schuldig ist, so kann es ihn des Amtes für verlustig erklären. Durch einstweilige Anordnung kann es nach der Erhebung der Anklage bestimmen, daß er an der Ausübung seines Amtes verhindert ist.

VI. Die Bundesregierung

Art. 62. Die Bundesregierung besteht aus dem Bundeskanzler und aus den Bundesministern.

Art. 63. (1) Der Bundeskanzler wird auf Vorschlag des Bundespräsidenten vom Bundestage ohne Aussprache gewählt.

(2) Gewählt ist, wer die Stimmen der Mehrheit der Mitglieder des Bundestages auf sich vereinigt. Der Gewählte ist vom Bundespräsidenten zu ernennen.

(3) Wird der Vorgeschlagene nicht gewählt, so kann der Bundestag binnen vierzehn Tagen nach dem Wahlgange mit mehr als der Hälfte seiner Mitglieder einen Bundeskanzler wählen.

(4) Kommt eine Wahl innerhalb dieser Frist nicht zustande, so findet unverzüglich ein neuer Wahlgang statt, in dem gewählt ist, wer die meisten Stimmen erhält. Vereinigt der Gewählte die Stimmen der Mehrheit der Mitglieder des Bundestages auf sich, so muß der Bundespräsident ihn binnen sieben Tagen nach der Wahl ernennen. Erreicht der Gewählte diese Mehrheit nicht, so hat der Bundespräsident binnen sieben Tagen entweder ihn zu ernennen oder den Bundestag aufzulösen.

Art. 64. (1) Die Bundesminister werden auf Vorschlag des Bundeskanzlers vom Bundespräsidenten ernannt und entlassen.

(2) Der Bundeskanzler und die Bundesminister leisten bei der Amtsübernahme vor dem Bundestage den in Artikel 56 vorgesehenen Eid.

Art. 65. Der Bundeskanzler bestimmt die Richtlinien der Politik und trägt dafür die Verantwortung. Innerhalb dieser Richtlinien leitet jeder Bundesminister seinen Geschäftsbereich selbständig und unter eigener Verantwortung. Über Meinungsverschiedenheiten zwischen den Bundesministern entscheidet die Bundesregierung. Der Bundeskanzler leitet ihre Geschäfte nach einer von der Bundesregierung beschlossenen und vom Bundespräsidenten genehmigten Geschäftsordnung.

Durch Gesetz vom 29.3.1956 (BGBl. I, S. 111) wurde folgender Artikel 65a eingefügt:

Art. 65a. (1) Der Bundesminister für Verteidigung hat die Befehls- und Kommandogewalt über die Streitkräfte.

(2) Mit der Verkündung des Verteidigungsfalles geht die Befehls- und Kommandogewalt auf den Bundeskanzler über.

Dieser Absatz (2) wurde durch Gesetz vom 24.6.1968 (BGBl. I, S. 709) aufgehoben.

Art. 66. Der Bundeskanzler und die Bundesminister dürfen kein anderes besoldetes Amt, kein Gewerbe und keinen Beruf ausüben und weder der Leitung noch ohne Zustimmung des Bundestages dem Aufsichtsrate eines auf Erwerb gerichteten Unternehmens angehören.

Art. 67. (1) Der Bundestag kann dem Bundeskanzler das Mißtrauen nur dadurch aussprechen, daß er mit der Mehrheit seiner Mitglieder einen Nachfolger wählt und den Bundespräsidenten ersucht, den Bundeskanzler zu entlassen. Der Bundespräsident muß dem Ersuchen entsprechen und den Gewählten ernennen.

(2) Zwischen dem Antrage und der Wahl müssen achtundvierzig Stunden liegen.

Art. 68. (1) Findet ein Antrag des Bundeskanzlers, ihm das Vertrauen auszusprechen, nicht die Zustimmung der Mehrheit der Mitglieder des Bundestages, so kann der Bundespräsident auf Vorschlag des Bundeskanzlers binnen einundzwanzig Tagen den Bundestag auflösen. Das Recht zur Auflösung erlischt, sobald der Bundestag mit der Mehrheit seiner Mitglieder einen anderen Bundeskanzler wählt.

(2) Zwischen dem Anfrage und der Abstimmung müssen achtundvierzig Stunden liegen.

Art. 69. (1) Der Bundeskanzler ernennt einen Bundesminister zu seinem Stellvertreter.

(2) Das Amt des Bundeskanzlers oder eines Bundesministers endigt in jedem Falle mit dem Zusammentritt eines neuen Bundestages, das Amt eines Bundesministers auch mit jeder anderen Erledigung des Amtes des Bundeskanzlers.

(3) Auf Ersuchen des Bundespräsidenten ist der Bundeskanzler, auf Ersuchen des Bundeskanzlers oder des Bundespräsidenten ein Bundesminister verpflichtet, die Geschäfte bis zur Ernennung seines Nachfolgers weiterzuführen.

VII. Die Gesetzgebung des Bundes

Art. 70. (1) Die Länder haben das Recht der Gesetzgebung, soweit dieses Grundgesetz nicht dem Bunde Gesetzgebungsbefugnisse verleiht.

(2) Die Abgrenzung der Zuständigkeit zwischen Bund und Ländern bemißt sich nach den Vorschriften dieses Grundgesetzes über die ausschließliche und die konkurrierende Gesetzgebung.

Art. 71. Im Bereiche der ausschließlichen Gesetzgebung des Bundes haben die Länder die Befugnis zur Gesetzgebung nur, wenn und soweit sie hierzu in einem Bundesgesetze ausdrücklich ermächtigt werden.

Art. 72. *(1) Im Bereiche der konkurrierenden Gesetzgebung haben die Länder die Befugnis zur Gesetzgebung, solange und soweit der Bund von seinem Gesetzgebungsrechte keinen Gebrauch macht.*

(2) Der Bund hat in diesem Bereich das Gesetzgebungsrecht, wenn und soweit ein Bedürfnis nach bundesgesetzlicher Regelung besteht, weil:

1. eine Angelegenheit durch die Gesetzgebung einzelner Länder nicht wirksam geregelt werden kann oder

2. die Regelung einer Angelegenheit durch ein Landesgesetz die Interessen anderer Länder oder die Gesamtheit beeinträchtigen könnte oder

3. die Herstellung der Rechts- oder Wirtschaftseinheit, insbesondere die Wahrung der Einheitlichkeit der Lebensverhältnisse im Bundesgebiet über das Gebiet eines Landes hinaus sie erfordert.

Neue Fassung von Artikel 72 durch Gesetz vom 27.10.1994 (BGBl. I, S. 3146):

Art. 72. (1) Im Bereich der konkurrierenden Gesetzgebung haben die Länder die Befugnis zur Gesetzgebung, solange und soweit der Bund von seiner Gesetzgebungszuständigkeit nicht durch Gesetz Gebrauch macht.

(2) Der Bund hat in diesem Bereich das Gesetzgebungsrecht, wenn und soweit die Herstellung gleichwertiger Lebensverhältnisse im Bundesgebiet oder die Wahrung der Rechts- oder Wirtschaftseinheit im gesamtstaatlichen Interesse eine bundesgesetzliche Regelung erforderlich macht.

(3) Durch Bundesgesetz kann bestimmt werden, daß eine bundesgesetzliche Regelung, für die eine Erforderlichkeit im Sinne des Absatzes 2 nicht mehr besteht, durch Landesrecht ersetzt werden kann.

Art. 73. Der Bund hat die ausschließliche Gesetzgebung über:

1. *die auswärtigen Angelegenheiten;*

Neue Fassung von Nummer 1 durch Gesetz vom 26.3.1954 (BGBl. I, S. 45):

1. *die auswärtigen Angelegenheiten sowie die Verteidigung einschließlich der Wehrpflicht für Männer vom vollendeten achtzehnten Lebensjahr an und des Schutzes der Zivilbevölkerung;*

Neue Fassung von Nummer 1 durch Gesetz vom 19.3.1956 (BGBl. I, S. 111):

1. die auswärtigen Angelegenheiten sowie die Verteidigung einschließlich des Schutzes der Zivilbevölkerung;
2. die Staatsangehörigkeit im Bunde;
3. die Freizügigkeit, das Paßwesen, die Ein- und Auswanderung und die Auslieferung;
4. das Währungs-, Geld- und Münzwesen, Maße und Gewichte sowie die Zeitbestimmung;
5. die Einheit des Zoll- und Handelsgebietes, die Handels- und Schiffahrtsverträge, die Freizügigkeit des Warenverkehrs und den Waren- und Zahlungsverkehr mit dem Auslande einschließlich des Zoll- und Grenzschutzes;
6. *die Bundeseisenbahnen und den Luftverkehr;*

Neue Fassung von Nummer 6 durch Gesetz vom 20.12.1993 (BGBl. I, S. 2089):

6. den Luftverkehr;

Durch Gesetz vom 20.12.1993 (BGBl. I, S. 2089) wurde folgende Nummer 6a eingefügt:

6a. den Verkehr von Eisenbahnen, die ganz oder mehrheitlich im Eigentum des Bundes stehen (Eisenbahnen des Bundes), den Bau, die Unterhaltung und das Betreiben von Schienenwegen der Eisenbahnen des Bundes sowie die Erhebung von Entgelten für die Benutzung dieser Schienenwege;

7. das Post- und Fernmeldewesen;

Neue Fassung von Nummer 7 durch Gesetz vom 30.8.1994 (BGBl. I, S. 2245):

7. das Postwesen und die Telekommunikation;
8. die Rechtsverhältnisse der im Dienste des Bundes und der bundesunmittelbaren Körperschaften des öffentlichen Rechtes stehenden Personen;
9. den gewerblichen Rechtsschutz, das Urheberrecht und das Verlagsrecht;

10. die Zusammenarbeit des Bundes und der Länder in der Kriminalpolizei und in Angelegenheiten des Verfassungsschutzes, die Einrichtung eines Bundeskriminalpolizeiamtes sowie die internationale Verbrechensbekämpfung;

Neue Fassung von Nummer 10 durch Gesetz vom 28.7.1972 (BGBl. I, S. 1305):

10. die Zusammenarbeit des Bundes und der Länder
    a) in der Kriminalpolizei,
    b) zum Schutze der freiheitlichen demokratischen Grundordnung, des Bestandes und der Sicherheit des Bundes oder eines Landes (Verfassungsschutz) und
    c) zum Schutze gegen Bestrebungen im Bundesgebiet, die durch Anwendung von Gewalt oder darauf gerichtete Vorbereitungshandlungen auswärtige Belange der Bundesrepublik Deutschland gefährden, sowie die Einrichtung eines Bundeskriminalpolizeiamtes und die internationale Verbrechensbekämpfung;
11. die Statistik für Bundeszwecke.

Art. 74. Die konkurrierende Gesetzgebung erstreckt sich auf folgende Gebiete:

1. das bürgerliche Recht, das Strafrecht und den Strafvollzug, die Gerichtsverfassung, das gerichtliche Verfahren, die Rechtsanwaltschaft, das Notariat und die Rechtsberatung;
2. das Personenstandswesen;
3. das Vereins- und Versammlungsrecht;
4. das Aufenthalts- und Niederlassungsrecht der Ausländer;

Durch Gesetz vom 28.7.1972 (BGBl. I, S. 1305) wurde folgende Nummer 4a eingefügt:

4a. das Waffenrecht;

Neue Fassung von Nummer 4a durch Gesetz vom 23.8.1976 (BGBl. I, S. 2383):

4a. das Waffen- und das Sprengstoffrecht;

5. den Schutz deutschen Kulturgutes gegen Abwanderung in das Ausland;

Diese Nummer 5 wurde durch Gesetz vom 27.10.1994 (BGBl. I, S. 3146) aufgehoben.

6. die Angelegenheiten der Flüchtlinge und Vertriebenen;
7. die öffentliche Fürsorge;

8. die Staatsangehörigkeit in den Ländern;

Diese Nummer 8 wurde durch Gesetz vom 27.10.1994 (BGBl. I, S. 3146) aufgehoben.

9. die Kriegsschäden und die Wiedergutmachung;

10. die Versorgung der Kriegsbeschädigten und Kriegshinterbliebenen, die Fürsorge für die ehemaligen Kriegsgefangenen und die Sorge für die Kriegsgräber;

Neue Fassung von Nummer 10 durch Gesetz vom 16.6.1965 (BGBl. I, S. 513):

10. die Versorgung der Kriegsbeschädigten und Kriegshinterbliebenen und die Fürsorge für die ehemaligen Kriegsgefangenen;

Durch Gesetz vom 16.6.1965 (BGBl. I, S. 513) wurde folgende Nummer 10a eingefügt:

10a. die Kriegsgräber und Gräber anderer Opfer des Krieges und Opfer von Gewaltherrschaft;

11. das Recht der Wirtschaft (Bergbau, Industrie, Energiewirtschaft, Handwerk, Gewerbe, Handel, Bank- und Börsenwesen, privatrechtliches Versicherungswesen);

Durch Gesetz vom 23.12.1959 (BGBl. I, S. 813) wurde folgende Nummer 11a eingefügt:

11a. die Erzeugung und Nutzung der Kernenergie zu friedlichen Zwecken, die Errichtung und den Betrieb von Anlagen, die diesen Zwecken dienen, den Schutz gegen Gefahren, die bei Freiwerden von Kernenergie oder durch ionisierende Strahlen entstehen, und die Beseitigung radioaktiver Stoffe;

12. das Arbeitsrecht einschließlich der Betriebsverfassung, des Arbeitsschutzes und der Arbeitsvermittlung sowie die Sozialversicherung einschließlich der Arbeitslosenversicherung;

13. die Förderung der wissenschaftlichen Forschung;

Neue Fassung von Nummer 13 durch Gesetz vom 12.5.1969 (BGBl. I, S. 363):

13. die Regelung der Ausbildungsbeihilfen und die Förderung der wissenschaftlichen Forschung;
14. das Recht der Enteignung, soweit sie auf den Sachgebieten der Artikel 73 und 74 in Betracht kommt;

15. die Überführung von Grund und Boden, von Naturschätzen und Produktionsmitteln in Gemeineigentum oder in andere Formen der Gemeinwirtschaft;
16. die Verhütung des Mißbrauchs wirtschaftlicher Machtstellung;
17. die Förderung der land- und forstwirtschaftlichen Erzeugung, die Sicherung der Ernährung, die Ein- und Ausfuhr land- und forstwirtschaftlicher Erzeugnisse, die Hochsee- und Küstenfischerei und den Küstenschutz;
18. den Grundstücksverkehr, das Bodenrecht und das landwirtschaftliche Pachtwesen, das Wohnungswesen, das Siedlungs- und Heimstättenwesen;

Neue Fassung von Nummer 18 durch Gesetz vom 27.10.1994 (BGBl. I, S. 3146):

18. den Grundstücksverkehr, das Bodenrecht (ohne das Recht der Erschließungsbeiträge) und das landwirtschaftliche Pachtwesen, das Wohnungswesen, das Siedlungs- und Heimstättenwesen;
19. die Maßnahmen gegen gemeingefährliche und übertragbare Krankheiten bei Menschen und Tieren, die Zulassung zu ärztlichen und anderen Heilberufen und zum Heilgewerbe, den Verkehr mit Arzneien, Heil- und Betäubungsmitteln und Giften;

Durch Gesetz vom 12.5.1969 (BGBl. I, S. 363) wurde folgende Nummer 19a eingefügt:

19a. die wirtschaftliche Sicherung der Krankenhäuser und die Regelung der Krankenhauspflegesätze;
20. den Schutz beim Verkehr mit Lebens- und Genußmitteln sowie Bedarfsgegenständen, mit Futtermitteln, mit land- und forstwirtschaftlichem Saat- und Pflanzgut und den Schutz der Pflanzen gegen Krankheiten und Schädlinge;

Neue Fassung von Nummer 20 durch Gesetz vom 18.3.1971 (BGBl. I, S. 207):

20. den Schutz beim Verkehr mit Lebens- und Genußmitteln, Bedarfsgegenständen, Futtermitteln und land- und forstwirtschaftlichem Saat- und Pflanzgut, den Schutz der Pflanzen gegen Krankheiten und Schädlinge sowie den Tierschutz;
21. die Hochsee- und Küstenschiffahrt sowie die Seezeichen, die Binnenschiffahrt, den Wetterdienst, die Seewasserstraßen und die dem allgemeinen Verkehr dienenden Binnenwasserstraßen;
22. den Straßenverkehr das Kraftfahrwesen, den Bau und die Unterhaltung von Landstraßen des Fernverkehrs;

Neue Fassung von Nummer 22 durch Gesetz vom 12.5.1969 (BGBl. I, S. 363):

22. den Straßenverkehr, das Kraftfahrwesen, den Bau und die Unterhaltung von Landstraßen für den Fernverkehr sowie die Erhebung und Verteilung von Gebühren für die Benutzung öffentlicher Straßen mit Fahrzeugen;
23. die Schienenbahnen, die nicht Bundeseisenbahnen sind, mit Ausnahme der Bergbahnen.

Neue Fassung von Nummer 23 durch Gesetz vom 20.12.1993 (BGBl. I, S. 2089):

23. die Schienenbahnen, die nicht Eisenbahnen des Bundes sind, mit Ausnahme der Bergbahnen;

Durch Gesetz vom 12.4.1972 (BGBl. I, S. 593) wurde folgende Nummer 24 angefügt:

24. die Abfallbeseitigung, die Luftreinhaltung und die Lärmbekämpfung;

Durch Gesetz vom 27.10.1994 (BGBl. I, S. 3146) wurden dem Artikel folgende Nummern 25 und 26 angefügt:

25. die Staatshaftung;
26. die künstliche Befruchtung beim Menschen, die Untersuchung und die künstliche Veränderung von Erbinformationen sowie Regelungen zur Transplantation von Organen und Geweben.

Durch Gesetz vom 27.10.1994 (BGBl. I, S. 3146) wurde der vorhergehende Teil dieses Artikels zu Absatz (1) und es wurde folgender Absatz (2) angefügt:

(2) Gesetze nach Absatz 1 Nr. 25 bedürfen der Zustimmung des Bundesrates.

Durch Gesetz vom 18.3.1971 (BGBl. I, S. 206) wurde folgender Artikel 74a eingefügt:

Art. 74a. (1) Die konkurrierende Gesetzgebung erstreckt sich ferner auf die Besoldung und Versorgung der Angehörigen des öffentlichen Dienstes, die in einem öffentlich-rechtlichen Dienst- und Treueverhältnis stehen, soweit dem Bund nicht nach Artikel 73 Nr. 8 die ausschließliche Gesetzgebung zusteht.

(2) Bundesgesetze nach Absatz 1 bedürfen der Zustimmung des Bundesrates.

(3) Der Zustimmung des Bundesrates bedürfen auch Bundesgesetze nach Artikel 73 Nr. 8, soweit sie andere Maßstäbe für den Aufbau oder die Bemessung der Besoldung und Versorgung einschließlich der Bewertung der Ämter oder andere Mindest- oder Höchstbeträge vorsehen als Bundesgesetze nach Absatz 1.

(4) Die Absätze 1 und 2 gelten entsprechend für die Besoldung und Versorgung der Landesrichter. Für Gesetze nach Artikel 98 Abs. 1 gilt Absatz 3 entsprechend.

Art. 75. *Der Bund hat das Recht, unter den Voraussetzungen des Artikels 72 Rahmenvorschriften zu erlassen über:*

1. die Rechtsverhältnisse der im öffentlichen Dienste der Länder, Gemeinden und anderen Körperschaften des öffentlichen Rechtes stehenden Personen;

Durch Gesetz vom 12.5.1969 (BGBl. I, S. 363) wurde folgende Nummer 1a eingefügt:

1a. die allgemeinen Grundsätze des Hochschulwesens;
2. die allgemeinen Rechtsverhältnisse der Presse;

3. *das Jagdwesen, den Naturschutz und die Landschaftspflege;*
4. *die Bodenverteilung, die Raumordnung und den Wasserhaushalt;*
5. *das Melde- und Ausweiswesen.*

Durch Gesetz vom 12.5.1969 (BGBl. I, S. 363) wurde der vorhergehende Teil dieses Artikels zu Absatz (1), und es wurden die folgenden Absätze (2) und (3) angefügt:

(2) Rahmenvorschriften nach Absatz 1 Nr. 1 können mit Zustimmung des Bundesrates auch einheitliche Maßstäbe für den Aufbau und die Bemessung der Besoldung einschließlich der Bewertung der Ämter sowie Mindest- und Höchstbeträge vorsehen. Der Zustimmung des Bundesrates bedürfen auch Gesetze nach Artikel 73 Nr. 8, die von den nach Satz 1 getroffenen Regelungen abweichen.

(3) Absatz 2 gilt für Rahmenvorschriften nach Artikel 98 Absatz 3 Satz 2 und Gesetze nach Artikel 98 Absatz 1 entsprechend.

Durch Gesetz vom 18.3.1971 (BGBl. I, S. 206) wurden die Absätze (2) und (3) aufgehoben und Absatz (1) Nummer 1 wie folgt neu gefaßt:

1. *die Rechtsverhältnisse der im öffentlichen Dienste der Länder, Gemeinden und anderen Körperschaften des öffentlichen Rechtes stehenden Personen, soweit Artikel 74 a nichts anderes bestimmt;*

Neue Fassung von Artikel 75 durch Gesetz vom 27.10.1994 (BGBl. I, S. 3146):

Art. 75. Der Bund hat das Recht, unter den Voraussetzungen des Artikels 72 Rahmenvorschriften für die Gesetzgebung der Länder zu erlassen über:

1. die Rechtsverhältnisse der im öffentlichen Dienste der Länder, Gemeinden und anderen Körperschaften des öffentlichen Rechtes stehenden Personen, soweit Artikel 74 a nichts anderes bestimmt;

1 a. die allgemeinen Grundsätze des Hochschulwesens;

2. die allgemeinen Rechtsverhältnisse der Presse;
3. das Jagdwesen, den Naturschutz und die Landschaftspflege;
4. die Bodenverteilung, die Raumordnung und den Wasserhaushalt;
5. das Melde- und Ausweiswesen;
6. den Schutz deutschen Kulturgutes gegen Abwanderung ins Ausland. Artikel 72 Abs. 3 gilt entsprechend.

(2) Rahmenvorschriften dürfen nur in Ausnahmefällen in Einzelheiten gehende oder unmittelbar geltende Regelungen enthalten.

(3) Erläßt der Bund Rahmenvorschriften, so sind die Länder verpflichtet, innerhalb einer durch das Gesetz bestimmten angemessenen Frist die erforderlichen Landesgesetze zu erlassen.

Art. 76. (1) Gesetzesvorlagen werden beim Bundestage durch die Bundesregierung, aus der Mitte des Bundestages oder durch den Bundesrat eingebracht.

(2) Vorlagen der Bundesregierung sind zunächst dem Bundesrate zuzuleiten. Der Bundesrat ist berechtigt, innerhalb von drei Wochen zu diesen Vorlagen Stellung zu nehmen.

Neue Fassung von Absatz (2) durch Gesetz vom 15.11.1968 (BGBl. I, S. 1177):

(2) Vorlagen der Bundesregierung sind zunächst dem Bundesrate zuzuleiten. Der Bundesrat ist berechtigt, innerhalb von sechs Wochen zu diesen Vorlagen Stellung zu nehmen. Die Bundesregierung kann eine Vorlage, die sie bei der Zuleitung an den Bundesrat ausnahmsweise als besonders eilbedürftig bezeichnet hat, nach drei Wochen dem Bundestage zuleiten, auch wenn die Stellungnahme des Bundesrates noch nicht bei ihr eingegangen ist; sie hat die Stellungnahme des Bundesrates unverzüglich nach Eingang dem Bundestage nachzureichen.

Neue Fassung von Absatz (2) durch Gesetz vom 27.10.1994 (BGBl. I, S. 3146):

(2) Vorlagen der Bundesregierung sind zunächst dem Bundesrat zuzuleiten. Der Bundesrat ist berechtigt, innerhalb von sechs Wochen zu diesen Vorlagen Stellung zu nehmen. Verlangt er aus wichtigem Grunde, insbesondere mit Rücksicht auf den Umfang einer Vorlage, eine Fristverlängerung, so beträgt die Frist neun Wochen. Die Bundesregierung kann eine Vorlage, die sie bei der Zuleitung an den Bundesrat ausnahmsweise als besonders eilbedürftig bezeichnet hat, nach drei Wochen oder, wenn der Bundesrat ein Verlangen nach Satz 3 geäußert hat, nach sechs Wochen dem Bundestag zuleiten, auch wenn die Stellungnahme des Bundesrates noch nicht bei ihr eingegangen ist; sie hat die Stellungnahme des Bundesrates unverzüglich nach Eingang dem Bundestag nachzureichen. Bei Vorlagen zur Änderung dieses Grundgesetzes und zur Übertragung von Hoheitsrechten nach Artikel 23 oder Artikel 24 beträgt die Frist zur Stellungnahme neun Wochen; Satz 4 findet keine Anwendung.

(3) Vorlagen des Bundesrates sind dem Bundestage durch die Bundesregierung zuzuleiten. Sie hat hierbei ihre Auffassung darzulegen.

Neue Fassung von Absatz (3) durch Gesetz vom 17.7 1969 (BGBl. I, S. 817):

(3) Vorlagen des Bundesrates sind dem Bundestage durch die Bundesregierung innerhalb von drei Monaten zuzuleiten. Sie hat hierbei ihre Auffassung darzulegen.

Neue Fassung von Absatz (3) durch Gesetz vom 27.10.1994 (BGBl. I, S. 3146):

(3) Vorlagen des Bundesrates sind dem Bundestag durch die Bundesregierung innerhalb von sechs Wochen zuzuleiten. Sie soll hierbei ihre Auffassung darlegen. Verlangt sie aus wichtigem Grunde, insbesondere mit Rücksicht auf den Umfang einer Vorlage, eine Fristverlängerung, so beträgt die Frist neun Wochen. Wenn der Bundesrat eine Vorlage ausnahmsweise als besonders eilbedürftig bezeichnet hat, beträgt die Frist drei Wochen oder, wenn die Bundesregierung ein Verlangen nach Satz 3 geäußert hat, sechs Wochen. Bei Vorlagen zur Änderung dieses Grundgesetzes und zur Übertragung von Hoheitsrechten nach Artikel 23 oder Artikel 24 beträgt die Frist neun Wochen; Satz 4 findet keine Anwendung. Der Bundestag hat über die Vorlagen in angemessener Frist zu beraten und Beschluß zu fassen.

Art. 77. (1) Die Bundesgesetze werden vom Bundestage beschlossen. Sie sind nach ihrer Annahme durch den Präsidenten des Bundestages unverzüglich dem Bundesrate zuzuleiten.

(2) Der Bundesrat kann binnen *zwei* Wochen nach Eingang des Gesetzesbeschlusses verlangen, daß ein aus Mitgliedern des Bundestages und des Bundesrates für die gemeinsame Beratung von Vorlagen gebildeter Ausschuß einberufen wird. Die Zusammensetzung und das Verfahren dieses Ausschusses regelt eine Geschäftsordnung, die vom Bundestag beschlossen wird und der Zustimmung des Bundesrates bedarf. Die in diesen Ausschuß entsandten Mitglieder des Bundesrates sind nicht an Weisungen gebunden. Ist zu einem Gesetze die Zustimmung des Bundesrates erforderlich, so können auch der Bundestag und die Bundesregierung die Einberufung verlangen. Schlägt der Ausschuß eine Änderung des Gesetzesbeschlusses vor, so hat der Bundestag erneut Beschluß zu fassen.

Durch Gesetz vom 15.11.1968 (BGBl. I, S. 1177) wurde im obigen Absatz (2) das Wort „zwei" ersetzt durch das Wort „drei".
Durch Gesetz vom 27.10.1994 (BGBl. I, S. 3146) wurde der folgende Absatz (2a) eingefügt:

(2a) Soweit zu einem Gesetz die Zustimmung des Bundesrates erforderlich ist, hat der Bundesrat, wenn ein Verlangen nach Absatz 2 Satz 1 nicht gestellt oder das Vermittlungsverfahren ohne einen Vorschlag zur Änderung des Gesetzesbeschlusses beendet ist, in angemessener Frist über die Zustimmung Beschluß zu fassen.

(3) Soweit zu einem Gesetze die Zustimmung des Bundesrates nicht erforderlich ist, kann der Bundesrat, wenn das Verfahren nach Absatz 2 beendigt ist, gegen ein vom Bundestage beschlossenes Gesetz binnen einer Woche Einspruch einlegen. Die Einspruchsfrist beginnt im Falle des Absatzes 2 letzter Satz mit dem Eingange des vom Bundestage erneut gefaßten Beschlusses, in allen anderen Fällen mit dem Abschlusse des Verfahrens vor dem in Absatz 2 vorgesehenen Ausschusse.

Neue Fassung von Absatz (3) durch Gesetz vom 15.11.1968 (BGBl. I, S. 1177):

(3) Soweit zu einem Gesetze die Zustimmung des Bundesrates nicht erforderlich ist, kann der Bundesrat, wenn das Verfahren nach Absatz 2 beendigt ist, gegen ein vom Bundestage beschlossenes Gesetz binnen zwei Wochen Einspruch einlegen. Die Einspruchsfrist beginnt im Falle des Absatzes 2 letzter Satz mit dem Eingange der Mitteilung des Vorsitzenden des in Absatz 2 vorgesehenen Ausschusses, daß das Verfahren vor dem Ausschusse abgeschlossen ist.

(4) Wird der Einspruch mit der Mehrheit der Stimmen des Bundesrates beschlossen, so kann er durch Beschluß der Mehrheit der Mitglieder des Bundestages zurückgewiesen werden. Hat der Bundesrat den Einspruch mit einer Mehrheit von mindestens zwei Dritteln seiner Stimmen beschlossen, so bedarf die Zurückweisung durch den Bundestag einer Mehrheit von zwei Dritteln, mindestens der Mehrheit der Mitglieder des Bundestages.

Art. 78. Ein vom Bundestage beschlossenes Gesetz kommt zustande, wenn der Bundesrat zustimmt, den Antrag gemäß Artikel 77 Absatz 2 nicht stellt, innerhalb der Frist des Artikels 77 Abs. 3 keinen Einspruch einlegt oder ihn zurücknimmt oder wenn der Einspruch vom Bundestage überstimmt wird.

Art. 79. (1) Das Grundgesetz kann nur durch ein Gesetz geändert werden, das den Wortlaut des Grundgesetzes ausdrücklich ändert oder ergänzt.

Durch Gesetz vom 26.3.1954 (BGBl. I, S. 45) wurde an Absatz (1) folgender Satz angefügt:

Bei völkerrechtlichen Verträgen, die eine Friedensregelung, die Vorbereitung einer Friedensregelung oder den Abbau einer besatzungsrechtlichen Ordnung zum Gegenstand haben oder der Verteidigung der Bundesrepublik zu dienen bestimmt sind, genügt zur Klarstellung, daß die Bestimmungen des Grundgesetzes dem Abschluß und dem Inkraftsetzen der Verträge nicht entgegenstehen, eine Ergänzung des Wortlautes des Grundgesetzes, die sich auf diese Klarstellung beschränkt.

(2) Ein solches Gesetz bedarf der Zustimmung von zwei Dritteln der Mitglieder des Bundestages und zwei Dritteln der Stimmen des Bundesrates.

(3) Eine Änderung dieses Grundgesetzes, durch welche die Gliederung des Bundes in Länder, die grundsätzliche Mitwirkung der Länder bei der Gesetzgebung oder die in den Artikeln 1 und 20 niedergelegten Grundsätze berührt werden, ist unzulässig.

Art. 80. (1) Durch Gesetz können die Bundesregierung, ein Bundesminister oder die Landesregierungen ermächtigt werden, Rechtsverordnungen zu erlassen. Dabei müssen Inhalt, Zweck und Ausmaß der erteilten Ermächtigung im Gesetze bestimmt werden. Die Rechtsgrundlage ist in der Verordnung anzugeben. Ist durch Gesetz vorgesehen, daß eine Ermächtigung weiter übertragen werden kann, so bedarf es zur Übertragung der Ermächtigung einer Rechtsverordnung.

(2) Der Zustimmung des Bundesrates bedürfen, vorbehaltlich anderweitiger bundesgesetzlicher Regelung, Rechtsverordnungen der Bundesregierung oder eines Bundesministers über Grundsätze und Gebühren für die Benutzung der Einrichtungen des Post- und Fernmeldewesens, über den Bau und Betrieb der Eisenbahnen, sowie Rechtsverordnungen auf Grund von Bundesgesetzen, die der Zustimmung des Bundesrates bedürfen oder die von den Ländern im Auftrage des Bundes oder als eigene Angelegenheit ausgeführt werden.

Neue Fassung von Absatz (2) durch Gesetz vom 20.12.1993 (BGBl. I, S. 2089):

(2) Der Zustimmung des Bundesrates bedürfen, vorbehaltlich anderweitiger bundesgesetzlicher Regelung, Rechtsverordnungen der Bundesregierung oder eines Bundesministers über Grundsätze und Gebühren für die Benutzung der Einrichtungen des Post- und Fernmeldewesens, über die Grundsätze der Erhebung des Entgelts für die Benutzung der Einrichtungen der Eisenbahnen des Bundes, über den Bau und Betrieb der Eisenbahnen, sowie Rechtsverordnungen auf Grund von Bundesgesetzen, die der Zustimmung des Bundesrates bedürfen oder die von den Ländern im Auftrage des Bundes oder als eigene Angelegenheit ausgeführt werden.

Neue Fassung von Absatz (2) durch Gesetz vom 30.8.1994 (BGBl. I, S. 2245):

(2) Der Zustimmung des Bundesrates bedürfen, vorbehaltlich anderweitiger bundesgesetzlicher Regelung, Rechtsverordnungen der Bundesregierung oder eines Bundesministers über Grundsätze und Gebühren für die Benutzung der Einrichtungen des Postwesens und der Telekommunikation, über die Grundsätze der Erhebung des Entgelts für die Benutzung der Einrichtungen der Eisenbahnen des Bundes, über den Bau und Betrieb der Eisenbahnen, sowie Rechtsverordnungen auf Grund von Bundesgesetzen, die der Zustimmung des Bundesrates bedürfen oder die von den Ländern im Auftrage des Bundes oder als eigene Angelegenheit ausgeführt werden.

Durch Gesetz vom 22.10.1994 (BGBl. I, S. 3146) wurden folgende Absätze (3) und (4) angefügt:

(3) Der Bundesrat kann der Bundesregierung Vorlagen für den Erlaß von Rechtsverordnungen zuleiten, die seiner Zustimmung bedürfen.

(4) Soweit durch Bundesgesetz oder auf Grund von Bundesgesetzen Landesregierungen ermächtigt werden, Rechtsverordnungen zu erlassen, sind die Länder zu einer Regelung auch durch Gesetz befugt.

Durch Gesetz vom 24.6.1968 (BGBl. I, S. 709ff.) wurde folgender Artikel 80a eingefügt:

Art. 80a. (1) Ist in diesem Grundgesetz oder in einem Bundesgesetz über die Verteidigung einschließlich des Schutzes der Zivilbevölkerung bestimmt, daß Rechtsvorschriften nur nach Maßgabe dieses Artikels angewandt werden dürfen, so ist die Anwendung außer im Verteidigungsfalle nur zulässig, wenn der Bundestag den Eintritt des Spannungsfalles festgestellt oder wenn er der Anwendung besonders zugestimmt hat. Die Feststellung des Spannungsfalles und die besondere Zustimmung in den Fällen des Artikels 12a Abs. 5 Satz 1 und Abs. 6 Satz 2 bedürfen einer Mehrheit von zwei Dritteln der abgegebenen Stimmen.

(2) Maßnahmen auf Grund von Rechtsvorschriften nach Absatz 1 sind aufzuheben, wenn der Bundestag es verlangt.

(3) Abweichend von Absatz 1 ist die Anwendung solcher Rechtsvorschriften auch auf der Grundlage und nach Maßgabe eines Beschlusses zulässig, der von einem internationalen Organ im Rahmen eines Bündnisvertrages mit Zustimmung der Bundesregierung gefaßt wird. Maßnahmen nach diesem Absatz sind aufzuheben, wenn der Bundestag es mit der Mehrheit seiner Mitglieder verlangt.

Art. 81. (1) Wird im Falle des Artikels 68 der Bundestag nicht aufgelöst, so kann der Bundespräsident auf Antrag der Bundesregierung mit Zustimmung des Bundesrates für eine Gesetzesvorlage den Gesetzgebungsnotstand erklären, wenn der Bundestag sie ablehnt, obwohl die Bundesregierung sie als dringlich bezeichnet hat. Das Gleiche gilt, wenn eine Gesetzesvorlage abgelehnt worden ist, obwohl der Bundeskanzler mit ihr den Antrag des Artikels 68 verbunden hatte.

(2) Lehnt der Bundestag die Gesetzesvorlage nach Erklärung des Gesetzgebungsnotstandes erneut ab oder nimmt er sie in einer für die Bundesregierung als unannehmbar bezeichneten Fassung an, so gilt das Gesetz als zustande gekommen, soweit der Bundesrat ihm zustimmt. Das Gleiche gilt, wenn die Vorlage vom Bundestage nicht innerhalb von vier Wochen nach der erneuten Einbringung verabschiedet wird.

(3) Während der Amtszeit eines Bundeskanzlers kann auch jede andere vom Bundestage abgelehnte Gesetzesvorlage innerhalb einer Frist von sechs Monaten nach der ersten Erklärung des Gesetzgebungsnotstandes gemäß Absatz 1 und 2 verabschiedet werden. Nach Ablauf der Frist ist während der Amtszeit des gleichen Bundeskanzlers eine weitere Erklärung des Gesetzgebungsnotstandes unzulässig.

(4) Das Grundgesetz darf durch ein Gesetz, das nach Absatz 2 zustande kommt, weder geändert, noch ganz oder teilweise außer Kraft oder außer Anwendung gesetzt werden.

Art. 82. (1) Die nach den Vorschriften dieses Grundgesetzes zustande gekommenen Gesetze werden vom Bundespräsidenten nach Gegenzeichnung ausgefertigt und im Bundesgesetzblatte verkündet. Rechtsverordnungen werden von der Stelle, die sie erläßt, ausgefertigt und vorbehaltlich anderweitiger gesetzlicher Regelung im Bundesgesetzblatte verkündet.

(2) Jedes Gesetz und jede Rechtsverordnung soll den Tag des Inkrafttretens bestimmen. Fehlt eine solche Bestimmung, so treten sie mit dem vierzehnten Tage nach Ablauf des Tages in Kraft, an dem das Bundesgesetzblatt ausgegeben worden ist.

VIII. Die Ausführung der Bundesgesetze und die Bundesverwaltung

Art. 83. Die Länder führen die Bundesgesetze als eigene Angelegenheit aus, soweit dieses Grundgesetz nichts anderes bestimmt oder zuläßt.

Art. 84. (1) Führen die Länder die Bundesgesetze als eigene Angelegenheit aus, so regeln sie die Einrichtung der Behörden und das Verwaltungsverfahren, soweit nicht Bundesgesetze mit Zustimmung des Bundesrates etwas anderes bestimmen.

(2) Die Bundesregierung kann mit Zustimmung des Bundesrates allgemeine Verwaltungsvorschriften erlassen.

(3) Die Bundesregierung übt die Aufsicht darüber aus, daß die Länder die Bundesgesetze dem geltenden Rechte gemäß ausführen. Die Bundesregierung kann zu diesem Zwecke Beauftragte zu den obersten Landesbehörden entsenden, mit deren Zustimmung und, falls diese Zustimmung versagt wird, mit Zustimmung des Bundesrates auch zu den nachgeordneten Behörden.

(4) Werden Mängel, die die Bundesregierung bei der Ausführung der Bundesgesetze in den Ländern festgestellt hat, nicht beseitigt, so beschließt auf Antrag der Bundesregierung oder des Landes der Bundesrat, ob das Land das Recht verletzt hat. Gegen den Beschluß des Bundesrates kann das Bundesverfassungsgericht angerufen werden.

(5) Der Bundesregierung kann durch Bundesgesetz, das der Zustimmung des Bundesrates bedarf, zur Ausführung von Bundesgesetzen die Befugnis verliehen werden, für besondere Fälle Einzelweisungen zu erteilen. Sie sind, außer wenn die Bundesregierung den Fall für dringlich erachtet, an die obersten Landesbehörden zu richten.

Art. 85. (1) Führen die Länder die Bundesgesetze im Auftrage des Bundes aus, so bleibt die Einrichtung der Behörden Angelegenheit der Länder, soweit nicht Bundesgesetze mit Zustimmung des Bundesrates etwas anderes bestimmen.

(2) Die Bundesregierung kann mit Zustimmung des Bundesrates allgemeine Verwaltungsvorschriften erlassen. Sie kann die einheitliche Ausbildung der Beamten und Angestellten regeln. Die Leiter der Mittelbehörden sind mit ihrem Einvernehmen zu bestellen.

(3) Die Landesbehörden unterstehen den Weisungen der zuständigen obersten Bundesbehörden. Die Weisungen sind, außer wenn die Bundesregierung es für dringlich erachtet, an die obersten Landesbehörden zu richten. Der Vollzug der Weisung ist durch die obersten Landesbehörden sicherzustellen.

(4) Die Bundesaufsicht erstreckt sich auf Gesetzmäßigkeit und Zweckmäßigkeit der Ausführung. Die Bundesregierung kann zu diesem Zwecke Bericht und Vorlage der Akten verlangen und Beauftragte zu allen Behörden entsenden.

Art. 86. Führt der Bund die Gesetze durch bundeseigene Verwaltung oder durch bundesunmittelbare Körperschaften oder Anstalten des öffentlichen Rechtes aus, so erläßt die Bundesregierung, soweit nicht das Gesetz Besonderes vorschreibt, die allgemeinen Verwaltungsvorschriften. Sie regelt, soweit das Gesetz nichts anderes bestimmt, die Einrichtung der Behörden.

Art. 87. *(1) In bundeseigener Verwaltung mit eigenem Verwaltungsunterbau werden geführt der Auswärtige Dienst, die Bundesfinanzverwaltung, die Bundeseisenbahnen, die Bundespost und nach Maßgabe des Artikels 89 die Verwaltung der Bundeswasserstraßen und der Schiffahrt. Durch Bundesgesetz können Bundesgrenzschutzbehörden, Zentralstellen für das polizeiliche Auskunfts- und Nachrichtenwesen, zur Sammlung von Unterlagen für Zwecke des Verfassungsschutzes und für die Kriminalpolizei eingerichtet werden.*

Neue Fassung von Absatz (1) durch Gesetz vom 28.7.1972 (BGBl. I, S. 1305):

(1) In bundeseigener Verwaltung mit eigenem Verwaltungsunterbau werden geführt der Auswärtige Dienst, die Bundesfinanzverwaltung, die Bundeseisenbahnen, die Bundespost und nach Maßgabe des Artikels 89 die Verwaltung der Bundeswasserstraßen und der Schiffahrt.

Neue Fassung von Absatz (1) Satz 1 durch Gesetz vom 20.12.1993 (BGBl. I, S. 2089):

In bundeseigener Verwaltung mit eigenem Verwaltungsunterbau werden geführt der Auswärtige Dienst, die Bundesfinanzverwaltung, die Bundeseisenbahnen und nach Maßgabe des Artikels 89 die Verwaltung der Bundeswasserstraßen und der Schiffahrt.

Neue Fassung von Absatz (1) Satz 1 durch Gesetz vom 30.8.1994 (BGBl. I, S. 2245):

In bundeseigener Verwaltung mit eigenem Verwaltungsunterbau werden geführt der Auswärtige Dienst, die Bundesfinanzverwaltung und nach Maßgabe des Artikels 89 die Verwaltung der Bundeswasserstraßen und der Schiffahrt. Durch Bundesgesetz können Bundesgrenzschutzbehörden, Zentralstellen für das polizeiliche Auskunfts- und Nachrichtenwesen, für die Kriminalpolizei und zur Sammlung von Unterlagen für Zwecke des Verfassungsschutzes und des Schutzes gegen Bestrebungen im Bundesgebiet, die durch Anwendung von Gewalt oder darauf gerichtete Vorbereitungshandlungen auswärtige Belange der Bundesrepublik Deutschland gefährden, eingerichtet werden.

(2) Als bundesunmittelbare Körperschaften des öffentlichen Rechtes werden diejenigen sozialen Versicherungsträger geführt, deren Zuständigkeitsbereich sich über das Gebiet eines Landes hinaus erstreckt.

Durch Gesetz vom 27.10.1994 (BGBl. I, S. 3146) wurde an Absatz (2) folgender Satz angefügt:

Soziale Versicherungsträger, deren Zuständigkeit sich über das Gebiet eines Landes, aber nicht über mehr als drei Länder hinaus erstreckt, werden abweichend von Satz 1 als landesunmittelbare Körperschaften des öffentlichen Rechts geführt, wenn das aufsichtsführende Land durch die beteiligten Länder bestimmt ist.

(3) Außerdem können für Angelegenheiten, für die dem Bunde die Gesetzgebung zusteht, selbständige Bundesoberbehörden und neue bundesunmittelbare Körperschaften und Anstalten des öffentlichen Rechtes durch Bundesgesetz errichtet werden. Erwachsen dem Bunde auf Gebieten, für die ihm die Gesetzgebung zusteht, neue Aufgaben, so können bei dringendem Bedarf bundeseigene Mittel- und Unterbehörden mit Zustimmung des Bundesrates und der Mehrheit der Mitglieder des Bundestages errichtet werden.

Durch Gesetz vom 19.3.1956 (BGBl. I, S. 111) wurde folgender Artikel 87a eingefügt:

Art. 87a. *Die zahlenmäßige Stärke der vom Bunde zur Verteidigung aufgestellten Streitkräfte und die Grundzüge ihrer Organisation müssen sich aus dem Haushaltsplan ergeben.*

Neue Fassung von Artikel 87a durch Gesetz vom 24.6.1968 (BGBl. I, S. 709ff.):

Art. 87a. (1) Der Bund stellt Streitkräfte zur Verteidigung auf. Ihre zahlenmäßige Stärke und die Grundzüge ihrer Organisation müssen sich aus dem Haushaltsplan ergeben.

(2) Außer zur Verteidigung dürfen die Streitkräfte nur eingesetzt werden, soweit dieses Grundgesetz es ausdrücklich zuläßt.

(3) Die Streitkräfte haben im Verteidigungsfalle und im Spannungsfalle die Befugnis, zivile Objekte zu schützen und Aufgaben der Verkehrsregelung wahrzunehmen, soweit dies zur Erfüllung ihres Verteidigungsauftrages erforderlich ist. Außerdem kann den Streitkräften im Verteidigungsfalle und im Spannungsfalle der Schutz ziviler Objekte auch zur Unterstützung polizeilicher Maßnahmen übertragen werden; die Streitkräfte wirken dabei mit den zuständigen Behörden zusammen.

(4) Zur Abwehr einer drohenden Gefahr für den Bestand oder die freiheitliche demokratische Grundordnung des Bundes oder eines Landes kann die Bundesregierung, wenn die Voraussetzungen des Artikels 91 Abs. 2 vorliegen und die Polizeikräfte sowie der Bundesgrenzschutz nicht ausreichen, Streitkräfte zur Unterstützung der Polizei und des Bundesgrenzschutzes beim Schutze von zivilen Objekten und bei der Bekämpfung organisierter und militärisch bewaffneter Aufständischer einsetzen. Der Einsatz von Streitkräften ist einzustellen, wenn der Bundestag oder der Bundesrat es verlangen.

Durch Gesetz vom 19.3.1956 (BGBl. I, S. 111) wurde folgender Artikel 87b eingefügt:

Art. 87b. (1) Die Bundeswehrverwaltung wird in bundeseigener Verwaltung mit eigenem Verwaltungsunterbau geführt. Sie dient den Aufgaben des Personalwesens und der unmittelbaren Deckung des Sachbedarfs der Streitkräfte. Aufgaben der Beschädigtenversorgung und des Bauwesens können der Bundeswehrverwaltung nur durch Bundesgesetz, das der Zustimmung des Bundesrates bedarf, übertragen werden. Der Zustimmung des Bundesrates bedürfen ferner Gesetze, soweit sie die Bundeswehrverwaltung zu Eingriffen in Rechte Dritter ermächtigen; das gilt nicht für Gesetze auf dem Gebiete des Personalwesens.

(2) Im übrigen können Bundesgesetze, die der Verteidigung einschließlich des Wehrersatzwesens und des Schutzes der Zivilbevölkerung dienen, mit Zustimmung des Bundesrates bestimmen, daß sie ganz oder teilweise in bundeseigener Verwaltung mit eigenem Verwaltungsunterbau oder von den Ländern im Auftrage des Bundes ausgeführt werden. Werden solche Gesetze von den Ländern im Auftrage des Bundes ausgeführt, so können sie mit Zustimmung des Bundesrates bestimmen, daß die der Bundesregierung und den zuständigen obersten Bundesbehörden auf Grund des Artikels 85 zustehenden Befugnisse ganz oder teilweise Bundesoberbehörden übertragen werden; dabei kann bestimmt werden, daß diese Behörden beim Erlaß allgemeiner Verwaltungsvorschriften gemäß Artikel 85 Abs. 2 Satz 1 nicht der Zustimmung des Bundesrates bedürfen.

Durch Gesetz vom 23.12.1959 (BGBl. I, S. 813) wurde folgender Artikel 87c eingefügt:

Art. 87c. Gesetze, die auf Grund des Artikels 74 Nr. 11a ergehen, können mit Zustimmung des Bundesrates bestimmen, daß sie von den Ländern im Auftrage des Bundes ausgeführt werden.

Durch Gesetz vom 6.2.1961 (BGBl. I, S. 65) wurde folgender Artikel 87d eingefügt:

Art. 87 d. (1) Die Luftverkehrsverwaltung wird in bundeseigener Verwaltung geführt.

Durch Gesetz vom 14.7.1992 (BGBl. I, S. 1254) wurde an Absatz (1) folgender Satz angefügt:

Über die öffentlich-rechtliche oder privat-rechtliche Organisationsform wird durch Bundesgesetz entschieden.

(2) Durch Bundesgesetz, das der Zustimmung des Bundesrates bedarf, können Aufgaben der Luftverkehrsverwaltung den Ländern als Auftragsverwaltung übertragen werden.

Durch Gesetz vom 20.12.1993 (BGBl. I, S. 2089) wurde folgender Artikel 87e eingefügt:

Art. 87 e. (1) Die Eisenbahnverkehrsverwaltung für Eisenbahnen des Bundes wird in bundeseigener Verwaltung geführt. Durch Bundesgesetz können Aufgaben der Eisenbahnverkehrsverwaltung den Ländern als eigene Angelegenheit übertragen werden.

(2) Der Bund nimmt die über den Bereich der Eisenbahnen des Bundes hinausgehenden Aufgaben der Eisenbahnverkehrsverwaltung wahr, die ihm durch Bundesgesetz übertragen werden.

(3) Eisenbahnen des Bundes werden als Wirtschaftsunternehmen in privatrechtlicher Form geführt. Diese stehen im Eigentum des Bundes, soweit die Tätigkeit des Wirtschaftsunternehmens den Bau, die Unterhaltung und das Betreiben von Schienenwegen umfaßt. Die Veräußerung von Anteilen des Bundes an den Unternehmen nach Satz 2 erfolgt auf Grund eines Gesetzes; die Mehrheit der Anteile an diesen Unternehmen verbleibt beim Bund. Das Nähere wird durch Bundesgesetz geregelt.

(4) Der Bund gewährleistet, daß dem Wohl der Allgemeinheit, insbesondere den Verkehrsbedürfnissen, beim Ausbau und Erhalt des Schienennetzes der Eisenbahnen des Bundes sowie bei deren Verkehrsangeboten auf diesem Schienennetz, soweit diese nicht den Schienenpersonennahverkehr betreffen, Rechnung getragen wird. Das Nähere wird durch Bundesgesetz geregelt.

(5) Gesetze auf Grund der Absätze 1 bis 4 bedürfen der Zustimmung des Bundesrates. Der Zustimmung des Bundesrates bedürfen ferner Gesetze, die die Auflösung, die Verschmelzung und die Aufspaltung von Eisenbahnunternehmen des Bundes, die Übertragung von Schienenwegen der Eisenbahnen des Bundes an Dritte sowie die Stillegung von Schienenwegen der Eisenbahnen des Bundes regeln oder Auswirkungen auf den Schienenpersonennahverkehr haben.

Durch Gesetz vom 30.8.1994 (BGBl. I, S. 2245) wurde folgender Artikel 87f eingefügt:

Art. 87 f. (1) Nach Maßgabe eines Bundesgesetzes, das der Zustimmung des Bundesrates bedarf, gewährleistet der Bund im Bereich des Postwesens und der

Telekommunikation flächendeckend angemessene und ausreichende Dienstleistungen.

(2) Dienstleistungen im Sinne des Absatzes 1 werden als privatwirtschaftliche Tätigkeiten durch die aus dem Sondervermögen Deutsche Bundespost hervorgegangenen Unternehmen und durch andere private Anbieter erbracht. Hoheitsaufgaben im Bereich des Postwesens und der Telekommunikation werden in bundeseigener Verwaltung ausgeführt.

(3) Unbeschadet des Absatzes 2 Satz 2 führt der Bund in der Rechtsform einer bundesunmittelbaren Anstalt des öffentlichen Rechts einzelne Aufgaben in bezug auf die aus dem Sondervermögen Deutsche Bundespost hervorgegangenen Unternehmen nach Maßgabe eines Bundesgesetzes aus.

Art. 88. Der Bund errichtet eine Währungs- und Notenbank als Bundesbank.

Durch Gesetz vom 21.12.1992 (BGBl. I, S. 2086) wurde an Artikel 88 folgender Satz angefügt:

Ihre Aufgaben können im Rahmen der Europäischen Union der Europäischen Zentralbank übertragen werden, die unabhängig ist und dem vorrangigen Ziel der Sicherung der Preisstabilität verpflichtet.

Art. 89. (1) Der Bund ist Eigentümer der bisherigen Reichswasserstraßen.

(2) Der Bund verwaltet die Bundeswasserstraßen durch eigene Behörden. Er nimmt die über den Bereich eines Landes hinausgehenden staatlichen Aufgaben der Binnenschiffahrt und die Aufgaben der Seeschiffahrt wahr, die ihm durch Gesetz übertragen werden. Er kann die Verwaltung von Bundeswasserstraßen, soweit sie im Gebiete eines Landes liegen, diesem Lande auf Antrag als Auftragsverwaltung übertragen. Berührt eine Wasserstraße das Gebiet mehrerer Länder, so kann der Bund das Land beauftragen, für das die beteiligten Länder es beantragen.

(3) Bei der Verwaltung, dem Ausbau und dem Neubau von Wasserstraßen sind die Bedürfnisse der Landeskultur und der Wasserwirtschaft im Einvernehmen mit den Ländern zu wahren.

Art. 90. (1) Der Bund ist Eigentümer der bisherigen Reichsautobahnen und Reichsstraßen.

(2) Die Länder oder die nach Landesrecht zuständigen Selbstverwaltungskörperschaften verwalten die Bundesautobahnen und sonstigen Bundesstraßen des Fernverkehrs im Auftrage des Bundes.

(3) Auf Antrag eines Landes kann der Bund Bundesautobahnen und sonstige Bundesstraßen des Fernverkehrs, soweit sie im Gebiet dieses Landes liegen, in bundeseigene Verwaltung übernehmen.

Art. 91. *(1) Zur Abwehr einer drohenden Gefahr für den Bestand oder die freiheitliche demokratische Grundordnung des Bundes oder eines Landes kann ein Land Polizeikräfte anderer Länder anfordern.*

(2) Ist das Land, in dem die Gefahr droht, nicht selbst zur Bekämpfung der Gefahr bereit oder in der Lage, so kann die Bundesregierung die Polizei in diesem Lande und die Polizeikräfte anderer Länder ihren Weisungen unterstellen. Die Anordnung ist nach Beseitigung der Gefahr, im übrigen jederzeit auf Verlangen des Bundesrates aufzuheben.

Neue Fassung von Artikel 91 durch Gesetz vom 24.6.1968 (BGBl. I, S. 709ff.):

Art. 91. (1) Zur Abwehr einer drohenden Gefahr für den Bestand oder die freiheitliche demokratische Grundordnung des Bundes oder eines Landes kann ein Land Polizeikräfte anderer Länder sowie Kräfte und Einrichtungen anderer Verwaltungen und des Bundesgrenzschutzes anfordern.

(2) Ist das Land, in dem die Gefahr droht, nicht selbst zur Bekämpfung der Gefahr bereit oder in der Lage, so kann die Bundesregierung die Polizei in diesem Lande und die Polizeikräfte anderer Länder ihren Weisungen unterstellen sowie Einheiten des Bundesgrenzschutzes einsetzen. Die Anordnung ist nach Beseitigung der Gefahr, im übrigen jederzeit auf Verlangen des Bundesrates aufzuheben. Erstreckt sich die Gefahr auf das Gebiet mehr als eines Landes, so kann die Bundesregierung, soweit es zur wirksamen Bekämpfung erforderlich ist, den Landesregierungen Weisungen erteilen; Satz 1 und Satz 2 bleiben unberührt.

Durch Gesetz vom 12.5.1969 (BGBl. I, S. 359) wurde folgender Abschnitt VIII a eingefügt:

VIII a. Gemeinschaftsaufgaben

Art. 91 a. (1) Der Bund wirkt auf folgenden Gebieten bei der Erfüllung von Aufgaben der Länder mit, wenn diese Aufgaben für die Gesamtheit bedeutsam sind und die Mitwirkung des Bundes zur Verbesserung der Lebensverhältnisse erforderlich ist (Gemeinschaftsaufgaben):

1. Ausbau und Neubau von wissenschaftlichen Hochschulen einschließlich der Hochschulkliniken,

Neue Fassung von Nummer 1 durch Gesetz vom 31.7.1970 (BGBl. I, S. 1161):

1. Ausbau und Neubau von Hochschulen einschließlich der Hochschulkliniken,
2. Verbesserung der regionalen Wirtschaftsstruktur,
3. Verbesserung der Agrarstruktur und des Küstenschutzes.

(2) Durch Bundesgesetz mit Zustimmung des Bundesrates werden die Gemeinschaftsaufgaben näher bestimmt. Das Gesetz soll allgemeine Grundsätze für ihre Erfüllung enthalten.

(3) Das Gesetz trifft Bestimmungen über das Verfahren und über Einrichtungen für eine gemeinsame Rahmenplanung. Die Aufnahme eines Vorhabens in die Rahmenplanung bedarf der Zustimmung des Landes, in dessen Gebiet es durchgeführt wird.

(4) Der Bund trägt in den Fällen des Absatzes 1 Nr. 1 und 2 die Hälfte der Ausgaben in jedem Land. In den Fällen des Absatzes 1 Nr. 3 trägt der Bund mindestens die Hälfte; die Beteiligung ist für alle Länder einheitlich festzusetzen. Das

Nähere regelt das Gesetz. Die Bereitstellung der Mittel bleibt der Feststellung in den Haushaltsplänen des Bundes und der Länder vorbehalten.

(5) Bundesregierung und Bundesrat sind auf Verlangen über die Durchführung der Gemeinschaftsaufgaben zu unterrichten.

Art. 91 b. Bund und Länder können auf Grund von Vereinbarungen bei der Bildungsplanung und bei der Förderung von Einrichtungen und Vorhaben der wissenschaftlichen Forschung von überregionaler Bedeutung zusammenwirken. Die Aufteilung der Kosten wird in der Vereinbarung geregelt.

IX. Die Rechtsprechung

Art. 92. Die rechtsprechende Gewalt ist den Richtern anvertraut; sie wird durch das Bundesverfassungsgericht, *durch das Oberste Bundesgericht,* durch die in diesem Grundgesetze vorgesehenen Bundesgerichte und durch die Gerichte der Länder ausgeübt.

Durch Gesetz vom 18.6.1968 (BGBl. I, S. 657) wurden in Artikel 92 die Worte „durch das Oberste Bundesgericht" gestrichen.

Art. 93. (1) Das Bundesverfassungsgericht entscheidet:

1. über die Auslegung dieses Grundgesetzes aus Anlaß von Streitigkeiten über den Umfang der Rechte und Pflichten eines obersten Bundesorgans oder anderer Beteiligter, die durch dieses Grundgesetz oder in der Geschäftsordnung eines obersten Bundesorgans mit eigenen Rechten ausgestattet sind;
2. bei Meinungsverschiedenheiten oder Zweifeln über die förmliche und sachliche Vereinbarkeit von Bundesrecht oder Landesrecht mit diesem Grundgesetze oder die Vereinbarkeit von Landesrecht mit sonstigem Bundesrechte auf Antrag der Bundesregierung, einer Landesregierung oder eines Drittels der Mitglieder des Bundestages;

Durch Gesetz vom 27.10.1994 (BGBl. I, S. 3146) wurde folgende Nummer 2a eingefügt:

2a. bei Meinungsverschiedenheiten ob ein Gesetz den Voraussetzungen des Artikels 72 Abs. 2 entspricht, auf Antrag des Bundesrates, einer Landesregierung oder der Volksvertretung eines Landes;

3. bei Meinungsverschiedenheiten über Rechte und Pflichten des Bundes und der Länder, insbesondere bei der Ausführung von Bundesrecht durch die Länder und bei der Ausübung der Bundesaufsicht;
4. in anderen öffentlich-rechtlichen Streitigkeiten zwischen dem Bunde und den Ländern, zwischen verschiedenen Ländern oder innerhalb eines Landes, soweit nicht ein anderer Rechtsweg gegeben ist;

Durch Gesetz vom 29.1.1969 (BGBl. I, S. 97) wurden folgende Nummern 4a und 4b eingefügt:

4a. über Verfassungsbeschwerden, die von jedermann mit der Behauptung erhoben werden können, durch die öffentliche Gewalt in einem seiner Grundrechte oder in einem seiner in Artikel 20 Abs. 4, 33, 38, 101, 103 und 104 enthaltenen Rechte verletzt zu sein;

4b. über Verfassungsbeschwerden von Gemeinden und Gemeindeverbänden wegen Verletzung des Rechts auf Selbstverwaltung nach Artikel 28 durch ein Gesetz, bei Landesgesetzen jedoch nur, soweit nicht Beschwerde beim Landesverfassungsgericht erhoben werden kann;

5. in den übrigen in diesem Grundgesetze vorgesehenen Fällen.

(2) Das Bundesverfassungsgericht wird ferner in den ihm sonst durch Bundesgesetz zugewiesenen Fällen tätig.

Art. 94. (1) Das Bundesverfassungsgericht besteht aus Bundesrichtern und anderen Mitgliedern. Die Mitglieder des Bundesverfassungsgerichtes werden je zur Hälfte vom Bundestage und vom Bundesrate gewählt. Sie dürfen weder dem Bundestage, dem Bundesrate, der Bundesregierung noch entsprechenden Organen eines Landes angehören.

(2) Ein Bundesgesetz regelt seine Verfassung und das Verfahren und bestimmt, in welchen Fällen seine Entscheidungen Gesetzeskraft haben.

Durch Gesetz vom 29.1.1969 (BGBl. I, S. 97) wurde an Absatz (2) folgender Satz angefügt:

Es kann für Verfassungsbeschwerden die vorherige Erschöpfung des Rechtsweges zur Voraussetzung machen und ein besonderes Annahmeverfahren vorsehen.

Art. 95. *(1) Zur Wahrung der Einheit des Bundesrechts wird ein Oberstes Bundesgericht errichtet.*

(2) Das Oberste Bundesgericht entscheidet in Fällen, deren Entscheidung für die Einheitlichkeit der Rechtsprechung der oberen Bundesgerichte von grundsätzlicher Bedeutung sind.

(3) Über die Berufung der Richter des Obersten Bundesgerichts entscheidet der Bundesjustizminister gemeinsam mit einem Richterwahlausschuß, der aus den Landesjustizministern und einer gleichen Anzahl von Mitgliedern besteht, die vom Bundestage gewählt werden.

(4) Im übrigen werden die Verfassung des Obersten Bundesgerichts und sein Verfahren durch Bundesgesetz geregelt.

Neue Fassung von Artikel 95 durch Gesetz vom 18.6.1968 (BGBl. I, S. 657):

Art. 95. (1) Für die Gebiete der ordentlichen, der Verwaltungs-, der Finanz-, der Arbeits- und der Sozialgerichtsbarkeit errichtet der Bund als oberste Gerichtshöfe den Bundesgerichtshof, das Bundesverwaltungsgericht, den Bundesfinanzhof, das Bundesarbeitsgericht und das Bundessozialgericht.

(2) Über die Berufung der Richter dieser Gerichte entscheidet der für das jeweilige Sachgebiet zuständige Bundesminister gemeinsam mit einem Richterwahlausschuß, der aus den für das jeweilige Sachgebiet zuständigen Ministern der Länder und einer gleichen Anzahl von Mitgliedern besteht, die vom Bundestage gewählt werden.

(3) Zur Wahrung der Einheitlichkeit der Rechtsprechung ist ein Gemeinsamer Senat der in Absatz 1 genannten Gerichte zu bilden. Das Nähere regelt ein Bundesgesetz.

Art. 96. (1) Für das Gebiet der ordentlichen, der Verwaltungs-, der Finanz-, der Arbeits- und Sozialgerichtsbarkeit sind obere Bundesgerichte zu errichten.

(2) Auf die Richter der oberen Bundesgerichte findet Artikel 95 Absatz 3 mit der Maßgabe Anwendung, daß an die Stelle des Bundesjustizministers und der Landesjustizminister die für das jeweilige Sachgebiet zuständigen Minister treten. Ihre Dienstverhältnisse sind durch besonderes Bundesgesetz zu regeln.

(3) Der Bund kann für Dienststrafen gegen Bundesbeamte und Bundesrichter Bundesdienststrafgerichte errichten.

Neue Fassung von Absatz (3) durch Gesetz vom 19.3.1956 (BGBl. I, S. 111):

(3) Der Bund kann für Dienststrafverfahren gegen Bundesbeamte und Bundesrichter Bundesdienststrafgerichte sowie für Dienststrafverfahren gegen Soldaten und für Verfahren über Beschwerden von Soldaten Bundesdienstgerichte errichten.

Dieser Absatz (3) wurde durch Gesetz vom 6.3.1961 (BGBl. I, S. 141) aufgehoben. – Für den ganzen Artikel 96 siehe unten die Anmerkung nach Artikel 96a, Absatz (4).
Durch Gesetz vom 19.3.1956 (BGBl. I, S. 111) wurde folgender Artikel 96a eingefügt:

Art. 96a. *(1) Der Bund kann Wehrstrafgerichte für die Streitkräfte als Bundesgerichte errichten. Sie können die Strafgerichtsbarkeit nur im Verteidigungsfall sowie über Angehörige der Streitkräfte ausüben, die in das Ausland entsandt oder an Bord von Kriegsschiffen eingeschifft sind. Das Nähere regelt ein Bundesgesetz.*

(2) Die Wehrstrafgerichte gehören zum Geschäftsbereich des Bundesjustizministers. Ihre hauptamtlichen Richter müssen die Befähigung zum Richteramt haben.

(3) Oberes Bundesgericht für die Wehrstrafgerichte ist der Bundesgerichtshof.

Neue Fassung von Artikel 96a durch Gesetz vom 6.3.1961 (BGBl. I, S. 141):

Art. 96a. (1) Der Bund kann für Angelegenheiten des gewerblichen Rechtsschutzes ein Bundesgericht errichten.

(2) Der Bund kann Wehrstrafgerichte für die Streitkräfte als Bundesgerichte errichten. Sie können die Strafgerichtsbarkeit nur im Verteidigungsfalle sowie über Angehörige der Streitkräfte ausüben, die in das Ausland entsandt oder an Bord von Kriegsschiffen eingeschifft sind. Das Nähere regelt ein Bundesgesetz. Diese Gerichte gehören zum Geschäftsbereich des Bundesjustizministers. Ihre hauptamtlichen Richter müssen die Befähigung zum Richteramt haben.

(3) *Oberes Bundesgericht* für die in Absatz 1 und 2 genannten Gerichte ist der Bundesgerichtshof.

(4) Der Bund kann für Dienststrafverfahren gegen Bundesbeamte und Bundesrichter Bundesdienststrafgerichte sowie für Dienststrafverfahren gegen Soldaten und für Verfahren über Beschwerden von Soldaten Bundesdienstgerichte errichten.

Durch Gesetz vom 18.6.1968 (BGBl. I, S. 657) wurde dieser Artikel 96a umnumeriert in Artikel 96; in Absatz (3) wurden die Worte „Oberes Bundesgericht" ersetzt durch die Worte „Oberster Gerichtshof". Der obige Artikel 96 wurde aufgehoben.
Neue Fassung von Absatz (4) durch Gesetz vom 12.5.1969 (BGBl. I, S. 363):

(4) Der Bund kann für Personen, die zu ihm in einem öffentlich-rechtlichen Dienstverhältnis stehen, Bundesgerichte zur Entscheidung in Disziplinarverfahren und Beschwerdeverfahren errichten.

Durch Gesetz vom 26.8.1969 (BGBl. I, S. 1357) wurde folgender Absatz (5) angefügt:

(5) Für Strafverfahren auf den Gebieten des Artikels 26 Abs. 1 und des Staatsschutzes kann ein Bundesgesetz mit Zustimmung des Bundesrates vorsehen, daß Gerichte der Länder Gerichtsbarkeit des Bundes ausüben.

Art. 97. (1) Die Richter sind unabhängig und nur dem Gesetze unterworfen.

(2) Die hauptamtlich und planmäßig endgültig angestellten Richter können wider ihren Willen nur kraft richterlicher Entscheidung und nur aus Gründen und unter den Formen, welche die Gesetze bestimmen, vor Ablauf ihrer Amtszeit entlassen oder dauernd oder zeitweise ihres Amtes enthoben oder an eine andere Stelle oder in den Ruhestand versetzt werden. Die Gesetzgebung kann Altersgrenzen festsetzen, bei deren Erreichung auf Lebenszeit angestellte Richter in den Ruhestand treten. Bei Veränderung der Einrichtung der Gerichte oder ihrer Bezirke können Richter an ein anderes Gericht versetzt oder aus dem Amte entfernt werden, jedoch nur unter Belassung des vollen Gehaltes.

Art. 98. (1) Die Rechtsstellung der Bundesrichter ist durch besonderes Bundesgesetz zu regeln.

(2) Wenn ein Bundesrichter im Amte oder außerhalb des Amtes gegen die Grundsätze des Grundgesetzes oder gegen die verfassungsmäßige Ordnung eines Landes verstößt, so kann das Bundesverfassungsgericht mit Zweidrittelmehrheit auf Antrag des Bundestages anordnen, daß der Richter in ein anderes Amt oder in den Ruhestand zu versetzen ist. Im Falle eines vorsätzlichen Verstoßes kann auf Entlassung erkannt werden.

(3) Die Rechtsstellung der Richter in den Ländern ist durch besondere Landesgesetze zu regeln. Der Bund kann Rahmenvorschriften erlassen.

Neue Fassung von Absatz (3) durch Gesetz vom 18.3.1971 (BGBl. I, S. 206):

(3) Die Rechtsstellung der Richter in den Ländern ist durch besondere Landesgesetze zu regeln. Der Bund kann Rahmenvorschriften erlassen, soweit Artikel 74a Abs. 4 nichts anderes bestimmt.

(4) Die Länder können bestimmen, daß über die Anstellung der Richter in den Ländern der Landesjustizminister gemeinsam mit einem Richterwahlausschuß entscheidet.

(5) Die Länder können für Landesrichter eine Absatz 2 entsprechende Regelung treffen. Geltendes Landesverfassungsrecht bleibt unberührt. Die Entscheidung über eine Richteranklage steht dem Bundesverfassungsgericht zu.

Art. 99. Dem Bundesverfassungsgerichte kann durch Landesgesetz die Entscheidung von Verfassungsstreitigkeiten innerhalb eines Landes, den *oberen Bundesgerichten* für den letzten Rechtszug die Entscheidung in solchen Sachen zugewiesen werden, bei denen es sich um die Anwendung von Landesrecht handelt.

Durch Gesetz vom 18.6.1968 (BGBl. I, S. 657) wurden die Worte „oberen Bundesgerichten" ersetzt durch die Worte „in Artikel 95 Absatz (1) genannten obersten Gerichtshöfen".

Art. 100. (1) Hält ein Gericht ein Gesetz, auf dessen Gültigkeit es bei der Entscheidung ankommt, für verfassungswidrig, so ist das Verfahren auszusetzen und, wenn es sich um die Verletzung der Verfassung eines Landes handelt, die Entscheidung des für Verfassungsstreitigkeiten zuständigen Gerichtes des Landes, wenn es sich um die Verletzung dieses Grundgesetzes handelt, die Entscheidung des Bundesverfassungsgerichtes einzuholen. Dies gilt auch, wenn es sich um die Verletzung dieses Grundgesetzes durch Landesrecht oder um die Unvereinbarkeit eines Landesgesetzes mit einem Bundesgesetze handelt.

(2) Ist in einem Rechtsstreite zweifelhaft, ob eine Regel des Völkerrechtes Bestandteil des Bundesrechtes ist und ob sie unmittelbar Rechte und Pflichten für den Einzelnen erzeugt (Artikel 25), so hat das Gericht die Entscheidung des Bundesverfassungsgerichtes einzuholen.

(3) Will das Verfassungsgericht eines Landes bei der Auslegung des Grundgesetzes von einer Entscheidung des Bundesverfassungsgerichtes oder des Verfassungsgerichtes eines anderen Landes abweichen, so hat das Verfassungsgericht die Entscheidung des Bundesverfassungsgerichtes einzuholen*; will es bei der Auslegung von sonstigem Bundesrechte von der Entscheidung des Obersten Bundesgerichtes oder eines oberen Bundesgerichtes abweichen, so hat es die Entscheidung des Obersten Bundesgerichtes einzuholen.*

Durch Gesetz vom 18.6.1968 (BGBl. I, S. 657) wurde in Absatz (3) der zweite Halbsatz („; will es ... einzuholen") gestrichen.

Art. 101. (1) Ausnahmegerichte sind unzulässig. Niemand darf seinem gesetzlichen Richter entzogen werden.

(2) Gerichte für besondere Sachgebiete können nur durch Gesetz errichtet werden.

Art. 102. Die Todesstrafe ist abgeschafft.

Art. 103. (1) Vor Gericht hat jedermann Anspruch auf rechtliches Gehör.

(2) Eine Tat kann nur bestraft werden, wenn die Strafbarkeit gesetzlich bestimmt war, bevor die Tat begangen wurde.

(3) Niemand darf wegen derselben Tat auf Grund der allgemeinen Strafgesetze mehrmals bestraft werden.

Art. 104. (1) Die Freiheit der Person kann nur auf Grund eines förmlichen Gesetzes und nur unter Beachtung der darin vorgeschriebenen Formen beschränkt werden. Festgehaltene Personen dürfen weder seelisch noch körperlich mißhandelt werden.

(2) Über die Zulässigkeit und Fortdauer einer Freiheitsentziehung hat nur der Richter zu entscheiden. Bei jeder nicht auf richterlicher Anordnung beruhenden Freiheitsentziehung ist unverzüglich eine richterliche Entscheidung herbeizuführen. Die Polizei darf aus eigener Machtvollkommenheit niemanden länger als bis zum Ende des Tages nach dem Ergreifen in eigenem Gewahrsam halten. Das Nähere ist gesetzlich zu regeln.

(3) Jeder wegen des Verdachtes einer strafbaren Handlung vorläufig Festgenommene ist spätestens am Tage nach der Festnahme dem Richter vorzuführen, der ihm die Gründe der Festnahme mitzuteilen, ihn zu vernehmen und ihm Gelegenheit zu Einwendungen zu geben hat. Der Richter hat unverzüglich entweder einen mit Gründen versehenen schriftlichen Haftbefehl zu erlassen oder die Freilassung anzuordnen.

(4) Von jeder richterlichen Entscheidung über die Anordnung oder Fortdauer einer Freiheitsentziehung ist unverzüglich ein Angehöriger des Festgehaltenen oder eine Person seines Vertrauens zu benachrichtigen.

X. Das Finanzwesen

Durch Gesetz vom 12.5.1969 (BGBl. I, S. 359) wurde folgender Artikel 104a eingefügt:

Art. 104a. (1) Der Bund und die Länder tragen gesondert die Ausgaben, die sich aus der Wahrnehmung ihrer Aufgaben ergeben, soweit dieses Grundgesetz nichts anderes bestimmt.

(2) Handeln die Länder im Auftrage des Bundes, trägt der Bund die sich daraus ergebenden Ausgaben.

(3) Bundesgesetze, die Geldleistungen gewähren und von den Ländern ausgeführt werden, können bestimmen, daß die Geldleistungen ganz oder zum Teil vom Bund getragen werden. Bestimmt das Gesetz, daß der Bund die Hälfte der Ausgaben oder mehr trägt, wird es im Auftrage des Bundes durchgeführt. Bestimmt das Gesetz, daß die Länder ein Viertel der Ausgaben oder mehr tragen, so bedarf es der Zustimmung des Bundesrates.

(4) Der Bund kann den Ländern Finanzhilfen für besonders bedeutsame Investitionen der Länder und Gemeinden (Gemeindeverbände) gewähren, die zur Abwehr einer Störung des gesamtwirtschaftlichen Gleichgewichts oder zum

Ausgleich unterschiedlicher Wirtschaftskraft im Bundesgebiet oder zur Förderung des wirtschaftlichen Wachstums erforderlich sind. Das Nähere, insbesondere die Arten der zu fördernden Investitionen, wird durch Bundesgesetz, das der Zustimmung des Bundesrates bedarf, oder auf Grund des Bundeshaushaltsgesetzes durch Verwaltungsvereinbarung geregelt.

(5) Der Bund und die Länder tragen die bei ihren Behörden entstehenden Verwaltungsausgaben und haften im Verhältnis zueinander für eine ordnungsmäßige Verwaltung. Das Nähere bestimmt ein Bundesgesetz, das der Zustimmung des Bundesrates bedarf.

Art. 105. (1) Der Bund hat die ausschließliche Gesetzgebung über die Zölle und Finanzmonopole.

(2) Der Bund hat die konkurrierende Gesetzgebung über

1. *die Verbrauch- und Verkehrsteuern mit Ausnahme der Steuern mit örtlich bedingtem Wirkungskreis, insbesondere der Grunderwerbsteuer, der Wertzuwachssteuer und der Feuerschutzsteuer,*
2. *die Steuern vom Einkommen, Vermögen, von Erbschaften und Schenkungen,*
3. *die Realsteuern mit Ausnahme der Festsetzung der Hebesätze,*

wenn er die Steuern ganz oder zum Teil zur Deckung der Bundesausgaben in Anspruch nimmt oder die Voraussetzungen des Artikels 72 Absatz 2 vorliegen.

Neue Fassung von Absatz (2) und Einfügung von Absatz (2a) durch Gesetz vom 12.5.1969 (BGBl. I, S. 359):

(2) Der Bund hat die konkurrierende Gesetzgebung über die übrigen Steuern, wenn ihm das Aufkommen dieser Steuern ganz oder zum Teil zusteht oder die Voraussetzungen des Artikels 72 Abs. 2 vorliegen.

(2a) Die Länder haben die Befugnis zur Gesetzgebung über die örtlichen Verbrauch- und Aufwandsteuern, solange und soweit sie nicht bundesgesetzlich geregelten Steuern gleichartig sind.

(3) Bundesgesetze über Steuern, deren Aufkommen den Ländern oder den Gemeinden (Gemeindeverbänden) ganz oder zum Teil zufließt, bedürfen der Zustimmung des Bundesrates.

Art. 106. *(1) Die Zölle, der Ertrag der Monopole, die Verbrauchsteuern mit Ausnahme der Biersteuer, die Beförderungsteuer, die Umsatzsteuer und einmaligen Zwecken dienenden Vermögensabgaben fließen dem Bunde zu.*

(2) Die Biersteuer, die Verkehrsteuern mit Ausnahme der Beförderungsteuer und der Umsatzsteuer, die Einkommen- und Körperschaftsteuer, die Vermögensteuer, die Erbschaftsteuer, die Realsteuern und die Steuern mit örtlich bedingtem Wirkungskreis fließen den Ländern und nach Maßgabe der Landesgesetzgebung den Gemeinden (Gemeindeverbänden) zu.

(3) Der Bund kann durch Bundesgesetz, das der Zustimmung des Bundesrates bedarf, einen Teil der Einkommen- und Körperschaftsteuer zur Deckung seiner durch andere Einkünfte nicht gedeckten Ausgaben, insbesondere zur Deckung von Zuschüssen, welche Länder durch Deckung von Ausgaben auf dem Gebiet des Schulwesens, des Gesundheitswesens und des Wohlfahrtswesens zu gewähren sind, in Anspruch nehmen.

(4) Um die Leistungsfähigkeit auch der steuerschwachen Länder zu sichern und eine unterschiedliche Belastung der Länder mit Ausgaben auszugleichen, kann der Bund Zuschüsse gewähren und die Mittel hierfür bestimmten, den Ländern zufließenden Steuern entnehmen. Durch Bundesgesetz, welches der Zustimmung des Bundesrates bedarf, wird bestimmt, welche Steuern hierbei herangezogen werden und mit welchen Beträgen und nach welchem Schlüssel die Zuschüsse an die ausgleichsberechtigten Länder verteilt werden; die Zuschüsse sind den Ländern unmittelbar zu überweisen.

Neue Fassung von Artikel 106 durch Gesetz vom 23.12.1955 (BGBl. I, S. 817):

Art. 106. *(1) Der Ertrag der Finanzmonopole und das Aufkommen der folgenden Steuern stehen dem Bund zu:*

1. *die Zölle,*
2. *die Verbrauchsteuern, soweit sie nicht nach Absatz 2 den Ländern zustehen,*
3. *die Umsatzsteuer,*
4. *die Beförderungsteuer,*
5. *die einmaligen Vermögensabgaben und die zur Durchführung des Lastenausgleichs erhobenen Ausgleichsabgaben,*
6. *die Abgabe „Notopfer Berlin“,*
7. *die Ergänzungsabgabe zur Einkommensteuer und zur Körperschaftsteuer.*

(2) Das Aufkommen der folgenden Steuern steht den Ländern zu:

1. *die Vermögensteuer,*
2. *die Erbschaftsteuer,*
3. *die Kraftfahrzeugsteuer,*
4. *die Verkehrsteuern, soweit sie nicht nach Absatz 1 dem Bund zustehen,*
5. *die Biersteuer,*
6. *die Abgabe von Spielbanken,*
7. *die Realsteuern,*
8. *die Steuern mit örtlich bedingtem Wirkungskreis.*

(3) Vom Aufkommen der Einkommensteuer und der Körperschaftsteuer stehen
bis 31. März 1958 33 1/3 vom Hundert dem Bund und 66 2/3 vom Hundert den Ländern,
ab 1. April 1958 35 vom Hundert dem Bund und 65 vom Hundert den Ländern zu.

(4) Durch Bundesgesetz, das der Zustimmung des Bundesrates bedarf, soll das Beteiligungsverhältnis an der Einkommensteuer und Körperschaftsteuer (Absatz 3) geändert werden, wenn sich das Verhältnis zwischen den Einnahmen und Ausgaben des Bundes und das Verhältnis zwischen den Einnahmen und Ausgaben der Länder unterschiedlich entwickeln und in der Haushaltswirtschaft des Bundes oder der Länder ein so erheblicher Fehlbedarf entsteht, daß eine entsprechende Berichtigung des Beteiligungsverhältnisses zugunsten des Bundes oder zugunsten der Länder geboten ist. Hierbei ist von den folgenden Grundsätzen auszugehen:

1. *Der Bund und die Länder tragen gesondert die Ausgaben, die sich aus der Wahrnehmung ihrer Aufgaben ergeben; Artikel 120 Abs. 1 bleibt unberührt.*
2. *Im Rahmen der ordentlichen Einnahmen haben der Bund und die Länder gleichmäßig Anspruch auf Deckung ihrer notwendigen Ausgaben.*

3. Die Deckungsbedürfnisse des Bundes und der Länder sind so aufeinander abzustimmen, daß ein billiger Ausgleich erzielt, eine Überbelastung der Steuerpflichtigen vermieden und die Einheitlichkeit der Lebensverhältnisse im Bundesgebiet gewahrt wird.

Das Beteiligungsverhältnis kann erstmals mit Wirkung vom 1. April 1958, im übrigen jeweils frühestens zwei Jahre nach dem Inkrafttreten des Gesetzes, welches das Beteiligungsverhältnis zuletzt bestimmt hat, geändert werden; dies gilt nicht für eine Änderung des Beteiligungsverhältnisses nach Absatz 5.

(5) Werden den Ländern durch Bundesgesetz zusätzlich Ausgaben auferlegt oder Einnahmen entzogen, ist das Beteiligungsverhältnis an der Einkommensteuer und der Körperschaftssteuer zugunsten der Länder zu ändern, wenn der Tatbestand des Absatzes 4 gegeben ist. Ist die Mehrbelastung der Länder auf einen kurzen Zeitabschnitt begrenzt, kann sie durch Bundesgesetz, das der Zustimmung des Bundesrates bedarf, auch mit Finanzzuweisungen des Bundes ausgeglichen werden; in dem Gesetz sind die Grundsätze für die Bemessung dieser Finanzzuweisungen und für ihre Verteilung auf die Länder zu bestimmen.

(6) Als Einnahmen und Ausgaben der Länder im Sinne dieses Artikels gelten auch die Einnahmen und Ausgaben der Gemeinden (Gemeindeverbände). Die Landesgesetzgebung bestimmt, ob und inwieweit das Aufkommen der Landessteuern den Gemeinden (Gemeindeverbänden) zufließt

Durch Gesetz vom 24.12.1956 (BGBl. I, S. 1077) wurden Absatz (2) Nummer 7 gestrichen und Nummer 8 in Nummer 7 umnumeriert. Absatz (6) wurde neu gefaßt und die Absätze (7) und (8) eingefügt wie folgt:

(6) Das Aufkommen der Realsteuern steht den Gemeinden zu. Bestehen in einem Land keine Gemeinden, so steht das Aufkommen dem Land zu. Bund und Länder können durch eine Umlage an dem Aufkommen der Gewerbesteuer beteiligt werden. Nach Maßgabe der Landesgesetzgebung können die Realsteuern als Bemessungsgrundlagen für Umlagen zugrunde gelegt werden. Von dem Länderanteil an der Einkommensteuer und der Körperschaftssteuer fließt den Gemeinden und Gemeindeverbänden insgesamt ein von der Landesgesetzgebung zu bestimmender Hundertsatz zu. Im übrigen bestimmt die Landesgesetzgebung, ob und inwieweit das Aufkommen der Landessteuern den Gemeinden (Gemeindeverbänden) zufließt.

(7) Veranlaßt der Bund in einzelnen Ländern oder Gemeinden (Gemeindeverbänden) besondere Einrichtungen, die diesen Ländern oder Gemeinden (Gemeindeverbänden) unmittelbar Mehrausgaben oder Mindereinnahmen (Sonderbelastungen) verursachen, gewährt der Bund den erforderlichen Ausgleich, wenn und soweit den Ländern oder Gemeinden (Gemeindeverbänden) nicht zugemutet werden kann, die Sonderbelastungen zu tragen. Entschädigungsleistungen Dritter und finanzielle Vorteile, die diesen Ländern oder Gemeinden (Gemeindeverbänden) als Folge der Einrichtungen erwachsen, werden bei dem Ausgleich berücksichtigt.

(8) Als Einnahmen und Ausgaben der Länder im Sinne dieses Artikels gelten auch die Einnahmen und Ausgaben der Gemeinden (Gemeindeverbände).

Neue Fassung von Artikel 106 durch Gesetz vom 12.5.1969 (BGBl. I, S. 359):

Art. 106. (1) Der Ertrag der Finanzmonopole und das Aufkommen der folgenden Steuern stehen dem Bund zu:
1. die Zölle,
2. die Verbrauchsteuern, soweit sie nicht nach Absatz 2 den Ländern, nach Absatz 3 Bund und Ländern gemeinsam oder nach Absatz 6 den Gemeinden zustehen,
3. die Straßengüterverkehrsteuer,
4. die Kapitalverkehrsteuern, die Versicherungsteuer und die Wechselsteuer,
5. die einmaligen Vermögensabgaben und die zur Durchführung des Lastenausgleichs erhobenen Ausgleichsabgaben,
6. die Ergänzungsabgabe zur Einkommensteuer und zur Körperschaftsteuer,
7. Abgaben im Rahmen der Europäischen Gemeinschaften.

(2) Das Aufkommen der folgenden Steuern steht den Ländern zu:
1. die Vermögensteuer,
2. die Erbschaftsteuer,
3. die Kraftfahrzeugsteuer,
4. die Verkehrsteuern, soweit sie nicht nach Absatz 1 dem Bund oder nach Absatz 3 Bund und Ländern gemeinsam zustehen,
5. die Biersteuer,
6. die Abgabe von Spielbanken.

(3) Das Aufkommen der Einkommensteuer, der Körperschaftsteuer und der Umsatzsteuer steht dem Bund und den Ländern gemeinsam zu (Gemeinschaftsteuern), soweit das Aufkommen der Einkommensteuer nicht nach Absatz 5 den Gemeinden zugewiesen wird.

Neue Fassung von Absatz (3) Satz 1 durch Gesetz vom 20.10.1997 (BGBl. I, S. 2470):

Das Aufkommen der Einkommensteuer, der Körperschaftsteuer und der Umsatzsteuer steht dem Bund und den Ländern gemeinsam zu (Gemeinschaftsteuern), soweit das Aufkommen der Einkommensteuer nicht nach Absatz 5 und das Aufkommen der Umsatzsteuer nicht nach Absatz 5a den Gemeinden zugewiesen wird. Am Aufkommen der Einkommensteuer und der Körperschaftsteuer sind der Bund und die Länder je zur Hälfte beteiligt. Die Anteile von Bund und Ländern an der Umsatzsteuer werden durch Bundesgesetz, das der Zustimmung des Bundesrates bedarf, festgesetzt. Bei der Festsetzung ist von folgenden Grundsätzen auszugehen:
1. Im Rahmen der laufenden Einnahmen haben der Bund und die Länder gleichmäßig Anspruch auf Deckung ihrer notwendigen. Ausgaben. Dabei ist der Umfang der Ausgaben unter Berücksichtigung einer mehrjährigen Finanzplanung zu ermitteln.
2. Die Deckungsbedürfnisse des Bundes und der Länder sind so aufeinander abzustimmen, daß ein billiger Ausgleich erzielt, eine Überbelastung der Steuerpflichtigen vermieden und die Einheitlichkeit der Lebensverhältnisse im Bundesgebiet gewahrt wird.

Durch Gesetz vom 3.11.1995 (BGBl. I, S. 1492) wurden an Absatz (3) die folgenden Sätze angefügt:

Zusätzlich werden in die Festsetzung der Anteile von Bund und Ländern an der Umsatzsteuer Steuermindereinnahmen einbezogen, die den Ländern ab 1. Januar 1996 aus der Berücksichtigung von Kindern im Einkommensteuerrecht entstehen. Das Nähere bestimmt das Bundesgesetz nach Satz 3.

(4) Die Anteile von Bund und Ländern an der Umsatzsteuer sind neu festzusetzen, wenn sich das Verhältnis zwischen den Einnahmen und Ausgaben des Bundes und der Länder wesentlich anders entwickelt.

Durch Gesetz vom 3.11.1995 (BGBl. I, S. 1492) wurde an Absatz (4) Satz 1 folgender Halbsatz angefügt:

Steuermindereinnahmen, die nach Absatz 3 Satz 5 in die Festsetzung der Umsatzsteueranteile zusätzlich einbezogen werden, bleiben hierbei unberücksichtigt. Werden den Ländern durch Bundesgesetz zusätzliche Ausgaben auferlegt oder Einnahmen entzogen, so kann die Mehrbelastung durch Bundesgesetz, das der Zustimmung des Bundesrates bedarf, auch mit Finanzzuweisungen des Bundes ausgeglichen werden, wenn sie auf einen kurzen Zeitraum begrenzt ist. In dem Gesetz sind die Grundsätze für die Bemessung dieser Finanzzuweisungen und für ihre Verteilung auf die Länder zu bestimmen.

(5) Die Gemeinden erhalten einen Anteil an dem Aufkommen der Einkommensteuer, der von den Ländern an ihre Gemeinden auf der Grundlage der Einkommensteuerleistungen ihrer Einwohner weiterzuleiten ist. Das Nähere bestimmt ein Bundesgesetz, das der Zustimmung des Bundesrates bedarf. Es kann bestimmen, daß die Gemeinden Hebesätze für den Gemeindeanteil festsetzen.

Durch Gesetz vom 20.10.1997 (BGBl. I, S. 2470) wurde folgender Absatz 5a eingefügt:

(5a) Die Gemeinden erhalten ab dem 1. Januar 1998 einen Anteil an dem Aufkommen der Umsatzsteuer. Er wird von den Ländern auf der Grundlage eines orts- und wirtschaftsbezogenen Schlüssels an ihre Gemeinden weitergeleitet. Das Nähere wird durch Bundesgesetz, das der Zustimmung des Bundesrates bedarf, bestimmt.

(6) Das Aufkommen der Realsteuern steht den Gemeinden, das Aufkommen der örtlichen Verbrauch- und Aufwandsteuern steht den Gemeinden oder nach Maßgabe der Landesgesetzgebung den Gemeindeverbänden zu. Den Gemeinden ist das Recht einzuräumen, die Hebesätze der Realsteuern im Rahmen der Gesetze festzusetzen. Bestehen in einem Land keine Gemeinden, so steht das Aufkommen der Realsteuern und der örtlichen Verbrauch- und Aufwandsteuern dem Land zu. Bund und Länder können durch eine Umlage an dem Aufkommen der Gewerbesteuer beteiligt werden. Das Nähere über die Umlage bestimmt ein Bundesgesetz, das der Zustimmung des Bundesrates bedarf. Nach Maßgabe der Landesgesetzgebung können die Realsteuern und der Gemeindeanteil vom Aufkommen der Einkommensteuer als Bemessungsgrundlagen für Umlagen zugrunde gelegt werden.

Neufassung von Absatz (6) durch Gesetz vom 20.10.1997 (BGBl. I, S. 2470):

(6) Das Aufkommen der Grundsteuer und Gewerbesteuer steht den Gemeinden, das Aufkommen der örtlichen Verbrauch- und Aufwandsteuern steht den Gemeinden oder nach Maßgabe der Landesgesetzgebung den Gemeindeverbänden zu. Den Gemeinden ist das Recht einzuräumen, die Hebesätze der Grundsteuer und Gewerbesteuer im Rahmen der Gesetze festzusetzen. Bestehen in einem Land keine Gemeinden, so steht das Aufkommen der Grundsteuer und Gewerbesteuer und der örtlichen Verbrauch- und Aufwandsteuern dem Land zu. Bund und Länder können durch eine Umlage an dem Aufkommen der Gewerbesteuer beteiligt werden. Das Nähere über die Umlage bestimmt ein Bundesgesetz, das der Zustimmung des Bundesrates bedarf. Nach Maßgabe der Landesgesetzgebung können die Grundsteuer und Gewerbesteuer sowie der Gemeindeanteil vom Aufkommen der Einkommensteuer als Bemessungsgrundlagen für Umlagen zugrunde gelegt werden.

(7) Von dem Länderanteil am Gesamtaufkommen der Gemeinschaftsteuern fließt den Gemeinden und Gemeindeverbänden insgesamt ein von der Landesgesetzgebung zu bestimmender Hundertsatz zu. Im übrigen bestimmt die Landesgesetzgebung, ob und inwieweit das Aufkommen der Landessteuern den Gemeinden (Gemeindeverbänden) zufließt.

(8) Veranlaßt der Bund in einzelnen Ländern oder Gemeinden (Gemeindeverbänden) besondere Einrichtungen, die diesen Ländern oder Gemeinden (Gemeindeverbänden) unmittelbar Mehrausgaben oder Mindereinnahmen (Sonderbelastungen) verursachen, gewährt der Bund den erforderlichen Ausgleich, wenn und soweit den Ländern oder Gemeinden (Gemeindeverbänden) nicht zugemutet werden kann, die Sonderbelastungen zu tragen. Entschädigungsleistungen Dritter und finanzielle Vorteile, die diesen Ländern oder Gemeinden (Gemeindeverbänden) als Folge der Einrichtungen erwachsen, werden bei dem Ausgleich berücksichtigt.

(9) Als Einnahmen und Ausgaben der Länder im Sinne dieses Artikels gelten auch die Einnahmen und Ausgaben der Gemeinden (Gemeindeverbände).

Durch Gesetz vom 20.12.1993 (BGBl. I, S. 2089) wurde folgender Artikel 106a eingefügt:

Art. 106a. Den Ländern steht ab 1. Januar 1996 für den öffentlichen Personennahverkehr ein Betrag aus dem Steueraufkommen des Bundes zu. Das Nähere regelt ein Bundesgesetz, das der Zustimmung des Bundesrates bedarf. Der Betrag nach Satz 1 bleibt bei der Bemessung der Finanzkraft nach Artikel 107 Abs. 2 unberücksichtigt.

Art. 107. *Die endgültige Verteilung der der konkurrierenden Gesetzgebung unterliegenden Steuern auf Bund und Länder soll spätestens bis zum 31. Dezember 1952 erfolgen, und zwar durch Bundesgesetz, das der Zustimmung des Bundesrates bedarf. Dies gilt nicht für die Realsteuern und die Steuern mit örtlich bedingtem Wirkungskreis. Hierbei ist jedem*

Teil ein gesetzlicher Anspruch auf bestimmte Steuern oder Steueranteile entsprechend seinen Aufgaben einzuräumen.

Durch Gesetz vom 20.4.1953 (BGBl. I, S. 130) wurde die Jahreszahl „1952" ersetzt durch die Jahreszahl „1954".
Durch Gesetz vom 25.12.1954 (BGBl. I, S. 517) wurde die Jahreszahl „1954" ersetzt durch die Jahreszahl „1955".
Neue Fassung von Artikel 107 durch Gesetz vom 23.12.1955 (BGBl. I, S. 817):

Art. 107. *(1) Das Aufkommen der Landessteuern steht den einzelnen Ländern insoweit zu, als die Steuern von den Finanzbehörden in ihrem Gebiet vereinnahmt werden (örtliches Aufkommen). Durch Bundesgesetz, das der Zustimmung des Bundesrates bedarf, können nähere Bestimmungen über die Abgrenzung und Zerlegung des örtlichen Aufkommens einzelner Steuern getroffen werden.*

(2) Durch Bundesgesetz, das der Zustimmung des Bundesrates bedarf, ist ein angemessener finanzieller Ausgleich zwischen leistungsfähigen und leistungsschwachen Ländern sicherzustellen; hierbei sind die Finanzkraft und der Finanzbedarf der Gemeinden (Gemeindeverbände) zu berücksichtigen. Dieses Gesetz bestimmt, daß aus Beiträgen leistungsfähiger Länder (Ausgleichsbeiträgen) leistungsschwachen Ländern Ausgleichszuweisungen gewährt werden; in dem Gesetz sind die Voraussetzungen für die Ausgleichsansprüche und die Ausgleichsverbindlichkeiten sowie die Maßstäbe für die Höhe der Ausgleichsleistungen zu bestimmen. Das Gesetz kann auch bestimmen, daß der Bund aus seinen Mitteln leistungsschwachen Ländern Zuweisungen zur ergänzenden Deckung ihres allgemeinen Finanzbedarfs (Ergänzungszuweisungen) gewährt.

Neue Fassung von Artikel 107 durch Gesetz vom 12.5.1969 (BGBl. I, S. 359):

Art. 107. (1) Das Aufkommen der Landessteuern und der Länderanteil am Aufkommen der Einkommensteuer und der Körperschaftsteuer stehen den einzelnen Ländern insoweit zu, als die Steuern von den Finanzbehörden in ihrem Gebiet vereinnahmt werden (örtliches Aufkommen). Durch Bundesgesetz, das der Zustimmung des Bundesrates bedarf, sind für die Körperschaftsteuer und die Lohnsteuer nähere Bestimmungen über die Abgrenzung sowie über Art und Umfang der Zerlegung des örtlichen Aufkommens zu treffen. Das Gesetz kann auch Bestimmungen über die Abgrenzung und Zerlegung des örtlichen Aufkommens anderer Steuern treffen. Der Länderanteil am Aufkommen der Umsatzsteuer steht den einzelnen Ländern nach Maßgabe ihrer Einwohnerzahl zu; für einen Teil, höchstens jedoch für ein Viertel dieses Länderanteils, können durch Bundesgesetz, das der Zustimmung des Bundesrates bedarf, Ergänzungsanteile für die Länder vorgesehen werden, deren Einnahmen aus den Landessteuern und aus der Einkommensteuer und der Körperschaftsteuer je Einwohner unter dem Durchschnitt der Länder liegen.

(2) Durch das Gesetz ist sicherzustellen, daß die unterschiedliche Finanzkraft der Länder angemessen ausgeglichen wird; hierbei sind die Finanzkraft und der Finanzbedarf der Gemeinden (Gemeindeverbände) zu berücksichtigen. Die Voraussetzungen für die Ausgleichsansprüche der ausgleichsberechtigten Länder

und für die Ausgleichsverbindlichkeiten der ausgleichspflichtigen Länder sowie die Maßstäbe für die Höhe der Ausgleichsleistungen sind in dem Gesetz zu bestimmen. Es kann auch bestimmen, daß der Bund aus seinen Mitteln leistungsschwachen Ländern Zuweisungen zur ergänzenden Deckung ihres allgemeinen Finanzbedarfs (Ergänzungszuweisungen) gewährt.

Art. 108. *(1) Zölle, Finanzmonopole, die der konkurrierenden Gesetzgebung unterworfenen Verbrauchsteuern, die Beförderungsteuer, die Umsatzsteuer und die einmaligen Vermögensabgaben werden durch Bundesfinanzbehörden verwaltet. Der Aufbau dieser Behörden und das von ihnen anzuwendende Verfahren wird durch Bundesgesetz geregelt. Die Leiter der Mittelbehörden sind im Benehmen mit den Landesregierungen zu bestellen. Der Bund kann die Verwaltung der einmaligen Vermögensabgaben den Landesfinanzbehörden als Auftragsverwaltung übertragen.*

(2) Nimmt der Bund einen Teil der Einkommen- und Körperschaftsteuer für sich in Anspruch, so steht ihm insoweit die Verwaltung zu; er kann sie aber den Landesfinanzbehörden als Auftragsverwaltung übertragen.

(3) Die übrigen Steuern werden durch Landesfinanzbehörden verwaltet. Der Bund kann durch Bundesgesetz, das der Zustimmung des Bundesrates bedarf, den Aufbau dieser Behörden und das von ihnen anzuwendende Verfahren und die einheitliche Ausbildung der Beamten regeln. Die Leiter der Mittelbehörden sind im Einvernehmen mit der Bundesregierung zu bestellen. Die Verwaltung der den Gemeinden (Gemeindeverbänden) zufließenden Steuern kann durch die Länder ganz oder zum Teil den Gemeinden (Gemeindeverbänden) übertragen werden.

(4) Soweit die Steuern dem Bunde zufließen, werden die Landesfinanzbehörden im Auftrage des Bundes tätig. Die Länder haften mit ihren Einkünften für eine ordnungsgemäße Verwaltung dieser Steuern; der Bundesfinanzminister kann die ordnungsgemäße Verwaltung durch Bundesbevollmächtigte überwachen, welche gegenüber den Mittel- und Unterbehörden ein Weisungsrecht haben.

(5) Die Finanzgerichtsbarkeit wird durch Bundesgesetz einheitlich geregelt.

(6) Die allgemeinen Verwaltungsvorschriften werden durch die Bundesregierung erlassen, und zwar mit Zustimmung des Bundesrates, soweit die Verwaltung den Landesfinanzbehörden obliegt.

Neue Fassung von Artikel 108 durch Gesetz vom 12.5.1969 (BGBl. I, S. 359):

Art. 108. (1) Zölle, Finanzmonopole, die bundesgesetzlich geregelten Verbrauchsteuern einschließlich der Einfuhrumsatzsteuer und die Abgaben im Rahmen der Europäischen Gemeinschaften werden durch Bundesfinanzbehörden verwaltet. Der Aufbau dieser Behörden wird durch Bundesgesetz geregelt. *Die Leiter der Mittelbehörden sind im Benehmen mit den Landesregierungen zu bestellen.*

Neue Fassung von Absatz (1) Satz 3 durch Gesetz vom 26.11.2001 (BGBl. I, S. 3219):

Soweit Mittelbehörden eingerichtet sind, werden deren Leiter im Benehmen mit den Landesregierungen bestellt.

(2) Die übrigen Steuern werden durch Landesfinanzbehörden verwaltet. Der Aufbau dieser Behörden und die einheitliche Ausbildung der Beamten können durch Bundesgesetz mit Zustimmung des Bundesrates geregelt werden. *Die Leiter der Mittelbehörden sind im Einvernehmen mit der Bundesregierung zu bestellen.*

Neue Fassung von Absatz (2) Satz 3 durch Gesetz vom 26.11.2001 (BGBl. I, S. 3219):

Soweit Mittelbehörden eingerichtet sind, werden deren Leiter im Einvernehmen mit der Bundesregierung bestellt.

(3) Verwalten die Landesfinanzbehörden Steuern, die ganz oder zum Teil dem Bund zufließen, so werden sie im Auftrage des Bundes tätig. Artikel 85 Abs. 3 und 4 gilt mit der Massgabe, daß an die Stelle der Bundesregierung der Bundesminister der Finanzen tritt.

(4) Durch Bundesgesetz, das der Zustimmung des Bundesrates bedarf, kann bei der Verwaltung von Steuern ein Zusammenwirken von Bundes- und Landesfinanzbehörden sowie für Steuern, die unter Absatz 1 fallen, die Verwaltung durch Landesfinanzbehörden und für andere Steuern die Verwaltung durch Bundesfinanzbehörden vorgesehen werden, wenn und soweit dadurch der Vollzug der Steuergesetze erheblich verbessert oder erleichtert wird. Für die den Gemeinden (Gemeindeverbänden) allein zufließenden Steuern kann die den Landesfinanzbehörden zustehende Verwaltung durch die Länder ganz oder zum Teil den Gemeinden (Gemeindeverbänden) übertragen werden.

(5) Das von den Bundesfinanzbehörden anzuwendende Verfahren wird durch Bundesgesetz geregelt. Das von den Landesfinanzbehörden und in den Fällen des Absatzes 4 Satz 2 von den Gemeinden (Gemeindeverbänden) anzuwendende Verfahren kann durch Bundesgesetz mit Zustimmung des Bundesrates geregelt werden.

(6) Die Finanzgerichtsbarkeit wird durch Bundesgesetz einheitlich geregelt.

(7) Die Bundesregierung kann allgemeine Verwaltungsvorschriften erlassen, und zwar mit Zustimmung des Bundesrates, soweit die Verwaltung den Landesfinanzbehörden oder Gemeinden (Gemeindeverbänden) obliegt.

Art. 109. *Bund und Länder sind in ihrer Haushaltswirtschaft selbständig und voneinander unabhängig.*

Neue Fassung von Artikel 109 durch Gesetz vom 8.6.1967 (BGBl. I, S. 581):

Art. 109. Bund und Länder sind in ihrer Haushaltswirtschaft selbständig und voneinander unabhängig.

(2) Bund und Länder haben bei ihrer Haushaltswirtschaft den Erfordernissen des gesamtwirtschaftlichen Gleichgewichts Rechnung zu tragen.

(3) Durch Bundesgesetz, das der Zustimmung des Bundesrates bedarf, können Grundsätze für eine konjunkturgerechte Hausaushaltswirtschaft und für eine mehrjährige Finanzplanung aufgestellt werden.

Neue Fassung von Absatz (3) durch Gesetz vom 12.5.1969 (BGBl. I, S. 357):

(3) Durch Bundesgesetz, das der Zustimmung des Bundesrates bedarf, können für Bund und Länder gemeinsam geltende Grundsätze für das Haushaltsrecht, für eine konjunkturgerechte Haushaltswirtschaft und für eine mehrjährige Finanzplanung aufgestellt werden.

(4) Zur Abwehr einer Störung des gesamtwirtschaftlichen Gleichgewichts können durch Bundesgesetz, das der Zustimmung des Bundesrates bedarf, Vorschriften über

1. Höchstbeträge, Bedingungen und Zeitfolge der Aufnahme von Krediten durch Gebietskörperschaften und Zweckverbände und
2. eine Verpflichtung von Bund und Ländern, unverzinsliche Guthaben bei der Deutschen Bundesbank zu unterhalten (Konjunkturausgleichsrücklagen),

erlassen werden. Ermächtigungen zum Erlaß von Rechtsverordnungen können nur der Bundesregierung erteilt werden. Die Rechtsverordnungen bedürfen der Zustimmung des Bundesrates. Sie sind aufzuheben, soweit der Bundestag es verlangt; das Nähere bestimmt das Bundesgesetz.

Art. 110. *(1) Alle Einnahmen und Ausgaben des Bundes müssen für jedes Rechnungsjahr veranschlagt und in den Haushaltsplan eingesetzt werden.*

(2) Der Haushaltsplan wird vor Beginn des Rechnungsjahres durch Gesetz festgestellt.Er ist in Einnahme und Ausgabe auszugleichen. Die Ausgaben werden in der Regel für ein Jahr bewilligt; sie können in besonderen Fällen auch für einen längeren Zeitraum bewilligt werden. Im übrigen dürfen in das Bundeshaushaltsgesetz keine Vorschriften aufgenommen werden, die über das Rechnungsjahr hinausgehen oder sich nicht auf die Einnahmen und Ausgaben des Bundes oder seiner Verwaltung beziehen.

(3) Das Vermögen und die Schulden sind in einer Anlage des Haushaltsplanes nachzuweisen.

(4) Bei kaufmännisch eingerichteten Betrieben des Bundes brauchen nicht die einzelnen Einnahmen und Ausgaben, sondern nur das Endergebnis in den Haushaltsplan eingestellt zu werden.

Neue Fassung von Artikel 110 durch Gesetz vom 12.5.1969 (BGBl. I, S. 357):

Art. 110. (1) Alle Einnahmen und Ausgaben des Bundes sind in den Haushaltsplan einzustellen; bei Bundesbetrieben und bei Sondervermögen brauchen nur die Zuführungen oder die Ablieferungen eingestellt zu werden. Der Haushaltsplan ist in Einnahme und Ausgabe auszugleichen.

(2) Der Haushaltsplan wird für ein oder mehrere Rechnungsjahre, nach Jahren getrennt, vor Beginn des ersten Rechnungsjahres durch das Haushaltsgesetz festgestellt. Für Teile des Haushaltsplanes kann vorgesehen werden, daß sie für unterschiedliche Zeiträume, nach Rechnungsjahren getrennt, gelten.

(3) Die Gesetzesvorlage nach Absatz 2 Satz 1 sowie Vorlagen zur Änderung des Haushaltsgesetzes und des Haushaltsplanes werden gleichzeitig mit der Zuleitung an den Bundesrat beim Bundestage eingebracht; der Bundesrat ist berechtigt, in-

nerhalb von sechs Wochen, bei Änderungsvorlagen innerhalb von drei Wochen, zu den Vorlagen Stellung zu nehmen.

(4) In das Haushaltsgesetz dürfen nur Vorschriften aufgenommen werden, die sich auf die Einnahmen und die Ausgaben des Bundes und auf den Zeitraum beziehen, für den das Haushaltsgesetz beschlossen wird. Das Haushaltsgesetz kann vorschreiben, daß die Vorschriften erst mit der Verkündung des nächsten Haushaltsgesetzes oder bei Ermächtigung nach Artikel 115 zu einem späteren Zeitpunkt außer Kraft treten.

Art. 111. (1) Ist bis zum Schluß eines Rechnungsjahres der Haushaltsplan für das folgende Jahr nicht durch Gesetz festgestellt, so ist bis zu seinem Inkrafttreten die Bundesregierung ermächtigt, alle Ausgaben zu leisten, die nötig sind,

a) um gesetzlich bestehende Einrichtungen zu erhalten und gesetzlich beschlossene Maßnahmen durchzuführen,
b) um die rechtlich begründeten Verpflichtungen des Bundes zu erfüllen,
c) um Bauten, Beschaffungen und sonstige Leistungen fortzusetzen oder Beihilfen für diese Zwecke weiter zu gewähren, sofern durch den Haushaltsplan eines Vorjahres bereits Beträge bewilligt worden sind.

(2) Soweit nicht auf besonderem Gesetze beruhende Einnahmen aus Steuern, Abgaben und sonstigen Quellen oder die Betriebsmittelrücklage die Ausgaben unter Absatz 1 decken, darf die Bundesregierung die zur Aufrechterhaltung der Wirtschaftsführung erforderlichen Mittel bis zur Höhe eines Viertels der Endsumme des abgelaufenen Haushaltsplanes im Wege des Kredits flüssig machen.

Art. 112. *Haushaltsüberschreitungen und außerplanmäßige Ausgaben bedürfen der Zustimmung des Bundesministers der Finanzen. Sie darf nur im Falle eines unvorhergesehenen und unabweisbaren Bedürfnisses erteilt werden.*

Neue Fassung von Artikel 112 durch Gesetz vom 12.5.1969 (BGBl. I, S. 357):

Art. 112. Überplanmäßige und außerplanmäßige Ausgaben bedürfen der Zustimmung des Bundesministers der Finanzen. Sie darf nur im Falle eines unvorhergesehenen und unabweisbaren Bedürfnisses erteilt werden. Näheres kann durch Bundesgesetz bestimmt werden.

Art. 113. *Beschlüsse des Bundestages und des Bundesrates, welche die von der Bundesregierung vorgeschlagenen Ausgaben des Haushaltsplanes erhöhen oder neue Ausgaben in sich schließen oder für die Zukunft mit sich bringen, bedürfen der Zustimmung der Bundesregierung.*

Neue Fassung von Artikel 113 durch Gesetz vom 12.5.1969 (BGBl. I, S. 357):

Art. 113. (1) Gesetze, welche die von der Bundesregierung vorgeschlagenen Ausgaben des Haushaltsplanes erhöhen oder neue Ausgaben in sich schließen oder für die Zukunft mit sich bringen, bedürfen der Zustimmung der Bundesregierung. Das gleiche gilt für Gesetze, die Einnahmeminderungen in sich schließen oder für die Zukunft mit sich bringen. Die Bundesregierung kann verlangen, daß der Bundestag die Beschlußfassung über solche Gesetze aussetzt. In diesem Fall hat die Bundesregierung innerhalb von sechs Wochen dem Bundestage eine Stellungnahme zuzuleiten.

(2) Die Bundesregierung kann innerhalb von vier Wochen, nachdem der Bundestag das Gesetz beschlossen hat, verlangen, daß der Bundestag erneut Beschluß faßt.

(3) Ist das Gesetz nach Artikel 78 zustande gekommen, kann die Bundesregierung ihre Zustimmung nur innerhalb von sechs Wochen und nur dann versagen, wenn sie vorher das Verfahren nach Absatz 1 Satz 3 und 4 oder nach Absatz 2 eingeleitet hat. Nach Ablauf dieser Frist gilt die Zustimmung als erteilt.

Art. 114. *(1) Der Bundesminister der Finanzen hat dem Bundestage und dem Bundesrate über alle Einnahmen und Ausgaben sowie über das Vermögen und die Schulden jährlich Rechnung zu legen.*

(2) Die Rechnung wird durch einen Rechnungshof, dessen Mitglieder richterliche Unabhängigkeit besitzen, geprüft. Die allgemeine Rechnung und eine Übersicht über das Vermögen und die Schulden sind dem Bundestage und dem Bundesrate im Laufe des nächsten Rechnungsjahres mit den Bemerkungen des Rechnungshofes zur Entlastung der Bundesregierung vorzulegen. Die Rechnungsprüfung wird durch Bundesgesetz geregelt.

Neue Fassung von Artikel 114 durch Gesetz vom 12.5.1969 (BGBl. I, S. 357):

Art. 114. (1) Der Bundesminister der Finanzen hat dem Bundestage und dem Bundesrate über alle Einnahmen und Ausgaben sowie über das Vermögen und die Schulden im Laufe des nächsten Rechnungsjahres zur Entlastung der Bundesregierung Rechnung zu legen.

(2) Der Bundesrechnungshof, dessen Mitglieder richterliche Unabhängigkeit besitzen, prüft die Rechnung sowie die Wirtschaftlichkeit und Ordnungsmäßigkeit der Haushalts- und Wirtschaftsführung. Er hat außer der Bundesregierung unmittelbar dem Bundestage und dem Bundesrate jährlich zu berichten. Im übrigen werden die Befugnisse des Bundesrechnungshofes durch Bundesgesetz geregelt.

Art. 115. *In Wege des Kredites dürfen Geldmittel nur bei außerordentlichem Bedarf und in der Regel nur für Ausgaben zu werbenden Zwecken und nur auf Grund eines Bundesgesetzes beschafft werden. Kreditgewährungen und Sicherheitsleistungen zu Lasten des Bundes, deren Wirkung über ein Rechnungsjahr hinausgeht, dürfen nur auf Grund eines Bundesgesetzes erfolgen. In dem Gesetze muß die Höhe des Kredits oder der Umfang der Verpflichtung, für die der Bund die Haftung übernimmt, bestimmt sein.*

Neue Fassung von Artikel 115 durch Gesetz vom 12.5.1969 (BGBl. I, S. 357):

Art. 115. (1) Die Aufnahme von Krediten sowie die Übernahme von Bürgschaften, Garantien oder sonstigen Gewährleistungen, die zu Ausgaben in künftigen Rechnungsjahren führen können, bedürfen einer der Höhe nach bestimmten oder bestimmbaren Ermächtigung durch Bundesgesetz. Die Einnahmen aus Krediten dürfen die Summe der im Haushaltsplan veranschlagten Ausgaben für Investitionen nicht überschreiten; Ausnahmen sind nur zulässig zur Abwehr einer Störung des gesamtwirtschaftlichen Gleichgewichts. Das Nähere wird durch Bundesgesetz geregelt.

(2) Für Sondervermögen des Bundes können durch Bundesgesetz Ausnahmen von Absatz 1 zugelassen werden.

Durch Gesetz vom 24.6.1968 (BGBl. I, S. 709) wurde folgender Abschnitt Xa eingefügt:

Xa. Verteidigungsfall

Art. 115a. (1) Die Feststellung, daß das Bundesgebiet mit Waffengewalt angegriffen wird oder ein solcher Angriff unmittelbar droht (Verteidigungsfall), trifft der Bundestag mit Zustimmung des Bundesrates. Die Feststellung erfolgt auf Antrag der Bundesregierung und bedarf einer Mehrheit von zwei Dritteln der abgegebenen Stimmen, mindestens der Mehrheit der Mitglieder des Bundestages.

(2) Erfordert die Lage unabweisbar ein sofortiges Handeln und stehen einem rechtzeitigen Zusammentritt des Bundestages unüberwindliche Hindernisse entgegen oder ist er nicht beschlußfähig, so trifft der Gemeinsame Ausschuß diese Feststellung mit einer Mehrheit von zwei Dritteln der abgegebenen Stimmen, mindestens der Mehrheit seiner Mitglieder.

(3) Die Feststellung wird vom Bundespräsidenten gemäß Artikel 82 im Bundesgesetzblatte verkündet. Ist dies nicht rechtzeitig möglich, so erfolgt die Verkündung in anderer Weise; sie ist im Bundesgesetzblatte nachzuholen, sobald die Umstände es zulassen.

(4) Wird das Bundesgebiet mit Waffengewalt angegriffen und sind die zuständigen Bundesorgane außerstande, sofort die Feststellung nach Absatz 1 Satz 1 zu treffen, so gilt diese Feststellung als getroffen und als zu dem Zeitpunkt verkündet, in dem der Angriff begonnen hat. Der Bundespräsident gibt diesen Zeitpunkt bekannt, sobald die Umstände es zulassen.

(5) Ist die Feststellung des Verteidigungsfalles verkündet und wird das Bundesgebiet mit Waffengewalt angegriffen, so kann der Bundespräsident völkerrechtliche Erklärungen über das Bestehen des Verteidigungsfalles mit Zustimmung des Bundestages abgeben. Unter den Voraussetzungen des Absatzes 2 tritt an die Stelle des Bundestages der Gemeinsame Ausschuß.

Art. 115b. Mit der Verkündung des Verteidigungsfalles geht die Befehls- und Kommandogewalt über die Streitkräfte auf den Bundeskanzler über.

Art. 115c. (1) Der Bund hat für den Verteidigungsfall das Recht der konkurrierenden Gesetzgebung auch auf den Sachgebieten, die zur Gesetzgebungszuständigkeit der Länder gehören. Diese Gesetze bedürfen der Zustimmung des Bundesrates.

(2) Soweit es die Verhältnisse während des Verteidigungsfalles erfordern, kann durch Bundesgesetz für den Verteidigungsfall

1. bei Enteignungen abweichend von Artikel 14 Abs. 3 Satz 2 die Entschädigung vorläufig geregelt werden,
2. für Freiheitsentziehungen eine von Artikel 104 Abs. 2 Satz 3 und Abs. 3 Satz 1 abweichende Frist, höchstens jedoch eine solche von vier Tagen, für den Fall festgesetzt werden, daß ein Richter nicht innerhalb der für Normalzeiten geltenden Frist tätig werden konnte.

(3) Soweit es zur Abwehr eines gegenwärtigen oder unmittelbar drohenden Angriffs erforderlich ist, kann für den Verteidigungsfall durch Bundesgesetz mit Zustimmung des Bundesrates die Verwaltung und das Finanzwesen des Bundes und der Länder abweichend von Abschnitt VIII und den Artikeln 106 bis 115 geregelt werden, wobei die Lebensfähigkeit der Länder, Gemeinden und Gemeindeverbände, insbesondere auch in finanzieller Hinsicht, zu wahren ist.

Neue Fassung von Absatz (3) durch Gesetz vom 12.5.1969 (BGBl. I, S. 359):

(3) Soweit es zur Abwehr eines gegenwärtigen oder unmittelbar drohenden Angriffs erforderlich ist, kann für den Verteidigungsfall durch Bundesgesetz mit Zustimmung des Bundesrates die Verwaltung und das Finanzwesen des Bundes und der Länder abweichend von den Abschnitten VIII, VIIIa und X geregelt werden, wobei die Lebensfähigkeit der Länder, Gemeinden und Gemeindeverbände, insbesondere auch in finanzieller Hinsicht, zu wahren ist.

(4) Bundesgesetze nach den Absätzen 1 und 2 Nr. 1 dürfen zur Vorbereitung ihres Vollzuges schon vor Eintritt des Verteidigungsfalles angewandt werden.

Art. 115d. (1) Für die Gesetzgebung des Bundes gilt im Verteidigungsfalle abweichend von Artikel 76 Abs. 2, Artikel 77 Abs. 1 Satz 2 und Abs. 2 bis 4, Artikel 78 und Artikel 82 Abs. 1 die Regelung der Absätze 2 und 3.

(2) Gesetzesvorlagen der Bundesregierung, die sie als dringlich bezeichnet, sind gleichzeitig mit der Einbringung beim Bundestage dem Bundesrate zuzuleiten. Bundestag und Bundesrat beraten diese Vorlagen unverzüglich gemeinsam. Soweit zu einem Gesetze die Zustimmung des Bundesrates erforderlich ist, bedarf es zum Zustandekommen des Gesetzes der Zustimmung der Mehrheit seiner Stimmen. Das Nähere regelt eine Geschäftsordnung, die vom Bundestage beschlossen wird und der Zustimmung des Bundesrates bedarf.

(3) Für die Verkündung der Gesetze gilt Artikel 115a Abs. 3 Satz 2 entsprechend.

Art. 115e. (1) Stellt der Gemeinsame Ausschuß im Verteidigungsfalle mit einer Mehrheit von zwei Dritteln der abgegebenen Stimmen, mindestens mit der Mehrheit seiner Mitglieder fest, daß dem rechtzeitigen Zusammentritt des Bundestages unüberwindliche Hindernisse entgegenstehen oder daß dieser nicht beschlußfähig ist, so hat der Gemeinsame Ausschuß die Stellung von Bundestag und Bundesrat und nimmt deren Rechte einheitlich wahr.

(2) Durch ein Gesetz des Gemeinsamen Ausschusses darf das Grundgesetz weder geändert noch ganz oder teilweise außer Kraft oder außer Anwendung gesetzt werden. *Zum Erlaß von Gesetzen nach Artikel 24 Abs. 1 und Artikel 29 ist der Gemeinsame Ausschuß nicht befugt.*

Neue Fassung von Absatz (2) Satz 2 durch Gesetz vom 21.12.1992 (BGBl. I, S. 2086):

Zum Erlaß von Gesetzen nach Artikel 23 Abs. 1 Satz 2, Artikel 24 Abs. 1 und Artikel 29 ist der Gemeinsame Ausschuß nicht befugt.

Art. 115 f. (1) Die Bundesregierung kann im Verteidigungsfalle, soweit es die Verhältnisse erfordern,

1. den Bundesgrenzschutz im gesamten Bundesgebiete einsetzen;
2. außer der Bundesverwaltung auch den Landesregierungen und, wenn sie es für dringlich erachtet, den Landesbehörden Weisungen erteilen und diese Befugnis auf von ihr zu bestimmende Mitglieder der Landesregierungen übertragen.

(2) Bundestag, Bundesrat und der Gemeinsame Ausschuß sind unverzüglich von den nach Absatz 1 getroffenen Maßnahmen zu unterrichten.

Art. 115 g. Die verfassungsmäßige Stellung und die Erfüllung der verfassungsmäßigen Aufgaben des Bundesverfassungsgerichtes und seiner Richter dürfen nicht beeinträchtigt werden. Das Gesetz über das Bundesverfassungsgericht darf durch ein Gesetz des Gemeinsamen Ausschusses nur insoweit geändert werden, als dies auch nach Auffassung des Bundesverfassungsgerichtes zur Aufrechterhaltung der Funktionsfähigkeit des Gerichtes erforderlich ist. Bis zum Erlaß eines solchen Gesetzes kann das Bundesverfassungsgericht die zur Erhaltung der Arbeitsfähigkeit des Gerichtes erforderlichen Maßnahmen treffen. Beschlüsse nach Satz 2 und Satz 3 faßt das Bundesverfassungsgericht mit der Mehrheit der anwesenden Richter.

Art. 115 h. (1) Während des Verteidigungsfalles ablaufende Wahlperioden des Bundestages oder der Volksvertretungen der Länder enden sechs Monate nach Beendigung des Verteidigungsfalles. Die im Verteidigungsfalle ablaufende Amtszeit des Bundespräsidenten sowie bei vorzeitiger Erledigung seines Amtes die Wahrnehmung seiner Befugnisse durch den Präsidenten des Bundesrates enden neun Monate nach Beendigung des Verteidigungsfalles. Die im Verteidigungsfalle ablaufende Amtszeit eines Mitgliedes des Bundesverfassungsgerichtes endet sechs Monate nach Beendigung des Verteidigungsfalles.

(2) Wird eine Neuwahl des Bundeskanzlers durch den Gemeinsamen Ausschuß erforderlich, so wählt dieser einen neuen Bundeskanzler mit der Mehrheit seiner Mitglieder; der Bundespräsident macht dem Gemeinsamen Ausschuß einen Vorschlag. Der Gemeinsame Ausschuß kann dem Bundeskanzler das

Mißtrauen nur dadurch aussprechen, daß er mit der Mehrheit von zwei Dritteln seiner Mitglieder einen Nachfolger wählt.

(3) Für die Dauer des Verteidigungsfalles ist die Auflösung des Bundestages ausgeschlossen.

Art. 115i. (1) Sind die zuständigen Bundesorgane außerstande, die notwendigen Maßnahmen zur Abwehr der Gefahr zu treffen, und erfordert die Lage unabweisbar ein sofortiges selbständiges Handeln in einzelnen Teilen des Bundesgebietes, so sind die Landesregierungen oder die von ihnen bestimmten Behörden oder Beauftragten befugt, für ihren Zuständigkeitsbereich Maßnahmen im Sinne des Artikels 115f Abs. 1 zu treffen.

(2) Maßnahmen nach Absatz 1 können durch die Bundesregierung, im Verhältnis zu Landesbehörden und nachgeordneten Bundesbehörden auch durch die Ministerpräsidenten der Länder, jederzeit aufgehoben werden.

Art. 115k. (1) Für die Dauer ihrer Anwendbarkeit setzen Gesetze nach den Artikeln 115c, 115e und 115g und Rechtsverordnungen, die auf Grund solcher Gesetze ergehen, entgegenstehendes Recht außer Anwendung. Dies gilt nicht gegenüber früherem Recht, das auf Grund der Artikel 115c, 115e und 115g erlassen worden ist.

(2) Gesetze, die der Gemeinsame Ausschuß beschlossen hat, und Rechtsverordnungen, die auf Grund solcher Gesetze ergangen sind, treten spätestens sechs Monate nach Beendigung des Verteidigungsfalles außer Kraft.

(3) Gesetze, die von den Artikeln 106 und 107 abweichende Regelungen enthalten, gelten längstens bis zum Ende des zweiten Rechnungsjahres, das auf die Beendigung des Verteidigungsfalles folgt. Sie können nach Beendigung des Verteidigungsfalles durch Bundesgesetz mit Zustimmung des Bundesrates geändert werden, um zu der Regelung gemäß Abschnitt X überzuleiten.

Neue Fassung von Absatz (3) durch Gesetz vom 12.5.1969 (BGBl. I, S. 359):

(3) Gesetze, die von den Artikeln 91a, 91b, 104a, 106 und 107 abweichende Regelungen enthalten, gelten längstens bis zum Ende des zweiten Rechnungsjahres, das auf die Beendigung des Verteidigungsfalles folgt. Sie können nach Beendigung des Verteidigungsfalles durch Bundesgesetz mit Zustimmung des Bundesrates geändert werden, um zu der Regelung gemäß den Abschnitten VIIIa und X überzuleiten.

Art. 115l. (1) Der Bundestag kann jederzeit mit Zustimmung des Bundesrates Gesetze des Gemeinsamen Ausschusses aufheben. Der Bundesrat kann verlangen, daß der Bundestag hierüber beschließt. Sonstige zur Abwehr der Gefahr getroffene Maßnahmen des Gemeinsamen Ausschusses oder der Bundesregierung sind aufzuheben, wenn der Bundestag und der Bundesrat es beschließen.

(2) Der Bundestag kann mit Zustimmung des Bundesrates jederzeit durch einen vom Bundespräsidenten zu verkündenden Beschluß den Verteidigungsfall

für beendet erklären. Der Bundesrat kann verlangen, daß der Bundestag hierüber beschließt. Der Verteidigungsfall ist unverzüglich für beendet zu erklären, wenn die Voraussetzungen für seine Feststellung nicht mehr gegeben sind.

(3) Über den Friedensschluß wird durch Bundesgesetz entschieden.

XI. Übergangs- und Schlußbestimmungen

Art. 116. (1) Deutscher im Sinne dieses Grundgesetzes ist vorbehaltlich anderweitiger gesetzlicher Regelung, wer die deutsche Staatsangehörigkeit besitzt oder als Flüchtling oder Vertriebener deutscher Volkszugehörigkeit oder als dessen Ehegatte oder Abkömmling in dem Gebiete des Deutschen Reiches nach dem Stande vom 31. Dezember 1937 Aufnahme gefunden hat.

(2) Frühere deutsche Staatsangehörige, denen zwischen dem 30. Januar 1933 und dem 8. Mai 1945 die Staatsangehörigkeit aus politischen, rassischen oder religiösen Gründen entzogen worden ist, und ihre Abkömmlinge sind auf Antrag wieder einzubürgern. Sie gelten als nicht ausgebürgert, sofern sie nach dem 8. Mai 1945 ihren Wohnsitz in Deutschland genommen haben und nicht einen entgegengesetzten Willen zum Ausdruck gebracht haben.

Art. 117. (1) Das dem Artikel 3 Abs. 2 entgegenstehende Recht bleibt bis zu seiner Anpassung an diese Bestimmung des Grundgesetzes in Kraft, jedoch nicht länger als bis zum 31. März 1953.

(2) Gesetze, die das Recht der Freizügigkeit mit Rücksicht auf die gegenwärtige Raumnot einschränken, bleiben bis zu ihrer Aufhebung durch Bundesgesetz in Kraft.

Art. 118. Die Neugliederung in dem die Länder Baden, Württemberg-Baden und Württemberg-Hohenzollern umfassenden Gebiete kann abweichend von den Vorschriften des Artikels 29 durch Vereinbarung der beteiligten Länder erfolgen. Kommt eine Vereinbarung nicht zustande, so wird die Neugliederung durch Bundesgesetz geregelt, das eine Volksbefragung vorsehen muß.

Durch Gesetz vom 27.10.1994 (BGBl. I, S. 3146) wurde folgender Artikel 118a eingefügt:

Art. 118a. Die Neugliederung in dem die Länder Berlin und Brandenburg umfassenden Gebiet kann abweichend von den Vorschriften des Artikels 29 unter Beteiligung ihrer Wahlberechtigten durch Vereinbarung beider Länder erfolgen.

Art. 119. In Angelegenheiten der Flüchtlinge und Vertriebenen, insbesondere zu ihrer Verteilung auf die Länder, kann bis zu einer bundesgesetzlichen Regelung die Bundesregierung mit Zustimmung des Bundesrates Verordnungen mit Gesetzeskraft erlassen. Für besondere Fälle kann dabei die Bundesregierung ermächtigt werden, Einzelweisungen zu erteilen. Die Weisungen sind außer bei Gefahr im Verzuge an die obersten Landesbehörden zu richten.

Art. 120. *(1) Der Bund trägt die Aufwendungen für Besatzungskosten und die sonstigen inneren und äußeren Kriegsfolgelasten nach näherer Bestimmung von Bundesgesetzen und die Zuschüsse zu den Lasten der Sozialversicherung mit Einschluß der Arbeitslosenversicherung und der Arbeitslosenfürsorge.*

Neue Fassung von Absatz (1) durch Gesetz vom 30.7.1965 (BGBl. I, S. 649):

(1) Der Bund trägt die Aufwendungen für Besatzungskosten und die sonstigen inneren und äußeren Kriegsfolgelasten nach näherer Bestimmung von Bundesgesetzen. Soweit diese Kriegsfolgelasten bis zum 1. Oktober *1965* durch Bundesgesetze geregelt worden sind, tragen Bund und Länder im Verhältnis zueinander die Aufwendungen nach Maßgabe dieser Bundesgesetze. Soweit Aufwendungen für Kriegsfolgelasten, die in Bundesgesetzen weder geregelt worden sind noch geregelt werden, bis zum 1. Oktober 1965 von den Ländern, Gemeinden (Gemeindeverbänden) oder sonstigen Aufgabenträgern, die Aufgaben von Ländern oder Gemeinden erfüllen, erbracht worden sind, ist der Bund zur Übernahme von Aufwendungen dieser Art auch nach diesem Zeitpunkt nicht verpflichtet. Der Bund trägt die Zuschüsse zu den Lasten der Sozialversicherung mit Einschluß der Arbeitslosenversicherung und der Arbeitslosenhilfe. Die durch diesen Absatz geregelte Verteilung der Kriegsfolgelasten auf Bund und Länder läßt die gesetzliche Regelung von Entschädigungsansprüchen für Kriegsfolgen unberührt.

Durch Gesetz vom 28.7.1969 (BGBl. I, S. 985) wurde in Absatz (1) Satz 2 die Jahreszahl „1965" ersetzt durch die Jahreszahl „1969".

(2) Die Einnahmen gehen auf den Bund zu demselben Zeitpunkte über, an dem der Bund die Ausgaben übernimmt.

Durch Gesetz vom 14.8.1952 (BGBl. I, S. 445) wurde folgender Artikel 120a eingefügt:

Art. 120a. (1) Die Gesetze, die der Durchführung des Lastenausgleichs dienen, können mit Zustimmung des Bundesrates bestimmen, daß sie auf dem Gebiete der Ausgleichsleistungen teils durch den Bund, teils im Auftrage des Bundes durch die Länder ausgeführt werden und daß die der Bundesregierung und den zuständigen obersten Bundesbehörden auf Grund des Artikels 85 insoweit zustehenden Befugnisse ganz oder teilweise dem Bundesausgleichsamt übertragen werden. Das Bundesausgleichsamt bedarf bei Ausübung dieser Befugnisse nicht der Zustimmung des Bundesrates; seine Weisungen sind, abgesehen von den Fällen der Dringlichkeit, an die obersten Landesbehörden (Landesausgleichsämter) zu richten.

(2) Artikel 87 Abs. 3 Satz 2 bleibt unberührt.

Art. 121. Mehrheit der Mitglieder des Bundestages und der Bundesversammlung im Sinne dieses Grundgesetzes ist die Mehrheit ihrer gesetzlichen Mitgliederzahl.

Art. 122. (1) Vom Zusammentritt des Bundestages an werden die Gesetze ausschließlich von den in diesem Grundgesetze anerkannten gesetzgebenden Gewalten beschlossen.

(2) Gesetzgebende und bei der Gesetzgebung beratend mitwirkende Körperschaften, deren Zuständigkeit nach Absatz 1 endet, sind mit diesem Zeitpunkt aufgelöst.

Art. 123. (1) Recht aus der Zeit vor dem Zusammentritt des Bundestages gilt fort, soweit es dem Grundgesetze nicht widerspricht.

(2) Die vom Deutschen Reich abgeschlossenen Staatsverträge, die sich auf Gegenstände beziehen, für die nach diesem Grundgesetze die Landesgesetzgebung zuständig ist, bleiben, wenn sie nach allgemeinen Rechtsgrundsätzen gültig sind und fortgelten, unter Vorbehalt aller Rechte und Einwendungen der Beteiligten in Kraft, bis neue Staatsverträge durch die nach diesem Grundgesetze zuständigen Stellen abgeschlossen werden oder ihre Beendigung auf Grund der in ihnen enthaltenen Bestimmungen anderweitig erfolgt.

Art. 124. Recht, das Gegenstände der ausschließlichen Gesetzgebung des Bundes betrifft, wird innerhalb seines Geltungsbereiches Bundesrecht.

Art. 125. Recht, das Gegenstände der konkurrierenden Gesetzgebung des Bundes betrifft, wird innerhalb seines Geltungsbereiches Bundesrecht,

1. soweit es innerhalb einer oder mehrerer Besatzungszonen einheitlich gilt,
2. soweit es sich um Recht handelt, durch das nach dem 8. Mai 1945 früheres Reichsrecht abgeändert worden ist.

Durch Gesetz vom 27.10.1994 (BGBl. I, S. 3146) wurde folgender Artikel 125a eingefügt:

Art. 125a. (1) Recht, das als Bundesrecht erlassen worden ist, aber wegen Änderung des Artikels 74 Abs. 1 oder des Artikels 75 Abs. 1 nicht mehr als Bundesrecht erlassen werden könnte, gilt als Bundesrecht fort. Es kann durch Landesrecht ersetzt werden.

(2) Recht, das auf Grund des Artikels 72 Abs. 2 in der bis zum 15. November 1994 geltenden Fassung erlassen worden ist, gilt als Bundesrecht fort. Durch Bundesgesetz kann bestimmt werden, daß es durch Landesrecht ersetzt werden kann. Entsprechendes gilt für Bundesrecht, das vor diesem Zeitpunkt erlassen worden ist und das nach Artikel 75 Abs. 2 nicht mehr erlassen werden könnte.

Art. 126. Meinungsverschiedenheiten über das Fortgelten von Recht als Bundesrecht entscheidet das Bundesverfassungsgericht.

Art. 127. Die Bundesregierung kann mit Zustimmung der Regierungen der beteiligten Länder Recht der Verwaltung des Vereinigten Wirtschaftsgebietes, soweit es nach Artikel 124 oder 125 als Bundesrecht fortgilt, innerhalb eines Jahres nach Verkündung dieses Grundgesetzes in den Ländern Baden, Groß-Berlin, Rheinland-Pfalz und Württemberg-Hohenzollern in Kraft setzen.

Art. 128. Soweit fortgeltendes Recht Weisungsrechte im Sinne des Artikels 84 Abs. 5 vorsieht, bleiben sie bis zu einer anderweitigen gesetzlichen Regelung bestehen.

Art. 129. (1) Soweit in Rechtsvorschriften, die als Bundesrecht fortgelten, eine Ermächtigung zum Erlasse von Rechtsverordnungen oder allgemeinen Verwaltungsvorschriften sowie zur Vornahme von Verwaltungsakten enthalten ist, geht sie auf die nunmehr sachlich zuständigen Stellen über. In Zweifelsfällen entscheidet die Bundesregierung im Einvernehmen mit dem Bundesrate; die Entscheidung ist zu veröffentlichen.

(2) Soweit in Rechtsvorschriften, die als Landesrecht fortgelten, eine solche Ermächtigung enthalten ist, wird sie von den nach Landesrecht zuständigen Stellen ausgeübt.

(3) Soweit Rechtsvorschriften im Sinne der Absätze 1 und 2 zu ihrer Änderung oder Ergänzung oder zum Erlaß von Rechtsvorschriften an Stelle von Gesetzen ermächtigen, sind diese Ermächtigungen erloschen.

(4) Die Vorschriften der Absätze 1 und 2 gelten entsprechend, soweit in Rechtsvorschriften auf nicht mehr geltende Vorschriften oder nicht mehr bestehende Einrichtungen verwiesen ist.

Art. 130. (1) Verwaltungsorgane und sonstige der öffentlichen Verwaltung oder Rechtspflege dienende Einrichtungen, die nicht auf Landesrecht oder Staatsverträgen zwischen Ländern beruhen, sowie die Betriebsvereinigung der südwestdeutschen Eisenbahnen und der Verwaltungsrat für das Post- und Fernmeldewesen für das französische Besatzungsgebiet unterstehen der Bundesregierung. Diese regelt mit Zustimmung des Bundesrates die Überführung, Auflösung oder Abwicklung.

(2) Oberster Disziplinarvorgesetzter der Angehörigen dieser Verwaltungen und Einrichtungen ist der zuständige Bundesminister.

(3) Nicht landesunmittelbare und nicht auf Staatsverträgen zwischen den Ländern beruhende Körperschaften und Anstalten des öffentlichen Rechtes unterstehen der Aufsicht der zuständigen obersten Bundesbehörde.

Art. 131. Die Rechtsverhältnisse von Personen einschließlich der Flüchtlinge und Vertriebenen, die am 8. Mai 1945 im öffentlichen Dienste standen, aus anderen als beamten- oder tarifrechtlichen Gründen ausgeschieden sind und bisher nicht oder nicht ihrer früheren Stellung entsprechend verwendet werden, sind durch Bundesgesetz zu regeln. Entsprechendes gilt für Personen einschließlich der Flüchtlinge und Vertriebenen, die am 8. Mai 1945 versorgungsberechtigt waren und aus anderen als beamten- oder tarifrechtlichen Gründen keine oder keine entsprechende Versorgung mehr erhalten. Bis zum Inkrafttreten des

Bundesgesetzes können vorbehaltlich anderweitiger landesrechtlicher Regelung Rechtsansprüche nicht geltend gemacht werden.

Durch Artikel 6 des Einigungsvertrags vom 31.8.1990 (BGBl. II, S. 889) wurde bestimmt, daß Artikel 131 auf das Gebiet der Länder Brandenburg, Mecklenburg-Vorpommern, Sachsen, Sachsen-Anhalt, Thüringen und den Ostteil von Berlin keine Anwendung findet.

Art. 132. (1) Beamte und Richter, die im Zeitpunkte des Inkrafttretens dieses Grundgesetzes auf Lebenszeit angestellt sind, können binnen sechs Monaten nach dem ersten Zusammentritt des Bundestages in den Ruhestand oder Wartestand oder in ein Amt mit niedrigerem Diensteinkommen versetzt werden, wenn ihnen die persönliche oder fachliche Eignung für ihr Amt fehlt. Auf Angestellte, die in einem unkündbaren Dienstverhältnis stehen, findet diese Vorschrift entsprechende Anwendung. Bei Angestellten, deren Dienstverhältnis kündbar ist, können über die tarifmäßige Regelung hinausgehende Kündigungsfristen innerhalb der gleichen Frist aufgehoben werden.

(2) Diese Bestimmung findet keine Anwendung auf Angehörige des öffentlichen Dienstes, die von den Vorschriften über die „Befreiung von Nationalsozialismus und Militarismus" nicht betroffen oder die anerkannte Verfolgte des Nationalsozialismus sind, sofern nicht ein wichtiger Grund in ihrer Person vorliegt.

(3) Den Betroffenen steht der Rechtsweg gemäß Artikel 19 Abs. 4 offen.

(4) Das Nähere bestimmt eine Verordnung der Bundesregierung, die der Zustimmung des Bundesrates bedarf.

Dieser Artikel 132 hat sich durch den Zeitfortschritt erledigt.

Art. 133. Der Bund tritt in die Rechte und Pflichten der Verwaltung des Vereinigten Wirtschaftsgebietes ein.

Art. 134. (1) Das Vermögen des Reiches wird grundsätzlich Bundesvermögen.

(2) Soweit es nach seiner ursprünglichen Zweckbestimmung überwiegend für Verwaltungsaufgaben bestimmt war, die nach diesem Grundgesetze nicht Verwaltungsaufgaben des Bundes sind, ist es unentgeltlich auf die nunmehr zuständigen Aufgabenträger und, soweit es nach seiner gegenwärtigen, nicht nur vorübergehenden Benutzung Verwaltungsaufgaben dient, die nach diesem Grundgesetze nunmehr von den Ländern zu erfüllen sind, auf die Länder zu übertragen. Der Bund kann auch sonstiges Vermögen den Ländern übertragen.

(3) Vermögen, das dem Reich von den Ländern und Gemeinden (Gemeindeverbänden) unentgeltlich zur Verfügung gestellt wurde, wird wiederum Vermögen der Länder und Gemeinden (Gemeindeverbände), soweit es nicht der Bund für eigene Verwaltungsaufgaben benötigt.

(4) Das Nähere regelt ein Bundesgesetz, das der Zustimmung des Bundesrates bedarf.

Art. 135. (1) Hat sich nach dem 8. Mai 1945 bis zum Inkrafttreten dieses Grundgesetzes die Landeszugehörigkeit eines Gebietes geändert, so steht in diesem Gebiete das Vermögen des Landes, dem das Gebiet angehört hat, dem Lande zu, dem es jetzt angehört.

(2) Das Vermögen nicht mehr bestehender Länder und nicht mehr bestehender anderer Körperschaften und Anstalten des öffentlichen Rechtes geht, soweit es nach seiner ursprünglichen Zweckbestimmung überwiegend für Verwaltungsaufgaben bestimmt war, oder nach seiner gegenwärtigen, nicht nur vorübergehenden Benutzung überwiegend Verwaltungsaufgaben dient, auf das Land oder die Körperschaft oder Anstalt des öffentlichen Rechtes über, die nunmehr diese Aufgaben erfüllen.

(3) Grundvermögen nicht mehr bestehender Länder geht einschließlich des Zubehörs, soweit es nicht bereits zu Vermögen im Sinne des Absatzes 1 gehört, auf das Land über, in dessen Gebiet es belegen ist.

(4) Sofern ein überwiegendes Interesse des Bundes oder das besondere Interesse eines Gebietes es erfordert, kann durch Bundesgesetz eine von den Absätzen 1 bis 3 abweichende Regelung getroffen werden.

(5) Im übrigen wird die Rechtsnachfolge und die Auseinandersetzung, soweit sie nicht bis zum 1. Januar 1952 durch Vereinbarung zwischen den beteiligten Ländern oder Körperschaften oder Anstalten des öffentlichen Rechtes erfolgt, durch Bundesgesetz geregelt, das der Zustimmung des Bundesrates bedarf.

(6) Beteiligungen des ehemaligen Landes Preußen an Unternehmen des privaten Rechtes gehen auf den Bund über. Das Nähere regelt ein Bundesgesetz, das auch Abweichendes bestimmen kann.

(7) Soweit über Vermögen, das einem Lande oder einer Körperschaft oder Anstalt des öffentlichen Rechtes nach den Absätzen 1 bis 3 zufallen würde, von dem danach Berechtigten durch ein Landesgesetz, auf Grund eines Landesgesetzes oder in anderer Weise bei Inkrafttreten des Grundgesetzes verfügt worden war, gilt der Vermögensübergang als vor der Verfügung erfolgt.

Durch Gesetz vom 22.10.1957 (BGBl. I, S. 1745) wurde folgender Artikel 135 a eingefügt:

Art. 135 a. Durch die in Artikel 134 Abs. 4 und Artikel 135 Abs. 5 vorbehaltene Gesetzgebung des Bundes kann auch bestimmt werden, daß nicht oder nicht in voller Höhe zu erfüllen sind

1. Verbindlichkeiten des Reiches sowie Verbindlichkeiten des ehemaligen Landes Preußen und sonstiger nicht mehr bestehender Körperschaften und Anstalten des öffentlichen Rechts,
2. Verbindlichkeiten des Bundes oder anderer Körperschaften und Anstalten des öffentlichen Rechts, welche mit dem Übergang von Vermögenswerten nach Artikel 89, 90, 134 und 135 im Zusammenhang stehen, und Verbindlichkeiten dieser Rechtsträger, die auf Maßnahmen der in Nummer 1 bezeichneten Rechtsträger beruhen,

3. Verbindlichkeiten der Länder und Gemeinden (Gemeindeverbände), die aus Maßnahmen entstanden sind, welche diese Rechtsträger vor dem 1. August 1945 zur Durchführung von Anordnungen der Besatzungsmächte oder zur Beseitigung eines kriegsbedingten Notstandes im Rahmen dem Reich obliegender oder vom Reich übertragener Verwaltungsaufgaben getroffen haben.

Durch den Einigungsvertrag vom 31.8.1990 (BGBl. II, S. 889) wurde dieser Artikel 135a wie folgt verändert:
Der bisherige Artikel wurde Absatz (1); der folgende Absatz (2) wurde angefügt.

(2) Absatz 1 findet entsprechende Anwendung auf Verbindlichkeiten der Deutschen Demokratischen Republik oder ihrer Rechtsträger sowie auf Verbindlichkeiten des Bundes oder anderer Körperschaften und Anstalten des öffentlichen Rechts, die mit dem Übergang von Vermögenswerten der Deutschen Demokratischen Republik auf Bund, Länder und Gemeinden im Zusammenhang stehen, und auf Verbindlichkeiten, die auf Maßnahmen der Deutschen Demokratischen Republik oder ihrer Rechtsträger beruhen.

Art. 136. (1) Der Bundesrat tritt erstmalig am Tage des ersten Zusammentrittes des Bundestages zusammen.

(2) Bis zur Wahl des ersten Bundespräsidenten werden dessen Befugnisse von dem Präsidenten des Bundesrates ausgeübt. Das Recht der Auflösung des Bundestages steht ihm nicht zu.

Dieser Artikel 136 hat sich durch den Zeitfortschritt erledigt.

Art. 137. *(1) Die Wählbarkeit von Beamten, Angestellten des öffentlichen Dienstes und Richtern im Bunde, in den Ländern und den Gemeinden kann gesetzlich beschränkt werden.*

Neue Fassung von Absatz (1) durch Gesetz vom 19.3.1956 (BGBl. I, S. 111):

(1) Die Wählbarkeit von Beamten, Angestellten des öffentlichen Dienstes, Berufssoldaten, freiwilligen Soldaten auf Zeit und Richtern im Bund, in den Ländern und den Gemeinden kann gesetzlich beschränkt werden.

(2) Für die Wahl des ersten Bundestages, der ersten Bundesversammlung und des ersten Bundespräsidenten der Bundesrepublik gilt das vom Parlamentarischen Rat zu beschließende Wahlgesetz.

(3) Die dem Bundesverfassungsgerichte gemäß Artikel 41 Absatz 2 zustehende Befugnis wird bis zu seiner Errichtung von dem Deutschen Obergericht für das Vereinigte Wirtschaftsgebiet wahrgenommen, das nach Maßgabe seiner Verfahrensordnung entscheidet.

Die Absätze (2) und (3) haben sich durch den Zeitfortschritt erledigt.

Art. 138. Änderungen der Einrichtungen des jetzt bestehenden Notariats in den Ländern Baden, Bayern, Württemberg-Baden und Württemberg-Hohenzollern bedürfen der Zustimmung der Regierungen dieser Länder.

Art. 139. Die zur „Befreiung des deutschen Volkes vom Nationalsozialismus und Militarismus" erlassenen Rechtsvorschriften werden von den Bestimmungen dieses Grundgesetzes nicht berührt.

Art. 140. Die Bestimmungen der Artikel 136, 137, 138, 139 und 141 der deutschen Verfassung vom 11. August 1919 sind Bestandteil dieses Grundgesetzes.

Art. 141. Artikel 7 Absatz 3 Satz 1 findet keine Anwendung in einem Lande, in dem am 1. Januar 1949 eine andere landesrechtliche Regelung bestand.

Art. 142. Ungeachtet der Vorschrift des Artikels 31 bleiben Bestimmungen der Landesverfassungen auch insoweit in Kraft, als sie in Übereinstimmung mit den Artikeln 1 bis 18 dieses Grundgesetzes Grundrechte gewährleisten.

Durch Gesetz vom 26.3.1954 (BGBl. I, S. 45) wurde folgender Artikel 142a eingefügt:

Art. 142a. *Die Bestimmungen dieses Grundgesetzes stehen dem Abschluß und dem Inkraftsetzen der am 26. und 27. Mai 1952 in Bonn und Paris unterzeichneten Verträge (Vertrag über die Beziehungen zwischen der Bundesrepublik Deutschland und den Drei Mächten und Vertrag über die Gründung der Europäischen Verteidigungsgemeinschaft) mit ihren Zusatz- und Nebenabkommen, insbesondere dem Protokoll vom 26. Juli 1952, nicht entgegen.*

Dieser Artikel 142a wurde durch Gesetz vom 24.6.1968 (BGBl. I, S. 709) aufgehoben.

Art. 143. *(1) Wer mit Gewalt oder durch Drohung mit Gewalt die verfassungsmäßige Ordnung des Bundes oder eines Landes ändert, den Bundespräsidenten der ihm nach diesem Grundgesetze zustehenden Befugnisse beraubt oder mit Gewalt oder durch gefährliche Drohung nötigt oder hindert, sie überhaupt oder in einem bestimmten Sinne auszuüben, oder ein zum Bunde oder einem Lande gehöriges Gebiet losreißt, wird mit lebenslangem Zuchthaus oder Zuchthaus nicht unter zehn Jahren bestraft.*

(2) Wer zu einer Handlung im Sinne des Absatzes 1 öffentlich auffordert oder sie mit einem anderen verabredet oder in anderer Weise vorbereitet, wird mit Zuchthaus bis zu zehn Jahren bestraft.

(3) In minder schweren Fällen kann in den Fällen des Absatzes 1 auf Zuchthaus nicht unter zwei Jahren, in den Fällen des Absatzes 2 auf Gefängnis nicht unter einem Jahr erkannt werden.

(4) Wer aus freien Stücken seine Tätigkeit aufgibt oder der Beteiligung mehrerer die verabredete Handlung verhindert, kann nicht nach den Vorschriften der Absätze 1 bis 3 bestraft werden.

(5) Für die Aburteilung ist, sofern die Handlung sich ausschließlich gegen die verfassungsmäßige Ordnung eines Landes richtet, mangels anderweitiger landesrechtlicher Regelung das für Strafsachen zuständige oberste Gericht des Landes zuständig. Im übrigen ist das Oberlandesgericht zuständig, in dessen Bezirk die erste Bundesregierung ihren Sitz hat

(6) Die vorstehenden Vorschriften gelten bis zu einer anderweitigen Regelung durch Bundesgesetz.

Dieser Artikel 143 wurde durch das Strafrechtsänderungsgesetz vom 30.8.1951 (BGBl. I, S. 739) aufgehoben.
Durch Gesetz vom 19.3.1956 (BGBl. I, S. 111) erhielt Artikel 143 folgenden Wortlaut:

Art. 143. *Die Voraussetzungen, unter denen es zulässig wird, die Streitkräfte im Falle eines inneren Notstandes in Anspruch zu nehmen, können nur durch ein Gesetz geregelt werden, das die Erfordernisse des Artikels 79 erfüllt.*

Durch Gesetz vom 24.6.1968 (BGBl. I, S. 709) wurde dieser Artikel 143 aufgehoben.
Durch den Einigungsvertrag vom 31.8.1990 (BGBl. II, S. 889) erhielt Artikel 143 folgenden Wortlaut:

Art. 143. (1) Recht in dem in Artikel 3 des Einigungsvertrags genannten Gebiet kann längstens bis zum 31. Dezember 1992 von Bestimmungen dieses Grundgesetzes abweichen, soweit und solange infolge der unterschiedlichen Verhältnisse die völlige Anpassung an die grundgesetzliche Ordnung noch nicht erreicht werden kann. Abweichungen dürfen nicht gegen Artikel 19 Abs. 2 verstoßen und müssen mit den in Artikel 79 Abs. 3 genannten Grundsätzen vereinbar sein.

(2) Abweichungen von den Abschnitten II, VIII, VIII a, IX, X und XI sind längstens bis zum 31. Dezember 1995 zulässig.

(3) Unabhängig von Absatz 1 und 2 haben Artikel 41 des Einigungsvertrags und Regelungen zu seiner Durchführung auch insoweit Bestand, als sie vorsehen, daß Eingriffe in das Eigentum auf dem in Artikel 3 dieses Vertrags genannten Gebiet nicht mehr rückgängig gemacht werden.

Durch Gesetz vom 20.12.1993 (BGBl. I, S. 2089) wurde folgender Artikel 143 a eingefügt:

Art. 143 a. (1) Der Bund hat die ausschließliche Gesetzgebung über alle Angelegenheiten, die sich aus der Umwandlung der in bundeseigener Verwaltung geführten Bundeseisenbahnen in Wirtschaftsunternehmen ergeben. Artikel 87 e Abs. 5 findet entsprechende Anwendung. Beamte der Bundeseisenbahnen können durch Gesetz unter Wahrung ihrer Rechtsstellung und der Verantwortung des Dienstherrn einer privat-rechtlich organisierten Eisenbahn des Bundes zur Dienstleistung zugewiesen werden.

(2) Gesetze nach Absatz 1 führt der Bund aus.

(3) Die Erfüllung der Aufgaben im Bereich des Schienenpersonennahverkehrs der bisherigen Bundeseisenbahnen ist bis zum 31. Dezember 1995 Sache des Bundes. Dies gilt auch für die entsprechenden Aufgaben der Eisenbahnverkehrsverwaltung. Das Nähere wird durch Bundesgesetz geregelt, das der Zustimmung des Bundesrates bedarf.

Durch Gesetz vom 30.8.1994 (BGBl. I, S. 2245) wurde folgender Artikel 143b eingefügt:

Art. 143b. (1) Das Sondervermögen Deutsche Bundespost wird nach Maßgabe eines Bundesgesetzes in Unternehmen privater Rechtsform umgewandelt. Der Bund hat die ausschließliche Gesetzgebung über alle sich hieraus ergebenden Angelegenheiten.

(2) Die vor der Umwandlung bestehenden ausschließlichen Rechte des Bundes können durch Bundesgesetz für eine Übergangszeit den aus der Deutschen Bundespost POSTDIENST und der Deutschen Bundespost TELEKOM hervorgegangenen Unternehmen verliehen werden. Die Kapitalmehrheit am Nachfolgeunternehmen der Deutschen Bundespost POSTDIENST darf der Bund frühestens fünf Jahre nach Inkrafttreten des Gesetzes aufgeben. Dazu bedarf es eines Bundesgesetzes mit Zustimmung des Bundesrates.

(3) Die bei der Deutschen Bundespost tätigen Bundesbeamten werden unter Wahrung ihrer Rechtsstellung und der Verantwortung des Dienstherrn bei den privaten Unternehmen beschäftigt. Die Unternehmen üben Dienstherrenbefugnisse aus. Das Nähere bestimmt ein Bundesgesetz.

Art. 144. (1) Dieses Grundgesetz bedarf der Annahme durch die Volksvertretungen in zwei Dritteln der deutschen Länder, in denen es zunächst gelten soll.

(2) Soweit die Anwendung dieses Grundgesetzes in einem der in Artikel 23 aufgeführten Länder oder in einem Teile eines dieser Länder Beschränkungen unterliegt, hat das Land oder der Teil des Landes das Recht, gemäß Artikel 38 Vertreter in den Bundestag und gemäß Artikel 50 Vertreter in den Bundesrat zu entsenden.

Art. 145. (1) Der Parlamentarische Rat stellt in öffentlicher Sitzung unter Mitwirkung der Abgeordneten Groß-Berlins die Annahme dieses Grundgesetzes fest, fertigt es aus und verkündet es.

(2) Dieses Grundgesetz tritt mit Ablauf des Tages der Verkündung in Kraft.

(3) Es ist im Bundesgesetzblatte zu veröffentlichen.

Art. 146. *Dieses Grundgesetz verliert seine Gültigkeit an dem Tage, an dem eine Verfassung in Kraft tritt, die von dem deutschen Volke in freier Entscheidung beschlossen worden ist.*

Neue Fassung von Artikel 146 durch den Einigungsvertrag vom 31.8.1990 (BGBl. II, S. 889):

Art. 146. Dieses Grundgesetz, das nach Vollendung der Einheit und Freiheit Deutschlands für das gesamte deutsche Volk gilt, verliert seine Gültigkeit an dem Tage, an dem eine Verfassung in Kraft tritt, die von dem deutschen Volke in freier Entscheidung beschlossen worden ist.

Bonn am Rhein, am 23. Mai 1949.

Dr. Adenauer
Präsident des Parlamentarischen Rates

Schönfelder	Dr. Schäfer
1. Vizepräsident	2. Vizepräsident

Quelle: *Bundesgesetzblatt 1949*, S. 1–20.

12. Verfassung der Deutschen Demokratischen Republik 1949

Auf die politische Entwicklung in Westdeutschland antwortete man in der sowjetischen Besatzungszone im Dezember 1947 mit der Einberufung des 1. Deutschen Volkskongresses für Einheit und gerechten Frieden, dessen Nachfolger, der 2. Deutsche Volkskongreß, am 18.3.1948 den Deutschen Volksrat als verfassungsgebende Körperschaft bildete. Dieser arbeitete einen Verfassungsentwurf aus und verabschiedete ihn am 19.3.1949. Am 30.5. vom 3. Deutschen Volkskongreß angenommen, wurde die Verfassung vom neu zusammengesetzten Deutschen Volksrat am 7.10. in Kraft gesetzt, womit die Deutsche Demokratische Republik (DDR) ins Dasein trat. Am 10.10. übertrug die Sowjetische Militäradministration unter Vorbehalt einiger Kompetenzen ihre Verwaltungsfunktionen der provisorischen Regierung des neuen Staates und formierte sich in die „Sowjetische Kontrollkommission" um; diese löste sich am 29.5.1953 auf und wurde durch den „Hohen Kommissar der UdSSR in Deutschland" ersetzt. Am 25.3.1954 gestand die Sowjetunion der DDR erweiterte Souveränitätsrechte besonders im wirtschaftlichen und außenpolitischen Bereich zu und gewährte ihr schließlich am 20.9.1955 unter Auflösung des Amts des Hohen Kommissars die volle Souveränität. Während der Geltungsdauer der hier abgedruckten Verfassung von 1949 erfuhr diese einige einschneidende Veränderungen, so besonders die Umwandlung der fünf Länder in vierzehn Bezirke (23.7.1952, siehe unten u.a. Artikel 71–80) und die Ablösung des Präsidenten durch den Staatsrat (12.9.1960, siehe unten u. a. Artikel 101–108). Die Verfassung insgesamt wurde dann 1968 durch eine neue ersetzt (siehe unten Dokument Nr. 13).

Die Verfassung der Deutschen Demokratischen Republik

Von dem Willen erfüllt, die Freiheit und die Rechte des Menschen zu verbürgen, das Gemeinschafts- und Wirtschaftsleben in sozialer Gerechtigkeit zu gestalten, dem gesellschaftlichen Fortschritt zu dienen, die Freundschaft mit allen Völkern zu fördern und den Frieden zu sichern, hat sich das deutsche Volk diese Verfassung gegeben.

A. Grundlagen der Staatsgewalt

Art. 1. (1) Deutschland ist eine unteilbare demokratische Republik; sie baut sich auf den deutschen Ländern auf.

(2) Die Republik entscheidet alle Angelegenheiten, die für den Bestand und die Entwicklung des deutschen Volkes in seiner Gesamtheit wesentlich sind; alle übrigen Angelegenheiten werden von den Ländern selbständig entschieden.

(3) Die Entscheidungen der Republik werden grundsätzlich von den Ländern ausgeführt.

(4) Es gibt nur eine deutsche Staatsangehörigkeit.

Art. 2. (1) Die Farben der Deutschen Demokratischen Republik sind Schwarz-Rot-Gold.

(2) Die Hauptstadt der Republik ist Berlin.

Art. 3. (1) Alle Staatsgewalt geht vom Volke aus.

(2) Jeder Bürger hat das Recht und die Pflicht zur Mitgestaltung in seiner Gemeinde, seinem Kreise, seinem Lande und in der Deutschen Demokratischen Republik.

(3) Das Mitbestimmungsrecht der Bürger wird wahrgenommen durch:
Teilnahme an Volksbegehren und Volksentscheiden;
Ausübung des aktiven und passiven Wahlrechts;
Übernahme öffentlicher Ämter in Verwaltung und Rechtsprechung.

(4) Jeder Bürger hat das Recht, Eingaben an die Volksvertretung zu richten.

(5) Die Staatsgewalt muß dem Wohl des Volkes, der Freiheit, dem Frieden und dem demokratischen Fortschritt dienen.

(6) Die im öffentlichen Dienst Tätigen sind Diener der Gesamtheit und nicht einer Partei. Ihre Tätigkeit wird von der Volksvertretung überwacht.

Art. 4. (1) Alle Maßnahmen der Staatsgewalt müssen den Grundsätzen entsprechen, die in der Verfassung zum Inhalt der Staatsgewalt erklärt sind. Über die Verfassungsmäßigkeit der Maßnahmen entscheidet die Volksvertretung gemäß Artikel 66 dieser Verfassung. Gegen Maßnahmen, die den Beschlüssen der Volksvertretung widersprechen, hat jedermann das Recht und die Pflicht zum Widerstand.

(2) Jeder Bürger ist verpflichtet, im Sinne der Verfassung zu handeln und sie gegen ihre Feinde zu verteidigen.

Art. 5. (1) Die allgemein anerkannten Regeln des Völkerrechts binden die Staatsgewalt und jeden Bürger.

(2) Die Aufrechterhaltung und Wahrung freundschaftlicher Beziehungen zu allen Völkern ist die Pflicht der Staatsgewalt.

(3) Kein Bürger darf an kriegerischen Handlungen teilnehmen, die der Unterdrückung eines Volkes dienen.

Durch Gesetz zur Ergänzung der Verfassung vom 26.9.1955 (GBl. I, S. 653) wurde an Artikel 5 folgender Absatz angefügt:

(4) Der Dienst zum Schutze des Vaterlandes und der Errungenschaften der Werktätigen ist eine ehrenvolle nationale Pflicht der Bürger der Deutschen Demokratischen Republik.

B. Inhalt und Grenzen der Staatsgewalt

I. Rechte des Bürgers

Art. 6. (1) Alle Bürger sind vor dem Gesetz gleichberechtigt.

(2) Boykotthetze gegen demokratische Einrichtungen und Organisationen, Mordhetze gegen demokratische Politiker, Bekundung von Glaubens-, Rassen-, Völkerhaß, militaristische Propaganda sowie Kriegshetze und alle sonstigen Handlungen, die sich gegen die Gleichberechtigung richten, sind Verbrechen im Sinne des Strafgesetzbuches. Ausübung demokratischer Rechte im Sinne der Verfassung ist keine Boykotthetze.

(3) Wer wegen Begehung dieser Verbrechen bestraft ist, kann weder im öffentlichen Dienst noch in leitenden Stellen im wirtschaftlichen und kulturellen Leben tätig sein. Er verliert das Recht, zu wählen und gewählt zu werden.

Art. 7. (1) Mann und Frau sind gleichberechtigt.

(2) Alle Gesetze und Bestimmungen, die der Gleichberechtigung der Frau entgegenstehen, sind aufgehoben.

Art. 8. (1) Persönliche Freiheit, Unverletzlichkeit der Wohnung, Postgeheimnis und das Recht, sich an einem beliebigen Ort niederzulassen, sind gewährleistet. Die Staatsgewalt kann diese Freiheiten nur auf Grund der für alle Bürger geltenden Gesetze einschränken oder entziehen.

Art. 9. (1) Alle Bürger haben das Recht, innerhalb der Schranken der für alle geltenden Gesetze ihre Meinung frei und öffentlich zu äußern und sich zu diesem Zweck friedlich und unbewaffnet zu versammeln. Diese Freiheit wird durch kein Dienst- oder Arbeitsverhältnis beschränkt; niemand darf benachteiligt werden, wenn er von diesem Recht Gebrauch macht.

(2) Eine Pressezensur findet nicht statt.

Art. 10. (1) Kein Bürger darf einer auswärtigen Macht ausgeliefert werden.

(2) Fremde Staatsbürger werden weder ausgeliefert noch ausgewiesen, wenn sie wegen ihres Kampfe für die in dieser Verfassung niedergelegten Grundsätze im Ausland verfolgt werden.

(3) Jeder Bürger ist berechtigt, auszuwandern. Dieses Recht kann nur durch Gesetz der Republik beschränkt werden.

Art. 11. (1) Die fremdsprachigen Volksteile der Republik sind durch Gesetzgebung und Verwaltung in ihrer freien volkstümlichen Entwicklung zu fördern; sie dürfen insbesondere am Gebrauch ihrer Muttersprache im Unterricht, in der inneren Verwaltung und in der Rechtspflege nicht gehindert werden.

Art. 12. (1) Alle Bürger haben das Recht, zu Zwecken, die den Strafgesetzen nicht zuwiderlaufen, Vereine oder Gesellschaften zu bilden.

Art. 13. (1) Vereinigungen, die die demokratische Gestaltung des öffentlichen Lebens auf der Grundlage dieser Verfassung satzungsgemäß erstreben und deren Organe durch ihre Mitglieder bestimmt werden, sind berechtigt, Wahlvorschläge für die Volksvertretungen der Gemeinden, Kreise und Länder einzureichen.

(2) Wahlvorschläge für die Volkskammer dürfen nur die Vereinigungen aufstellen, die nach ihrer Satzung die demokratische Gestaltung des staatlichen und gesellschaftlichen Lebens der gesamten Republik erstreben und deren Organisation das ganze Staatsgebiet umfaßt.

Art. 14. (1) Das Recht, Vereinigungen zur Förderung der Lohn- und Arbeitsbedingungen anzugehören, ist für jedermann gewährleistet. Alle Abreden und Maßnahmen, welche diese Freiheit einschränken oder zu behindern suchen, sind rechtswidrig und verboten.

(2) Das Streikrecht der Gewerkschaften ist gewährleistet.

Art. 15. (1) Die Arbeitskraft wird vom Staat geschützt.

(2) Das Recht auf Arbeit wird verbürgt. Der Staat sichert durch Wirtschaftslenkung jedem Bürger Arbeit und Lebensunterhalt. Soweit dem Bürger angemessene Arbeitsgelegenheit nicht nachgewiesen werden kann, wird für seinen notwendigen Unterhalt gesorgt.

Art. 16. (1) Jeder Arbeitende hat ein Recht auf Erholung, auf jährlichen Urlaub gegen Entgelt, auf Versorgung bei Krankheit und im Alter.

(2) Der Sonntag, die Feiertage und der 1. Mai sind Tage der Arbeitsruhe und stehen unter dem Schutz der Gesetze.

(3) Der Erhaltung der Gesundheit und Arbeitsfähigkeit der arbeitenden Bevölkerung, dem Schutze der Mutterschaft und der Vorsorge gegen die wirtschaftlichen Folgen von Alter, Invalidität, Arbeitslosigkeit und sonstigen Wechselfällen des Lebens dient ein einheitliches, umfassendes Sozialversicherungswesen auf der Grundlage der Selbstverwaltung der Versicherten.

Art. 17. (1) Die Regelung der Produktion sowie der Lohn- und Arbeitsbedingungen in den Betrieben erfolgt unter maßgeblicher Mitbestimmung der Arbeiter und Angestellten.

(2) Die Arbeiter und Angestellten nehmen diese Rechte durch Gewerkschaften und Betriebsräte wahr.

Art. 18. (1) Die Republik schafft unter maßgeblicher Mitbestimmung der Werktätigen ein einheitliches Arbeitsrecht, eine einheitliche Arbeitsgerichtsbarkeit und einen einheitlichen Arbeitsschutz.

(2) Die Arbeitsbedingungen müssen so beschaffen sein, daß die Gesundheit, die kulturellen Ansprüche und das Familienleben der Werktätigen gesichert wird.

(3) Das Arbeitsentgelt muß der Leistung entsprechen und ein menschenwürdiges Dasein für den Arbeitenden und seine unterhaltsberechtigten Angehörigen gewährleisten.

(4) Mann und Frau, Erwachsener und Jugendlicher haben bei gleicher Arbeit das Recht auf gleichen Lohn.

(5) Die Frau genießt besonderen Schutz im Arbeitsverhältnis. Durch Gesetz der Republik werden Einrichtungen geschaffen, die es gewährleisten, daß die Frau ihre Aufgabe als Bürgerin und Schaffende mit ihren Pflichten als Frau und Mutter vereinbaren kann.

(6) Die Jugend wird gegen Ausbeutung geschützt und vor sittlicher, körperlicher und geistiger Verwahrlosung bewahrt. Kinderarbeit ist verboten.

II. Wirtschaftsordnung

Art. 19. (1) Die Ordnung des Wirtschaftslebens muß den Grundsätzen sozialer Gerechtigkeit entsprechen; sie muß allen ein menschenwürdiges Dasein sichern.

(2) Die Wirtschaft hat dem Wohle des ganzen Volkes und der Deckung seines Bedarfes zu dienen; sie hat jedermann einen seiner Leistung entsprechenden Anteil an dem Ergebnis der Produktion zu sichern.

(3) Im Rahmen dieser Aufgaben und Ziele ist die wirtschaftliche Freiheit des einzelnen gewährleistet.

Art. 20. (1) Bauern, Handel- und Gewerbetreibende sind in der Entfaltung ihrer privaten Initiative zu unterstützen. Die genossenschaftliche Selbsthilfe ist auszubauen.

Art. 21. (1) Zur Sicherung der Lebensgrundlagen und zur Steigerung des Wohlstandes seiner Bürger stellt der Staat durch die gesetzgebenden Organe, unter unmittelbarer Mitwirkung seiner Bürger, den öffentlichen Wirtschaftsplan auf. Die Überwachung seiner Durchführung ist Aufgabe der Volksvertretungen.

Art. 22. (1) Das Eigentum wird von der Verfassung gewährleistet. Sein Inhalt und seine Schranken ergeben sich aus den Gesetzen und den sozialen Pflichten gegenüber der Gemeinschaft.

(2) Das Erbrecht wird nach Maßgabe des bürgerlichen Rechts gewährleistet. Der Anteil des Staates am Erbe wird durch Gesetz bestimmt.

(3) Die geistige Arbeit, das Recht der Urheber, der Erfinder und der Künstler genießen den Schutz, die Förderung und die Fürsorge der Republik.

Art. 23. (1) Beschränkungen des Eigentums und Enteignungen können nur zum Wohle der Allgemeinheit und auf gesetzlicher Grundlage vorgenommen werden. Sie erfolgen gegen angemessene Entschädigung, soweit das Gesetz nichts anderes bestimmt. Wegen der Höhe der Entschädigung ist im Streitfall der Rechtsweg bei den ordentlichen Gerichten offenzuhalten, soweit ein Gesetz nichts anderes bestimmt.

Art. 24. (1) Eigentum verpflichtet. Sein Gebrauch darf dem Gemeinwohl nicht zuwiderlaufen.

(2) Der Mißbrauch des Eigentums durch Begründung wirtschaftlicher Machtstellung zum Schaden des Gemeinwohls hat die entschädigungslose Enteignung und Überführung in das Eigentum des Volkes zur Folge.

(3) Die Betriebe der Kriegsverbrecher und aktiven Nationalsozialisten sind enteignet und gehen in Volkseigentum über. Das gleiche gilt für private Unternehmungen, die sich in den Dienst einer Kriegspolitik stellen.

(4) Alle privaten Monopolorganisationen, wie Kartelle, Syndikate, Konzerne, Trusts und ähnliche auf Gewinnsteigerung durch Produktions-, Preis- und Absatzregelung gerichtete private Organisationen sind aufgehoben und verboten.

(5) Der private Großgrundbesitz, der mehr als 100 Hektar umfaßt, ist aufgelöst und wird ohne Entschädigung aufgeteilt.

(6) Nach Durchführung dieser Bodenreform wird den Bauern das Privateigentum an ihrem Boden gewährleistet.

Art. 25. (1) Alle Bodenschätze, alle wirtschaftlich nutzbaren Naturkräfte sowie die zu ihrer Nutzbarmachung bestimmten Betriebe des Bergbaues, der Eisen- und Stahlerzeugung und der Energiewirtschaft sind in Volkseigentum zu überführen.

(2) Bis dahin untersteht ihre Nutzung der Aufsicht der Länder und, soweit gesamtdeutsche Interessen in Frage kommen, der Aufsicht der Republik.

Art. 26. (1) Die Verteilung und Nutzung des Bodens wird überwacht und jeder Mißbrauch verhütet. Die Wertsteigerung des Bodens, die ohne Arbeits- und Kapitalaufwendung für das Grundstück entsteht, ist für die Gesamtheit nutzbar zu machen.

(2) Jedem Bürger und jeder Familie ist eine gesunde und ihren Bedürfnissen entsprechende Wohnung zu sichern. Opfer des Faschismus, Schwer-Körperbehinderte, Kriegsgeschädigte und Umsiedler sind dabei bevorzugt zu berücksichtigen.

(3) Die Erhaltung und Förderung der Ertragssicherheit der Landwirtschaft wird auch durch Landschaftsgestaltung und Landschaftspflege gewährleistet.

Art. 27. (1) Private wirtschaftliche Unternehmungen, die für die Vergesellschaftung geeignet sind, können durch Gesetz nach den für die Enteignung geltenden Bestimmungen in Gemeineigentum überführt werden.

(2) Auf Grund eines Gesetzes kann der Republik, den Ländern, den Kreisen oder Gemeinden durch Beteiligung an der Verwaltung oder in anderer Weise ein bestimmender Einfluß auf Unternehmungen oder Verbände gesichert werden.

(3) Durch Gesetz können wirtschaftliche Unternehmungen und Verbände auf der Grundlage der Selbstverwaltung zusammengeschlossen werden, um die Mitwirkung aller schaffender Volksteile zu sichern, Arbeiter und Unternehmer an der Verwaltung zu beteiligen und Erzeugung, Herstellung, Verteilung, Verwendung,

Preisgestaltung sowie Ein- und Ausfuhr der Wirtschaftsgüter nach gemeinwirtschaftlichen Grundsätzen zu regeln.

(4) Die Konsum-, Erwerbs- und Wirtschaftsgenossenschaften sowie die landwirtschaftlichen Genossenschaften und deren Vereinigungen sind unter Berücksichtigung ihrer Verfassung und Eigenart in die Gemeinwirtschaft einzugliedern.

Art. 28. (1) Die Veräußerung und Belastung von Grundbesitz, Produktionsstätten und Beteiligungen, die sich im Eigentum des Volkes befinden, bedürfen der Zustimmung der für ihren Rechtsträger zuständigen Volksvertretung. Diese Zustimmung kann nur mit zwei Dritteln der gesetzlichen Mitgliederzahl erteilt werden.

Art. 29. (1) Das Vermögen und das Einkommen werden progressiv nach sozialen Gesichtspunkten unter besonderer Berücksichtigung der familiären Lasten besteuert.

(2) Bei der Besteuerung ist auf erarbeitetes Vermögen und Einkommen besonders Rücksicht zu nehmen.

III. Familie und Mutterschaft

Art. 30. (1) Ehe und Familie bilden die Grundlage des Gemeinschaftslebens. Sie stehen unter dem Schutz des Staates.

(2) Gesetze und Bestimmungen, die die Gleichberechtigung von Mann und Frau in der Familie beeinträchtigen, sind aufgehoben.

Art. 31. (1) Die Erziehung der Kinder zu geistig und körperlich tüchtigen Menschen im Geiste der Demokratie ist das natürliche Recht der Eltern und deren oberste Pflicht gegenüber der Gesellschaft.

Art. 32. (1) Die Frau hat während der Mutterschaft Anspruch auf besonderen Schutz und Fürsorge des Staates.

(2) Die Republik erläßt ein Mutterschutzgesetz. Einrichtungen zum Schutz für Mutter und Kind sind zu schaffen.

Art. 33. (1) Außereheliche Geburt darf weder dem Kinde noch seinen Eltern zum Nachteil gereichen.

(2) Entgegenstehende Gesetze und Bestimmungen sind aufgehoben.

IV. Erziehung und Bildung

Art. 34. (1) Die Kunst, die Wissenschaft und ihre Lehre sind frei.

(2) Der Staat nimmt an ihrer Pflege teil und gewährt ihnen Schutz, insbesondere gegen den Mißbrauch für Zwecke, die den Bestimmungen und dem Geist der Verfassung widersprechen.

Art. 35. (1) Jeder Bürger hat das gleiche Recht auf Bildung und auf freie Wahl seines Berufes.

(2) Die Bildung der Jugend sowie die geistige und fachliche Weiterbildung der Bürger werden auf allen Gebieten des staatlichen und gesellschaftlichen Lebens durch die öffentlichen Einrichtungen gesichert.

Art. 36. (1) Die Einrichtung des öffentlichen Schulwesens und die Durchführung des Schulunterrichtes obliegen den Ländern. Die Republik erläßt hierzu einheitliche gesetzliche Grundbestimmungen. Die Republik kann selbst öffentliche Schuleinrichtungen schaffen.

(2) Für die Ausbildung der Lehrer erläßt die Republik einheitliche Bestimmungen. Die Ausbildung erfolgt an Universitäten oder an ihnen gleichgestellten Hochschulen.

Art. 37. (1) Die Schule erzieht die Jugend im Geiste der Verfassung zu selbständig denkenden, verantwortungsbewußt handelnden Menschen, die fähig und bereit sind, sich in das Leben der Gemeinschaft einzuordnen.

(2) Als Mittlerin der Kultur hat die Schule die Aufgabe, die Jugend im Geiste des friedlichen und freundschaftlichen Zusammenlebens der Völker und einer echten Demokratie zu wahrer Humanität zu erziehen.

(3) Die Eltern wirken bei der Schulerziehung ihrer Kinder durch Elternbeiräte mit.

Art. 38. (1) Allgemeine Schulpflicht besteht bis zum vollendeten 18. Lebensjahr. Nach Beendigung der für alle Kinder obligatorischen Grundschule erfolgt die Weiterbildung in der Berufsschule oder Fachschule, in der Oberschule und anderen öffentlichen Bildungseinrichtungen. Der Besuch der Berufsschule ist Pflicht aller Jugendlichen bis zum vollendeten 18. Lebensjahre, wenn sie keine andere Schule besuchen. Privatschulen als Ersatz für öffentliche Schulen sind unzulässig.

(2) Die Berufs- und Fachschulen dienen der allgemeinen und beruflichen Weiterbildung.

(3) Die Oberschule bereitet für die Hochschule vor. Der Weg zur Hochschule führt jedoch nicht nur über die Oberschule, sondern auch über andere öffentliche Bildungsanstalten, die zu diesem Zweck auszubauen oder zu schaffen sind.

(4) Allen Bürgern ist durch Vorstudienanstalten der Besuch der Hochschule zu ermöglichen.

(5) Den Angehörigen aller Schichten des Volkes wird die Möglichkeit gegeben, ohne Unterbrechung ihrer Berufstätigkeit Kenntnisse in Volkshochschulen zu erwerben.

Art. 39. (1) Jedem Kind muß die Möglichkeit zur allseitigen Entfaltung seiner körperlichen, geistigen und sittlichen Kräfte gegeben werden. Der Bildungsgang der Jugend darf nicht abhängig sein von der sozialen und wirtschaftlichen Lage des Elternhauses. Vielmehr ist Kindern, die durch soziale Verhältnisse benachteiligt sind, besondere Aufmerksamkeit zuzuwenden. Der Besuch der Fachschule, der Oberschule und der Hochschule ist Begabten aus allen Schichten des Volkes zu ermöglichen.

(2) Es besteht Schulgeldfreiheit. Die Lernmittel an den Pflichtschulen sind unentgeltlich. Der Besuch der Fachschule, Oberschule und Hochschule wird im Bedarfsfalle durch Unterhaltsbeihilfen und andere Maßnahmen gefördert.

Art. 40. (1) Der Religionsunterricht ist Angelegenheit der Religionsgemeinschaften. Die Ausübung des Rechtes wird gewährleistet.

V. Religion und Religionsgemeinschaften

Art. 41. (1) Jeder Bürger genießt volle Glaubens- und Gewissensfreiheit. Die ungestörte Religionsausübung steht unter dem Schutz der Republik.

(2) Einrichtungen von Religionsgemeinschaften, religiöse Handlungen und der Religionsunterricht dürfen nicht für verfassungswidrige oder parteipolitische Zwecke mißbraucht werden. Jedoch bleibt das Recht der Religionsgemeinschaften, zu den Lebensfragen des Volkes von ihrem Standpunkt aus Stellung zu nehmen, unbestritten.

Art. 42. (1) Private oder staatsbürgerliche Rechte und Pflichten werden durch die Religionsausübung weder bedingt noch beschränkt.

(2) Die Ausübung privater oder staatsbürgerlicher Rechte oder die Zulassung zum öffentlichen Dienst sind unabhängig von dem religiösen Bekenntnis.

(3)Niemand ist verpflichtet, seine religiöse Überzeugung zu offenbaren. Die Verwaltungsorgane haben nur insoweit das Recht, nach der Zugehörigkeit zu einer Religionsgemeinschaft zu fragen, als davon Rechte oder Pflichten abhängen oder eine gesetzlich angeordnete statistische Erhebung dies erfordert.

(4) Niemand darf zu einer kirchlichen Handlung oder Feierlichkeit oder zur Teilnahme an religiösen Übungen oder zur Benutzung einer religiösen Eidesformel gezwungen werden.

Art. 43. (1) Es besteht keine Staatskirche. Die Freiheit der Vereinigung zu Religionsgemeinschaften wird gewährleistet.

(2) Jede Religionsgemeinschaft ordnet und verwaltet ihre Angelegenheiten selbständig nach Maßgabe der für alle geltenden Gesetze.

(3) Die Religionsgemeinschaften bleiben Körperschaften des öffentlichen Rechtes, soweit sie es bisher waren. Andere Religionsgemeinschaften erhalten auf ihren Antrag gleiche Rechte, wenn sie durch ihre Verfassung und die Zahl ihrer Mitglieder die Gewähr der Dauer bieten. Schließen sich mehrere derartige öffentlich-rechtliche Religionsgemeinschaften zu einem Verbande zusammen, so ist auch dieser Verband eine öffentlich-rechtliche Körperschaft.

(4) Die öffentlich-rechtlichen Religionsgemeinschaften sind berechtigt, von ihren Mitgliedern Steuern auf Grund der staatlichen Steuerlisten nach Maßgabe der allgemeinen Bestimmungen zu erheben.

(5) Den Religionsgemeinschaften werden Vereinigungen gleichgestellt, die sich die gemeinschaftliche Pflege einer Weltanschauung zur Aufgabe machen.

Art. 44. (1) Das Recht der Kirche auf Erteilung von Religionsunterricht in den Räumen der Schule ist gewährleistet. Der Religionsunterricht wird von den durch die Kirche ausgewählten Kräften erteilt. Niemand darf gezwungen oder gehindert werden, Religionsunterricht zu erteilen. Über die Teilnahme am Religionsunterricht bestimmen die Erziehungsberechtigten.

Art. 45. (1) Die auf Gesetz, Vertrag oder besonderen Rechtstiteln beruhenden öffentlichen Leistungen an die Religionsgemeinschaften werden durch Gesetz abgelöst.

(2) Das Eigentum sowie andere Rechte der Religionsgemeinschaften und religiösen Vereine an ihren für Kultus-, Unterrichts- und Wohltätigkeitszwecke bestimmten Anstalten, Stiftungen und sonstigen Vermögen werden gewährleistet.

Art. 46. (1) Soweit das Bedürfnis nach Gottesdienst und Seelsorge in Krankenhäusern, Strafanstalten oder anderen öffentlichen Anstalten besteht, sind die Religionsgesellschaften zur Vornahme religiöser Handlungen zugelassen. Niemand darf zur Teilnahme an solchen Handlungen gezwungen werden.

Art. 47. (1) Wer aus einer Religionsgesellschaft öffentlichen Rechtes mit bürgerlicher Wirkung austreten will, hat den Austritt bei Gericht zu erklären oder als Einzelerklärung in öffentlich beglaubigter Form einzureichen.

Art. 48. (1) Die Entscheidung über die Zugehörigkeit von Kindern zu einer Religionsgesellschaft steht bis zu deren vollendetem vierzehnten Lebensjahr den Erziehungsberechtigten zu. Von da ab entscheidet das Kind selbst über seine Zugehörigkeit zu einer Religions- oder Weltanschauungsgemeinschaft.

VI. Wirksamkeit der Grundrechte

Art. 49. (1) Soweit diese Verfassung die Beschränkung eines der vorstehenden Grundrechte durch Gesetz zuläßt oder die nähere Ausgestaltung einem Gesetz vorbehält, muß das Grundrecht als solches unangetastet bleiben.

C. Aufbau der Staatsgewalt

I. Volksvertretung der Republik

Art. 50. (1) Höchstes Organ der Republik ist die Volkskammer.

Art. 51. (1) Die Volkskammer besteht aus den Abgeordneten des deutschen Volkes.

(2) Die Abgeordneten werden in allgemeiner, gleicher, unmittelbarer und geheimer Wahl nach den Grundsätzen des Verhältniswahlrechtes auf die Dauer von vier Jahren gewählt.

(3) Die Abgeordneten sind Vertreter des ganzen Volkes. Sie sind nur ihrem Gewissen unterworfen und an Aufträge nicht gebunden.

Art. 52. (1) Wahlberechtigt sind alle Bürger, die das 18. Lebensjahr vollendet haben.

(2) Wählbar ist jeder Bürger, der das 21. Lebensjahr vollendet hat.

(3) Die Volkskammer besteht aus 400 Abgeordneten. Das Nähere bestimmt ein Wahlgesetz.

Art. 53. (1) Wahlvorschläge zur Volkskammer können nur von solchen Vereinigungen eingereicht werden, die den Voraussetzungen des Artikels 13 Abs. 2 entsprechen.

(2) Näheres wird durch ein Gesetz der Republik bestimmt.

Art. 54. (1) Die Wahl findet an einem Sonntag oder gesetzlichen Feiertag statt. Wahlfreiheit und Wahlgeheimnis werden gewährleistet.

Art. 55. (1) Die Volkskammer tritt spätestens am 30. Tage nach der Wahl zusammen, *falls sie nicht vom bisherigen Präsidium früher einberufen wird.*

Durch das Gesetz über die Bildung des Staatsrates vom 12.9.1960 (GBl. I, S. 505) wurden in Absatz 1 die Worte „, falls sie nicht vom bisherigen Präsidium früher einberufen wird" gestrichen.

(2) Der Präsident muß die Volkskammer einberufen, wenn die Regierung oder mindestens ein Fünftel der Abgeordneten der Volkskammer es verlangen.

Art. 56. (1) Spätestens am 60. Tage nach Ablauf der Wahlperiode oder am 45. Tage nach Auflösung der Volkskammer muß deren Neuwahl stattfinden.

(2) Vor Ablauf der Wahlperiode findet eine Auflösung der Volkskammer, abgesehen von dem Fall des Artikels 95 Abs. 6, nur durch eigenen Beschluß oder Volksentscheid statt.

(3) Die Auflösung der Volkskammer durch eigenen Beschluß bedarf der Zustimmung von mehr als der Hälfte der gesetzlichen Zahl der Abgeordneten.

Art. 57. (1) Die Volkskammer wählt bei ihrem ersten Zusammentritt das Präsidium und gibt sich eine Geschäftsordnung.

(2) In dem Präsidium ist jede Fraktion vertreten, soweit sie mindestens 40 Mitglieder hat.

(3) Das Präsidium besteht aus dem Präsidenten, seinen Stellvertretern und den Beisitzern.

(4) Der Präsident führt die Geschäfte des Präsidiums und leitet die Verhandlungen der Volkskammer. Er übt das Hausrecht in der Volkskammer aus.

Art. 58. (1) Die Beschlüsse des Präsidiums werden mit Stimmenmehrheit gefaßt.

(2) Das Präsidium ist beschlußfähig, wenn mindestens die Hälfte seiner Mitglieder anwesend ist.

(3) Auf Beschluß des Präsidiums beruft der geschäftsführende Präsident die Volkskammer ein; *er beraumt den Termin für Neuwahlen an.*

Durch das Gesetz über die Bildung des Staatsrates vom 2.9.1960 (GBl. I, S. 505) wurden in Absatz (3) die Worte „er beraumt den Termin für Neuwahlen an" gestrichen.

(4) Das Präsidium führt seine Geschäfte fort bis zum Zusammentritt der neuen Volkskammer.

Art. 59. (1) Die Volkskammer prüft das Recht der Mitgliedschaft und entscheidet über die Gültigkeit der Wahlen.

Art. 60. (1) Die Volkskammer bestellt für die Zeit, in der sie nicht versammelt ist, und nach Beendigung einer Wahlperiode oder nach der Auflösung der Volkskammer drei ständige Ausschüsse zur Wahrnehmung ihrer Aufgaben, und zwar:
einen Ausschuß für allgemeine Angelegenheiten,
einen Ausschuß für Wirtschafts- und Finanzfragen,
einen Ausschuß für auswärtige Angelegenheiten.

(2) Diese Ausschüsse haben die Rechte von Untersuchungsausschüssen.

Art. 61. (1) Die Volkskammer faßt ihre Beschlüsse mit Stimmenmehrheit, soweit nicht in dieser Verfassung etwas anderes bestimmt ist.

(2) Sie ist beschlußfähig, wenn mehr als die Hälfte ihrer Mitglieder anwesend ist.

Art. 62. (1) Die Verhandlungen der Volkskammer und ihrer Ausschüsse sind öffentlich. Ein Ausschluß der Öffentlichkeit findet in der Volkskammer auf Verlangen von zwei Dritteln der anwesenden Abgeordneten statt; in den Ausschüssen ist die Mehrheit der Mitglieder notwendig.

(2) Für wahrheitsgetreue Berichte über öffentliche Sitzungen der Volkskammer oder ihrer Ausschüsse kann niemand zur Verantwortung gezogen werden.

Art. 63. (1) Zur Zuständigkeit der Volkskammer gehören:
die Bestimmung der Grundsätze der Regierungspolitik und ihrer Durchführung;
die Bestätigung, Überwachung und Abberufung der Regierung;
die Bestimmung der Grundsätze der Verwaltung und die Überwachung der gesamten Tätigkeit des Staates;
das Recht zur Gesetzgebung, soweit nicht ein Volksentscheid stattfindet;
die Beschlußfassung über den Staatshaushalt, den Wirtschaftsplan, Anleihen und Staatskredite der Republik und die Zustimmung zu Staatsverträgen;
der Erlaß von Amnestien;
die Wahl des *Präsidenten der Republik gemeinsam mit der Länderkammer;*

Durch das Gesetz über die Auflösung der Länderkammer vom 8.12.1958 (GBl. I, S. 867) wurden die Worte „gemeinsam mit der Länderkammer" gestrichen; durch das Gesetz über die Bildung des Staatsrates vom 12.9.1960 (GBl. I, S. 505) wurde das Wort „Präsidenten" ersetzt durch das Wort „Staatsrates".

die Wahl der Mitglieder des Obersten Gerichtshofes der Republik und des Obersten Staatsanwaltes der Republik sowie deren Abberufung.

Art. 64. (1) Die Volkskammer und jeder ihrer Ausschüsse können die Anwesenheit des Ministerpräsidenten, jedes Ministers, ihrer ständigen Vertreter und der Leiter der Verwaltungen der Republik zum Zwecke der Erteilung von Auskünften verlangen. Die Mitglieder der Regierung und die von ihnen bestellten Beauftragten haben zu den Sitzungen der Volkskammer und ihrer Ausschüsse jederzeit Zutritt.

(2) Auf ihr Verlangen müssen die Regierungsvertreter während der Beratung auch außerhalb der Tagesordnung gehört werden.

(3) Sie unterstehen der Ordnungsgewalt des Präsidenten.

Art. 65. (1) Zur Überwachung der Tätigkeit der Staatsorgane hat die Volkskammer das Recht und auf Antrag von einem Fünftel der gesetzlichen Zahl der Abgeordneten die Pflicht, Untersuchungsausschüsse einzusetzen. Diese Ausschüsse erheben die Beweise, die sie oder die Antragsteller für erforderlich halten. Sie können zu diesem Zweck Beauftragte entsenden.

(2) Die Gerichte und die Verwaltungen sind verpflichtet, dem Ersuchen dieser Ausschüsse oder ihrer Beauftragten um Beweiserhebungen Folge zu leisten und ihre Akten auf Verlangen zur Einsichtnahme vorzulegen.

(3) Für die Beweiserhebungen der Untersuchungsausschüsse finden die Vorschriften der Strafprozeßordnung entsprechende Anwendung.

Art. 66. (1) Die Volkskammer bildet für die Dauer der Wahlperiode einen Verfassungsausschuß, in dem alle Fraktionen entsprechend ihrer Stärke vertreten sind. Dem Verfassungsausschuß gehören ferner drei Mitglieder des Obersten Gerichtshofes der Republik sowie drei deutsche Staatsrechtslehrer an, die nicht Mitglieder der Volkskammer sein dürfen.

(2) Die Mitglieder des Verfassungsausschusses werden von der Volkskammer gewählt.

(3) Der Verfassungsausschuß prüft die Verfassungsmäßigkeit von Gesetzen der Republik.

(4) Zweifel an der Verfassungsmäßigkeit von Gesetzen der Republik können nur von mindestens einem Drittel der Mitglieder der Volkskammer, von deren Präsidium, von dem *Präsidenten* der Republik, von der Regierung der Republik *sowie von der Länderkammer* geltend gemacht werden.

Durch das Gesetz über die Auflösung der Länderkammer vom 8.12.1958 (GBl. I, S. 867) wurden in Absatz 4 die Worte „sowie von der Länderkammer" gestrichen;

durch das Gesetz über die Bildung des Staatsrates vom 12.9.1960 (GBl. I, S. 505) wurde in Absatz 4 das Wort „Präsidenten" ersetzt durch „Staatsrat".

(5) Verfassungsstreitigkeiten zwischen der Republik und den Ländern sowie die Vereinbarkeit von Landesgesetzen mit den Gesetzen der Republik prüft der Verfassungsausschuß *unter Hinzuziehung von drei gewählten Vertretern der Länderkammer.*

Durch das Gesetz über die Auflösung der Länderkammer vom 8.12.1958 (GBl. I, S. 867) wurden in Absatz 5 die Worte „unter Hinzuziehung von drei gewählten Vertretern der Länderkammer" gestrichen.

(6) Über das Gutachten des Verfassungsausschusses entscheidet die Volkskammer. Ihre Entscheidung ist für jedermann verbindlich.

(7) Die Volkskammer beschließt auch über den Vollzug ihrer Entscheidung.

(8) Die Feststellung der Verfassungswidrigkeit von Regierungs- und Verwaltungsmaßnahmen ist Aufgabe der Volkskammer in Durchführung der ihr übertragenen Verwaltungskontrolle.

Art. 67. (1) Kein Abgeordneter der Volkskammer darf zu irgendeiner Zeit wegen seiner Abstimmung oder wegen der in Ausübung seiner Abgeordnetentätigkeit getanen Äußerungen gerichtlich oder dienstlich verfolgt oder sonst außerhalb der Versammlung zur Verantwortung gezogen werden. Dies gilt nicht für Verleumdungen im Sinne des Strafgesetzbuches, wenn sie als solche von einem Untersuchungsausschuß der Volkskammer festgestellt worden sind.

(2) Beschränkungen der persönlichen Freiheit, Hausdurchsuchungen, Beschlagnahmungen oder Strafverfolgungen sind gegen Abgeordnete nur mit Einwilligung der Volkskammer zulässig.

(3) Jedes Strafverfahren gegen einen Abgeordneten der Volkskammer und jede Haft oder sonstige Beschränkung seiner persönlichen Freiheit wird auf Verlangen des Hauses, dem der Abgeordnete angehört, für die Dauer der Sitzungsperiode aufgehoben.

(4) Die Abgeordneten der Volkskammer sind berechtigt, über Personen, die ihnen in ihrer Eigenschaft als Abgeordnete Tatsachen anvertrauen oder denen sie in Ausübung ihres Abgeordnetenberufes solche Tatsachen anvertraut haben sowie über diese Tatsachen selbst die Aussage zu verweigern. Auch wegen der Beschlagnahme von Schriftstücken stehen sie den Personen gleich, die ein gesetzliches Zeugnisverweigerungsrecht haben.

(5) Eine Untersuchung oder Beschlagnahme darf in den Räumen der Volkskammer nur mit Zustimmung des Präsidiums vorgenommen werden.

Art. 68. (1) Abgeordnete der Volkskammer bedürfen zur Ausübung ihrer Tätigkeit keines Urlaubs.

(2) Bewerbern um einen Sitz in der Volkskammer ist der zur Vorbereitung der Wahl erforderliche Urlaub zu gewähren.

(3) Gehalt und Lohn sind weiterzuzahlen.

Art. 69. (1) Die Abgeordneten der Volkskammer erhalten eine steuerfreie Aufwandsentschädigung.

(2) Ein Verzicht auf die Aufwandsentschädigung ist unzulässig.

(3) Der Anspruch auf Aufwandsentschädigung ist nicht übertragbar und nicht pfändbar.

Art. 70. (1) Die Abgeordneten der Volkskammer haben das Recht zur freien Fahrt auf allen öffentlichen Verkehrsmitteln.

II. Vertretung der Länder

Durch das Gesetz über die Bildung des Staatsrates vom 12.9.1960 (GBl. I, S. 505) wurde diese Überschrift gestrichen.

Art. 71. *(1) Zur Vertretung der deutschen Länder wird eine Länderkammer gebildet. In der Länderkammer hat jedes Land für je 500 000 Einwohner einen Abgeordneten. Jedes Land hat mindestens einen Abgeordneten.*

Art. 72. *(1) Die Abgeordneten der Länderkammer werden von den Landtagen im Verhältnis der Stärke der Fraktionen auf die Dauer der Wahlperiode des Landtages gewählt. Die Abgeordneten der Länderkammer sollen in der Regel Mitglieder des Landtages sein.*

(2) Die Landtage stellen den Willen des Landes zu den in der Länderkammer zu erörternden Angelegenheiten fest. Die Bestimmungen der Länderverfassungen über die Gewissensfreiheit der Abgeordneten bleiben hierdurch unberührt.

Art. 73. *(1) Die Länderkammer wählt ihr Präsidium und gibt sich eine Geschäftsordnung. Das Präsidium besteht aus dem Präsidenten, seinen Stellvertretern und den Beisitzern.*

Art. 74. *(1) Die Länderkammer wird von dem Präsidenten einberufen, sobald dies zur Erledigung ihrer Aufgaben erforderlich ist.*

(2) Die Länderkammer wird fernerhin einberufen, wenn ein Fünftel ihrer Mitglieder es verlangt.

Art. 75. *(1) Die Sitzungen der Länderkammer sind öffentlich. Nach Maßgabe der Geschäftsordnung kann die Öffentlichkeit für einzelne Beratungsgegenstände ausgeschlossen werden.*

Art. 76. *(1) Bei der Abstimmung in der Länderkammer entscheidet die einfache Stimmenmehrheit, soweit nicht diese Verfassung andere Bestimmungen enthält.*

Art. 77. *(1) Die Länderkammer kann die erforderlichen Ausschüsse nach Maßgabe der Geschäftsordnung bilden.*

Art. 78. *(1) Die Länderkammer hat das Recht, Gesetzesvorlagen bei der Volkskammer einzubringen. Sie hat ein Einspruchsrecht bei der Gesetzgebung nach Maßgabe des Artikel 84 der Verfassung.*

Art. 79. (1) Die Mitglieder der Regierung der Republik und der Landesregierungen haben das Recht und auf Verlangen der Länderkammer die Pflicht, an den Verhandlungen der Länderkammer und ihrer Ausschüsse teilzunehmen. Sie müssen auf ihr Verlangen zu dem zur Verhandlung stehenden Gegenstand jederzeit gehört werden.

(2) Die Volkskammer kann bei besonderem Anlaß Abgeordnete aus ihrer Mitte beauftragen, die Meinung der Volkskammer in der Länderkammer darzulegen; das gleiche Recht steht der Länderkammer zur Darlegung ihrer Meinung in der Volkskammer zu. Die Länderkammer kann gegebenenfalls Mitglieder der Landesregierungen beauftragen, den Standpunkt ihrer Regierung in der Volkskammer darzulegen.

Art. 80. (1) Die Artikel 67 ff dieser Verfassung über die Rechte der Abgeordneten der Volkskammer gelten entsprechend für die Abgeordneten der Länderkammer.

Durch das Gesetz über die weitere Demokratisierung des Aufbaus und der Arbeitsweise der staatlichen Organe in den Ländern der Deutschen Demokratischen Republik vom 23.7.1952 (GBl. I, S. 613) wurden die Artikel 71 bis 80 obsolet; sie wurden durch das Gesetz über die Auflösung der Länderkammer vom 8.12.1958 (GBl. I, S. 867) aufgehoben.

III. Gesetzgebung

Art. 81. (1) Die Gesetze werden von der Volkskammer oder unmittelbar vom Volke durch Volksentscheid beschlossen.

Art. 82. (1) Die Gesetzesvorlagen werden von der Regierung, *von der Länderkammer* oder aus der Mitte der Volkskammer eingebracht. Über die Gesetzentwürfe finden mindestens zwei Lesungen statt.

Durch das Gesetz über die Auflösung der Länderkammer vom 8.12.1958 (GBl. I, S. 867) wurden die Worte „von der Länderkammer" gestrichen.

Art. 83. (1) Die Verfassung kann im Wege der Gesetzgebung geändert werden.

(2) Beschlüsse der Volkskammer auf Abänderung der Verfassung kommen nur zustande, wenn zwei Drittel der Abgeordneten anwesend sind und wenn wenigstens zwei Drittel der anwesenden Abgeordneten zustimmen.

(3) Soll durch Volksentscheid eine Verfassungsänderung beschlossen werden, so ist die Zustimmung der Mehrheit der Stimmberechtigten erforderlich.

Art. 84. (1) Gegen Gesetzesbeschlüsse der Volkskammer steht der Länderkammer ein Einspruchsrecht zu. Der Einspruch muß innerhalb von zwei Wochen nach der Schlußabstimmung in der Volkskammer eingebracht und spätestens innerhalb zweier weiterer Wochen mit Gründen versehen werden. Anderenfalls wird angenommen, daß die Länderkammer von ihrem Einspruchsrecht keinen Gebrauch macht.

(2) Der Einspruch wird hinfällig, wenn die Volkskammer ihren Beschluß nach erneuter Beratung aufrechterhält.

(3) Wurde der Einspruch der Länderkammer mit einer Mehrheit von zwei Dritteln der abstimmenden Abgeordneten beschlossen, so wird er nur dann hinfällig, wenn die Volkskammer ihren Beschluß mit einer Mehrheit von zwei Dritteln der abstimmenden Abgeordneten aufrechterhält.

(4) Richtet sich der Einspruch der Länderkammer gegen einen verfassungsändernden Gesetzesbeschluß der Volkskammer, so bedarf die Beschlußfassung über den Einspruch in der Länderkammer bei Anwesenheit von mindestens zwei Dritteln der Abgeordneten einer Mehrheit von zwei Dritteln der Abstimmenden.

(5) Der Einspruch wird hinfällig, wenn die Volkskammer ihren Beschluß mit der für Verfassungsänderungen vorgeschriebenen Mehrheit ihrer Abgeordneten aufrechterhält.

Durch das Gesetz über die Auflösung der Länderkammer vom 8.12.1958 (GBl. I, S. 867) wurde dieser Artikel 84 aufgehoben.

Art. 85. (1) Der Präsident der Volkskammer hat die verfassungsmäßig zustande gekommenen Gesetze innerhalb eines Monats auszufertigen. Sie werden vom *Präsidenten* der Republik unverzüglich im Gesetzblatt der Republik verkündet.

Durch das Gesetz über die Bildung des Staatsrates vom 12.9.1960 (GBl. I, S. 505) wurde in diesem Absatz 1 das Wort „Präsidenten" ersetzt durch die Worte „Vorsitzenden des Staatsrates".

(2) Die Ausfertigung und Verkündung findet nicht statt, wenn innerhalb Monatsfrist die Verfassungswidrigkeit des Gesetzes gemäß Artikel 66 festgestellt worden ist.

(3) Gesetze treten, soweit sie nichts anderes bestimmen, am 14. Tage nach der Verkündung in Kraft.

Art. 86. (1) Die Ausfertigung und Verkündung eines Gesetzes ist um zwei Monate auszusetzen, wenn es ein Drittel der Abgeordneten der Volkskammer verlangt.

(2) Das Gesetz ist nach Ablauf dieser Frist auszufertigen und zu verkünden, falls nicht ein Volksbegehren auf Volksentscheid gegen den Erlaß des Gesetzes durchgeführt ist.

(3) Gesetze, die die Mehrheit der Mitglieder der Volkskammer für dringlich erklärt, müssen ungeachtet dieses Verlangens ausgefertigt und verkündet werden.

Art. 87. (1) Ein Gesetz, dessen Verkündung auf Antrag von mindestens einem Drittel der Abgeordneten der Volkskammer ausgesetzt ist, ist dem Volksentscheid zu unterbreiten, wenn ein Zwanzigstel der Stimmberechtigten es beantragt.

(2) Ein Volksentscheid ist ferner herbeizuführen, wenn ein Zehntel der Stimmberechtigten oder wenn anerkannte Parteien oder Massenorganisationen, die glaubhaft machen, daß sie ein Fünftel der Stimmberechtigten vertreten, es beantragen (Volksbegehren).

(3) Dem Volksbegehren ist ein Gesetzentwurf zugrunde zu legen. Er ist von der Regierung unter Darlegung ihrer Stellungnahme der Volkskammer zu unterbreiten.

(4) Der Volksentscheid findet nur statt, wenn das begehrte Gesetz nicht in der Volkskammer in einer Fassung angenommen wird, mit der die Antragsteller oder ihre Vertretungen einverstanden sind.

(5) Über den Haushaltsplan, über die Abgabengesetze und die Besoldungsordnungen findet kein Volksentscheid statt.

(6) Das dem Volksentscheid unterbreitete Gesetz ist angenommen, wenn die Mehrheit der Abstimmenden zugestimmt hat.

(7) Das Verfahren beim Volksbegehren und Volksentscheid regelt ein besonderes Gesetz.

Art. 88. (1) Der Haushaltsplan und der Wirtschaftsplan werden durch Gesetz beschlossen.

(2) Amnestien bedürfen eines Gesetzes.

(3) Staatsverträge, die sich auf Gegenstände der Gesetzgebung beziehen, sind wie Gesetze zu verkünden.

Art. 89. (1) Ordnungsgemäß verkündete Gesetze sind von den Richtern auf ihre Verfassungsmäßigkeit nicht zu prüfen.

(2) Nach Einleitung des in Artikel 66 vorgesehenen Prüfungsverfahrens sind bis zu dessen Erledigung anhängige gerichtliche Verfahren auszusetzen.

Art. 90. (1) Die zur Ausführung der Gesetze der Republik erforderlichen allgemeinen Verwaltungsvorschriften werden, soweit die Gesetze nichts anderes bestimmen, von der Regierung der Republik erlassen.

IV. Regierung der Republik

Art. 91. (1) Die Regierung der Republik besteht aus dem Ministerpräsidenten und den Ministern.

Art. 92. (1) Die stärkste Fraktion der Volkskammer benennt den Ministerpräsidenten; er bildet die Regierung. Alle Fraktionen, soweit sie mindestens 40 Mitglieder haben, sind im Verhältnis ihrer Stärke durch Minister oder Staatssekretäre vertreten. Staatssekretäre nehmen mit beratender Stimme an den Sitzungen der Regierung teil.

(2) Schließt sich eine Fraktion aus, so findet die Regierungsbildung ohne sie statt.

(3) Die Minister sollen Abgeordnete der Volkskammer sein.

(4) Die Volkskammer bestätigt die Regierung und billigt das von ihr vorgelegte Programm.

Art. 93. (1) Die Mitglieder der Regierung werden bei ihrem Amtsantritt vom *Präsidenten* der Republik eidlich verpflichtet, ihre Geschäfte unparteiisch zum Wohle des Volkes und getreu der Verfassung und den Gesetzen zu führen.

Durch das Gesetz über die Bildung des Staatsrates vom 12.9.1960 (GBl. I, S. 505) wurde das Wort „Präsidenten" ersetzt durch die Worte „Vorsitzenden des Staatsrates".

Art. 94. (1) Die Regierung sowie jedes ihrer Mitglieder bedürfen zur Geschäftsführung des Vertrauens der Volkskammer.

Art. 95. (1) Die Tätigkeit der Regierung in ihrer Gesamtheit endet mit der Annahme eines Mißtrauensantrages durch die Volkskammer.

(2) Der Mißtrauensantrag kommt nur zur Abstimmung, wenn gleichzeitig mit ihm der neue Ministerpräsident und die von ihm zu befolgenden Grundsätze der Politik vorgeschlagen werden. Über den Mißtrauensantrag und diese Vorschläge wird in ein und derselben Abstimmungshandlung entschieden.

(3) Der Beschluß auf Entziehung des Vertrauens ist nur wirksam, wenn ihm mindestens die Hälfte der gesetzlichen Mitgliederzahl der Abgeordneten zustimmt.

(4) Der Antrag auf Herbeiführung eines solchen Beschlusses muß von mindestens einem Viertel der Mitglieder der Volkskammer unterzeichnet sein. Über den Antrag darf frühestens am zweiten Tage nach seiner Verhandlung abgestimmt werden. Der Antrag muß innerhalb einer Woche nach seiner Einbringung erledigt werden.

(5) Tritt die neue Regierung ihr Amt nicht innerhalb von 21 Tagen nach der Annahme des Mißtrauensantrages an, so wird der Mißtrauensantrag unwirksam.

(6) Wird der neuen Regierung das Mißtrauen ausgesprochen, so gilt die Volkskammer als aufgelöst.

(7) Bis zum Amtsantritt einer neuen Regierung werden die Geschäfte von der bisherigen Regierung weitergeführt.

Art. 96. (1) Ein Regierungsmitglied, dem durch Beschluß der Volkskammer das Vertrauen entzogen wird, muß zurücktreten. Die Geschäfte sind bis zum Amtsantritt des Nachfolgers fortzuführen, sofern nicht die Volkskammer etwas anderes beschließt.

(2) Die Bestimmungen des Artikels 95 Abs. 3 finden entsprechende Anwendung.

(3) Jedes Regierungsmitglied kann jederzeit den Rücktritt erklären. Sein Geschäftsbereich wird bis zur Bestellung des Nachfolgers von seinem Stellvertreter wahrgenommen, es sei denn, daß die Volkskammer etwas anderes beschließt.

Art. 97. (1) Der Ministerpräsident führt den Vorsitz in der Regierung und leitet ihre Geschäfte nach einer Geschäftsordnung, die von der Regierung zu beschließen und der Volkskammer mitzuteilen ist.

Art. 98. (1) Der Ministerpräsident bestimmt die Richtlinien der Regierungspolitik nach Maßgabe der von der Volkskammer aufgestellten Grundsätze. Er ist dafür der Volkskammer verantwortlich.

(2) Innerhalb dieser Richtlinien leitet jeder Minister den ihm anvertrauten Geschäftszweig selbständig unter eigener Verantwortung gegenüber der Volkskammer.

Art. 99. (1) Die Minister haben der Regierung alle Gesetzentwürfe, ferner Angelegenheiten, für welche die Verfassung oder das Gesetz es vorschreiben, sowie Meinungsverschiedenheiten über Fragen, die den Geschäftsbereich mehrerer Minister berühren, zur Beratung und Beschlußfassung zu unterbreiten.

Art. 100. (1) Die Regierung faßt ihre Beschlüsse mit Stimmenmehrheit. Bei Stimmengleichheit entscheidet die Stimme des Vorsitzenden.

V. Präsident der Republik

Durch das Gesetz über die Bildung des Staatsrates vom 12.9.1960 (GBl. I, S. 505) wurde die Überschrift geändert in „Staatsrat der Republik".

Art. 101. *(1) Der Präsident der Republik wird in gemeinsamer Sitzung von Volkskammer und Länderkammer auf die Dauer von vier Jahren gewählt. Die gemeinsame Sitzung wird vom Präsidenten der Volkskammer einberufen und geleitet.*

Neue Fassung von Absatz 1 durch das Gesetz über die Auflösung der Länderkammer vom 8.12.1958 (GBl. I, S. 867):

(1) Der Präsident der Republik wird von der Volkskammer auf die Dauer von vier Jahren gewählt. Die Sitzung wird vom Präsidenten der Volkskammer geleitet.
(2) Wählbar ist jeder Bürger nach Vollendung des 35. Lebensjahres.

Neue Fassung von Artikel 101 durch das Gesetz über die Bildung des Staatsrates vom 12.9.1960 (GBl. I, S. 505):

Art. 101. (1) Der Staatsrat der Republik wird von der Volkskammer auf die Dauer von vier Jahren gewählt.
(2) Nach Ablauf der Wahlperiode setzt der Staatsrat seine Tätigkeit bis zur Wahl des neuen Staatsrates durch die Volkskammer fort.

Art. 102. *(1) Der Präsident der Republik leistet bei seinem Amtsantritt in gemeinsamer Sitzung der Volkskammer und der Länderkammer folgenden Eid:*

Durch das Gesetz über die Auflösung der Länderkammer vom 8.12.1958 (GBl. I, S. 867) wurden die Worte „in gemeinsamer Sitzung" sowie „und der Länderkammer" gestrichen.

„Ich schwöre, daß ich meine Kraft dem Wohle des deutschen Volkes widmen, die Verfassung und die Gesetze der Republik wahren, meine Pflichten gewissenhaft erfüllen und Gerechtigkeit gegen jedermann üben werde."

Neue Fassung von Artikel 102 durch das Gesetz über die Bildung des Staatsrates vom 12.9.1960 (GBl. I, S. 505):

Art. 102. (1) Der Staatsrat der Republik besteht aus dem Vorsitzenden, sechs Stellvertretern des Vorsitzenden, 16 Mitgliedern und dem Sekretär.
Der Vorsitzende leitet die Arbeit des Staatsrates.

***Art. 103.** (1) Der Präsident der Republik kann durch gemeinsamen Beschluß der Volkskammer und Länderkammer abberufen werden. Der Beschluß bedarf einer Mehrheit von zwei Dritteln der gesetzlichen Zahl der Abgeordneten.*

Durch das Gesetz über die Auflösung der Länderkammer vom 8.12.1958 (GBl. I, S. 867) wurden die Worte „gemeinsamen" sowie „und Länderkammer" gestrichen.
Neue Fassung von Artikel 103 durch das Gesetz über die Bildung des Staatsrates vom 12.9.1960 (GBl. I, S. 505):

Art. 103. (1) Der Vorsitzende, die Stellvertreter des Vorsitzenden, die Mitglieder und der Sekretär des Staatsrates der Republik leisten bei ihrem Amtsantritt der Volkskammer folgenden Eid:

„Ich schwöre, daß ich meine Kraft dem Wohle des deutschen Volkes widmen, die Verfassung und die Gesetze der Deutschen Demokratischen Republik wahren, meine Pflichten gewissenhaft erfüllen und Gerechtigkeit gegen jedermann üben werde."

***Art. 104.** (1) Der Präsident der Republik verkündet die Gesetze der Republik.*
(2) Er verpflichtet die Regierungsmitglieder bei ihrem Amtsantritt.

Neue Fassung von Artikel 104 durch das Gesetz über die Bildung des Staatsrates vom 12.9.1960 (GBl. I, S. 505):

Art. 104. (1) Der Staatsrat der Republik ist der Volkskammer rechenschaftspflichtig.
(2) Der Staatsrat der Republik verkündet die Gesetze der Republik.
(3) Die Unterzeichnung erfolgt durch den Vorsitzenden des Staatsrates.

***Art. 105.** (1) Der Präsident der Republik vertritt die Republik völkerrechtlich.*
(2) Er schließt im Namen der Republik Staatsverträge mit auswärtigen Mächten ab und unterzeichnet sie.
(3) Er beglaubigt und empfängt die Botschafter und Gesandten.

Neue Fassung von Artikel 105 durch das Gesetz über die Bildung des Staatsrates vom 12.9.1960 (GBl. I, S. 505):

Art. 105. (1) Der Vorsitzende des Staatsrates der Republik verpflichtet die Regierungsmitglieder bei ihrem Amtsantritt.

***Art. 106.** (1) Alle Anordnungen und Verfügungen des Präsidenten der Republik bedürfen zu ihrer Gültigkeit der Gegenzeichnung durch den Ministerpräsidenten oder den zuständigen Minister.*

Neue Fassung von Artikel 106 durch das Gesetz über die Bildung des Staatsrates vom 12.9.1960 (GBl. I, S. 505):

Art. 106. (1) Der Staatsrat der Republik
schreibt die Wahlen zur Volkskammer aus und beruft die erste Tagung der Volkskammer nach der Neuwahl ein;

kann eine allgemeine Volksbefragung vornehmen;
ratifiziert und kündigt internationale Verträge der Deutschen Demokratischen Republik;
ernennt die bevollmächtigten Vertreter der Deutschen Demokratischen Republik in anderen Staaten und beruft sie ab;
nimmt Beglaubigungs- und Abberufungsschreiben der bei ihm akkreditierten diplomatischen Vertreter anderer Staaten entgegen;
gibt allgemein verbindliche Auslegung der Gesetze;
erläßt Beschlüsse mit Gesetzeskraft;
faßt grundsätzliche Beschlüsse zu Fragen der Verteidigung und Sicherheit des Landes;
bestätigt grundsätzlich Anordnungen des Nationalen Verteidigungsrates der Deutschen Demokratischen Republik;
beruft die Mitglieder des Nationalen Verteidigungsrates der Deutschen Demokratischen Republik;
legt die militärischen Dienstgrade, diplomatischen Ränge und andere spezielle Titel fest;
verleiht Orden und andere hohe Auszeichnungen und Ehrentitel;
übt das Begnadigungsrecht aus.

Art. 107. *(1) Der Präsident übt für die Republik das Begnadigungsrecht aus, wobei er von einem Ausschuß der Volkskammer beraten wird.*

Neue Fassung von Artikel 107 durch das Gesetz über die Bildung des Staatsrates vom 12.9.1960 (GBl. I, S. 505):

Art. 107. (1) Der Staatsrat der Republik wird nach außen von seinem Vorsitzenden oder dessen Stellvertreter vertreten.
Der Vorsitzende des Staatsrates vertritt die Republik völkerrechtlich.

Art. 108. *(1) Der Präsident der Republik wird im Falle seiner Verhinderung zunächst durch den Präsidenten der Volkskammer vertreten. Dauert die Behinderung des Präsidenten der Republik voraussichtlich längere Zeit, so ist die Vertretung durch Gesetz zu regeln.*
(2) Das gleiche gilt für den Fall einer vorzeitigen Erledigung der Präsidentenschaft bis zur Neuwahl des Präsidenten.

Neue Fassung von Artikel 108 durch das Gesetz über die Bildung des Staatsrates vom 12.9.1960 (GBl. I, S. 505):

Art. 108. (1) Der Vorsitzende, die Stellvertreter des Vorsitzenden, die Mitglieder und der Sekretär des Staatsrates der Republik können durch Beschluß der Volkskammer abberufen werden. Der Beschluß bedarf einer Mehrheit von zwei Dritteln der gesetzlichen Zahl der Abgeordneten.

VI. Republik und Länder

Art. 109. *(1) Jedes Land muß eine Verfassung haben, die mit den Grundsätzen der Verfassung der Republik übereinstimmt. Der Landtag ist die höchste und alleinige Volksvertretung des Landes.*

(2) Die Volksvertretung muß in allgemeiner, gleicher, unmittelbarer und geheimer Wahl von allen wahlberechtigten Bürgern nach den im Wahlgesetz für die Republik niedergelegten Grundsätzen des Verhältniswahlrechts gewählt werden.

Siehe die Anmerkung nach Artikel 119.

Art. 110. *(1) Die Änderung des Gebiets von Ländern und die Neubildung von Ländern innerhalb der Republik erfolgt durch verfassungsänderndes Gesetz der Republik.*

(2) Stimmen die unmittelbar beteiligten Länder zu, so bedarf es nur eines einfachen Gesetzes.

(3) Ein einfaches Gesetz genügt ferner, wenn eines der beteiligten Länder nicht zustimmt, die Gebietsänderung oder die Neubildung aber durch Abstimmung der Bevölkerung der betreffenden Gebiete gefordert wird.

Siehe die Anmerkung nach Artikel 119.

Art. 111. *(1) Die Republik kann auf allen Sachgebieten einheitliche Gesetze erlassen. Sie soll sich jedoch bei ihrer Gesetzgebung auf die Aufstellung von Grundsätzen beschränken, soweit hierdurch dem Bedürfnis einheitlicher Regelung Genüge geschieht.*

(2) Soweit die Republik von ihrem Recht zur Gesetzgebung keinen Gebrauch macht, haben die Länder das Recht der Gesetzgebung.

Siehe die Anmerkung nach Artikel 119.

Art. 112. *(1) Die Republik hat das Recht der ausschließlichen Gesetzgebung über:*
die auswärtigen Beziehungen;
den Außenhandel;
das Zollwesen sowie die Einheit des Zoll- und Handelsgebiets und die Freizügigkeit des Warenverkehrs;
die Staatsangehörigkeit, die Freizügigkeit, die Ein- und Auswanderung, die Auslieferung und das Paß- und Fremdenrecht;
das Personenstandsrecht;
das bürgerliche Recht, das Strafrecht, die Gerichtsverfassung und das Gerichtsverfahren;
das Arbeitsrecht;
den Verkehr;
das Post-, Fernmelde- und Rundfunkwesen;
das Film- und Pressewesen;
das Währungs- und Münzwesen, Maß-, Gewichts- und Eichwesen;
die Sozialversicherung;
die Kriegsschäden- und Besatzungskosten und die Wiedergutmachungsleistungen.

Siehe die Anmerkung nach Artikel 119. Trotz des Geltungsverlusts wurde durch das Gesetz zur Ergänzung der Verfassung vom 26.9.1955 (GBl. I, S. 653) folgender Absatz angefügt:

(2) Der Republik obliegt die Gesetzgebung über den militärischen Schutz der Heimat und über den Schutz der Zivilbevölkerung.

Art. 113. *(1) Bei der Gesetzgebung auf dem Gebiete des Finanz- und Steuerwesens muß die wirtschaftliche Lebensfähigkeit der Länder, der Kreise und Gemeinden gewährleistet sein.*

Siehe die Anmerkung nach Artikel 119.

Art. 114. *(1) Gesamtdeutsches Recht geht dem Recht der Länder vor.*

Siehe die Anmerkung nach Artikel 119.

Art. 115. *(1) Die Gesetze der Republik werden grundsätzlich durch die Organe der Länder ausgeführt, soweit nicht in dieser Verfassung oder in den Gesetzen etwas anderes bestimmt ist. Soweit ein Bedürfnis dazu besteht, errichtet die Republik durch Gesetz eigene Verwaltungen.*

Siehe die Anmerkung nach Artikel 119.

Art. 116. *(1) Die Regierung der Republik übt die Aufsicht in den Angelegenheiten aus, in denen der Republik das Recht der Gesetzgebung zusteht.*

(2) Soweit die Gesetze der Republik nicht von den Verwaltungen der Republik ausgeführt werden, kann die Regierung der Republik allgemeine Anweisungen erlassen. Sie ist ermächtigt, zur Überwachung der Ausführung dieser Gesetze und Anweisungen Beauftragte zu den ausführenden Verwaltungen zu entsenden. Für die Rechte dieser Beauftragten gilt Artikel 65 entsprechend.

(3) Die Landesregierungen sind verpflichtet, auf Ersuchen der Republik Mängel, die bei der Ausführung der Gesetze der Republik hervorgetreten sind, zu beseitigen.

(4) Hieraus entstehende Streitigkeiten werden in dem unter Artikel 66 Abs. 5 vorgeschriebenen Verfahren geprüft und entschieden.

Siehe die Anmerkung nach Artikel 119.

VII. Verwaltung der Republik

Art. 117. (1) Die Pflege der auswärtigen Beziehungen ist ausschließlich Sache der Republik.

(2) In Angelegenheiten, deren Regelung der Landesgesetzgebung zusteht, können die Länder mit auswärtigen Staaten Verträge schließen; die Verträge bedürfen der Zustimmung der Volkskammer.

(3) Vereinbarungen mit fremden Staaten über Veränderungen der Grenzen der Republik werden nach Zustimmung des beteiligten Landes durch die Republik abgeschlossen. Die

Grenzveränderungen dürfen nur auf Grund eines Gesetzes der Republik erfolgen, soweit es sich nicht um bloße Berichtigung der Grenzen unbewohnter Gebietsteile handelt.

Durch das Gesetz über die weitere Demokratisierung des Aufbaus und der Arbeitsweise der staatlichen Organe in den Ländern der Deutschen Demokratischen Republik vom 23.7.1952 (GBl. I, S. 613) wurden die Absätze 2 und 3 von Artikel 117 obsolet.

Art. 118. (1) Deutschland bildet ein einheitliches Zoll- und Handelsgebiet, umgeben von einer gemeinschaftlichen Zollgrenze.

(2) Fremde Staatsgebiete oder Gebietsteile können durch Staatsverträge oder Übereinkommen dem deutschen Zollgebiet angeschlossen werden. Aus dem deutschen Zollgebiet können durch Gesetze Teile ausgeschlossen werden.

(3) Alle Waren, die sich im freien Verkehr im deutschen Zollgebiet befinden, dürfen innerhalb des Zollgebietes über die Grenzen der deutschen Länder und Gemeinden sowie der gemäß Absatz 2 angeschlossenen fremden Staatsgebiete oder Gebietsteile frei ein- und durchgeführt werden.

Art. 119. *(1) Die Zölle und die durch Gesetz der Republik geregelten Steuern werden durch die Republik verwaltet.*

(2) Die Abgabenhoheit steht grundsätzlich der Republik zu.

(3) Die Republik soll Abgaben nur insoweit erheben, als es zur Deckung ihres eigenen Bedarfs erforderlich ist.

(4) Die Republik errichtet eine eigene Abgabenverwaltung. Dabei sind Einrichtungen vorzusehen, die den Ländern die Wahrung besonderer Landesinteressen auf den Gebieten der Landwirtschaft, des Handels, des Gewerbes und der Industrie ermöglichen.

(5) Soweit es die einheitliche und gleichmäßige Durchführung der Abgabengesetze der Republik erfordert, trifft die Republik durch Gesetz Vorschriften über die Einrichtung der Abgabenverwaltung der Länder, über die Einrichtung und Befugnisse der mit der Beaufsichtigung der Ausführung der Abgabengesetze der Republik betrauten Behörden, über die Abrechnung mit den Ländern und die Vergütung der Verwaltungskosten bei Ausführung der Abgabengesetze der Republik.

Durch das Gesetz über die weitere Demokratisierung des Aufbaus und der Arbeitsweise der staatlichen Organe in den Ländern der Deutschen Demokratischen Republik vom 23.7.1952 (GBl. I, S. 613) wurden die Artikel 109, 110, 111, 113, 114, 115, 116 und 119 obsolet.

Art. 120. (1) Abgaben und Steuern dürfen nur auf Grund gesetzlicher Regelung erhoben werden.

(2) Vermögens-, Einkommen- und Verbrauchssteuern sind in einem angemessenen Verhältnis zueinander zu halten und nach sozialen Gesichtspunkten zu staffeln.

(3) Durch eine starke Staffelung der Erbschaftssteuer soll die Bildung volksschädlicher Vermögenshäufung verhindert werden.

Art. 121. (1) Die Einnahmen und Ausgaben der Republik müssen für jedes Rechnungsjahr veranschlagt und in den Haushaltsplan eingestellt werden. Der Haushaltsplan wird vor Beginn des Rechnungsjahres durch ein Gesetz festgestellt.

Art. 122. (1) Über die Einnahmen der Republik und ihre Verwendung legt der Finanzminister der Volkskammer zur Entlastung der Regierung Rechnung ab. Die Rechnungsprüfung wird durch Gesetz der Republik geregelt.

Art. 123. (1) Im Wege des Kredits dürfen Geldmittel nur bei außerordentlichem Bedarf beschafft werden. Eine solche Beschaffung sowie die Übernahme einer Sicherheitsleistung zu Lasten der Republik dürfen nur auf Grund eines Gesetzes der Republik erfolgen.

Art. 124. (1) Das Post-, Fernmelde- und Rundfunkwesen sowie das Eisenbahnwesen werden von der Republik verwaltet.

(2) Die bisherigen Reichsautobahnen und Reichsstraßen sowie alle dem Fernverkehr dienenden Straßen stehen in der Verwaltung der Republik. Entsprechendes gilt für Wasserstraßen.

Art. 125.(1) Die Ordnung der Handelsschiffahrt und die Regelung des Seeverkehrs und der Seezeichen sind Aufgabe der Verwaltung der Republik.

VIII. Rechtspflege

Art. 126. (1) Die ordentliche Gerichtsbarkeit wird durch den Obersten Gerichtshof der Republik *und durch die Gerichte der Länder ausgeübt.*

Durch das Gesetz über die weitere Demokratisierung des Aufbaus und der Arbeitsweise der staatlichen Organe in den Ländern der Deutschen Demokratischen Republik vom 23.7.1952 (GBl. I, S. 613) wurde der Satzteil „und durch die Gerichte der Länder" obsolet.

Art. 127. (1) Die Richter sind in ihrer Rechtsprechung unabhängig und nur der Verfassung und dem Gesetz unterworfen.

Art. 128. (1) Richter kann nur sein, wer nach seiner Persönlichkeit und Tätigkeit die Gewähr dafür bietet, daß er sein Amt gemäß den Grundsätzen der Verfassung ausübt.

Art. 129. (1) Die Republik trägt durch den Ausbau der juristischen Bildungsstätten dafür Sorge, daß Angehörige aller Schichten des Volkes die Möglichkeit haben, die Befähigung zur Ausübung des Berufes als Richter, Rechtsanwalt und Staatsanwalt zu erlangen.

Art. 130. (1) An der Rechtsprechung sind Laienrichter im weitesten Umfange zu beteiligen.

(2) Die Laienrichter werden auf Vorschlag der demokratischen Parteien und Organisationen durch die zuständigen Volksvertretungen gewählt.

Art. 131. (1) Die Richter des Obersten Gerichtshofes und der Oberste Staatsanwalt der Republik werden auf Vorschlag der Regierung der Republik durch die Volkskammer gewählt.

(2) Die Richter der Obersten Gerichte und die Obersten Staatsanwälte der Länder werden auf Vorschlag der Landesregierungen von den Landtagen gewählt.

(3) Die übrigen Richter werden von den Landesregierungen ernannt.

Durch das Gesetz über die weitere Demokratisierung des Aufbaus und der Arbeitsweise der staatlichen Organe in den Ländern der Deutschen Demokratischen Republik vom 23.7.1952 (GBl. I, S. 613) wurden die Absätze 2 und 3 von Artikel 131 obsolet.

Art. 132. (1) Die Richter des Obersten Gerichtshofes und der Oberste Staatsanwalt der Republik können von der Volkskammer abberufen werden, wenn sie gegen die Verfassung und die Gesetze verstoßen oder ihre Pflichten als Richter oder als Staatsanwalt gröblich verletzen.

(2) Die Abberufung erfolgt nach Einholung des Gutachtens eines bei der Volkskammer zu bildenden Justizausschusses.

(3) Der Justizausschuß besteht aus dem Vorsitzenden des Rechtsausschusses der Volkskammer, aus drei Mitgliedern der Volkskammer, zwei Mitgliedern des Obersten Gerichtshofes und einem Mitglied der Obersten Staatsanwaltschaft. Den Vorsitz führt der Vorsitzende des Rechtsausschusses. Die übrigen Ausschußmitglieder werden von der Volkskammer für die Dauer der Wahlperiode gewählt. Die dem Justizausschuß angehörenden Mitglieder des Obersten Gerichtshofes und der Obersten Staatsanwaltschaft dürfen nicht Mitglieder der Volkskammer sein.

(4) Die durch die Landtage gewählten und durch die Landesregierungen ernannten Richter können von den betreffenden Landtagen abberufen werden. Die Abberufung erfolgt nach Einholung eines Gutachtens des bei dem betreffenden Landtag zu bildenden Justizausschusses. Der Justizausschuß besteht aus dem Vorsitzenden des Rechtsausschusses des Landtages, aus drei Mitgliedern des Landtages, zwei Mitgliedern des Obersten Gerichts und einem Mitglied der Obersten Staatsanwaltschaft des Landes. Den Vorsitz führt der Vorsitzende des Rechtsausschusses. Die übrigen Ausschußmitglieder werden von dem betreffenden Landtag für die Dauer der Wahlperiode gewählt. Die dem Justizausschuß angehörenden Mitglieder des Obersten Gerichts und der Obersten Staatsanwaltschaft dürfen nicht Mitglieder des Landtages sein.

(5) Die von den Landesregierungen ernannten Richter können unter den gleichen Voraussetzungen von den Landesregierungen abberufen werden, jedoch nur mit Genehmigung des Justizausschusses des betreffenden Landtages.

Durch das Gesetz über die weitere Demokratisierung des Aufbaus und der Arbeitsweise der staatlichen Organe in den Ländern der Deutschen Demokratischen

Republik vom 23.7.1952 (GBl. I, S. 613) wurden die Absätze 4 und 5 von Artikel 132 obsolet.

Art. 133. (1) Die Verhandlungen vor den Gerichten sind öffentlich.

(2) Bei Gefährdung der öffentlichen Sicherheit und Ordnung oder der Sittlichkeit kann die Öffentlichkeit durch Gerichtsbeschluß ausgeschlossen werden.

Art. 134. (1) Kein Bürger darf seinen gesetzlichen Richtern entzogen werden. Ausnahmegerichte sind unstatthaft. Gerichte für besondere Sachgebiete können vom Gesetzgeber nur errichtet werden, wenn sie für im voraus und allgemein bezeichnete Personengruppen oder Streitgegenstände zuständig sein sollen.

Art. 135. (1) Strafen dürfen nur verhängt werden, wenn sie zur Zeit der Tat gesetzlich angedroht sind.

(2) Kein Strafgesetz hat rückwirkende Kraft.

(3) Ausgenommen sind Maßnahmen und die Anwendung von Bestimmungen, die zur Überwindung des Nazismus, des Faschismus und des Militarismus getroffen werden oder die zur Ahndung von Verbrechen gegen die Menschlichkeit notwendig sind.

Art. 136. (1) Bei vorläufigen Festnahmen, Hausdurchsuchungen sowie Beschlagnahmen im Ermittlungsverfahren ist die richterliche Bestätigung unverzüglich einzuholen.

(2) Über die Zulässigkeit und Fortdauer einer Freiheitsentziehung hat nur der Richter zu entscheiden. Verhaftete sind spätestens am Tage nach dem Ergreifen dem Richter vorzuführen. Wird von ihm die Untersuchungshaft angeordnet, so hat er in regelmäßigen Abständen zu prüfen, ob ihre Fortdauer gerechtfertigt ist.

(3) Der Grund der Verhaftung ist dem Festgenommenen bei der ersten richterlichen Vernehmung zu eröffnen und auf seinen Wunsch einer von ihm benannten Person innerhalb weiterer 24 Stunden mitzuteilen.

Art. 137. (1) Der Strafvollzug beruht auf dem Gedanken der Erziehung der Besserungsfähigen durch gemeinsame produktive Arbeit.

Art. 138. (1) Dem Schutz der Bürger gegen rechtswidrige Maßnahmen der Verwaltung dienen die Kontrolle durch die Volksvertretungen und die Verwaltungsgerichtsbarkeit.

(2) Aufbau und Zuständigkeit der Verwaltungsgerichte werden durch Gesetz geregelt.

(3) Für die Mitglieder der Verwaltungsgerichte gelten die Grundsätze über die Wahl und Abberufung der Richter der ordentlichen Gerichtsbarkeit entsprechend.

IX. Selbstverwaltung

Art. 139. (1) Gemeinden und Gemeindeverbände haben das Recht der Selbstverwaltung innerhalb der Gesetze der Republik und der Länder.

(2) Zu den Selbstverwaltungsaufgaben gehören die Entscheidung und Durchführung aller öffentlichen Angelegenheiten, die das wirtschaftliche, soziale und kulturelle Leben der Gemeinde oder des Gemeindeverbandes betreffen. Jede Aufgabe ist vom untersten dazu geeigneten Verband zu erfüllen.

Art. 140. (1) Die Gemeinden und Gemeindeverbände haben Vertretungen, die nach demokratischen Grundsätzen gebildet werden.

(2) Zu ihrer Unterstützung werden Ausschüsse gebildet, in denen Vertreter der demokratischen Parteien und Organisationen verantwortlich mitarbeiten.

(3) Wahlrecht und Wahlverfahren richten sich nach den für die Wahl zur Volkskammer und zu den Landtagen geltenden Bestimmungen.

(4) Jedoch kann durch Landesgesetz die Wahlberechtigung von der Dauer des Aufenthalts in der Gemeinde bis zu einem halben Jahr abhängig gemacht werden.

Durch das Gesetz über die weitere Demokratisierung des Aufbaus und der Arbeitsweise der staatlichen Organe in den Ländern der Deutschen Demokratischen Republik vom 23.7.1952 (GBl. I, S. 613) wurde Absatz 4 von Artikel 140 obsolet.

Art. 141. (1) Die gewählten ausführenden Organe der Gemeinden und der Gemeindeverbände bedürfen zu ihrer Amtsführung des Vertrauens der Vertretungskörperschaften.

Art. 142. (1) Die Aufsicht über die Selbstverwaltung der Gemeinden und der Gemeindeverbände beschränkt sich auf die Gesetzmäßigkeit der Verwaltung und die Wahrung demokratischer Verwaltungsgrundsätze.

Art. 143. (1) Den Gemeinden und Gemeindeverbänden können von der Republik und den Ländern Aufgaben und die Durchführung von Gesetzen übertragen werden.

X. Übergangs- und Schlußbestimmungen

Art. 144. (1) Alle Bestimmungen dieser Verfassung sind unmittelbar geltendes Recht. Entgegenstehende Bestimmungen sind aufgehoben. Die an ihre Stelle tretenden, zur Durchführung der Verfassung erforderlichen Bestimmungen werden gleichzeitig mit der Verfassung in Kraft gesetzt. Weitergeltende Gesetze sind im Sinne dieser Verfassung auszulegen.

(2) Die verfassungsmäßigen Freiheiten und Rechte können nicht den Bestimmungen entgegengehalten werden, die ergangen sind und noch ergehen werden, um den Nationalsozialismus und Militarismus zu überwinden und das von ihnen verschuldete Unrecht wiedergutzumachen.

Die vorstehende, vom Deutschen Volksrat unter Beteiligung des gesamten Deutschen Volkes erarbeitete und am 19. März 1949 beschlossene, vom Dritten Deutschen Volkskongreß am 30. Mai 1949 bestätigte und durch Gesetz der Provisorischen Volkskammer vom 7. Oktober 1949 in Kraft gesetzte Verfassung der Deutschen Demokratischen Republik wird hiermit verkündet.

Berlin, den 7. Oktober 1949

Der Präsident der Provisorischen Volkskammer
der Deutschen Demokratischen Republik

Dieckmann

Quelle: *Gesetzblatt der Deutschen Demokratischen Republik 1949*, S. 5–16.

13. Verfassung der Deutschen Demokratischen Republik 1968

Die politisch-gesellschaftliche Entwicklung in der Deutschen Demokratischen Republik in den 1950er und 1960er Jahren brachte tiefgreifende Veränderungen und ließ es ratsam erscheinen, dieselben staatsrechtlich zu verankern. Deshalb beschloß die Volkskammer am 1.12.1967 die Bildung einer Kommission zur Ausarbeitung einer neuen Verfassung. Die Kommission legte der Volkskammer am 31.1.1968 einen Entwurf vor, der von dieser überarbeitet und dann am 26.3. bestätigt wurde. Ein gleichzeitig beschlossener Volksentscheid brachte am 6.4., bei einer Stimmbeteiligung von 98,05 Prozent, eine Zustimmung von 94,49 Prozent. Mit ihrer Verkündung am 8.4. trat die neue Verfassung in Kraft. Sie wurde freilich in wichtigen Teilen durch das Gesetz zur Ergänzung und Änderung der Verfassung der Deutschen Demokratischen Republik vom 7.10.1974 (GBl. I, S. 425) revidiert. Die 1974 revidierten Teile sind hier in der Originalform von 1968 ohne die Revisionen, aber im Schrägdruck wiedergegeben. Der revidierte Text ist unten als Dokument Nr. 14 abgedruckt.

Verfassung der Deutschen Demokratischen Republik Vom 6. April 1968

Getragen von der Verantwortung, der ganzen deutschen Nation den Weg in eine Zukunft des Friedens und des Sozialismus zu weisen,

in Ansehung der geschichtlichen Tatsache, daß der Imperialismus unter Führung der USA im Einvernehmen mit Kreisen des westdeutschen Monopolkapitals Deutschland gespalten hat, um Westdeutschland zu einer Basis des Imperialismus und des Kampfes gegen den Sozialismus aufzubauen, was den Lebensinteressen der Nation widerspricht,

hat sich das Volk der Deutschen Demokratischen Republik,

fest gegründet auf den Errungenschaften der antifaschistisch-demokratischen und der sozialistischen Umwälzung der gesellschaftlichen Ordnung,

einig in seinen werktätigen Klassen und Schichten das Werk der Verfassung vom 7. Oktober 1949 in ihrem Geiste weiterführend

und von dem Willen erfüllt, den Weg des Friedens, der sozialen Gerechtigkeit, der Demokratie, des Sozialismus und der Völkerfreundschaft in freier Entscheidung unbeirrt weiterzugehen,

diese sozialistische Verfassung gegeben.

Abschnitt I
Grundlagen der sozialistischen Gesellschafts- und Staatsordnung

Kapitel 1
Politische Grundlagen

Art. 1. *Die Deutsche Demokratische Republik ist ein sozialistischer Staat deutscher Nation. Sie ist die politische Organisation der Werktätigen in Stadt und Land, die gemeinsam unter Führung der Arbeiterklasse und ihrer marxistisch-leninistischen Partei den Sozialismus verwirklichen.*

Die Hauptstadt der Deutschen Demokratischen Republik ist Berlin.

Die Staatsflagge der Deutschen Demokratischen Republik besteht aus den Farben Schwarz-Rot-Gold und trägt auf beiden Seiten in der Mitte das Staatswappen der Deutschen Demokratischen Republik.

Das Staatswappen der Deutschen Demokratischen Republik besteht aus Hammer und Zirkel, umgeben von einem Ährenkranz, der im unteren Teil von einem schwarz-rot-goldenen Band umschlungen ist.

Art. 2. *(1) Alle politische Macht in der Deutschen Demokratischen Republik wird von den Werktätigen ausgeübt. Der Mensch steht im Mittelpunkt aller Bemühungen der sozialistischen Gesellschaft und ihres Staates. Das gesellschaftliche System des Sozialismus wird ständig vervollkommnet.*

(2) Das feste Bündnis der Arbeiterklasse mit der Klasse der Genossenschaftsbauern, den Angehörigen der Intelligenz und den anderen Schichten des Volkes, das sozialistische Eigentum an Produktionsmitteln, die Planung und Leitung der gesellschaftlichen Entwicklung nach den fortgeschrittensten Erkenntnissen der Wissenschaft bilden unantastbare Grundlagen der sozialistischen Gesellschaftsordnung.

(3) Die Ausbeutung des Menschen durch den Menschen ist für immer beseitigt. Was des Volkes Hände schaffen, ist des Volkes Eigen. Das sozialistische Prinzip „Jeder nach seinen Fähigkeiten, jedem nach seiner Leistung" wird verwirklicht.

(4) Die Übereinstimmung der politischen, materiellen und kulturellen Interessen der Werktätigen und ihrer Kollektive mit den gesellschaftlichen Erfordernissen ist die wichtigste Triebkraft der sozialistischen Gesellschaft.

Art. 3. (1) Das Bündnis aller Kräfte des Volkes findet in der *Nationalen Front des demokratischen Deutschland* seinen organisierten Ausdruck.

(2) In der *Nationalen Front des demokratischen Deutschland* vereinigen die Parteien und Massenorganisationen alle Kräfte des Volkes zum gemeinsamen Handeln für die Entwicklung der sozialistischen Gesellschaft. Dadurch verwirklichen sie das Zusammenleben aller Bürger in der sozialistischen Gemeinschaft nach dem Grundsatz, daß jeder Verantwortung für das Ganze trägt.

Art. 4. Alle Macht dient dem Wohle des Volkes. Sie sichert sein friedliches Leben, schützt die sozialistische Gesellschaft und gewährleistet die *planmäßige Steigerung des Lebensstandards,* die freie Entwicklung des Menschen, wahrt seine Würde und garantiert die in dieser Verfassung verbürgten Rechte.

Art. 5. (1) Die Bürger der Deutschen Demokratischen Republik üben ihre politische Macht durch demokratisch gewählte Volksvertretungen aus.

(2) Die Volksvertretungen sind die Grundlage des Systems der Staatsorgane. Sie stützen sich in ihrer Tätigkeit auf die aktive Mitgestaltung der Bürger an der Vorbereitung, Durchführung und Kontrolle ihrer Entscheidungen.

(3) Zu keiner Zeit und unter keinen Umständen können andere als die verfassungsmäßig vorgesehenen Organe staatliche Macht ausüben.

Art. 6. *(1) Die Deutsche Demokratische Republik hat getreu den Interessen des deutschen Volkes und der internationalen Verpflichtung aller Deutschen auf ihrem Gebiet den deutschen Militarismus und Nazismus ausgerottet und betreibt eine dem Frieden und dem Sozialismus, der Völkerverständigung und der Sicherheit dienende Außenpolitik.*

(2) Die Deutsche Demokratische Republik pflegt und entwickelt entsprechend den Prinzipien des sozialistischen Internationalismus die allseitige Zusammenarbeit und Freundschaft mit der Union der Sozialistischen Sowjetrepubliken und den anderen sozialistischen Staaten.

(3) Die Deutsche Demokratische Republik unterstützt die Bestrebungen der Völker nach Freiheit und Unabhängigkeit und pflegt auf der Grundlage der Gleichberechtigung und gegenseitigen Achtung die Zusammenarbeit mit allen Staaten.

(4) Die Deutsche Demokratische Republik erstrebt ein System der kollektiven Sicherheit in Europa und eine stabile Friedensordnung in der Welt. Sie setzt sich für die allgemeine Abrüstung ein.

(5) Militaristische und revanchistische Propaganda in jeder Form, Kriegshetze und Bekundung von Glaubens-, Rassen- und Völkerhaß werden als Verbrechen geahndet.

Art. 7. *(1) Die Staatsorgane gewährleisten die Unantastbarkeit des Staatsgebietes der Deutschen Demokratischen Republik einschließlich des Luftraums und der Territorialgewässer sowie den Schutz und die Nutzung des Festlandsockels.*

(2) Die Deutsche Demokratische Republik organisiert die Landesverteidigung sowie den Schutz der sozialistischen Ordnung und des friedlichen Lebens der Bürger. Die Nationale Volksarmee und die anderen Organe der Landesverteidigung schützen die sozialistischen Errungenschaften des Volkes gegen alle Angriffe von außen. Die Nationale Volksarmee pflegt im Interesse der Wahrung des Friedens und der Sicherung des sozialistischen Staates enge Waffenbrüderschaft mit den Armeen der Sowjetunion und anderer sozialistischer Staaten.

Art. 8. (1) Die allgemein anerkannten, dem Frieden und der friedlichen Zusammenarbeit der Völker dienenden Regeln des Völkerrechts sind für die Staatsmacht und jeden Bürger verbindlich. Die Deutsche Demokratische Republik wird niemals einen Eroberungskrieg unternehmen oder ihre Streitkräfte gegen die Freiheit eines anderen Volkes einsetzen.

(2) Die Herstellung und Pflege normaler Beziehungen und die Zusammenarbeit der beiden deutschen Staaten auf der Grundlage der Gleichberechtigung sind nationales Anliegen der Deutschen Demokratischen Republik. Die Deutsche Demokratische Republik und ihre Bürger erstreben darüber hinaus die Überwindung der vom Imperialismus der deutschen Nation aufgezwungenen Spaltung Deutschlands, die schrittweise Annäherung der beiden deutschen Staaten bis zu ihrer Vereinigung auf der Grundlage der Demokratie und des Sozialismus.

Kapitel 2
Ökonomische Grundlagen, Wissenschaft, Bildung und Kultur

Art. 9. *(1) Die Volkswirtschaft der Deutschen Demokratischen Republik beruht auf dem sozialistischen Eigentum an den Produktionsmitteln. Sie entwickelt sich gemäß den ökonomischen Gesetzen des Sozialismus auf der Grundlage der sozialistischen Produktionsverhältnisse. Die sozialistischen Produktionsverhältnisse entstanden als Ergebnis des Kampfes gegen das monopolkapitalistische Wirtschaftssystem, dessen aggressive und abenteuerliche Politik der deutschen Nation bisher nur Unglück gebracht hat. Durch die Entmachtung der Monopole und Großgrundbesitzer, durch die Abschaffung der kapitalistischen Profitwirtschaft wurde die Quelle der Kriegspolitik und der Ausbeutung des Menschen durch den Menschen beseitigt.*

Das sozialistische Eigentum hat sich bewährt.

(2) Die Volkswirtschaft der Deutschen Demokratischen Republik dient der Stärkung der sozialistischen Ordnung, der ständig besseren Befriedigung der materiellen und kulturellen Bedürfnisse der Bürger, der Entfaltung ihrer Persönlichkeit und ihrer sozialistischen gesellschaftlichen Beziehungen.

(3) In der Deutschen Demokratischen Republik gilt der Grundsatz der Planung und Leitung der Volkswirtschaft sowie aller anderen gesellschaftlichen Bereiche. Die Volkswirtschaft der Deutschen Demokratischen Republik ist sozialistische Planwirtschaft. *Das ökonomische System des Sozialismus verbindet die zentrale staatliche Planung und Leitung der Grundfragen der gesellschaftlichen Entwicklung mit der Eigenverantwortung der sozialistischen Warenproduzenten und der örtlichen Staatsorgane.*

Durch das Gesetz zur Ergänzung und Änderung der Verfassung der Deutschen Demokratischen Republik vom 7.10.1974 (GBl. I, S. 425) wurden in Absatz (3) Satz 3 die Worte „Planung und Leitung" durch die Worte „Leitung und Planung" ersetzt.

(4) Die Festlegung des Währungs- und Finanzsystems ist Sache des sozialistischen Staates. Abgaben und Steuern werden auf der Grundlage von Gesetzen erhoben.

(5) Die Außenwirtschaft einschließlich des Außenhandels und der Valutawirtschaft ist staatliches Monopol.

Art. 10. (1) Das sozialistische Eigentum besteht
als gesamtgesellschaftliches Volkseigentum,
als genossenschaftliches Gemeineigentum werktätiger Kollektive
sowie
als Eigentum gesellschaftlicher Organisationen der Bürger.

(2) Das sozialistische Eigentum zu schützen und zu mehren ist Pflicht des sozialistischen Staates und seiner Bürger.

Art. 11. (1) Das persönliche Eigentum der Bürger und das Erbrecht sind gewährleistet.

Das persönliche Eigentum dient der Befriedigung der materiellen und kulturellen Bedürfnisse der Bürger.

(2) Die Rechte von Urhebern und Erfindern genießen den Schutz des sozialistischen Staates.

(3) Der Gebrauch des Eigentums sowie von Urheber- und Erfinderrechten darf den Interessen der Gesellschaft nicht zuwiderlaufen.

Art. 12. (1) Die Bodenschätze, die Bergwerke, Kraftwerke, Talsperren und großen Gewässer, die Naturreichtümer des Festlandsockels, *größere* Industriebetriebe, Banken und Versicherungseinrichtungen, die volkseigenen Güter, die Verkehrswege, die Transportmittel der Eisenbahn, der Seeschiffahrt sowie der Luftfahrt, die Post- und Fernmeldeanlagen sind Volkseigentum. Privateigentum daran ist unzulässig.

(2) Der sozialistische Staat gewährleistet die Nutzung des Volkseigentums mit dem Ziel des höchsten Ergebnisses für die Gesellschaft. Dem dienen die sozialistische Planwirtschaft und das sozialistische Wirtschaftsrecht. Die Nutzung und Bewirtschaftung des Volkseigentums erfolgt grundsätzlich durch die volkseigenen Betriebe und staatlichen Einrichtungen. Seine Nutzung und Bewirtschaftung kann der Staat durch Verträge genossenschaftlichen oder gesellschaftlichen Organisationen und Vereinigungen übertragen. Eine solche Übertragung hat den Interessen der Allgemeinheit und der Mehrung des gesellschaftlichen Reichtums zu dienen.

Art. 13. Die Geräte, Maschinen, Anlagen, Bauten der landwirtschaftlichen, handwerklichen und sonstigen sozialistischen Genossenschaften sowie die Tierbestände der landwirtschaftlichen Produktionsgenossenschaften und das aus genossenschaftlicher Nutzung des Bodens sowie genossenschaftlicher Produktionsmittel erzielte Ergebnis sind genossenschaftliches Eigentum.

Art. 14. *(1) Die Nutzung und der Betrieb privater Wirtschaftsunternehmen und -einrichtungen zu Erwerbszwecken müssen gesellschaftliche Bedürfnisse befriedigen, der Erhöhung des Volkswohlstandes und der Mehrung des gesellschaftlichen Reichtums dienen.*

(2) Das enge Zusammenwirken von sozialistischen mit privaten Wirtschaftsunternehmen und -einrichtungen wird vom Staat gefördert. In Übereinstimmung mit den gesell-

schaftlichen Erfordernissen können private Betriebe auf Antrag staatliche Beteiligung aufnehmen.

(3) Privatwirtschaftliche Vereinigungen zur Begründung wirtschaftlicher Macht sind nicht gestattet.

Art. 15. (1) Der Boden der Deutschen Demokratischen Republik gehört zu ihren kostbarsten Naturreichtümern. Er muß geschützt und rationell genutzt werden. Land- und forstwirtschaftlich genutzter Boden darf nur mit Zustimmung der verantwortlichen staatlichen Organe seiner Zweckbestimmung entzogen werden.

(2) Im Interesse des Wohlergehens der Bürger sorgen Staat und Gesellschaft für den Schutz der Natur. Die Reinhaltung der Gewässer und der Luft sowie der Schutz der Pflanzen- und Tierwelt und der landschaftlichen Schönheiten der Heimat sind durch die zuständigen Organe zu gewährleisten und sind darüber hinaus auch Sache jedes Bürgers.

Art. 16. Enteignungen sind nur für gemeinnützige Zwecke auf gesetzlicher Grundlage und gegen angemessene Entschädigung zulässig. Sie dürfen nur erfolgen, wenn auf andere Weise der angestrebte gemeinnützige Zweck nicht erreicht werden kann.

Art. 17. *(1) Wissenschaft und Forschung sowie die Anwendung ihrer Erkenntnisse sind wesentliche Grundlagen der sozialistischen Gesellschaft und werden durch den Staat allseitig gefördert.*

(2) Mit dem einheitlichen sozialistischen Bildungssystem sichert die Deutsche Demokratische Republik allen Bürgern eine den ständig steigenden gesellschaftlichen Erfordernissen entsprechende hohe Bildung. Sie befähigt die Bürger, die sozialistische Gesellschaft zu gestalten und an der Entwicklung der sozialistischen Demokratie schöpferisch mitzuwirken.

(3) Die Deutsche Demokratische Republik fördert Wissenschaft und Bildung mit dem Ziel, die Gesellschaft und das Leben der Bürger zu schützen und zu bereichern, die wissenschaftlich-technische Revolution zu meistern sowie den ständigen Fortschritt der sozialistischen Gesellschaft zu gewährleisten.

(4) Jeder gegen den Frieden, die Völkerverständigung, gegen das Leben und die Würde des Menschen gerichtete Mißbrauch der Wissenschaft ist verboten.

Art. 18. (1) Die sozialistische Nationalkultur gehört zu den Grundlagen der sozialistischen Gesellschaft. Die Deutsche Demokratische Republik fördert und schützt die sozialistische Kultur, die dem Frieden, dem Humanismus und der Entwicklung der sozialistischen *Menschengemeinschaft* dient. Sie bekämpft die imperialistische Unkultur, die der psychologischen Kriegführung und der Herabwürdigung des Menschen dient. Die sozialistische Gesellschaft fördert das kulturvolle Leben der Werktätigen, pflegt alle humanistischen Werte des nationalen Kulturerbes und der Weltkultur und entwickelt die sozialistische Nationalkultur als Sache des ganzen Volkes.

(2) Die Förderung der Künste, der künstlerischen Interessen und Fähigkeiten aller Werktätigen und die Verbreitung künstlerischer Werke und Leistungen sind Obliegenheiten des Staates und aller gesellschaftlichen Kräfte. Das künstlerische Schaffen beruht auf einer engen Verbindung der Kulturschaffenden mit dem Leben des Volkes.

(2) Körperkultur, Sport und Touristik als Elemente der sozialistischen Kultur dienen der allseitigen körperlichen und geistigen Entwicklung der Bürger.

Abschnitt II
Bürger und Gemeinschaften in der sozialistischen Gesellschaft

Kapitel 1
Grundrechte und Grundpflichten der Bürger

Art. 19. (1) Die Deutsche Demokratische Republik garantiert allen Bürgern die Ausübung ihrer Rechte und ihre Mitwirkung an der Leitung der gesellschaftlichen Entwicklung. Sie gewährleistet die sozialistische Gesetzlichkeit und Rechtssicherheit.

(2) Achtung und Schutz der Würde und Freiheit der Persönlichkeit sind Gebot für alle staatlichen Organe, alle gesellschaftlichen Kräfte und jeden einzelnen Bürger.

(3) Frei von Ausbeutung, Unterdrückung und wirtschaftlicher Abhängigkeit hat jeder Bürger gleiche Rechte und vielfältige Möglichkeiten, seine Fähigkeiten in vollem Umfange zu entwickeln und seine Kräfte aus freiem Entschluß zum Wohle der Gesellschaft und zu seinem eigenen Nutzen in der sozialistischen Gemeinschaft ungehindert zu entfalten. So verwirklicht er Freiheit und Würde seiner Persönlichkeit. Die Beziehungen der Bürger werden durch gegenseitige Achtung und Hilfe, durch die Grundsätze sozialistischer Moral geprägt.

(4) Die Bedingungen für den Erwerb und den Verlust der Staatsbürgerschaft der Deutschen Demokratischen Republik werden durch Gesetz bestimmt.

Art. 20. (1) Jeder Bürger der Deutschen Demokratischen Republik hat unabhängig von seiner Nationalität, seiner Rasse, seinem weltanschaulichen oder religiösen Bekenntnis, seiner sozialen Herkunft und Stellung die gleichen Rechte und Pflichten. Gewissens- und Glaubensfreiheit sind gewährleistet. Alle Bürger sind vor dem Gesetz gleich.

(2) Mann und Frau sind gleichberechtigt und haben die gleiche Rechtsstellung in allen Bereichen des gesellschaftlichen, staatlichen und persönlichen Lebens. Die Förderung der Frau, besonders in der beruflichen Qualifizierung, ist eine gesellschaftliche und staatliche Aufgabe.

(3) Die Jugend wird in ihrer gesellschaftlichen und beruflichen Entwicklung besonders gefördert. Sie hat alle Möglichkeiten, an der Entwicklung der sozialistischen Gesellschaftsordnung verantwortungsbewußt teilzunehmen.

Art. 21. (1) Jeder Bürger der Deutschen Demokratischen Republik hat das Recht, das politische, wirtschaftliche, soziale und kulturelle Leben der sozialistischen Gemeinschaft und des sozialistischen Staates umfassend mitzugestalten. Es gilt der Grundsatz „Arbeite mit, plane mit, regiere mit!"

(2) Das Recht auf Mitbestimmung und Mitgestaltung ist dadurch gewährleistet, daß die Bürger

alle Machtorgane demokratisch wählen, an ihrer Tätigkeit und an der *Planung, Leitung und Gestaltung des gesellschaftlichen Lebens mitwirken;*

Rechenschaft von den Volksvertretungen, ihren Abgeordneten, den Leitern staatlicher und wirtschaftlicher Organe über ihre Tätigkeit fordern können;

mit der Autorität ihrer gesellschaftlichen Organisationen ihrem Wollen und ihren Forderungen Ausdruck geben;

sich mit ihren Anliegen und Vorschlägen an die gesellschaftlichen, staatlichen und wirtschaftlichen Organe und Einrichtungen wenden können;

in Volksabstimmungen ihren Willen bekunden.

(3) Die Verwirklichung dieses Rechts der Mitbestimmung und Mitgestaltung ist zugleich eine hohe moralische Verpflichtung für jeden Bürger.

Die Ausübung gesellschaftlicher oder staatlicher Funktionen findet die Anerkennung und Unterstützung der Gesellschaft und des Staates.

Art. 22. (1) Jeder Bürger der Deutschen Demokratischen Republik, der am Wahltage das 18. Lebensjahr vollendet hat, ist wahlberechtigt.

(2) Jeder Bürger kann in die örtlichen Volksvertretungen gewählt werden, wenn er am Wahltage das 18. Lebensjahr vollendet hat. Er kann in die Volkskammer gewählt werden, wenn er am Wahltage das 21. Lebensjahr vollendet hat.

(3) Die Leitung der Wahlen durch demokratisch gebildete Wahlkommissionen, die Volksaussprache über die Grundfragen der Politik und die Aufstellung und Prüfung der Kandidaten durch die Wähler sind unverzichtbare sozialistische Wahlprinzipien.

Art. 23. (1) Der Schutz des Friedens und des sozialistischen Vaterlandes und seiner Errungenschaften ist Recht und Ehrenpflicht der Bürger der Deutschen Demokratischen Republik. Jeder Bürger ist zum Dienst und zu Leistungen für die Verteidigung der Deutschen Demokratischen Republik entsprechend den Gesetzen verpflichtet.

(2) Kein Bürger darf an kriegerischen Handlungen und ihrer Vorbereitung teilnehmen, die der Unterdrückung eines Volkes dienen.

(3) Die Deutsche Demokratische Republik kann Bürgern anderer Staaten oder Staatenlosen Asyl gewähren, wenn sie wegen politischer, wissenschaftlicher oder kultureller Tätigkeit zur Verteidigung des Friedens, der Demokratie, der Interessen des werktätigen Volkes oder wegen ihrer Teilnahme am sozialen und nationalen Befreiungskampf verfolgt werden.

Art. 24. (1) Jeder Bürger der Deutschen Demokratischen Republik hat das Recht auf Arbeit. Er hat das Recht auf einen Arbeitsplatz und dessen freie Wahl entsprechend den gesellschaftlichen Erfordernissen und der persönlichen Qualifikation. Er hat das Recht auf Lohn nach Qualität und Quantität der Arbeit. Mann und Frau, Erwachsene und Jugendliche haben das Recht auf gleichen Lohn bei gleicher Arbeitsleistung.

(2) Gesellschaftlich nützliche Tätigkeit ist eine ehrenvolle Pflicht für jeden arbeitsfähigen Bürger. Das Recht auf Arbeit und die Pflicht zur Arbeit bilden eine Einheit.

(3) Das Recht auf Arbeit wird gewährleistet
durch das sozialistische Eigentum an den Produktionsmitteln;

durch die sozialistische *Planung und Leitung* des gesellschaftlichen Reproduktionsprozesses;

durch das stetige und planmäßige Wachstum der sozialistischen Produktivkräfte und der Arbeitsproduktivität;

durch die konsequente Durchführung der wissenschaftlich-technischen Revolution;

durch ständige Bildung und Weiterbildung der Bürger und durch das einheitliche sozialistische Arbeitsrecht.

Art. 25. (1) Jeder Bürger der Deutschen Demokratischen Republik hat das gleiche Recht auf Bildung. Die Bildungsstätten stehen jedermann offen. Das einheitliche sozialistische Bildungssystem gewährleistet jedem Bürger eine kontinuierliche sozialistische Erziehung, Bildung und Weiterbildung.

(2) Die Deutsche Demokratische Republik sichert das Voranschreiten des Volkes zur sozialistischen Gemeinschaft allseitig gebildeter und harmonisch entwickelter Menschen, die vom Geist des sozialistischen Patriotismus und Internationalismus durchdrungen sind und über eine hohe Allgemeinbildung und Spezialbildung verfügen.

(3) Alle Bürger haben das Recht auf Teilnahme am kulturellen Leben. Es erlangt unter den Bedingungen der wissenschaftlich-technischen Revolution und der Erhöhung der geistigen Anforderungen wachsende Bedeutung. Zur vollständigen Ausprägung der sozialistischen Persönlichkeit und zur wachsenden Befriedigung der kulturellen Interessen und Bedürfnisse wird die Teilnahme der Bürger am kulturellen Leben, an der Körperkultur und am Sport durch den Staat und die Gesellschaft gefördert.

(4) In der Deutschen Demokratischen Republik besteht allgemeine zehnjährige Oberschulpflicht, die durch den Besuch der zehnklassigen allgemeinbildenden polytechnischen Oberschule zu erfüllen ist. In bestimmten Fällen kann die Oberschulbildung in den Einrichtungen der Berufsausbildung oder der Aus- und Weiterbildung der Werktätigen beendet werden. Alle Jugendlichen haben das Recht und die Pflicht, einen Beruf zu erlernen.

(5) Für Kinder und Erwachsene mit psychischen und physischen Schädigungen bestehen Sonderschul- und -ausbildungseinrichtungen.

(6) Die Lösung dieser Aufgaben wird durch den Staat und alle gesellschaftlichen Kräfte in gemeinsamer Bildungs- und Erziehungsarbeit gesichert.

Art. 26. (1) Der Staat sichert die Möglichkeit des Übergangs zur nächsthöheren Bildungsstufe bis zu den höchsten Bildungsstätten, den Universitäten und Hochschulen, entsprechend dem Leistungsprinzip, den gesellschaftlichen Erfordernissen und unter Berücksichtigung der sozialen Struktur der Bevölkerung.

(2) Es besteht Schulgeldfreiheit. Ausbildungsbeihilfen und Lernmittelfreiheit werden nach sozialen Gesichtspunkten gewährt.

(3) Direktstudenten an den Universitäten, Hoch- und Fachschulen sind von Studiengebühren befreit.

Stipendien und Studienbeihilfen werden nach sozialen Gesichtspunkten und nach Leistung gewährt.

Art. 27. (1) Jeder Bürger der Deutschen Demokratischen Republik hat das Recht, den Grundsätzen dieser Verfassung gemäß seine Meinung frei und öffentlich zu äußern. Dieses Recht wird durch kein Dienst- oder Arbeitsverhältnis beschränkt. Niemand darf benachteiligt werden, wenn er von diesem Recht Gebrauch macht.

(2) Die Freiheit der Presse, des Rundfunks und des Fernsehens ist gewährleistet.

Art. 28. (1) Alle Bürger haben das Recht, sich im Rahmen der Grundsätze und Ziele der Verfassung friedlich zu versammeln.

(2) Die Nutzung der materiellen Voraussetzungen zur unbehinderten Ausübung dieses Rechts, der Versammlungsgebäude, Straßen und Kundgebungsplätze, Druckereien und Nachrichtenmittel wird gewährleistet.

Art. 29. Die Bürger der Deutschen Demokratischen Republik haben das Recht auf Vereinigung, um durch gemeinsames Handeln in politischen Parteien, gesellschaftlichen Organisationen, Vereinigungen und Kollektiven ihre Interessen in Übereinstimmung mit den Grundsätzen und Zielen der Verfassung zu verwirklichen.

Art. 30. (1) Die Persönlichkeit und Freiheit jedes Bürgers der Deutschen Demokratischen Republik sind unantastbar.

(2) Einschränkungen sind nur im Zusammenhang mit strafbaren Handlungen oder einer Heilbehandlung zulässig und müssen gesetzlich begründet sein. Dabei dürfen die Rechte solcher Bürger nur insoweit eingeschränkt werden, als dies gesetzlich zulässig und unumgänglich ist.

(3) Zum Schutze seiner Freiheit und der Unantastbarkeit seiner Persönlichkeit hat jeder Bürger den Anspruch auf die Hilfe der staatlichen und gesellschaftlichen Organe.

Art. 31. (1) Post- und Fernmeldegeheimnis sind unverletzbar.

(2) Sie dürfen nur auf gesetzlicher Grundlage eingeschränkt werden, wenn es die Sicherheit des sozialistischen Staates oder eine strafrechtliche Verfolgung erfordern.

Art. 32. Jeder Bürger der Deutschen Demokratischen Republik hat im Rahmen der Gesetze das Recht auf Freizügigkeit innerhalb des Staatsgebietes der Deutschen Demokratischen Republik.

Art. 33. (1) Jeder Bürger der Deutschen Demokratischen Republik hat bei Aufenthalt außerhalb der Deutschen Demokratischen Republik Anspruch auf Rechtsschutz durch die Organe der Deutschen Demokratischen Republik.

(2) Kein Bürger der Deutschen Demokratischen Republik darf einer auswärtigen Macht ausgeliefert werden.

Art. 34. (1) Jeder Bürger der Deutschen Demokratischen Republik hat das Recht auf Freizeit und Erholung.

(2) Das Recht auf Freizeit und Erholung wird gewährleistet

durch die gesetzliche Begrenzung der täglichen und wöchentlichen Arbeitszeit,

durch einen vollbezahlten Jahresurlaub und

durch den planmäßigen Ausbau des Netzes volkseigener und anderer gesellschaftlicher Erholungs- und Urlaubszentren.

Art. 35. (1) Jeder Bürger der Deutschen Demokratischen Republik hat das Recht auf Schutz seiner Gesundheit und seiner Arbeitskraft.

(2) Dieses Recht wird durch die planmäßige Verbesserung der Arbeits- und Lebensbedingungen, die Pflege der Volksgesundheit, eine umfassende Sozialpolitik, die Förderung der Körperkultur, des Schul- und Volkssports und der Touristik gewährleistet.

(3) Auf der Grundlage eines sozialen Versicherungssystems werden bei Krankheit und Unfällen materielle Sicherheit, unentgeltliche ärztliche Hilfe, Arzneimittel und andere medizinische Sachleistungen gewährt.

Art. 36. (1) Jeder Bürger der Deutschen Demokratischen Republik hat das Recht auf Fürsorge der Gesellschaft im Alter und bei Invalidität.

(2) Dieses Recht wird durch eine steigende materielle, soziale und kulturelle Versorgung und Betreuung alter und arbeitsunfähiger Bürger gewährleistet.

Art. 37. (1) Jeder Bürger der Deutschen Demokratischen Republik hat das Recht auf Wohnraum für sich und seine Familie entsprechend den volkswirtschaftlichen Möglichkeiten und örtlichen Bedingungen. Der Staat ist verpflichtet, dieses Recht durch die Förderung des Wohnungsbaus, die Werterhaltung vorhandenen Wohnraumes und die öffentliche Kontrolle über die gerechte Verteilung des Wohnraumes zu verwirklichen.

(2) Es besteht Rechtsschutz bei Kündigungen.

(3) Jeder Bürger hat das Recht auf Unverletzbarkeit seiner Wohnung.

Art. 38. (1) Ehe, Familie und Mutterschaft stehen unter dem besonderen Schutz des Staates.

Jeder Bürger der Deutschen Demokratischen Republik hat das Recht auf Achtung, Schutz und Förderung seiner Ehe und Familie.

(2) Dieses Recht wird durch die Gleichberechtigung von Mann und Frau in Ehe und Familie, durch die gesellschaftliche und staatliche Unterstützung der Bürger bei der Festigung und Entwicklung ihrer Ehe und Familie gewährleistet. Kinderreichen Familien, alleinstehenden Müttern und Vätern gilt die Fürsorge und Unterstützung des sozialistischen Staates durch besondere Maßnahmen.

(3) Mutter und Kind genießen den besonderen Schutz des sozialistischen Staates. Schwangerschaftsurlaub, spezielle medizinische Betreuung, materielle und finanzielle Unterstützung bei Geburten und Kindergeld werden gewährt.

(4) Es ist das Recht und die vornehmste Pflicht der Eltern, ihre Kinder zu gesunden und lebensfrohen, tüchtigen und allseitig gebildeten Menschen, zu staatsbewußten Bürgern zu erziehen. Die Eltern haben Anspruch auf ein enges und vertrauensvolles Zusammenwirken mit den gesellschaftlichen und staatlichen Erziehungs- und Bildungseinrichtungen.

Art. 39. (1) Jeder Bürger der Deutschen Demokratischen Republik hat das Recht, sich zu einem religiösen Glauben zu bekennen und religiöse Handlungen auszuüben.

(2) Die Kirchen und anderen Religionsgemeinschaften ordnen ihre Angelegenheiten und üben ihre Tätigkeit aus in Übereinstimmung mit der Verfassung und den gesetzlichen Bestimmungen der Deutschen Demokratischen Republik. Näheres kann durch Vereinbarungen geregelt werden.

Art. 40. Bürger der Deutschen Demokratischen Republik sorbischer Nationalität haben das Recht zur Pflege ihrer Muttersprache und Kultur. Die Ausübung dieses Rechts wird vom Staat gefördert.

Kapitel 2
Betriebe, Städte und Gemeinden in der sozialistischen Gesellschaft

Art. 41. Die sozialistischen Betriebe, Städte, Gemeinden und Gemeindeverbände sind im Rahmen der zentralen staatlichen *Planung und Leitung* eigenverantwortliche Gemeinschaften, in denen die Bürger arbeiten und ihre gesellschaftlichen Verhältnisse gestalten. Sie sichern die Wahrnehmung der Grundrechte der Bürger, die wirksame Verbindung der persönlichen mit den gesellschaftlichen

Interessen sowie ein vielfältiges gesellschaftlich-politisches und kulturell-geistiges Leben. Sie stehen unter dem Schutz der Verfassung. Eingriffe in ihre Rechte können nur auf der Grundlage von Gesetzen erfolgen.

Art. 42. (1) Im Betrieb, dessen Tätigkeit die Grundlage für die Schaffung und Mehrung des gesellschaftlichen Reichtums ist, wirken die Werktätigen unmittelbar und mit Hilfe ihrer gewählten Organe an der Leitung mit. Näheres regeln Gesetze oder Statuten.

(2) Zur Erhöhung der gesellschaftlichen Produktivität können von den staatlichen Organen, den Betrieben und Genossenschaften Vereinigungen und Gesellschaften gebildet sowie andere Formen der kooperativen Zusammenarbeit entwickelt werden.

Art. 43. (1) Die Städte, Gemeinden und Gemeindeverbände der Deutschen Demokratischen Republik gestalten die notwendigen Bedingungen für eine ständig bessere Befriedigung der materiellen, sozialen, kulturellen und sonstigen gemeinsamen Bedürfnisse der Bürger. Zur Lösung dieser Aufgaben arbeiten sie mit den Betrieben und Genossenschaften ihres Gebietes zusammen. Alle Bürger nehmen daran durch die Ausübung ihrer politischen Rechte teil.

(2) Die Verantwortung für die Verwirklichung der gesellschaftlichen Funktion der Städte und Gemeinden obliegt den von den Bürgern gewählten Volksvertretungen. Sie entscheiden eigenverantwortlich auf der Grundlage der Gesetze über ihre Angelegenheiten. Sie tragen die Verantwortung für die rationelle Nutzung aller Werte des Volksvermögens, über die sie verfügen.

Kapitel 3
Die Gewerkschaften und ihre Rechte

Art. 44. (1) Die freien Gewerkschaften, vereinigt im Freien Deutschen Gewerkschaftsbund, sind die umfassende Klassenorganisation der Arbeiterklasse. Sie nehmen die Interessen der Arbeiter, Angestellten und Angehörigen der Intelligenz durch umfassende Mitbestimmung in Staat, Wirtschaft und Gesellschaft wahr.

(2) Die Gewerkschaften sind unabhängig. Niemand darf sie in ihrer Tätigkeit einschränken oder behindern.

(3) Die Gewerkschaften nehmen durch die Tätigkeit ihrer Organisationen und Organe, durch ihre Vertreter in den gewählten staatlichen Machtorganen und durch ihre Vorschläge an die staatlichen und wirtschaftlichen Organe maßgeblich teil

an der Gestaltung der sozialistischen Gesellschaft,

an der *Planung und Leitung* der Volkswirtschaft,

an der Verwirklichung der wissenschaftlich-technischen Revolution, an der Entwicklung der Arbeits- und Lebensbedingungen, des Gesundheits- und Arbeitsschutzes, der Arbeitskultur, des kulturellen und sportlichen Lebens der Werktätigen.

Die Gewerkschaften arbeiten in den Betrieben und Institutionen an der Ausarbeitung der Pläne mit und sind in den Gesellschaftlichen Räten der Vereinigungen Volkseigener Betriebe und in den Produktionskomitees der Betriebe und Kombinate vertreten. Sie organisieren die Ständigen Produktionsberatungen.

Art. 45. (1) Die Gewerkschaften haben das Recht, über alle die Arbeits- und Lebensbedingungen der Werktätigen betreffenden Fragen mit staatlichen Organen, mit Betriebsleitungen und anderen wirtschaftsleitenden Organen Vereinbarungen abzuschließen.

(2) Die Gewerkschaften nehmen aktiven Anteil an der Gestaltung der sozialistischen Rechtsordnung. Sie besitzen das Recht der Gesetzesinitiative sowie der gesellschaftlichen Kontrolle über die Wahrung der gesetzlich garantierten Rechte der Werktätigen.

(3) Die Gewerkschaften leiten die Sozialversicherung der Arbeiter und Angestellten auf der Grundlage der Selbstverwaltung der Versicherten. Sie nehmen an der umfassenden materiellen und finanziellen Versorgung und Betreuung der Bürger bei Krankheit, Arbeitsunfall, Invalidität und im Alter teil.

(4) Alle Staatsorgane und Wirtschaftsleiter sind verpflichtet, für eine enge und vertrauensvolle Zusammenarbeit mit den Gewerkschaften Sorge zu tragen.

Kapitel 4
Die sozialistischen Produktionsgenossenschaften und ihre Rechte

Art. 46. (1) Die landwirtschaftlichen Produktionsgenossenschaften sind die freiwilligen Vereinigungen der Bauern zur gemeinsamen sozialistischen Produktion, zur ständig besseren Befriedigung ihrer materiellen und kulturellen Bedürfnisse und zur Versorgung des Volkes und der Volkswirtschaft. Sie gestalten auf der Grundlage der Gesetze eigenverantwortlich ihre Arbeits- und Lebensbedingungen.

(2) Durch ihre Organisationen und ihre Vertreter in den Staatsorganen nehmen die landwirtschaftlichen Produktionsgenossenschaften aktiv an der staatlichen Planung und Leitung der gesellschaftlichen Entwicklung teil.

(3) Der Staat hilft den landwirtschaftlichen Produktionsgenossenschaften, die sozialistische Großproduktion auf der Grundlage fortgeschrittener Wissenschaft und Technik zu entwickeln.

(4) Für die sozialistischen Produktionsgenossenschaften der Fischer, der Gärtner und der Handwerker gelten die gleichen Grundsätze.

Abschnitt III
Aufbau und System der staatlichen Leitung

Art. 47. (1) Der Aufbau und die Tätigkeit der staatlichen Organe werden durch die in dieser Verfassung festgelegten Ziele und Aufgaben der Staatsmacht bestimmt.

(2) Die Souveränität des werktätigen Volkes, verwirklicht auf der Grundlage des demokratischen Zentralismus, ist das tragende Prinzip des Staatsaufbaus.

Kapitel 1
Die Volkskammer

Art. 48. (1) Die Volkskammer ist das oberste staatliche Machtorgan der Deutschen Demokratischen Republik. Sie entscheidet in ihren Plenarsitzungen über die Grundfragen der Staatspolitik.

(2) Die Volkskammer ist das einzige verfassungs- und gesetzgebende Organ in der Deutschen Demokratischen Republik. Niemand kann ihre Rechte einschränken.

Die Volkskammer verwirklicht in ihrer Tätigkeit den Grundsatz der Einheit von Beschlußfassung und Durchführung.

Art. 49. (1) Die Volkskammer bestimmt durch Gesetze und Beschlüsse endgültig und für jedermann verbindlich die Ziele der Entwicklung der Deutschen Demokratischen Republik.

(2) Die Volkskammer legt die Hauptregeln für das Zusammenwirken der Bürger, Gemeinschaften und Staatsorgane sowie deren Aufgaben bei der Durchführung der staatlichen Pläne der gesellschaftlichen Entwicklung fest.

(3) Die Volkskammer gewährleistet die Verwirklichung ihrer Gesetze und Beschlüsse. Sie bestimmt die Grundsätze der Tätigkeit des Staatsrates, des Ministerrates, des Nationalen Verteidigungsrates, des Obersten Gerichts und des Generalstaatsanwalts.

Art. 50. Die Volkskammer wählt den Vorsitzenden und die Mitglieder des Staatsrates, den Vorsitzenden und die Mitglieder des Ministerrates, den Vorsitzenden des Nationalen Verteidigungsrates, den Präsidenten und die Richter des Obersten Gerichts und den Generalstaatsanwalt. Sie können jederzeit von der Volkskammer abberufen werden.

Art. 51. Die Volkskammer bestätigt Staatsverträge der Deutschen Demokratischen Republik und andere völkerrechtliche Verträge, soweit durch sie Gesetze der Volkskammer geändert werden. Sie entscheidet über die Kündigung dieser Verträge.

Art. 52. Die Volkskammer beschließt über den Verteidigungszustand der Deutschen Demokratischen Republik. Im Dringlichkeitsfalle ist der Staatsrat berechtigt, den Verteidigungszustand zu beschließen. Der Vorsitzende des Staatsrates verkündet den Verteidigungszustand.

Art. 53. Die Volkskammer kann die Durchführung von Volksabstimmungen beschließen.

Art. 54. Die Volkskammer besteht aus 500 Abgeordneten, die vom Volke auf die Dauer von *4* Jahren in freier, allgemeiner, gleicher und geheimer Wahl gewählt werden.

Art. 55. (1) Die Volkskammer wählt für die Dauer der Wahlperiode ein Präsidium.

Das Präsidium besteht aus dem Präsidenten der Volkskammer, einem Stellvertreter des Präsidenten und weiteren Mitgliedern.

(2) Dem Präsidium obliegt die Tagungsleitung der Plenarsitzungen. Weitere Aufgaben regelt die Geschäftsordnung der Volkskammer.

Art. 56. (1) Die Abgeordneten der Volkskammer erfüllen ihre verantwortungsvollen Aufgaben im Interesse und zum Wohle des gesamten Volkes.

(2) Die Abgeordneten fördern die Mitwirkung der Bürger an der Vorbereitung und Verwirklichung der Gesetze in Zusammenarbeit mit den Ausschüssen der *Nationalen Front des demokratischen Deutschland*, den gesellschaftlichen Organisationen und den staatlichen Organen.

(3) Die Abgeordneten halten enge Verbindung zu ihren Wählern. Sie sind verpflichtet, deren Vorschläge, Hinweise und Kritiken zu beachten und für eine gewissenhafte Behandlung Sorge zu tragen.

(4) Die Abgeordneten erläutern den Bürgern die Politik des sozialistischen Staates.

Art. 57. (1) Die Abgeordneten der Volkskammer sind verpflichtet, regelmäßig Sprechstunden und Aussprachen durchzuführen sowie den Wählern über ihre Tätigkeit Rechenschaft zu legen.

(2) Ein Abgeordneter, der seine Pflichten gröblich verletzt, kann von den Wählern gemäß dem gesetzlich festgelegten Verfahren abberufen werden.

Art. 58. Die Abgeordneten der Volkskammer haben das Recht, an den Tagungen der örtlichen Volksvertretungen mit beratender Stimme teilzunehmen.

Art. 59. Jeder Abgeordnete der Volkskammer hat das Recht, Anfragen an den Ministerrat und jedes seiner Mitglieder zu richten.

Art. 60. (1) Alle staatlichen und wirtschaftlichen Organe sind verpflichtet, die Abgeordneten bei der Wahrnehmung ihrer Aufgaben zu unterstützen.

(2) Die Abgeordneten der Volkskammer besitzen die Rechte der Immunität. Beschränkungen der persönlichen Freiheit, Hausdurchsuchungen, Beschlagnahmen oder Strafverfolgungen sind gegen Abgeordnete der Volkskammer nur mit Zustimmung der Volkskammer oder in der Zeit zwischen ihren Tagungen mit Zustimmung des Staatsrates zulässig. Die Entscheidung des Staatsrates bedarf der Bestätigung durch die Volkskammer.

Die Abgeordneten der Volkskammer sind berechtigt, über Personen, die ihnen in ihrer Eigenschaft als Abgeordnete Tatsachen anvertrauen oder denen sie in Ausübung ihrer Abgeordnetentätigkeit solche Tatsachen anvertraut haben, sowie über diese Tatsachen selbst die Aussage zu verweigern.

(3) Den Abgeordneten dürfen aus ihrer Abgeordnetentätigkeit keinerlei berufliche oder sonstige persönliche Nachteile entstehen. Sie sind von ihrer beruflichen Tätigkeit freigestellt, soweit die Wahrnehmung ihrer Aufgaben als Abgeordnete es erfordert. Gehälter und Löhne sind weiterzuzahlen.

Art. 61. (1) Die Volkskammer bildet aus ihrer Mitte Ausschüsse. Ihnen obliegt in enger Zusammenarbeit mit den Wählern die Beratung von Gesetzentwürfen und die ständige Kontrolle der Durchführung der Gesetze.

(2) Die Ausschüsse können die Anwesenheit der zuständigen Minister und Leiter anderer staatlicher Organe in ihren Beratungen zum Zwecke der Erteilung von Auskünften verlangen. Alle Staatsorgane sind verpflichtet, den Ausschüssen die erforderlichen Informationen zu erteilen.

(3) Die Ausschüsse haben das Recht, Fachleute zur ständigen oder zeitweiligen Mitarbeit heranzuziehen.

Art. 62. (1) Die Volkskammer tritt spätestens am 30. Tage nach ihrer Wahl zusammen. Ihre erste Tagung wird vom Staatsrat einberufen.

(2) Die Tagungen der Volkskammer sind öffentlich. Auf Antrag von mindestens zwei Dritteln der anwesenden Abgeordneten kann die Öffentlichkeit ausgeschlossen werden.

Art. 63. (1) Die Volkskammer ist beschlußfähig, wenn mehr als die Hälfte der Abgeordneten anwesend ist.

(2) Die Volkskammer faßt ihre Beschlüsse mit Stimmenmehrheit. Verfassungsändernde Gesetze sind beschlossen, wenn mindestens zwei Drittel der gewählten Abgeordneten zustimmen.

Art. 64. (1) Vor Ablauf der Wahlperiode findet eine Auflösung der Volkskammer nur durch eigenen Beschluß statt.

(2) Ein solcher Beschluß bedarf der Zustimmung von mindestens zwei Dritteln der gewählten Abgeordneten.

(2) Spätestens am 60. Tage nach Ablauf der Wahlperiode oder am 45. Tage nach Auflösung der Volkskammer muß deren Neuwahl stattfinden.

Art. 65. (1) Das Recht zur Einbringung von Gesetzesvorlagen haben die Abgeordneten der in der Volkskammer vertretenen Parteien und Massenorganisationen, die Ausschüsse der Volkskammer, der Staatsrat, der Ministerrat und der Freie Deutsche Gewerkschaftsbund.

(2) In Vorbereitung der Tagungen der Volkskammer behandelt der Staatsrat Gesetzesvorlagen und prüft deren Verfassungsmäßigkeit.

(3) Die Ausschüsse der Volkskammer beraten die Gesetzesvorlagen und legen ihre Auffassung dem Plenum der Volkskammer vor. *Sie werden in ihrer Tätigkeit vom Staatsrat unterstützt.*

(4) Entwürfe grundlegender Gesetze werden vor ihrer Verabschiedung der Bevölkerung zur Erörterung unterbreitet. Die Ergebnisse der Volksdiskussion sind bei der endgültigen Fassung auszuwerten.

(5) Die von der Volkskammer verabschiedeten Gesetze werden vom Vorsitzenden des Staatsrates innerhalb eines Monats im Gesetzblatt verkündet.

(6) Gesetze treten am 14. Tage nach ihrer Verkündung in Kraft, soweit sie nichts anderes bestimmen.

Kapitel 2
Der Staatsrat

Art. 66. *(1) Der Staatsrat erfüllt als Organ der Volkskammer zwischen den Tagungen der Volkskammer alle grundsätzlichen Aufgaben, die sich aus den Gesetzen und Beschlüssen der Volkskammer ergeben. Er ist der Volkskammer für seine Tätigkeit verantwortlich.*

(2) Der Vorsitzende des Staatsrates vertritt die Deutsche Demokratische Republik völkerrechtlich. Der Staatsrat entscheidet über den Abschluß der Staatsverträge der Deutschen Demokratischen Republik. Sie werden vom Vorsitzenden des Staatsrates ratifiziert. Der Staatsrat kündigt Staatsverträge.

Art. 67. (1) Der Staatsrat besteht aus dem Vorsitzenden, seinen Stellvertretern, den Mitgliedern und dem Sekretär.

(2) Der Vorsitzende, die Stellvertreter des Vorsitzenden, die Mitglieder und der Sekretär des Staatsrates werden von der Volkskammer auf ihrer ersten Tagung nach der Neuwahl auf die Dauer von *4* Jahren gewählt.

(3) Nach Ablauf der Wahlperiode der Volkskammer setzt der Staatsrat seine Tätigkeit bis zur Wahl des neuen Staatsrates durch die Volkskammer fort.

Art. 68. Der Vorsitzende, die Stellvertreter des Vorsitzenden, die Mitglieder und der Sekretär des Staatsrates leisten bei ihrem Amtsantritt der Volkskammer folgenden Eid:

„Ich schwöre, daß ich meine Kraft dem Wohle des Volkes der Deutschen Demokratischen Republik widmen, ihre Verfassung und die Gesetze wahren, meine Pflichten gewissenhaft erfüllen und Gerechtigkeit gegenüber jedermann üben werde."

Art. 69. Der Vorsitzende leitet die Arbeit des Staatsrates.

Durch das Gesetz zur Ergänzung und Änderung der Verfassung der Deutschen Demokratischen Republik vom 7.10.1974 (GBl. I, S. 425) wurde an Artikel 69 ein weiterer Satz angefügt.

Art. 70. *(1) Der Staatsrat behandelt Vorlagen an die Volkskammer und veranlaßt ihre Beratung in den Ausschüssen der Volkskammer.*

(2) Auf Beschluß der Volkskammer oder aus eigener Initiative beruft der Staatsrat die Tagungen der Volkskammer ein.

(3) Der Staatsrat ist verpflichtet, die Volkskammer jederzeit einzuberufen, wenn mindestens ein Drittel der Abgeordneten es verlangt.

Art. 71. *(1) Der Staatsrat regelt die grundsätzlichen Aufgaben, die sich aus den Gesetzen und Beschlüssen der Volkskammer ergeben, durch Erlasse. Sie werden der Volkskammer zur Bestätigung vorgelegt.*

(2) Erlasse und Beschlüsse des Staatsrates sind rechtsverbindlich.

(3) Der Staatsrat legt die Verfassung und die Gesetze verbindlich aus, soweit dies nicht durch die Volkskammer selbst erfolgt.

Art. 72. Der Staatsrat schreibt die Wahlen zur Volkskammer und zu den anderen Volksvertretungen aus.

Art. 73. (1) Der Staatsrat faßt grundsätzliche Beschlüsse zu Fragen der Verteidigung und Sicherheit des Landes. Er organisiert die Landesverteidigung mit Hilfe des Nationalen Verteidigungsrates.

(2) Der Staatsrat beruft die Mitglieder des Nationalen Verteidigungsrates. Der Nationale Verteidigungsrat ist der Volkskammer und dem Staatsrat für seine Tätigkeit verantwortlich.

Art. 74. Der Staatsrat nimmt im Auftrage der Volkskammer die ständige Aufsicht über die Verfassungsmäßigkeit und Gesetzlichkeit der Tätigkeit des Obersten Gerichts und des Generalstaatsanwalts wahr.

Art. 75. (1) Der Vorsitzende des Staatsrates ernennt die bevollmächtigten Vertreter der Deutschen Demokratischen Republik in anderen Staaten und beruft sie ab. Er nimmt Beglaubigungs- und Abberufungsschreiben der bei ihm akkreditierten Vertreter anderer Staaten entgegen.

(2) Der Staatsrat legt die militärischen Dienstgrade, die diplomatischen Ränge und andere spezielle Titel fest.

Art. 76. *Der Staatsrat stiftet staatliche Orden, Auszeichnungen und Ehrentitel, die von seinem Vorsitzenden verliehen werden.*

Art. 77. *Der Staatsrat übt das Amnestie- und Begnadigungsrecht aus.*

Kapitel 3
Der Ministerrat

Art. 78. *(1) Der Ministerrat organisiert im Auftrage der Volkskammer die Erfüllung der politischen, ökonomischen, kulturellen und sozialen sowie die ihm übertragenen Verteidigungsaufgaben des sozialistischen Staates. Er ist ein kollektiv arbeitendes Organ.*

(2) Der Ministerrat arbeitet wissenschaftlich begründete Prognosen aus, organisiert die Gestaltung des ökonomischen Systems des Sozialismus und leitet die planmäßige Entwicklung der Volkswirtschaft.

Art. 79. *(1) Der Ministerrat arbeitet auf der Grundlage der Gesetze und Beschlüsse der Volkskammer sowie der Erlasse und Beschlüsse des Staatsrates. Er erläßt im Rahmen der Gesetze und Erlasse Verordnungen und faßt Beschlüsse.*

(2) Der Ministerrat leitet, koordiniert und kontrolliert die Tätigkeit der Ministerien, der anderen zentralen Staatsorgane und der Räte der Bezirke entsprechend den Erkenntnissen der Organisationswissenschaft.

(3) Der Ministerrat entscheidet über den Abschluß und die Kündigung völkerrechtlicher Verträge, die in seinem Namen abgeschlossen werden.

Art. 80. *(1) Der Vorsitzende des Ministerrates wird vom Vorsitzenden des Staatsrates der Volkskammer vorgeschlagen und von ihr mit der Bildung des Ministerrates beauftragt.*

(2) Der Vorsitzende und die Mitglieder des Ministerrates werden nach der Neuwahl der Volkskammer von ihr auf die Dauer von 4 Jahren gewählt.

(3) Der Vorsitzende und die Mitglieder des Ministerrates werden vom Vorsitzenden des Staatsrates auf die Verfassung vereidigt.

(4) Der Ministerrat besteht aus dem Vorsitzenden, den Stellvertretern des Vorsitzenden und den Ministern. Er wird vom Vorsitzenden des Ministerrates geleitet.

(5) Der Ministerrat bildet aus seiner Mitte das Präsidium des Ministerrates. Es wird vom Vorsitzenden des Ministerrates geleitet.

(6) Jeder Minister leitet verantwortlich das ihm übertragene Aufgabengebiet.

Für die Tätigkeit des Ministerrates tragen alle seine Mitglieder die Verantwortung.

(7) Der Ministerrat ist der Volkskammer verantwortlich und rechenschaftspflichtig.

(8) Nach Ablauf der Wahlperiode der Volkskammer setzt der Ministerrat seine Tätigkeit bis zur Wahl des neuen Ministerrates durch die Volkskammer fort.

Kapitel 4
Die örtlichen Volksvertretungen und ihre Organe

Art. 81. (1) Die örtlichen Volksvertretungen sind die von den wahlberechtigten Bürgern gewählten Organe der Staatsmacht in den Bezirken, Kreisen, Städten, Stadtbezirken, Gemeinden und Gemeindeverbänden.

(2) Die örtlichen Volksvertretungen entscheiden auf der Grundlage der Gesetze in eigener Verantwortung über alle Angelegenheiten, die ihr Gebiet und seine

Bürger betreffen. Sie organisieren die Mitwirkung der Bürger an der Gestaltung des politischen, wirtschaftlichen, kulturellen und sozialen Lebens und arbeiten mit den gesellschaftlichen Organisationen der Werktätigen zusammen.

(3) Die Tätigkeit der örtlichen Volksvertretungen ist darauf gerichtet,

das sozialistische Eigentum zu mehren und zu schützen, die Arbeits- und Lebensbedingungen der Bürger ständig zu verbessern und das gesellschaftliche und kulturelle Leben der Bürger und ihrer Gemeinschaften zu fördern,

das sozialistische Staats- und Rechtsbewußtsein der Bürger zu heben und die öffentliche Ordnung zu sichern, die sozialistische Gesetzlichkeit zu festigen und die Rechte der Bürger zu wahren.

Art. 82. (1) Die örtlichen Volksvertretungen fassen Beschlüsse, die für ihre Organe und Einrichtungen sowie für die Volksvertretungen, Gemeinschaften und Bürger ihres Gebietes verbindlich sind. Diese Beschlüsse sind zu veröffentlichen.

(2) Die örtlichen Volksvertretungen haben eigene Einnahmen und verfügen über ihre Verwendung.

Art. 83. (1) Zur Wahrnehmung ihrer Verantwortung wählt jede örtliche Volksvertretung ihren Rat und Kommissionen. Die Mitglieder des Rates sollen nach Möglichkeit Abgeordnete sein. In die Kommissionen können auch Mitglieder berufen werden, die nicht Abgeordnete sind.

(2) Der Rat sichert die Entfaltung der Tätigkeit der Volksvertretung und organisiert die Leitung der gesellschaftlichen Entwicklung in deren Verantwortungsbereich. Er ist der Volksvertretung für seine gesamte Tätigkeit verantwortlich und dem übergeordneten Rat rechenschaftspflichtig. Der Rat ist ein kollektiv arbeitendes Organ.

(3) Die Kommissionen organisieren die sachkundige Mitwirkung der Bürger bei der Vorbereitung und Durchführung der Beschlüsse der Volksvertretung. *Sie kontrollieren die Durchführung der Gesetze, Erlasse, Verordnungen und der Beschlüsse der Volksvertretung durch den Rat und dessen Fachorgane.*

Art. 84. Die örtlichen Volksvertretungen können zur gemeinsamen Wahrnehmung ihrer Aufgaben Verbände bilden.

Art. 85. Die Aufgaben und Befugnisse der örtlichen Volksvertretungen, ihrer Abgeordneten, Kommissionen und ihrer Räte in den Bezirken, Kreisen, Städten, Stadtbezirken, Gemeinden und Gemeindeverbänden werden durch Gesetz festgelegt.

Abschnitt IV
Sozialistische Gesetzlichkeit und Rechtspflege

Art. 86. Die sozialistische Gesellschaft, die politische Macht des werktätigen Volkes, ihre Staats- und Rechtsordnung sind die grundlegende Garantie für die Einhaltung und die Verwirklichung der Verfassung im Geiste der Gerechtigkeit, Gleichheit, Brüderlichkeit und Menschlichkeit.

Art. 87. Gesellschaft und Staat gewährleisten die Gesetzlichkeit durch die Einbeziehung der Bürger und ihrer Gemeinschaften in die Rechtspflege und in die gesellschaftliche und staatliche Kontrolle über die Einhaltung des sozialistischen Rechts.

Art. 88. Die Verantwortlichkeit aller leitenden Mitarbeiter in Staat und Wirtschaft gegenüber den Bürgern ist durch ein System der Rechenschaftspflicht gewährleistet.

Art. 89. (1) Gesetze und andere allgemeinverbindliche Rechtsvorschriften der Deutschen Demokratischen Republik werden im Gesetzblatt und anderweitig veröffentlicht.

(2) Rechtsvorschriften der örtlichen Volksvertretungen und ihrer Organe werden in geeigneter Form veröffentlicht.

(3) Rechtsvorschriften dürfen der Verfassung nicht widersprechen. Über Zweifel an der Verfassungsmäßigkeit von Rechtsvorschriften des Ministerrates und anderer staatlicher Organe entscheidet der Staatsrat.

Art. 90. (1) Die Rechtspflege dient der Durchführung der sozialistischen Gesetzlichkeit, dem Schutz und der Entwicklung der Deutschen Demokratischen Republik und ihrer Staats- und Gesellschaftsordnung. Sie schützt die Freiheit, das friedliche Leben, die Rechte und die Würde der Menschen.

(2) Die Bekämpfung und Verhütung von Straftaten und anderen Rechtsverletzungen sind gemeinsames Anliegen der sozialistischen Gesellschaft, ihres Staates und aller Bürger.

(3) Die Teilnahme der Bürger an der Rechtspflege ist gewährleistet. Sie wird im einzelnen durch Gesetz bestimmt.

Art. 91. Die allgemein anerkannten Normen des Völkerrechts über die Bestrafung von Verbrechen gegen den Frieden, gegen die Menschlichkeit und von Kriegsverbrechen sind unmittelbar geltendes Recht. Verbrechen dieser Art unterliegen nicht der Verjährung.

Art. 92. Die Rechtsprechung wird in der Deutschen Demokratischen Republik durch das Oberste Gericht, die Bezirksgerichte, die Kreisgerichte und die gesellschaftlichen Gerichte im Rahmen der ihnen durch Gesetz übertragenen Aufgaben ausgeübt. In Militärstrafsachen üben das Oberste Gericht, die Militärobergerichte und die Militärgerichte die Rechtsprechung aus.

Art. 93. (1) Das Oberste Gericht ist das höchste Organ der Rechtsprechung.

(2) Das Oberste Gericht leitet die Rechtsprechung der Gerichte auf der Grundlage der Verfassung, der Gesetze und anderen Rechtsvorschriften der Deutschen Demokratischen Republik. Es sichert die einheitliche Rechtsanwendung durch alle Gerichte.

(3) Das Oberste Gericht ist der Volkskammer und zwischen ihren Tagungen dem Staatsrat verantwortlich.

Art. 94. (1) Richter kann nur sein, wer dem Volk und seinem sozialistischen Staat treu ergeben ist und über ein hohes Maß an Wissen und Lebenserfahrung, an menschlicher Reife und Charakterfestigkeit verfügt.

(2) Die demokratische Wahl aller Richter, Schöffen und Mitglieder gesellschaftlicher Gerichte gewährleistet, daß die Rechtsprechung von Frauen und Männern aller Klassen und Schichten des Volkes ausgeübt wird.

Art. 95. Alle Richter, Schöffen und Mitglieder der gesellschaftlichen Gerichte werden durch die Volksvertretungen oder unmittelbar durch die Bürger gewählt. Sie erstatten ihren Wählern Bericht über ihre Arbeit. Sie können von ihren Wählern abberufen werden, wenn sie gegen die Verfassung oder die Gesetze verstoßen oder sonst ihre Pflichten gröblich verletzen.

Art. 96. (1) Die Richter, Schöffen und Mitglieder der gesellschaftlichen Gerichte sind in ihrer Rechtsprechung unabhängig. Sie sind nur an die Verfassung, die Gesetze und anderen Rechtsvorschriften der Deutschen Demokratischen Republik gebunden.

(2) Die Schöffen üben die Funktion eines Richters in vollem Umfang und mit gleichem Stimmrecht wie die Berufsrichter aus.

Art. 97. Zur Sicherung der sozialistischen Gesellschafts- und Staatsordnung und der Rechte der Bürger wacht die Staatsanwaltschaft auf der Grundlage der Gesetze und anderen Rechtsvorschriften der Deutschen Demokratischen Republik über die strikte Einhaltung der sozialistischen Gesetzlichkeit. Sie schützt die Bürger vor Gesetzesverletzungen. Die Staatsanwaltschaft leitet den Kampf gegen Straftaten und sichert, daß die Personen, die Verbrechen oder Vergehen begangen haben, vor Gericht zur Verantwortung gezogen werden.

Art. 98. (1) Die Staatsanwaltschaft wird vom Generalstaatsanwalt geleitet.

(2) Dem Generalstaatsanwalt unterstehen die Staatsanwälte der Bezirke und Kreise sowie die Militärstaatsanwälte.

(3) Die Staatsanwälte werden vom Generalstaatsanwalt berufen und abberufen, sie sind ihm verantwortlich und an seine Weisungen gebunden.

(4) Der Generalstaatsanwalt ist der Volkskammer und zwischen ihren Tagungen dem Staatsrat verantwortlich.

Art. 99. (1) Die strafrechtliche Verantwortlichkeit wird durch die Gesetze der Deutschen Demokratischen Republik bestimmt.

(2) Eine Tat zieht strafrechtliche Verantwortlichkeit nur nach sich, wenn diese zur Zeit der Begehung der Tat gesetzlich festgelegt ist, wenn der Täter schuldhaft gehandelt hat und die Schuld zweifelsfrei nachgewiesen ist. Strafgesetze haben keine rückwirkende Kraft.

(3) Eine strafrechtliche Verfolgung ist nur in Übereinstimmung mit den Strafgesetzen möglich.

(4) Die Rechte des Bürgers dürfen im Zusammenhang mit einem Strafverfahren nur insoweit eingeschränkt werden, wie dies gesetzlich zulässig und unumgänglich ist.

Art. 100. (1) Über die Zulässigkeit von Untersuchungshaft hat nur der Richter zu entscheiden. Verhaftete sind spätestens am Tage nach ihrer Verhaftung dem Richter vorzuführen.

(2) Der Richter oder der Staatsanwalt haben im Rahmen ihrer Verantwortung jederzeit zu prüfen, ob die Voraussetzungen der Untersuchungshaft noch vorliegen.

(3) Der Staatsanwalt hat nächste Angehörige des Verhafteten innerhalb von 24 Stunden nach der ersten richterlichen Vernehmung zu benachrichtigen.

Ausnahmen sind nur zulässig, wenn durch die Benachrichtigung der Zweck der Untersuchung gefährdet wird. In diesen Fällen erfolgt die Benachrichtigung nach Wegfall der Gefährdungsgründe.

Art. 101. (1) Niemand darf seinem gesetzlichen Richter entzogen werden.

(2) Ausnahmegerichte sind unstatthaft.

Art. 102. (1) Jeder Bürger hat das Recht, vor Gericht gehört zu werden.

(2) Das Recht auf Verteidigung wird während des gesamten Strafverfahrens gewährleistet.

Art. 103. (1) Jeder Bürger kann sich mit Eingaben (Vorschlägen, Hinweisen, Anliegen oder Beschwerden) an die Volksvertretungen, ihre Abgeordneten oder die staatlichen und wirtschaftlichen Organe wenden. Dieses Recht steht auch den gesellschaftlichen Organisationen und den Gemeinschaften der Bürger zu. Ihnen darf aus der Wahrnehmung dieses Rechts kein Nachteil entstehen.

(2) Die für die Entscheidung verantwortlichen Organe sind verpflichtet, die Eingaben der Bürger oder der Gemeinschaften innerhalb der gesetzlich vorgeschriebenen Frist zu bearbeiten und den Antragstellern das Ergebnis mitzuteilen.

Durch das Gesetz zur Ergänzung und Änderung der Verfassung der Deutschen Demokratischen Republik vom 7.10.1974 (GBl. I, S. 425) wurde Artikel 103 durch einen Absatz (3) ergänzt.

Art. 104. *(1) Für Beschwerden gegen Entscheidungen zentraler Organe des Ministerrates ist der Ministerrat zuständig.*

(2) Für Beschwerden gegen Leitungsentscheidungen des Ministerrates, des Obersten Gerichts oder des Generalstaatsanwalts ist der Staatsrat zuständig.

Art. 105. *(1) Für Beschwerden gegen Entscheidungen örtlicher Staatsorgane ist der Leiter des Organs zuständig, welches die angefochtene Entscheidung getroffen hat. Ändert der Leiter die Entscheidung nicht, ist der Beschwerdeführer berechtigt, sich an den Beschwerdeausschuß der zuständigen Volksvertretung zu wenden.*

(2) Die Aufgaben und Rechte der Beschwerdeausschüsse werden durch Erlaß geregelt.

Art. 106. (1) Für Schäden, die einem Bürger oder seinem persönlichen Eigentum durch ungesetzliche Maßnahmen von Mitarbeitern der Staatsorgane zugefügt werden, haftet das staatliche Organ, dessen Mitarbeiter den Schaden verursacht hat.

(2) Voraussetzungen und Verfahren der Staatshaftung werden durch Gesetz geregelt.

Abschnitt V
Schlußbestimmungen

Art. 107. Die Verfassung ist unmittelbar geltendes Recht.

Art. 108. Die Verfassung kann nur von der Volkskammer der Deutschen Demokratischen Republik durch Gesetz geändert werden, das den Wortlaut der Verfassung ausdrücklich ändert oder ergänzt.

Die durch Volksentscheid am sechsten April neunzehnhundertachtundsechzig beschlossene Verfassung der Deutschen Demokratischen Republik wird hiermit verkündet.

Berlin, den achten April neunzehnhundertachtundsechzig

Der Vorsitzende des Staatsrats
der Deutschen Demokratischen Republik

W. Ulbricht

Quelle: *Gesetzblatt der Deutschen Demokratischen Republik 1968 I,* S. 199–222.

14. Verfassung der Deutschen Demokratischen Republik 1974

Bereits sechs Jahre nach der Verabschiedung der Verfassung von 1968 (siehe oben Dokument Nr. 13) hatte die Führung der Deutschen Demokratischen Republik (DDR) das Bedürfnis, die Verfassung erneut an die veränderten innen-, außen- und deutschlandpolitischen Entwicklungen anzupassen. Der hier abgedruckte Text der neuen Fassung wurde allerdings nicht wie derjenige von 1968 und wie in dessen Artikel 65 Absatz 4 vorgeschrieben, der Bevölkerung zur Erörterung unterbreitet. Ohne daß Gründe für diese Auslassung angegeben wurden, wurde vielmehr der bis dahin unveröffentlichte neue Text der Volkskammer unterbreitet und von dieser am 27.9.1974 einstimmig verabschiedet. Gleichzeitig verkündet, aber auf den 7.10.1974 vordatiert, trat die neue Verfassung am Jahrestag der Geburt der DDR (siehe oben Einleitung zu Dokument Nr. 12) in Kraft und löste damit ihre Vorgängerin ab. Sie behielt ihre Geltung, allerdings mit zahlreichen Änderungen, darunter der grundlegenden des Gesetzes vom 17.6.1990 (siehe unten Dokument Nr. 15), bis zum Ende der DDR am 2.10.1990.

Verfassung der Deutschen Demokratischen Republik vom 6. April 1968 in der Fassung des Gesetzes zur Ergänzung und Änderung der Verfassung der Deutschen Demokratischen Republik vom 7. Oktober 1974

In Fortsetzung der revolutionären Traditionen der deutschen Arbeiterklasse und gestützt auf die Befreiung vom Faschismus hat das Volk der Deutschen Demokratischen Republik in Übereinstimmung mit den Prozessen der geschichtlichen Entwicklung unserer Epoche sein Recht auf sozial-ökonomische, staatliche und nationale Selbstbestimmung verwirklicht und gestaltet die entwickelte sozialistische Gesellschaft.

Erfüllt von dem Willen, seine Geschicke frei zu bestimmen, unbeirrt auch weiter den Weg des Sozialismus und Kommunismus, des Friedens, der Demokratie und Völkerfreundschaft zu gehen, hat sich das Volk der Deutschen Demokratischen Republik diese sozialistische Verfassung gegeben.

Die Präambel wurde durch das Gesetz zur Änderung und Ergänzung der Verfassung der Deutschen Demokratischen Republik vom 5.4.1990 (GBl. I, S. 221) aufgehoben.

Abschnitt I. Grundlagen der sozialistischen Gesellschafts- und Staatsordnung

Dieser folgende Abschnitt I wurde teilweise widerrufen durch das Gesetz zur Änderung und Ergänzung der Verfassung der Deutschen Demokratischen Republik (Verfassungsgrundsätze) vom 17.6.1990 (GBl. I, S. 299; siehe unten Dokument Nr. 15).

Kapitel 1. Politische Grundlagen

Art. 1. Die Deutsche Demokratische Republik ist ein sozialistischer Staat der Arbeiter und Bauern. Sie ist die politische Organisation der Werktätigen in Stadt und Land *unter Führung der Arbeiterklasse und ihrer marxistisch-leninistischen Partei.*

Durch das Gesetz zur Änderung der Verfassung der Deutschen Demokratischen Republik vom 1.12.1989 (GBl. I, S. 265) wurden in Satz 2 die Worte „unter Führung der Arbeiterklasse und ihrer marxistisch-leninistischen Partei" gestrichen.

Die Hauptstadt der Deutschen Demokratischen Republik ist Berlin.

Die Staatsflagge der Deutschen Demokratischen Republik besteht aus den Farben Schwarz-Rot-Gold und trägt auf beiden Seiten in der Mitte das Staatswappen der Deutschen Demokratischen Republik.

Das Staatswappen der Deutschen Demokratischen Republik besteht aus Hammer und Zirkel, umgeben von einem Ährenkranz, der im unteren Teil von einem schwarz-rot-goldenen Band umschlungen ist.

Art. 2. (1) Alle politische Macht in der Deutschen Demokratischen Republik wird von den Werktätigen in Stadt und Land ausgeübt. Der Mensch steht im Mittelpunkt aller Bemühungen der sozialistischen Gesellschaft und ihres Staates. Die weitere Erhöhung des materiellen und kulturellen Lebensniveaus des Volkes auf der Grundlage eines hohen Entwicklungstempos der sozialistischen Produktion, der Erhöhung der Effektivität, des wissenschaftlich-technischen Fortschritts und des Wachstums der Arbeitsproduktivität ist die entscheidende Aufgabe der entwickelten sozialistischen Gesellschaft.

(2) Das feste Bündnis der Arbeiterklasse mit der Klasse der Genossenschaftsbauern, den Angehörigen der Intelligenz und den anderen Schichten des Volkes, das sozialistische Eigentum an Produktionsmitteln, die Leitung und Planung der gesellschaftlichen Entwicklung nach den fortgeschrittensten Erkenntnissen der Wissenschaft bilden unantastbare Grundlagen der sozialistischen Gesellschaftsordnung.

(3) Die Ausbeutung des Menschen durch den Menschen ist für immer beseitigt. Was des Volkes Hände schaffen, ist des Volkes Eigen. Das sozialistische Prinzip „Jeder nach seinen Fähigkeiten, jedem nach seiner Leistung" wird verwirklicht.

Art. 3. *(1) Das Bündnis aller Kräfte des Volkes findet in der Nationalen Front der Deutschen Demokratischen Republik seinen organisierten Ausdruck.*

(2) In der Nationalen Front der Deutschen Demokratischen Republik vereinigen die Parteien und Massenorganisationen alle Kräfte des Volkes zum gemeinsamen Handeln für die Entwicklung der sozialistischen Gesellschaft. Dadurch verwirklichen sie das Zusammenleben aller Bürger in der sozialistischen Gemeinschaft nach dem Grundsatz, daß jeder Verantwortung für das Ganze trägt.

Dieser Artikel 3 wurde durch das Gesetz zur Änderung und Ergänzung der Verfassung der Deutschen Demokratischen Republik vom 20.2.1990 (GBl. I, S. 59) aufgehoben.

Art. 4. Alle Macht dient dem Wohle des Volkes. Sie sichert sein friedliches Leben, schützt die sozialistische Gesellschaft und gewährleistet die sozialistische Lebensweise der Bürger, die freie Entwicklung des Menschen, wahrt seine Würde und garantiert die in dieser Verfassung verbürgten Rechte.

Art. 5. (1) Die Bürger der Deutschen Demokratischen Republik üben ihre politische Macht durch demokratisch gewählte Volksvertretungen aus.

(2) Die Volksvertretungen sind die Grundlage des Systems der Staatsorgane. Sie stützen sich in ihrer Tätigkeit auf die aktive Mitgestaltung der Bürger an der Vorbereitung, Durchführung und Kontrolle ihrer Entscheidungen.

(3) Zu keiner Zeit und unter keinen Umständen können andere als die verfassungsmäßig vorgesehenen Organe staatliche Macht ausüben.

Art. 6. (1) Die Deutsche Demokratische Republik hat getreu den Interessen des Volkes und den internationalen Verpflichtungen auf ihrem Gebiet den deutschen Militarismus und Nazismus ausgerottet. Sie betreibt eine dem Sozialismus und dem Frieden, der Völkerverständigung und der Sicherheit dienende Außenpolitik.

(2) Die Deutsche Demokratische Republik ist für immer und unwiderruflich mit der Union der Sozialistischen Sowjetrepubliken verbündet. Das enge und brüderliche Bündnis mit ihr garantiert dem Volk der Deutschen Demokratischen Republik das weitere Voranschreiten auf dem Wege des Sozialismus und des Friedens. Die Deutsche Demokratische Republik ist untrennbarer Bestandteil der sozialistischen Staatengemeinschaft. Sie trägt getreu den Prinzipien des sozialistischen Internationalismus zu ihrer Stärkung bei, pflegt und entwickelt die Freundschaft, die allseitige Zusammenarbeit und den gegenseitigen Beistand mit allen Staaten der sozialistischen Gemeinschaft.

(3) Die Deutsche Demokratische Republik unterstützt die Staaten und Völker, die gegen den Imperialismus und sein Kolonialregime, für nationale Freiheit und Unabhängigkeit kämpfen, in ihrem Ringen um gesellschaftlichen Fortschritt. Die Deutsche Demokratische Republik tritt für die Verwirklichung der Prinzipien der friedlichen Koexistenz von Staaten unterschiedlicher Gesellschaftsordnung ein und pflegt auf der Grundlage der Gleichberechtigung und gegenseitigen Achtung die Zusammenarbeit mit allen Staaten.

(4) Die Deutsche Demokratische Republik setzt sich für Sicherheit und Zusammenarbeit in Europa, für eine stabile Friedensordnung in der Welt und für die allgemeine Abrüstung ein.

(5) Militaristische und revanchistische Propaganda in jeder Form, Kriegshetze und Bekundung von Glaubens-, Rassen- und Völkerhaß werden als Verbrechen geahndet.

Art. 7. (1) Die Staatsorgane gewährleisten die territoriale Integrität der Deutschen Demokratischen Republik und die Unverletzlichkeit ihrer Staatsgrenzen einschließlich ihres Luftraumes und ihrer Territorialgewässer sowie den Schutz und die Nutzung ihres Festlandsockels.

(2) Die Deutsche Demokratische Republik organisiert die Landesverteidigung sowie den Schutz der sozialistischen Ordnung und des friedlichen Lebens der Bürger. Die Nationale Volksarmee und die anderen Organe der Landesverteidigung schützen die sozialistischen Errungenschaften des Volkes gegen alle Angriffe von außen. Die Nationale Volksarmee pflegt im Interesse der Wahrung des Friedens und der Sicherung des sozialistischen Staates enge Waffenbrüderschaft mit den Armeen der Sowjetunion und anderer sozialistischer Staaten.

Art. 8. (1) Die allgemein anerkannten, dem Frieden und der friedlichen Zusammenarbeit der Völker dienenden Regeln des Völkerrechts sind für die Staatsmacht und jeden Bürger verbindlich.

(2) Die Deutsche Demokratische Republik wird niemals einen Eroberungskrieg unternehmen oder ihre Streitkräfte gegen die Freiheit eines anderen Volkes einsetzen.

Kapitel 2. Ökonomische Grundlagen, Wissenschaft, Bildung und Kultur

Art. 9. (1) Die Volkswirtschaft der Deutschen Demokratischen Republik beruht auf dem sozialistischen Eigentum an den Produktionsmitteln. Sie entwickelt sich gemäß den ökonomischen Gesetzen des Sozialismus auf der Grundlage der sozialistischen Produktionsverhältnisse und der zielstrebigen Verwirklichung der sozialistischen ökonomischen Integration.

(2) Die Volkswirtschaft der Deutschen Demokratischen Republik dient der Stärkung der sozialistischen Ordnung, der ständig besseren Befriedigung der materiellen und kulturellen Bedürfnisse der Bürger, der Entfaltung ihrer Persönlichkeit und ihrer sozialistischen gesellschaftlichen Beziehungen.

(3) In der Deutschen Demokratischen Republik gilt der Grundsatz der Leitung und Planung der Volkswirtschaft sowie aller anderen gesellschaftlichen Bereiche. Die Volkswirtschaft der Deutschen Demokratischen Republik ist sozialistische Planwirtschaft. Die zentrale staatliche Leitung und Planung der Grundfragen der gesellschaftlichen Entwicklung ist mit der Eigenverantwortung der örtlichen Staatsorgane und Betriebe sowie der Initiative der Werktätigen verbunden.

(4) Die Festlegung des Währungs- und Finanzsystems ist Sache des sozialistischen Staates. Abgaben und Steuern werden auf der Grundlage von Gesetzen erhoben.

(5) Die Außenwirtschaft einschließlich des Außenhandels und der Valutawirtschaft ist staatliches Monopol.

Art. 10. (1) Das sozialistische Eigentum besteht als gesamtgesellschaftliches Volkseigentum, als genossenschaftliches Gemeineigentum werktätiger Kollektive sowie als Eigentum gesellschaftlicher Organisationen der Bürger.

(2) Das sozialistische Eigentum zu schützen und zu mehren ist Pflicht des sozialistischen Staates und seiner Bürger.

Art. 11. (19) Das persönliche Eigentum der Bürger und das Erbrecht sind gewährleistet.

Das persönliche Eigentum dient der Befriedigung der materiellen und kulturellen Bedürfnisse der Bürger.

(2) Die Rechte von Urhebern und Erfindern genießen den Schutz des sozialistischen Staates.

(3) Der Gebrauch des Eigentums sowie von Urheber- und Erfinderrechten darf den Interessen der Gesellschaft nicht zuwiderlaufen.

Art. 12. (1) Die Bodenschätze, die Bergwerke, Kraftwerke, Talsperren und großen Gewässer, die Naturreichtümer des Festlandsockels, Industriebetriebe, Banken und Versicherungseinrichtungen, die volkseigenen Güter, die Verkehrswege, die Transportmittel der Eisenbahn, der Seeschiffahrt sowie der Luftfahrt, die Post- und Fernmeldeanlagen sind Volkseigentum. *Privateigentum daran ist unzulässig.*

> Durch das Gesetz zur Änderung und Ergänzung der Verfassung der Deutschen Demokratischen Republik vom 12.1.1990 (GBl. I, S. 15) wurde Satz 2 gestrichen und durch folgenden Satz ersetzt:

Abweichungen hiervon sind auf der Grundlage der Gesetze zulässig.

(2) Der sozialistische Staat gewährleistet die Nutzung des Volkseigentums mit dem Ziel des höchsten Ergebnisses für die Gesellschaft. Dem dienen die sozialistische Planwirtschaft und das sozialistische Wirtschaftsrecht. Die Nutzung und Bewirtschaftung des Volkseigentums erfolgt grundsätzlich durch die volkseigenen Betriebe und staatlichen Einrichtungen. Seine Nutzung und Bewirtschaftung kann der Staat durch Verträge genossenschaftlichen oder gesellschaftlichen Organisationen und Vereinigungen übertragen. Eine solche Übertragung hat den Interessen der Allgemeinheit und der Mehrung des gesellschaftlichen Reichtums zu dienen.

Art. 13. Die Geräte, Maschinen, Anlagen, Bauten der landwirtschaftlichen, handwerklichen und sonstigen sozialistischen Genossenschaften sowie die Tierbestände der landwirtschaftlichen Produktionsgenossenschaften und das aus genossenschaftlicher Nutzung des Bodens sowie genossenschaftlicher Produktionsmittel erzielte Ergebnis sind genossenschaftliches Eigentum.

Art. 14. (1) Privatwirtschaftliche Vereinigungen zur Begründung wirtschaftlicher Macht sind nicht gestattet.

(2) Die auf überwiegend persönlicher Arbeit beruhenden kleinen Handwerks- und anderen Gewerbebetriebe sind auf gesetzlicher Grundlage tätig. In der Wahrnehmung ihrer Verantwortung für die sozialistische Gesellschaft werden sie vom Staat gefördert.

Durch das Gesetz zur Änderung und Ergänzung der Verfassung der Deutschen Demokratischen Republik vom 12.1.1990 (GBl. I, S. 15) wurde folgender Artikel 14 a eingefügt:

Art. 14a. (1) Die Gründung von Unternehmen mit ausländischer Beteiligung durch Kombinate, Betriebe, Einrichtungen, Genossenschaften sowie Handwerker, Gewerbetreibende und andere Bürger ist auf der Grundlage der Gesetze und anderen Rechtsvorschriften zulässig.

(2) Die Mitbestimmung der Werktätigen an der Leitung der Unternehmen mit ausländischer Beteiligung wird gewährleistet.

Art. 15. (1) Der Boden der Deutschen Demokratischen Republik gehört zu ihren kostbarsten Naturreichtümern. Er muß geschützt und rationell genutzt werden. Land- und forstwirtschaftlich genutzter Boden darf nur mit Zustimmung der verantwortlichen staatlichen Organe seiner Zweckbestimmung entzogen werden.

(2) Im Interesse des Wohlergehens der Bürger sorgen Staat und Gesellschaft für den Schutz der Natur. Die Reinhaltung der Gewässer und der Luft sowie der Schutz der Pflanzen- und Tierwelt und der landschaftlichen Schönheiten der Heimat sind durch die zuständigen Organe zu gewährleisten und sind darüber hinaus auch Sache jedes Bürgers.

Art. 16. Enteignungen sind nur für gemeinnützige Zwecke auf gesetzlicher Grundlage und gegen angemessene Entschädigung zulässig. Sie dürfen nur erfolgen, wenn auf andere Weise der angestrebte gemeinnützige Zweck nicht erreicht werden kann.

Art. 17. *(1) Die Deutsche Demokratische Republik fördert Wissenschaft, Forschung und Bildung mit dem Ziel, die Gesellschaft und das Leben der Bürger zu schützen und zu bereichern. Dem dient die Vereinigung der wissenschaftlich-technischen Revolution mit den Vorzügen des Sozialismus.*

(2) Mit dem einheitlichen sozialistischen Bildungssystem sichert die Deutsche Demokratische Republik allen Bürgern eine den ständig steigenden gesellschaftlichen Erfordernissen entsprechende hohe Bildung. Sie befähigt die Bürger, die sozialistische Gesellschaft zu gestalten und an der Entwicklung der sozialistischen Demokratie schöpferisch mitzuwirken.

Die Absätze (I) und (2) wurden durch § 1 des Verfassungsgesetzes über Schulen in freier Trägerschaft vom 22.7.1990 (GBl. I, S. 1036) aufgehoben.

(4) Jeder gegen den Frieden, die Völkerverständigung, gegen das Leben und die Würde des Menschen gerichtete Mißbrauch der Wissenschaft ist verboten.

Art. 18. (1) Die sozialistische Nationalkultur gehört zu den Grundlagen der sozialistischen Gesellschaft. Die Deutsche Demokratische Republik fördert und schützt die sozialistische Kultur, die dem Frieden, dem Humanismus und der Entwicklung der sozialistischen Gesellschaft dient. Sie bekämpft die imperialistische Unkultur, die der psychologischen Kriegsführung und der Herabwürdigung des Menschen dient. Die sozialistische Gesellschaft fördert das kulturvolle Leben der Werktätigen, pflegt alle humanistischen Werte des nationalen Kulturerbes und der Weltkultur und entwickelt die sozialistische Nationalkultur als Sache des ganzen Volkes.

(2) Die Förderung der Künste, der künstlerischen Interessen und Fähigkeiten aller Werktätigen und die Verbreitung künstlerischer Werke und Leistungen sind Obliegenheiten des Staates und aller gesellschaftlichen Kräfte. Das künstlerische Schaffen beruht auf einer engen Verbindung der Kulturschaffenden mit dem Leben des Volkes.

(3) Körperkultur, Sport und Touristik als Elemente der sozialistischen Kultur dienen der allseitigen körperlichen und geistigen Entwicklung der Bürger.

Abschnitt II. Bürger und Gemeinschaften in der sozialistischen Gesellschaft

Kapitel 1. Grundrechte und Grundpflichten der Bürger

Art. 19. (1) Die Deutsche Demokratische Republik garantiert allen Bürgern die Ausübung ihrer Rechte und ihre Mitwirkung an der Leistung der gesellschaftlichen Entwicklung. Sie gewährleistet die sozialistische Gesetzlichkeit und Rechtssicherheit.

(2) Achtung und Schutz der Würde und Freiheit der Persönlichkeit sind Gebot für alle staatlichen Organe, alle gesellschaftlichen Kräfte und jeden einzelnen Bürger.

(3) Frei von Ausbeutung, Unterdrückung und wirtschaftlicher Abhängigkeit hat jeder Bürger gleiche Rechte und vielfältige Möglichkeiten, seine Fähigkeiten in vollem Umfange zu entwickeln und seine Kräfte aus freiem Entschluß zum Wohle der Gesellschaft und zu seinem eigenen Nutzen in der sozialistischen Gemeinschaft ungehindert zu entfalten. So verwirklicht er Freiheit und Würde seiner Persönlichkeit. Die Beziehungen der Bürger werden durch gegenseitige Achtung und Hilfe, durch die Grundsätze sozialistischer Moral geprägt.

(4) Die Bedingungen für den Erwerb und den Verlust der Staatsbürgerschaft der Deutschen Demokratischen Republik werden durch Gesetz bestimmt.

Art. 20. (1) Jeder Bürger der Deutschen Demokratischen Republik hat unabhängig von seiner Nationalität, seiner Rasse, seinem weltanschaulichen oder religiösen Bekenntnis, seiner sozialen Herkunft und Stellung die gleichen Rechte und Pflichten. Gewissens- und Glaubensfreiheit sind gewährleistet. Alle Bürger sind vor dem Gesetz gleich.

(2) Mann und Frau sind gleichberechtigt und haben die gleiche Rechtsstellung in allen Bereichen des gesellschaftlichen, staatlichen und persönlichen Lebens. Die Förderung der Frau, besonders in der beruflichen Qualifizierung, ist eine gesellschaftliche und staatliche Aufgabe.

(3) Die Jugend wird in ihrer gesellschaftlichen und beruflichen Entwicklung besonders gefördert. Sie hat alle Möglichkeiten, an der Entwicklung der sozialistischen Gesellschaftsordnung verantwortungsbewußt teilzunehmen.

Art. 21. (1) Jeder Bürger der Deutschen Demokratischen Republik hat das Recht, das politische, wirtschaftliche, soziale und kulturelle Leben der sozialistischen Gemeinschaft und des sozialistischen Staates umfassend mitzugestalten. Es gilt der Grundsatz „Arbeite mit, plane mit, regiere mit!"

(2) Das Recht auf Mitbestimmung und Mitgestaltung ist dadurch gewährleistet, daß die Bürger

alle Machtorgane demokratisch wählen, an ihrer Tätigkeit und an der Leitung, Planung und Gestaltung des gesellschaftlichen Lebens mitwirken;

Rechenschaft von den Volksvertretungen, ihren Abgeordneten, den Leitern staatlicher und wirtschaftlicher Organe über ihre Tätigkeit fordern können;

mit der Autorität ihrer gesellschaftlichen Organisationen ihrem Wollen und ihren Forderungen Ausdruck geben;

sich mit ihren Anliegen und Vorschlägen an die gesellschaftlichen, staatlichen und wirtschaftlichen Organe und Einrichtungen wenden können;

in Volksabstimmungen ihren Willen bekunden.

(3) Die Verwirklichung dieses Rechts der Mitbestimmung und Mitgestaltung ist zugleich eine hohe moralische Verpflichtung für jeden Bürger.

Die Ausübung gesellschaftlicher oder staatlicher Funktionen findet die Anerkennung und Unterstützung der Gesellschaft und des Staates.

Art. 22. (1) Jeder Bürger der Deutschen Demokratischen Republik, der am Wahltage das 18. Lebensjahr vollendet hat, ist wahlberechtigt.

(2) Jeder Bürger kann in die Volkskammer und in die örtlichen Volksvertretungen gewählt werden, wenn er am Wahltage das 18. Lebensjahr vollendet hat.

(3) Die Leitung der Wahlen durch demokratisch gebildete Wahlkommissionen, die Volksaussprache über die Grundfragen der Politik und die Aufstellung und Prüfung der Kandidaten durch die Wähler sind unverzichtbare sozialistische Wahlprinzipien.

Neue Fassung von Absatz (3) durch das Gesetz zur Änderung und Ergänzung der Verfassung der Deutschen Demokratischen Republik vom 20.2.1990 (GBl. I, S. 59):

(3) Wahlen werden unter öffentlicher Kontrolle durchgeführt und durch demokratisch gebildete Wahlkommissionen geleitet.

Durch das Gesetz zur Änderung und Ergänzung der Verfassung der Deutschen Demokratischen Republik vom 20.2.1990 (GBl. I, S. 59) wurden folgende Absätze (4) und (5) angefügt:

(4) In der Deutschen Demokratischen Republik wohnhafte ausländische Bürger und Staatenlose haben Wahlrecht zu den Kreistagen, Stadtverordnetenversammlungen, Stadtbezirksversammlungen und Gemeindevertretungen.

(5) Das Nähere regeln die Wahlgesetze.

Art. 23. *(1) Der Schutz des Friedens und des sozialistischen Vaterlandes und seiner Errungenschaften ist Recht und Ehrenpflicht der Bürger der Deutschen Demokratischen Republik. Jeder Bürger ist zum Dienst und zu Leistungen für die Verteidigung der Deutschen Demokratischen Republik entsprechend den Gesetzen verpflichtet.*

Neue Fassung von Absatz (l) durch das Gesetz zur Änderung und Ergänzung der Verfassung der Deutschen Demokratischen Republik vom 20.2.1990 (GBl. I, S. 60):

(1) Jeder Bürger ist zum Dienst und zu Leistungen für die Verteidigung der Deutschen Demokratischen Republik oder zu einem Zivildienst entsprechend den Rechtsvorschriften verpflichtet.

(2) Kein Bürger darf an kriegerischen Handlungen und ihrer Vorbereitung teilnehmen, die der Unterdrückung eines Volkes dienen.

(3) Die Deutsche Demokratische Republik kann Bürgern anderer Staaten oder Staatenlosen Asyl gewähren, wenn sie wegen politischer, wissenschaftlicher oder kultureller Tätigkeit zur Verteidigung des Friedens, der Demokratie, der Interessen des werktätigen Volkes oder wegen ihrer Teilnahme am sozialen und nationalen Befreiungskampf verfolgt werden.

Art. 24. (1) Jeder Bürger der Deutschen Demokratischen Republik hat das Recht auf Arbeit. Er hat das Recht auf einen Arbeitsplatz und dessen freie Wahl entsprechend den gesellschaftlichen Erfordernissen und der persönlichen Qualifikation. Er hat das Recht auf Lohn nach Qualität und Quantität der Arbeit. Mann und Frau, Erwachsene und Jugendliche haben das Recht auf gleichen Lohn bei gleicher Arbeitsleistung.

(2) Gesellschaftlich nützliche Tätigkeit ist eine ehrenvolle Pflicht für jeden arbeitsfähigen Bürger. Das Recht auf Arbeit und die Pflicht zur Arbeit bilden eine Einheit.

(3) Das Recht auf Arbeit wird gewährleistet

durch das sozialistische Eigentum an den Produktionsmitteln;

durch die sozialistische Leitung und Planung des gesellschaftlichen Reproduktionsprozesses;

durch das stetige und planmäßige Wachstum der sozialistischen Produktivkräfte und der Arbeitsproduktivität;

durch die konsequente Durchführung der wissenschaftlich-technischen Revolution; durch ständige Bildung und Weiterbildung der Bürger und

durch das einheitliche sozialistische Arbeitsrecht.

Art. 25. (1) Jeder Bürger der Deutschen Demokratischen Republik hat das gleiche Recht auf Bildung. Die Bildungsstätten stehen jedermann offen. *Das einheitliche sozialistische Bildungssystem gewährleistet jedem Bürger eine kontinuierliche sozialistische Erziehung, Bildung und Weiterbildung.*

Satz 3 wurde durch § 1 des Verfassungsgesetzes über Schulen in freier Trägerschaft vom 22.7.1990 (GBl. I, S. 1036) aufgehoben.

(2) Die Deutsche Demokratische Republik sichert das Voranschreiten des Volkes zur sozialistischen Gemeinschaft allseitig gebildeter und harmonisch entwickelter Menschen, die vom Geist des sozialistischen Patriotismus und Internationalismus durchdrungen sind und über eine hohe Allgemeinbildung und Spezialbildung verfügen.

Neue Fassung von Absatz (2) und Erweiterung um Absatz (2 a) durch § 1 des Verfassungsgesetzes über Schulen in freier Trägerschaft vom 22.7.1990 (GBl. I, S. 1036):

(2) Das gesamte Schulwesen steht unter der Aufsicht des Staates.

(2 a) Das Recht zur Errichtung von Schulen in freier Trägerschaft wird gewährleistet. Schulen in freier Trägerschaft als Ersatz für staatliche Schulen bedürfen der Genehmigung des Staates und unterstehen den Landesgesetzen. Die Genehmigung ist zu erteilen, wenn die Schulen in freier Trägerschaft in ihren Lehrzielen und Einrichtungen sowie in der wissenschaftlichen Ausbildung ihrer Lehrkräfte nicht hinter den staatlichen Schulen zurückstehen und eine Sonderung der Schüler nach den Besitzverhältnissen der Eltern nicht gefördert wird. Die Genehmigung ist zu versagen, wenn die wirtschaftliche und rechtliche Stellung der Lehrkräfte nicht gesichert ist.

(3) Alle Bürger haben das Recht auf Teilnahme am kulturellen Leben. Es erlangt unter den Bedingungen der wissenschaftlich-technischen Revolution und der Erhaltung der geistigen Anforderungen wachsende Bedeutung. Zur vollständigen Ausprägung der sozialistischen Persönlichkeit und zur wachsenden Befriedigung der kulturellen Interessen und Bedürfnisse wird die Teilnahme der Bürger am kulturellen Leben, an der Körperkultur und am Sport durch den Staat und die Gesellschaft gefördert.

(4) In der Deutschen Demokratischen Republik besteht allgemeine zehnjährige Oberschulpflicht, die durch den Besuch der zehnklassigen allgemeinbildenden polytechnischen Oberschule zu erfüllen ist. In bestimmten Fällen kann die Oberschulbildung in den Einrichtungen der Berufsausbildung oder der Aus- und Weiterbildung der Werktätigen beendet werden. Alle Jugendlichen haben das Recht und die Pflicht, einen Beruf zu erlernen.

Neue Fassung von Absatz (4) und Erweiterung um Absatz (4a) durch § 1 des Verfassungsgesetzes über Schulen in freier Trägerschaft vom 22.7.1990 (GBl. I, S. 1036):

(4) In der Deutschen Demokratischen Republik besteht die allgemeine zehnjährige Schulpflicht, die grundsätzlich durch den Besuch der zehnklassigen allgemeinbildenden Schulen zu erfüllen ist. Das Recht zur Einrichtung von Schulen in freier Trägerschaft wird gewährleistet. Schulen in freier Trägerschaft haben Anspruch auf öffentliche Finanzhilfe. Einzelheiten werden durch Gesetz geregelt. In Ausnahmefällen kann die allgemeine Schulbildung in den Einrichtungen der Berufsausbildung oder der Aus- und Weiterbildung der Werktätigen beendet werden. Alle Jugendlichen haben das Recht, einen Beruf zu erlernen.

(4a) Eine Grundschule in freier Trägerschaft ist nur zuzulassen, wenn die Unterrichtsverwaltung ein besonderes pädagogisches Interesse anerkennt oder, auf Antrag von Erziehungsberechtigten, wenn sie als Gemeinschaftsschule, als Bekenntnis- oder Weltanschauungsschule errichtet werden soll und eine staatliche Grundschule dieser Art in der Gemeinde nicht besteht.

(5) Für Kinder und Erwachsene mit psychischen und physischen Schädigungen bestehen Sonderschul- und -ausbildungseinrichtungen.

(6) Die Lösung dieser Aufgaben wird durch den Staat und alle gesellschaftlichen Kräfte in gemeinsamer Bildungs- und Erziehungsarbeit gesichert.

Art. 26. (1) Der Staat sichert die Möglichkeit des Übergangs zur nächsthöheren Bildungsstufe bis zu den höchsten Bildungsstätten, den Universitäten und Hochschulen, entsprechend dem Leistungsprinzip, den gesellschaftlichen Erfordernissen und unter Berücksichtigung der sozialen Struktur der Bevölkerung.

(2) Es besteht Schulgeldfreiheit. Ausbildungsbeihilfen und Lernmittelfreiheit werden nach sozialen Gesichtspunkten gewährt.

(3) Direktstudenten an den Universitäten, Hoch- und Fachschulen sind von Studiengebühren befreit.

Stipendien und Studienbeihilfen werden nach sozialen Gesichtspunkten und nach Leistung gewährt.

Art. 27. (1) Jeder Bürger der Deutschen Demokratischen Republik hat das Recht, den Grundsätzen dieser Verfassung gemäß seine Meinung frei und öffentlich zu äußern. Dieses Recht wird durch kein Dienst- oder Arbeitsverhältnis beschränkt. Niemand darf benachteiligt werden, wenn er von diesem Recht Gebrauch macht.

(2) Die Freiheit der Presse, des Rundfunks und des Fernsehens ist gewährleistet.

Art. 28. (1) Alle Bürger haben das Recht, sich im Rahmen der Grundsätze und Ziele der Verfassung friedlich zu versammeln.

(2) Die Nutzung der materiellen Voraussetzungen zur unbehinderten Ausübung dieses Rechts, der Versammlungsgebäude, Straßen und Kundgebungsplätze, Druckereien und Nachrichtenmittel wird gewährleistet.

Art. 29. Die Bürger der Deutschen Demokratischen Republik haben das Recht auf Vereinigung, um durch gemeinsames Handeln in politischen Parteien, gesellschaftlichen Organisationen, Vereinigungen und Kollektiven ihre Interessen in Übereinstimmung mit den Grundsätzen und Zielen der Verfassung zu verwirklichen.

Art. 30. (1) Die Persönlichkeit und Freiheit jedes Bürgers der Deutschen Demokratischen Republik sind unantastbar.

(2) Einschränkungen sind nur im Zusammenhang mit strafbaren Handlungen oder einer Heilbehandlung zulässig und müssen gesetzlich begründet sein. Dabei dürfen die Rechte solcher Bürger nur insoweit eingeschränkt werden, als dies gesetzlich zulässig und unumgänglich ist.

Durch Beschluß des Staatsrates der Deutschen Demokratischen Republik vom 17.7.1987 (GBl. I, S. 192) wurde die Todesstrafe abgeschafft.

(3) Zum Schutze seiner Freiheit und der Unantastbarkeit seiner Persönlichkeit hat jeder Bürger den Anspruch auf die Hilfe der staatlichen und gesellschaftlichen Organe.

Art. 31. (1) Post- und Fernmeldegeheimnis sind unverletzbar.

(2) Sie dürfen nur auf gesetzlicher Grundlage eingeschränkt werden, wenn es die Sicherheit des sozialistischen Staates oder eine strafrechtliche Verfolgung erfordern.

Art. 32. Jeder Bürger der Deutschen Demokratischen Republik hat im Rahmen der Gesetze das Recht auf Freizügigkeit innerhalb des Staatsgebietes der Deutschen Demokratischen Republik.

Art. 33. (1) Jeder Bürger der Deutschen Demokratischen Republik hat bei Aufenthalt außerhalb der Deutschen Demokratischen Republik Anspruch auf Rechtsschutz durch die Organe der Deutschen Demokratischen Republik.

(2) Kein Bürger der Deutschen Demokratischen Republik darf einer auswärtigen Macht ausgeliefert werden.

Art. 34. (1) Jeder Bürger der Deutschen Demokratischen Republik hat das Recht auf Freizeit und Erholung.

(2) Das Recht auf Freizeit und Erholung wird gewährleistet durch die gesetzliche Begrenzung der täglichen und wöchentlichen Arbeitszeit, durch einen vollbezahlten Jahresurlaub und durch den planmäßigen Ausbau des Netzes volkseigener und anderer gesellschaftlicher Erholungs- und Urlaubszentren.

Art. 35. (1) Jeder Bürger der Deutschen Demokratischen Republik hat das Recht auf Schutz seiner Gesundheit und seiner Arbeitskraft.

(2) Dieses Recht wird durch die planmäßige Verbesserung der Arbeits- und Lebensbedingungen, die Pflege der Volksgesundheit, eine umfassende Sozialpoli-

tik, die Förderung der Körperkultur, des Schul- und Volkssports und der Touristik gewährleistet.

(3) Auf der Grundlage eines sozialen Versicherungssystems werden bei Krankheit und Unfällen materielle Sicherheit, unentgeltliche ärztliche Hilfe, Arzneimittel und andere medizinische Sachleistungen gewährt.

Art. 36. (1) Jeder Bürger der Deutschen Demokratischen Republik hat das Recht auf Fürsorge der Gesellschaft im Alter und bei Invalidität.

(2) Dieses Recht wird durch eine steigende materielle, soziale und kulturelle Versorgung und Betreuung alter und arbeitsunfähiger Bürger gewährleistet.

Art. 37. (1) Jeder Bürger der Deutschen Demokratischen Republik hat das Recht auf Wohnraum für sich und seine Familie entsprechend den volkswirtschaftlichen Möglichkeiten und örtlichen Bedingungen. Der Staat ist verpflichtet, dieses Recht durch die Förderung des Wohnungsbaus, die Werterhaltung vorhandenen Wohnraumes und die öffentliche Kontrolle über die gerechte Verteilung des Wohnraumes zu verwirklichen.

(2) Es besteht Rechtsschutz bei Kündigungen.

(3) Jeder Bürger hat das Recht auf Unverletzbarkeit seiner Wohnung.

Art. 38. (1) Ehe, Familie und Mutterschaft stehen unter dem besonderen Schutz des Staates.

Jeder Bürger der Deutschen Demokratischen Republik hat das Recht auf Achtung, Schutz und Förderung seiner Ehe und Familie.

(2) Dieses Recht wird durch die Gleichberechtigung von Mann und Frau in Ehe und Familie, durch die gesellschaftliche und staatliche Unterstützung der Bürger bei der Festigung und Entwicklung ihrer Ehe und Familie gewährleistet. Kinderreichen Familien, alleinstehenden Müttern und Vätern gilt die Fürsorge und Unterstützung des sozialistischen Staates durch besondere Maßnahmen.

(3) Mutter und Kind genießen den besonderen Schutz des sozialistischen Staates. Schwangerschaftsurlaub, spezielle medizinische Betreuung, materielle und finanzielle Unterstützung bei Geburten und Kindergeld werden gewährt.

(4) Es ist das Recht und die vornehmste Pflicht der Eltern, ihre Kinder zu gesunden und lebensfrohen, tüchtigen und allseitig gebildeten Menschen, zu staatsbewußten Bürgern zu erziehen. Die Eltern haben Anspruch auf ein enges und vertrauensvolles Zusammenwirken mit den gesellschaftlichen und staatlichen Erziehungs- und Bildungseinrichtungen.

Art. 39. (1) Jeder Bürger der Deutschen Demokratischen Republik hat das Recht, sich zu einem religiösen Glauben zu bekennen und religiöse Handlungen auszuüben.

(2) Die Kirchen und anderen Religionsgemeinschaften ordnen ihre Angelegenheiten und üben ihre Tätigkeit aus in Übereinstimmung mit der Verfassung und den gesetzlichen Bestimmungen der Deutschen Demokratischen Republik. Näheres kann durch Vereinbarungen geregelt werden.

Art. 40. Bürger der Deutschen Demokratischen Republik sorbischer Nationalität haben das Recht zur Pflege ihrer Muttersprache und Kultur. Die Ausübung dieses Rechts wird vom Staat gefördert.

Kapitel 2. Betriebe, Städte und Gemeinden in der sozialistischen Gesellschaft

Art. 41. *Die sozialistischen Betriebe, Städte, Gemeinden und Gemeindeverbände sind im Rahmen der zentralen staatlichen Leitung und Planung eigenverantwortliche Gemeinschaften, in denen die Bürger arbeiten und ihre gesellschaftlichen Verhältnisse gestalten. Sie sichern die Wahrnehmung der Grundrechte der Bürger, die wirksame Verbindung der persönlichen mit den gesellschaftlichen Interessen sowie ein vielfältiges gesellschaftlich-politisches und kulturell-geistiges Leben. Sie stehen unter dem Schutz der Verfassung. Eingriffe in ihre Rechte können nur auf der Grundlage von Gesetzen erfolgen.*

Dieser Artikel 41 wurde durch § 101 des Gesetzes über die Selbstverwaltung der Gemeinden und Landkreise in der DDR (Kommunalverfassung) vom 17.5.1990 (GBl. I, S. 255) aufgehoben.

Art. 42. (1) Im Betrieb, dessen Tätigkeit die Grundlage für die Schaffung und Mehrung des gesellschaftlichen Reichtums ist, wirken die Werktätigen unmittelbar und mit Hilfe ihrer gewählten Organe an der Leitung mit. Näheres regeln Gesetze oder Statuten.

(2) Zur Erhöhung der gesellschaftlichen Produktivität können von den staatlichen Organen, den Betrieben und Genossenschaften Vereinigungen und Gesellschaften gebildet sowie andere Formen der kooperativen Zusammenarbeit entwickelt werden.

Art. 43. *(1) Die Städte, Gemeinden und Gemeindeverbände der Deutschen Demokratischen Republik gestalten die notwendigen Bedingungen für eine ständig bessere Befriedigung der materiellen, sozialen, kulturellen und sonstigen gemeinsamen Bedürfnisse der Bürger. Zur Lösung dieser Aufgaben arbeiten sie mit den Betrieben und Genossenschaften ihres Gebietes zusammen. Alle Bürger nehmen daran durch die Ausübung ihrer politischen Rechte teil.*

(2) Die Verantwortung für die Verwirklichung der gesellschaftlichen Funktion der Städte und Gemeinden obliegt den von den Bürgern gewählten Volksvertretungen. Sie entscheiden eigenverantwortlich auf der Grundlage der Gesetze über ihre Angelegenheiten. Sie tragen die Verantwortung für die rationelle Nutzung aller Werte des Volksvermögens, über die sie verfügen.

Dieser Artikel 43 wurde durch § 101 des Gesetzes über die Selbstverwaltung der Gemeinden und Landkreise in der DDR (Kommunalverfassung) vom 17.5.1990 (GBl. I, S. 255) aufgehoben.

Kapitel 3. Die Gewerkschaften und ihre Rechte

Art. 44. *(1) Die freien Gewerkschaften, vereinigt im Freien Deutschen Gewerkschaftsbund, sind die umfassende Klassenorganisation der Arbeiterklasse. Sie nehmen die Interessen der Arbeiter, Angestellten und Angehörigen der Intelligenz durch umfassende Mitbestimmung in Staat, Wirtschaft und Gesellschaft wahr.*

(2) Die Gewerkschaften sind unabhängig. Niemand darf sie in ihrer Tätigkeit einschränken oder behindern.

(3) Die Gewerkschaften nehmen durch die Tätigkeit ihrer Organisationen und Organe, durch ihre Vertreter in den gewählten staatlichen Machtorganen und durch ihre Vorschläge an die staatlichen und wirtschaftlichen Organe maßgeblich teil

an der Gestaltung der sozialistischen Gesellschaft,

an der Leitung und Planung der Volkswirtschaft, an der Verwirklichung der wissenschaftlich-technischen Revolution,

an der Entwicklung der Arbeits- und Lebensbedingungen des Gesundheits- und Arbeitsschutzes, der Arbeitskultur, des kulturellen und sportlichen Lebens der Werktätigen.

Die Gewerkschaften arbeiten in den Betrieben und Institutionen an der Ausarbeitung der Pläne mit. Sie leiten die Ständigen Produktionsberatungen.

Neue Fassung von Artikel 44 durch das Gesetz zur Änderung der Verfassung der Deutschen Demokratischen Republik vom 6.3.1990 (GBl. I, S. 109):

Art. 44. (1) Die Gewerkschaften sind überparteiliche und unabhängige Vereinigungen von Werktätigen, die bereit und fähig sind, deren Interessen zu vertreten und Forderungen in einem Arbeitskampf geltend zu machen.

(2) Niemand darf die Gewerkschaften in ihrer rechtmäßigen Tätigkeit einschränken oder behindern.

(3) Das Streikrecht der Gewerkschaften ist gewährleistet. Der Schadensersatz ist bei Arbeitskämpfen ausgeschlossen. Jegliche Form der Aussperrung ist verboten.

Art. 45. (1) Die Gewerkschaften haben das Recht, über alle die Arbeits- und Lebensbedingungen der Werktätigen betreffenden Fragen mit staatlichen Organen, mit Betriebsleitungen und anderen wirtschaftsleitenden Organen Vereinbarungen abzuschließen.

(2) Die Gewerkschaften nehmen aktiven Anteil an der Gestaltung der sozialistischen Rechtsordnung.

Neue Fassung von Absatz (2) Satz 1 durch das Gesetz zur Änderung der Verfassung der Deutschen Demokratischen Republik vom 6.3.1990 (GBl. I, S. 109):

Die Gewerkschaften nehmen aktiven Anteil an der Gestaltung der Rechtsordnung. Sie besitzen das Recht der Gesetzesinitiative sowie der gesellschaftlichen Kontrolle über die Wahrung der gesetzlich garantierten Rechte der Werktätigen.

(3) Die Gewerkschaften leiten die Sozialversicherung der Arbeiter und Angestellten auf der Grundlage der Selbstverwaltung der Versicherten. Sie nehmen an der umfassenden materiellen und finanziellen Versorgung und Betreuung der Bürger bei Krankheit, Arbeitsunfall, Invalidität und im Alter teil.

(4) Alle Staatsorgane und Wirtschaftsleiter sind verpflichtet, für eine enge und vertrauensvolle Zusammenarbeit mit den Gewerkschaften Sorge zu tragen.

Kapitel 4. Die sozialistischen Produktionsgenossenschaften und ihre Rechte

Art. 46. (1) Die landwirtschaftlichen Produktionsgenossenschaften sind die freiwilligen Vereinigungen der Bauern zur gemeinsamen sozialistischen Produktion, zur ständig besseren Befriedigung ihrer materiellen und kulturellen Bedürfnisse und zur Versorgung des Volkes und der Volkswirtschaft. Sie gestalten auf der Grundlage der Gesetze eigenverantwortlich ihre Arbeits- und Lebensbedingungen.

(2) Durch ihre Organisationen und ihre Vertreter in den Staatsorganen nehmen die landwirtschaftlichen Produktionsgenossenschaften aktiv an der staatlichen Leitung und Planung der gesellschaftlichen Entwicklung teil.

(3) Der Staat hilft den landwirtschaftlichen Produktionsgenossenschaften, die sozialistische Großproduktion auf der Grundlage fortgeschrittener Wissenschaft und Technik zu entwickeln.

(4) Für die sozialistischen Produktionsgenossenschaften der Fischer, der Gärtner und der Handwerker gelten die gleichen Grundsätze.

Abschnitt III. Aufbau und System der staatlichen Leitung

Art. 47. *(1) Der Aufbau und die Tätigkeit der staatlichen Organe werden durch die in dieser Verfassung festgelegten Ziele und Aufgaben der Staatsmacht bestimmt.*

(2) Die Souveränität des werktätigen Volkes, verwirklicht auf der Grundlage des demokratischen Zentralismus, ist das tragende Prinzip des Staatsaufbaus.

Dieser Artikel 47 wurde durch § 25 Absatz (3) des Verfassungsgesetzes zur Bildung von Ländern in der Deutschen Demokratischen Republik – Ländereinführungsgesetz – vom 22.7.1990 (GBl. I, S. 955) aufgehoben.

Kapitel 1. Die Volkskammer

Art. 48. *(1) Die Volkskammer ist das oberste staatliche Machtorgan der Deutschen Demokratischen Republik. Sie entscheidet in ihren Plenarsitzungen über die Grundfragen der Staatspolitik.*

(2) Die Volkskammer ist das einzige verfassungs- und gesetzgebende Organ in der Deutschen Demokratischen Republik. Niemand kann ihre Rechte einschränken.

Die Volkskammer verwirklicht in ihrer Tätigkeit den Grundsatz der Einheit von Beschlußfassung und Durchführung.

Dieser Absatz (2) wurde durch § 25 Absatz 3 des Verfassungsgesetzes zur Bildung von Ländern in der Deutschen Demokratischen Republik – Ländereinführungsgesetz – vom 22.7.1990 (GBl. I, S. 955) aufgehoben.

Art. 49. *(1) Die Volkskammer bestimmt durch Gesetze und Beschlüsse endgültig und für jedermann verbindlich die Ziele der Entwicklung der Deutschen Demokratischen Republik.*

(2) Die Volkskammer legt die Hauptregeln für das Zusammenwirken der Bürger, Gemeinschaften und Staatsorgane sowie deren Aufgaben bei der Durchführung der staatlichen Pläne der gesellschaftlichen Entwicklung fest.

Die Absätze (l) und (2) wurden durch § 25 Absatz 3 des Verfassungsgesetzes zur Bildung von Ländern in der Deutschen Demokratischen Republik – Ländereinführungsgesetz – vom 22.7 1990 (GBl. I, S. 955) aufgehoben.

(3) Die Volkskammer gewährleistet die Verwirklichung ihrer Gesetze und Beschlüsse. Sie bestimmt die Grundsätze der Tätigkeit des Staatsrates, des Ministerrates, des Nationalen Verteidigungsrates, *des Obersten Gerichts und des Generalstaatsanwalts.*

Durch § 1 des Verfassungsgesetzes zur Änderung und Ergänzung des Gerichtsverfassungsgesetzes vom 5.7.1990 (GBl. I, S. 634) wurden in Absatz (3) die Worte „des Obersten Gerichts und des Generalstaatsanwalts" gestrichen.

Art. 50. Die Volkskammer wählt den Vorsitzenden und die Mitglieder des Staatsrates, den Vorsitzenden und die Mitglieder des Ministerrates, den Vorsitzenden des Nationalen Verteidigungsrates, *den Präsidenten und die Richter des Obersten Gerichts und den Generalstaatsanwalt.* Sie können jederzeit von der Volkskammer abberufen werden.

Durch § 1 des Verfassungsgesetzes zur Änderung und Ergänzung des Gerichtsverfassungsgesetzes vom 5.7.1990 (GBl. I, S. 634) wurden in Artikel 50 die Worte „den Präsidenten und die Richter des Obersten Gerichts und den Generalstaatsanwalt" gestrichen.

Art. 51. Die Volkskammer bestätigt Staatsverträge der Deutschen Demokratischen Republik und andere völkerrechtliche Verträge, soweit durch sie Gesetze der Volkskammer geändert werden. Sie entscheidet über die Kündigung dieser Verträge.

Art. 52. Die Volkskammer beschließt über den Verteidigungszustand der Deutschen Demokratischen Republik. Im Dringlichkeitsfalle ist der Staatsrat berechtigt, den Verteidigungszustand zu beschließen. Der Vorsitzende des Staatsrates verkündet den Verteidigungszustand.

Art. 53. Die Volkskammer kann die Durchführung von Volksabstimmungen beschließen.

Art. 54. *Die Volkskammer besteht aus 500 Abgeordneten, die vom Volke auf die Dauer von 5 Jahren in freier, allgemeiner, gleicher und geheimer Wahl gewählt werden.*

Neue Fassung von Artikel 54 durch das Gesetz zur Änderung und Ergänzung der Verfassung der Deutschen Demokratischen Republik vom 20.2.1990 (GBl. I, S. 59):

Art. 54. Die Volkskammer besteht aus 400 Abgeordneten, die vom Volke auf die Dauer von 4 Jahren in freier, allgemeiner, gleicher, direkter und geheimer Wahl gewählt werden.

Art. 55. (1) Die Volkskammer wählt für die Dauer der Wahlperiode ein Präsidium.
Das Präsidium besteht aus dem Präsidenten der Volkskammer, einem Stellvertreter des Präsidenten und weiteren Mitgliedern.

Neue Fassung von Absatz (I) Satz 2 durch das Gesetz zur Änderung der Verfassung der Deutschen Demokratischen Republik vom 5.4.1990 (GBl. I, S. 221):

Das Präsidium besteht aus dem Präsidenten, seinen Stellvertretern und weiteren Mitgliedern.

(2) Das Präsidium leitet die Arbeit der Volkskammer gemäß ihrer Geschäftsordnung.

Art. 56. (1) Die Abgeordneten der Volkskammer erfüllen ihre verantwortungsvollen Aufgaben im Interesse und zum Wohle des gesamten Volkes.

(2) Die Abgeordneten fördern die Mitwirkung der Bürger an der Vorbereitung und Verwirklichung der Gesetze in Zusammenarbeit mit den Ausschüssen der Nationalen Front der Deutschen Demokratischen Republik, den gesellschaftlichen Organisationen und den staatlichen Organen.

(3) Die Abgeordneten halten enge Verbindung zu ihren Wählern. Sie sind verpflichtet, deren Vorschläge, Hinweise und Kritiken zu beachten und für eine gewissenhafte Behandlung Sorge zu tragen.

(4) Die Abgeordneten erläutern den Bürgern die Politik des sozialistischen Staates.

Art. 57. (1) Die Abgeordneten der Volkskammer sind verpflichtet, regelmäßig Sprechstunden und Aussprachen durchzuführen sowie den Wählern über ihre Tätigkeit Rechenschaft zu legen.

(2) Ein Abgeordneter, der seine Pflichten gröblich verletzt, kann von den Wählern gemäß dem gesetzlich festgelegten Verfahren abberufen werden.

Art. 58. *Die Abgeordneten der Volkskammer haben das Recht, an den Tagungen der örtlichen Volksvertretungen mit beratender Stimme teilzunehmen.*

Dieser Artikel 58 wurde durch §25 Absatz 3 des Verfassungsgesetzes zur Bildung von Ländern in der Deutschen Demokratischen Republik – Ländereinführungsgesetz – vom 22.7.1990 (GBl. I, S. 955) aufgehoben.

Art. 59. Jeder Abgeordnete der Volkskammer hat das Recht, Anfragen an den Ministerrat und jedes seiner Mitglieder zu richten.

Art. 60. (1) Alle staatlichen und wirtschaftlichen Organe sind verpflichtet, die Abgeordneten bei der Wahrnehmung ihrer Aufgaben zu unterstützen.

(2) Die Abgeordneten der Volkskammer besitzen die Rechte der Immunität. Beschränkungen der persönlichen Freiheit, Hausdurchsuchungen, Beschlagnahmen oder Strafverfolgungen sind gegen Abgeordnete der Volkskammer nur mit Zustimmung der Volkskammer oder in der Zeit zwischen ihren Tagungen mit Zustimmung des Staatsrates zulässig. Die Entscheidung des Staatsrates bedarf der Bestätigung durch die Volkskammer. Die Abgeordneten der Volkskammer sind berechtigt, über Personen, die ihnen in ihrer Eigenschaft als Abgeordnete Tatsachen anvertrauen oder denen sie in Ausübung ihrer Abgeordnetentätigkeit solche Tatsachen anvertraut haben, sowie über diese Tatsachen selbst die Aussage zu verweigern.

(3) Den Abgeordneten dürfen aus ihrer Abgeordnetentätigkeit keinerlei berufliche oder sonstige persönliche Nachteile entstehen. Sie sind von ihrer beruflichen Tätigkeit freigestellt, soweit die Wahrnehmung ihrer Aufgaben als Abgeordnete es erfordert. Gehälter und Löhne sind weiterzuzahlen.

Art. 61. (1) Die Volkskammer bildet aus ihrer Mitte Ausschüsse. Ihnen obliegt in enger Zusammenarbeit mit den Wählern die Beratung von Gesetzentwürfen und die ständige Kontrolle der Durchführung der Gesetze.

(2) Die Ausschüsse können die Anwesenheit der zuständigen Minister und Leiter anderer staatlicher Organe in ihren Beratungen zum Zwecke der Erteilung von Auskünften verlangen. Alle Staatsorgane sind verpflichtet, den Ausschüssen die erforderlichen Informationen zu erteilen.

(3) Die Ausschüsse haben das Recht, Fachleute zur ständigen oder zeitweiligen Mitarbeit heranzuziehen.

Art. 62. (1) Die Volkskammer tritt spätestens am 30. Tage nach ihrer Wahl zusammen. Ihre erste Tagung wird vom Staatsrat einberufen.

(2) Die weiteren Tagungen der Volkskammer werden vom Präsidium der Volkskammer einberufen.

(3) Das Präsidium der Volkskammer ist verpflichtet, die Volkskammer einzuberufen, wenn die Volkskammer darüber Beschluß gefaßt hat oder mindestens ein Drittel der Abgeordneten es verlangt.

(4) Die Tagungen der Volkskammer sind öffentlich. Auf Antrag von mindestens zwei Dritteln der anwesenden Abgeordneten kann die Öffentlichkeit ausgeschlossen werden.

Art. 63. (1) Die Volkskammer ist beschlußfähig, wenn mehr als die Hälfte der Abgeordneten anwesend ist.

(2) Die Volkskammer faßt ihre Beschlüsse mit Stimmenmehrheit. Verfassungsändernde Gesetze sind beschlossen, wenn mindestens zwei Drittel der gewählten Abgeordneten zustimmen.

Art. 64. (1) Vor Ablauf der Wahlperiode findet eine Auflösung der Volkskammer nur durch eigenen Beschluß statt.

(2) Ein solcher Beschluß bedarf der Zustimmung von mindestens zwei Dritteln der gewählten Abgeordneten.

(3) Spätestens am 60. Tage nach Ablauf der Wahlperiode oder am 45. Tage nach Auflösung der Volkskammer muß deren Neuwahl stattfinden.

Art. 65. (1) Das Recht zur Einbringung von Gesetzesvorlagen haben die Abgeordneten der in der Volkskammer vertretenen Parteien und Massenorganisationen, die Ausschüsse der Volkskammer, der Staatsrat, der Ministerrat und der Freie Deutsche Gewerkschaftsbund.

(2) Die Ausschüsse der Volkskammer beraten die Gesetzesvorlagen und legen ihre Auffassung dem Plenum der Volkskammer vor.

(3) Entwürfe grundlegender Gesetze werden vor ihrer Verabschiedung der Bevölkerung zur Erörterung unterbreitet. Die Ergebnisse der Volksdiskussion sind bei der endgültigen Fassung auszuwerten.

(4) Die von der Volkskammer verabschiedeten Gesetze werden vom Vorsitzenden des Staatsrates innerhalb eines Monats im Gesetzblatt verkündet.

(5) Gesetze treten am 14. Tage nach ihrer Verkündung in Kraft, soweit sie nichts anderes bestimmen.

Kapitel 2. Der Staatsrat

Art. 66. (1) Der Staatsrat nimmt als Organ der Volkskammer die Aufgaben wahr, die ihm durch die Verfassung sowie die Gesetze und Beschlüsse der Volkskammer übertragen sind. Er ist der Volkskammer für seine Tätigkeit verantwortlich. Zur Durchführung der ihm übertragenen Aufgaben faßt er Beschlüsse.

(2) Der Staatsrat vertritt die Deutsche Demokratische Republik völkerrechtlich. Er ratifiziert und kündigt Staatsverträge und andere völkerrechtliche Verträge, für die die Ratifizierung vorgesehen ist.

Art. 67. (1) Der Staatsrat besteht aus dem Vorsitzenden, seinen Stellvertretern, den Mitgliedern und dem Sekretär.

(2) Der Vorsitzende, die Stellvertreter des Vorsitzenden, die Mitglieder und der Sekretär des Staatsrates werden von der Volkskammer auf ihrer ersten Tagung nach der Neuwahl auf die Dauer von 5 Jahren gewählt.

> Dieser Absatz (2) wurde durch das Gesetz zur Änderung und Ergänzung der Verfassung der Deutschen Demokratischen Republik vom 5.4.1990 (GBl. I, S. 221) gestrichen.

(3) Der Vorschlag für die Wahl des Vorsitzenden des Staatsrates wird von der stärksten Fraktion der Volkskammer unterbreitet.

(4) Nach Ablauf der Wahlperiode der Volkskammer setzt der Staatsrat seine Tätigkeit bis zur Wahl des neuen Staatsrates durch die Volkskammer fort.

Art. 68. Der Vorsitzende, die Stellvertreter des Vorsitzenden, die Mitglieder und der Sekretär des Staatsrates leisten bei ihrem Amtsantritt der Volkskammer folgenden Eid:

„Ich schwöre, daß ich meine Kraft dem Wohle des Volkes der Deutschen Demokratischen Republik widmen, ihre Verfassung und die Gesetze wahren, meine Pflichten gewissenhaft erfüllen und Gerechtigkeit gegenüber jedermann üben werde".

Art. 69. Der Vorsitzende leitet die Arbeit des Staatsrates. Im Falle seiner Verhinderung nimmt ein beauftragter Stellvertreter des Vorsitzenden des Staatsrates diese Aufgabe wahr.

Art. 70. *Im Auftrage der Volkskammer unterstützt der Staatsrat die örtlichen Volksvertretungen als Organe der einheitlichen sozialistischen Staatsmacht, fördert deren demokratische Aktivität bei der Gestaltung der entwickelten sozialistischen Gesellschaft und nimmt Einfluß auf die Wahrung sowie die ständige Festigung der sozialistischen Gesetzlichkeit in der Tätigkeit der örtlichen Volksvertretungen.*

Dieser Artikel 70 wurde durch §25 Absatz 3 des Verfassungsgesetzes zur Bildung von Ländern in der Deutschen Demokratischen Republik – Ländereinführungsgesetz – vom 22.7.1990 (GBl. I, S. 955) aufgehoben.

Art. 71. (1) Der Vorsitzende des Staatsrates ernennt die bevollmächtigten Vertreter der Deutschen Demokratischen Republik in anderen Staaten und beruft sie ab. Er nimmt Beglaubigungs- und Abberufungsschreiben der bei ihm akkreditierten Vertreter anderer Staaten entgegen.

(2) Der Staatsrat legt die militärischen Dienstgrade, die diplomatischen Ränge und andere spezielle Titel fest.

Art. 72. *Der Staatsrat schreibt die Wahlen zur Volkskammer und zu den anderen Volksvertretungen aus.*

Dieser Artikel 72 wurde durch §25 Absatz 3 des Verfassungsgesetzes zur Bildung von Ländern in der Deutschen Demokratischen Republik – Ländereinführungsgesetz – vom 22.7.1990 (GBl. I, S. 955) aufgehoben.

Art. 73. (1) Der Staatsrat faßt grundsätzliche Beschlüsse zu Fragen der Verteidigung und Sicherheit des Landes. Er organisiert die Landesverteidigung mit Hilfe des Nationalen Verteidigungsrates.

(2) Der Staatsrat beruft die Mitglieder des Nationalen Verteidigungsrates. Der Nationale Verteidigungsrat ist der Volkskammer und dem Staatsrat für seine Tätigkeit verantwortlich.

Art. 74. *(1) Der Staatsrat nimmt im Auftrage der Volkskammer die ständige Aufsicht über die Verfassungsmäßigkeit und Gesetzlichkeit der Tätigkeit des Obersten Gerichts und des Generalstaatsanwalts wahr.*

Dieser Absatz (1) wurde durch § 1 des Verfassungsgesetzes zur Änderung und Ergänzung des Gerichtsverfassungsgesetzes vom 5.7.1990 (GBl. I, S. 634) aufgehoben.

(2) Der Staatsrat übt das Amnestie- und Begnadigungsrecht aus.

Art. 75. Der Staatsrat stiftet staatliche Orden, Auszeichnungen und Ehrentitel, die von seinem Vorsitzenden verliehen werden.

Durch das Gesetz zur Änderung und Ergänzung der Verfassung der Deutschen Demokratischen Republik vom 5.4.1990 (GBl. I, S. 221) wurde folgender Artikel 75 a eingefügt:

Art. 75 a. Bis zur Verabschiedung eines Gesetzes über die Stellung, die Aufgaben und die Befugnisse des Präsidenten der Republik und bis zu seiner Wahl nimmt das Präsidium der Volkskammer der DDR die Befugnisse des Staatsrates und der Präsident der Volkskammer die Befugnisse des Vorsitzenden des Staatsrates der Deutschen Demokratischen Republik wahr.

Kapitel 3. Der Ministerrat

Art. 76. (1) Der Ministerrat ist als Organ der Volkskammer die Regierung der Deutschen Demokratischen Republik. *Er leitet im Auftrage der Volkskammer die einheitliche Durchführung der Staatspolitik und organisiert die Erfüllung der politischen, ökonomischen, kulturellen und sozialen sowie der ihm übertragenen Verteidigungsaufgaben. Für seine Fähigkeit ist er der Volkskammer verantwortlich und rechenschaftspflichtig.*

Durch § 25 Absatz 3 des Verfassungsgesetzes zur Bildung von Ländern in der Deutschen Demokratischen Republik – Ländereinführungsgesetz – vom 22.7.1990 (GBl. I, S. 955) wurde in Absatz (1) Satz 2 gestrichen.

(2) Der Ministerrat leitet die Volkswirtschaft und die anderen gesellschaftlichen Bereiche. Er sichert die planmäßige proportionale Entwicklung der Volkswirtschaft, die harmonisch abgestimmte Gestaltung der gesellschaftlichen Bereiche und Territorien sowie die Verwirklichung der sozialistischen ökonomischen Integration.

Dieser Absatz (2) wurde durch § 25 Absatz 3 des Verfassungsgesetzes zur Bildung von Ländern in der Deutschen Demokratischen Republik – Ländereinführungsgesetz – vom 22.7.1990 (GBl. I, S. 955) aufgehoben.

(3) Der Ministerrat leitet die Durchführung der Außenpolitik der Deutschen Demokratischen Republik entsprechend den Grundsätzen dieser Verfassung. Er vertieft die allseitige Zusammenarbeit mit der Union der Sozialistischen Sowjetrepubliken und den anderen sozialistischen Staaten und gewährleistet den aktiven

Beitrag der Deutschen Demokratischen Republik zur Stärkung der sozialistischen Staatengemeinschaft.

(4) Der Ministerrat entscheidet entsprechend seiner Zuständigkeit über den Abschluß und die Kündigung völkerrechtlicher Verträge. Er bereitet Staatsverträge vor.

Art. 77. Der Ministerrat arbeitet die zu lösenden Aufgaben der staatlichen Innen- und Außenpolitik aus und unterbreitet der Volkskammer Entwürfe von Gesetzen und Beschlüssen.

Art. 78. *(1) Der Ministerrat leitet, koordiniert und kontrolliert die Tätigkeit der Ministerien, der anderen zentralen Staatsorgane und der Räte der Bezirke. Er fördert die Anwendung wissenschaftlicher Leitungsmethoden und die Einbeziehung der Werktätigen in die Verwirklichung der Politik des sozialistischen Staates. Er gewährleistet, daß die ihm unterstellten staatlichen Organe, die wirtschaftsleitenden Organe, Kombinate, Betriebe und Einrichtungen ihre Tätigkeit auf der Grundlage der Gesetze und anderen Rechtsvorschriften ausüben.*

Dieser Absatz (1) wurde durch §25 Absatz 3 des Verfassungsgesetzes zur Bildung von Ländern in der Deutschen Demokratischen Republik – Ländereinführungsgesetz – vom 22.7.1990 (GBl. I, S. 955) aufgehoben.

(2) Im Rahmen der Gesetze und Beschlüsse der Volkskammer erläßt der Ministerrat Verordnungen und faßt Beschlüsse.

Art. 79. (1) Der Ministerrat besteht aus dem Vorsitzenden des Ministerrates, den Stellvertretern des Vorsitzenden und den Ministern.

(2) Der Vorsitzende des Ministerrates wird von der stärksten Fraktion der Volkskammer vorgeschlagen und von der Volkskammer mit der Bildung des Ministerrates beauftragt.

(3) Der Vorsitzende und die Mitglieder des Ministerrates werden nach der Neuwahl der Volkskammer von ihr auf die Dauer von 5 Jahren gewählt.

Neue Fassung von Absatz (3) durch das Gesetz zur Änderung der Verfassung der Deutschen Demokratischen Republik vom 5.4.1990 (GBl. I, S. 221):

(3) Der Vorsitzende und die Mitglieder des Ministerrates werden nach der Neuwahl der Volkskammer von ihr für die Dauer der Legislaturperiode gewählt.

(4) Der Vorsitzende und die Mitglieder des Ministerrates werden vom Vorsitzenden des Staatsrates auf die Verfassung vereidigt.

Neue Fassung von Absatz (4) durch das Gesetz zur Änderung und Ergänzung der Verfassung der Deutschen Demokratischen Republik vom 12.4.1990 (GBl. I, S. 229):

(4) Der Vorsitzende des Ministerrates und die Mitglieder des Ministerrates leisten bei ihrem Amtsantritt vor der Volkskammer folgenden Eid:

„Ich schwöre, daß ich meine Kraft dem Wohle des Volkes widmen, Recht und Gesetze der Deutschen Demokratischen Republik wahren, meine Pflichten gewissenhaft erfüllen und Gerechtigkeit gegen jedermann üben werde. So wahr mir Gott helfe!"

Der Eid kann auch ohne religiöse Beteuerung geleistet werden.

Art. 80. (1) Der Ministerrat ist ein kollektiv arbeitendes Organ. Für die Tätigkeit des Ministerrates tragen alle seine Mitglieder die Verantwortung. Jeder Minister leitet verantwortlich das ihm übertragene Aufgabengebiet.

(2) Der Ministerrat bildet aus seiner Mitte das Präsidium des Ministerrates.

(3) Der Vorsitzende des Ministerrates leitet den Ministerrat und das Präsidium.

(4) Nach Ablauf der Wahlperiode der Volkskammer setzt der Ministerrat seine Tätigkeit bis zur Wahl des neuen Ministerrates durch die Volkskammer fort.

Kapitel 4. Die örtlichen Volksvertretungen und ihre Organe

Art. 81. *(1) Die örtlichen Volksvertretungen sind die von den wahlberechtigten Bürgern gewählten Organe der Staatsmacht in den Bezirken, Kreisen, Städten, Stadtbezirken, Gemeinden und Gemeindeverbänden.*

(2) Die örtlichen Volksvertretungen entscheiden auf der Grundlage der Gesetze in eigener Verantwortung über alle Angelegenheiten, die ihr Gebiet und seine Bürger betreffen. Sie organisieren die Mitwirkung der Bürger an der Gestaltung des politischen, wirtschaftlichen, kulturellen und sozialen Lebens und arbeiten mit den gesellschaftlichen Organisationen der Werktätigen zusammen.

(3) Die Tätigkeit der örtlichen Volksvertretungen ist darauf gerichtet,

das sozialistische Eigentum zu mehren und zu schützen, die Arbeits- und Lebensbedingungen der Bürger ständig zu verbessern und das gesellschaftliche und kulturelle Leben der Bürger und ihrer Gemeinschaften zu fördern,

das sozialistische Staats- und Rechtsbewußtsein der Bürger zu heben und die öffentliche Ordnung zu sichern, die sozialistische Gesetzlichkeit zu festigen und die Rechte der Bürger zu wahren.

Siehe unten die Anmerkung zu Artikel 85.

Art. 82. *(1) Die örtlichen Volksvertretungen fassen Beschlüsse, die für ihre Organe und Einrichtungen sowie für die Volksvertretungen, Gemeinschaften und Bürger ihres Gebietes verbindlich sind. Diese Beschlüsse sind zu veröffentlichen.*

(2) Die örtlichen Volksvertretungen haben eigene Einnahmen und verfügen über ihre Verwendung.

Siehe unten die Anmerkung zu Artikel 85.

Art. 83. *(1) Zur Wahrnehmung ihrer Verantwortung wählt jede örtliche Volksvertretung ihren Rat und Kommissionen. Die Mitglieder des Rates sollen nach Möglichkeit Abgeordnete sein. In die Kommissionen können auch Mitglieder berufen werden, die nicht Abgeordnete sind.*

(2) Der Rat sichert die Entfaltung der Tätigkeit der Volksvertretung und organisiert die Leitung der gesellschaftlichen Entwicklung in deren Verantwortungsbereich. Er ist der Volksvertretung für seine gesamte Tätigkeit verantwortlich und dem übergeordneten Rat rechenschaftspflichtig. Der Rat ist ein kollektiv arbeitendes Organ.

(3) Die Kommissionen organisieren die sachkundige Mitwirkung der Bürger bei der Vorbereitung und Durchführung der Beschlüsse der Volksvertretung. Sie kontrollieren die Durchführung der Gesetze und anderen Rechtsvorschriften sowie der Beschlüsse der Volksvertretung durch den Rat und dessen Fachorgane.

Siehe unten die Anmerkung zu Artikel 85.

Art. 84. *Die örtlichen Volksvertretungen können zur gemeinsamen Wahrnehmung ihrer Aufgaben Verbände bilden.*

Siehe unten die Anmerkung zu Artikel 85.

Art. 85. *Die Aufgaben und Befugnisse der örtlichen Volksvertretungen, ihrer Abgeordneten, Kommissionen und ihre Räte in den Bezirken, Kreisen, Städten, Stadtbezirken, Gemeinden und Gemeindeverbänden werden durch Gesetz festgelegt.*

Die Artikel 81 bis 85 wurden durch § 101 des Gesetzes über die Selbstverwaltung der Gemeinden und Landkreise in der DDR (Kommunalverfasssung) vom 17.5.1990 (GBl. I, S. 255) aufgehoben.

Abschnitt IV. Sozialistische Gesetzlichkeit und Rechtspflege

Art. 86. Die sozialistische Gesellschaft, die politische Macht des werktätigen Volkes, ihre Staats- und Rechtsordnung sind die grundlegende Garantie für die Einhaltung und die Verwirklichung der Verfassung im Geiste der Gerechtigkeit, Gleichheit, Brüderlichkeit und Menschlichkeit.

Art. 87. Gesellschaft und Staat gewährleisten die Gesetzlichkeit durch die Einbeziehung der Bürger und ihrer Gemeinschaften in die Rechtspflege und in die gesellschaftliche und staatliche Kontrolle über die Einhaltung des sozialistischen Rechts.

Art. 88. Die Verantwortlichkeit aller leitenden Mitarbeiter in Staat und Wirtschaft gegenüber den Bürgern ist durch ein System der Rechenschaftspflicht gewährleistet.

Art. 89. (1) Gesetze und andere allgemeinverbindliche Rechtsvorschriften der Deutschen Demokratischen Republik werden im Gesetzblatt und anderweitig veröffentlicht.

(2) Rechtsvorschriften der örtlichen Volksvertretungen und ihrer Organe werden in geeigneter Form veröffentlicht.

(3) Rechtsvorschriften dürfen der Verfassung nicht widersprechen. Über Zweifel an der Verfassungsmäßigkeit von Rechtsvorschriften entscheidet die Volkskammer.

Dieser Absatz (3) wurde durch §25 Absatz 3 des Verfassungsgesetzes zur Bildung von Ländern in der Deutschen Demokratischen Republik – Ländereinführungsgesetz – vom 22.7.1990 (GBl. I, S. 955) aufgehoben.

Art. 90. (1) Die Rechtspflege dient der Durchführung der sozialistischen Gesetzlichkeit, dem Schutz und der Entwicklung der Deutschen Demokratischen Republik und ihrer Staats- und Gesellschaftsordnung. Sie schützt die Freiheit, das friedliche Leben, die Rechte und die Würde der Menschen.

(2) Die Bekämpfung und Verhütung von Straftaten und anderen Rechtsverletzungen sind gemeinsames Anliegen der sozialistischen Gesellschaft, ihres Staates und aller Bürger.

(3) Die Teilnahme der Bürger an der Rechtspflege ist gewährleistet. Sie wird im einzelnen durch Gesetz bestimmt.

Art. 91. Die allgemein anerkannten Normen des Völkerrechts über die Bestrafung von Verbrechen gegen den Frieden, gegen die Menschlichkeit und von Kriegsverbrechen sind unmittelbar geltendes Recht. Verbrechen dieser Art unterliegen nicht der Verjährung.

Art. 92. Die Rechtsprechung wird in der Deutschen Demokratischen Republik durch das Oberste Gericht, die Bezirksgerichte, die Kreisgerichte und die gesellschaftlichen Gerichte im Rahmen der ihnen durch Gesetz übertragenen Aufgaben ausgeübt. *In Militärstrafsachen üben das Oberste Gericht, die Militärobergerichte und die Militärgerichte die Rechtsprechung aus.*

Satz 2 dieses Artikels 92 wurde durch § 1 des Verfassungsgesetzes zur Änderung und Ergänzung des Gerichtsverfassungsgesetzes vom 5.7.1990 (GBl. I, S. 634) gestrichen.

Art. 93. (1) Das Oberste Gericht ist das höchste Organ der Rechtsprechung.

(2) Das Oberste Gericht leitet die Rechtsprechung der Gerichte auf der Grundlage der Verfassung, der Gesetze und anderen Rechtsvorschriften der Deutschen Demokratischen Republik. Es sichert die einheitliche Rechtsanwendung durch alle Gerichte.

(3) Das Oberste Gericht ist der Volkskammer und zwischen ihren Tagungen dem Staatsrat verantwortlich.

Die Absätze (2) und (3) wurden durch § 1 des Verfassungsgesetzes zur Änderung und Ergänzung des Gerichtsverfassungsgesetzes vom 5.7.1990 (GBl. I, S. 634) aufgehoben.

Art. 94. *(1) Richter kann nur sein, wer dem Volk und seinem sozialistischen Staat treu ergeben ist und über ein hohes Maß an Wissen und Lebenserfahrung, an menschlicher Reife und Charakterfestigkeit verfügt.*

(2) Die demokratische Wahl aller Richter, Schöffen und Mitglieder gesellschaftlicher Gerichte gewährleistet, daß die Rechtsprechung von Frauen und Männern aller Klassen und Schichten des Volkes ausgeübt wird.

Neue Fassung von Artikel 94 durch § 1 des Verfassungsgesetzes zur Änderung und Ergänzung des Gerichtsverfassungsgesetzes vom 5.7.1990 (GBl. I, S. 634):

Art. 94. Die Rechtsprechung wird durch Berufsrichter und durch ehrenamtliche Richter ausgeübt. Richter kann nur sein, wer von seiner Persönlichkeit her die Gewähr dafür bietet, daß er sein Amt entsprechend den Grundsätzen der Verfassung ausübt. Es ist zu gewährleisten, daß die Rechtsprechung von Frauen und Männern aller Schichten des Volkes ausgeübt wird.

Art. 95. *Alle Richter, Schöffen und Mitglieder der gesellschaftlichen Gerichte werden durch die Volksvertretungen oder unmittelbar durch die Bürger gewählt. Sie erstatten ihren Wählern Bericht über ihre Arbeit. Sie können von ihren Wählern abberufen werden, wenn sie gegen die Verfassung oder die Gesetze verstoßen oder sonst ihre Pflichten gröblich verletzen.*

Neue Fassung von Artikel 95 durch § 1 des Verfassungsgesetzes zur Änderung und Ergänzung des Gerichtsverfassungsgesetzes vom 5.7.1990 (GBl. I, S. 634):

Art. 95. (1) Die Berufsrichter werden berufen.

(2) Die ehrenamtlichen Richter werden gewählt oder berufen.

(3) Die Stellung, Berufung und Wahl der Richter bestimmt das Richtergesetz.

Art. 96. *(1) Die Richter, Schöffen und Mitglieder der gesellschaftlichen Gerichte sind in ihrer Rechtsprechung unabhängig. Sie sind nur an die Verfassung, die Gesetze und andere Rechtsvorschriften der Deutschen Demokratischen Republik gebunden.*

(2) Die Schöffen üben die Funktion eines Richters in vollem Umfang und mit gleichem Stimmrecht wie die Berufsrichter aus.

Neue Fassung von Artikel 96 durch § 1 des Verfassungsgesetzes zur Änderung und Ergänzung des Gerichtsverfassungsgesetzes vom 5.7.1990 (GBl. I, S. 634):

Art. 96. (1) Richter und ehrenamtliche Richter sind in ihrer Rechtsprechung unabhängig. Sie sind nur an die Verfassung, die Gesetze und das Recht gebunden.

(2) Die ehrenamtlichen Richter üben die Rechtsprechung mit gleichem Stimmrecht wie die Berufsrichter aus.

Art. 97. *Zur Sicherung der sozialistischen Gesellschafts- und Staatsordnung und der Rechte der Bürger wacht die Staatsanwaltschaft auf der Grundlage der Gesetze und anderen Rechtsvorschriften der Deutschen Demokratischen Republik über die strikte Einhaltung der* *sozialistischen Gesetzlichkeit. Sie schützt die Bürger vor Gesetzesverletzungen. Die Staatsanwaltschaft leitet den Kampf gegen Straftaten und sichert, daß die Personen, die Verbrechen oder Vergehen begangen haben, vor Gericht zur Verantwortung gezogen werden.*

Siehe unten die Anmerkung zu Artikel 98.

Art. 98. *(1) Die Staatsanwaltschaft wird vom Generalstaatsanwalt geleitet.*

(2) Dem Generalstaatsanwalt unterstehen die Staatsanwälte der Bezirke und Kreise sowie die Militärstaatsanwälte.

(3) Die Staatsanwälte werden vom Generalstaatsanwalt berufen und abberufen, sie sind ihm verantwortlich und an seine Weisungen gebunden.

(4) Der Generalstaatsanwalt ist der Volkskammer und zwischen ihren Tagungen dem Staatsrat verantwortlich.

Artikel 97 und 98 wurden durch das Verfassungsgesetz zur Änderung und Ergänzung des Gesetzes über die Staatsanwaltschaft der Deutschen Demokratischen Republik vom 5.7.1990 (GBl. I, S. 635) aufgehoben.

Art. 99. (1) Die strafrechtliche Verantwortlichkeit wird durch die Gesetze der Deutschen Demokratischen Republik bestimmt.

(2) Eine Tat zieht strafrechtliche Verantwortlichkeit nur nach sich, wenn diese zur Zeit der Begehung der Tat gesetzlich festgelegt ist, wenn der Täter schuldhaft gehandelt hat und die Schuld zweifelsfrei nachgewiesen ist. Strafgesetze haben keine rückwirkende Kraft.

(3) Eine strafrechtliche Verfolgung ist nur in Übereinstimmung mit den Strafgesetzen möglich.

(4) Die Rechte des Bürgers dürfen im Zusammenhang mit einem Strafverfahren nur insoweit eingeschränkt werden, wie dies gesetzlich zulässig und unumgänglich ist.

Art. 100. (1) Über die Zulässigkeit von Untersuchungshaft hat nur der Richter zu entscheiden. Verhaftete sind spätestens am Tage nach ihrer Verhaftung dem Richter vorzuführen.

(2) Der Richter oder der Staatsanwalt haben im Rahmen ihrer Verantwortung jederzeit zu prüfen, ob die Voraussetzungen der Untersuchungshaft noch vorliegen.

(3) Der Staatsanwalt hat nächste Angehörige des Verhafteten innerhalb von 24 Stunden nach der ersten richterlichen Vernehmung zu benachrichtigen.

Ausnahmen sind nur zulässig, wenn durch die Benachrichtigung der Zweck der Untersuchung gefährdet wird. In diesen Fällen erfolgt die Benachrichtigung nach Wegfall der Gefährdungsgründe.

Art. 101. (1) Niemand darf seinem gesetzlichen Richter entzogen werden.

(2) Ausnahmegerichte sind unstatthaft.

Art. 102. (1) Jeder Bürger hat das Recht, vor Gericht gehört zu werden.

(2) Das Recht auf Verteidigung wird während des gesamten Strafverfahrens gewährleistet.

Art. 103. (1) Jeder Bürger kann sich mit Eingaben (Vorschlägen, Hinweisen, Anliegen oder Beschwerden) an die Volksvertretungen, ihre Abgeordneten oder die staatlichen und wirtschaftlichen Organe wenden. Dieses Recht steht auch den gesellschaftlichen Organisationen und den Gemeinschaften der Bürger zu. Ihnen darf aus der Wahrnehmung dieses Rechts kein Nachteil entstehen.

(2) Die für die Entscheidung verantwortlichen Organe sind verpflichtet, die Eingaben der Bürger oder der Gemeinschaften innerhalb der gesetzlich vorgeschriebenen Frist zu bearbeiten und den Antragstellern das Ergebnis mitzuteilen.

(3) Das Verfahren der Bearbeitung der Eingaben wird durch Gesetz bestimmt.

Art. 104. (1) Für Schäden, die einem Bürger oder seinem persönlichen Eigentum durch ungesetzliche Maßnahmen von Mitarbeitern der Staatsorgane zugefügt werden, haftet das staatliche Organ, dessen Mitarbeiter den Schaden verursacht hat.

(2) Voraussetzungen und Verfahren der Staatshaftung werden durch Gesetz geregelt.

Abschnitt V. Schlußbestimmungen

Art. 105. Die Verfassung ist unmittelbar geltendes Recht.

Art. 106. Die Verfassung kann nur von der Volkskammer der Deutschen Demokratischen Republik durch Gesetz geändert werden, das den Wortlaut der Verfassung ausdrücklich ändert oder ergänzt.

Neue Fassung von Artikel 106 durch das Gesetz zur Änderung und Ergänzung der Verfassung der Deutschen Demokratischen Republik vom 17.6.1990 (GBl. I, S. 299):

Art. 106. Die Verfassung kann nur von der Volkskammer der Deutschen Demokratischen Republik durch Gesetz geändert werden, das ausdrücklich als „Verfassungsgesetz“ bezeichnet ist. Staatsverträge der Deutschen Demokratischen Republik und andere völkerrechtliche Verträge sind, soweit durch sie Verfassungsgegenstände berührt werden, durch ein ausdrücklich als „Verfassungsgesetz“ bezeichnetes Gesetz zu bestätigen, das der Zustimmung von zwei Drittel der Mitglieder der Volkskammer bedarf.

Quelle: *Gesetzblatt der Deutschen Demokratischen Republik 1974 I*, S. 432–56.

15. Verfassungsgrundsätze der Deutschen Demokratischen Republik 1990

Durch die Öffnung der Grenzen der Deutschen Demokratischen Republik (DDR) zur Bundesrepublik hin ab 9.11.1989 gerieten die inneren Verhältnisse der ersteren in Bewegung. Während bereits die Frage der Vereinigung der beiden Staaten diskutiert wurde, gab es parallel hierzu auch Bestrebungen, der DDR als solcher ihren sozialistischen Charakter zu nehmen. Diesem Ziel diente eine Reihe von verfassungsändernden Gesetzen, die im Laufe des Jahres 1990 vom Gesetzgeber der DDR verabschiedet und in Kraft gesetzt wurden. Wegen seiner Bedeutung und um den Duktus dieser Bemühungen klar herauszustellen, ist im folgenden das die Änderung der Verfassungsgrundsätze betreffende Gesetz als Ganzes abgedruckt.

Gesetz zur Änderung und Ergänzung der Verfassung der Deutschen Demokratischen Republik (Verfassungsgrundsätze) vom 17. Juni 1990

In der Erkenntnis, daß in der Deutschen Demokratischen Republik im Herbst 1989 eine friedliche und demokratische Revolution stattgefunden hat, und in der Erwartung einer baldigen Herstellung der staatlichen Einheit Deutschlands wird für eine Übergangszeit die Verfassung der Deutschen Demokratischen Republik um folgende Verfassungsgrundsätze ergänzt. Entgegenstehende Verfassungsgrundsätze besitzen keine Rechtsgültigkeit mehr.

Art. 1. Freiheitliche Grundordnung. (1) Die Deutsche Demokratische Republik ist ein freiheitlicher, demokratischer, föderativer, sozialer und ökologisch orientierter Rechtsstaat. Hinsichtlich der föderativen Ordnung gilt dies nach Maßgabe einer besonderen Ergänzung der Verfassung und noch zu erlassender gesetzlicher Vorschriften. Der Staat gewährleistet die kommunale Selbstverwaltung.

(2) Vorschriften der Verfassung und sonstiger Rechtsvorschriften sind entsprechend diesem Verfassungsgesetz anzuwenden. Bestimmungen in Rechtsvorschriften, die den einzelnen oder Organe der staatlichen Gewalt auf die sozialistische Staats- und Rechtsordnung, auf das Prinzip des demokratischen Zentralismus, auf die sozialistische Gesetzlichkeit, das sozialistische Rechtsbewußtsein oder die Anschauungen einzelner Bevölkerungsgruppen oder Parteien verpflichten, sind aufgehoben.

(3) Das zuständige Gericht kann zur Überprüfung der Verfassungsmäßigkeit der Gesetze und anderen Rechtsakte angerufen werden. Näheres regelt ein Gesetz.

Art. 2. Eigentum. Privateigentum einschließlich des Erwerbs von Eigentum und eigentumsgleichen Rechten an Grund und Boden sowie an Produktionsmitteln wird gewährleistet. Dadurch wird die gesetzliche Zulassung besonderer Eigentumsformen für die Beteiligung der öffentlichen Hand oder anderer Rechtsträger im Wirtschaftsverkehr sowie eine rechtsstaatliche Überprüfung der bestehenden Eigentumsverhältnisse nicht berührt. Sein Gebrauch soll zugleich dem Wohl der Allgemeinheit und dem Schutz der natürlichen Lebensgrundlagen dienen.

Art. 3. Wirtschaftliche Handlungsfreiheit. (1) Jede natürliche und juristische Person hat das Recht, im Rahmen der Gesetze mit anderen Verträge zu schließen und sich insbesondere wirtschaftlich zu betätigen.

(2) Die Außenwirtschaft einschließlich des Außenhandels und der Valutawirtschaft darf gesetzlich geregelt, aber nicht staatlich oder anderweitig monopolisiert werden.

Art. 4. Tarifvertragsparteien. (1) Jedermann hat das Recht, zur Wahrung und Förderung, insbesondere zur Regelung der Arbeits- und Wirtschaftsbedingungen Vereinigungen zu bilden, ihnen beizutreten, aus solchen Vereinigungen auszutreten und ihnen fernzubleiben.

(2) Tariffähige Gewerkschaften und Arbeitgeberverbände müssen frei gebildet, auf überbetrieblicher Grundlage organisiert und unabhängig sein sowie das Arbeitskampfrecht und das geltende Tarifrecht als verbindlich anerkennen.

Art. 5. Unabhängige Rechtsprechung. (1) Wird jemand durch die öffentliche Gewalt in seinen Rechten verletzt, so steht ihm der Rechtsweg offen.

(2) Die Richter sind unabhängig und nur der Verfassung nach Maßgabe dieses Verfassungsgesetzes und dem Gesetz unterworfen. Sie unterliegen insoweit keiner Aufsicht staatlicher oder gesellschaftlicher Organe. Eine Leitung der Rechtsprechung unterer Gerichte durch obere Gerichte ist nicht zulässig.

Art. 6. Schutz der Umwelt. Der Schutz der natürlichen Umwelt ist Pflicht des Staates und aller Bürger. Er ist durch Gesetze zu gewährleisten.

Art. 7. Schutz der Arbeit. Die Arbeitskraft wird vom Staat geschützt. Der Staat fördert das Recht des einzelnen, durch Arbeit ein menschenwürdiges Leben in sozialer Gerechtigkeit und wirtschaftlicher Freiheit zu führen, und schafft die dazu notwendigen Rahmenbedingungen.

Art. 8. Hoheitsrechte. Die Deutsche Demokratische Republik kann durch Verfassungsgesetz Hoheitsrechte auf zwischenstaatliche Einrichtungen und Einrichtungen der Bundesrepublik Deutschland übertragen oder in die Beschränkung von Hoheitsrechten einwilligen.

Art. 9. Neufassung. Artikel 106 der DDR-Verfassung wird wie folgt gefaßt:

„**Artikel 106.** Die Verfassung kann nur von der Volkskammer der Deutschen Demokratischen Republik durch Gesetz geändert werden, das ausdrücklich als Verfassungsgesetz bezeichnet ist. Staatsverträge der Deutschen Demokratischen Republik und andere völkerrechtliche Verträge sind, soweit durch sie Verfassungsgegenstände berührt werden, durch ein ausdrücklich als ‚Verfassungsgesetz' bezeichnetes Gesetz zu bestätigen, das der Zustimmung von zwei Drittel der Mitglieder der Volkskammer bedarf."

Art. 10. Schlußbestimmung. Dieses Verfassungsgesetz tritt am 17. Juni 1990 in Kraft und behält seine Gültigkeit bis zur Inkraftsetzung eines Grundgesetzes.

Das vorstehende, von der Volkskammer der Deutschen Demokratischen Republik am siebzehnten Juni neunzehnhundertneunzig beschlossene Gesetz wird hiermit verkündet.

Berlin, den siebzehnten Juni neunzehnhundertneunzig.

Die Präsidentin der Volkskammer
der Deutschen Demokratischen Republik

Bergmann-Pohl

Quelle: *Gesetzblatt der Deutschen Demokratischen Republik 1990*, S. 299–300.

16. Einigungsvertrag 1990

Die Umwälzung der Verhältnisse seit 1989 in der Deutschen Demokratischen Republik (DDR), insbesondere aber in der Sowjetunion konnte die Möglichkeit zur Wiedervereinigung der beiden deutschen Staaten bieten. Während Volk und Regierungen auf beiden deutschen Seiten bald in ihrer Mehrheit dieses Ziel anstrebten, mußte in Anbetracht von Rechten, die im Potsdamer Abkommen 1945 (siehe Band III, Nr. 71) für die damaligen Siegermächte festgeschrieben worden waren, aber insbesondere auch wegen der Frage der Haltung der Sowjetunion gegenüber einer künftigen Zugehörigkeit des größeren Deutschland zu einem westlichen Bündnis (dem Nordatlantikpakt), die Zustimmung aller vier ehemaligen Siegermächte eingeholt werden. Aus diesem Grund tagte ab 5.5.1990 in Bonn die sogenannte Zwei-plus-vier-Konferenz der Außenminister der beiden deutschen Staaten und der vier Siegermächte. Die Verhandlungen wurden durch den am 12.9. in Moskau unterzeichneten „Vertrag über die abschließende Regelung in bezug auf Deutschland" (BGBl. II, S. 1317) erfolgreich zu Ende geführt. Zuvor schon, am 18.5., schlossen die Bundesrepublik und die DDR den dann am 1.7. in Kraft getretenen „Vertrag über die Schaffung einer Währungs-, Wirtschafts- und Sozialunion" (BGBl. I, S. 518), mit dem die DDR große Teile der Wirtschafts- und Rechtsordnung der Bundesrepublik übernahm. Am 23.8. sprach sich die Volkskammer für den Beitritt der DDR zur Bundesrepublik Deutschland gemäß Artikel 23 des Grundgesetzes (siehe oben Dokument Nr. 11; hinsichtlich des Beitritts siehe Band III, Nr. 88) mit Wirkung vom 3.10. aus. Die Modalitäten dieses Beitritts wurden in dem nachfolgend abgedruckten Einigungsvertrag festgelegt, der am 31.8. in Berlin (Ost) von beiden Seiten unterzeichnet wurde.

Vertrag zwischen der Bundesrepublik Deutschland und der Deutschen Demokratischen Republik über die Herstellung der Einheit Deutschlands – Einigungsvertrag –

Die Bundesrepublik Deutschland und die Deutsche Demokratische Republik –

entschlossen, die Einheit Deutschlands in Frieden und Freiheit als gleichberechtigtes Glied der Völkergemeinschaft in freier Selbstbestimmung zu vollenden,

ausgehend von dem Wunsch der Menschen in beiden Teilen Deutschlands, gemeinsam in Frieden und Freiheit in einem rechtsstaatlich geordneten, demokratischen und sozialen Bundesstaat zu leben,

in dankbarem Respekt vor denen, die auf friedliche Weise der Freiheit zum Durchbruch verholfen haben, die an der Aufgabe der Herstellung der Einheit Deutschlands unbeirrt festgehalten haben und sie vollenden,

im Bewußtsein der Kontinuität deutscher Geschichte und eingedenk der sich aus unserer Vergangenheit ergebenden besonderen Verantwortung für eine demokratische Entwicklung in Deutschland, die der Achtung der Menschenrechte und dem Frieden verpflichtet bleibt,

in dem Bestreben, durch die deutsche Einheit einen Beitrag zur Einigung Europas und zum Aufbau einer europäischen Friedensordnung zu leisten, in der Grenzen nicht mehr trennen und die allen europäischen Völkern ein vertrauensvolles Zusammenleben gewährleistet,

in dem Bewußtsein, daß die Unverletzlichkeit der Grenzen und der territorialen Integrität und Souveränität aller Staaten in Europa in ihren Grenzen eine grundlegende Bedingung für den Frieden ist –

sind übereingekommen, einen Vertrag über die Herstellung der Einheit Deutschlands mit den nachfolgenden Bestimmungen zu schließen:

Kapitel I. Wirkung des Beitritts

Art. 1. Länder. (1) Mit dem Wirksamwerden des Beitritts der Deutschen Demokratischen Republik zur Bundesrepublik Deutschland gemäß Artikel 23 des Grundgesetzes am 3. Oktober 1990 werden die Länder Brandenburg, Mecklenburg-Vorpommern, Sachsen, Sachsen-Anhalt und Thüringen Länder der Bundesrepublik Deutschland. Für die Bildung und die Grenzen dieser Länder untereinander sind die Bestimmungen des Verfassungsgesetzes zur Bildung von Ländern in der Deutschen Demokratischen Republik vom 22. Juli 1990 – Ländereinführungsgesetz – (GBl. I Nr. 51 S. 955) gemäß Anlage II maßgebend.

(2) Die 23 Bezirke von Berlin bilden das Land Berlin.

Art. 2. Hauptstadt, Tag der Deutschen Einheit. (1) Hauptstadt Deutschlands ist Berlin. Die Frage des Sitzes von Parlament und Regierung wird nach der Herstellung der Einheit Deutschlands entschieden.

(2) Der 3. Oktober ist als Tag der Deutschen Einheit gesetzlicher Feiertag.

Kapitel II. Grundgesetz

Art. 3. Inkrafttreten des Grundgesetzes. Mit dem Wirksamwerden des Beitritts tritt das Grundgesetz für die Bundesrepublik Deutschland in der im Bundesgesetzblatt Teil III, Gliederungsnummer 100-1, veröffentlichten bereinigten Fassung, zuletzt geändert durch Gesetz vom 21. Dezember 1983 (BGBl. I S. 1481), in den Ländern Brandenburg, Mecklenburg-Vorpommern, Sachsen, Sachsen-Anhalt und Thüringen sowie in dem Teil des Landes Berlin, in dem es bisher nicht galt, mit den sich aus Artikel 4 ergebenden Änderungen in Kraft, soweit in diesem Vertrag nichts anderes bestimmt ist.

Art. 4. Beitrittsbedingte Änderungen des Grundgesetzes. Das Grundgesetz für die Bundesrepublik Deutschland wird wie folgt geändert:

1. Die Präambel wird wie folgt gefaßt:
„Im Bewußtsein seiner Verantwortung vor Gott und den Menschen,

von dem Willen beseelt, als gleichberechtigtes Glied in einem vereinten Europa dem Frieden der Welt zu dienen, hat sich das Deutsche Volk kraft seiner verfassungsgebenden Gewalt dieses Grundgesetz gegeben.

Die Deutschen in den Ländern Baden-Württemberg, Bayern, Berlin, Brandenburg, Bremen, Hamburg, Hessen, Mecklenburg-Vorpommern, Niedersachsen, Nordrhein-Westfalen, Rheinland-Pfalz, Saarland, Sachsen, Sachsen-Anhalt, Schleswig-Holstein und Thüringen haben in freier Selbstbestimmung die Einheit und Freiheit Deutschlands vollendet. Damit gilt dieses Grundgesetz für das gesamte Deutsche Volk."

2. Artikel 23 wird aufgehoben.

3. Artikel 51 Abs. 2 des Grundgesetzes wird wie folgt gefaßt:
„(2) Jedes Land hat mindestens drei Stimmen, Länder mit mehr als zwei Millionen Einwohnern haben vier, Länder mit mehr als sechs Millionen Einwohnern fünf, Länder mit mehr als sieben Millionen Einwohnern sechs Stimmen."

4. Der bisherige Wortlaut des Artikels 135a wird Absatz 1. Nach Absatz 1 wird folgender Absatz angefügt:
„(2) Absatz 1 findet entsprechende Anwendung auf Verbindlichkeiten der Deutschen Demokratischen Republik oder ihrer Rechtsträger sowie auf Verbindlichkeiten des Bundes oder anderer Körperschaften und Anstalten des öffentlichen Rechts, die mit dem Übergang von Vermögenswerten der Deutschen Demokratischen Republik auf Bund, Länder und Gemeinden im Zusammenhang stehen, und auf Verbindlichkeiten, die auf Maßnahmen der Deutschen Demokratischen Republik oder ihrer Rechtsträger beruhen."

5. In das Grundgesetz wird folgender neuer Artikel 143 eingefügt:
„**Artikel 143.** (1) Recht in dem in Artikel 3 des Einigungsvertrags genannten Gebiet kann längstens bis zum 31. Dezember 1992 von Bestimmungen dieses Grundgesetzes abweichen, soweit und solange infolge der unterschiedlichen Verhältnisse die völlige Anpassung an die grundgesetzliche Ordnung noch nicht erreicht werden kann. Abweichungen dürfen nicht gegen Artikel 19 Abs. 2 verstoßen und müssen mit den in Artikel 79 Abs. 3 genannten Grundsätzen vereinbar sein.
(2) Abweichungen von. den Abschnitten II, VIII, VIIIa, IX, X und XI sind längstens bis zum 31. Dezember 1995 zulässig.
(3) Unabhängig von Absatz 1 und 2 haben Artikel 41 des Einigungsvertrags und Regelungen zu seiner Durchführung auch insoweit Bestand, als sie vorsehen, daß Eingriffe in das Eigentum auf dem in Artikel 3 dieses Vertrags genannten Gebiet nicht mehr rückgängig gemacht werden."

6. Artikel 146 wird wie folgt gefaßt:
„**Artikel 146.** Dieses Grundgesetz, das nach Vollendung der Einheit und Freiheit Deutschlands für das gesamte deutsche Volk gilt, verliert seine Gültigkeit

an dem Tage, an dem eine Verfassung in Kraft tritt, die von dem deutschen Volke in freier Entscheidung beschlossen worden ist."

Art. 5. Künftige Verfassungsänderungen. Die Regierungen der beiden Vertragsparteien empfehlen den gesetzgebenden Körperschaften des vereinten Deutschlands, sich innerhalb von zwei Jahren mit den im Zusammenhang mit der deutschen Einigung aufgeworfenen Fragen zur Änderung oder Ergänzung des Grundgesetzes zu befassen, insbesondere

- in bezug auf das Verhältnis zwischen Bund und Ländern entsprechend dem Gemeinsamen Beschluß der Ministerpräsidenten vom 5. Juli 1990,
- in bezug auf die Möglichkeit einer Neugliederung für den Raum Berlin/Brandenburg abweichend von den Vorschriften des Artikels 29 des Grundgesetzes durch Vereinbarung der beteiligten Länder,
- mit den Überlegungen zur Aufnahme von Staatszielbestimmungen in das Grundgesetz sowie
- mit der Frage der Anwendung des Artikels 146 des Grundgesetzes und in deren Rahmen einer Volksabstimmung.

Art. 6. Ausnahmebestimmung. Artikel 131 des Grundgesetzes wird in dem in Artikel 3 genannten Gebiet vorerst nicht in Kraft gesetzt.

Art. 7. Finanzverfassung. (1) Die Finanzverfassung der Bundesrepublik Deutschland wird auf das in Artikel 3 genannte Gebiet erstreckt, soweit in diesem Vertrag nichts anderes bestimmt ist.

(2) Für die Verteilung des Steueraufkommens auf den Bund sowie auf die Länder und Gemeinden (Gemeindeverbände) in dem in Artikel 3 genannten Gebiet gelten die Bestimmungen des Artikels 106 des Grundgesetzes mit der Maßgabe, daß

1. bis zum 31. Dezember 1994 Absatz 3 Satz 4 und Absatz 4 keine Anwendung finden;
2. bis zum 31. Dezember 1996 der Anteil der Gemeinden an dem Aufkommen der Einkommensteuer nach Artikel 106 Abs. 5 des Grundgesetzes von den Ländern an die Gemeinden nicht auf der Grundlage der Einkommensteuerleistung ihrer Einwohner, sondern nach der Einwohnerzahl der Gemeinden weitergeleitet wird;
3. bis zum 31. Dezember 1994 abweichend von Artikel 106 Abs. 7 des Grundgesetzes den Gemeinden (Gemeindeverbänden) von dem Länderanteil am Gesamtaufkommen der Gemeinschaftssteuern und dem gesamten Aufkommen der Landessteuern ein jährlicher Anteil von mindestens 20 vom Hundert sowie vom Länderanteil aus den Mitteln des Fonds „Deutsche Einheit" nach Absatz 5 Nr. 1 einjährlicher Anteil von 40 vom Hundert zufließt.

(3) Artikel 107 des Grundgesetzes gilt in dem in Artikel 3 genannten Gebiet mit der Maßgabe, daß bis zum 31. Dezember 1994 zwischen den bisherigen Ländern der Bundesrepublik Deutschland und den Ländern in dem in Artikel 3

genannten Gebiet die Regelung des Absatzes 1 Satz 4 nicht angewendet wird und ein gesamtdeutscher Länderfinanzausgleich (Artikel 107 Abs. 2 des Grundgesetzes) nicht stattfindet. Der gesamtdeutsche Länderanteil an der Umsatzsteuer wird so in einen Ost- und Westanteil aufgeteilt, daß im Ergebnis der durchschnittliche Umsatzsteueranteil pro Einwohner in den Ländern Brandenburg, Mecklenburg-Vorpommern, Sachsen, Sachsen-Anhalt und Thüringen in den Jahren

1991	55 vom Hundert
1992	60 vom Hundert
1993	65 vom Hundert
1994	70 vom Hundert

des durchschnittlichen Umsatzsteueranteils pro Einwohner in den Ländern Baden-Württemberg, Bayern, Bremen, Hessen, Hamburg, Niedersachsen, Nordrhein-Westfalen, Rheinland-Pfalz, Saarland und Schleswig-Holstein beträgt. Der Anteil des Landes Berlin wird vorab nach der Einwohnerzahl berechnet. Die Regelungen dieses Absatzes werden für 1993 in Ansehung der dann vorhandenen Gegebenheiten überprüft.

(4) Das in Artikel 3 genannte Gebiet wird in die Regelungen der Artikel 91a, 91b und 104a Abs. 3 und 4 des Grundgesetzes einschließlich der hierzu ergangenen Ausführungsbestimmungen nach Maßgabe dieses Vertrags mit Wirkung vom 1. Januar 1991 einbezogen.

(5) Nach Herstellung der deutschen Einheit werden die jährlichen Leistungen des Fonds „Deutsche Einheit"

1. zu 85 vom Hundert als besondere Unterstützung den Ländern Brandenburg, Mecklenburg-Vorpommern, Sachsen, Sachsen-Anhalt und Thüringen sowie dem Land Berlin zur Deckung ihres allgemeinen Finanzbedarfs gewährt und auf diese Länder im Verhältnis ihrer Einwohnerzahl ohne Berücksichtigung der Einwohnerzahl von Berlin (West) verteilt sowie
2. zu 15 vom Hundert zur Erfüllung zentraler öffentlicher Aufgaben auf dem Gebiet der vorgenannten Länder verwendet.

(6) Bei grundlegender Veränderung der Gegebenheiten werden die Möglichkeiten weiterer Hilfe zum angemessenen Ausgleich der Finanzkraft für die Länder in dem in Artikel 3 genannten Gebiet von Bund und Ländern gemeinsam geprüft.

Kapitel III. Rechtsangleichung

Art. 8. Überleitung von Bundesrecht. Mit dem Wirksamwerden des Beitritts tritt in dem in Artikel 3 genannten Gebiet Bundesrecht in Kraft, soweit es nicht in seinem Geltungsbereich auf bestimmte Länder oder Landesteile der Bundesrepublik Deutschland beschränkt ist und soweit durch diesen Vertrag, insbesondere dessen Anlage I, nichts anderes bestimmt wird.

Art. 9. Fortgeltendes Recht der Deutschen Demokratischen Republik. (1) Das im Zeitpunkt der Unterzeichnung dieses Vertrags geltende Recht der Deutschen Demokratischen Republik, das nach der Kompetenzordnung des Grundgesetzes Landesrecht ist, bleibt in Kraft, soweit es mit dem Grundgesetz ohne Berücksichtigung des Artikels 143, mit in dem in Artikel 3 genannten Gebiet in Kraft gesetztem Bundesrecht sowie mit dem unmittelbar geltenden Recht der Europäischen Gemeinschaften vereinbar ist und soweit in diesem Vertrag nichts anderes bestimmt wird. Recht der Deutschen Demokratischen Republik, das nach der Kompetenzordnung des Grundgesetzes Bundesrecht ist und das nicht bundeseinheitlich geregelte Gegenstände betrifft, gilt unter den Voraussetzungen des Satzes 1 bis zu einer Regelung durch den Bundesgesetzgeber als Landesrecht fort.

(2) Das in Anlage II aufgeführte Recht der Deutschen Demokratischen Republik bleibt mit den dort genannten Maßgaben in Kraft, soweit es mit dem Grundgesetz unter Berücksichtigung dieses Vertrags sowie mit dem unmittelbar geltenden Recht der Europäischen Gemeinschaften vereinbar ist.

(3) Nach Unterzeichnung dieses Vertrags erlassenes Recht der Deutschen Demokratischen Republik bleibt in Kraft, sofern es zwischen den Vertragsparteien vereinbart wird. Absatz 2 bleibt unberührt.

(4) Soweit nach den Absätzen 2 und 3 fortgeltendes Recht Gegenstände der ausschließlichen Gesetzgebung des Bundes betrifft, gilt es als Bundesrecht fort. Soweit es Gegenstände der konkurrierenden Gesetzgebung oder der Rahmengesetzgebung betrifft, gilt es als Bundesrecht fort, wenn und soweit es sich auf Sachgebiete bezieht, die im übrigen Geltungsbereich des Grundgesetzes bundesrechtlich geregelt sind.

(5) Das gemäß Anlage II von der Deutschen Demokratischen Republik erlassene Kirchensteuerrecht gilt in den in Artikel 1 Abs. 1 genannten Ländern als Landesrecht fort.

Art. 10. Recht der Europäischen Gemeinschaften. (1) Mit dem Wirksamwerden des Beitritts gelten in dem in Artikel 3 genannten Gebiet die Verträge über die Europäischen Gemeinschaften nebst Änderungen und Ergänzungen sowie die internationalen Vereinbarungen, Verträge und Beschlüsse, die in Verbindung mit diesen Verträgen in Kraft getreten sind.

(2) Die auf der Grundlage der Verträge über die Europäischen Gemeinschaften ergangenen Rechtsakte gelten mit dem Wirksamwerden des Beitritts in dem in Artikel 3 genannten Gebiet, soweit nicht die zuständigen Organe der Europäischen Gemeinschaften Ausnahmeregelungen erlassen. Diese Ausnahmeregelungen sollen den verwaltungsmäßigen Bedürfnissen Rechnung tragen und der Vermeidung wirtschaftlicher Schwierigkeiten dienen.

(3) Rechtsakte der Europäischen Gemeinschaften, deren Umsetzung oder Ausführung in die Zuständigkeit der Länder fällt, sind von diesen durch landesrechtliche Vorschriften umzusetzen oder auszuführen.

Kapitel IV. Völkerrechtliche Verträge und Vereinbarungen

Art. 11. Verträge der Bundesrepublik Deutschland. Die Vertragsparteien gehen davon aus, daß völkerrechtliche Verträge und Vereinbarungen, denen die Bundesrepublik Deutschland als Vertragspartei angehört, einschließlich solcher Verträge, die Mitgliedschaften in internationalen Organisationen oder Institutionen begründen, ihre Gültigkeit behalten und die daraus folgenden Rechte und Verpflichtungen sich mit Ausnahme der in Anlage I genannten Verträge auch auf das in Artikel 3 genannte Gebiet beziehen. Soweit im Einzelfall Anpassungen erforderlich werden, wird sich die gesamtdeutsche Regierung mit den jeweiligen Vertragspartnern ins Benehmen setzen.

Art. 12. Verträge der Deutschen Demokratischen Republik. (1) Die Vertragsparteien sind sich einig, daß die völkerrechtlichen Verträge der Deutschen Demokratischen Republik im Zuge der Herstellung der Einheit Deutschlands unter den Gesichtspunkten des Vertrauensschutzes, der Interessenlage der beteiligten Staaten und der vertraglichen Verpflichtungen der Bundesrepublik Deutschland sowie nach den Prinzipien einer freiheitlichen, demokratischen und rechtsstaatlichen Grundordnung und unter Beachtung der Zuständigkeiten der Europäischen Gemeinschaften mit den Vertragspartnern der Deutschen Demokratischen Republik zu erörtern sind, um ihre Fortgeltung, Anpassung oder ihr Erlöschen zu regeln beziehungsweise festzustellen.

(2) Das vereinte Deutschland legt seine Haltung zum Übergang völkerrechtlicher Verträge der Deutschen Demokratischen Republik nach Konsultationen mit den jeweiligen Vertragspartnern und mit den Europäischen Gemeinschaften, soweit deren Zuständigkeiten berührt sind, fest.

(3) Beabsichtigt das vereinte Deutschland, in internationale Organisationen oder in sonstige mehrseitige Verträge einzutreten, denen die Deutsche Demokratische Republik, nicht aber die Bundesrepublik Deutschland angehört, so wird Einvernehmen mit den jeweiligen Vertragspartnern und mit den Europäischen Gemeinschaften, soweit deren Zuständigkeiten berührt sind, hergestellt.

Kapitel V. Öffentliche Verwaltung und Rechtspflege

Art. 13. Übergang von Einrichtungen. (1) Verwaltungsorgane und sonstige der öffentlichen Verwaltung oder Rechtspflege dienende Einrichtungen in dem in Artikel 3 genannten Gebiet unterstehen der Regierung des Landes, in dem sie örtlich gelegen sind. Einrichtungen mit länderübergreifendem Wirkungskreis gehen in die gemeinsame Trägerschaft der betroffenen Länder über. Soweit Einrichtungen aus mehreren Teileinrichtungen bestehen, die ihre Aufgaben selbständig erfüllen können, unterstehen die Teileinrichtungen jeweils der Regierung des Landes, in dem sich die Teileinrichtung befindet. Die Landesregierung regelt die Überführung oder Abwicklung. § 22 des Ländereinführungsgesetzes vom 22. Juli 1990 bleibt unberührt.

(2) Soweit die in Absatz 1 Satz 1 genannten Einrichtungen oder Teileinrichtungen bis zum Wirksamwerden des Beitritts Aufgaben erfüllt haben, die nach der Kompetenzordnung des Grundgesetzes vom Bund wahrzunehmen sind, unterstehen sie den zuständigen obersten Bundesbehörden. Diese regeln die Überführung oder Abwicklung.

(3) Zu den Einrichtungen nach den Absätzen 1 und 2 gehören auch
1. Einrichtungen der Kultur, der Bildung und Wissenschaft sowie des Sports,
2. Einrichtungen des Hörfunks und des Fernsehens,

deren Rechtsträger die öffentliche Verwaltung ist.

Art. 14. Gemeinsame Einrichtungen der Länder. (1) Einrichtungen oder Teile von Einrichtungen, die bis zum Wirksamwerden des Beitritts Aufgaben erfüllt haben, die nach der Kompetenzordnung des Grundgesetzes von den Ländern wahrzunehmen sind, werden bis zur endgültigen Regelung durch die in Artikel 1 Abs. 1 genannten Länder als gemeinsame Einrichtungen der Länder weitergeführt. Dies gilt nur, soweit die übergangsweise Weiterführung für die Erfüllung der Aufgaben der Länder unerläßlich ist.

(2) Die gemeinsamen Einrichtungen der Länder unterstehen bis zur Wahl der Ministerpräsidenten der Länder den Landesbevollmächtigten. Danach unterstehen sie den Ministerpräsidenten. Diese können die Aufsicht dem zuständigen Landesminister übertragen.

Art. 15. Übergangsregelungen für die Landesverwaltung. (1) Die Landessprecher in den in Artikel 1 Abs. 1 genannten Ländern und die Regierungsbevollmächtigten in den Bezirken nehmen ihre bisherigen Aufgaben vom Wirksamwerden des Beitritts bis zur Wahl der Ministerpräsidenten in der Verantwortung der Bundesregierung wahr und unterstehen deren Weisungen. Die Landessprecher leiten als Landesbevollmächtigte die Verwaltung ihres Landes und haben ein Weisungsrecht gegenüber den Bezirksverwaltungsbehörden sowie bei übertragenen Aufgaben auch gegenüber den Gemeinden und Landkreisen. Soweit in den in Artikel 1 Abs. 1 genannten Ländern bis zum Wirksamwerden des Beitritts Landesbeauftragte bestellt worden sind, nehmen sie die in den Sätzen 1 und 2 genannten Aufgaben und Befugnisse des Landessprechers wahr.

(2) Die anderen Länder und der Bund leisten Verwaltungshilfe beim Aufbau der Landesverwaltung.

(3) Auf Ersuchen der Ministerpräsidenten der in Artikel 1 Abs. 1 genannten Länder leisten die anderen Länder und der Bund Verwaltungshilfe bei der Durchführung bestimmter Fachaufgaben, und zwar längstens bis zum 30. Juni 1991. Soweit Stellen und Angehörige der Länder und des Bundes Verwaltungshilfe bei der Durchführung von Fachaufgaben leisten, räumt der Ministerpräsident ihnen insoweit ein Weisungsrecht ein.

(4) Soweit der Bund Verwaltungshilfe bei der Durchführung von Fachaufgaben leistet, stellt er auch die zur Durchführung der Fachaufgaben erforderlichen Haushaltsmittel zur Verfügung. Die eingesetzten Haushaltsmittel werden mit dem

Anteil des jeweiligen Landes an den Leistungen des Fonds „Deutsche Einheit“ oder an der Einfuhr-Umsatzsteuer verrechnet.

Art. 16. Übergangsvorschrift bis zur Bildung einer gesamtberliner Landesregierung. Bis zur Bildung einer gesamtberliner Landesregierung nimmt der Senat von Berlin gemeinsam mit dem Magistrat die Aufgaben der gesamtberliner Landesregierung wahr.

Art. 17. Rehabilitierung. Die Vertragsparteien bekräftigen ihre Absicht, daß unverzüglich eine gesetzliche Grundlage dafür geschaffen wird, daß alle Personen rehabilitiert werden können, die Opfer einer politisch motivierten Strafverfolgungsmaßnahme oder sonst einer rechtsstaats- und verfassungswidrigen gerichtlichen Entscheidung geworden sind. Die Rehabilitierung dieser Opfer des SED-Unrechts-Regimes ist mit einer angemessenen Entschädigungsregelung zu verbinden.

Art. 18. Fortgeltung gerichtlicher Entscheidungen. (1) Vor dem Wirksamwerden des Beitritts ergangene Entscheidungen der Gerichte der Deutschen Demokratischen Republik bleiben wirksam und können nach Maßgabe des gemäß Artikel 8 in Kraft gesetzten oder des gemäß Artikel 9 fortgeltenden Rechts vollstreckt werden. Nach diesem Recht richtet sich auch eine Oberprüfung der Vereinbarkeit von Entscheidungen und ihrer Vollstreckung mit rechtsstaatlichen Grundsätzen. Artikel 17 bleibt unberührt.

(2) Den durch ein Strafgericht der Deutschen Demokratischen Republik Verurteilten wird durch diesen Vertrag nach Maßgabe der Anlage I ein eigenes Recht eingeräumt, eine gerichtliche Kassation rechtskräftiger Entscheidungen herbeizuführen.

Art. 19. Fortgeltung von Entscheidungen der öffentlichen Verwaltung. Vor dem Wirksamwerden des Beitritts ergangene Verwaltungsàkte der Deutschen Demokratischen Republik bleiben wirksam. Sie können aufgehoben werden, wenn sie mit rechtsstaatlichen Grundsätzen oder mit den Regelungen dieses Vertrags unvereinbar sind. Im übrigen bleiben die Vorschriften über die Bestandskraft von Verwaltungsakten unberührt.

Art. 20. Rechtsverhältnisse im öffentlichen Dienst. (1) Für die Rechtsverhältnisse der Angehörigen des öffentlichen Dienstes zum Zeitpunkt des Beitritts gelten die in Anlage I vereinbarten Übergangsregelungen.

(2) Die Wahrnehmung von öffentlichen Aufgaben (hoheitsrechtliche Befugnisse im Sinne von Artikel 33 Abs. 4 des Grundgesetzes) ist sobald wie möglich Beamten zu übertragen. Das Beamtenrecht wird nach Maßgabe der in Anlage I vereinbarten Regelungen eingeführt. Artikel 92 des Grundgesetzes bleibt unberührt.

(3) Das Soldatenrecht wird nach Maßgabe der in Anlage I vereinbarten Regelungen eingeführt.

Kapitel VI. Öffentliches Vermögen und Schulden

Art. 21. Verwaltungsvermögen. (1) Das Vermögen der Deutschen Demokratischen Republik, das unmittelbar bestimmten Verwaltungsaufgaben dient (Verwaltungsvermögen), wird Bundesvermögen, sofern es nicht nach seiner Zweckbestimmung am 1. Oktober 1989 überwiegend für Verwaltungsaufgaben bestimmt war, die nach dem Grundgesetz von Ländern, Gemeinden (Gemeindeverbänden) oder sonstigen Trägern öffentlicher Verwaltung wahrzunehmen sind. Soweit Verwaltungsvermögen überwiegend für Aufgaben des ehemaligen Ministeriums für Staatssicherheit/des Amtes für Nationale Sicherheit genutzt wurde, steht es der Treuhandanstalt zu, es sei denn, daß es nach dem genannten Zeitpunkt bereits neuen sozialen oder öffentlichen Zwecken zugeführt worden ist.

(2) Soweit Verwaltungsvermögen nicht Bundesvermögen gemäß Absatz 1 wird, steht es mit Wirksamwerden des Beitritts demjenigen Träger öffentlicher Verwaltung zu, der nach dem Grundgesetz für die Verwaltungsaufgabe zuständig ist.

(3) Vermögenswerte, die dem Zentralstaat oder den Ländern und Gemeinden (Gemeindeverbänden) von einer anderen Körperschaft des öffentlichen Rechts unentgeltlich zur Verfügung gestellt worden sind, werden an diese Körperschaft oder ihre Rechtsnachfolgerin unentgeltlich zurückübertragen; früheres Reichsvermögen wird Bundesvermögen.

(4) Soweit nach den Absätzen 1 bis 3 oder aufgrund eines Bundesgesetzes Verwaltungsvermögen Bundesvermögen wird, ist es für die Erfüllung öffentlicher Aufgaben in dem in Artikel 3 genannten Gebiet zu verwenden. Dies gilt auch für die Verwendung der Erlöse aus Veräußerungen von Vermögenswerten.

Art. 22. Finanzvermögen. (1) Öffentliches Vermögen von Rechtsträgern in dem in Artikel 3 genannten Gebiet einschließlich des Grundvermögens und des Vermögens in der Land- und Forstwirtschaft, das nicht unmittelbar bestimmten Verwaltungsaufgaben dient (Finanzvermögen), ausgenommen Vermögen der Sozialversicherung, unterliegt, soweit es nicht der Treuhandanstalt übertragen ist, oder durch Gesetz gemäß § 1 Abs. 1 Sätze 2 und 3 des Treuhandgesetzes Gemeinden, Städten oder Landkreisen übertragen wird, mit Wirksamwerden des Beitritts der Treuhandverwaltung des Bundes. Soweit Finanzvermögen überwiegend für Aufgaben des ehemaligen Ministeriums für Staatssicherheit/des Amtes für Nationale Sicherheit genutzt wurde, steht es der Treuhandanstalt zu, es sei denn, daß es nach dem 1. Oktober 1989 bereits neuen sozialen oder öffentlichen Zwecken zugeführt worden ist. Durch Bundesgesetz ist das Finanzvermögen auf den Bund und die in Artikel 1 genannten Länder so aufzuteilen, daß der Bund und die in Artikel 1 genannten Länder je die Hälfte des Vermögensgesamtwerts erhalten. An dem Länderanteil sind die Gemeinden (Gemeindeverbände) angemessen zu beteiligen. Vermögenswerte, die hiernach der Bund erhält, sind zur Erfüllung öffentlicher Aufgaben in dem in Artikel 3 genannten Gebiet zu verwenden. Die Verteilung des Länderanteils auf die einzelnen Länder soll grundsätzlich so erfolgen, daß das Verhältnis der Gesamtwerte der den einzelnen Ländern übertragenen

Vermögensteile dem Verhältnis der Bevölkerungszahlen dieser Länder mit Wirksamwerden des Beitritts ohne Berücksichtigung der Einwohnerzahl von Berlin (West) entspricht. Artikel 21 Abs. 3 ist entsprechend anzuwenden.

(2) Bis zu einer gesetzlichen Regelung wird das Finanzvermögen von den bisher zuständigen Behörden verwaltet, soweit nicht der Bundesminister der Finanzen die Übernahme der Verwaltung durch Behörden der Bundesvermögensverwaltung anordnet.

(3) Die in den Absätzen 1 und 2 bezeichneten Gebietskörperschaften gewähren sich untereinander auf Verlangen Auskunft über und Einsicht in Grundbücher, Grundakten und sonstige Vorgänge, die Hinweise zu- Vermögenswerten enthalten, deren rechtliche und tatsächliche Zuordnung zwischen den Gebietskörperschaften ungeklärt oder streitig ist.

(4) Absatz 1 gilt nicht für das zur Wohnungsversorgung genutzte volkseigene Vermögen, das sich in Rechtsträgerschaft der volkseigenen Betriebe der Wohnungswirtschaft befindet. Gleiches gilt für volkseigenes Vermögen, für das bereits konkrete Ausführungsplanungen für Objekte der Wohnungsversorgung vorliegen. Dieses Vermögen geht mit Wirksamwerden des Beitritts mit gleichzeitiger Übernahme der anteiligen Schulden in das Eigentum der Kommunen über. Die Kommunen überführen ihren Wohnungsbestand unter Berücksichtigung sozialer Belange schrittweise in eine marktwirtschaftliche Wohnungswirtschaft. Dabei soll die Privatisierung auch zur Förderung der Bildung individuellen Wohneigentums beschleunigt durchgeführt werden. Hinsichtlich des volkseigenen Wohnungsbestandes staatlicher Einrichtungen, soweit dieser nicht bereits unter Artikel 21 fällt, bleibt Absatz 1 unberührt.

Art. 23. Schuldenregelung. (1) Mit dem Wirksamwerden des Beitritts wird die bis zu diesem Zeitpunkt aufgelaufene Gesamtverschuldung des Republikhaushalts der Deutschen Demokratischen Republik von einem nicht rechtsfähigen Sondervermögen des Bundes übernommen, das die Schuldendienstverpflichtungen erfüllt. Das Sondervermögen wird ermächtigt, Kredite aufzunehmen

1. zur Tilgung von Schulden des Sondervermögens,
2. zur Deckung anfallender Zins- und Kreditbeschaffungskosten,
3. zum Zwecke des Ankaufs von Schuldtiteln des Sondervermögens im Wege der Marktpflege.

(2) Der Bundesminister der Finanzen verwaltet das Sondervermögen. Das Sondervermögen kann unter seinem Namen im rechtsgeschäftlichen Verkehr handeln, klagen und verklagt werden. Der allgemeine Gerichtsstand des Sondervermögens ist der Sitz der Bundesregierung. Der Bund haftet für die Verbindlichkeiten des Sondervermögens.

(3) Vom Tage des Wirksamwerdens des Beitritts bis zum 31. Dezember 1993 erstatten der Bund und die Treuhandanstalt jeweils die Hälfte der vom Sondervermögen erbrachten Zinsleistungen. Die Erstattung erfolgt bis zum Ersten des Monats, der dem Monat folgt, in dem das Sondervermögen die in Satz 1 genannten Leistungen erbracht hat.

(4) Mit Wirkung vom 1. Januar 1994 übernehmen der Bund und die in Artikel 1 genannten Länder und die Treuhandanstalt, die beim Sondervermögen zum 31. Dezember 1993 aufgelaufene Gesamtverschuldung nach Maßgabe des Artikels 27 Abs. 3 des Vertrags vom 18. Mai 1990 über die Schaffung einer Währungs-, Wirtschafts- und Sozialunion zwischen der Bundesrepublik Deutschland und der Deutschen Demokratischen Republik. Die Verteilung der Schulden im einzelnen wird durch besonderes Gesetz gemäß Artikel 34 des Gesetzes vom 25. Juli 1990 zu dem Vertrag vom 18. Mai 1990 (BGBl. 1990 II S. 518) geregelt. Die Anteile der in Artikel 1 genannten Länder an dem von der Gesamtheit der in Artikel 1 genannten Länder zu übernehmenden Betrag werden im Verhältnis ihrer Einwohnerzahl zum Zeitpunkt des Wirksamwerdens des Beitritts ohne Berücksichtigung der Einwohnerzahl von Berlin (West) berechnet.

(5) Das Sondervermögen wird mit Ablauf des Jahres 1993 aufgelöst.

(6) Die Bundesrepublik Deutschland tritt mit Wirksamwerden des Beitritts in die von der Deutschen Demokratischen Republik zu Lasten des Staatshaushalts bis zur Einigung übernommenen Bürgschaften, Garantien und Gewährleistungen ein. Die in Artikel 1 Abs. 1 genannten Länder und das Land Berlin für den Teil, in dem das Grundgesetz bisher nicht galt, übernehmen für die auf die Bundesrepublik Deutschland übergegangenen Bürgschaften, Garantien und Gewährleistungen gesamtschuldnerisch eine Rückbürgschaft in Höhe von 50 vom Hundert. Die Schadensbeträge werden zwischen den Ländern im Verhältnis ihrer Einwohnerzahl zum Zeitpunkt des Wirksamwerdens des Beitritts ohne Berücksichtigung der Einwohnerzahl von Berlin (West) aufgeteilt.

(7) Die Beteiligung der Deutschen Demokratischen Republik an der Staatsbank Berlin kann auf die in Artikel 1 genannten Länder übertragen werden. Bis zu einer Übertragung der Beteiligung nach Satz 1 oder einer Übertragung nach Satz 3 stehen die Rechte aus der Beteiligung der Deutschen Demokratischen Republik an der Staatsbank Berlin dem Bund zu. Die Vertragsparteien werden, unbeschadet einer kartellrechtlichen Prüfung, die Möglichkeit vorsehen, daß die Staatsbank Berlin ganz oder teilweise auf ein öffentlich-rechtliches Kreditinstitut in der Bundesrepublik Deutschland oder auf andere Rechtsträger übertragen wird. Werden nicht alle Gegenstände oder Verbindlichkeiten von einer Übertragung erfaßt, ist der verbleibende Teil der Staatsbank Berlin abzuwickeln. Der Bund tritt in die Verbindlichkeiten aus der Gewährträgerhaftung der Deutschen Demokratischen Republik für die Staatsbank Berlin ein. Dies gilt nicht für Verbindlichkeiten, die nach der Übertragung der Beteiligung nach Satz 1 oder nach einer Übertragung nach Satz 3 begründet werden. Satz 5 gilt für von der Staatsbank Berlin in Abwicklung begründete neue Verbindlichkeiten entsprechend. Wird der Bund aus der Gewährträgerhaftung in Anspruch genommen, wird die Belastung in die Gesamtverschuldung des Republikhaushalts einbezogen und mit Wirksamwerden des Beitritts in das nicht rechtsfähige Sondervermögen nach Absatz 1 übernommen.

Art. 24. Abwicklung der Forderungen und Verbindlichkeiten gegenüber dem Ausland und der Bundesrepublik Deutschland. (1) Die Abwicklung der beim Wirksamwerden des Beitritts noch bestehenden Forderungen und Verbindlichkeiten, soweit sie im Rahmen des Außenhandels- und Valutamonopols oder in Wahrnehmung anderer staatlicher Aufgaben der Deutschen Demokratischen Republik bis zum 1. Juli 1990 gegenüber dem Ausland und der Bundesrepublik Deutschland begründet worden sind, erfolgt auf Weisung und unter Aufsicht des Bundesministers der Finanzen. In Umschuldungsvereinbarungen der Regierung der Bundesrepublik Deutschland, die nach Wirksamwerden des Beitritts getroffen werden, sind auch die in Satz 1 genannten Forderungen einzubeziehen. Die betroffenen Forderungen werden durch den Bundesminister der Finanzen treuhänderisch verwaltet oder auf den Bund übertragen, soweit die Forderungen wertberichtigt werden.

(2) Das Sondervermögen gemäß Artikel 23 Abs. 1 übernimmt bis zum 30. November 1993 gegenüber den mit der Abwicklung beauftragten Instituten die notwendigen Verwaltungsaufwendungen, die Zinskosten, die durch eine Differenz der Zinsaufwendungen und Zinserlöse entstehen, sowie die sonstigen Verluste, die den Instituten während der Abwicklungszeit entstehen, soweit sie durch eigene Mittel nicht ausgeglichen werden können. Nach dem 30. November 1993 übernehmen der Bund und die Treuhandanstalt die in Satz 1 genannten Aufwendungen, Kosten und den Verlustausgleich je zur Hälfte. Das Nähere wird durch Bundesgesetz geregelt.

(3) Forderungen und Verbindlichkeiten, die auf die Mitgliedschaft der Deutschen Demokratischen Republik oder ihrer Einrichtungen im Rat für Gegenseitige Wirtschaftshilfe zurückgehen, können Gegenstand gesonderter Regelungen der Bundesrepublik Deutschland sein. Diese Regelungen können auch Forderungen und Verbindlichkeiten betreffen, die nach dem 30. Juni 1990 entstehen oder entstanden sind.

Art. 25. Treuhandvermögen. Das Gesetz zur Privatisierung und Reorganisation des volkseigenen Vermögens – Treuhandgesetz – vom 17. Juni 1990 (GBl. I Nr. 33 S. 300) gilt mit Wirksamwerden des Beitritts mit folgender Maßgabe fort:

(1) Die Treuhandanstalt ist auch künftig damit beauftragt, gemäß den Bestimmungen des Treuhandgesetzes die früheren volkseigenen Betriebe wettbewerblich zu strukturieren und zu privatisieren. Sie wird rechtsfähige bundesunmittelbare Anstalt des öffentlichen Rechts. Die Fach- und Rechtsaufsicht obliegt dem Bundesminister der Finanzen, der die Fachaufsicht im Einvernehmen mit dem Bundesminister für Wirtschaft und dem jeweils zuständigen Bundesminister wahrnimmt. Beteiligungen der Treuhandanstalt sind mittelbare Beteiligungen des Bundes. Änderungen der Satzung bedürfen der Zustimmung der Bundesregierung.

(2) Die Zahl der Mitglieder des Verwaltungsrats der Treuhandanstalt wird von 16 auf 20, für den ersten Verwaltungsrat auf 23, erhöht. Anstelle der beiden aus der Mitte der Volkskammer gewählten Vertreter erhalten die in Artikel 1 genannten Länder im Verwaltungsrat der Treuhandanstalt je einen Sitz. Abweichend von

§4 Abs. 2 des Treuhandgesetzes werden der Vorsitzende und die übrigen Mitglieder des Verwaltungsrats von der Bundesregierung berufen.

(3) Die Vertragsparteien bekräftigen, daß das volkseigene Vermögen ausschließlich und allein zugunsten von Maßnahmen in dem in Artikel 3 genannten Gebiet unabhängig von der haushaltsmäßigen Trägerschaft verwendet wird. Entsprechend sind Erlöse der Treuhandanstalt gemäß Artikel 26 Abs. 4 und Artikel 27 Abs. 3 des Vertrags vom 18. Mai 1990 zu verwenden. Im Rahmen der Strukturanpassung der Landwirtschaft können Erlöse der Treuhandanstalt im Einzelfall auch für Entschuldungsmaßnahmen zu Gunsten von landwirtschaftlichen Unternehmen verwendet werden. Zuvor sind deren eigene Vermögenswerte einzusetzen. Schulden, die auszugliedernden Betriebsteilen zuzuordnen sind, bleiben unberücksichtigt. Hilfe zur Entschuldung kann auch mit der Maßgabe gewährt werden, daß die Unternehmen die gewährten Leistungen im Rahmen ihrer wirtschaftlichen Möglichkeiten ganz oder teilweise zurückerstatten.

(4) Die der Treuhandanstalt durch Artikel 27 Abs. 1 des Vertrags vom 18. Mai 1990 eingeräumte Ermächtigung zur Aufnahme von Krediten wird von insgesamt bis zu 17 Milliarden Deutsche Mark auf bis zu 25 Milliarden Deutsche Mark erhöht. Die vorgenannten Kredite sollen in der Regel bis zum 31. Dezember 1995 zurückgeführt werden. Der Bundesminister der Finanzen kann eine Verlängerung der Laufzeiten und bei grundlegend veränderten Bedingungen eine Überschreitung der Kreditobergrenzen zulassen.

(5) Die Treuhandanstalt wird ermächtigt, im Einvernehmen mit dem Bundesminister der Finanzen Bürgschaften, Garantien und sonstige Gewährleistungen zu übernehmen.

(6) Nach Maßgabe des Artikels 10 Abs. 6 des Vertrags vom 18. Mai 1990 sind Möglichkeiten vorzusehen, daß den Sparern zu einem späteren Zeitpunkt für den bei der Umstellung 2 : 1 reduzierten Betrag ein verbrieftes Anteilrecht am volkseigenen Vermögen eingeräumt werden kann.

(7) Bis zur Feststellung der DM-Eröffnungsbilanz sind die Zins- und Tilgungsleistungen auf Kredite, die vor dem 30. Juni 1990 aufgenommen wurden, auszusetzen. Die anfallenden Zinszahlungen sind der Deutschen Kreditbank AG und den anderen Banken durch die Treuhandanstalt zu erstatten.

Art. 26. Sondervermögen Deutsche Reichsbahn. (1) Das Eigentum und alle sonstigen Vermögensrechte der Deutschen Demokratischen Republik sowie das Reichsvermögen in Berlin (West), die zum Sondervermögen Deutsche Reichsbahn im Sinne des Artikels 26 Abs. 2 des Vertrags vom 18. Mai 1990 gehören, sind mit Wirksamwerden des Beitritts als Sondervermögen Deutsche Reichsbahn Vermögen der Bundesrepublik Deutschland. Dazu gehören auch alle Vermögensrechte, die nach dem 8. Mai 1945 entweder mit Mitteln des Sondervermögens Deutsche Reichsbahn erworben oder die ihrem Betrieb oder dem ihrer Vorgängerverwaltungen gewidmet worden sind, ohne Rücksicht darauf, für welchen Rechtsträger sie erworben wurden, es sei denn, sie sind in der Folgezeit mit Zustimmung der Deutschen Reichsbahn einem anderen Zweck gewidmet worden. Vermögensrechte, die von der Deutschen Reichsbahn bis zum 31. Januar 1991 in entsprechender Anwendung des § 1 Abs. 4 der Verordnung über die Anmeldung vermögensrechtlicher Ansprüche vom 11. Juli 1990 (GBl. I Nr. 44 S. 718) benannt werden, gelten nicht als Vermögen, das mit Zustimmung der Deutschen Reichsbahn einem anderen Zweck gewidmet wurde.

(2) Mit den Vermögensrechten gehen gleichzeitig die mit ihnen im Zusammenhang stehenden Verbindlichkeiten und Forderungen auf das Sondervermögen Deutsche Reichsbahn über.

(3) Der Vorsitzer des Vorstands der Deutschen Bundesbahn und der Vorsitzer des Vorstands der Deutschen Reichsbahn sind für die Koordinierung der beiden Sondervermögen verantwortlich. Dabei haben sie auf das Ziel hinzuwirken, die beiden Bahnen technisch und organisatorisch zusammenzuführen.

Art. 27. Sondervermögen Deutsche Post. (1) Das Eigentum und alle sonstigen Vermögensrechte, die zum Sondervermögen Deutsche Post gehören, werden Vermögen der Bundesrepublik Deutschland. Sie werden mit dem Sondervermögen Deutsche Bundespost vereinigt. Dabei gehen mit den Vermögensrechten gleichzeitig die mit ihnen im Zusammenhang stehenden Verbindlichkeiten und Forderungen auf das Sondervermögen Deutsche Bundespost über. Das den hoheitlichen und politischen Zwecken dienende Vermögen wird mit den entsprechenden Verbindlichkeiten und Forderungen nicht Bestandteil des Sondervermögens Deutsche Bundespost. Zum Sondervermögen Deutsche Post gehören auch alle Vermögensrechte, die am 8. Mai 1945 zum Sondervermögen Deutsche Reichspost gehörten oder die nach dem 8. Mai 1945 entweder mit Mitteln des früheren Sondervermögens Deutsche Reichspost erworben oder die dem Betrieb der Deutschen Post gewidmet worden sind, ohne Rücksicht darauf, für welchen Rechtsträger sie erworben wurden, es sei denn, sie sind in der Folgezeit mit Zustimmung der Deutschen Post einem anderen Zweck gewidmet worden. Vermögensrechte, die von der Deutschen Post bis zum 31. Januar 1991 in entsprechender Anwendung des § 1 Abs. 4 der Verordnung über die Anmeldung vermögensrechtlicher Ansprüche vom 11. Juli 1990 benannt werden, gelten nicht als Vermögen, das mit Zustimmung der Deutscheu Post einem anderen Zweck gewidmet wurde.

(2) Der Bundesminister für Post und Telekommunikation regelt nach Anhörung der Unternehmen der Deutschen Bundespost abschließend die Aufteilung des Sondervermögens Deutsche Post in die Teilsondervermögen der drei Unternehmen. Der Bundesminister für Post und Telekommunikation legt nach Anhörung der drei Unternehmen der Deutschen Bundespost innerhalb einer Übergangszeit von drei Jahren fest, welche Vermögensgegenstände den hoheitlichen und politischen Zwecken dienen. Er übernimmt diese ohne Wertausgleich.

Art. 28. Wirtschaftsförderung. (1) Mit Wirksamwerden des Beitritts wird das in Artikel 3 genannte Gebiet in die im Bundesgebiet bestehenden Regelungen des Bundes zur Wirtschaftsförderung unter Berücksichtigung der Zuständigkeiten der Europäischen Gemeinschaften einbezogen. Während einer Übergangszeit werden dabei die besonderen Bedürfnisse der Strukturanpassung berücksichtigt. Damit wird ein wichtiger Beitrag zu einer möglichst raschen Entwicklung einer ausgewogenen Wirtschaftsstruktur unter besonderer Berücksichtigung des Mittelstands geleistet.

(2) Die zuständigen Ressorts bereiten konkrete Maßnahmenprogramme zur Beschleunigung des wirtschaftlichen Wachstums und des Strukturwandels in dem in Artikel 3 genannten Gebiet vor. Die Programme erstrecken sich auf folgende Bereiche:

- Maßnahmen der regionalen Wirtschaftsförderung unter Schaffung eines besonderen Programms zugunsten des in Artikel 3 genannten Gebiets; dabei wird ein Präferenzvorsprung zugunsten dieses Gebiets sichergestellt;
- Maßnahmen zur Verbesserung der wirtschaftlichen Rahmenbedingungen in den Gemeinden mit besonderem Schwerpunkt in der wirtschaftsnahen Infrastruktur;
- Maßnahmen zur raschen Entwicklung des Mittelstandes;
- Maßnahmen zur verstärkten Modernisierung und strukturellen Neuordnung der Wirtschaft auf der Grundlage von in Eigenverantwortung der Industrie erstellten Restrukturierungskonzepten (zum Beispiel Sanierungsprogramme, auch für RGW-Exportproduktion);
- Entschuldung von Unternehmen nach Einzelfallprüfung.

Art. 29. Außenwirtschaftsbeziehungen. (1) Die gewachsenen außenwirtschaftlichen Beziehungen der Deutschen Demokratischen Republik, insbesondere die bestehenden vertraglichen Verpflichtungen gegenüber den Ländern des Rates für Gegenseitige Wirtschaftshilfe, genießen Vertrauensschutz. Sie werden unter Berücksichtigung der Interessen aller Beteiligten und unter Beachtung marktwirtschaftlicher Grundsätze sowie der Zuständigkeiten der Europäischen Gemeinschaften fortentwickelt und ausgebaut. Die gesamtdeutsche Regierung wird dafür Sorge tragen, daß diese Beziehungen im Rahmen der fachlichen Zuständigkeit organisatorisch angemessen geregelt werden.

(2) Die Bundesregierung beziehungsweise die gesamtdeutsche Regierung wird sich mit den zuständigen Organen der Europäischen Gemeinschaften darüber abstimmen, welche Ausnahmeregelungen für eine Übergangszeit auf dem Gebiet des Außenhandels im Hinblick auf Absatz 1 erforderlich sind.

Kapitel VII. Arbeit, Soziales, Familie, Frauen, Gesundheitswesen und Umweltschutz

Art. 30. Arbeit und Soziales. (1) Es ist Aufgabe des gesamtdeutschen Gesetzgebers,

1. das Arbeitsvertragsrecht sowie das öffentlich-rechtliche Arbeitszeitrecht einschließlich der Zulässigkeit von Sonn- und Feiertagsarbeit und den besonderen Frauenarbeitsschutz möglichst bald einheitlich neu zu kodifizieren,

2. den öffentlich-rechtlichen Arbeitsschutz in Übereinstimmung mit dem Recht der Europäischen Gemeinschaften und dem damit konformen Teil des Arbeitsschutzrechts der Deutschen Demokratischen Republik zeitgemäß neu zu regeln.

(2) Arbeitnehmer können in dem in Artikel 3 genannten Gebiet ein Altersübergangsgeld nach Vollendung des 57. Lebensjahres für die Dauer von drei Jahren, längstens bis zum frühestmöglichen Bezug einer Altersrente aus der gesetzlichen Rentenversicherung erhalten. Die Höhe des Altersübergangsgeldes beträgt 65 vom Hundert des letzten durchschnittlichen Nettoarbeitsentgelts; für Arbeitnehmer, deren Anspruch bis zum 1. April 1991 entsteht, wird das Altersübergangsgeld für die ersten 312 Tage um einen Zuschlag von 5 Prozentpunkten erhöht. Das Altersübergangsgeld gewährt die Bundesanstalt für Arbeit in Anlehnung an die Regelungen des Arbeitslosengeldes, insbesondere der Regelung des § 105 c des Arbeitsförderungsgesetzes. Die Bundesanstalt für Arbeit kann einen Antrag ablehnen, wenn feststeht, daß in der Region für die bisherige berufliche Tätigkeit des Antragstellers ein deutlicher Mangel an Arbeitskräften besteht. Das Altersübergangsgeld wird vom Bund erstattet, soweit es die Dauer des Anspruchs auf Arbeitslosengeld übersteigt. Die Altersübergangsgeldregelung findet für neu entstehende Ansprüche bis zum 31. Dezember 1991 Anwendung. Der Geltungszeitraum kann um ein Jahr verlängert werden. In der Zeit vom Wirksamwerden des Vertrags bis zum 31. Dezember 1990 können Frauen Altersübergangsgeld nach Vollendung des 55. Lebensjahres für längstens fünf Jahre erhalten.

(3) Der in dem in Artikel 3 genannten Gebiet in Verbindung mit dem Vertrag vom 18. Mai 1990 eingeführte Sozialzuschlag zu Leistungen der Renten-, Unfall- und Arbeitslosenversicherung wird auf Neuzugänge bis 31. Dezember 1991 begrenzt. Die Leistung wird längstens bis zum 30. Juni 1995 gezahlt.

(4) Die Übertragung von Aufgaben der Sozialversicherung auf die einzelnen Träger hat so zu erfolgen, daß die Erbringung der Leistungen und deren Finanzierung sowie die personelle Wahrnehmung der Aufgaben gewährleistet wird. Die Vermögensaufteilung (Aktiva und Passiva) auf die einzelnen Träger der Sozialversicherung wird endgültig durch Gesetz festgelegt.

(5) Die Einzelheiten der Überleitung des Sechsten Buches Sozialgesetzbuch (Rentenversicherung) und der Vorschriften des Dritten Buches der Reichsversicherungsordnung (Unfallversicherung) werden in einem Bundesgesetz geregelt. Für Personen, deren Rente aus der gesetzlichen Rentenversicherung in der Zeit vom 1. Januar 1992 bis 30. Juni 1995 beginnt, wird

1. eine Rente grundsätzlich mindestens in der Höhe des Betrags geleistet, der sich am 30. Juni 1990 nach dem bis dahin geltenden Rentenrecht in dem in Artikel 3 genannten Gebiet ohne Berücksichtigung von Leistungen aus Zusatz- oder Sonderversorgungssystemen ergeben hätte,
2. eine Rente auch dann bewilligt, wenn am 30. Juni 1990 nach dem bis dahin geltenden Rentenrecht in dem in Artikel 3 genannten Gebiet ein Rentenanspruch bestanden hätte.

Im übrigen soll die Überleitung von der Zielsetzung bestimmt sein, mit der Angleichung der Löhne und Gehälter in dem in Artikel 3 genannten Gebiet an diejenigen in den übrigen Ländern auch eine Angleichung der Renten zu verwirklichen.

(6) Bei der Fortentwicklung der Berufskrankheitenverordnung ist zu prüfen, inwieweit die bisher in dem in Artikel 3 des Vertrags genannten Gebiet geltenden Regelungen berücksichtigt werden können.

Art. 31. Familie und Frauen. (1) Es ist Aufgabe des gesamtdeutschen Gesetzgebers, die Gesetzgebung zur Gleichberechtigung zwischen Männern und Frauen weiterzuentwickeln.

(2) Es ist Aufgabe des gesamtdeutschen Gesetzgebers, angesichts unterschiedlicher rechtlicher und institutioneller Ausgangssituationen bei der Erwerbstätigkeit von Müttern und Vätern die Rechtslage unter dem Gesichtspunkt der Vereinbarkeit von Familie und Beruf zu gestalten.

(3) Um die Weiterführung der Einrichtungen zur Tagesbetreuung von Kindern in dem in Artikel 3 genannten Gebiet zu gewährleisten, beteiligt sich der Bund für eine Übergangszeit bis zum 30. Juni 1991 an den Kosten dieser Einrichtungen.

(4) Es ist Aufgabe des gesamtdeutschen Gesetzgebers, spätestens bis zum 31. Dezember 1992 eine Regelung zu treffen, die den Schutz vorgeburtlichen Lebens und die verfassungskonforme Bewältigung von Konfliktsituationen schwangerer Frauen vor allem durch rechtlich gesicherte Ansprüche für Frauen, insbesondere auf Beratung und soziale Hilfen, besser gewährleistet, als dies in beiden Teilen Deutschlands derzeit der Fall ist. Zur Verwirklichung dieser Ziele wird in dem in Artikel 3 genannten Gebiet mit finanzieller Hilfe des Bundes unverzüglich ein flächendeckendes Netz von Beratungsstellen verschiedener Träger aufgebaut. Die Beratungsstellen sind personell und finanziell so auszustatten, daß sie ihrer Aufgabe gerecht werden können, schwangere Frauen zu beraten und ihnen notwendige Hilfen – auch über den Zeitpunkt der Geburt hinaus – zu leisten. Kommt eine Regelung in der in Satz 1 genannten Frist nicht zustande, gilt das materielle Recht in dem in Artikel 3 genannten Gebiet weiter.

Art. 32. Freie gesellschaftliche Kräfte. Die Verbände der Freien Wohlfahrtspflege und die Träger der Freien Jugendhilfe leisten mit ihren Einrichtungen und Diensten einen unverzichtbaren Beitrag zur Sozialstaatlichkeit des Grundgesetzes. Der Auf- und Ausbau einer Freien Wohlfahrtspflege und einer Freien Jugendhilfe in dem in Artikel 3 genannten Gebiet wird im Rahmen der grundgesetzlichen Zuständigkeiten gefördert.

Art. 33. Gesundheitswesen. (1) Es ist Aufgabe der Gesetzgeber, die Voraussetzungen dafür zu schaffen, daß das Niveau der stationären Versorgung der Bevölkerung in dem in Artikel 3 genannten Gebiet zügig und nachhaltig verbessert und der Situation im übrigen Bundesgebiet angepaßt wird.

(2) Zur Vermeidung von Defiziten bei den Arzneimittelausgaben der Krankenversicherung in dem in Artikel 3 genannten Gebiet trifft der gesamtdeutsche Gesetzgeber eine zeitlich befristete Regelung, durch die der Herstellerabgabepreis im Sinne der Arzneimittelpreisverordnung um einen Abschlag verringert wird, der dem Abstand zwischen den beitragspflichtigen Einkommen in dem in Artikel 3 genannten Gebiet und im heutigen Bundesgebiet entspricht.

Art. 34. Umweltschutz. (1) Ausgehend von der in Artikel 16 des Vertrags vom 18. Mai 1990 in Verbindung mit dem Umweltrahmengesetz der Deutschen Demokratischen Republik vom 29. Juni 1990 (GBl. I Nr. 42 S. 649) begründeten deutschen Umweltunion ist es Aufgabe der Gesetzgeber, die natürlichen Lebensgrundlagen des Menschen unter Beachtung des Vorsorge-, Verursacher- und Kooperationsprinzips zu schützen und die Einheitlichkeit der ökologischen Lebensverhältnisse auf hohem, mindestens jedoch dem in der Bundesrepublik Deutschland erreichten Niveau zu fördern.

(2) Zur Förderung des in Absatz 1 genannten Ziels sind im Rahmen der grundgesetzlichen Zuständigkeitsregelungen ökologische Sanierungs- und Entwicklungsprogramme für das in Artikel 3 genannte Gebiet aufzustellen. Vorrangig sind Maßnahmen zur Abwehr von Gefahren für die Gesundheit der Bevölkerung vorzusehen.

Kapitel VIII. Kultur, Bildung und Wissenschaft, Sport

Art. 35. Kultur. In den Jahren der Teilung waren Kunst und Kultur – trotz unterschiedlicher Entwicklung der beiden Staaten in Deutschland – eine Grundlage der fortbestehenden Einheit der deutschen Nation. Sie leisten im Prozeß der staatlichen Einheit der Deutschen auf dem Weg zur europäischen Einigung einen eigenständigen und unverzichtbaren Beitrag. Stellung und Ansehen eines vereinten Deutschlands in der Welt hängen außer von seinem politischen Gewicht und seiner wirtschaftlichen Leistungskraft ebenso von seiner Bedeutung als Kulturstaat ab. Vorrangiges Ziel der Auswärtigen Kulturpolitik ist der Kulturaustausch auf der Grundlage partnerschaftlicher Zusammenarbeit.

(2) Die kulturelle Substanz in dem in Artikel 3 genannten Gebiet darf keinen Schaden nehmen.

(3) Die Erfüllung der kulturellen Aufgaben einschließlich ihrer Finanzierung ist zu sichern, wobei Schutz und Förderung von Kultur und Kunst den neuen Ländern und Kommunen entsprechend der Zuständigkeitsverteilung des Grundgesetzes obliegen.

(4) Die bisher zentral geleiteten kulturellen Einrichtungen gehen in die Trägerschaft der Länder oder Kommunen über, in denen sie gelegen sind. Eine Mitfinanzierung durch den Bund wird in Ausnahmefällen, insbesondere im Land Berlin, nicht ausgeschlossen.

(5) Die durch die Nachkriegsereignisse getrennten Teile der ehemals staatlichen preußischen Sammlungen (unter anderem Staatliche Museen, Staatsbiblio-

theken, geheimes Staatsarchiv, Ibero-Amerikanisches Institut, Staatliches Institut für Musikforschung) sind in Berlin wieder zusammenzuführen. Die Stiftung Preußischer Kulturbesitz übernimmt die vorläufige Trägerschaft. Auch für die künftige Regelung ist eine umfassende Trägerschaft für die ehemals staatlichen preußischen Sammlungen in Berlin zu finden.

(6) Der Kulturfonds wird zur Förderung von Kultur, Kunst und Künstlern übergangsweise bis zum 31. Dezember 1994 in dem in Artikel 3 genannten Gebiet weitergeführt. Eine Mitfinanzierung durch den Bund im Rahmen der Zuständigkeitsverteilung des Grundgesetzes wird nicht ausgeschlossen. Über eine Nachfolgeeinrichtung ist im Rahmen der Verhandlungen über den Beitritt der Länder der in Artikel 1 Abs. 1 genannten Länder zur Kulturstiftung der Länder zu verhandeln.

(7) Zum Ausgleich der Auswirkungen der Teilung Deutschlands kann der Bund übergangsweise zur Förderung der kulturellen Infrastruktur einzelne kulturelle Maßnahmen und Einrichtungen in dem in Artikel 3 genannten Gebiet mitfinanzieren.

Art. 36. Rundfunk. (1) Der „Rundfunk der DDR" und der „Deutsche Fernsehfunk" werden als gemeinschaftliche staatsunabhängige, rechtsfähige Einrichtung von den in Artikel 1 Abs. 1 genannten Ländern und dem Land Berlin für den Teil, in dem das Grundgesetz bisher nicht galt, bis spätestens 31. Dezember 1991 weitergeführt, soweit sie Aufgaben wahrnehmen, für die die Zuständigkeit der Länder gegeben ist. Die Einrichtung hat die Aufgabe, die Bevölkerung in dem in Artikel 3 genannten Gebiet nach den allgemeinen Grundsätzen des öffentlich-rechtlichen Rundfunks mit Hörfunk und Fernsehen zu versorgen. Die bisher der Deutschen Post zugehörige Studiotechnik sowie die der Produktion und der Verwaltung des Rundfunks und des Fernsehens dienenden Liegenschaften werden der Einrichtung zugeordnet. Artikel 21 gilt entsprechend.

(2) Die Organe der Einrichtung sind

1. der Rundfunkbeauftragte,
2. der Rundfunkbeirat.

(3) Der Rundfunkbeauftragte wird auf Vorschlag des Ministerpräsidenten der Deutschen Demokratischen Republik von der Volkskammer gewählt. Kommt eine Wahl durch die Volkskammer nicht zustande, wird der Rundfunkbeauftragte von den Landessprechern der in Artikel 1 Abs. 1 genannten Länder und dem Oberbürgermeister von Berlin mit Mehrheit gewählt. Der Rundfunkbeauftragte leitet die Einrichtung und vertritt sie gerichtlich und außergerichtlich. Er ist für die Erfüllung des Auftrags der Einrichtung im Rahmen der hierfür verfügbaren Mittel verantwortlich und hat für das Jahr 1991 unverzüglich einen in Einnahmen und Ausgaben ausgeglichenen Haushaltsplan aufzustellen.

(4) Dem Rundfunkbeirat gehören 18 anerkannte Persönlichkeiten des öffentlichen Lebens als Vertreter gesellschaftlich relevanter Gruppen an. Je drei Mitglieder werden von den Landtagen der in Artikel 1 Abs. 1 genannten Länder und von der Stadtverordnetenversammlung von Berlin gewählt. Der Rundfunkbeirat

hat in allen Programmfragen ein Beratungsrecht und bei wesentlichen Personal-, Wirtschafts- und Haushaltsfragen ein Mitwirkungsrecht. Der Rundfunkbeirat kann den Rundfunkbeauftragten mit der Mehrheit von zwei Dritteln seiner Mitglieder abberufen. Er kann mit der Mehrheit von zwei Dritteln seiner Mitglieder einen neuen Rundfunkbeauftragten wählen.

(5) Die Einrichtung finanziert sich vorrangig durch die Einnahmen aus dem Rundfunkgebührenaufkommen der Rundfunkteilnehmer, die in dem in Artikel 3 genannten Gebiet wohnen. Sie ist insoweit Gläubiger der Rundfunkgebühr. Im übrigen deckt sie ihre Ausgaben durch Einnahmen aus Werbesendungen und durch sonstige Einnahmen.

(6) Innerhalb des in Absatz 1 genannten Zeitraums ist die Einrichtung nach Maßgabe der föderalen Struktur des Rundfunks durch gemeinsamen Staatsvertrag der in Artikel 1 genannten Länder aufzulösen oder in Anstalten des öffentlichen Rechts einzelner oder mehrerer Länder überzuführen. Kommt ein Staatsvertrag nach Satz 1 bis zum 31. Dezember 1991 nicht zustande, so ist die Einrichtung mit Ablauf dieser Frist aufgelöst. Zu diesem Zeitpunkt bestehendes Aktiv- und Passivvermögen geht auf die in Artikel 1 genannten Länder in Anteilen über. Die Höhe der Anteile bemißt sich nach dem Verhältnis des Rundfunkgebührenaufkommens nach dem Stand vom 30. Juni 1991 in dem in Artikel 3 genannten Gebiet. Die Pflicht der Länder zur Fortführung der Rundfunkversorgung in dem in Artikel 3 genannten Gebiet bleibt hiervon unberührt.

(7) Mit Inkraftsetzung des Staatsvertrags nach Absatz 6, spätestens am 31. Dezember 1991, treten die Absätze 1 bis 6 außer Kraft.

Art. 37. Bildung. (1) In der Deutschen Demokratischen Republik erworbene oder staatlich anerkannte schulische, berufliche und akademische Abschlüsse oder Befähigungsnachweise gelten in dem in Artikel 3 genannten Gebiet weiter. In dem in Artikel 3 genannten Gebiet oder in den anderen Ländern der Bundesrepublik Deutschland einschließlich Berlin (West) abgelegte Prüfungen oder erworbene Befähigungsnachweise stehen einander gleich und verleihen die gleichen Berechtigungen, wenn sie gleichwertig sind. Die Gleichwertigkeit wird auf Antrag von der jeweils zuständigen Stelle festgestellt. Rechtliche Regelungen des Bundes und der Europäischen Gemeinschaften über die Gleichstellung von Prüfungen oder Befähigungsnachweisen sowie besondere Regelungen in diesem Vertrag haben Vorrang. Das Recht auf Führung erworbener, staatlich anerkannter oder verliehener akademischer Berufsbezeichnungen, Grade und Titel bleibt in jedem Fall unberührt.

(2) Für Lehramtsprüfungen gilt das in der Kultusministerkonferenz übliche Anerkennungsverfahren. Die Kultusministerkonferenz wird entsprechende Übergangsregelungen treffen.

(3) Prüfungszeugnisse nach der Systematik der Ausbildungsberufe und der Systematik der Facharbeiterberufe und Abschlußprüfungen und Gesellenprüfungen in anerkannten Ausbildungsberufen stehen einander gleich.

(4) Die bei der Neugestaltung des Schulwesens in dem in Artikel 3 genannten Gebiet erforderlichen Regelungen werden von den in Artikel 1 genannten Ländern getroffen. Die notwendigen Regelungen zur Anerkennung von Abschlüssen schulrechtlicher Art werden in der Kultusministerkonferenz vereinbart. In beiden Fällen sind Basis das Hamburger Abkommen und die weiteren einschlägigen Vereinbarungen der Kultusministerkonferenz.

(5) Studenten, die vor Abschluß eines Studiums die Hochschule wechseln, werden bisher erbrachte Studien- und Prüfungsleistungen nach den Grundsätzen des §7 der Allgemeinen Bestimmungen für Diplomprüfungsordnungen (ABD) oder im Rahmen der für die Zulassung zu Staatsprüfungen geltenden Vorschriften anerkannt.

(6) Die auf Abschlußzeugnissen der Ingenieur- und Fachschulen der Deutschen Demokratischen Republik bestätigten Hochschulzugangsberechtigungen gelten gemäß Beschluß der Kultusministerkonferenz vom 10. Mai 1990 und seiner Anlage B. Weitergehende Grundsätze und Verfahren für die Anerkennung von Fachschul- und Hochschulabschlüssen für darauf aufbauende Schul- und Hochschulausbildungen sind im Rahmen der Kultusministerkonferenz zu entwickeln.

Art. 38. Wissenschaft und Forschung. (1) Wissenschaft und Forschung bilden auch im vereinten Deutschland wichtige Grundlagen für Staat und Gesellschaft. Der notwendigen Erneuerung von Wissenschaft und Forschung unter Erhaltung leistungsfähiger Einrichtungen in dem in Artikel 3 genannten Gebiet dient eine Begutachtung von öffentlich getragenen Einrichtungen durch den Wissenschaftsrat, die bis zum 31. Dezember 1991 abgeschlossen sein wird, wobei einzelne Ergebnisse schon vorher schrittweise umgesetzt werden sollen. Die nachfolgenden Regelungen sollen diese Begutachtung ermöglichen sowie die Einpassung von Wissenschaft und Forschung in dem in Artikel 3 genannten Gebiet in die gemeinsame. Forschungsstruktur der Bundesrepublik Deutschland gewährleisten.

(2) Mit dem Wirksamwerden des Beitritts wird die Akademie der Wissenschaften der Deutschen Demokratischen Republik als Gelehrtensozietät von den Forschungsinstituten und sonstigen Einrichtungen getrennt. Die Entscheidung, wie die Gelehrtensozietät der Akademie der Wissenschaften der Deutschen Demokratischen Republik fortgeführt werden soll, wird landesrechtlich getroffen. Die Forschungsinstitute und sonstigen Einrichtungen bestehen zunächst bis zum 31. Dezember 1991 als Einrichtungen der Länder in dem in Artikel 3 genannten Gebiet fort, soweit sie nicht vorher aufgelöst oder umgewandelt werden. Die Übergangsfinanzierung dieser Institute und Einrichtungen wird bis zum 31. Dezember 1991 sichergestellt; die Mittel hierfür werden im Jahr 1991 vom Bund und den in Artikel 1 genannten Ländern bereitgestellt.

(3) Die Arbeitsverhältnisse der bei den Forschungsinstituten und sonstigen Einrichtungen der Akademie der Wissenschaften der Deutschen Demokratischen Republik beschäftigten Arbeitnehmer bestehen bis zum 31. Dezember 1991 als

befristete Arbeitsverhältnisse mit den Ländern fort, auf die diese Institute und Einrichtungen übergehen. Das Recht zur ordentlichen oder außerordentlichen Kündigung dieser Arbeitsverhältnisse in den in Anlage I dieses Vertrags aufgeführten Tatbeständen bleibt unberührt.

(4) Für die Bauakademie der Deutschen Demokratischen Republik und die Akademie der Landwirtschaftswissenschaften der Deutschen Demokratischen Republik sowie die nachgeordneten wissenschaftlichen Einrichtungen des Ministeriums für Ernährung, Land- und Forstwirtschaft gelten die Absätze 1 bis 3 sinngemäß.

(5) Die Bundesregierung wird mit den Ländern Verhandlungen mit dem Ziel aufnehmen, die Bund-Länder-Vereinbarungen gemäß Artikel 91 b des Grundgesetzes so anzupassen oder neu abzuschließen, daß die Bildungsplanung und die Förderung von Einrichtungen und Vorhaben der wissenschaftlichen Forschung von überregionaler Bedeutung auf das in Artikel 3 genannte Gebiet erstreckt werden.

(6) Die Bundesregierung strebt an, daß die in der Bundesrepublik Deutschland bewährten Methoden und Programme der Forschungsförderung so schnell wie möglich auf das gesamte Bundesgebiet angewendet werden und daß den Wissenschaftlern und wissenschaftlichen Einrichtungen in dem in Artikel 3 genannten Gebiet der Zugang zu laufenden Maßnahmen der Forschungsförderung ermöglicht wird. Außerdem sollen einzelne Förderungsmaßnahmen für Forschung und Entwicklung, die im Bereich der Bundesrepublik Deutschland terminlich abgeschlossen sind, für das in Artikel 3 genannte Gebiet wieder aufgenommen werden; davon sind steuerliche Maßnahmen ausgenommen.

(7) Mit dem Wirksamwerden des Beitritts der Deutschen Demokratischen Republik ist der Forschungsrat der Deutschen Demokratischen Republik aufgelöst.

Art. 39. Sport. (1) Die in dem in Artikel 3 genannten Gebiet in Umwandlung befindlichen Strukturen des Sports werden auf Selbstverwaltung umgestellt. Die öffentlichen Hände fördern den. Sport ideell und materiell nach der Zuständigkeitsverteilung des. Grundgesetzes.

(2) Der Spitzensport und seine Entwicklung in dem in Artikel 3 genannten Gebiet wird, soweit er sich bewährt hat, weiter gefördert. Die Förderung erfolgt im Rahmen der in der Bundesrepublik Deutschland bestehenden Regeln. und Grundsätze nach Maßgabe der öffentlichen Haushalte in dem in Artikel 3 genannten Gebiet. In diesem Rahmen werden das Forschungsinstitut für Körperkultur und Sport. (FKS) in Leipzig, das vom Internationalen Olympischen Kommittee (IOC) anerkannte Dopingkontrollabor in Kreischa (bei Dresden) und die Forschungs- und Entwicklungsstelle für Sportgeräte (FES) in Berlin (Ost) – in der jeweils angemessenen Rechtsform – als Einrichtungen im vereinten Deutschland in erforderlichem Umfang fortgeführt oder bestehenden Einrichtungen angegliedert.

(3) Für eine Übergangszeit bis zum 31. Dezember 1992 unterstützt der Bund den Behindertensport.

Kapitel IX. Übergangs- und Schlußbestimmungen

Art. 40. Verträge und Vereinbarungen. (1) Die Verpflichtungen aus dem Vertrag vom 18. Mai 1990 über die Schaffung einer Währungs-, Wirtschafts- und Sozialunion zwischen der Bundesrepublik Deutschland und der Deutschen Demokratischen Republik gelten fort, soweit nicht in diesem Vertrag Abweichendes bestimmt wird oder die Vereinbarungen im Zuge der Herstellung der Einheit Deutschlands gegenstandslos werden.

(2) Soweit Rechte und Pflichten aus sonstigen Verträgen und Vereinbarungen zwischen der Bundesrepublik Deutschland oder den Bundesländern und der Deutschen Demokratischen Republik nicht im Zuge der Herstellung der Einheit Deutschlands gegenstandslos geworden sind, werden sie von den innerstaatlichen zuständigen Rechtsträgern übernommen, angepaßt oder abgewickelt.

Art. 41. Regelung von Vermögensfragen. (1) Die von der Regierung der Bundesrepublik Deutschland und der Regierung der Deutschen Demokratischen Republik abgegebene Gemeinsame Erklärung vom 15. Juni 1990 zur Regelung offener Vermögensfragen (Anlage III) ist Bestandteil dieses Vertrages.

(2) Nach Maßgabe besonderer gesetzlicher Regelung findet eine Rückübertragung von Eigentumsrechten an Grundstücken oder Gebäuden nicht statt, wenn das betroffene Grundstück oder Gebäude für dringende, näher festzulegende Investitionszwecke benötigt wird, insbesondere der Errichtung einer gewerblichen Betriebsstätte dient und die Verwirklichung dieser Investitionsentscheidung volkswirtschaftlich förderungswürdig ist, vor allem Arbeitsplätze schafft oder sichert. Der Investor hat einen die wesentlichen Merkmale des Vorhabens aufzeigenden Plan vorzulegen und sich zur Durchführung des Vorhabens auf dieser Basis zu verpflichten. In dem Gesetz ist auch die Entschädigung des früheren Eigentümers zu regeln.

(3) Im übrigen wird die Bundesrepublik Deutschland keine Rechtsvorschriften erlassen, die der in Absatz 1 genannten Gemeinsamen Erklärung widersprechen.

Art. 42. Entsendung von Abgeordneten. (1) Vor dem Wirksamwerden des Beitritts der Deutschen Demokratischen Republik wählt die Volkskammer auf der Grundlage ihrer Zusammensetzung 144 Abgeordnete zur Entsendung in den 11. Deutschen Bundestag sowie eine ausreichende Anzahl von Ersatzpersonen. Entsprechende Vorschläge machen die in der Volkskammer vertretenen Fraktionen und Gruppen.

(2) Die Gewählten erwerben die Mitgliedschaft im 11. Deutschen Bundestag aufgrund der Annahmeerklärung gegenüber dem Präsidenten der Volkskammer, jedoch erst mit Wirksamwerden des Beitritts. Der Präsident der Volkskammer übermittelt das Ergebnis der Wahl unter Beifügung der Annahmeerklärung unverzüglich dem Präsidenten des Deutschen Bundestages.

(3) Für die Wählbarkeit und den Verlust der Mitgliedschaft im 11. Deutschen Bundestag gelten im übrigen die Bestimmungen des Bundeswahlgesetzes in der Fassung der Bekanntmachung vom 1. September 1975 (BGBl. I S. 2325), zuletzt geändert durch Gesetz vom 29. August 1990 (BGBl. II S. 813). Scheidet ein Mitglied aus, so rückt die nächste Ersatzperson nach. Sie muß derselben Partei angehören wie das.ausgeschiedene Mitglied zur Zeit seiner Wahl. Die Feststellung, wer als Ersatzperson nachrückt, trifft vor Wirksamwerden des Beitritts der Präsident der Volkskammer, danach der Präsident des Deutschen Bundestages.

Art. 43. Übergangsvorschrift für den Bundesrat bis zur Bildung von Landesregierungen. Von der Bildung der in Artikel 1 Abs. 1 genannten Länder bis zur Wahl des Ministerpräsidenten kann der Landesbevollmächtigte an den Sitzungen des Bundesrates mit beratender Stimme teilnehmen.

Art. 44. Rechtswahrung. Rechte aus diesem Vertrag zugunsten der Deutschen Demokratischen Republik oder der in Artikel 1 genannten Länder können nach Wirksamwerden des Beitritts von jedem dieser Länder geltend gemacht werden.

Art. 45. Inkrafttreten des Vertrags. (1) Dieser Vertrag einschließlich des anliegenden Protokolls und der Anlagen I bis III tritt an dem Tag in Kraft, an dem die Regierungen der Bundesrepublik Deutschland und der Deutschen Demokratischen Republik einander mitgeteilt haben, daß die erforderlichen innerstaatlichen Voraussetzungen für das Inkrafttreten erfüllt sind.

(2) Der Vertrag bleibt nach Wirksamwerden des Beitritts als Bundesrecht geltendes Recht.

Geschehen zu Berlin am 31. August 1990 in zwei Urschriften in deutscher Sprache.

Für die
Bundesrepublik Deutschland
Schäuble

Für die
Deutsche Demokratische Republik
Günther Krause

Quelle: *Bundesgesetzblatt 1990 II*, S. 889–904.